Thorsten Droste

Romanische Kunst in Frankreich

Ein Reisebegleiter zu allen bedeutenden romanischen Kirchen und Klöstern

DuMont Buchverlag Köln

Umschlagvorderseite: La Chapelle St. Robert, Périgord
Vordere Umschlagklappe: Szenen aus dem Teppich von Bayeux. Von oben nach unten: Prinz Harolds Schwur auf die Reliquien – Aufbruch der normannischen Flotte nach England – Die normannische Reiterei zieht in den Kampf – Die Schlacht von Hastings
Umschlagrückseite: Statue der hl. Fides (Ste-Foy) in Conques, Auvergne
Frontispiz: Paray-le-Monial, Ansicht des späten 19. Jh.s

Für Almuth und Werner Huth

2. Auflage 1992

Satz: Rasch, Bramsche
Druck: Interdruck GmbH, Leipzig
Buchbinderische Verarbeitung: Leipziger Verlags- und Druckereigesellschaft mbH

Printed in Germany ISBN 3-7701-2009-4

Inhalt

Einführung

Die Kunstlandschaften und ihre Denkmäler

Erläuterung der Symbole in den Denkmälerkarten

Wichtige romanische Kirche, die im Text eingehender besprochen ist. Je nach Bedeutung mit *, ** oder *** gekennzeichnet

Interessante romanische Kirche, die im Text jedoch nur in einer Kurzbeschreibung vorgestellt wird

Romanische Kirche von eher lokaler Bedeutung. Im Text nicht besprochen

Bedeutende Portalskulptur, Tympanon

Archivoltenportal (kommt nur im Westen Frankreichs vor)

Wichtige Kapitellskulpturen

Romanischer Kreuzgang

Kreuzgangruine, Reste von Klosterbaulichkeiten

Fresken, Wandmalerei

Fußbodenmosaiken

Kirchenschatz, Goldschmiedekunst

Einführung

Die Kunstlandschaften

Historische Bedingungen

Die romanische Kunst Frankreichs ist so vielfältig wie die historische Konstellation des 11. und 12. Jh.s; sie hat nicht nur *ein* Zentrum, sondern deren *viele*. Ihre Denkmäler finden sich über das ganze Land verstreut und machen anschaulich, daß Frankreich in romanischer Zeit noch keineswegs eine politische und kulturelle Einheit bildete. Jede der damals eigenständig und gleichrangig nebeneinander bestehenden *Kunstlandschaften* hat vielmehr das Ihre zur französischen Romanik beigetragen. Im Vergleich miteinander nehmen diese unterschiedlichen regionalen Kräfte und Vorlieben deutlich Kontur an. Die kulturelle Polyphonie, die Goethe in Frankreich vermißte (»Es wäre eine Wohltat, wenn es statt eines großen Zentrums zehn hätte, die überall Licht und Leben verbreiten würden«) – im Zeitalter der Romanik war sie durchaus Realität.

Die historischen Zusammenhänge von Kunst und Geschichte springen ins Auge: Im Zuge des Niedergangs der westfränkischen Karolinger waren die Fürstentümer erstarkt; das Land war zersplittert. Eine Stabilisierung bedeutete der Übergang der Krone auf die Kapetinger-Dynastie (987), die in der Folge ihren Anspruch auf die Königsherrschaft unangefochten durchsetzen konnte. Allerdings beschränkte sich ihre tatsächliche Macht zunächst auf die Île de France als Krondomäne, die nur etwa 10% des westfränkischen Reichsgebiets ausmachte. Damit war der König im 11. Jh. lediglich ein *primus inter pares*, während seine Großvasallen – die Herzöge von Burgund, Aquitanien, Normandie oder Bretagne – die wesentlichen Hoheitsrechte in ihren Gebieten eigenmächtig wahrnahmen.

Seit dem frühen 12. Jh. zeichnet sich eine Wende ab: Im Bund mit Geistlichkeit und Städten gelang es der Krone, ihre Position gegenüber dem Adel auszubauen und die königlichen Rechte (Kirchenhoheit, Gerichtsbarkeit) zurückzugewinnen. Dieses Streben wurde entscheidend begünstigt durch die in den letzten Jahren des 11. Jh.s auflodernde Begeisterung für die *Kreuzzugsidee*, die die Aufmerksamkeit des Ritterstandes und der großen Feudalherren ablenkte und König *Ludwig VI.* den nötigen Spielraum verschaffte, die Autorität im eigenen Land zu festigen.

Er wurde dabei maßgeblich unterstützt von seinem engen Vertrauten und Berater *Suger*. Dieser große Kirchenmann hatte sich mit Leib und Seele der Ausbildung des nationalen

Bewußtseins und damit der Sache des Königtums verschrieben. Suger, in dem man einen Vorläufer der berühmten Verfechter des Absolutismus, der Kardinäle Richelieu und Mazarin, sehen kann, ist bemerkenswerterweise der Initiator des ersten gotischen Kirchenbaus gewesen: dem der Königsabtei St-Denis, der er seit 1122 als Abt vorstand. 1137 vertrat Suger den totkranken Ludwig VI. in Bordeaux bei der Hochzeit des Thronfolgers Ludwig (VII.) mit Eleonore, der jungen Herzogin von Aquitanien. Diese Eheschließung bedeutete den ersten wichtigen Schritt auf dem Wege der königlichen Vorherrschaft in ganz Frankreich. Zwar mußte diese Entwicklung einen empfindlichen Rückschlag hinnehmen, als die Ehe des Königspaares 1152 auf dem Konzil von Beaugency annulliert wurde und Eleonores zweiter Gemahl, Heinrich Plantagenet, 1154 als Heinrich II. den englischen Thron bestieg und somit mehr als die Hälfte des französischen Königreichs in Personalunion mit der englischen Krone verband; doch gerade im Ringen mit der englischen Übermacht, dem *Angevinischen Reich,* hat das französische Königtum Kräfte gesammelt und nach der Jahrhundertwende seine Zentralgewalt durchgesetzt.

In demselben Maße, wie die nationale Sache an Boden gewann, gaben die Kunstlandschaften Frankreichs ihre Eigenständigkeit auf, um der im Kronland keimenden und von dort ganz Europa erobernden Gotik das Feld zu überlassen.

Die Loire als Kulturscheide

Die Romanik in Frankreich ist also noch keine nationale Kunstform, vielmehr die Summe diverser regionaler Ausprägungen. Man wird ihr deshalb besser gerecht, wenn man sie individuell im Rahmen der jeweiligen Kunstlandschaften betrachtet. Übergreifend bietet sich eine geographische Trennung von Norden und Süden an, wobei die *Loire eine Kulturscheide* bildet, und zwar nicht nur in künstlerischer Hinsicht, sondern, eindeutiger noch, in der Sprache: Südlich des Loirebogens – die Grenze verläuft quer durch das Poitou – sprach man die *langue d'oc,* nördlich davon die *langue d'oïl,* das eigentliche Französisch. Ungeachtet mancher Eigenarten innerhalb dieser beiden Landschaften (bei den einzelnen Kapiteln wird hiervon ausführlicher die Rede sein) sind jeweils bestimmte gemeinsame Züge verbindlich. Für die *Architektur* gilt, daß in allen Regionen nördlich des Loirebogens ausschließlich dem *basilikalen Schema* entsprechend gebaut wurde, während im Süden der *Einheitsraum* in Gestalt der Halle oder des Saals vorherrscht. Hier kommt ein grundsätzlich verschiedenes Raumempfinden zum Tragen: Die Architektur des Nordens strebt die Vertikale an – ein Charakteristikum, das dann in der Gotik seine konsequente Weiterentwicklung erfuhr; in den Bauwerken des Südens dagegen gelangen Höhen- und Breitenwirkung zum Ausgleich – folglich fand der Höhendrang der gotischen Kathedralen hier keinen Nährboden.

Ebenso wie für die Architektur ist diese generelle Unterscheidung zwischen dem Norden und dem Süden auch für die *Skulptur* gültig: Während die Landschaften Südfrankreichs eine Fülle plastischer Bildwerke an Portalen und Kapitellen hervorgebracht haben, zeigt sich der Norden demgegenüber deutlich zurückhaltend. Hier kommt der Architektur die führende Rolle zu; das Ringen um baustatische und bauästhetische Lösungen scheint der Skulptur keinen Raum zur Entfaltung belassen zu haben. Die einzige Ausnahme bildet BURGUND, das nicht nur in der Architektur wegweisend war, sondern auch auf dem Gebiet der Portal- und Kapitellplastik mit den großen Leistungen des bilderfreudigen Südens durchaus konkurrieren kann. Überhaupt zeichnet sich Burgund vor allen anderen Kunstlandschaften durch seine Vermittlerrolle zwischen den kulturellen Gegensätzen von Nord und Süd, West und Ost aus, wozu allein schon die zentrale geographische Lage prädestinierte; entscheidender noch wirkten die geistigen Impulse, die von Cluny ausstrahlend zugleich die Errungenschaften von Architektur und Kunst verbreiteten. Damit haben wir den wesentlichen Aspekt der *Fluktuation* berührt: den Austausch der einzelnen Kunstlandschaften untereinander.

Überregionale Zusammenhänge

Regionale Eigenschaften lassen sich jeweils deutlich formulieren, wie wir in den einzelnen Kapiteln sehen werden. Dies bedeutet jedoch keinesfalls eine hermetische Geschlossenheit der Kunstlandschaften. Letztlich ist es sogar immer nur eine verhältnismäßig kleine Gruppe von Bauten, in denen ein bestimmter Lokalstil schulmäßig in Erscheinung tritt. Nehmen wir beispielsweise die AUVERGNE: Der einheimische Bautypus ist die Emporenhalle. Bei genauerem Hinsehen stellt man fest, daß nur etwa ein halbes Dutzend Kirchen diesem auvergnatischen Typus kanonisch entspricht. Dasselbe gilt für Burgund, die Normandie oder andere Regionen. Der weitaus größere Teil der erhaltenen Denkmäler erweist sich als Zwitter und gibt damit zu erkennen, daß die Kunstlandschaften des romanischen Frankreich in regem Austausch standen. Dabei fällt auf, daß die stilreinen Bauten grundsätzlich in einem geographisch eng umrissenen zentralen Bereich versammelt sind, wohingegen die Vielfalt der Mischformen gegen die Randzonen der historischen Landschaft zunimmt. Beispielhaft hierfür ist *St-Gilles in Chamalières-sur-Loire:* Als auvergnatische Eigenschaft kann lediglich die gerade Zahl der Chorkapellen gelten (statt der üblichen drei oder fünf); der schlichte zweigeschossige Aufriß der basilikalen Hochschiffwand steht dagegen mit der älteren burgundischen Bauschule in Verbindung; die großräumige Choranlage ohne Umgang weist andererseits auf die südwestfranzösische Architektur Aquitaniens.

Diese Fluktuation wurde wesentlich gefördert durch die Pilgerbewegung nach Santiago de Compostela, durch die die Landschaften in ständigem Verkehr miteinander standen. Auch die Künstler selbst wanderten oftmals von einem Ort zum anderen. Es sind hinreichend viele Fälle bekannt, in denen kunstfertige Mönche oder Handwerker von einer Baustelle zur nächsten weitervermittelt wurden.

Das Konzept dieses Führers zu den romanischen Kirchen Frankreichs verfolgt ganz bewußt das Ziel, dem interessierten Kunstreisenden die charakteristischen Besonderheiten einer Landschaft aufzuzeigen und dabei zugleich den Blick zu schärfen für offensichtliche stilistische Querverbindungen, wofür es manchesmal historische bzw. geistesgeschichtliche Ursachen gibt. Frankreichs romanische Kunstzentren sind keine starren Institutionen. Gerade im Vergleich wird deutlich, daß ihre schulbildenden Kräfte auch anderswo wirksam wurden und für Anregungen von außen vielfach Bereitschaft vorhanden war.

Die Klöster

Nachdem wir die Kunstlandschaften in ihren Eigenarten und Interaktionen umrissen haben, wenden wir uns den geistigen Kräften zu, die die romanische Kunst hervorgebracht und getragen haben: den Klöstern. Ein erster Blick auf den Denkmälerkatalog dieses Bandes macht bereits ihre hervorragende Rolle deutlich: Von den insgesamt 29 mit drei Sternen ausgezeichneten Kirchen sind 24 *Klosterkirchen* und lediglich 5 *Bischofskirchen,* also Kathedralen (Arles, Autun, Le Puy, Périgueux, Angoulême). Genau umgekehrt fällt das Verhältnis dann in gotischer Zeit aus. Daraus wird offenkundig, daß in der Zeit der Romanik die Ordensgeistlichkeit als schöpferische Kraft gegenüber der Weltgeistlichkeit eine weit überlegene Rolle spielte; zum anderen, daß sich seit der Mitte des 12. Jh.s parallel mit dem Übergang von der Romanik zur Gotik ein tiefgreifender Wandel vollzog. Um dieses Phänomen zu ergründen, ist es hilfreich, den Werdegang der Klöster nachzuzeichnen.

Das frühe Mönchswesen, das seinen Ursprung im östlichen Mittelmeerraum hat, kannte anfangs – das heißt im 4. und 5. Jh. – so gut wie keine Gemeinschaft. Es manifestierte sich vielmehr im Anachoretentum, einem in Einsamkeit geführten gottgefälligen Leben. Indem sich der Mönchsgedanke nach Westen ausbreitete, fanden sich hier zunehmend Einsiedler in Gemeinschaften zusammen. Den Grundstein für das abendländische Klosterleben legte Anfang des 6. Jh.s *Benedikt vor Nursia,* als er auf dem Monte Cassino im südlichen Latium eine Mönchsgemeinschaft ins Leben rief und einer festen Regel unterwarf. Über die Lérins-Inseln vor der provenzalischen Küste fand der Benediktinerorden Eingang in Gallien. Die hier entstandenen Klöster wurden jedoch alsbald in den Strudel der allgemeinen Dekadenz der späten Merowingerzeit hineingezogen, so daß die von Benedikt formulierten Grundsätze – Enthaltsamkeit, Armut und Gehorsam – verwässerten. In der zweiten Hälfte des 8. Jh.s vollzog sich im Frankenreich Hand in Hand mit der politisch-administrativen Neuordnung durch Karl den Großen eine durchgreifende Reform, deren Triebfeder *Benedikt von Aniane* war. Doch nicht allein die Rückkehr zur benediktinischen Askese und eine monastische Erneuerung kennzeichnen das karolingische Klosterwesen; vielmehr erfuhr das Ordensleben bereits damals eine grundsätzliche Wandlung, indem die Klöster zu Zentren der frühmittelalterlichen Gesellschaftsordnung wurden: Denn die Gründungen Karls des Großen in entlegenen Regionen seines Riesenreiches erfüllten zugleich die Funktion als Stützpunkte der Mission und politischen Organisation. Infolgedessen wuchsen den Mönchen nun auch soziale und kulturelle Aufgaben zu. Als Stätten der Wissenschaft und Erziehung stellten sie Schule und Universität in einem dar. In einer Zeit, da nicht einmal die Herrschenden des Lesens und Schreibens kundig waren, erlangten die Klöster also zu ihrer *geistlichen* Bestimmung einen *geistigen* Vorrang, der nicht hoch genug eingeschätzt werden kann.

Mit dem Zusammenbruch des karolingischen Reiches ging ein erneuter Niedergang des Mönchswesens einher. Den entscheidenden Wendepunkt markiert die Gründung von *Cluny in Burgund* im Jahr 910. Die Rückbesinnung auf die benediktinischen Ideale und deren konsequente Durchsetzung sicherten diesem Kloster alsbald eine führende Stellung.

Dennoch besteht ein grundlegender Unterschied zur Reform des Benedikt von Aniane und zur Situation der karolingischen Reichsklöster: Es gab keine enge Bindung mehr zwischen Herrscher und Orden; die Klöster profilierten sich vielmehr zu einer selbständigen soziologischen Kraft. Anders gesagt: Sie standen nicht länger im Dienst der Politik, sie bildeten selbst einen politischen Faktor. Diese Feststellung darf jedoch nicht im konkreten machtpolitischen Sinn mißverstanden werden. Die Klöster wirkten im Diesseits, um ein Stück vom Heil der Jenseitswelt Gestalt annehmen zu lassen. Auf dem Weg zu diesem Ziel konnte es allerdings nicht ausbleiben, daß sie sich weltlicher Mittel bedienten. Der Erwerb von Landbesitz und der damit verbundene materielle Gewinn bildeten die notwendigen Existenzgrundlage für das Kloster und die von ihm wahrgenommenen Aufgaben. Eine davon bestand in der *Organisation und Betreuung der Pilger.* Daneben übten die Klöster einen tiefgreifenden ethischen Einfluß auf die mittelalterliche Gesellschaft aus, indem sie dem Raubrittertum – Inbegriff des Schreckens im frühen Mittelalter – durch die *Gottesfriedensbewegung* (Pax Dei oder Treuga Dei) Zügel anlegten. Die *Pax Dei,* 990 in Narbonne erstmals verkündet,

Die Heiligen des Zisterzienserordens bringen ihre Mutterkirche Cîteaux dem Papst dar. Holzschnitt von Peter Metlinger, 1491

erklärte bestimmte Örtlichkeiten (z. B. Mühlen, bebaute Felder, Klöster) als unantastbar, desgleichen Personengruppen wie Frauen, Bauern, Reisende oder Mönche. In der 1040 formulierten *Treuga Dei* waren die Friedensgebote auf bestimmte Tage ausgedehnt; demnach hatten die Waffen von Mittwochabend bis zum folgenden Montag sowie an allen Feiertagen zu ruhen. Bei Zuwiderhandlung wurde die schwerste kirchliche Strafe – Exkommunizierung – angedroht. Wenn in unserem heutigen Sprachgebrauch der Begriff »Ritterlichkeit« einen positiven Wert darstellt, so ist dies vor allem das Verdienst der Klöster, die dem Ritterstand zu einer Entwicklung im Sinne höfischer Ideale verhalfen. Ein derartiges weltliches Engagement der Mönche mutet utopisch an; waren doch ihre Ziele rein immaterieller Natur und ganz auf das Spirituelle ausgerichtet, so daß ihr Wirken in der Gesellschaft letztlich im Widerspruch zu der mönchischen Lebensform stand. Dieses in der Geschichte Europas einzigartige Phänomen findet seine Entsprechung in der romanischen Kunst, die – scheinbar ebenfalls in einem tiefen Widerspruch verhaftet – sinnlich und spirituell zugleich ist. Der latente Konflikt führte dazu, daß viele Klöster schließlich der Diesseitigkeit verfielen. Deshalb gehört das periodische Erwachen reformerischer Bewegungen zum Erscheinungsbild des mittelalterlichen Mönchswesens. Ihnen allen ist die stets wiederholte Forderung zur Rückkehr zu den Idealen des Benedikt von Nursia gemeinsam, einerlei, ob es sich um die Prämonstratenser, Kartäuser oder Zisterzienser handelt, um nur die wichtigsten Reformorden zu nennen.

Die Klöster des 11. und 12. Jh.s waren *Förderer einer ländlichen Kultur,* was sich mit den Interessen der Feudalfürsten deckte, deren Protektion sie allemal gewiß sein konnten. Sie entstanden – vergleichbar den Burgen weltlicher Herren – bevorzugt auf Anhöhen, Hügeln oder Bergkuppen; der *Mont St-Michel* gibt hierfür das eindrucksvollste Beispiel ab. Wo die Mönche indes in unwirtlichen Gegenden siedelten – etwa in *Maillezais* (Poitou) oder *Montmajour* (Provence) – zeitigte ihr Pioniergeist bleibende Leistungen. Nach der Wende zum 12. Jh. setzten die Zisterzienser die von den Cluniazensern begonnenen Anstrengungen der Urbarmachung energisch fort. So wurden ganze Landstriche wirtschaftlich erschlossen, die keines Menschen Fuß je betreten hatte. Der Vollständigkeit halber sei das Wirken der Mönchsorden auf den Gebieten der Archivierung, des Unterrichtswesens, der Armen- und Krankenfürsorge erwähnt. Wir würden heute wohl kaum einen der antiken Autoren mehr kennen, wären deren Schriften in den Klöstern nicht bewahrt und eifrig abgeschrieben worden. Die Staaten Europas waren erst im anbrechenden 19. Jh. bereit, die soziale und karitative Funktion, die die Klöster über Jahrhunderte ausgeübt hatten, von diesen zu übernehmen.

Die überragende Gestalt dieses klösterlichen Ideals der romanischen Epoche ist *Bernhard von Clairvaux,* in dem sich tiefe Frömmigkeit und leidenschaftlicher Tatendrang verbanden. Der Zisterzienser verkörpert mit seiner asketischen Haltung gegenüber allem Diesseitigen – also auch der Kunst – den Widerpart zu *Petrus Venerabilis,* dem Abt von Cluny, der sich explizit zu den schönen Künsten bekannte und diese unermüdlich förderte. 1146 rief der heilige Bernhard in Vézelay zum Zweiten Kreuzzug auf. Die Mächtigen Europas hörten auf seine geistliche Autorität. Er war es auch, der auf der Synode von Sens 1140 die Verurteilung

Abälards und seiner Thesen von einer auf Vernunftprinzipien basierenden Auslegung der christlichen Dogmen durchsetzte. Doch auch der große Mystiker Bernhard konnte die scholastischen Bestrebungen nicht aufhalten. Als er 1153 starb, begann die Bedeutung der Klöster für die mittelalterliche Geschichte zu verblassen; die Spiritualität der Orden mußte mehr und mehr hinter der wachsenden Verweltlichung zurückstecken. An die Stelle der Klosterschulen traten die Universitäten; die Rolle der Äbte ging auf die Bischöfe über. Gleichzeitig fand eine Verlagerung von der ländlich geprägten Kultur der Klöster zugunsten der urbanen Kultur der Kathedralstädte statt. Dies alles vollzog sich parallel zum Absterben der romanischen Kunst.

Die Wallfahrt

Die *Entdeckung des Jakobusgrabes* im Nordwesten Spaniens im Jahr 818 steht als Ereignis von epochaler Bedeutung am Beginn des Mittelalters. Anfangs entwickelte sich die Wallfahrt zu dem Apostelgrab schleppend; als aber 100 Jahre später Cluniazenser die Pilgerfahrt systematisch zu organisieren begannen, erlebte sie einen raschen Aufschwung, der im 12. Jh. seinen Höhepunkt erreichte. Es formierten sich vier Hauptrouten durch Frankreich: Die erste nahm ihren Ausgang in St-Denis bei Paris und führte über Tours, Poitiers, Saintes und Bordeaux in die Pyrenäen. Man nennt sie nach einer ihrer markantesten Zwischenstationen die *Via Touronensis*. Auf ihr zogen die Pilger aus dem Bereich der heutigen Benelux-Staaten südwärts. Die zweite Route hatte Vézelay in Burgund zum Ausgangspunkt und führte von dort über La Charité-sur-Loire, Limoges und Périgueux in die westlichen Pyrenäen, wo sie sich mit der Via Touronensis vereinigte. Diese zweite Route, auf der vornehmlich die Pilger aus Skandinavien und Norddeutschland nach Süden zogen, trägt nach der Stadt Limoges den Namen *Via Lemovicensis*. Ein dritter Weg ging von Le Puy am Ostrand der Auvergne aus und erhielt die Bezeichnung *Via Podiensis*; dieser führte die Pilger aus Osteuropa und Süddeutschland über Conques, Cahors, Moissac und Pau in die Gascogne, wo die Via Podiensis in der Nähe von Ostabat mit den beiden vorgenannten Strecken verschmolz. Die vierte Pilgerroute schließlich, vorwiegend von Pilgern aus Italien benutzt, begann in St-Gilles (Grenze zwischen Languedoc und Provence); von dort führte der Weg parallel zur Mittelmeerküste zunächst nach Toulouse, das dieser Südroute den Namen *Via Tolosana* gab. Ab Toulouse folgte der Pilgerweg dem Oberlauf der Garonne, um dann bei Oloron nach Süden über die Pyrenäen zu stoßen.

Die von Santiago de Compostela ausgehende magische Anziehungskraft ist nur mit der Bedeutung der Reliquien im Mittelalter zu erklären. Die Berührung mit den sichtbaren Überresten eines Heiligen bot im Diesseits die Möglichkeit, für einen Augenblick der unsichtbaren Jenseitswelt teilhaftig zu werden. Innerhalb des Reliquienkults herrschte eine strenge Hierarchie. Als die Gebeine des hl. Theodor dem Rang Venedigs nicht mehr ange-

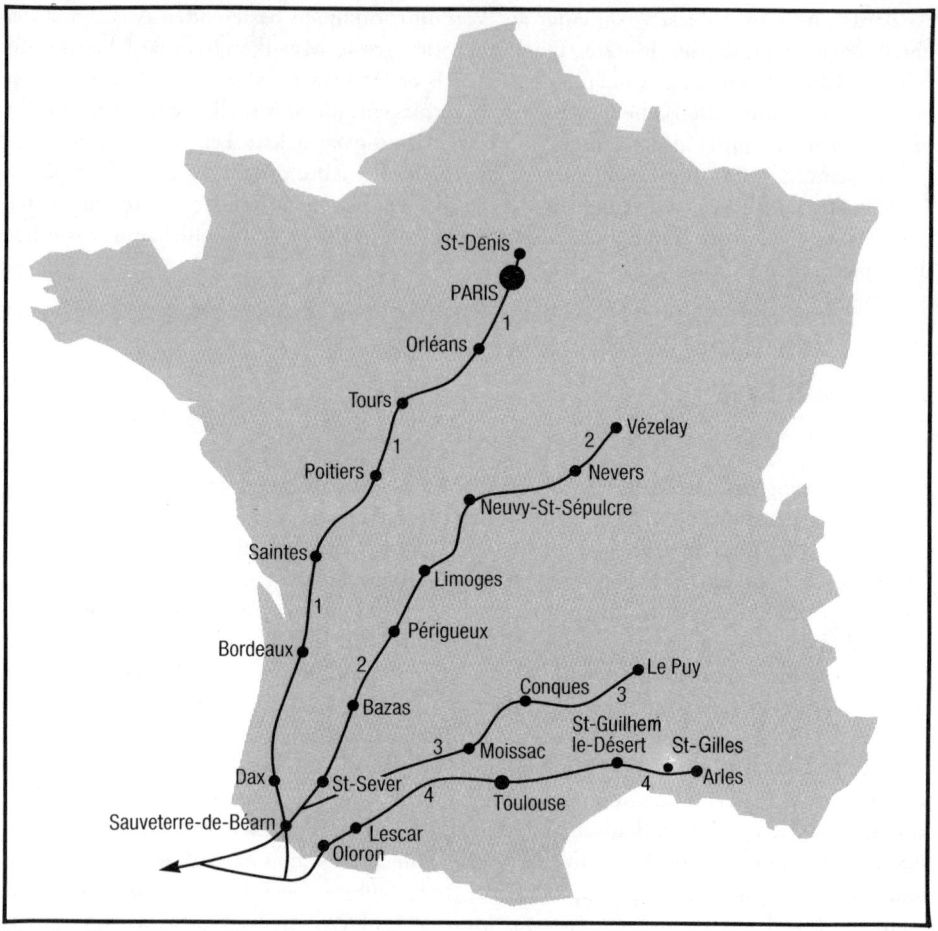

Die vier Hauptwege der Santiago-Pilger durch Frankreich: 1 Via Touronensis 2 Via Lemovicensis 3 Via Podiensis 4 Via Tolosana

messen erschienen, brachte sich die Lagunenrepublik in den Besitz der Reliquien des Evangelisten Markus, die höher eingestuft wurden. So kam auch Jakobus als dem ältesten der zwölf Jünger Jesu besonderes Gewicht zu. Die Tatsache, daß Jakobus niemals in Spanien gewesen war, spielte dabei keine Rolle. Um die Massen auf den Weg zu bringen, reichte es, daß man entsprechend der Vision eines galicischen Hirten die letzte Ruhestätte des Apostels für authentisch hielt. Dabei bedurfte es jedoch der eifrigen Propaganda, die eben insbesondere von Cluny betrieben wurde. Nicht zu übersehen ist in diesem Zusammenhang der politische Aspekt des Unternehmens: Jakobus der Ältere wurde zum Prototyp des christlichen Kämpfers gegen das Heidentum; als solcher besaß er gerade in dem von Arabern besetzten Spanien akute Symbolkraft. Tiefer noch wurzelte eine andere Motivation: Nach Jahrhunderten der Völkerbewegungen mit dramatischen Verschiebungen auf der weltpolitischen Bühne hatte Europa erst im Laufe des 10. Jh.s wieder zur Ruhe gefunden. Doch war diese Ruhe eher äußerlich. Im Innern rumorte es weiter; latent blieben motorische Kräfte wach, die sich zu einem gefährlichen Potential hätten verdichten können. Insofern sind Pilgerfahrt und Kreuzzüge nichts anderes als der von kirchlicher Seite gesteuerte Versuch, diese unterschwellig vorhandene Aufbruchsbereitschaft der Massen zu kanalisieren. Die Bewegung der Kreuzzüge eilte dabei – abgesehen vom Erfolg der ersten Unternehmung – von einem Debakel zum nächsten. Anders erging es der Wallfahrt, die sich zur aggressionsfreien Schiene entwickelte, auf der der Bewegungsdrang der Menschen sinnvoll gelenkt wurde. Doch keineswegs alle Pilger machten sich aus freien Stücken oder getrieben von tiefer Jenseitssehnsucht auf den Weg. Erheblich war der Anteil jener, die dem Hunger oder anderen drückenden Sorgen in der Heimat entfliehen wollten. Obdachlose bevölkerten die Routen in großer Zahl, auch zahllose Straffällige, derer man sich daheim zu entledigen trachtete, indem man sie mit einer Bußwallfahrt belegte. Dergestalt nahm die Pilgerschaft eine vielschichtige soziale Funktion wahr. Daß auch die Organisation dieser Massenbewegung in den Händen der Klöster lag, ist ein Teilaspekt jener Breitenwirkung der Ordensgemeinschaften, die bereits an anderer Stelle hervorgehoben wurde.

Der Pilger führte ein Itinerar mit sich, das ihm den Weg zu den Stationen auf seiner Route wies. Darin waren auch Tips für Umwege zu abseits der Hauptrouten gelegenen Gotteshäusern vermerkt sowie Hinweise auf Hospitäler und andere karitative Einrichtungen, die ausnahmslos von Klöstern betrieben wurden. So findet man noch heute trotz vieler Zerstörungen gerade entlang der oben skizzierten Wege durch Frankreich ein dichtes Netz romanischer Kirchen. Von der Zahl der Hospize hingegen gewinnt man aus dem erhaltenen Denkmälerbestand nicht eine annähernde Vorstellung. Lediglich in *Pons* (Saintonge) steht noch ein Teil eines einstigen Pilgerkrankenhauses; die anderen kennen wir nur aus Quellen, oder sie haben sich in Ortsnamen zur bleibenden Erinnerung niedergeschlagen (von daher der häufiger vorkommende Ortsnamenzusatz L'Hôpital). Dergestalt ist die romanische Kunst nicht zuletzt auch zu einem konkreten Zeugnis für die große Wallfahrt des Mittelalters geworden. Man wird manche Kirche und deren plastischen Schmuck besser verstehen, wenn man sich darüber im klaren ist, daß sie für die Augen eines Wanderers bestimmt waren, der sie nach einem beschwerlichen, langen Marsch als Ziel der Verheißung erreichte. Viele romanische Kirchen vermitteln einen Eindruck von Frieden und Geborgenheit, der erst in demjenigen recht zum Klingen kommt, der sich das Erlebnis auf dem Wege körperlicher Anstrengung erkämpft hat.

Abschließend sei auf die völkerverbindende Kraft des Pilgerwesens hingewiesen: In einem von zahllosen Kriegen und lokalen Fehden immer wieder erschütterten Europa stellte die Wallfahrt zum Grabe des Apostels Jakobus einen einigenden Brückenschlag über alle sprachlichen und politischen Grenzen dar. Das Lied vom »Bruder Jakob« erklingt noch heute in Kindermund in allen Sprachen Europas.

Die Künstler

Unter den vielen Rätseln, vor die uns die romanische Kunst stellt, beschäftigt uns heute die Frage nach den Künstlern jener Zeit in besonderem Maße. Ganze Ausstellungen werden dem Thema gewidmet, um in dem Nebel, den die Geschichte über die Schöpfer der Kunst im 11. und 12. Jh. gebreitet hat, Konturen zu entdecken und nachzuzeichnen. Dies ist ein typisches Bedürfnis unserer Zeit, die sich nicht mit Unklarheiten abfinden mag; aber es ist sehr die Frage, ob die Suche nach den Künstlerpersönlichkeiten der Romanik deren eigener Intention gerecht wird. Es fällt doch auf, daß praktisch keiner der großen Baumeister namentlich bekannt ist; und auch aus der Heerschar der Bildhauer und Maler ist es kaum mehr als eine Handvoll, deren Namen überliefert sind. Das Mittelalter kannte den Begriff des Künstlers als kreative Einzelpersönlichkeit nicht. Er war in erster Linie Handwerker, der nach Maßgabe seines Auftraggebers und in enger Bindung an Vorlagen das Werk auszuführen hatte. Wenn wir also an einzelnen Portalen oder Kapitellen die Namen von Bildhauern entziffern können, so darf dies kaum als Indiz für ein keimendes Selbstbewußtsein gedeutet werden. Vielmehr gewinnt man den Eindruck, als hätten sich bestimmte Meister auf ihren Werken verewigt, um sich am Tage des Jüngsten Gerichts als deren Schöpfer zu empfehlen.

Über die Stellung der Künstler in der Gesellschaft können wir nur spekulieren. Man wird aber mit Blick auf die Quellenlage davon ausgehen müssen, daß ein Großteil von ihnen

Ein Bildhauer bearbeitet ein Kapitell mit Klipfel und Schlageisen, ein Steinmetz versetzt Quader, im Hintergrund der Architekt mit Hammer und Richtscheit. Illustration aus dem Regensburg-Prüfeninger Codex, letztes Drittel 12. Jh. München Staatsbibliothek cod. clm 13 074 fol. 90v

Mönch war, also der Regel des hl. Benedikt verpflichtet, die gerade zur Frage des Künstlertums erstaunlich scharf Stellung bezieht: Darin wird jeder Kunstschaffende dazu aufgerufen, sich von Eitelkeit zu läutern und die Kunstfertigkeit nicht dazu zu mißbrauchen, nach Ruhm und Ehre zu streben. Ja, den Äbten wird sogar das Recht zugebilligt, Künstlern, die von Stolz über ihr eigenes Werk erfüllt sind, die weitere Ausübung ihrer Tätigkeit zu untersagen und die Wiederaufnahme derselben nur dann zuzulassen, wenn der Betreffende in öffentlicher Buße Reue gezeigt hat. Man kann aber wohl davon ausgehen, daß diese Regel nicht allzu wörtlich genommen wurde. Auch in diesem Punkt zeigt sich wieder der Dualismus der romanischen Epoche, die immer im Spannungsfeld zwischen Idealvorstellung und irdischer Realität stand. Denn allen Forderungen auf Gesichtslosigkeit der Künstler zum Trotz war man sich offenbar ihres Wertes sehr wohl bewußt. Indem die mittelalterliche Ästhetik in der Schönheit eines Kunstwerks gleichsam den Spiegel des Guten und Wahren erkannte, richtete man allen Ehrgeiz darauf, jeweils das Bestmögliche zu vollbringen. Hervorragende Künstler waren gesuchte Leute und wurden von ihren Auftraggebern nicht selten umhätschelt und eifersüchtig gehütet, weil man in ihren Leistungen eine Offenbarung göttlichen Wirkens in dieser Welt erkannte.

In diesem Zusammenhang denkt man an die großen Genies: die Meister von Autun, Vézelay, Moissac oder Souillac. Daneben hat es ein ganzes Heer von zweitrangigen Künstlern gegeben, deren Schaffen nicht zuletzt einen wesentlichen Beitrag zum wirtschaftlichen Leben darstellte. Jedes Kloster, das an einer der großen Pilgerrouten lag, betrieb Werkstätten, in denen Devotionalien und alle möglichen Arten religiöser Souvenirs hergestellt wurden: Heiligenbildchen, Reliquiare für den Hausgebrauch, kleine Kruzifixe und ähnliches. Limoges ist uns als Beispiel einer ganzen Stadt bekannt, die hauptsächlich vom Vertrieb solcher in Massenproduktion gefertigten Kleinkunst lebte.

Die immer wieder erwähnte Doppelpoligkeit der romanischen Kunst betrifft natürlich auch die Schar derer, die sie hervorgebracht hat: Auf der einen Seite war der Künstler erfüllt von der Schau auf eine Welt, zu der die hiesige Existenz nur als Vorbereitung verstanden wurde; auf der anderen Seite sah er sich mit Bedürfnissen, Erfordernissen und Zwängen konfrontiert, die sich aus eben dieser irdischen Realität ergaben. Das mag erklären, weshalb die romanische Kunst sich bei aller tiefen Religiosität oftmals sehr diesseitig und sogar humorvoll gibt. Die Archivoltenfiguren von *Aulnay* etwa mit ihren in Priesterornat gekleideten oder harfespielenden Eseln gehören ebenso zum Erscheinungsbild dieser Epoche wie die strenge Richtergestalt Christi des Meisters Gislebertus in *Autun*.

Die Baukunst

Entstehung und Entfaltung

Die zu Beginn des 11. Jh.s überall in Europa geradezu fieberhaft einsetzende Bautätigkeit ist wohl kaum mit einem allgemein neu erwachenden Lebensgefühl nach der Weltuntergangsstimmung der Jahrtausendwende zu erklären; die Gründe sind nüchterner. Die verschiedenen Reichsteilungen unter den Nachfolgern Karls des Großen hatten auf breiter Front – politisch, wirtschaftlich und kulturell – eine Epoche der Dekadenz und Stagnation in Europa eingeleitet. Den Niedergang nach der Mitte des 9. Jh.s verstärkten darüber hinaus Bedrohungen, die von außen an die karolingischen Teilreiche herangetragen wurden: von Osten die Invasion der Ungarn, von Süden die Okkupation durch die Araber, von Norden und Westen die Raubzüge der beutegierigen Normannen. Man hat die Spanne zwischen 850 und 950 nicht zu Unrecht als »dunkles Jahrhundert« bezeichnet. In *Deutschland* klärten sich die Verhältnisse früher als in Frankreich. Mit der Wahl Heinrichs I. zum König (919) betrat eine neue Dynastie die politische Bühne. Dem Sohn Heinrichs I., Otto I. dem Großen, gelang die endgültige Bannung der Ungarngefahr (955, Schlacht auf dem Lechfeld bei Augsburg) und die Festigung der zentralen Königsgewalt. Als Folge dieser Konsolidierung entstanden noch gegen das ausgehende 10. Jh. und in der ersten Hälfte des 11. Jh.s die großen deutschen Dome, die der Architektur im Heiligen Römischen Reich Deutscher Nation bis ca. 1050 eine Führungsrolle in Europa sicherten (vgl. die synchronoptische Übersicht S. 418 ff.).

Die Entwicklung in *Frankreich* vollzog sich ähnlich, jedoch mit einigen Jahrzehnten Verzögerung. Nachdem die Normannen bereits im frühen 10. Jh. seßhaft geworden waren, konnten gegen Ende des Jahrhunderts die Araber aus Südfrankreich vertrieben werden. Gleichzeitig starben nun auch in Frankreich die Karolinger aus, die zuletzt nur noch ein Schattendasein gefristet hatten, und mit *Hugo Capet* wurde 987 ein neues dynastisches Kapitel aufgeschlagen. Wenn um 1050 der burgundische Mönch und Chronist Radulfus Glaber rückblickend konstatierte, daß sich in den Jahren nach 1000 das ganze Land »mit einem weißen Mantel von Kirchen überzog«, dann schildert er die Folgeerscheinungen der den Bauvorhaben vorausgegangenen politischen und kulturellen Neuorientierung. Erst vor dem Hintergrund der wieder erwachenden Stabilität ist die Entstehung der romanischen Kunst möglich geworden.

Grundlegend anders aber als in Deutschland vollzog sich im weiteren Verlauf deren Ausbildung. In Deutschland war die Folge der starken Königsmacht ein einheitlicher »Reichsstil«. In Frankreich dagegen stimmten die Landschaften nacheinander in den Kanon ein. Den Anfang machte BURGUND, wo bereits 910 mit der Gründung Clunys ein Zeichen gesetzt worden war. Dort entstanden die ersten Großbauten bald nach der Mitte des 10. Jh.s (die *Klosterkirche Cluny II* wurde 981 geweiht, eine Basilika mit einem Staffelchor; der Chor von *St-Philibert in Tournus* datiert in das ausgehende 10. Jh. – beide Beispiele nicht erhalten, jedoch aus Grabung bzw. Überlieferung gesichert). Ende des 10. Jh.s/Anfang des 11. Jh.s meldete sich das ROUSSILLON zu Wort (St-Michel-de-Cuxa, St-Martin-du-Canigou); Mitte des 11. Jh.s trat die NORMANDIE auf den Plan (Jumièges, Caen u. a.). Mit etwas Verzögerung folgten im späten 11. Jh. AQUITANIEN (Cahors, Périgueux) und im 12. Jh. schließlich das POITOU, die AUVERGNE und die PROVENCE.

So unterschiedlich auch im einzelnen die lokalen Formulierungen ausfielen, in einem Punkt arbeiteten die Baumeister aller Landschaften auf ein gemeinsames Ziel hin: die *Einwölbung der Kirchenräume.* Dabei scheint keiner der Kunstlandschaften ein eindeutiger

Primat zuzukommen. Um 1020 entstanden mit *St-Martin-du-Canigou im Roussillon* und *St-Philibert in Tournus (Burgund)* in weit voneinander entfernten Kunstzentren gleichzeitig die ersten vollständig eingewölbten Kirchenbauten des europäischen Mittelalters. Das beharrliche Ringen um die Probleme der Wölbetechnik hatte nicht nur formale und ästhetische Gründe. Den entscheidenden Ausschlag gab nicht zuletzt der Wunsch nach größerer Stabilität der Bauwerke, vor allem ein besserer Schutz vor Feuer, das immer wieder die hölzernen Konstruktionen aus vorromanischer Zeit vernichtet hatte. In der Fülle der baulichen Leistungen, die bald nach der Mitte des 11. Jh.s in allen Kunstlandschaften erbracht wurden, hat die Baukunst Frankreichs jener Deutschlands noch gegen das Ende des 11. Jh.s den Rang abgelaufen.

Ost- und westromanisch

Im Kapitel über die Kulturlandschaften haben wir die Loire als Kulturscheide zwischen Nord- und Südfrankreich definiert, die beiderseits in einem grundsätzlich anderen Verhältnis zum Raum wirksam wird. Gleichzeitig läßt sich eine andere wesentliche Unterscheidung vornehmen, deren Grenze nord-südlich verläuft. Diese betrifft Art und Struktur von *Mauerwerk und Wand.* Puig y Cadafalch, der spanische Nestor der mittelalterlichen Kunstgeschichte, hat dieses Phänomen schon in den dreißiger Jahren beschrieben, indem er die

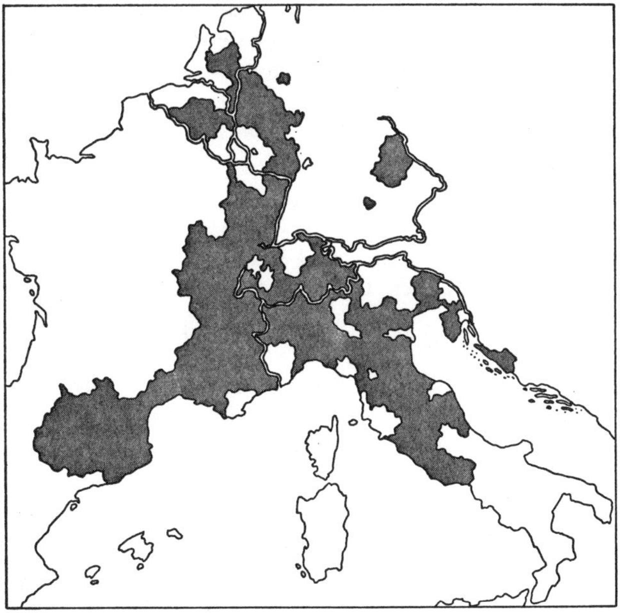

Verbreitung des »premier art roman« (nach Puig y Cadafalch)

Bauten östlich dieser Grenze dem *»premier art roman«* zuwies. Alle diese Bauten, sei es in Burgund, an der Mittelmeerküste oder in den Pyrenäen, weisen in der Tat eindeutige Gemeinsamkeiten auf: Sie sind aus kleinteiligem Bruchsteinmauerwerk errichtet und besitzen nur eine sehr verhaltene Gliederung in Form von flachen Lisenen und kleinen Blendarkadenfriesen. Diese *flächenhaften Dekorationen* erscheinen erstmals an byzantinischen Bauwerken Oberitaliens (z. B. Ravenna) und sind von dort in die Ostprovinzen Galliens vorgedrungen. Die Vermittler waren Baumeister aus der Lombardei, die zu den wanderfreudigsten Künstlern des Mittelalters zählen; ihre Wege lassen sich bis hinauf nach Schweden verfolgen. Die Bezeichnung der aus Como stammenden Bauleute als »maestri comacini« ist im Französischen in dem Wort *maçon* (= Mauer) lebendig geblieben. Aus diesem Grund wird für die frühe romanische Architektur im östlichen und südlichen Frankreich auch der Begriff »lombardischer Stil« gebraucht.

In den Westprovinzen Frankreichs sucht man das lombardische Dekorationsschema vergeblich. Hier wird Mauer als etwas Plastisches empfunden, das sich *aufbrechen und dreidimensional strukturieren* läßt. Voraussetzung dafür ist die Verwendung von *Quadersteinen.* Diese Auffassung von Bausubstanz, in der Gliederungselemente nicht im Sinne einer der Wand applizierten Schmuckform erscheinen, diese vielmehr durchdringen, ist nicht auf das Paradebeispiel Normandie (Empore, Runddienste) beschränkt; das Baldachinsystem der aquitanischen Kuppelkirchen mit seiner Loslösung von Wand und Pfeiler und die tief in die Wände gemuldeten Archivoltenportale des Poitou und der Saintonge zeigen eine ähnliche Gesinnung.

Eine solche grundsätzliche Unterscheidung in bezug auf die Behandlung der Wand funktioniert jedoch nicht in Form einer chronologischen Abfolge, wie es der Begriff »premier art roman« impliziert. Beide Stilrichtungen treten vielmehr gleichzeitig nebeneinander auf. Folglich trifft es den Sachverhalt besser, wenn man anstelle einer zeitlichen Differenzierung eine geographische wählt. Wir werden deshalb im folgenden von einem *ost-* bzw. *westromanischen* Kunstkreis sprechen.

Das westromanische Bestreben nach plastischer Wandaufbrechung besaß auf die Dauer die größere Durchschlagskraft. Wiederum nahm BURGUND die Funktion einer Schaltstelle ein. Exemplarisch läßt sich das Fortschreiten des westromanischen Einflusses an *St-Philibert in Tournus* beobachten: Die im 11. Jh. entstandenen Partien des Westbaus und des Langhauses zeigen noch das ostromanische Prinzip der geschlossenen Wand mit der Aufblendung von Lisenen und Rundbogenfriesen. Der Chor dagegen, der erst im 12. Jh. errichtet wurde, besitzt nicht nur die scharfkantig bearbeiteten Quader, sondern zeigt mit Säulchen, Bogenlaibungen, Kapitellen usw. all jene Gliederungselemente, mit denen die westfranzösische Romanik schon seit dem 11. Jh. die Wandscheibe aufzulösen bestrebt war.

Romanik und Gotik

Die ÎLE DE FRANCE, das Kernland des Königtums, erscheint nach der Mitte des 12. Jh.s wie ein Trichter, in den alle schöpferischen Kräfte der französischen Kunstlandschaften einflossen, um in Gestalt der gotischen Kathedrale als neue Kunstform zu erstehen. Der Unterscheidung zwischen Romanik und Gotik wurde immer viel Aufmerksamkeit geschenkt. Nicht minder fesselnd erscheint die Frage, was beide Epochen miteinander verbindet. Die Kunstgeschichte hat sich diesbezüglich auf eine Betrachtungsweise festgelegt, die allzu geradlinig erscheint.

Man geht allgemein davon aus, daß die Wiege der Gotik in der Normandie steht. Die normannische Architektur betrieb von Anfang an die *Auflösung der Wandfläche;* sie hat das

Die Kunstlandschaften des 11. und 12. Jh.s in Frankreich und ihre Beiträge zur Entstehung der gotischen Baukunst in der Île de France

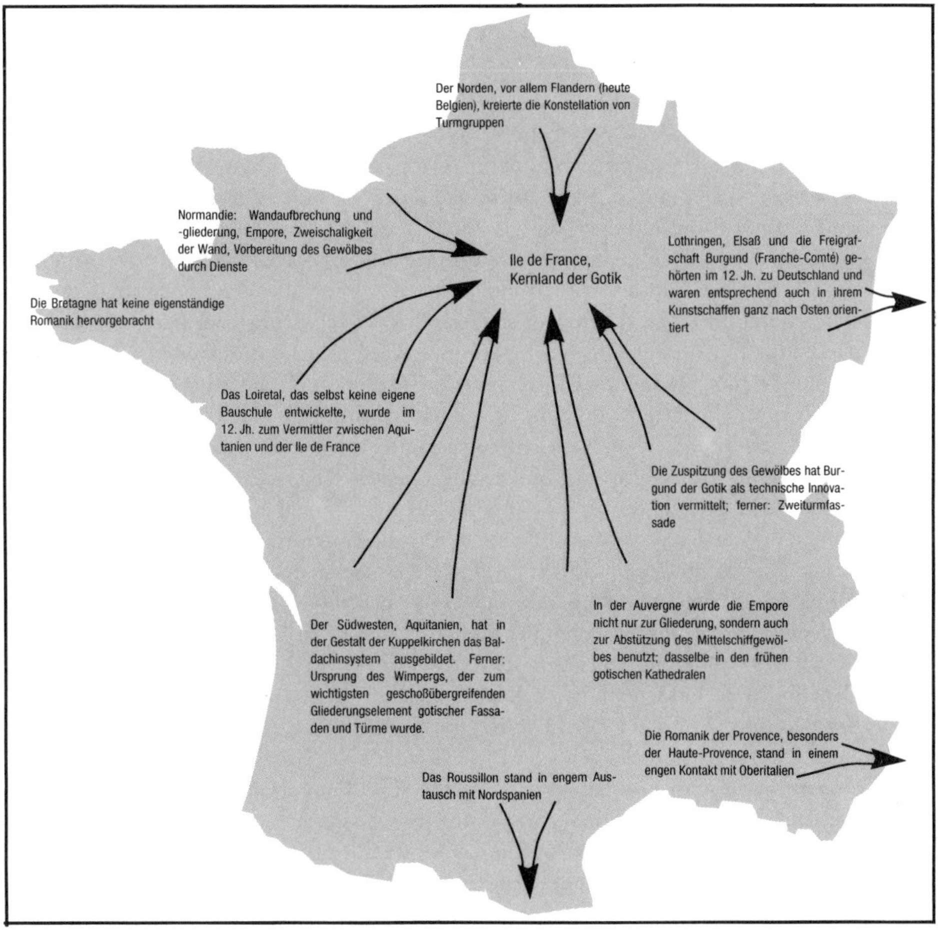

Motiv der Empore in die Baukunst des Mittelalters eingeführt und als erste Kunstlandschaft *Rundstäbe* ausgebildet, die die Hochschiffwand gliedern und der Vorbereitung des Gewölbes dienen. Dies hat dazu geführt, der Normandie eine Schlüsselrolle als Wegbereiter der Gotik zuzuerkennen, die in dieser Ausschließlichkeit einer behutsamen Korrektur bedarf; denn praktisch alle Kunstlandschaften Frankreichs haben Beiträge zur Entstehung der Kathedralgotik geleistet. Eine kaum minder bedeutsame Rolle als der Normandie kommt BURGUND zu. Im letzten Jahrzehnt des 11. Jh.s hatte man in *Cluny* mit dem kühnsten Bauprojekt des gesamten europäischen Mittelalters begonnen. Ein Raum von 12 m Breite und mehr als 30 m Höhe war mit dem zu diesem Zeitpunkt bereits Tradition gewordenen System der Tonnenwölbung, die einen stark zu den Seiten wirkenden Schub ausübt, nicht mehr zu überspannen. So verfielen die Baumeister von Cluny III auf die geniale Neuerung, die Tonne im Scheitel zuzuspitzen, wodurch der Gewölbeschub stärker vertikalisiert und damit auf die tragenden Teile der Säulen und Mauern gelenkt wird. Das Motiv des *Spitzbogens,* das der Laie immer noch gern als Erkennungsmerkmal der Gotik betrachtet, ist demnach tief in der Romanik Burgunds verwurzelt. Ebenfalls in Burgund entstanden ist das Motiv der *Zweiturmfassade:* Es erscheint erstmals an der Abteikirche *St-Philibert in Tournus* und hat von dort die gesamte Architektur Europas erobert. Kaum eine gotische Kathedrale verzichtete später auf die Zweitürmigkeit der Fassade. An der Ausbildung des *Umgangschores mit Kapellenkranz,* der gleichfalls zum unverbrüchlichen Bestandteil einer jeden gotischen Kathedrale gehört, waren BURGUND, die AUVERGNE und das LOIRETAL gleichermaßen beteiligt. Mit der seit karolingischer Zeit zunehmenden Bedeutung des Reliquienkults und der im 11. Jh. sprunghaft steigenden Zahl verehrungswürdiger Gegenstände wuchs das Bedürfnis, diese heiligen Dinge in der Kirche zu konzentrieren. Der aus dem 9. Jh. stammende Idealplan eines Klosters aus St. Gallen zeigt die Altäre noch über den ganzen Kirchenraum verstreut. In früher romanischer Zeit ging man dazu über, die Altäre (und mit ihnen die Reliquien) in Kapellen zu versammeln, die dem Chor als dem heiligsten Teil des christlichen Kultraums als Annexe angegliedert waren. Zugleich wurde mit dem Umgang eine ideale Lösung für die Bewältigung der zunehmenden Pilgermassen gefunden: Diese konnten nun an den radial ausstrahlenden Kapellen mit ihren Altären vorbeidefilieren, ohne eine gleichzeitig im Hauptschiff stattfindende Messe zu beeinträchtigen. Ein grundlegender Unterschied zwischen Romanik und Gotik besteht einzig in der Anordnung der Chorkapellen: Während die Kapellen der Romanik immer isoliert nebeneinander plaziert sind (weshalb man treffender von *Radialkapellen* spricht), rücken sie in der Gotik nahtlos aneinander, so daß sie tatsächlich einen *Kapellenkranz* bilden. Auch hierfür gibt es vereinzelt Vorformen in romanischer Zeit: Die Klosterkirche in *Puypéroux* im Angoumois etwa besitzt einen Chor mit sieben Kapellen, die wie Glieder einer Kette zusammenhängen.

Die *Empore* hat noch in romanischer Zeit eine Wandlung erfahren. In der Normandie erfüllte sie zunächst eine ausschließlich baukünstlerische Aufgabe, indem sie der Belebung der Wand diente. In der AUVERGNE, wohin das Motiv über Burgund weitervermittelt worden war, erkannte man die Möglichkeiten, die sich baustatisch aus der Empore ergaben: Dort wurde sie den Seitenschiffen aufgepflanzt, um dem Schub der Mittelschiffwölbung als

Widerlager zu begegnen. In der frühgotischen Kathedrale flossen dann ästhetische und baustatische Funktionen der Empore ineinander.

Einen weiteren wichtigen Beitrag hat AQUITANIEN geleistet, dessen lokale Bauschule den mit Kuppeln überwölbten Saal ausgebildet hat. Der große Vorteil der *Kuppelbauweise* liegt darin, daß die Außenmauern der Kirche praktisch unbelastet bleiben, da die Gewölbelast auf dem struktiven Gerüst einiger weniger Pfeiler ruht. So findet sich in der Romanik Südwestfrankreichs das Prinzip des *Baldachinsystems* vorgegeben, das gleichfalls in der Gotik zu voller Blüte gelangte.

Auch im Detail haben die Provinzen zum Teil Formen ersonnen, die oft als genuin gotische Erfindungen genannt worden sind. Das gilt etwa für die *Wimperg:* jene giebelförmige Dreiecksbekrönung, die an kaum einem gotischen Portal fehlt. Dieses Motiv erscheint erstmals im ausgehenden 11. Jh. am Glockenturm von *Brantôme* (Périgord), von wo es über Uzerche und Limoges (Limousin) seinen Weg nach Osten (Le Puy in der Auvergne) und Norden nahm.

Lediglich die an der Peripherie gelegenen Landschaften – Bretagne, Elsaß, Provence, Languedoc und Roussillon – haben kaum eine Rolle als Zulieferer für die Kunst der Gotik gespielt.

Die Skulptur

Ursprünge und Entwicklung

Das Werden der romanischen Skulptur vollzog sich parallel zum Entstehen der romanischen Architektur. Traditionell beginnt eine jede Abhandlung zu diesem Thema mit dem berühmten *Türsturz von St-Genis-des-Fontaines* (Roussillon – Abb. 53). Abgesehen davon, daß es sich hierbei um eines der ältesten Bildwerke der mittelalterlichen Steinplastik handelt, zeichnet ihn eine Besonderheit aus: Durch eine präzise Inschrift, die das Jahr der Entstehung – 1020 – angibt, ist er ihr frühestes fest datiertes Zeugnis. Das hat dazu verleitet, das Roussillon als die Wiege der romanischen Skulptur hinzustellen. Doch gilt auch hier, ebenso wie im Bereich der Baukunst, daß vergleichbare Arbeiten zur selben Zeit auch andernorts entstanden: Die Reliefs vom sogenannten *Gerlanus-Bogen in Tournus* oder die *Kapitelle in der Krypta von St-Bénigne in Dijon* (beide in Burgund) sind etwa gleichzeitig mit dem Portal von St-Genis anzusetzen. Weitet man den Blick über die Grenzen Frankreichs hinaus, so ist festzustellen, daß ebenfalls im frühen 11. Jh. Künstler in Oberitalien und Nordspanien damit begannen, plastische Bildwerke aus Stein zu meißeln. Eine Führungsrolle einer der hier genannten Landschaften ist dabei nicht auszumachen.

Allen diesen frühen Arbeiten in der Zeit zwischen etwa 1020 und 1090 sind zwei Wesensmerkmale gemeinsam: Sie besitzen ein *extrem flaches Relief* von nur wenigen Millimetern Tiefe; die figürlichen Darstellungen sind grundsätzlich *unterlebensgroß*. Die Flächigkeit und das Kleinformat lassen unschwer ahnen, aus welcher Richtung die ersten Bildhauergenerationen (oder sollte man noch von Steinmetzen sprechen?) ihre Anregungen schöpften. Da die erhaltenen plastischen Werke der Antike der christlichen Kunst – anders als in der Architektur – keine Vorbilder liefern konnten, wurden Wandbilder und besonders Vorlagen aus dem Gebiet der Kleinkünste herangezogen: geschnitzte Elfenbeine, Buchillustrationen, Werke der Goldschmiedekunst. Diese Zusammenhänge erklären nicht nur den zweidimensional/bildhaften Charakter der romanischen Skulpturen – die Tympana etwa, selbst noch ein so spätes Beispiel wie Moissac, wirken oft wie die Übertragung eines Apsisfreskos in das Medium der Steinplastik; der Türsturz von St-Genis scheint die direkte Umsetzung einer Elfenbeintafel in Stein zu sein –, sondern auch den unerhört reichen Schatz an Motiven sowohl im figürlichen wie auch im ornamentalen Bereich.

Gegen das ausgehende 11. Jh. war die Phase des Experimentierens abgeschlossen, hatten sich aus Steinmetzen ausgereifte Bildhauerpersönlichkeiten entwickelt (z. B. *Bernardus Gelduinus,* der 1096 den Tischaltar in St-Sernin in Toulouse geschaffen hat). Dies wird einmal in der geschmeidigeren Behandlung des Steins deutlich, indem der scharfkantige, steinschnittartige Stil der Frühzeit einem gerundeteren Relief weicht (vgl. die Reliefs im Chorumgang von St-Sernin in Toulouse oder die Gestalt des Abtes Durandus im Kreuzgang von Moissac, Abb. 68); zum anderen emanzipiert sich das Format um die Wende vom 11. auf das 12. Jh. zur *Großplastik.*

Wiederum vollzieht sich diese Entwicklung zwischen 1090 und den ersten Jahren des 12. Jh.s in verschiedenen Kunstlandschaften gleichzeitig. Das *Westportal von Charlieu* in Burgund (Abb. 4) und die *Porte Miégeville von St-Sernin in Toulouse* in der Languedoc (Abb. 60) aus dieser Zeit markieren mit ihren etwa halblebensgroßen Gestalten Meilensteine auf dem Weg zur Großplastik. Zwischen 1120 und 1130 schließlich erfährt das Format die Steigerung ins Überlebensgroße. In den Nischenfiguren der *Fassade von St-Gilles-du-Gard* in der Provence ist die Wandlung zur Monumentalskulptur endgültig vollzogen (Abb. 28, 30 und 31). Seit dem anbrechenden 12. Jh. ist das *Portal* als dominierender Blickfang am Außenbau einer Kirche und wichtigster Bildträger definiert.

Erkennungsmerkmale

Die Entwicklung der romanischen Bildhauerkunst von ihren Anfängen um 1020 bis zu ihrer Vollendung gegen die Mitte des 12. Jh.s gehört zu den faszinierendsten Kapiteln der abendländischen Kunstgeschichte, denn sie stellt einen wirklichen Neubeginn dar, ähnlich der Entstehung der griechischen Skulptur. Allerdings sind die romanischen Schöpfungen auf einer gänzlich anderen Bedeutungsebene angesiedelt als die der Antike: Jene schuf Abbilder der Götter, die in der von Menschenhand geformten Erscheinung als gegenwärtig empfunden wurden; die Götter- und Heldenstatue ist bei den Griechen unverzichtbarer Bestandteil des Kultes. Im Bereich der christlichen Kunst bleiben die Bildwerke jedoch weitgehend aus dem Kult selbst ausgeklammert. Kruzifixe und Madonnen spielen eine untergeordnete Rolle gegenüber der Bauzier, insbesondere an Portalen und Kapitellen, den Lieblingsthemen der romanischen Skulptur. Überdies unterscheidet sich die romanische Skulptur von jener der

Griechen grundlegend in gestalterischer Hinsicht: Jene fand in der vollplastischen Statue ihre Vollendung, diese aber blieb immer *Relief.*

Romanische Skulptur ist grundsätzlich *mit Architektur verzahnt,* also einem größeren baulichen Zusammenhang zu- bzw. untergeordnet. Dies gilt für die romanische Skulptur schlechthin, wo und wann immer sie geschaffen wurde. Zwar läßt sich eine Entwicklung nachzeichnen, die von dem extrem flachen Relief der Frühzeit (St-Genis-des-Fontaines, Roussillon) zu einem plastisch durchmodellierten, raumgreifenden Werk der Spätzeit führt (z. B. Charlieu, Narthex-Nordportal, oder St-Julien-de-Jonzy, Burgund), aber das *Prinzip der Bindung an einen Hintergrund als Bildträger* und damit an eine rückseitige Begrenzung blieb unangetastet. Erst die Gotik vollzog den Schritt zur freiplastischen Monumentalskulptur.

Was die plastisch geformte Bilderwelt der Romanik immer wieder rätselhaft erscheinen läßt und sie unserem Verständnis entzieht, ist ferner die Tatsache, daß alle Skulptur nicht nur eine definitive Begrenzung nach rückwärts, sondern auch eine verbindliche *Vordergrundbegrenzung* besitzt. Auch darin bleiben Werke der Frühzeit solchen der Reife trotz aller sonstigen stilistischen Unterschiede wesensverwandt. Alle erhabenen Punkte eines früh- wie eines spätromanischen Reliefs befinden sich in einer imaginären Vordergrundebene, die an keiner Stelle durchstoßen wird. Würde man eine große Glasplatte auf die Tympana von Moissac, Autun oder anderswo legen, sie läge immer genau parallel zum Hintergrund. Das bedeutet, daß das romanische Relief gleichsam zwischen zwei Folien eingespannt ist, auch wenn dieser Umstand nicht unmittelbar sinnlich erfahren wird. Deswegen auch bleibt romanische Skulptur, aller Faszination zum Trotz, stets distanziert. Sie kommt dem Betrachter nicht räumlich entgegen, sondern bleibt bildhaft in Flächen verspannt. Erst wenn man sich dieser Grundbedingung bewußt ist, begreift man, daß diese Kunstform letztlich nicht allein auf dem Weg der sinnlichen Wahrnehmung, sondern durch *geistige* Auseinandersetzung zu ergründen ist.

Abgesehen von wenigen mobilen Zeugnissen – Kultbilder, Altäre, Taufbecken und dergleichen – zeichnet sich die romanische Skulptur durch *Immobilität* aus. An Portalen oder Kapitellen fixiert, ist sie für alle Zeiten unverrückbar und überdauert Generationen. Immer Träger der einen Botschaft, ist sie *überzeitlich.* Dabei handelt es sich nicht um eine elitäre Kunstform, die nur einem Kreis bestimmter Personen zugänglich oder begreiflich sein will, sondern um *Allgemeingut*: für jedermann sichtbar, den Ungebildeten wie den Gelehrten, den Armen wie den Privilegierten. Dergleichen hat es in der europäischen Kunst zu keiner anderen Zeit gegeben. Romanische Skulptur ist unmittelbar präsent, auch wenn sie durch die strenge Einbindung in das Relief wie entrückt erscheint.

Ein weiteres Charakteristikum der romanischen Skulptur ist die *Funktion des Ornaments als Bedeutungsträger.* Wir sind es gemeinhin gewohnt, starre Grenzen zwischen konkreter bildlicher Darstellung und ornamentalem Beiwerk zu ziehen. In der Romanik hat es eine derartige Trennung nicht gegeben. Der Begriff der irdischen Sachlichkeit wird aufgelöst; es scheint, als habe ein tiefes Mißtrauen in die Dinge der sichtbaren Welt diese Epoche erfüllt. Oft liegt den ornamentalen Motiven ein tiefer Sinn zugrunde, den sich der moderne Betrachter erst erschließen muß – wenn beispielsweise die Rosetten auf dem Architrav von Moissac für die Feuerräder der Hölle stehen! Daneben gibt es zahllose Beispiele, bei denen die Grenzen zwischen konkreter Darstellung und abstrakten Schmuckformen aufgehoben sind: Denken wir an die Friese, Kapitelle, Kragstürze, an denen sich aus pflanzlichen Formen menschliche oder tierische Körper entrollen, oder an Leiber, denen zwei oder mehr Köpfe entwachsen, an zu Spiralen gedrehte zoomorphe Gestalten und dergleichen mehr. Was uns oftmals als Überschwang der Phantasie erscheinen will, ist letztlich nichts anderes als die Aufhebung der Trennung zwischen Bild und Abstraktion. Dergestalt erfährt der Betrachter die romanische Skulptur als janusköpfig: Als physische Materie ist sie sinnlich erfahrbar; inhaltlich zielt sie darauf ab, den Betrachter in einen rein geistig-seelischen Erfahrungsbereich zu führen.

Das Figurenkapitell

Die für die Romanik typische Symbiose von Ornament und Figur erreicht ihren Höhepunkt in der *Kapitellplastik,* deren Erfindungen zu den schönsten dieser Kunstepoche gehören. Hier feiern Imagination, Erzählfreude und gestalterische Virtuosität wahre Triumphe. Das Figurenkapitell taucht in der christlichen Kunst des Abendlandes erstmals im 11. Jh. auf und verschwindet mit dem Aufkommen der Gotik: Es ist also ein rein romanisches Thema. In der Frühzeit tritt die Funktion des Kapitells als der neuralgische Punkt, an dem die Lasten eines Gewölbes oder einer Wand auf die tragenden Stützen wie Pfeiler oder Säule übergeleitet werden, noch ungeschminkt in Erscheinung (vgl. Anzy-le-Duc). Bereits in der Antike hatte sich in den gegenüber dem schlichten dorischen Kapitell komplizierteren Formen des ionischen und insbesondere des korinthischen Kapitells ein Bestreben breitgemacht, das obere Ende einer Säule dekorativ zu gestalten. Aus römischer Zeit sind vereinzelt Beispiele von figurierten Kapitellen bekannt, die man als Vorläufer der romanischen Figurenkapitelle ansprechen kann; aber für jene gilt übereinstimmend, daß der Dekor die Aufgabe des Kapitells im architektonischen Kontext nicht verleugnet. Und genau darauf zielt die romanische Kapitellplastik ab: Der tragende Block verschwindet hinter einer Vielzahl von ornamentalen oder figuralen Dekorationsmotiven, so daß diese Zone gleichsam ihrer baustatischen Funktion entkleidet und zum Bildträger verfremdet scheint. Hierin offenbart sich ein grundsätzlicher Wesenszug der romanischen Kunst: Da sie stets den Bezug zu einem imaginären Jenseitsbereich sucht, zeigt sie sich *bestrebt, irdische Realitäten zu verschleiern.* So wird es der Romanik zum Bedürfnis, jenen Bauteil, an dem statische Probleme, das Prinzip von Last und Widerlager am deutlichsten zutage treten, in einem künstlerischen Sinn umzudeuten. Mit Hilfe des Figurenkapitells wird der Kirchenraum als (scheinbar) von irdischen Gesetzmäßigkeiten losgelöst definiert. Von daher versteht sich auch, daß gerade im Bereich der Kapitellplastik die Grenzen zwischen Ornament und Figur am stärksten verwischt werden.

Das Portal: Gestalt und Bedeutung

Wenn es die lokale Situation erlaubt, empfiehlt es sich, zunächst die Gesamtheit aus einiger Entfernung in Augenschein zu nehmen. In Angoulême, Aulnay oder Saintes – um nur einige zu nennen – ist das besonders gut möglich. Aus diesem Abstand erscheint ein Skulpturenportal als dekoratives Element am Kirchenbau, als *Ornamentum Ecclesiae*. Am romanischen Kirchenbau, dessen Bestandteilen jeweils eine symbolische Bedeutung zukommt, kennzeichnet das Portal die Schwelle, an der der Gläubige das Getriebe des Alltagsgeschehens verläßt, um durch Eintreten in den Kirchenraum, die Wohnstatt Gottes auf Erden, zu gelangen. Entsprechend dem Wort Christi, der sich mehrfach als Tür bezeichnet hat, durch die allein der Weg zum Heil führt, hat die romanische Epoche dem Portal einer Kirche besonderes Gewicht verliehen. Ohne sich vorerst auf die Deutung von Sinnzusammenhängen einzulassen, sollte man ein solches Kunstwerk ästhetisch auf sich wirken lassen. Damit vollzieht sich jenes Erlebnis, das man in der Strukturanalyse als die erste oder *dekorative Dimension* des Kunstwerks bezeichnet.

In der Auseinandersetzung mit den Bildinhalten treten wir in die zweite, die *semantische Dimension* des Kunstwerks ein (von griechisch semaino = bedeuten). Hauptthema fast aller Portalplastik ist das *Weltgericht* bzw. die *Parusie* (Wiederkunft Christi); diesem übergreifenden Aspekt ordnen sich alle Details unter. Im Vordergrund steht dabei die polare Gegenüberstellung von Zeugen des Guten und des Bösen. Christologische Szenen verweisen auf das Heil; Zitate aus Gleichnissen – beliebt ist die Darstellung des armen Lazarus und des reichen Prassers – und das Pandämonium der zahllosen Fabelwesen, Fratzen und Monster stehen für die Mächte der Finsternis. Hierbei gilt es festzuhalten, daß vieles von dem, was wir für bloße Phantasiegebilde halten, in einem sehr archaischen Sinn als realexistent empfunden wurde. Zahlreiche der monströsen Tiergestalten wie etwa Basilisken, Drachen, Einhörner galten als Wesen, die es angeblich irgendwo auf der Welt gab. Man verband mit ihnen bestimmte Vorstellungen. Die romanische Kunst sperrt sich nicht gegen diese Art von Idolbildung; sie bezieht vielmehr das Bestiarium in den theologischen Kontext ein. Andererseits ist sie bestrebt, die Grenze zwischen Wirklichkeit und Abbild aufzuzeigen. Mit diesem Aspekt erfahren wir bereits eine weitere Dimension des romanischen Portals, die auf Belehrung abzielt. Wir nennen sie die *didaktische* oder *pädagogische Dimension*. Der Betrachter wird über die dargestellten Inhalte zum Nachdenken angeregt; er ist gleichsam in den Kosmos der heilsgeschichtlichen Wirklichkeit einbezogen und dazu aufgerufen, seine eigene Position innerhalb der aufgezeigten Wertigkeiten zu bestimmen. Auf dieser dritten Stufe beginnt sich der Betrachter von der visuellen Realität der steinernen Bilder zu lösen. Diese setzen nun einen Gedankenprozeß in Gang, der automatisch in die vierte Erlebniszone überleitet: die *anagogische Dimension* (von griechisch anagogein = fortführen, hinaufführen). Darin wird endlich das Ziel erreicht, das alle romanische Skulptur grundsätzlich anstrebt: auf dem Weg über die Sinneswahrnehmung zur Schau auf Dinge anzuleiten, die außerhalb der sinnlichen Wahrnehmung liegen. Somit ist der Gläubige aufgefordert, sich hier am Portal als der Grenzmarke zwischen weltlichem und geistlichem Bereich durch Anschauung vorzubereiten auf die Begegnung mit Gott, die sich nur im Geistigen und losgelöst von allem materiellen Gebundensein vollziehen kann. Auch dem heutigen Betrachter vermag das romanische Portal über das ästhetisch-künstlerische Erlebnis hinaus buchstäblich eine Tür zu öffnen.

Das Christusbild der Romanik

Jede Epoche hat ihre eigene Gottesauffassung, die sich in den Bildern der Menschengestalt Christi niederschlägt (Gott selbst war bis ins 15. Jh. nicht darstellbar). Der Christus der Romanik ist immer *Herrscher* und *Richter*, auch dort, wo es im Bildkontext nicht zu erwarten wäre. Der *gekreuzigte Heiland* der Romanik hat grundsätzlich die Füße nebeneinandergestellt (sog. Viernageltypus; das Übereinanderlegen der Füße, der sog. Dreinageltypus, kommt erst in der Gotik auf). Er ist nicht eigentlich ans Kreuz geheftet, sondern scheint immer frei davor zu schweben, ohne daß die Last des Körpers erkennbar wird. Leiden und Sterben kennt der Gekreuzigte der Romanik nicht; er ist stets Sieger über den Tod. Dasselbe gilt für die *Darstellungen des Christuskindes,* etwa auf Kapitellen (Autun – Abb. 13 –, Saulieu) oder bei den auvergnatischen Madonnen (St-Nectaire, Orcival – Farbabb. 15): Das Kind thront aufrecht auf dem Schoß der Mutter, wendet sich dem Betrachter zumeist ernsten Blickes zu und hat grundsätzlich das Gebaren eines Erwachsenen, ist unerreichbarer Souverän. Der *weltenrichtende Christus der romanischen Tympana* ist jedoch kein Rachegott, wie immer wieder behauptet wird. Bei genauem Hinsehen – ob in Moissac, Vézelay, Autun – erweist er sich vielmehr als *Apathaios* (von griechisch apatheia = Teilnahmslosigkeit, Leidenschaftslosigkeit), der emotional keinen Anteil am Geschehen nimmt. Er ruht inmitten der Szenerie und kennzeichnet jenen Ort, an dem sich die Mächte der Finsternis und des Heils scheiden. Dieser Christus steht als Abbild des idealen Herrschers über allen Dingen. Er ist das Licht und das Ziel aller Hoffnung, und als solcher erscheint er weniger furchteinflößend als vielmehr ernst und gesammelt. Das Oval der Mandorla umschließt ihn als Lichtaura. Seinen Kopf hält er stets geradeaus gerichtet, während der Blick nach unten geht. Angst und Schrecken werden zur Genüge an anderer Stelle vorgetragen: in Gestalt von Teufeln und Dämonen; in Szenen, die das Schicksal der Verdammten drastisch ausmalen. Hier nehmen Urängste des Menschen künstlerisch Gestalt an.

In der späten Romanik setzen Tendenzen ein, diesen in einer imaginären Jenseitswelt befindlichen Christus-Gott zu vermenschlichen. Der Türsturz des heute in Paray-le-Monial (Burgund) befindlichen Tympanons aus Anzy-le-Duc aus der Zeit um 1150 zeigt die stillende Muttergottes, deren Kind nicht sitzt, sondern – in einer sich an der Wirklichkeit orientierenden Auffassung – liegt. In solchen Erscheinungen bereitet sich das neue Christusbild der Gotik vor, die den Gottessohn aus der Jenseitsbefangenheit löst und die stärkere Betonung auf den Begriff des Menschensohnes legt. Denn in demselben Maße, wie in der Aufgabe des romanischen Reliefs zugunsten der Rundplastik *formal* eine Konkretisierung vollzogen wird, findet auch eine *inhaltliche* Umdeutung statt: Der Christus der Gotik ist kaum noch der triumphierende Sieger; viel öfter erscheint er als Leidender, Erniedrigter.

Hierin kommen die Umwälzungsprozesse zum Ausdruck, die seit dem mittleren 12. Jh. allenthalben in Europa zu beobachten sind; auf einen kurzen Nenner gebracht, kann man sie als fortschreitende Laisierung beschreiben. Die Schicht der Auftraggeber verlagerte sich vom Klosterverband zur Weltgeistlichkeit; ihr folgten später der Adel und schließlich, im Spätmittelalter, das Bürgertum, das nur noch den geschundenen Christus gelten lassen wollte. Innerhalb dieser Zeitspanne wandelt sich das Bild des Gottkönigs zu dem des in der Passion niedergeschmetterten Menschen in seiner Erbarmungswürdigkeit, mit dem sich der Betrachter identifizieren konnte.

Die Malerei

Die Wechselfälle der Geschichte haben einen beträchtlichen Teil des einstigen romanischen Erbes von der Bildfläche verschwinden lassen. Schon in gotischer Zeit mußten zahlreiche romanische Kirchen Neubauten weichen oder wurden bis zur Unkenntlichkeit verstümmelt. Noch größeren Schaden richteten die Kriegswirren (vor allem der Hundertjährige Krieg und die Religionskriege im 16. Jh.) und die Französische Revolution an. Mit dem Abriß der Klosterkirche von Cluny ging das einst größte Gotteshaus der abendländischen Christenheit verloren; von den drei romanischen Kreuzgängen in Toulouse finden wir heute nur noch spärliche Reste im Museum der Stadt. Aber die Verluste auf dem Gebiet der Architektur und der Skulptur nehmen sich vergleichsweise bescheiden aus gegen jene Einbrüche, die der Denkmälerbestand in der Malerei erlitt. Das Erhaltene ist derart bruchstückhaft, daß man nur eine schemenhafte Vorstellung von der einstigen Bedeutung dieser Kunstgattung gewinnen kann. Wären nicht vereinzelt die Ausmalungen von Kirchen dadurch gerettet worden, daß sie in späteren Zeiten oft für Jahrhunderte hinter Übertünchungen verschwanden, die seit dem 19. Jh. allenthalben wieder behutsam entfernt wurden, so wüßten wir praktisch nichts über die romanische Wandmalerei. Viele Kirchen waren vollständig ausgemalt. Rekonstruktionsversuche wie etwa in Issoire (Auvergne) vermitteln immerhin einen Eindruck davon, wie romanische Innenräume ursprünglich ausgesehen haben. Der heutige Betrachter steht meist betroffen vor dieser Buntheit und findet wenig Gefallen daran. Es führt jedoch kein Weg daran vorbei, daß wir uns die romanischen Kirchen weit farbiger und belebter vorzustellen haben, als sie sich heute darbieten, auch wenn gerade die formale Strenge der Architektur besonders anziehend erscheint. Um so größere Bedeutung kommt jenen Denkmälern zu, in denen die einstige Ausmalung – oder zumindest Teile davon – die Zeiten überdauert hat: Berzé-la-Ville (Burgund – Farbabb. 9), St-Savin-sur-Gartempe (Poitou – Farbabb. 8) oder eine kleine Gruppe von Kirchen im Loiretal.

Es hat den Anschein, als sei die Bedeutung der Wandmalerei in der späten Romanik zurückgetreten. Der Grund hierfür liegt in der architektonischen Gliederung der Wand: Die ostromanische Bauweise, die die Wand als glatte Fläche behandelte, bot den Malern ein

Der Turmbau zu Babel. Nachzeichnung eines Freskos aus St-Savin-sur-Gartempe

ideales Betätigungsfeld. Der westromanische Kunstkreis dagegen mit seiner plastischen Durchformung der Wandfläche ließ der Malerei keinen Raum mehr. Indem sich diese plastisch strukturierende Architektur in Frankreich mehr und mehr durchsetzte, wies sie der Malerei in den farbigen Fenstern einen neuen Wirkungsbereich zu.

Die Vorbedingungen für die Entstehung der romanischen Wandmalerei waren von denen der Skulptur grundlegend verschieden. Jene mußte ihren Weg praktisch voraussetzungslos beginnen. Der Malerei hingegen boten sich genügend Anknüpfungspunkte, denn diese Kunstgattung war auch in nachantiker Zeit weiter gepflegt worden (z. B. karolingische Fresken in den Krypten der Kirchen von Auxerre). So erklärt sich, daß die romanische Wandmalerei Frankreichs ihren Vorbildern, insbesondere solchen aus dem byzantinischen Kunstkreis, eng verhaftet ist. Im Laufe des 12. Jh.s lassen sich dann stilistische Entwicklungen nachzeichnen, die mit jenen in der Skulptur vergleichbar sind.

Für den Untergang vieler Wandbilder mag neben der mutwilligen Zerstörung von Menschenhand auch ein technischer Grund mitverantwortlich sein: In Frankreich wurde, das haben moderne Untersuchungen nachgewiesen, nur selten in der reinen Freskotechnik gemalt, bei der die Farbe auf den feuchten Verputz aufgetragen wird und mit dem Malgrund zugleich abbindet. Die Malereien entstanden vorwiegend »al secco« bzw. in einer Art Mischtechnik, wobei der bereits abgetrocknete Verputz vor dem Auftragen der Farbe wieder angefeuchtet wurde. Diese Technik bot zwar mehr koloristische Möglichkeiten, andererseits ist sie weniger widerstandsfähig als das Fresko. Oft haben sich die Bilder zersetzt, ohne daß ihnen Gewalt angetan wurde. In Katalonien, wo vorwiegend in Freskotechnik gearbeitet wurde, hat sich dagegen eine staunenswerte Fülle romanischer Wandbilder erhalten (die meisten davon heute im Museum in Barcelona).

Im übrigen waren auch die romanischen Skulpturen farbig gefaßt! Das Tympanon in Conques (Auvergne/Rouergue) läßt als einziges seiner Art noch Reste dieser ursprünglichen Bemalung erkennen. Man muß sich die plastischen Bildwerke in bunten, oftmals grellen Farben vorstellen, was die drastische Wirkung mancher Szenen noch gesteigert haben dürfte.

Das Tafelbild war dagegen kein Thema für die romanische Kunst. Dieser Umstand erklärt sich aus der Liturgie: Bis zum Vierten Laterankonzil (Anfang des 13. Jh.s von Papst Innozenz III. einberufen) stand der Priester beim Vollzug des Meßopfers hinter dem Altar, mit Blickrichtung auf die Gläubigen. Zur Ausschmückung bot sich deshalb der untere Teil des Altars an, den oftmals ein Antependium verkleidete (erhalten in Avenas, Burgund). Erst die liturgische Plazierung des Priesters vor dem Altar, mit dem Rücken zur Gemeide, ermöglichte die Aufstellung eines Altarbildes (Retabel). Das Zweite Vatikanische Konzil unter Johannes XXIII. ist in unseren Tagen zur alten liturgischen Ordnung zurückgekehrt.

Die Kunstlandschaften und ihre Denkmäler

Burgund

Im Falle Burgunds erscheint es angebracht, zunächst die historische Identität dieser Landschaft gegenüber anderen, im Mittelalter gleichfalls mit dem Namen Burgund verbundenen Herrschaftskomplexen zu definieren. Gemeint ist in unserem Zusammenhang immer die heutige französische Provinz *Bourgogne* bzw., bezogen auf das Mittelalter, das *Herzogtum Burgund.* Nach der Reichsteilung im Vertrag von Verdun 843, bei der die Saône als Grenze zwischen dem Lotharingischen Mittelreich und Westfranzien festgelegt worden war, formierte sich der *Ducatus Burgundiae* als westfränkisches Lehnsherzogtum; seit 1032 unter der jüngeren, herzoglichen Linie der Kapetinger stehend, vollzog sich seine Entwicklung fortan in enger politischer Bindung an die französische Krone. (Dieses Herzogtum Burgund ist nicht zu verwechseln mit den zunächst selbständigen karolingischen Nachfolgestaaten Nieder- und Hochburgund, die Mitte des 10. Jh.s zu einem einzigen *Königreich Burgund* [auch *Arelat* genannt] vereinigt wurden. 1032, nach dem Tod König Rudolfs III., fiel dieser ausgedehnte Komplex zwischen Schwaben und der provenzalischen Mittelmeerküste an das Imperium und stand naturgemäß im Spannungsfeld zwischen den deutschen und französischen Interessen. Zwischen dem Herzogtum und dem Königreich Burgund – genauer gesagt: der Franche-Comté [vgl. Seite 388] – bildete die Saône im gesamten Hochmittelalter eine nationale Grenze.)

Sowohl der Verlauf der frühmittelalterlichen Geschichte als auch die geographische Situation haben dazu geführt, daß Burgund unter den französischen Kunstlandschaften eine Sonderstellung zufällt. Seit dem anbrechenden 8. Jh. sah sich der Westen des fränkischen Reiches von allen Richtungen her unterschiedlichen Gefahren ausgesetzt: Von Süden drangen die Araber über die Pyrenäen, und wenn auch ihr Vormarsch 732 bei Tours und Poitiers gestoppt werden konnte, so hielten sich doch muslimische Bastionen – etwa in der Provence – noch bis in das ausgehende 10. Jh. Von Westen her stießen alsbald die Normannen bis tief ins Landesinnere vor, plünderten und brandschatzten entlang der schiffbaren Flußläufe Klöster, Dörfer und Städte – eine Gefahr, die erst mit der Seßhaftwerdung dieses unruhigen Volkes in der Normandie Anfang des 10. Jh.s gebannt war. Zur selben Zeit fielen von Osten die Ungarn in das Land ein und erreichten in mehreren Wellen die Saône. Ganz Frankreich war der Bedrohung durch Invasoren ausgesetzt. Lediglich Burgund bildete inmitten des

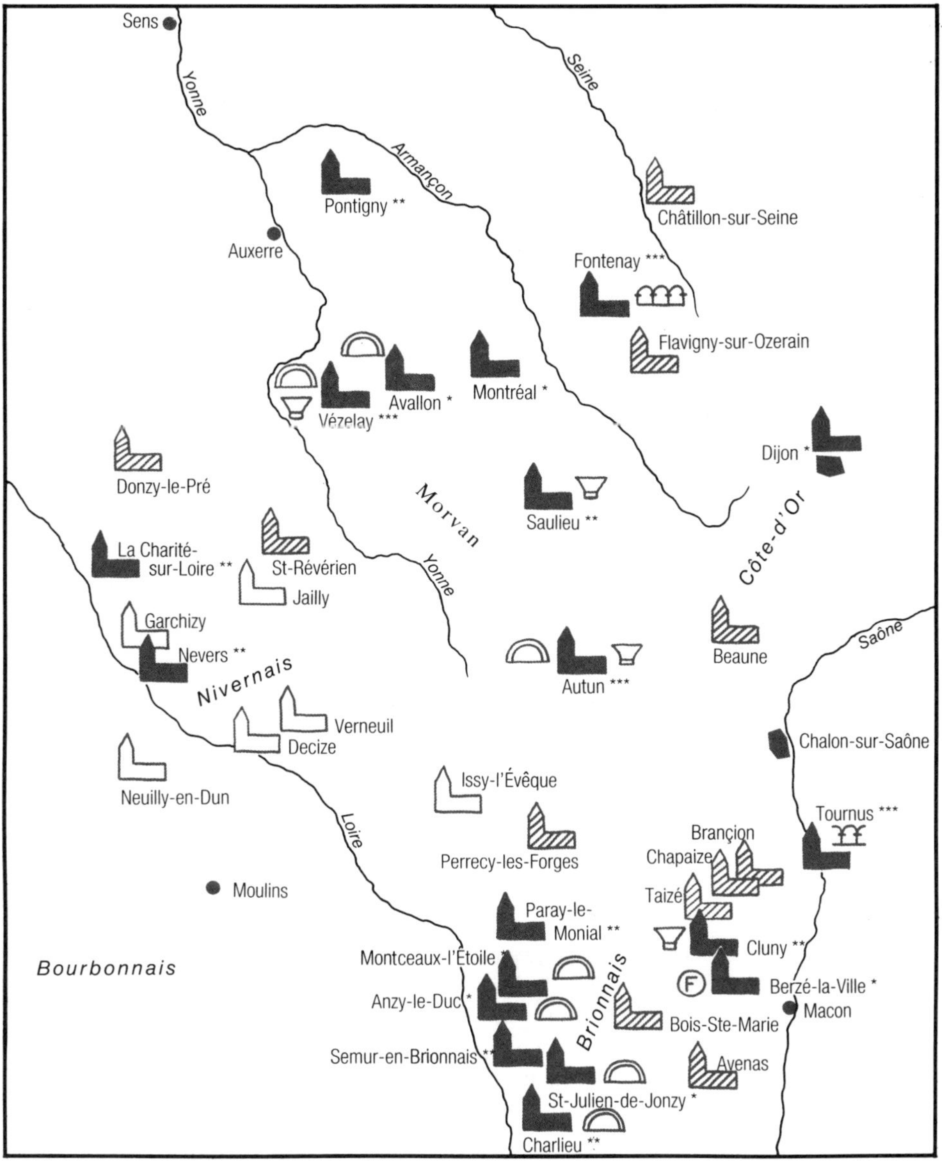

(Erläuterung der Symbole siehe Seite 10)

allgemeinen Chaos einen Ruhepol, wenngleich auch hier die verbreitete Dekadenz, die sich im Zuge der diversen karolingischen Reichsteilungen breitgemacht hatte, vor allem an den Klöstern nicht spurlos vorübergegangen war.

Die zumindest äußere Sicherheit des Landes zwischen Saône und Loire brachte es mit sich, daß viele der vor den Invasoren geflüchteten Mönche in Burgund eine neue Heimstatt fanden. Das bekannteste Beispiel ist jenes der Mönche von Noirmoûtier, die sich mit den Reliquien ihres Patrons, des hl. Philibert, nach jahrzehntelanger Irrfahrt in Tournus niederließen. Bezeichnenderweise gründete Herzog Wilhelm der Fromme von Aquitanien jenes Kloster, das zum Träger der geplanten großen Reform werden sollte, Cluny, nicht in seinen Stammlanden im Südwesten, sondern in Burgund, das offenbar ein besserer Garant für Ruhe und Stabilität war. Dies erklärt auch, warum in Burgund früher als in anderen Landschaften die Wiederbelebung des Klosterwesens einsetzte und die Zahl der Reliquien und Mönche gerade in diesem Landstrich besonders hoch war.

Geographisch ist Burgund weniger definiert als manche andere Region Frankreichs; markante Grenzen fehlen. Keine Meeresküste, kein Gebirgszug, kein Strom bildet eine natürliche Scheide. Die Landschaft hat vielmehr nach allen Seiten etwas Fließendes. Diese Offenheit brachte es mit sich, daß Burgund, ohnehin seit alters eine Drehscheibe der Völker, Anregungen von Norden und Süden, von Osten und Westen aufnahm und zugleich in die eine oder andere Richtung weitervermittelte. So gelangte etwa das Motiv der Empore aus dem Norden über St-Étienne in Nevers in die südlich angrenzende Auvergne, konnten arabische Einflüsse bis nach Montréal und Châtillon-sur-Seine vordringen. Andererseits hat Burgund, wohl nicht zuletzt dank einer verhältnismäßig kontinuierlichen Geschichte, die Kraft zu unverwechselbaren Eigenleistungen aufgebracht, die es seinerseits an die Nachbarn weiterzugeben wußte. Die von den Cluniazensern formulierten Baugedanken fanden über Aquitanien bis nach Spanien Verbreitung und lieferten noch der Gotik entscheidende Impulse. Als aber die eigenen schöpferischen Kräfte um die Mitte des 12. Jh.s zu erlahmen begannen, hat sich Burgund so rasch und widerspruchslos wie keine andere Landschaft der nordfranzösischen Kathedralgotik geöffnet.

Die Leistung Burgunds tritt u. a. in der Tatsache zutage, daß diese Landschaft zwei gleichrangige Bauschulen hervorgebracht hat. Der Regelfall war es sonst, daß jede Kunstlandschaft der französischen Romanik sich einem verbindlichen Typus verschrieb. Die ältere burgundische Tradition pflegte die basilikale Form mit zweigeschossigem Aufriß (vgl. Anzy-le-Duc). Ende des 11. Jh.s trat mit Cluny III eine neue Schule auf den Plan, die mit *Einführung des Triforiums* die reichere dreigeschossige Gliederung hervorbrachte und die herkömmliche Halbtonne durch die baustatisch fortschrittlichere *Spitztonne* ablöste. Dennoch behauptete sich die ältere Schule neben dem übermächtigen Einfluß von Cluny und brachte in Vézelay noch gegen die Mitte des 12. Jh.s einen herausragenden Vertreter der alten bodenständigen Tradition hervor. Das Bild wird noch bereichert durch Beispiele wie Tournus, wo Experimentierwege beschritten wurden. In der Baukunst der Zisterzienser schließlich sind die beiden burgundischen Bauschulen mit der aufkeimenden Gotik zu einer Synthese verschmolzen.

Im Bereich der Skulptur fand Burgund gleichfalls zu seinem ganz eigenen Ausdruck. Es blieb zugleich die einzige Landschaft nördlich des Loirebogens, die auf diesem Gebiet zu großen schöpferischen Leistungen fähig war. Gewiß, man muß auch in Burgund – ebenso wie in den südlichen Provinzen – die Verbindungen zur Antike sehen. Während aber in der Provence und im Südwesten eine tiefe Durchdringung von römischen Vorbildern und den Werken des Mittelalters zu beobachten ist, tritt in der burgundischen Plastik dieser Einfluß nur punktuell auf, mehr im Ikonographischen als im Stilistischen. So hat sich namentlich das Pathos des Herrschers in den großen burgundischen Christusgestalten niedergeschlagen. Insgesamt strebt die burgundische Skulptur den Jenseitsbezug kompromißloser an als die Kunstlandschaften des Südens. Die Figuren werden auf ein Minimum an körperlichem Volumen reduziert; ihre meist spindeldürren Gliedmaßen umspielen kostbar verschlungene, immer rein ornamental aufgefaßte Gewanddraperien. Ein weiteres Charakteristikum ist das Fehlen eines szenischen Bezugs der Figuren untereinander. Obwohl ihnen eine erstaunliche Beweglichkeit eignet – man denke etwa an die schlangenhafte Eva von Autun –, findet nur selten eine Interaktion statt. Die südfranzösische Plastik sucht dagegen immer die Beziehung, schafft Paare oder ganze Gruppen, die unlösbar miteinander verbunden sind. Alle diese Faktoren führen dazu, daß die burgundische Skulptur insgesamt hierarchischer wirkt als jene des Südens. Sie erscheint von einem streng theologisch-pädagogischen Prinzip durchdrungen. Burgundische Plastik erzählt für gewöhnlich keine Handlungen oder chronologische Abläufe; sie formuliert vielmehr Zustände wie Angst, Schrecken oder Verheißung, Erlösung. So überrascht es kaum, daß gerade Burgund, was die Ausprägung ikonographischer Typen anbetrifft, eine Art Führungsrolle übernommen hat. Der weltenrichtende Christus in der Mandorla erscheint in der Portalplastik des Mittelalters erstmalig in Charlieu (um 1090); in Cluny, dessen Portal noch vor 1120 fertiggestellt gewesen sein dürfte, hat die Gestalt des Pantokrators dann ihre endgültige Ausprägung erfahren. Moissac und andere Beispiele des Südens stehen in der Nachfolge dieses burgundischen Typus. Neben der *Portalplastik* hat auch das andere große Thema der romanischen Skulptur, das *Figurenkapitell,* in Burgund wahre Triumphe gefeiert.

Die Tatsache, daß die burgundische Romanik nach der Mitte des 12. Jh.s überraschend schnell abstarb und der Gotik Platz machte, ist aus der Nachbarschaft zur Île de France nicht hinreichend erklärt. Mindestens ebenso ausschlaggebend war der spürbare Substanzverlust der Klöster. 1153 starb mit Bernhard von Clairvaux die prägende Kraft des Zisterzienserordens, der schon bald darauf Spuren der Verweichlichung aufweist. 1156 folgte ihm Petrus Venerabilis, der letzte der großen Äbte von Cluny, ins Grab. Mit diesen beiden Persönlichkeiten ging der geistige Führungsanspruch der Orden dahin.

Anzy-le-Duc* *(Saône-et-Loire)*

Die ehemalige Prioratskirche Ste-Trinité, Ste-Croix-et-Ste-Marie in jenem südwestlichen Winkel Burgunds, den man das Brionnais nennt, ist gleichsam der Gegenpol zur cluniazensischen Bauschule (Cluny III). Noch im 11. Jh. entstanden, zeigt die Kirche die ältere burgundische Tradition des zweigeschossigen Aufrisses. Über dem Halbrund der Arkaden geht ungegliedertes Mauerwerk auf, aus dem die Fenster des Obergadens wie ausgeschnitten erscheinen. Das Mittelschiff besteht aus einer Folge von Kreuzgratgewölben, die durch halbrunde Gurtbögen voneinander abgesetzt sind. Dem Raum fehlt jener himmelstürmende Drang in die Vertikale, der allen von Cluny III abhängigen Bauten eigen ist. Hier halten Vertikale und Horizontale einander die Waage, so daß insgesamt ein Eindruck von in sich lagernder Ruhe entsteht. Einen deutlichen Vertikalakzent setzt einzig der dreigeschossige oktogonale Vierungsturm, der dem 12. Jh. entstammt. In seiner reichen Gliederung legt er zugleich Zeugnis vom Fortschreiten des westromanischen Einflusses ab. Der Chor zeigt das Muster eines Staffelchores mit fünf Apsiden, wie es ähnlich für den zweiten Kirchenbau von Cluny belegt ist.

Die *Figurenkapitelle des Langhauses* sind noch im 11. Jh. entstanden und gehören zu den ältesten Beispielen dieser typisch romanischen Gattung. Hier ist im Gegensatz zu späteren Werken (Autun, Saulieu) der Grund des Kapitellblocks noch gut erkennbar, auf den die Figuren wie aufgesetzt erscheinen. Dennoch ist bereits ein Gestaltungsprinzip zu beobachten, dem die burgundische Kapitellplastik verpflichtet bleiben sollte: Die architektonische Form des

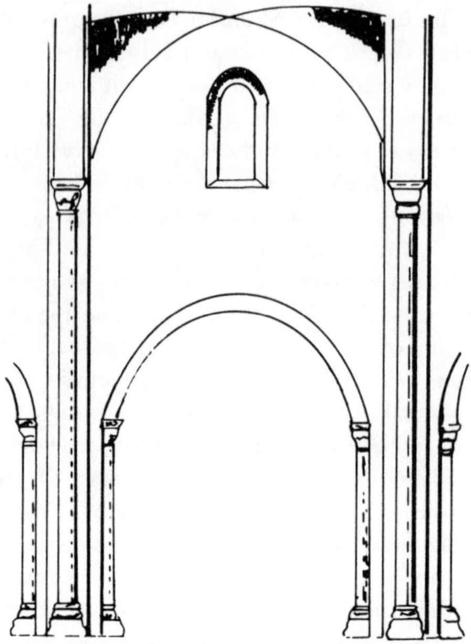

Anzy-le-Duc, ehem. Prioratskirche Ste-Trinité, Ste-Croix-et-Ste-Marie, Wandgliederung

Kapitells ist verbindlich; Eckgestalten übernehmen die Funktion von Voluten.

Der plastische Schmuck der *Tympana* gehört dagegen dem 12. Jh. an. Ursprünglich besaß Anzy deren drei; eines befindet sich heute in Paray-le-Monial (Musée Hiéron). Das *Westportal* der Kirche formuliert das Thema des Weltgerichts unter Hinzunahme der 24 apokalyptischen Könige, die sich in der Stirnarchivolte (dort 20) und an den Kapitellen des Gewändes (hier weitere 4) befinden. Ein weiteres, stark verwittertes *Portal* entdeckt man *in der südlichen Klostereinfriedung;* sein Tympanon schildert die Anbetung der Könige sowie den Sündenfall, im Architrav darunter die höllischen Martern der Verdammten und ganz links, nur im Sinne eines knappen Zitats, eine Andeutung des

Himmlischen Jerusalem. Die Figuren stehen offensichtlich unter dem Einfluß der Gislebertus-Werkstatt in Autun, erscheinen aber hier gummiartig biegsam und weniger bewegt von jenem furiosen Geist, der in Autun waltet. Es handelt sich demnach um das Werk eines Epigonen, dessen Handschrift auch im nahen, jenseits der Loire gelegenen Neuilly-en-Donjon nachzuweisen ist.

Autun*** *(Saône-et-Loire)*

Lazarus, der Bruder der Maria Magdalena und der Martha, den Christus vor seinem Einzug in Jerusalem vom Tode erweckt hatte, war der Legende zufolge mit anderen Heiligen in die Provence verschlagen worden. Seine Gebeine fanden zunächst in Marseille ihre letzte Ruhestatt; von dort vor den Sarazenen in Sicherheit gebracht, gelangten sie im 8. Jh. nach Autun, dessen Kathedrale seither dem hl. Lazarus geweiht ist.

1120 und 1146 sind die Eckdaten, innerhalb derer die Errichtung der KATHEDRALE ST-LAZARE anzusiedeln ist: angesichts der Größe des Projekts eine erstaunlich kurze Bauzeit. Zwei Türme, ähnlich denen von Cluny und Paray-le-Monial, flankieren den offenen Narthex, der der Kirche 1178 vorgesetzt wurde und das figurenreichste *Weltgerichts-Tympanon* der burgundischen Romanik baldachinartig überwölbt (Abb. 7–9). Seine Erhaltung verdanken wir dem Umstand, daß es seit 1766 vermauert war und so die Stürme der Revolution überstand; 1836 wiederentdeckt, wurde es 1860 restauriert.

Den Mittelpunkt bildet die alles beherrschende Richtergestalt Christi. Gemäß der mittelalterlichen Sicht, wonach das Rechte rechts, das Böse links seinen Platz hat, findet man beide Bereiche zu seiten des Richters angeordnet. Links (also rechts von Christus) ist die dicht gedrängte Schar der Apostel Christus zugewandt – bis auf Petrus, der, mit einem riesengroßen Schlüssel auf Maria weisend, unter Assistenz eines Engels Auserwählten durch das »Nadelöhr« einer Arkade Zugang in das Himmlische Jerusalem verschafft (Abb. 8). Zuoberst thront die Muttergottes als Verkörperung des Heils. Auf der anderen, rechten Seite wird die Seelenwägung vollzogen (Abb. 9); darüber zwei männliche Heilige: Apostel, vielleicht auch alttestamentarische Propheten, die inhaltlich mit der Marienfigur gegenüber korrespondieren. Auf dem Architrav, der als Erdenzone von der himmlischen Schau deutlich abgesetzt ist, spielt sich die Auferstehung der Toten ab: Ein Engel trennt die Auserwählten (links) von den Verdammten, deren Schicksal mit schonungsloser Drastik geschildert wird: Einer sündigen Frau beißen Schlangen in die Brüste; ein Reicher, kenntlich an seinem Geldsack, wird von einem Reptil umschlungen; einen anderen würgen zwei überdimensionale Hände. In der äußeren Archivolte versinnbildlichen Medaillons mit Darstellungen der Monatsarbeiten (zugleich Symbole für die zwölf Apostel) und Tierkreiszeichen das Weltumspannende des Geschehens.

Das Portal ist ein Paradebeispiel der burgundischen Skulptur. Die Unkörperlichkeit der Gestalten springt ins Auge: Der Leib Christi zeichnet sich unter dem Gewand mit der Zerbrechlichkeit eines Skeletts ab; die Apostel und Engel, mit ihren insektenhaften, überlangen Gliedmaßen geradezu entmaterialisiert, erscheinen als Vertreter eines Reiches, das nicht von dieser Welt ist. Diese Formensprache steigert die inhaltliche In-

Autun, Kathedrale St-Lazare, Tympanon des Westportals

A Auserwählte
B Verdammte
C Seelen, die ins Paradies eingehen
D Die Apostel
E Petrus an den Pforten des Paradieses
F Engel, die Mandorla tragend
G Christus in der Glorie
H Die Seelenwägung: Der Erzengel Michael und ein Teufel
I Die Pforten der Hölle
J Teufel und Verdammte
K Das Paradies: Die Jungfrau Maria auf dem Thron
L Das Paradies: zwei Gestalten (wahrscheinlich Jakobus d. Ä. und Johannes, oder Enoch und Elias?)

1 Blume
2 Blume
3 Frühling und Herbst
4 Winter und Sommer
5 Januar
6 Wassermann
7 Februar
8 Fische
9 März
10 Widder
11 April
12 Stier
13 Mai
14 Zwillinge
15 Annus
16 Krebs
17 Juni
18 Löwe
19 Juli
20 Jungfrau
21 August
22 Waage
23 September
24 Skorpion
25 Oktober
26 Schütze
27 November
28 Steinbock
29 Dezember
30 Blume
31 Blume

tention des Portals. Der Richter von Autun ist gewiß der strengste im Rahmen der romanischen Kunst Frankreichs. Indem die Gegenüberstellung von Gut und Böse in harten Kontrasten gezeichnet wird, ist der Betrachter kompromißlos zum Nachdenken über das eigene Handeln aufgerufen. Inschriften fassen die Bildaussage verbal zusammen; über dem Architrav: QUISQUE RESURGET ITA QUEM NON TRAHIT IMPIA VITA ET LUCEBIT EI SINE FINE LUCERNA DIEI (So wird jeder auferstehen, der nicht ein unfrommes Leben führt, und für ihn wird auf ewig leuchten das Licht des Tages); im unteren Streifen: TERREAT HIC TERROR QUOS TERREUS ALLIGAT ERROR NAM FORE SIC VERUM NOTAT HIC HORROR SPECIERUM (Daß hier der Schrecken jene erschauern lasse, die der irdische Irrtum fesselt, denn der Schrecken dieser Bilder bedeutet, daß dies ihr Schicksal sein wird); und schließlich in der Umrandung der Mandorla: OMNIA DISPONO SOLUS MERITOS CORONO QUOS SCELLUS EXERCET ME JUDICE POENA COERCET (Ich allein ordne alles, ich allein kröne das Verdienst; die das Verbrechen ergriff, die richte und strafe ich). Unmittelbar zu Füßen Christi entziffern wir außerdem die Künstlersignatur: GISLEBERTUS HOC FECIT (Gislebertus hat dies geschaffen), womit uns einer der wenigen Künstlernamen der Romanik überliefert ist. Man hat diese Inschrift oft als Ausdruck eines keimenden künstlerischen Selbstbewußtseins interpretiert. Die Tatsache jedoch, daß Gislebertus seinen Namen direkt zu Füßen des Richters verewigt hat, mutet eher als Geste der Demut denn als Ausdruck eitler Selbstdarstellung an. Der Künstler war von sei-

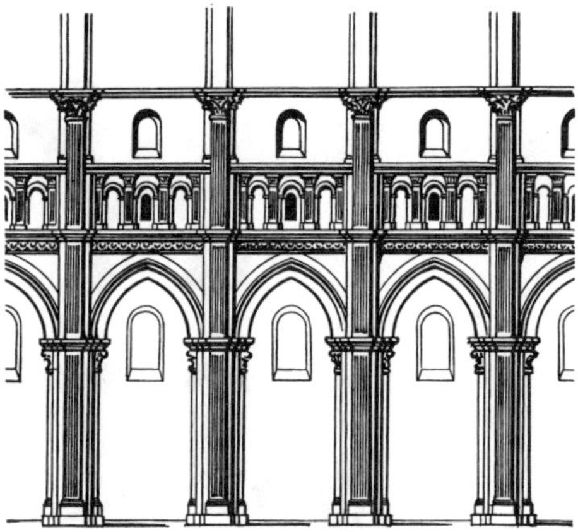

Autun, St-Lazare, Wandgliederung

nem Werk und dessen inhaltlicher Aussage tief durchdrungen. Möglicherweise hinterließ er seinen Namen in der Hoffnung, am Tage des Jüngsten Gerichts durch das, was er hier zum Ruhme Gottes geschaffen hatte, zur Gruppe der Auserwählten zu gehören.

Das *Innere* der Kathedrale erweist sich dem hohen künstlerischen Rang des Portals ebenbürtig (Abb. 6). Das cluniazensische System ist hier im Sinne einer kühlen Noblesse zu letzter Ausgereiftheit gesteigert. Alle Pilaster zeigen antikisierende Kanneluren; stufenweise nimmt die Fülle des gliedernden Baudekors nach oben ab, so daß der Raum in der Aufwärtsbewegung an Leichtigkeit gewinnt. Der Verzicht auf einen Chorumgang mit Kapellen zugunsten einer schlichten Apsisrundung steigert die Klarheit des Raumes. Die Arkaden des Untergeschosses und das Mittelschiffgewölbe sind derart steil zugespitzt, daß die Grenzen zur Gotik verwischt erscheinen.

Der geniale Gislebertus hat auch die *Kapitelle des Innenraums* geschaffen, deren Anzahl (insgesamt 101, davon 49 figürlich) dem

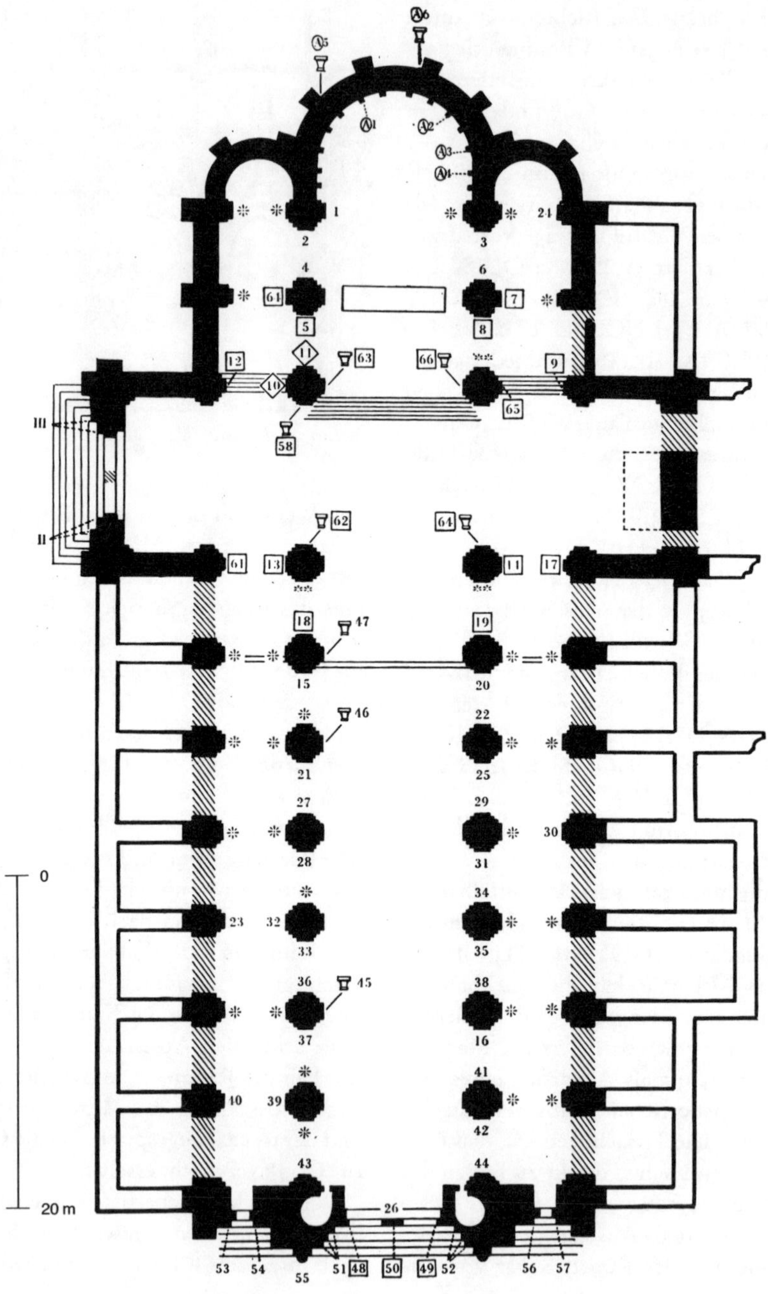
A6
A5
A1
A2
A3
A4
1
24
2
3
4
6
64
5
7
8
12
11
63
66
9
10
65
III
58
II
62
64
61
13
11
17
18
47
19
15
20
46
22
21
25
27
29
28
30
31
34
23
32
33
35
36
45
38
37
16
41
10
39
42
43
44
26
53
54
55
51
48
50
49
52
56
57
0
20 m

◁ *Autun, St-Lazare, Lageplan der Kapitelle*
Eckige Klammerung bedeutet im folgenden, daß sich das Original in der Salle Capitulaire befindet bzw. im Fall der Nr. 50 im Musée Rolin; diese Zahlen stehen auf dem Plan in quadratischen oder rautenförmigen Kästchen. Ein Kreuz nach der Nummer bedeutet, daß das Kapitell in Stuck restauriert wurde:

Kapitelle der Apsis

A1 Ira
A2 Löwen und menschlicher Kopf
A3 Zwei Löwen
A4 Eule
A5 Sitzende Gestalt (vermutlich Christus)
A6 Szene mit einem Engel

Kapitelle im Vorchor und Schiff

1+ Die vier Paradiesflüsse
2a, b+ Der Gang nach Emmaus
3+ Die erste Versuchung Christi
4+ Luxuria
[5a–c] Die Flucht nach Ägypten
[6] Konstantin
[7] Ein Mann, der auf einem Vogel reitet
[8] Dreiköpfiger Vogel
[9] Kampf mit dem Basilisken
[10a–c] Die Könige vor Herodes
[11] Der Traum der Könige
[12a–e] Anbetung der Könige
[13a–c] Darstellung einer Kirche
[14a, b] Gott befragt Kain
15 Der Baum Jesse
16 Der Traum Nebukadnezars
[17a, b] Der Tod des Judas
[18] Der Tod Kains
[19a–c] Zwei Tugenden und zwei Laster
20a–c Arche Noah
21a–c Christus erscheint Maria Magdalena
22a, b Samson stürzt die Säulen des Tempels
23 Hahnenkampf
24 Faun und Sirene
25a–d Steinigung des heiligen Stephanus
26a–c Jakob ringt mit dem Engel
27a, b Daniel in der Löwengrube
28 Die zweite Versuchung Christi
29 Samson und der Löwe
30 Moses und das goldene Kalb
31 Fußwaschung
32a, b Bekehrung Pauli
33a–c Petrus im Kerker
34 Der vierte Ton der Musik
35 Der Flug des Simon Magus
36 a, b Drei Jünglinge im Feuerofen
37 a, b Verkündigung an Anna
38 a, b Der Sturz des Simon Magus
39 Die Opferung Isaaks
40 a, b Die Geburt Christi
41a–c Der Leichnam des hl. Vinzenz wird von zwei Vögeln beschützt
42 Greif
43 Teufel und Schlange
44 a, b Teufel mit Feuergabel
45 Löwen
46 Ballspieler
47 Verkündigung an Joseph

Kapitelle der Westportale

[48] Ethiop (?)
[49] Bileam
[50 a, b] Zwei Atlanten
51 Der Wolf und der Kranich, Abraham verstößt Hagar und Ismael, Sechs Älteste aus der Apokalypse
52 Reinigung der Jungfrau und Darstellung im Tempel, Bekehrung des Eustachius, Der heilige Hieronymus
53 David mit der Schleuder
54 a, b David und Goliath
55 Krieger
56 Junger Mann mit Affen
57 Kopf eines Ungeheuers

Kapitelle des Nordportals

II(a) Die Witwe von Nain
II(b) Lazarus und der Reiche
III(a) Der Reiche in der Hölle, Lazarus und Abraham
III(b) Der verlorene Sohn

Zyklus von Vézelay kaum nachsteht, in der hohen Qualität der Ausarbeitung jenen noch übertreffend. Der ikonographische Bogen ist weit gespannt: Neben Szenen des Alten sowie des Neuen Testaments gibt es Mythologisches, Symbolhaftes, Fabelzitate und viel Ornament. Leider sind diese Meisterwerke derart hoch angebracht, daß man Schwierigkeiten bei der Betrachtung von Details hat. Da erweist es sich als glücklicher Umstand für den Besucher, daß Viollet-le-Duc bei der Restaurierung 1860 die Vierungspfeiler verstärken und deshalb einige Kapitelle abnehmen mußte, deren heutige Aufstellung in der ehemaligen Dombibliothek (*Salle Capitulaire*, Zugang an der Südseite des Chores) eine Betrachtung aus nächster Nähe erlaubt (in der Kirche durch Kopien ersetzt). Hier läßt sich das künstlerische Genie des Gislebertus in der ganzen Bandbreite seiner Imaginationskraft ermessen. Im *Selbstmord des Judas* (Abb. 12) klingt derselbe expressive Schrecken an, der für das Portal so bezeichnend ist. Eine menschliche Note schimmert dagegen im *Traum der Könige* auf, die, ihre Kronen säuberlich aufgesetzt, unter einer gemeinsamen Decke ruhen, während ein Engel ihnen den Stern als Wegweiser deutet (Abb. 11). Das Kapitell mit der *Flucht nach Ägypten* (Abb. 13) – das Bewegungsmotiv der Räder wird uns bei demselben Thema in Saulieu wiederbegegnen – läßt keinen Zweifel am Christusverständnis der Romanik: Das Kind wird dem Betrachter in strenger Frontalität, wie thronend präsentiert. Trotz der geringen Größe geht etwas Hoheitsvolles von seiner Gestalt aus. Ähnliches gilt für die *Anbetung der Könige*.

Bedauerlicherweise ist nicht alles von der romanischen Substanz in Autun erhalten geblieben. Das Nordportal und das Lazarusgrab wurden im 18. Jh. im Zuge einer Barockisierung entfernt. Fragmente von beidem finden sich jetzt in dem der Kirche benachbarten MUSÉE ROLIN, das seinen Namen nach dem Kardinal Rolin trägt, der die Teilgotisierung der Kathedrale durchführen ließ (Vierungsturm, Seitenkapellen). Er war der Sohn jenes herzoglichen Kanzlers Rolin, der in Beaune das noch bestehende Hôtel-Dieu stiftete. Aus dem Nordportal, dessen Tympanon vermutlich die Auferweckung des Lazarus zum Thema hatte, ist ein Teil vom Architrav erhalten mit der berühmten *›Eva von Autun‹*, einem weiteren Meisterwerk des Gislebertus (Abb. 10). In der Art, wie sich ihr nackter Körper mit den vegetabilen Elementen zugleich sinnlich und ornamental verbindet, wird sie selbst zum Inbegriff des Schlangenhaften.

Die Endphase der burgundischen Bildhauerei der Romanik vertreten *drei Statuen vom Lazarusgrab* (Martha, Andreas und Maria Magdalena). In ihrer säulenhaften Statuarik kündigt sich bereits die von der Île de France heraufziehende Gotik an. Das erst nach 1170 geschaffene Lazarusgrab (eine instruktive Rekonstruktionszeichnung im Museum vermittelt einen Eindruck von Gestalt und Größe) war ein gewaltiger Schrein, der vor seiner Zerstörung den Blickfang in der Kathedrale bildete.

Avallon* *(Yonne)*

In Avallon besitzt Burgund neben Autun eine zweite KIRCHE ST-LAZARE, denn dorthin gelangte anläßlich der Translation der Reliquien das Haupt des hl. Lazarus. Die *Portalplastik* steht auf der Schwelle zwischen spätester Romanik und beginnender

Gotik. Romanisch ist noch das Gewucher der zahllosen Ornamentformen; auf die Gotik weist hingegen die überschlanke Säulengestalt eines Heiligen oder Propheten im Gewände des Hauptportals. Mit Beispielen wie Charlieu (Narthex-Nordportal) oder St-Julien-de-Jonzy hatte die burgundische Romanik ihren letzten Gipfel an Beweglichkeit erreicht. Der Schritt zur freien Monumentalskulptur, die die Fesseln einer Bindung in das Relief sprengt, erfolgte zunächst dergestalt, daß sich die Figur wie hier in Avallon ganz in sich zurückzog. Die nächsten Verwandten zu dem »Säulen-Heiligen« von Avallon finden sich am Königsportal der Kathedrale in Chartres.

Das Kircheninnere folgt dem Vorbild von Vézelay und damit der alten burgundischen Tradition des zweigeschossigen Aufrisses, wie er in Anzy-le-Duc überliefert ist.

Berzé-la-Ville* *(Saône-et-Loire)*

Auf halber Strecke zwischen Macon und Cluny liegt abseits der großen Nationalstraße (N 79) das einstige Priorat, in das sich der hl. Hugo, der Bauherr von Cluny III, im Alter oft zurückgezogen haben soll. In ihm, der das Priorat auch testamentarisch dotierte, hat die Forschung den Auftraggeber der *Fresken* sehen wollen, die Ende des 19. Jh.s in der Apsis der kleinen CHAPELLE DES MOINES unter dem Verputz entdeckt wurden. Immerhin haben wir hier, im engsten Umkreis von Cluny, ein äußerst qualitätvolles Beispiel romanischer Wandmalerei, von dem sich Rückschlüsse auf die verlorene Freskodekoration von Cluny III ziehen lassen.

Die Apsiswölbung beherrscht Christus in der Mandorla (Farbabb. 9). Zu deren beiden Seiten haben sich Apostelgruppen versammelt: rechts angeführt von Petrus, links von Paulus. Die Rechte segnend erhoben, reicht Christus ein Spruchband an Petrus: Sinnbild für die Institution der christlichen Kirche, die ihre Legitimation unmittelbar von der göttlichen Autorität empfängt *(Traditio legis)*. Diese Ikonographie nimmt überdies Bezug auf die Abtei von Cluny, die ja allein dem Papst (= Petrus) unterstellt und deren Kirchenbau den Apostelfürsten Petrus und Paulus geweiht war. Unterhalb von diesen erscheinen in Berzé die kleineren Gestalten der heiligen Diakone Vincentius und Laurentius als Patrone der Kapelle. In den Blendnischen der Chorwand sind die Martyrien der Heiligen Laurentius und Blasius dargestellt.

Der Stil der vermutlich bald nach 1100 entstandenen Malerei weist auf byzantinische Vorbilder; im Detail sind Übereinstimmungen mit gleichzeitiger Buchmalerei auszumachen.

Charlieu** *(Loire)*

Strenggenommen liegt Charlieu nicht mehr in Burgund, sondern in der Landschaft Forez, die zur Auvergne gehört. Die Anbindung an Cluny und die ganz dem burgundischen Kunstkreis verpflichtete Skulptur lassen es jedoch sinnvoll erscheinen, Charlieu kulturgeographisch diesem Raum zuzurechnen.

Die PRIORATSKIRCHE ST-FORTUNAT wurde in der Revolution dem Erdboden gleichgemacht. Im späten 11. Jh. errichtet, stellte sie ein getreues Abbild von Cluny II dar (Staffelchor!). Allein die Westwand und der Narthex blieben von der Spitzhacke verschont, und so sind zwei wichtige Werke überliefert, die Beginn und Ende der romanischen Skulptur in Burgund exemplarisch vertreten. Das *Westportal* der Kirche mit einem der frühesten Tympana der französischen Romanik überhaupt ist zugleich eines der ältesten erhaltenen Stufenportale mit eingestellten Säulen (um 1090). Im Tympanon thront Christus, die Rechte im Segensgestus erhoben, die Linke hält das Buch; zwei Engel stützen die Mandorla (Abb. 4). Es ist dies der Prototyp aller folgenden Majestas-Darstellungen. Unter zwölf kleinen Arkaden, die die ganze Breite des Architravs einnehmen, sitzen die Apostel. Zwei stilistische Besonderheiten der frühen burgundischen Skulptur fallen ins Auge: Zum einen ist das Relief extrem flach, nur wenige Zentimeter vom Grund abgehoben; zum anderen umgibt die Figuren viel Freiraum. Dennoch gerät die Komposition nicht ins Schwimmen. Indem Flügel und Füße der Engel, desgleichen Fußpunkt und Zenit der Mandorla den Rahmen berühren bzw. überschneiden, erscheint das Ganze fest in die Architektur eingespannt. Diesem Grundmuster sollten sämtliche nachfolgenden Werke bei aller Unterschiedlichkeit der Meister und Stilströmungen treu bleiben.

Der *Narthex* wurde der Kirche später angefügt, so daß die beiden *Portale an seiner Nordseite* erst aus der Mitte des 12. Jh.s stammen. Das größere (Abb. 5) zeigt wiederum die Majestas Domini, assistiert von Engeln, hier um die Evangelistensymbole bereichert; im Tympanon des kleineren ist das Abendmahl dargestellt, darüber auf der Stirnarchivolte die Verklärung Christi auf dem Berg Tabor mit den Propheten Moses und Elias sowie den Aposteln Jakobus, Johannes und Petrus. Der Türsturz dieses Seitenportals ist stark verwittert; das dort dargestellte festliche Gelage könnte als Hochzeit zu Kana gedeutet werden. In diesen Werken erreicht die burgundische Skulptur ihren Spätstil. Das Relief löst sich weit vom Grund, respektiert aber nach wie vor eine imaginäre Vordergrundbegrenzung, darin trotz des zeitlichen Abstands von mehr als 50 Jahren dem Westportal der Kirche verwandt. Das Prinzip der »Beweglichkeit« (W. Messerer) ist zu barockem Pathos gesteigert. Die Figuren sind in extrem gebauschte Gewänder gekleidet und vollführen ihrerseits zum Teil akrobatisch anmutende Verrenkungen. Hier läßt der *horror vacui* der späten Romanik kein freies Fleckchen mehr übrig; bis hin zu den flankierenden Pilastern ist alles mit Ornament geradezu überschüttet.

Stilistisch zwischen den vom Westportal und denen der Narthex-Nordseite markierten Polen ist ein *Verkündigungsrelief* anzusetzen, das in dem im kleinen gotischen Kreuzgang eingerichteten LAPIDARIUM aufbewahrt wird. Es stammt aus der Zeit um 1120. Während die Figuren des Westportals noch statuarisch in sich ruhen, erscheinen die Jungfrau und der Verkündigungsengel hier in Bewegung versetzt, ohne daß sich indes daraus eine Interaktion ergibt. Ferner ist eine stärkere Abhebung des Reliefs vom Grund zu beobachten. Mit der festen Einspannung in den Rahmen und dem Prinzip der vorderen Begrenzung werden auch an diesem Beispiel eherne Gesetzmäßigkeiten der romanischen Skulptur als verbindlich anerkannt.

Cluny** *(Saône-et-Loire)*
Schon die Gründungsakte des Klosters aus dem Jahr 910 macht deutlich, daß der Stifter, Herzog Wilhelm der Fromme von Aquitanien, Großes im Sinn hatte: Zum einen wurde das junge Kloster unmittelbar dem Heiligen Stuhl unterstellt, war also vom Episkopat unabhängig (Privileg der *Exemtion*); zum anderen wurde ihm erstmals in der Geschichte des Benediktinerordens die eigenständige Gründung von Tochterklöstern zugestanden. Dieses Prinzip der *Filiation* organisierte den Reformorden in der Art eines feudalen Systems. Überdies erwies sich das machtpolitische Vakuum zwischen dem Zerfall des karolingischen Imperiums und der Herausbildung der nationalen Blöcke Frankreich und Deutschland als idealer Nährboden für den Aufstieg Clunys zum zweiten geistlichen Machtzentrum des christlichen Abendlandes nach Rom. Seine Entwicklung wurde außerdem durch lange Amtsperioden der Äbte begünstigt: Abt Odo amtierte 15 Jahre (927–942), Majolus 31 Jahre (963–94) und Odilo (994–1049) und Hugo von Semur (1049–1109) gar mehr als ein halbes Jahrhundert; auch Petrus Venerabilis (1124–56) hatte das Amt mehr als ein Vierteljahrhundert inne.

Drei Aufgaben waren es, die sich die cluniazensische Bewegung stellte und mit Bravour meisterte: die tiefgreifende *Reform des abendländischen Klosterwesens,* das es Anfang des 10. Jh.s aus einer Talsohle herauszuführen galt; die *Organisation der Pilgerbewegung nach Santiago de Compostela* und schließlich die *Reconquista,* die Rückeroberung des maurisch besetzten Spanien für die abendländische Christenheit.

Auf dem Zenit seines Ruhmes stehend, nahm das Kloster auf Betreiben des Abtes Hugo von Semur den Bau einer Kirche in Angriff, deren Größe erst im 16. Jh. durch den Neubau von St. Peter in Rom übertroffen werden sollte. Die Grundsteinlegung von Cluny III erfolgte 1088. Unter den zahlreichen Geldgebern findet sich auch Alfons von Kastilien, der Hugo 1090 anläßlich eines Zusammentreffens in Burgos eine jährliche Zahlung in Höhe von 200 Unzen Gold zusicherte. Nach nur 42 Jahren Bauzeit war das ehrgeizige Projekt vollendet. Was man allerdings heute in Cluny vorfindet, ist nur mehr ein kläglicher Rest. Im Zuge der Säkularisation war das gesamte Kloster an ein Abbruchunternehmen verkauft worden, das mit schonungslosem Zugriff Stein um Stein abtrug, bis schließlich nur noch ein Teil des südlichen Querhauses mit dem darüber aufgehenden Turm aufrecht stand. Dieses Fragment muß ausreichen, sich eine Vorstellung von der einstigen Größe Clunys zu machen.

Vor Besichtigung des Inneren suche man jene Stelle auf, wo ursprünglich das Hauptportal der Kirche stand (Reste davon finden sich an der Straße, die am Hotel de Bourgogne vorbei zum Musée Ochier führt). Von hier aus läßt sich das Ausmaß des einst 187 m langen Baus am besten erfassen. Die anschließende Betrachtung des Modells (im Museum oder im Kloster selbst) hilft dem Vorstellungsvermögen weiter: Nach Durchschreiten des Portals gelangte der Gläubige zunächst in einen dreischiffigen Narthex. In dem anschließenden Kirchenraum konnte er dann staunend feststellen, daß hier mit der Anlage von vier Seitenschiffen, zwei Querhäusern und fünf Radialkapellen wichtige Elemente der romanischen Basilika verdoppelt worden waren. Auch die Anzahl der Türme war beispiellos: zwei

Die Abtei Cluny um 1120: links Cluny III, rechts Cluny II. Rekonstruktion nach Conant

im Westen, drei über dem westlichen und ein weiterer über dem östlichen Querhaus.

Der *erhaltene südliche Querhausarm* vermittelt trotz der Verstümmelungen einen plastischen Eindruck von Gestalt und Ausmaß des Inneren. Die Arkadenzone ist sehr hoch gestelzt. Darüber trennt ein Triforium die Arkaden von dem durchfensterten Obergaden. Dies ist das von Cluny III geprägte *Schema des dreigeschossigen Aufrisses,* wie es für eine Vielzahl von Kirchen, auch weit über die Grenzen Burgunds hinaus, maßgeblich wurde. Das Auffallendste ist der extreme Höhendrang. Die Gewölbe von Cluny erreichen eine Höhe von knapp 32 m – bei einer ursprünglichen Breite des Mittelschiffs von 12 m ein beinahe schon gotisches Raumgefüge. Eine derart kühne Proportionierung war mit den herkömmlichen baulichen Mitteln nicht zu bewältigen. Eine halbrunde Tonne mit ihrem stark zu den Seiten hin wirkenden Schub hätte die Konstruktion unweigerlich zum Einsturz gebracht (wie es auch tatsächlich gleich zu Anfang mit dem zuerst – konventionell – eingewölbten Chor der Fall war). So fand hier in Cluny erstmals in der Baugeschichte des Abendlandes das in der arabischen Architektur geläufige *Motiv des Spitzbogens* Anwendung, der gegenüber dem Halbrund die Schubkräfte stärker vertikalisiert. Cluny III ist damit zum baustatischen Wegbereiter der Gotik geworden.

Nicht nur in seiner *Architektur,* auch im Bereich der *Skulptur* hat Cluny III neue Horizonte eröffnet. Das Tympanon des Westportals wurde bei der Sprengung 1810 völlig zerstört. Glücklicherweise sind jedoch einige der *Chorkapitelle* erhalten geblieben, die man heute im alten Kornspeicher des Klosters (Musée Farinier) aufgestellt findet. Nach Meinung einiger Forscher sind sie bereits um 1095 gearbeitet worden; andere haben eine Datierung um 1115 vorgeschlagen. Auf jeden Fall sind sie um 1100 entstanden und gehören damit in die Frühzeit der burgundischen Skulptur. Alle diese Kapitelle, wiewohl reich mit Figuren dekoriert, bewahren das Schema des korinthischen Kapitells mit vier Voluten an den Ecken, so daß der szenische Inhalt dem architektonischen Rahmen untergeordnet erscheint. Dies ist ein Wesensmerkmal der burgundischen Kapitellskulptur, das auch in den nachfolgenden Jahrzehnten als verbindlich anerkannt wurde. Im einzelnen erkennt man: die *Paradiesesströme* (Abb. 14), die *vier Winde*, die *Jahreszeiten* und die *Töne des gregorianischen Gesangs* (Abb. 15), alle durch Personifikationen vertreten. Diese Kapitelle machen deutlich, in welch hohem Maße die romanische Bilderwelt abstrakt formulierte.

Dijon* *(Côte-d'Or)*

Die einstige Hauptstadt Burgunds und heutige Präfektur des Département Côte-d'Or schmückt sich mit einem Denkmälerbestand aus allen Epochen. Die Gotik ist mit Notre-Dame in einem ihrer besten Beispiele vertreten, das Spätmittelalter in den Bildhauerarbeiten des Claus Sluter (Kartause von Champmol, Mosesbrunnen; Herzogsgräber im Museum), die Renaissance in der Kirche St-Michel, das Barockzeitalter im ehemaligen Parlamentsgebäude (vormals Herzogspalast, heute Museum). Zur Romanik muß man hinabsteigen: in die KRYPTA VON ST-BÉNIGNE, den einzig erhaltenen Teil einer vormals umfangreichen Anlage.

Wilhelm von Volpiano war 987 von Abt Majolus von Cluny damit beauftragt worden, das Benignus-Kloster in Dijon zu reformieren. Wilhelm, der zu den großen Persönlichkeiten der Jahrtausendwende zählt, setzte die cluniazensische Regel mit Nachdruck durch und knüpfte Beziehungen bis nach Deutschland, wo er die Michaelsabtei von Siegburg (Rheinland) reformierte. Gleichzeitig ließ er in Dijon einen neuen Kirchenbau aufführen, der mit seiner Kombination unterschiedlicher architektonischer Typen in der abendländischen Baukunst um das Jahr 1000 beispiellos dasteht. Im Westen erhob sich hinter einem vorgelagerten Paradies eine ausladende fünfschiffige *Basilika;* ihr schloß sich im Osten eine *Rotunde* an; den östlichen Abschluß der Baugruppe bildete ein rechteckiger *Mönchschor.* Die Basilika war im 13. Jh. baufällig geworden und mußte dem bestehenden gotischen Neubau weichen; den Rest zerstörte die Revolution. Einzig das Kryptengeschoß der ursprünglich dreigeschossigen, im zylindrischen Mittelteil durchgehend offenen Rotunde blieb erhalten. Das Zentrum um-

Dijon, ehem. Abteikirche St-Bénigne, Längsschnitt. Rekonstruktion nach Wethey/Conant

gibt ein doppelter Säulenkranz von innen 8 und außen 16 monolithischen Säulen. Dieses Schema hat man sich also nach oben in zwei weiteren Stockwerken fortgeführt zu denken.

Die Gestalt des Zentralbaus geht auf antike Tradition zurück (z. B. Diokletiansmausoleum in Split) und wurde mit der Grabeskirche Christi als Bautypus von der christlichen Architektur übernommen. St-Bénigne in Dijon stellt demnach ein Glied in einer über Jahrhunderte reichenden Kette dar. Das Grab des Märtyrers Benignus befindet sich allerdings nicht in der Rotunde selbst, sondern, mittelalterlicher Gepflogenheit folgend, in einer rechteckigen Verlängerung der Rotunde nach Westen, und zwar an jener Stelle, wo in der Kirche darüber der Hauptaltar steht.

Der kühn konzipierte Bau war allein mit heimischen Architekten nicht zu bewerkstelligen. Wilhelm ließ deshalb Baumeister aus seiner italienischen Heimat, vor allem aus der Lombardei, nach Burgund kommen. Möglicherweise waren es eben jene Lombarden, die mit den grobkantig geschnittenen *Kapitellen* von St-Bénigne die ersten Werke der romanischen Skulptur in Burgund schufen. Hält man diese Steinmetzarbeiten neben die Schöpfungen eines Gislebertus in Autun oder das Tympanon von Vézelay, so muß es einem den Atem verschlagen angesichts der Entwicklung, die die burgundische Skulptur in wenig mehr als einem Jahrhundert durchmessen hat.

Die Spätzeit der burgundischen Skulptur der Romanik kann man gleich nebenan, im Musée Archéologique, im Vergleich studieren. Dort wird ein *Tympanon* aufbewahrt, das um 1170 dem Bau des Wilhelm von Volpiano hinzugefügt worden war. Es zeigt das Abendmahl mit streng frontal auf den Betrachter ausgerichteten Gestalten. In einem solchen Werk offenbart sich, daß Burgund nach der Mitte des 12. Jh.s die eigene schöpferische Potenz eingebüßt und sich den neuen Strömungen der von Chartres (Westportal) heraufziehenden Gotik verschrieben hatte.

Fontenay*** *(Côte-d'Or)*

Die Abtei Fontenay ist das besterhaltene Zisterzienserkloster in Frankreich. Bevor wir auf die Baulichkeiten eingehen, soll deshalb ein kurzer Abriß zur Geschichte und Bedeutung dieses Ordens vorausgeschickt werden.

Ende des 11. Jh.s hatte das mächtige Cluny seinen Zenit erreicht. Das Kloster war durch Schenkungen unermeßlich reich geworden; sein Abt herrschte über ein ganzes Mönchsimperium. Der Gottesdienst pervertierte zu einer übersteigerten Selbstdarstellung kirchlicher Prachtentfaltung, während andererseits Wissenschaft und vor allem Handwerk an Bedeutung verloren. Wie so manche Institution erstarrte auch Cluny letztlich im eigenen Zeremoniell. 1098 hatte Robert von Molesme das Kloster Cîteaux in einem öden Landstrich südlich von Dijon gegründet. Grundlage der jungen Mönchsgemeinschaft war wie bei den Cluniazensern die Regel des hl. Benedikt, nur legten die Zisterzienser diese bedeutend strenger aus. Die Messe wurde zeitlich eingeschränkt; man verzichtete auf musikalische Untermalung. Handwerkliche und körperliche Arbeiten wurden statt dessen zur wichtigsten Pflicht erhoben. Im schroffen Gegensatz also zu der verfeinerten, ja schon luxuriösen Lebensweise der Cluniazenser suchten die

Zisterzienser ein Leben in asketischer Zurückgezogenheit und stillem Gebet. Die von Robert und seinen Nachfolgern, Abt Alberich (1099–1109) und dem Engländer Stephen Harding (1109–33), formulierte Regel war jedoch derart streng, daß die zu diesem Zeitpunkt noch ganz von Cluny geblendete Jugend kaum für das neue Ideal zu gewinnen

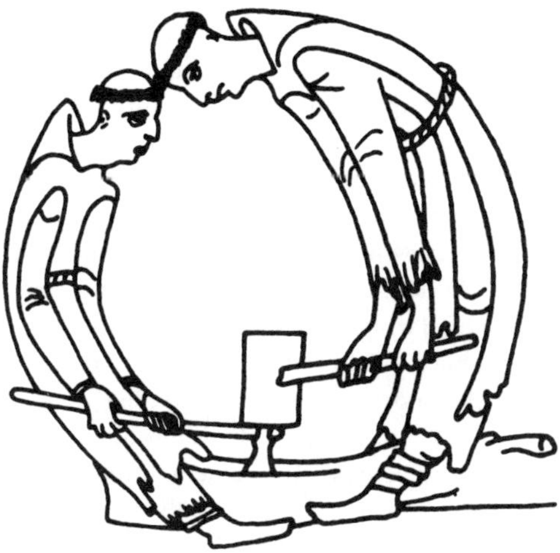

Zisterziensermönche beim Bearbeiten von Bauholz, Nachzeichnung einer Initiale aus einem Manuskript des 12. Jh.s aus Cîteaux. Dijon Bibl. Municipale ms. 173 fol. 41. Nach Binding/Nußbaum

war. Das Blatt wendete sich, als 1113 der junge Bernhard von Fontaine durch seinen mitreißenden Enthusiasmus dem vom Aussterben bedrohten Kloster neue Impulse gab. Seinem begeisterten Aufruf schlossen sich 30 junge Männer aus dem burgundischen Adel an, darunter die vier Brüder Bernhards. Bereits zwei Jahre später übernahm der erst Fünfundzwanzigjährige die Abtswürde von Clairvaux. *Bernhard von Clairvaux,* wie er seither hieß, wurde das Haupt des Zisterzienserordens, den er zu einer Höhe und Bedeutung führte, wie es zuvor nur Cluny für sich hatte in Anspruch nehmen können. Da das *Prinzip der Filiation,* der Auftrag eines jeden Klosters zur Gründung von Tochterklöstern, eine der wichtigsten Forderungen des Ordens war, breitete sich das Zisterziensertum mit atemberaubender Geschwindigkeit über ganz Europa aus. Bernhard selbst gründete an die 70 neue Klöster; bei seinem Tode 1153 zählte der Orden bereits 343 Niederlassungen. Diese wurden ausnahmslos weitab von Dörfern oder Städten angelegt. Der Weltfluchtgedanke und die bedingungslose Askese ließen die Zisterzienser Sümpfe, entlegene Täler oder gar Schluchten, undurchdringliche Wälder oder einsame Inseln suchen. Indem aber die Mönche der Welt entflohen und dabei Landstriche urbar machten, die zuvor kein Mensch betreten hatte, brachten sie auf lange Sicht eine Kulturleistung hervor, die überall in Europa ihre Spuren hinterlassen hat.

Diese Janusköpfigkeit des Ordens spiegelt sich auch in der Persönlichkeit Bernhards wider. Er wurde nicht müde, Entsagung und Nichtigkeit alles Irdischen zu predigen, und ist zugleich immer wieder an Brennpunkten des Zeitgeschehens anzutreffen: Wir sehen ihn 1130 auf dem Konzil zu Étampes für die Papstwahl Innozenz' II. eintreten und die Verurteilung des Gegenpapstes Anaklet betreiben; 1135 tritt er auf dem Fürstentag zu Bamberg auf; 1140 erreicht er auf dem Konzil zu Sens die Verdammung des Frühscholastikers Abälard; 1145 zieht er, gegen die Häresie predigend, durch Südfrankreich; 1146 schließlich setzt er von Vézelay und Speyer aus den Zweiten Kreuzzug in Gang. Andererseits hat er alle ihm angetragenen Ämter und Würden, den

Kardinalshut, ja sogar den Stuhl Petri, in unbeugsamer Selbstbescheidung ausgeschlagen. Der zeitlebens von schweren Magenleiden gezeichnete Bernhard hat sich immer im Zwiespalt gesehen. In zahllosen Briefen klagt er über die innere Zerrissenheit und die Bürde der (selbst auferlegten) Pflichten. »Ich bin wütend über all die Dinge, die mich beanspruchen«, schreibt er einmal an einen Kartäuser, und in einem anderen Schreiben, an Papst Eugen III., beklagt er, daß diese »verfluchten Beschäftigungen dem Herzen die Gottesfurcht und die Aufgeschlossenheit für die Menschen rauben« – eine Aussage von zeitloser Aktualität. Bernhard hat diesen tiefen inneren Widerspruch einmal in eine knappe Formel gefaßt, als er sich als »die Chimäre des Jahrhunderts« beschrieb.

In den Abteien der Zisterzienser erreichte der mittelalterliche Klosterbau seine Vollendung. Alle Baulichkeiten sind einem einheitlichen Plan unterworfen, der, von Bernhard selbst fest umrissen, auf den alljährlich tagenden Generalkapiteln ständig modifiziert und weiter verbessert wurde. Fontenay (Baubeginn 1139) ist nicht nur der Prototyp zisterziensischer Klosteranlagen; durch seinen guten Erhaltungszustand gewährt gerade dieser Ort eine tiefe Einsicht in das Wesen des Zisterzienserordens.

Der Besucher wendet sich innerhalb der Klostereinfriedung zunächst dem Herzstück des Komplexes zu: der *Kirche*. Ihre schlichte Außengestalt signalisiert bereits, was uns im Inneren erwartet: eine einfache Basilika mit zugespitztem Tonnengewölbe, fensterlosem Obergaden und sparsam durchfensterten Seitenschiffen. Licht empfängt der Raum dennoch reichlich durch die Öffnungen der Westwand, der Chorwand und des Chorabschlusses. Die Seitenschiffjoche werden von quergestellten Spitztonnen überwölbt. In diesem System der Transversaltonnen wurde das Wölbungssystem von Tournus aufgegriffen. Das auf die Höhe der Seitenschiffe reduzierte Querschiff durchdringt das Mittelschiff nicht in einer ausgeschiedenen Vierung, so daß ein ungebrochener Zug des Mittelschiffgewölbes von der Eingangswand zum Chor führt. Dieser erscheint als einfacher Kubus ohne die gewohnte Halbrundung der Apsis. Anstelle eines aufwendigen Systems mit Umgang und Radialkapellen öffnen sich lediglich zwei quadratische Kapellen an beiden Querschiffarmen. Auf Verzierungen wurde restlos verzichtet: nirgends eine Andeutung plastischen Dekors, kein einziges farbiges Fenster, keine Spur einer Bemalung. Nichts ist da, was dem Auge zur Freude und damit zur Ablenkung dienen könnte. Dennoch wirkt der Raum alles andere als seelenlos. In seinem Mangel an schmückendem Beiwerk tritt die klare Sprache der Architektur in den Vordergrund. Die Gegenstandslosigkeit dieser Konzeption ist Ausdruck der geistigen Sammlung, nach der die Zisterzienser strebten.

Im südlichen Querhausarm führt eine schmale Treppe hinauf ins *Dormitorium*. Da die Zisterzienser sich auch nächtens zum gemeinsamen Gebet in der Kirche versammelten, war es wichtig, längere Wege zu vermeiden. Mit der direkten räumlichen Nachbarschaft von Kirche und Schlafraum war diesem Problem hinreichend Genüge getan. Dieser ist ein großer, ungeteilter Saal. Die Mönche schliefen nicht in Zellen; ihre harten Schlafstätten standen in Reih und Glied nebeneinander.

Eine kleine Pforte im südlichen Seitenschiff stellt die Verbindung zum *Kreuzgang*

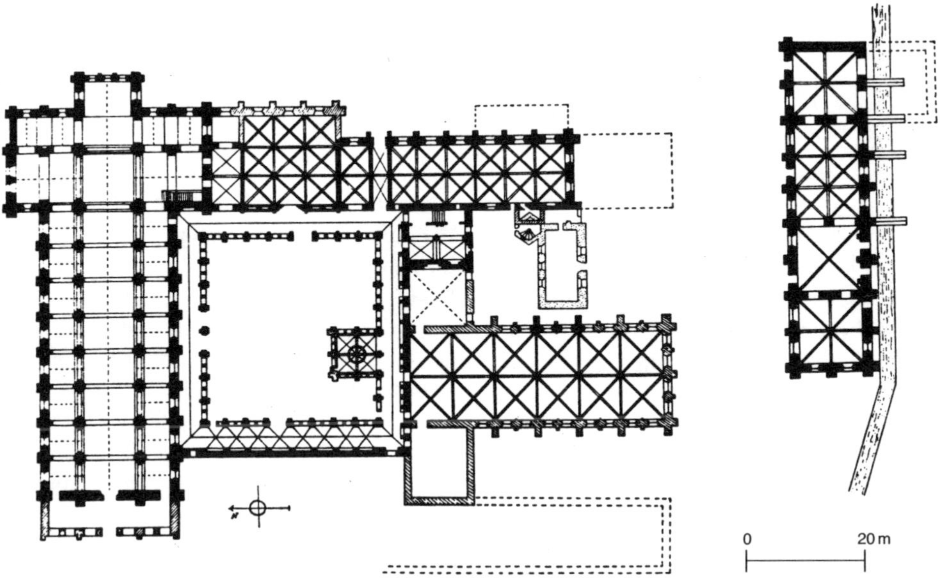

Fontenay, Plan des ehem. Zisterzienserklosters im ursprünglichen Zustand (12. Jh.). Küche und Refektorium (am rechten Kreuzgangflügel) nicht mehr vorhanden

her (Farbabb. 19). Dieser ist – hier wie in anderen Klöstern – nicht nur der Ort stiller Sammlung; formal erfüllt er im architektonischen Kontext die Aufgabe, die unterschiedlichen Baukörper des Klosters miteinander zu verbinden. In Bernhards Idealplan, wie er hier in Fontenay vorbildlich verwirklicht wurde, sollten alle wichtigen Räumlichkeiten an den Kreuzgang grenzen, so daß der Mönch den Klausurbereich nicht zu verlassen brauchte. Mit seinen Abmessungen 38 × 36 m besitzt dieser Kreuzgang beträchtliche Ausmaße (zum Vergleich Sénanque: 22 × 22 m). Alle vier Flügel sind mit einer zugespitzten Tonne überwölbt, in die von den Seiten her Stichkappen einschneiden. Die aus der Abfolge von Zwillingsarkaden unter übergreifenden Bögen (Wechsel von Pfeilern und Doppelsäulen) resultierende Rhythmisierung wirkt der Monumentalität der Architektur auflockernd entgegen. Unter dem Dormitorium befinden sich im Ostflügel die Sakristei, der Kapitelsaal, das Auditorium und der Mönchssaal. Die *Sakristei* ist verhältnismäßig klein, da die Zisterzienser mit den Meßgewändern keinen großen Aufwand trieben; man bewahrte sie zum Teil auch in den Seitenkapellen neben dem Chor auf und streifte sie dort über. Im quadratischen *Kapitelsaal* fanden die außerliturgischen Lesungen statt. Das *Auditorium* war der einzige Raum, in dem eine freie Unterhaltung gestattet war – entsprechend klein ist er ausgefallen. Der sogenannte *Mönchssaal* konnte unterschiedlichen Bestimmungen dienen: z. B. als Aufenthaltsraum der Novizen, Vorraum zur Bibliothek. Das gesamte Kloster besaß nur einen einzigen beheizbaren Raum, das *chauffoir*, in dem die Bücher aufbewahrt wurden, die im Leben eines Zisterziensers eine eher nebensächliche Rolle spielten; hier konnten sich die Mönche nach einem Regenguß trocknen.

Das *Refektorium*, das in Fontenay leider im 18. Jh. einem kleinen Abtslogis weichen mußte, lag – auch hierin erkennen wir die bestechend klare Logik in der Organisation des Zisterzienserklosters – mit einer der Schmalseiten am Kreuzgang, um auf diese Weise Raum für die Küche zu sparen (in Fontenay ebenfalls zerstört), die sonst nur außerhalb des Klausurbereichs Platz gefunden hätte. Die reinen *Wirtschaftsgebäude* sind dagegen vom Klausurbereich abgesetzt. In der Nachbarschaft von Fontenay befindliche Minen legten es nahe, daß man sich hier auf die Bearbeitung von Eisen spezialisierte. Den größten Teil des isoliert stehenden Traktes auf der Südseite des Klosters nahm deshalb eine *Schmiede* ein, die man direkt an dem an dieser Stelle vorbeifließenden Bach plazierte. Ein weiteres Charakteristikum eines Zisterzienserklosters sind die *Fischteiche*. Die Fischzucht wurde der vielen Fastentage wegen gepflegt. In Fontenay hat sich nur einer erhalten, und auch der stammt in seiner heutigen Gestalt aus dem 18. Jh., aber er rundet den Eindruck von der Komplexität dieser sich vollständig selbst versorgenden Mönchsgemeinschaft treffend ab.

Fontenay wurde 1118 gegründet. Die unverzüglich in Angriff genommenen Baumaßnahmen waren um 1150 im wesentlichen abgeschlossen. Indem der ganze Klosterbezirk (mit Ausnahme der geringfügigen Veränderungen im 18. Jh.) zu Lebzeiten Bernhards von Clairvaux entstand, gehört Fontenay demnach zu den ältesten erhaltenen Zisterzienserklöstern und zugleich zu jener Gruppe, deren Erscheinung das Ideal des geistigen Vaters dieses Ordens am reinsten bewahrt hat.

La Charité-sur-Loire** *(Nièvre)*

1059 gründete der hl. Hugo von Cluny am Loireufer das Priorat La Charité, dessen Kirche Notre-Dame 1107 von Papst Paschalis II. geweiht wurde. Schon bald nach der Fertigstellung wurde mit einem Erweiterungsbau begonnen, dessen kühne Ausmaße mit dem Vorbild von Cluny III konkurrierten. Die fünfschiffige Basilika mit Querhaus und Umgangschor erreichte die stattliche Länge von 122 m und war damit nach Cluny die zweitgrößte Kirche Burgunds. Der Ehrgeiz dieses Projekts spiegelt das Selbstbewußtsein des Charité-Klosters wider, das seinerseits nicht weniger als 50 Tochtergründungen bis hinauf nach England ins Leben rief. Der Niedergang erfolgte abrupt nach der Mitte des 16. Jh.s, als La Charité eine Hochburg des Calvinismus war: Die Hugenotten ermordeten sämtliche Mönche – 200 sollen es gewesen sein – sowie weitere 1000 Katholiken des Ortes und steckten die Kirche in Brand. Lediglich ein Teil der Fassade und die Ostpartie mit drei Jochen des Langhauses haben die Verwüstungen überstanden.

Von der Loirebrücke bietet sich der beste Blick auf das Bauwerk, das aus der Entfernung noch einen gewissen Eindruck seiner einstigen Größe zu vermitteln vermag. Vom Dekor der ehemals fünf Westportale hat sich in situ das kleine *Tympanon des nördlichen Seiteneingangs* erhalten: Es zeigt Christus in der Mandorla thronend, Maria und Engel. Der ursprünglich nicht zugehörige Archi-

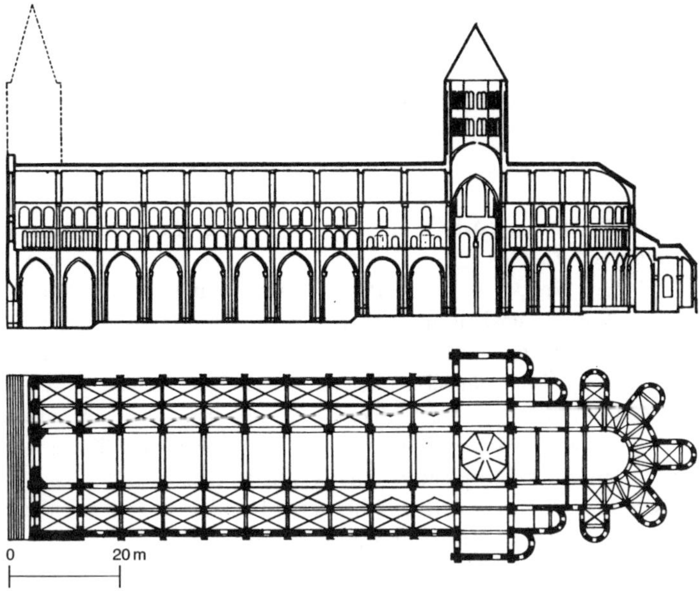

La Charité-sur-Loire, ehem. Prioratskirche Notre-Dame, Längsschnitt und Grundriß

trav darunter schildert Szenen aus der Kindheit Jesu: Verkündigung, Heimsuchung, Geburt und Verkündigung an die Hirten. Im Rahmen der stilistischen Entwicklung steht dieses vermutlich um die Mitte des 12. Jh.s oder kurz danach entstandene Tympanon in einer Grenzsituation: In der Gestalt des seitlich Maria zugewandten Christus ist ein letztes Aufflackern des »barocken« Spätstils der burgundischen Romanik zu sehen (vgl. Charlieu, Narthex-Nordportal). In den Assistenzfiguren schlägt der Stil jedoch bereits um: Sie erscheinen wie erstarrt, nehmen jene säulenhafte Statuarik an, die die Frühzeit der gotischen Skulptur kennzeichnet und die der Romanik Burgunds zugleich ein Ende setzt (vgl. Avallon). Ikonographisch ist das gängige Majestas-Motiv hier in ein marianisches Thema verwandelt, nämlich die Aufnahme Mariens in den Himmel.

Nach Durchschreiten des einstigen Portals gelangt man in einen Innenhof, an dessen Seiten Reste der im 16. Jh. zerstörten Basilika in Wohnhäuser vermauert wurden. Im Augenblick des Eintretens in den erhaltenen Ostteil der Kirche vergißt man die ungeheure Zerstörung des Langhauses, so gewaltig erscheint noch das Fragment. Der strahlend helle Kalkstein, aus dem das Bauwerk errichtet wurde, verbreitet eine festliche Atmosphäre. Dieser Eindruck wird von der *Fülle des Bauschmucks* mitgetragen, der sogar noch das Vorbild der Mutterkirche übertrifft. Dies gilt insbesondere für den Chor, wo jede Säule ein kunstvoll verziertes Kapitell besitzt. In einem Fries unterhalb des Triforiums sind Reliefplatten mit Tierdarstellungen eingelassen; die Pilaster des Blendtriforiums zeigen jeder ein anderes Ornamentmotiv, die kleinen Spitzbögen sind ausgezackt, und in die Fensterlaibungen des Obergadens sind ganze Bündel von Säulchen eingestellt. Die Festlichkeit des Raumerlebnisses, Autun vergleichbar, ist ein Merkmal aller von Cluny abhängigen Bauten.

Montceaux-l'Étoile* *(Saône-et-Loire)*

Auf halber Strecke zwischen Paray-le-Monial und Semur-en-Brionnais trifft man an der DORFKIRCHE STS-PIERRE-ET-PAUL in Montceaux-l'Étoile ein reizendes *Portal* aus der Zeit um 1130/40. Es schildert in seinem winzigen Tympanon, das hier mit dem Architrav zu einer kompositorischen Einheit verschmilzt, die Himmelfahrt Christi (Abb. 16), ein Thema, das in der burgundischen Skulptur des 12. Jh.s eine Rarität darstellt, im Südwesten Frankreichs dagegen sehr verbreitet war (vgl. Toulouse, Cahors, Mauriac u. a.). Im Motiv der Kreuzesfahne als Siegeszeichen klingt auch hier das Triumph-Thema an. Von einer für die burgundische Romanik ungewöhnlichen Fabulierlust zeugt die Art und Weise, in der sich die Apostel der Erdenzone von den Seiten her zu dem unerhörten Geschehnis drängen. Einige weisen mit erhobenem Zeigefinger auf den in einer Mandorla stehenden Christus; andere, die von den Ecken her nahen und noch nicht erkannt haben, was vor sich geht, werden eifrig unterrichtet. Eine solche Interaktion kennt man sonst nur von der südfranzösischen Plastik. Die Entkörperlichung der Gestalten weist das Portal dennoch als das Werk eines burgundischen Künstlers aus, der aus dem Umkreis der an Cluny III tätigen Werkstatt herzuleiten ist.

Montréal* *(Yonne)*

Abseits der üblichen Touristenrouten liegt auf einer Hügelkuppe über dem lieblichen Tal des Armençon die KOLLEGIATSKIRCHE NOTRE-DAME, die man, strenggenommen, schon nicht mehr der Romanik zurechnen

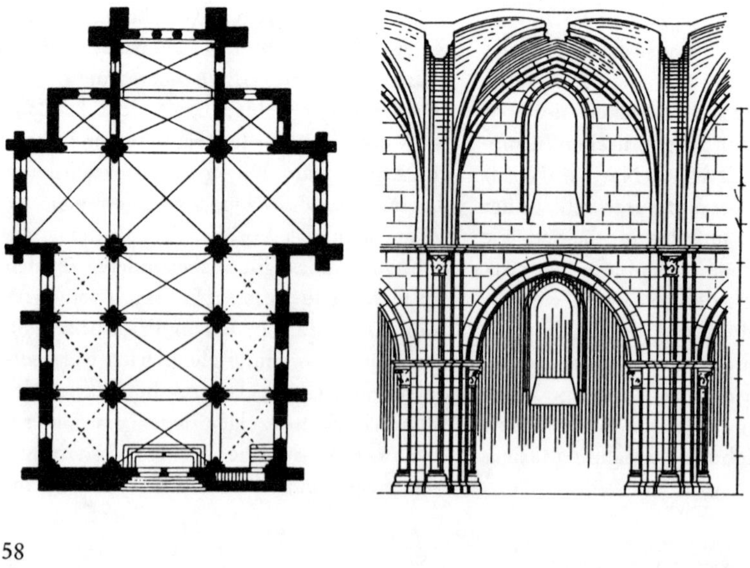

Montréal, Kollegiatskirche Notre-Dame, Grundriß und Wandgliederung

kann. Der um 1170 begonnene Bau wurde erst im 13. Jh. fertiggestellt. In seiner auffallend konservativen Gesinnung leben jedoch Formen der Romanik weiter, die es rechtfertigen, Montréal in diese Übersicht miteinzubeziehen. Der Bau erweist sich als Summe aller zu diesem Zeitpunkt nur denkbaren Lösungen: Ein letztes Mal taucht in der burgundischen Baukunst des Mittelalters das aus dem 11. Jh. überkommene Schema des zweigeschossigen Aufrisses auf, das aber hier bereits in Kenntnis der gotischen Bauweise mit einem System von Kreuzrippenbaldachinen kombiniert wird. Aus der Zisterzienserbaukunst Burgunds ist der flach abschließende Chor abzuleiten. Die Auszackungen der Portalrahmung erscheinen als Niederschlag aus dem arabischen Kunstkreis.

Beachtung verdient auch das von den Brüdern Rigoley um 1522 phantasievoll geschnitzte Chorgestühl.

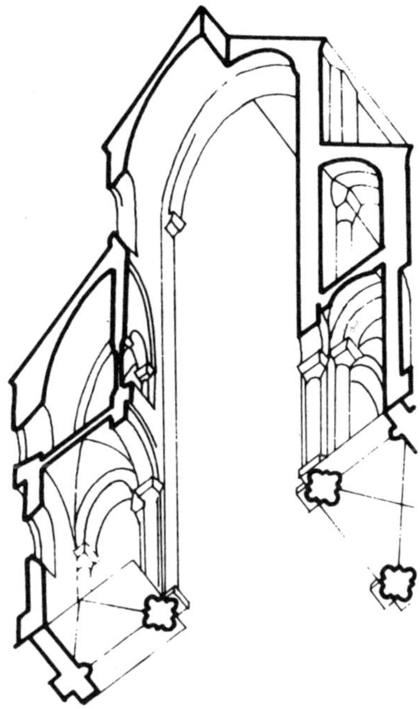

Nevers, St-Étienne, isometrischer Schnitt. Nach Kubach

Nevers** *(Nièvre)*

Nevers ist die Hauptstadt des Nivernais, einer Grafschaft (seit dem 16. Jh. Herzogtum) am Westrand Burgunds. Die dortige Kirche St-Étienne nimmt innerhalb der burgundischen Romanik eine Sonderstellung ein. Ebenso wie in St-Philibert in Tournus ist hier eine individuelle bauliche Lösung formuliert worden, die keine Vorbilder besitzt und keine unmittelbare Nachfolge gefunden hat. Die Baudaten sind aus den Quellen gesichert. Danach erfolgte die Grundsteinlegung 1063 und die Weihe 1097. Der Grundriß bietet keine Besonderheiten; an eine sechs Joche tiefe Basilika schließen sich die ausgeschiedene Vierung und die weit ausladenden Querhausarme an; der Chor zeigt bereits vor Cluny III das Muster der Pilgerkirche mit Chorumgang und drei radial ausstrahlenden Kapellen (nebst zwei weiteren an den Querhausarmen). Das Ungewöhnliche an St-Étienne ist der *Aufriß der Hochschiffwand:* Zwischen die Arkade des Untergeschosses und die Fensterreihe des Obergadens ist hier ein *Emporengeschoß* gerückt. Man geht davon aus, daß im ursprünglichen Bauplan zunächst keine Wölbung vorgesehen war. Demnach hatte die Empore, die in der hier ausgeprägten Form aus der Normandie herzuleiten ist, die Funktion der Wandgliederung. Die nachträgliche Einwölbung mit einer Tonne hat das Unterfangen zu einem risikoreichen Unternehmen werden lassen: Indem die

Empore weit unterhalb jener Zone angesiedelt ist, an der die Schubkräfte der Tonne wirksam werden, erweist sich St-Étienne als instabile Lösung. Aber dieses Experiment stellt einen wichtigen Schritt in Richtung auf die Emporenhalle dar, die in der benachbarten Auvergne im 12. Jh. zum gängigen Typus der Pilgerkirche avancierte. Dort wurde die Empore so weit hochgezogen, daß sie die baustatisch wichtige Aufgabe übernehmen konnte, den Druck des Mittelschiffgewölbes abzufangen.

St-Étienne führt damit zweierlei exemplarisch vor Augen: Zum einen wird deutlich, in welchem Maße die Kunstlandschaften Frankreichs in der Zeit der Romanik einander durchdrangen und welche besondere Bedeutung speziell Burgund als »Erfinder« und Schaltstation zukommt; zum anderen ist die Wandlung eines wichtigen Architekturmotivs zu beobachten. Und noch etwas fällt an St-Étienne auf: Es fehlt jedwede Skulptur, die doch sonst in Burgund einen herausragenden Stellenwert besaß. Es hat den Anschein, daß überall dort, wo um neue architektonische Lösungen gerungen wurde, für Fragen der Dekoration kein Interesse bestand.

Gleichfalls sehenswert ist am Orte die GOTISCHE KATHEDRALE ST-CYR-ET-STE-JULITTE. Obwohl weitgehend im 14. Jh. entstanden (nach einem Bombardement 1944 waren umfangreiche Wiederherstellungsarbeiten erforderlich), hat sie in ihrem Grundriß die Gestalt eines romanischen Vorgängerbaus bewahrt. Das Ungewöhnliche daran ist die Doppelchorigkeit: eine Apsis im Osten, eine weitere im Westen, wie es für das französische Mittelalter untypisch ist. Den Anstoß dazu mögen Baumeister aus Deutschland gegeben haben, wo die Doppelchoranlage verbreitet war – ein weiterer Hinweis auf die für Burgund so bezeichnende Bereitschaft, fremde Anregungen aufzunehmen.

Paray-le-Monial**
(Saône-et-Loire)

Der Besuch von Paray-le-Monial gehört zum Pflichtpensum einer Burgundreise, erschließt sich doch hier – wenn auch in verkleinertem Maßstab – ein unverfälschter Eindruck des cluniazensischen Baustils, wie er durch den Verlust von Cluny III eben dort nicht mehr sichtbar ist. Im Westen ist der EHEMALIGEN PRIORATSIRCHE NOTRE-DAME (seit dem 19. Jh. Sacré-Cœur) ein offener, zwei Joche tiefer Narthex vorgelagert, den zwei quadratische Türme flankieren (Abb. 1). Von hier aus führt ein schmuckloses Portal in den Kirchenraum: eine dreischiffige Basilika mit ausladendem Querhaus, überkuppelter Vierung, Chorjoch und Umgangschor. Der dreigeschossige Aufriß (Arkaden, Triforium, Obergaden) entspricht dem cluniazensischen Vorbild. In dem auf drei Joche reduzierten Langhaus, das sich im Chorjoch fortsetzt, kommt der cluniazensische Höhendrang besonders zum Tragen. Zwischen Chorjoch und Chorumgang ist die Höhe geringfügig zurückgenommen. Der Grund hierfür mag in einer Planänderung liegen. Der Umgangschor war noch im 11. Jh. entstanden, bevor sich um die Wende zum 12. Jh. die Erkenntnis durchsetzte, daß sich mit Hilfe der Zuspitzung des Gewölbes eine noch kühnere Höhe erreichen ließ. Die monolithischen Säulen, die das Chorhaupt vom Umgang trennen, besitzen keine Dienste und sind auffallend schlank; offenbar sollte die Bau-

Paray-le-Monial, Sacré-Cœur (ehemals Notre-Dame), Grundriß und Querschnitt

masse an dieser Stelle ausgedünnt werden, um eine maximale Durchlichtung des Chores zu gewährleisten. Dadurch erfährt der Raum eine nicht unwesentliche Lichtsteigerung zum Chor hin. Insgesamt entsteht, trotz der überschaubaren Dimensionen der Kirche, ein Gesamteindruck von feierlicher Größe, wie er für alle dem cluniazensischen Vorbild folgenden Bauten bezeichnend ist.

Die architektonische *Organisation der Chorpartie* vergegenwärtigt man sich am besten von außen, zumal sich die Ostteile dem Betrachter gänzlich unverbaut präsentieren. In der untersten Zone sind die Radialkapellen angeordnet, drei an Zahl gegenüber fünf in Cluny. Die nächste Stufe bildet der Chorumgang, der eine eigene Fensterzone besitzt. Darüber erhebt sich der Obergaden des Chorhauptes mit einer dritten Fensterzone. Im vierten Abschnitt der gestaffelten Baumasse wird der Höhenunterschied zum Chorjoch deutlich. Die Anlage gipfelt in dem zweigeschossigen oktogonalen Vierungsturm.

Kaum eine Pilgerkirche der Romanik verzichtet auf diese Form der Chorgestaltung, die ihren Ursprung in frühmittelalterlichen Ringkrypten hat (vgl. z. B. St-Michel-de-Cuxa im Roussillon). Über die rein organisatorische Funktion hinaus – Bewältigung des Pilgerstroms – erscheint die Chorgestalt, wie sie hier in Paray-le-Monial lehrbuchhaft vor Augen steht, zugleich als steingewordenes Abbild der mittelalterlichen Hierarchie. In der untersten Zone bewegen sich die Laien; in der räumlich höher aufragenden des Chorhauptes haben die Geistlichen ihren Platz; den Gipfel markiert die durch den Turm akzentuierte Vierung, die in der Symbolik des Grundrisses, der ja zugleich Abbild des Kreuzes Christi ist, den Platz kennzeichnet, an dem das Haupt des Erlösers zu denken ist. Insgesamt formieren sich alle Bauteile zu einer steil aufragenden Pyramide.

Nur wenige Schritte sind es von der Kirche zum Musée Hiéron, in dem ein *Portal aus Anzy-le-Duc* aufbewahrt wird. Es weist die Merkmale der Spätphase burgundischer Plastik auf (vgl. Charlieu, Narthex-Nordportal) und dürfte um bzw. nach der Mitte des 12. Jh.s entstanden sein. Im Tympanon die Majestas Domini: der thronende Christus mit dem Buch in einer Mandorla, die von zwei Engeln getragen wird (Abb. 2). Im Architrav darunter das für die Romanik ungewöhnliche Thema einer stillenden Muttergottes (Maria lactans); ihr zu seiten acht männliche und weibliche Heilige, unter denen lediglich Petrus (mit den Schlüsseln) zu identifizieren ist. Die Konstellation der unterschiedlichen Bildtypen ist im Sinne der Doppelnatur Christi als Mensch und als Triumphator zu verstehen, wie es Abt Odilo von Cluny in einer Dichtung beschrieb.

Pontigny** *(Yonne)*

Das zweite großartige Beispiel der Zisterzienserbaukunst neben Fontenay in Burgund ist Pontigny bei Auxerre. Allerdings hat die Revolution zum Untergang der Klosterbauten geführt; einzig die Kirche hat die Jahre des Vandalismus überstanden und bietet heute mit ihrer erdverbundenen, turmlosen Gestalt inmitten von Feldern ein eindrucksvolles Bild. Man könnte sie, in Abgrenzung zu Fontenay, in die zweite Generation der Zisterzienserkirchen einordnen. Pontigny wurde zwar schon 1114 als »zweite Tochter« von Cîteaux gegründet; der bestehende Bau erhielt seine jetzige Gestalt jedoch erst in den Jahren nach dem Tod Bernhards von Clairvaux. Mit etwas über 100 m Länge und 23 m Breite erreicht die Kirche die Ausmaße gotischer Kathedralen; auch in Gestalt des Kreuzrippengewölbes spricht bereits die Gotik mit. In der Geschlossenheit der Wand jedoch und in der wuchtigen Gesamterscheinung lebt das romanische Erbe fort. Im Chor, der Ende des 12. Jh.s einen Umbau erfuhr, bricht sich die Gotik in Form eines lichtdurchfluteten Umgangs mit einem Kranz von sieben Kapellen vollends Bahn. Einzig der Verzicht auf Baudekor und farbige Fenster läßt auch hier das Festhalten an Bernhards Armutsideal erkennen.

Pontigny, ehem. Zisterzienser-Klosterkirche, Grundriß

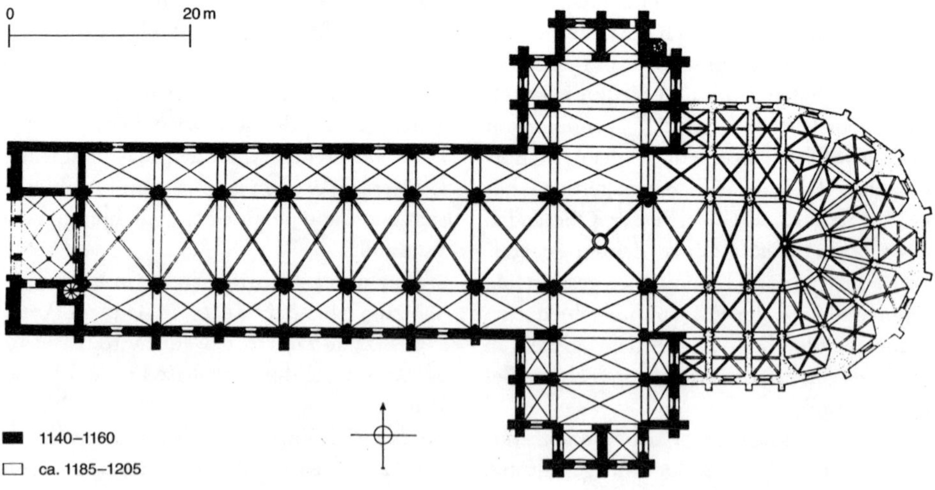

Pontigny unterhielt im Mittelalter enge Beziehungen zu England, namentlich zu Canterbury. Drei der dortigen Erzbischöfe fanden hier in Burgund Zuflucht vor den Plantagenet-Königen, mit denen sie in ständigem Hader lagen: Zunächst hielt sich Thomas Becket sechs Jahre lang in Pontigny auf, bevor er in die Heimat zurückkehrte, wo ihn König Heinrich II. auf den Stufen zum Altar seiner Bischofskirche ermorden ließ. Ihm folgten Stephen Langton, der hier Schutz vor König Johann Ohneland suchte, und Mitte des 13. Jh.s Edmund Rich, der in Pontigny starb; das Grab wurde nach seiner Kanonisierung Wallfahrtsziel.

Wer von Pontigny den Abstecher nach *Auxerre* unternimmt, wird dort in den Kirchen *St-Germain* (mit karolingischer Krypta), *St-Pierre* und der *Kathedrale St-Étienne* (mit frühromanischer Krypta) nachdrücklich erfahren, mit welcher Bereitwilligkeit sich der Norden Burgunds der Kathedralgotik der Île de France verschrieb.

Saulieu** *(Côte-d'Or)*

Saulieu ist der Hauptort der Landschaft Morvan, eines waldreichen Hügellands im Herzen Burgunds, das über Jahrhunderte der wichtigste Holzlieferant für Paris war. Die EHEMALIGE KLOSTERKIRCHE ST-ANDOCHE mußte wie so viele Gotteshäuser gerade Burgunds beträchtliche Verstümmelungen hinnehmen. Den Chor legte ein Brand zur Zeit des Hundertjährigen Krieges in Asche; an seiner Stelle entstand im 18. Jh. ein schlichtes Chorhaupt. Die in der Revolution beschädigte Fassade erhielt im 19. Jh. ein neoromanisches Portal.

Der große Schatz der nach cluniazensischem Vorbild dreigeschossig errichteten Basilika, der *Kapitellzyklus des Langhauses,* ist erhalten geblieben. Stilistisch schließen sich diese um 1150 entstandenen Werke eng an die des Gislebertus in Autun an und stellen gegenüber jenen eine Weiterentwicklung dar. Der Umstand, daß die Kapitelle in Autun über Pilastern aufgehen, hat dazu geführt, daß ihr Relief dort recht flächig geblieben ist. In Saulieu dagegen sind den Pfeilern halbrunde Dienste aufgelegt, so daß sich die Kapitelle darüber entsprechend raumgreifend entfalten können. Besonders deutlich wird das an den Darstellungen des falschen Propheten *Bileam auf seiner Eselin,* die dreimal vor dem Engel zurückweicht, und der *Versuchung Christi* (Abb. 17, 18). Nahezu identisch mit Autun ist die Darstellung der *Flucht nach Ägypten,* der Bewegungsablauf vollzieht sich hier lediglich in umgekehrter Richtung. Daneben erscheinen Blattkapitelle und Tierszenen, etwa zwei streitende Hunde, Vögel und Fabelwesen. Die gegenüber den Meisterwerken des Gislebertus grobere Behandlung ist wohl auch mit dem anderen Werkmaterial zu erklären: Diese Reliefs wurden aus dem spröden Granit des Morvan geschlagen.

Wie für das romanische Figurenkapitell üblich, sind auch hier in Saulieu die Grenzen zwischen Ornament und Figur verwischt, wenn beispielsweise an einem der Kapitelle kleine menschliche Köpfe volutenartig aus einem Kranz von Akanthusblättern wachsen. Grundsätzlich bleibt die Struktur des Kapitells unangetastet: Der Wulst, der den Säulenschaft vom Kapitell scheidet, wird ebenso respektiert wie die Kämpferplatte als oberer Abschluß. Auch das Motiv der Volute ist an beinahe jedem Beispiel gewahrt, wenn auch in einer verfremdeten Form. So zeigt ein Akanthuskapitell etwa an deren

Stelle zwei wulstige Schlaufen um das Blattwerk geschlungen. Romanische Skulptur ist eben auch dort, wo scheinbar Chaos waltet, von einem ordnenden Geist durchdrungen.

Semur-en-Brionnais**
(Saône-et-Loire)

Der Initiator des dritten Kirchenbaus von Cluny, der aus Semur stammende hl. Hugo, entsandte Bauleute aus Cluny hierher. So entstand in dem kleinen Ort die gemessen an der Bedeutung seines Priorats aufwendige KIRCHE ST-HILAIRE, die insbesondere in ihrer Ostansicht mit dem dominierenden oktogonalen Vierungsturm zu einer imponierenden Wirkung kommt. Trotz der engen Verbindung mit dem Mutterkloster weicht der Chor mit seiner Dreiapsidenanlage vom cluniazensischen Muster ab. Semur lag abseits der Pilgerrouten und bedurfte keiner

Semur-en-Brionnais, ehem. Prioratskirche St-Hilaire, Wandgliederung

auf die Wallfahrt abgestimmten Chorlösung. Das basilikale Langhaus folgt indes dem großen Vorbild von Cluny III. Arkaden und Gewölbe weisen die baustatische Errungenschaft der Zuspitzung auf (das Mittelschiffgewölbe wurde im Zuge einer Restaurierung im 19. Jh. durch eine Halbtonne ersetzt); das Triforium ist in 2 × 3 Arkadenöffnungen je Joch gegliedert. Die Tatsache, daß die Anzahl der Fenster im Obergaden gegenüber Cluny von drei auf eins pro Joch reduziert ist, mag darin begründet sein, daß eine größere Durchbrechung der Obergadenwand als bedenklich angesehen wurde.

Eine Besonderheit ist die an der Westwand erhaltene *Sängerkanzel,* die sich balkonartig in den Kirchenraum vorwölbt. Eine solche ist auch für Cluny belegt. Von dieser Tribüne erfolgten echoartig die Responsorien auf den Gesang der Mönche im Hauptchor.

Das *Tympanon des Westportals* zeigt die Majestas Domini: Christus Pantokrator in der Mandorla, gestützt von zwei Engeln, die hier neben den vier Evangelistensymbolen etwas verkümmern. Der Architrav darunter erinnert daran, daß die Kirche dem Nationalheiligen des Poitou, dem Bischof und Kirchenlehrer Hilarius (St-Hilaire), geweiht ist. Die thronenden Bischöfe repräsentieren jene Versammlung arianischer Geistlicher (Synode von Biterrae, 356), die Hilarius nach Phrygien verbannte. In der Mittelachse schwebt ein Engel herab, um dem gedemütigten Heiligen kundzutun, daß er eines Tages auf seinen Bischofsstuhl in Poitiers zurückkehren werde; rechts peinigen Teufel den Vorsitzenden der Synode. Die Schwerfälligkeit der Figuren läßt zunächst an eine frühe Entstehung der Skulpturen denken.

2 Paray-le-Monial, Musée Hiéron, Tympanon aus Anzy-le-Duc

◁ 1 Paray-le-Monial (Burgund), ehem. Abteikirche Notre-Dame (heute Sacré-Cœur) von Nordwesten

3 St-Julien-de-Jonzy (Burgund), St-Julien, Tympanon

4 Charlieu (Burgund/Forez), ehem. Prioratskirche St-Fortunat, Tympanon des Westportals

6 Autun (Burgund), Kathedrale St-Lazare, Blick in das Mittelschiff ▷

5 Charlieu (Burgund), ehem. Prioratskirche St-Fortunat, Tympanon des Narthex-Nordportals

7–9 Autun (Burgund), Kathedrale St-Lazare, Weltgerichtsportal des Meisters Gislebertus, Gesamtansicht und Details: Apostel, Seelenwägung

10 Autun (Burgund), Musée Rolin, Eva aus dem Türsturz des ehem. Nordportals

11 Autun, Salle Capitulaire der Kathedrale St-Lazare, Kapitell: Traum der Könige

12, 13 Autun (Burgund), Salle Capitulaire der Kathedrale St-Lazare, Kapitelle der Gislebertus-Werkstatt: Selbstmord des Judas, Flucht nach Ägypten

14, 15 Cluny (Burgund), Musée du Farinier, Kapitelle aus der ehem. Abteikirche: Paradiesströme, Erster Ton des Gregorianischen Gesangs

16 Montceaux-l'Étoile (Burgund), ehem. Prioratskirche Sts-Pierre-et-Paul, Tympanon mit der Himmelfahrt Christi

17, 18 Saulieu (Burgund), St-Andoche, Kapitelle: Der falsche Prophet Bileam, Versuchung Christi

19 Vézelay (Burgund), ehem. Abteikirche Ste-Madeleine, Blick aus dem Narthex auf Hauptportal und Mittelschiff

20–22 Arles (Provence), Kreuzgang der Kathedrale St-Trophime, Blick in den Nordflügel und Kapitell aus dem Ostflügel: Verkündigung, Heimsuchung und Geburt Christi

23 Arles (Provence), Kathedrale St-Trophime, Portal

24 Ganagobie (Haute-Provence), Klosterkirche Notre-Dame-du-Puy, Portal

25 Montmajour (Provence), Kapelle Ste-Croix

26 Sénanque (Provence), Kreuzgang des ehem. Zisterzienserklosters

27 Silvacane (Provence), Innenansicht der ehem. Zisterzienser-Klosterkirche (Blick von der südl. Chorkapelle in das Langhaus)

28 St-Gilles (Provence), ehem. Abteikirche, Fassade

29 St-Gilles (Provence), ehem. Abteikirche, Detail vom Architrav des Mittelportals: Fußwaschung Petri

30, 31 St-Gilles, Details von der Fassade: Erzengel Michael und Erzengel-Gruppe von der Fassade

32 Le Thoronet (Provence), Kreuzgang und Kirche des ehem. Zisterzienserklosters ▷

Die aufwendige Gewanddraperie etwa bei Christus klärt jedoch darüber auf, daß sie die reifen Werke der romanischen Bildhauerkunst in Burgund voraussetzen. So steht das Portal von Semur vielmehr als Beispiel dafür, wie nach der Mitte des 12. Jh.s der große schöpferische Elan dieser Landschaft in Mittelmäßigkeit absank.

St-Julien-de-Jonzy** *(Saône-et-Loire)*

Das *Brionnais*, die Südwestecke Burgunds, verfügt über einen schier unerschöpflichen Schatz romanischer Portale. Jenes der KIRCHE ST-JULIEN steht auf derselben späten Stilstufe wie das Narthex-Nordportal von Charlieu (Mitte des 12. Jh.s). Ein Vergleich des in der Mandorla thronenden Christus, die von zwei Engeln getragen wird (Abb. 3), mit der Darstellung desselben Themas im Tympanon des Westportals in Charlieu macht die unerhörte Entwicklung zwischen beiden augenfällig: In St-Julien ist alles in ekstatische Bewegung versetzt: Figur und Gebärde der Engel ebenso wie die zu schwungvollen Draperien gebauschten Gewänder: ein Musterbeispiel für den barocken Spätstil der romanischen Skulptur.

Mit dem Narthex-Nordportal in Charlieu korrespondiert die Darstellung des Abendmahls, das hier im Architrav Platz gefunden hat. Aufgrund der ikonographischen und stilistischen Parallelen zwischen St-Julien und Charlieu ist auf die Urheberschaft desselben Künstlers geschlossen worden.

Tournus*** *(Saône-et-Loire)*

Das Kloster am Ufer der Saône verdankt seine Gründung den Normanneneinfällen im 9. Jh. Die Mönche des Philibertklosters auf der Insel Noirmoûtier nahe der Loiremündung waren gerade noch rechtzeitig vor der Gefahr geflohen. Ein halbes Jahrhundert dauerte ihr Irrweg durch ganz Frankreich, bis ihnen schließlich Kaiser Karl der Kahle 875 in Tournus eine neue Heimstatt zuwies. Die zusätzliche Überlassung von ausgedehntem Landbesitz im fruchtbaren Saônetal sicherte der Abtei ihr wirtschaftliches Auskommen. Die Reliquien des hl. Philibert erlangten rasch Beliebtheit, so daß schon bald eine rege Wallfahrt zu seiner neuen Ruhestätte einsetzte. Nachdem die Kirche des 10. Jh.s durch einen Brand vernichtet worden war, wurde 1007 der Grundstein für das bestehende Bauwerk gelegt. Das Projekt entstand entgegen der verbreiteten mittelalterlichen Gepflogenheit von Westen nach Osten.

Die Fassade der EHEMALIGEN ABTEIKIRCHE ST-PHILIBERT ist schmucklos, und fast jeder geht achtlos an ihr vorbei. Dabei verdient gerade sie besondere Aufmerksamkeit; denn hier erscheint zum erstenmal in der abendländischen Architektur das Motiv der *Zweiturmfassade*, das über Cluny, die Normandie, die gotischen Kathedralen Nordfrankreichs und den Kölner Dom bis in die Gegenwart ein Hauptthema der christlichen Baukunst werden sollte. Die Türme lösen sich nur geringfügig aus dem Flächenverband der Westwand. Der Nordturm wurde im 12. Jh. durch ein mehrgeschossiges Glockenhaus erhöht; der Südturm zeigt noch das originale Bild eines mit Satteldach gedeckten Stumpfes.

Obwohl erst am Beginn der Wölbungskunst stehend, erscheint St-Philibert als ein Schulbeispiel aller denkbaren Wölbungstechniken der Frühromanik. Der Besucher betritt zunächst einen kryptenartigen dreischiffigen Narthex, der ihn mit gedämpftem Halbdunkel empfängt. Zusammen mit der darüber befindlichen Michaelskapelle erscheint dieser Teil des Bauwerks wie ein Relikt des karolingischen Westwerks. Von hier gelangt man in den *Kirchenraum,* der durch seine Lichtfülle überrascht. Obwohl dieser Bau der Quellenlage zufolge Elemente eines Vorgängers aus dem 10. Jh. übernommen haben muß und sich die Arbeiten zudem über Jahrzehnte hinzogen – eine endgültige Weihe ist erst für das Jahr 1120 überliefert –, erscheint der Gesamteindruck durchaus einheitlich. Die auffallend schlanken gemauerten Säulen tragen die quergestellten Tonnen (sog. Transversaltonnen); die Seitenschiffe werden dagegen von Kreuzgratgewölben überfangen. Dieses System ist geradezu genial. Während die Kirchen der frühen Romanik allgemein mit einer Längstonne überwölbt wurden, was das baustatische Problem der Gewölbesicherung nach sich zog, wird in Tournus gerade die negative Eigenschaft der Tonne, ihr horizontal zu den Seiten wirkender Schub, der Gesamtkonstruktion nutzbar gemacht. Indem eine Reihe von kleinen Tonnen quer zum Raum gestellt wird, stoßen ihre Fußpunkte aneinander, stützen sich also gegenseitig. Die Säulen – und das erklärt ihre grazile Gestalt – tragen nur mehr das reine Nettogewicht der Gewölbesteine, nicht mehr deren statischen Schub. Dergestalt war auch eine Entlastung der Außenmauern gewährleistet, was wiederum die für die Frühromanik ungewöhnlich großen Fenster plausibel macht. St-Philibert formuliert damit zum erstenmal in der Baukunst der Nachantike das *System eines sich selbst tragenden Gewölbes.* Insgesamt steht die Kirche sowohl in der Bewältigung

Tournus, ehem. Abteikirche St-Philibert, Schema des Innenaufbaus

baustatischer Probleme als auch in der ästhetischen Konzeption beispiellos da. Während sonst überall in der Romanik das Phänomen zu beobachten ist, daß ein Bau, der grundlegende Lösungen anzubieten hatte, schulbildend wirkte und sich ihm zahllose Nachfolger anschlossen, lassen sich St-Philibert keine Vergleichsbeispiele an die Seite stellen. Bei aller Genialität hat das Bauwerk den Bedürfnissen des Zeitalters offenbar nicht entsprochen. Der Grund dafür dürfte im liturgischen Bereich liegen. Die Kirche der Romanik ist grundsätzlich als ein Prozessionsweg konzipiert. Die Gläubigen bewegten sich unter Gesang und Gebet vom Eingang her in Richtung auf den Altar zu, weshalb die heutigen Bestuhlungen in romanischen Kirchen allesamt sinnentstellend sind. Deshalb ist auch das Gliederungsbestreben, das den Weg der Romanik in Richtung auf die Gotik kennzeichnet, als Rhythmisierung des Raumes zu verstehen. In Tournus aber erleben wir, daß die Abfolge der Schwibbögen und Transversaltonnen einen merkwürdig retardierenden Raumeindruck bewirkt. Es gibt Kirchen, in denen man sich wie magisch vorwärts gezogen fühlt; in St-Philibert jedoch verweilt man, kaum daß man die Schwelle vom Narthex zum Kirchenschiff überschritten hat, wie gebannt auf einem Fleck. Gerade dieses Statische erfährt der heutige Besucher als besonderen Reiz; dem Empfinden der Gläubigen des Mittelalters muß eben diese Wirkung gegen den Strich gegangen sein. So blieb ein Bau, den man zu den großartigsten Schöpfungen des europäischen Mittelalters rechnen muß, eine Einzelerscheinung.

Der *Chor* mit Umgang und radial ausstrahlenden Kapellen entstammt zwar dem 12. Jh., er gibt jedoch getreulich den Grundriß des Vorgängers aus dem 10. Jh. wieder, eines der ältesten Beispiele eines Umgangschors mit Radialkapellen. Die aufgehende Bausubstanz des 12. Jh.s zeigt in ihrer vielfältigen Gliederung das Fortschreiten des westromanischen Einflusses.

Die dreischiffige *Krypta* mit radial ausstrahlenden Kapellen ist der älteste Teil der Kirche. Als ihr Bauherr gilt Abt Stephan, von dem bezeugt ist, daß er bereits 979 auf dem Altar der Krypta die Reliquien des hl. Valerian ausstellte. Das Motiv der Radialkapellen, das an dieser Stelle erstmalig in der burgundischen Architektur auftritt, ist möglicherweise von der (heute nicht mehr erhaltenen, aber in ihrem Grundriß durch Grabung gesicherten) Kathedrale in Clermont-Ferrand in der Auvergne inspiriert. Die Mönche von St-Philibert waren nämlich 937 kurzzeitig vor der drohenden Ungarngefahr in das Kloster von St-Pourçain-sur-Sioule in der Auvergne geflüchtet, bei welcher Gelegenheit sie Kenntnis von der damals gerade im Bau befindlichen Bischofskirche in Clermont genommen haben können.

Über eine schmale Seitentreppe in der Vorhalle gelangt man in die *Michaelskapelle*, von der sich ein überwältigender Blick in die Gewölbezone der Kirche bietet. Bemerkenswert sind an dieser Stelle zwei *reliefierte Kapitelle* zu seiten des portalartigen Bogens zum Mittelschiff: Sie zeigen stilisierte Blattmotive, darüber einen maskenhaften Kopf (links) und eine bärtige Männergestalt, die die rechte Hand in einer Art Segensgestus erhoben hat; das Gegenüber besitzt als Attribut einen Hammer. Handelt es sich hierbei um jenen *Gerlanus*, dessen Name in dem Bogen darüber eingemeißelt ist? Dann wäre dies eines der ältesten Künstlerporträts der abendländischen Kunstgeschichte. Um 1020 entstanden, sind diese Kapitelle neben denen in St-Bénigne in Dijon die frühesten Äußerungen der Bildhauerkunst in der burgundischen Romanik. Auch hier handelt es sich noch nicht um wirklich plastische Werke, vielmehr um Flachreliefs von nur wenigen Millimetern Tiefe, die wie Kerbschnittarbeiten eines Steinmetzen anmuten.

An der Südseite der Kirche sind *Reste des Kreuzgangs* erhalten.

Vézelay*** *(Yonne)*

Die »colline inspirée« (Maurice Barrès) im Herzen Burgunds (Farbabb. 14) erlebte zu Beginn des 12. Jh.s einen kometenhaften Aufstieg. Im 8. Jh. waren die Reliquien der hl. Magdalena vor den in die Provence einfallenden Sarazenen nach Vézelay gebracht worden: eine Legende zunächst, die dank einer päpstlichen Bulle 1058 zum historischen Faktum erklärt wurde. Nachdem die Wallfahrt, wiederum von höchster päpstlicher Instanz, 1103 institutionalisiert worden war, gewann Vézelay schlagartig magnetische Anziehung. Der Ort war zugleich Ziel und Ausgangspunkt einer Wallfahrt: Hier versammelten sich jene Jakobspilger, die auf der Via Lemovicensis ihren weiten Weg nach Galicien antraten. Ebenso rasch wie der Aufstieg vollzog sich der Niedergang. In erster Linie waren politische Intrigen dafür verantwortlich. Nachdem nämlich die Anjou-Dynastie 1246 die Herrschaft über die Provence angetreten hatte und dort offen befehdet wurde, bedurfte es eines göttlichen Zeichens für die Legitimität ihres Herrschaftsanspruchs. Diesen fand Karl II. von Anjou, indem er in St-Maximin-la-Ste-Baume die vermeintlich echten Reliquien der hl. Magdalena wieder zutage förderte – ein leicht zu durchschauender Schachzug. Papst Bonifaz VIII., dem der Schiedsspruch oblag, sah sich in der Klemme: Das Haus Anjou, das, von einem Papst gerufen, inzwischen ganz Süditalien beherrschte, hätte dem Kirchenstaat ebenso gefährlich werden können wie zuvor die staufische Umklammerung. Um sich das Wohlwollen König Karls II. zu sichern, erkannte Bonifaz die Authentizität der Magdalenenreliquien in der Provence an und versetzte damit Vézelay den Todesstoß. Dieser Vorgang macht wieder einmal deutlich, welch eminent politische Bedeutung Reliquien im Mittelalter zuweilen haben konnten. Erst das 19. Jh. weckte die inzwischen zur Ruine verkommene Abtei aus ihrem jahrhundertelangen Schlummer. Prosper Mérimée veranlaßte 1835 die Renovierung der vom Einsturz bedrohten Kirche, die Viollet-le-Duc 1840–59 mustergültig zur Durchführung brachte.

Ein Ende des 11. Jh.s begonnener Neubau wurde 1120, wohl noch vor der Fertigstellung, ein Raub der Flammen. An die 1000 Pilger sollen dabei einen jämmerlichen Tod gefunden haben. Doch diese Katastrophe konnte den Höhenflug von Vézelay nicht bremsen. Unverzüglich wurde mit einem Neubau begonnen, der gegen die Mitte des 12. Jh.s vollendet war. Der Abt hatte in der Durchsetzung des ehrgeizigen Projekts offenbar jedweden Druck walten lassen. Bereits 1106 war deswegen Abt Artaud von Einwohnern des Ortes ermordet worden; die Auseinandersetzungen zwischen Bürgern und dem Klerus gipfelten 1152 in der Ausrufung einer freien Kommune. Zur Aussöhnung kam es erst dank der Vermittlung König Ludwigs VII. und Papst Eugens III.

Das Narthexportal ist eine freie Nachbildung von Viollet-le-Duc. Erst nach Betreten der um 1140 begonnenen Vorhalle taucht man in den Bann der romanischen Originalsubstanz ein. Über das Mittelportal zum Kirchenschiff spannt sich ein gewaltiges *Tympanon*. In seinem Zentrum thront, leicht schräg gesetzt, Christus in einer Mandorla. Von seinen Händen zweigen Stege ab (zum Teil abgebrochen), die auf die Häupter der um ihn versammelten Apostel niederstrahlen.

Im Architrav und in den acht radial um das Tympanon angeordneten Kassetten sind personenreich die Völker der Erde dargestellt. Es handelt sich um das Pfingstgeschehen, den Missionsauftrag an die Apostel: eine absolut singuläre Bilderfindung innerhalb der romanischen Portalplastik Frankreichs. Man hat das Portal, dessen Entstehung um 1130 vermutet wird, inhaltlich auch mit einem historischen Ereignis verbunden: 1146 rief hier Bernhard von Clairvaux im Beisein des französischen Königspaares zum zweiten Kreuzzug auf. In diesem Zusammenhang erscheint auch das Portal von demselben Zeitgeist erfüllt: als in Stein geschriebene Manifestation des Universalanspruchs der Kirche. Dieser weltumspannende Aspekt ist darüber hinaus in den Medaillons ablesbar, die im Halbkreis das Tympanon rahmen; hier erscheinen – wie in Autun – Darstellungen der Monatsarbeiten und Tierkreiszeichen.

Bei der Betrachtung wählt man am besten jenen Punkt im Narthex, von dem aus der massive Trumeau mit der Gestalt Johannes des Täufers (als Mittler zwischen irdischem und himmlischem Bereich) den Blick auf die Chorfenster verstellt (Abb. 19). Von hier aus nimmt man den Kirchenraum wie eine dem Portal hinterlegte Lichtfolie wahr, die den Stein wie entmaterialisiert erscheinen läßt, aus sich heraus leuchtend. Die Figuren wirken wie von jenem Wind bewegt (man beachte die vielfach gebauschten Gewänder), der laut dem Bericht in der Apostelgeschichte durch den Raum fuhr, in dem die Jünger die Erleuchtung durch den Heiligen Geist empfingen.

Die *Seitenportale* schildern Begebenheiten aus der Kindheit Jesu (Südportal) und Szenen nach seiner Auferstehung (Nordportal): die Frauen am Grabe, Emmaus, Noli me tangere, darüber die Himmelfahrt.

Das Eintreten in den *Kirchenraum* gehört zu den beglückendsten Momenten, die die romanische Kunst zu bieten hat. Man erlebt eine lichte Weite von wohlausgewogenen Proportionen. In offenbar bewußt gewählter Konkurrenz zu Cluny wird auf den dortigen dreigeschossigen Aufriß der Hochschiffwand verzichtet zugunsten des schlichteren Aufbaus von Arkade und Obergaden. Nicht das fortschrittlichere System der Spitztonne, sondern eine rhythmische Abfolge von kreuzgratgewölbten Jochen bestimmt das Langhaus, betont durch im farbigen Wechsel des Steins dekorativ gestaltete Gurtbögen. Indem der erst gegen Ende des 12. Jh.s errichtete Chor bereits der Gotik angehört, erfährt der Raum nach Osten eine beträchtliche Lichtsteigerung. In dem Zusammenhang fällt eine bauliche Besonderheit auf: Während die Gurtbögen im Westen gedrückt, fast als Korbbögen erscheinen, gewinnen sie schrittweise nach Osten an Höhe und zugleich an Leichtigkeit. Durch etwaige nachträgliche Absenkungen, bedingt durch den Gewölbeschub, läßt sich dieses Phänomen kaum erklären, denn gerade dort, wo das Gewölbe die Hochschiffwand erkennbar zu den Seiten gedrückt hat, ist dennoch zugleich der Scheitel der Gurtbögen am höchsten. Wir erfahren an dieser Stelle, wie mittels einer geringfügigen, bewußt gewählten Unregelmäßigkeit eine beträchtliche optische Steigerung erzielt werden kann. Das leichte Ansteigen des Gewölbes von Ste-Madeleine ist vergleichbar mit der Kurvatur des Parthenon-Tempels auf der Akropolis von Athen, dessen Sockel eine geringfügige, vom Auge kaum wahrnehmbare Schwellung aufweist, durch die das massige Bauwerk spürbar an lastender Schwere verliert.

Neben Autun besitzt Vézelay den umfangreichsten *Kapitellzyklus* Burgunds, der etwa gleichzeitig wie jener des Gislebertus entstanden ist (1125–40). Hier in Vézelay sind die Skulpturen, sehr zum Vorteil des Betrachters, niedriger plaziert. Ein über-

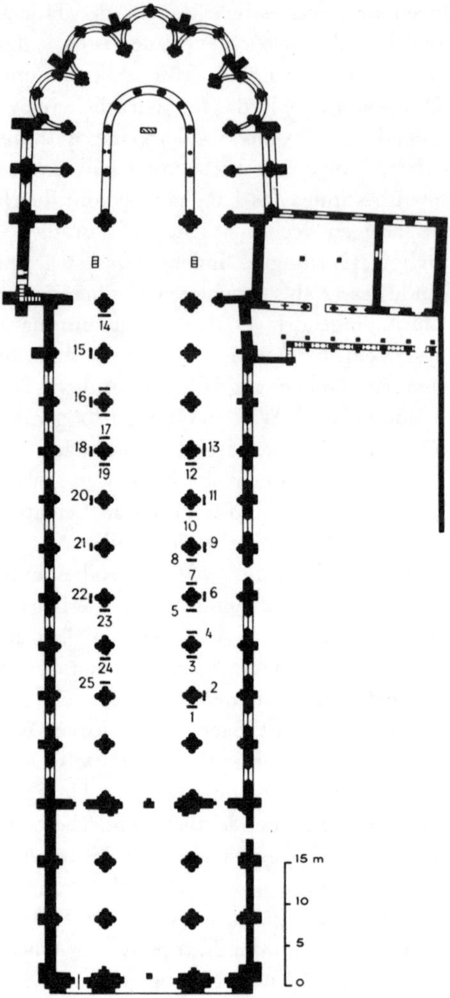

Vézelay, ehemalige Abteikirche Ste-Madeleine, Grundriß

Kapitelle der rechten Seite
1 *Ein Duell*
2 *Luxuria und Verzweiflung*
3 *Legende des hl. Hubertus*
4 *Tierkreiszeichen: Die Waage*
5 *Die mystische Mühle*
6 *Der Tod des bösen Reichen und des Lazarus*
7 *Lamech tötet Kain*
8 *Die vier Winde des Jahres*
9 *David bezwingt einen Löwen*
10 *Der hl. Martin wehrt einen Baum ab, der ihn im Fall zu treffen droht*
11 *Daniel in der Löwengrube*
12 *Der Kampf Jakobs mit dem Engel*
13 *Isaac segnet Jakob*

Kapitelle der linken Seite
14 *Befreiung des hl. Petrus aus dem Marmertinischen Kerker*
15 *Adam und Eva*
16 *Die Legende des hl. Antonius*
17 *Der Tod Agags*
18 *Die Legende der hl. Eugenie, die durch Verkleidung Abt eines Männerklosters wurde: Angeklagt, eine Frau belästigt zu haben, öffnet sie ihren Rock, um ihre Unschuld zu beweisen*
19 *Tod des hl. Paul Eremit, für den die Löwen das Grab ausheben*
20 *Moses und das Goldene Kalb*
21 *Tod des Absalom*
22 *Kampf Davids gegen Goliath*
23 *Moses' Mord am Ägypter*
24 *Judith und Holofernes*
25 *Die Falschheit und Der Geiz*

geordneter Zusammenhang ist nicht erkennbar. Insgesamt erscheint der Zyklus als Ausbreitung eines umfassenden enzyklopädischen Wissens, wie es in dieser Form nur von einem gebildeten Theologen entworfen worden sein kann. Man hat vermutet, daß der Bruder des Abtes Ponce, der Prior Pierre de Montboissier, die Anregungen gegeben hat. Als Abt von Cluny wurde er später unter dem Namen *Petrus Venerabilis* eine der schillerndsten Gestalten des 12. Jh.s.

Die Provence

Ganz im Gegensatz zu der von sanften Hügeln bestimmten Topographie Burgunds ist die Provence eine Region krasser landschaftlicher Gegensätze und klar definierter geographischer Begrenzungen. Dies sind im Süden die Küste des Mittelmeeres, im Westen das Tal der Rhône, im Osten die Kette der Alpen und nach Norden das Ventoux-Massiv und das Lure-Gebirge. Die romanischen Denkmäler treten vorwiegend dort auf, wo sich schon in antiker Zeit die kulturellen Zentren befanden: in den Tälern der Rhône und der Durance.

Auch historisch gingen Burgund – genauer gesagt: das Herzogtum Burgund – und die Provence (benannt nach der römischen *Provincia Gallia Narbonensis*) verschiedene Wege: Während nämlich das Herzogtum Burgund 1032 an eine Seitenlinie der Kapetinger fiel und damit seine Zugehörigkeit zum französischen Herrschaftsbereich auf Dauer festigte, wurde

(Erläuterung der Symbole siehe Seite 10)

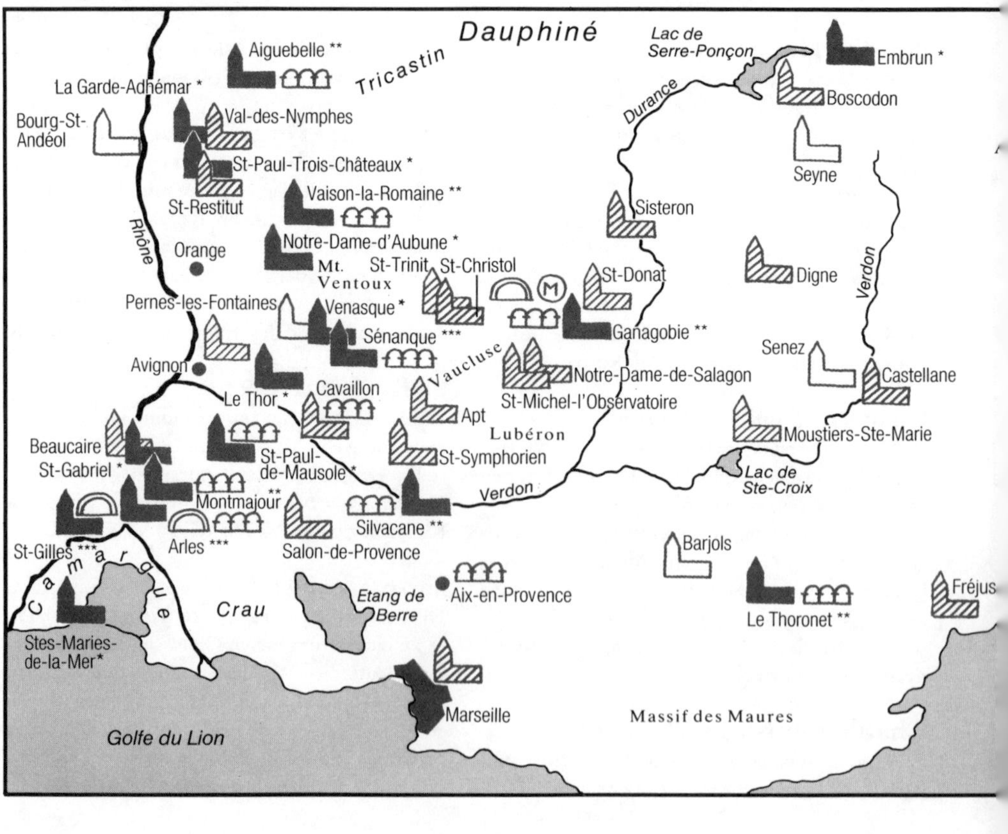

das *Königreich Burgund,* auch *Arelat* genannt, im gleichen Jahr als Erbe des kinderlos verstorbenen Königs Rudolf III. dem Deutschen Reich zugeschlagen. Fortan war also der deutsche Kaiser für einige Jahrhunderte der offizielle Herrscher auch über die Provence; die Saône markierte die Grenze zwischen dem französischen und dem deutschen Einflußbereich. Aber dieser Tatbestand war mehr eine Floskel auf dem Papier, auch wenn deutsche Kaiser wiederholt Demonstrationen ihrer Hegemonie in Szene setzten. So ließ sich Friedrich I. Barbarossa 1178 in Arles ostentativ zum König über das Arelat krönen, und Karl IV. folgte 1365 seinem Beispiel. Noch Kaiser Karl V. reklamierte 1526 seine Ansprüche und belagerte die Stadt Aix-en-Provence. Indem aber die Herrschaft der deutschen Kaiser letztlich Theorie blieb, führte die Provence ein weitgehend selbständiges Dasein am Rande der großen machtpolitischen Zentren des mittelalterlichen Europa. Ihre Grafen wußten lange Zeit ihre Unabhängigkeit zu wahren, was sich erst mit dem Auftreten der Anjou-Dynastie (1246) änderte.

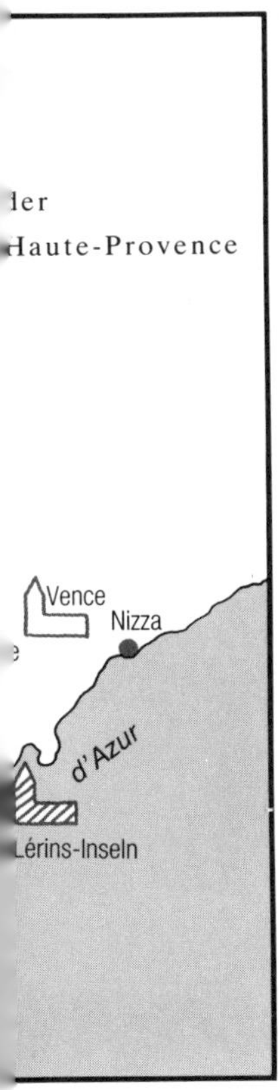

Die Entfaltung der Romanik vollzog sich im südöstlichen Frankreich auffallend retardierend gegenüber anderen Kunstlandschaften. Das 11. Jh. hat hier kaum erwähnenswerte Leistungen hervorgebracht; erst im 12. Jh. hat die Provence in den Kanon der anderen Landschaften eingestimmt. Ein Grund dafür mag sein, daß man hier erst im späten 10. Jh. die Araber endgültig hatte abschütteln können, zu einem Zeitpunkt, als der Stern von Cluny bereits einige Jahrzehnte leuchtete. Ein weiterer Grund für die Spätentwicklung der Romanik in der Provence liegt in den teilweise schwierigen Klima- und Bodenbedingungen begründet: Weite Teile der Niederen Provence um Arles waren bis ins Mittelalter versumpft. Erst die Benediktiner haben die Moore trockengelegt und wirtschaftlich nutzbar gemacht. Ihnen folgten die Zisterzienser, die sich u. a. der Fruchtbarmachung steiniger Hochtäler widmeten (Léoncel in der Dauphiné, Sénanque in der Vaucluse). Da diese Anstrengungen weitgehend erst im 12. Jh. unternommen wurden, war der Boden für das Aufkeimen der romanischen Kunst hier entsprechend spät bereitet. So wuchs das Kloster Montmajour erst zu einem stattlichen Komplex, nachdem die Sümpfe ringsum passierbar gemacht worden waren. Trotzdem scheint hier weiterhin ein ungesundes Klima geherrscht zu haben, denn mit dem Kloster St-Michel-de-Frigolet in den Montagnettes gründeten die Mönche von Montmajour ein regelrechtes Sanatorium für Mitbrüder, die im Mutterkloster erkrankt waren. Als schließlich im heraufziehenden 12. Jh. die Urbarmachung wesentlich vorangeschritten war, überzog ein dichtes Netz romanischer Kirchen das Land. Dabei scheint die Provence in engem Kontakt zu der kreativen und kommunikationsfreudigen *Lombardei* gestanden zu haben. Gemeinsam ist diesen beiden bis in die Alpen hineinreichenden Regionen der höhlenartige Charakter ihrer Sakralräume mit nur spärlicher Durchfensterung.

Der gängige Typus der provenzalischen Kirche des 12. Jh.s ist der einschiffige *Saal,* wie er in Montmajour am eindrucksvollsten Gestalt angenommen hat. Sofern die Kirchen mit der Wallfahrt in Verbindung standen, trifft man auch die Basilika an; doch sind deren Seitenschiffe derart schmal gehalten, ordnen sich so devot dem Mittelschiff unter, daß auch hier insgesamt ein eher saalartiger Raumeindruck entsteht.

Keine andere Landschaft hat im 12. Jh. eine so lebhafte *Annäherung an die Antike* gefunden wie die Provence. Noch heute besitzt diese einstige Musterprovinz des römischen Imperiums eine überwältigende Fülle antiker Denkmäler, und man kann mit Sicherheit davon ausgehen, daß diese den Künstlern des Mittelalters als Anschauungsmaterial dienten. So ließ sich etwa am Beispiel des sog. Dianatempels in Nîmes die Technik der Tonnenwölbung studieren. Auch im Bereich der Skulptur gab es Lehrstücke ohne Zahl. Bis hin zu Fragen der Mauertechnik hat man an den damals schon 1000 Jahre alten Denkmälern gelernt. Es fällt auf, daß die romanischen Bauten der Provence – von ganz wenigen Ausnahmen abgesehen – kein Bruchstein-Mauerwerk kennen, sondern hier grundsätzlich der bearbeitete *Quader* verwendet wurde. Zum Teil zeigen die Wände der provenzalischen Kirchen eine Perfektion des Mauerverbandes und der wie nahtlos gesetzten Fugen, die jedem römischen Baumeister alle Ehre gemacht hätte. Dadurch erscheint die provenzalische Romanik in allen ihren Äußerungen reif, ohne daß Vorstufen und Entwicklungen auszumachen sind. Dasselbe gilt für die *Skulptur:* Ohne Vorstufen wie im Roussillon oder in Burgund stehen die großen Portalanlagen von Arles und St-Gilles merkwürdig beziehungslos in ihrer Zeit. Antike Monumentalität blitzt auf, wenn auch nur für einen Moment; denn seit dem ausgehenden 12. Jh. hat die Provence keine eigenen schöpferischen Kräfte mehr mobilisieren können. Die Romanik ist ihr zweites »Goldenes Zeitalter« nach der römischen Kaiserzeit geblieben.

Ihre schönste Blüte erlebte die romanische Skulptur der Provence weniger im Figürlichen, dessen Äußerungen an Zahl gering blieben, als vielmehr im Bereich der *Ornamentik.* Der reiche Formenschatz der Antike erfuhr eine Wiedergeburt, die sich nicht darauf beschränkte, die alten Vorbilder getreulich zu kopieren; er wurde vielmehr mit der ganzen Bandbreite der für die Romanik so kennzeichnenden Phantasie variiert und umgedeutet. Auf diesem Gebiet haben die Künstler der Provence Schöpfungen hervorgebracht, die im Mittelalter beispiellos dastehen.

Aiguebelle** *(Drôme)*

Genaugenommen liegt das ZISTERZIENSERKLOSTER AIGUEBELLE nicht mehr in der Provence, sondern in der nördlich angrenzenden Landschaft *Tricastin,* die zur Dauphiné gehört. Es ist das einzige der romanischen Zisterziensergründungen Frankreichs, das noch heute von Mönchen dieses Ordens bewohnt ist (und zwar von Trappisten, also Zisterziensern der strengen Observanz). Die Gründung in einem abgelegenen Tal nahmen 1137 Mönche aus dem burgundischen Morimond vor. Nach einem wechselhaften Schicksal verfiel die Abtei Ende des 18. Jh.s der Säkularisation. Doch schon 1816 erfolgte die Wiederbesiedlung mit Mönchen aus dem schweizerischen Valsainte. Seitdem hat sich die Abtei Aiguebelle zu einem der aktivsten Zisterzienserklöster emporgearbeitet. Ihre jüngste Filiation gründete sie 1951 in Koutaba (Kamerun). Seitdem steht Aiguebelle einer Gruppe von 16 Klöstern vor.

Die KIRCHE NOTRE-DAME, die man als Laie nur im vorderen Drittel betreten darf, entstammt dem späten 12. Jh. Sie hat durch wiederholte Beschädigungen, auch in der Revolution, schwer gelitten, ist aber nach der Wiederbesiedlung mit größter Behutsamkeit restauriert worden, zuletzt 1987 die schmucklose Fassade. Ein einziger Mönch hat sie Stein um Stein in mehr als dreijähriger Arbeit mit einfachstem Werkzeug wiederhergestellt.

Der Innenraum weicht vom verbreiteten Muster der Zisterzienserkirchen ab. Anstelle der üblichen durchgehenden Spitztonne reihen sich drei quadratische Joche mit Kreuzrippengewölben hintereinander. Deren Abmessungen sind ebenso wie die beiden Arme des Querschiffs und das der Apsis vorgeschaltete Chorjoch durch das Vierungsquadrat genormt. Die Joche der Seitenschiffe sowie die Kapellenpaare, die sich zu den Querschiffarmen öffnen, beschreiben in strikter Einhaltung des gebundenen Systems ein Viertel dieses Grundmaßes. Obwohl der Raum in der vielfachen Verwendung der Kreuzrippe erkennbar gotische Züge trägt – die Zisterzienser haben der Gotik den Weg nach Südfrankreich geebnet –, macht er dennoch in seiner typisch zisterziensischen Verhaltenheit insgesamt einen eher romanischen Eindruck. Diese Wirkung wird entscheidend von der geringen Raumhöhe mitgetragen: Der Scheitel des Mittelschiffgewölbes liegt lediglich 10 m über dem Boden. Diese Breitenwirkung ist ein Wesenszug der südlichen Baukunst.

Man sollte auf jeden Fall länger in Aiguebelle verweilen, um einem der mehrmals täglich abgehaltenen Chorgebete der Mönchsgemeinschaft beizuwohnen. Denn der gregorianische Gesang ist eine wesentliche Komponente jener Spiritualität, die die romanischen Kirchen verkörpern. Wer sie nicht nur als Kunstwerk betrachtet, wird dies hier nachhaltig empfinden.

Als Laie kann man es nur bedauern, daß der Zutritt zur Klausur verwehrt bleibt. Aiguebelle besitzt nämlich noch den gesamten Bautenkomplex aus mittelalterlicher Zeit, wie man ihn – dort allerdings museal, nicht mehr von Leben erfüllt – nur noch in Fontenay und den drei anderen Zisterzienserklöstern der Provence (Sénanque, Silvacane, Le Thoronet) erlebt. Einzig drei Flügel des Kreuzgangs mußten von Grund auf neu errichtet werden. Alles andere war noch so weit intakt, daß mit Hilfe einer restauratorischen Sicherung des Bestandes der alte Zustand bewahrt werden konnte.

Arles* *(Bouches-du-Rhône)***
In engster Nachbarschaft mit den antiken Ruinen der Arena und des Theaters macht die KATHEDRALE ST-TROPHIME im Zentrum der einstigen Reichshauptstadt (diesen Rang besaß Arles vorübergehend zur Zeit Kaiser Konstantins des Großen) exemplarisch deutlich, wie eng sich die provenzalische Romanik an das römische Erbe anlehnt. In der *Portalanlage* wird das Motiv des römischen Ehrenbogens rezipiert, wie er in dieser einbogigen Form noch heute in der Provence in mehreren Beispielen vertreten ist (St-Rémy, Cavaillon, Carpentras). Während das romanische Kirchenportal in der Regel in die Eingangswand hineingemuldet ist – in Charlieu wurde 1090 das Stufenportal als gängiges Muster vorgebildet –, erscheint das Portal von St-Trophime wie von der Wand gelöst, so, als wäre es ihr als eigenständiger Baukörper erst nachträglich appliziert worden (Abb. 23). Die Kirchenwand selbst ist gänzlich ungegliedert und schmucklos, so daß der Blick des Betrachters allein auf das Portal konzentriert wird. Auch die Binnengliederung ist ein Lehrstück der Antikenrezeption im 12. Jh.: Verschiedene Heilige stehen in kastenförmigen Nischen, wie man es aus der römischen Sepulkralplastik kennt. Desgleichen sind die frei stehenden Säulen zwischen diesen Nischen ein Derivat der kaiserzeitlichen Architektur. Bis ins Detail geht diese Durchdringung: So macht etwa die Arkadenreihe, unter der die Heiligen Drei Könige erscheinen, das Fortwirken der spätantiken Sarkophagplastik deutlich, wie sie gerade hier in Arles in Hunderten von Beispielen in der Nekropole Les Alyscamps vor Augen stand (eine Auswahl heute im *Musée Lapidaire d' Art Chrétien*). Daneben ist eine Auseinandersetzung mit zeitgenössischen Anregungen zu beobachten: Die Löwen, auf denen einige der Säulen ruhen, verweisen auf die oberitalienische Skulptur. Obwohl das Portal von St-Trophime aus einer Vielzahl von Quellen geschöpft hat, erscheint das Gesamtbild einheitlich und damit als Ausdruck einer spezifisch provenzalischen Romanik. Nirgendwo, außer in St-Gilles, das für Arles das Vorbild abgab, ist der heidnisch-antike Herrschergedanke derart wörtlich und zugleich überzeugend in die Sprache des Christentums übersetzt worden. Andererseits besitzt die Portalskulptur nicht mehr jene kraftvolle Erzählfreude und Bewegtheit, die für St-Gilles charakteristisch ist. Die stereotype Reihung der Auserwählten und der Verdammten im Fries und der Apostel im Architrav macht das Erlahmen der romanischen Bildersprache nach der Mitte des 12. Jh.s erkennbar. Das Portal von St-Trophime entstand erst im letzten Drittel des 12. Jh.s. Zu diesem Zeitpunkt hatte sich die burgundische Skulptur bereits ganz dem Einfluß aus der Île de France verschrieben.

Der *Innenraum* bietet ein überraschendes Erlebnis: Das Mittelschiff strebt kühn empor; sein steiler Schub gipfelt in einer Spitztonne, deren Scheitel 20 m über dem Boden liegt. Bei nur knapp 6 m Breite entspricht das Raumgefüge gotischen Proportionen. Die Seitenschiffe sind extrem schmal und erscheinen lediglich als dem Mittelschiff untergeordnete Raumfluchten; ihre Vierteltonnen lassen erkennen, daß sie allein darauf abgestimmt sind, dem Gewölbe des Mittelschiffs als Stütze zu dienen. Der Chor entstammt erst der zweiten Hälfte des 15. Jh.s. In seinen gotischen Formen paßt er sich der romanischen Basilika, die selbst schon wie

Arles, Kathedrale St-Trophime, die romanische Portalanlage
1 Majestas Domini (Christus als Weltenrichter mit den vier Evangelistensymbolen) 2 Engelreigen 3 Die Engel, die die Posaunen zum Jüngsten Gericht blasen 4 Apostel (Beisitzer des Weltgerichts) 5 Prozession der Auserwählten 6 Die Seelen der Erlösten werden in Abrahams Schoß gebettet 7 Die Verdammten werden durch die Höllenpforte gestoßen 8 Die Verdammten 9 Verkündigung 10 Josephs Traum 11 Geburt Christi 12 Verkündigung an die Hirten 13 Die Hl. Drei Könige vor Herodes 14 Aufbruch der Könige 15 Anbetung der Könige 16 Traum der Könige 17 Flucht nach Ägypten 18 Bethlehemitischer Kindermord 19 Petrus 20 Johannes 21 Paulus 22 Andreas 23 Der hl. Trophimus 24 Steinigung des hl. Stephanus (von ihm besaß man in Arles Reliquien) 25 Jakobus d. Ä. 26 Bartholomäus 27 Jakobus d. J. 28 Philippus 29 Daniel in der Löwengrube 30 Samsons Kampf mit dem Löwen

eine Vorahnung der Gotik erscheint, harmonisch an.

Der *Kreuzgang* ist der am reichsten dekorierte der Provence (Abb. 20). Dem Wunsch nach einem Maximum an Skulptur wurden sogar baustatische Gesichtspunkte untergeordnet. Denn während fast alle anderen Kreuzgänge der Provence mehrere kleine Arkaden unter einem übergreifenden Bogen zusammenfassen und dessen Schubkräfte

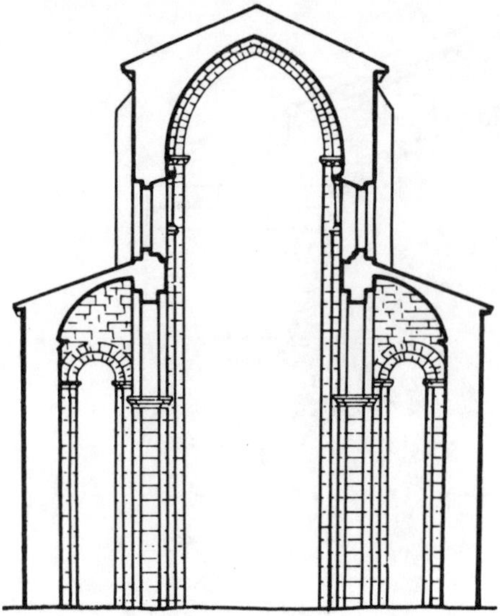

Arles, Kathedrale St-Trophime, Querschnitt. Nach Kubach

auf massive Pfeiler ableiten, hat man hier auf eine solide Lösung verzichtet und Arkaden und Doppelstützen gleichförmig nebeneinandergereiht. Dieses scheinbare Unvermögen hat dazu geführt, daß der Kreuzgang von St-Trophime früher als einer der ältesten in der Provence angesehen wurde. Der Stil der Skulpturen läßt jedoch keinen Zweifel daran, daß er, ganz im Gegenteil, tatsächlich einer der jüngsten ist. Romanisch sind nur die beiden Flügel der Nord- und der Ostseite. Die beiden anderen entstanden zur selben Zeit wie der spätgotische Chor der Kathedrale. Im direkten Vergleich der beiden Epochen stellt man fest, daß die Gotik dem genuin romanischen Thema der Kreuzgangarchitektur nichts mehr hinzuzufügen hatte.

Während der *Kapitellzyklus* des Nordflügels (Kirchenseite) die typologische Gegenüberstellung von Passionsgeschehen und alttestamentarischen Begebenheiten stärker betont, führt der etwas jüngere Ostflügel (Nordflügel ca. 1150–70, Ostflügel gegen Ende des 12. Jh.s) die Kindheit Jesu in aller Breite aus (Abb. 20, 21). Insgesamt addiert sich die Bildfolge zur Summe des Heilsgeschehens und definiert damit den Kreuzgang als Abbild der himmlischen Ordnung.

Im Vergleich der Kapitelle dieses Kreuzgangs mit solchen aus Burgund wird ein grundlegender stilistischer Unterschied und zugleich ein Wesenszug der provenzalischen Romanik offenbar: Hier besteht eine strikte Trennung von Ornament und menschlicher Figur. Die letztere nimmt die volle Höhe des Kapitellblocks ein und wird nirgends mit ornamentalen Motiven verflochten, wie es sonst ein Wesenszug des romanischen Figurenkapitells ist. Dergestalt zeigt auch die provenzalische Kapitellplastik selbst im kleinen Format die statuarische Gesinnung der antiken Monumentalskulptur. Diese Auffassung der menschlichen Figur läßt sich bis in die Auvergne nachweisen (vgl. Mozac), so daß man die Provence nicht einseitig in der Rolle der Empfangenden sehen darf, sondern zugleich als Kunstlandschaft, die sehr wohl Anregungen an ihre Nachbarlandschaften weiterzugeben vermochte. Der Ornamentik kommt hier ein anderer Stellenwert zu: Während sie sonst in der Romanik stark mit inhaltlichen Aussagen besetzt erscheint, erfüllt sie in der Provence – auch darin antiken Vorbildern nahestehend – eine reine Zierfunktion.

Der verschwenderische Skulpturenschmuck von St-Trophime ist als sinnbildhafter Ausdruck für das Selbstverständnis des Bischofs zu verstehen. In einem jahr-

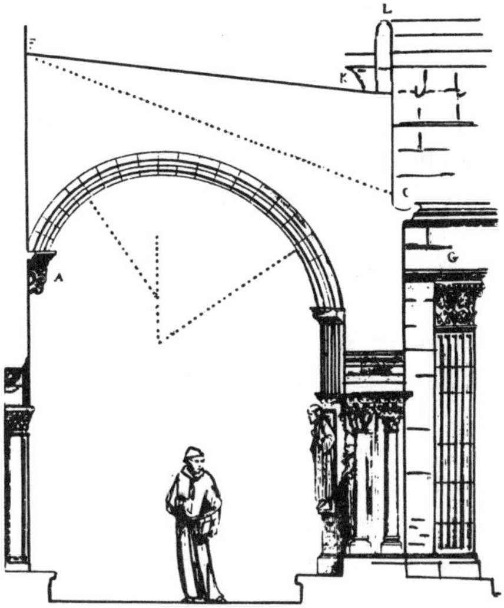

Arles, Querschnitt durch einen der beiden romanischen Flügel im Kreuzgang der Kathedrale St-Trophime. Nach Viollet le Duc

hundertelangen kirchenpolitischen Streit machten sich die Bischöfe von Vienne und Arles einander das Privileg des Primas von Gallien streitig. Vor diesem Hintergrund erscheint der Kreuzgang als Prestigeobjekt des bischöflichen Ehrgeizes. Für einen Klosterkreuzgang wäre ein derartiger Bilderreichtum eher untypisch.

An einem Projekt dieser Größenordnung waren natürlich mehrere Künstler bzw. Werkstätten tätig. Die Forschung hat mindestens vier Hände unterschieden. Inzwischen gilt auch die Mitarbeit des *Benedetto Antelami* als gesichert, der seine Lehrjahre in der Provence verbrachte, bevor er in seiner oberitalienischen Heimat seine reifen Werke schuf und dort Formen und Gedanken der südfranzösischen Romanik Wurzeln schlagen ließ (vgl. Kreuzabnahme-Relief im Dom und Skulpturenschmuck des Baptisteriums zu Parma). Auch im Bereich der Skulptur hat also zwischen Oberitalien und der Provence ein wechselseitiges Geben und Nehmen stattgefunden.

Mit der Kirche St-Honorat am Ende der Sarkophagallee Les Alyscamps findet sich in Arles ein weiteres Zeugnis romanischer Baukunst, das allerdings nur noch als Torso besteht. Das Langhaus ist zerstört; erhalten blieben Querhaus und Chor, darüber erhebt sich ein vielfach durchbrochener Glockenturm.

Embrun* *(Hautes-Alpes)*

In der Haute-Provence sind die Denkmäler der Romanik gegenüber denen der Niederen Provence in geringerer Zahl vertreten; auch erreichen sie nur selten deren hohes künstlerisches Niveau. Die Kathedrale Notre-Dame in Embrun ist das wichtigste Baudenkmal des 12. Jh.s im Bereich der Haute-Provence. Sie entstand im ausgehenden 12. Jh. Das Nordportal ist eine Kopie italienischer Vorbilder. Den frei vor das Bauwerk gestellten offenen Portikus tragen schlanke Säulen aus rosa gestromten Marmor, die auf den Rücken zweier Löwen ruhen. Über die Provence ist das lombardische Motiv der säulentragenden Löwen bis ins Elsaß vorgedrungen (Sélestat). (Nahe bei Embrun begegnet man der gleichen Portalgestalt in Guillestre und La Salle-lès-Alpes.) Der mächtig aufstrebende *Glockenturm* mit seinem Wechsel schwarzer und weißer Gesteinsschichten zeigt sich ebenfalls von lombardischer Baukunst beeinflußt. Im Inneren der dreischiffigen Basilika bricht sich bereits die Gotik mit einem System von Kreuzrippengewölben Bahn.

Ganagobie**
(Alpes-de-Haute-Provence)

Zu den schönsten Äußerungen der Romanik in der Haute-Provence zählt das auf einem Hochplateau über dem Tal der Durance gelegene Kloster Ganagobie, ein im 10. Jh. gegründetes Priorat, das Cluny unterstand. Nachdem bereits im 15. Jh. nur mehr vier Mönche in Ganagobie lebten, war die Aufhebung des Klosters in der Revolution kaum mehr als ein symbolischer Akt. Die dem Verfall preisgegebenen Baulichkeiten wurden 1897 mit Mönchen aus Marseille neu besiedelt und seit 1957 grundlegend restauriert.

Das Portal der KIRCHE NOTRE-DAME-DU-PUY (Abb. 24) wartet mit einer Überraschung auf: Sein *Tympanon* zeigt das Weltgericht mit Christus in der Mandorla, den vier Evangelistensymbolen und zwei Engeln, im Architrav darunter die Apostel als Beisitzer des Gerichts. Diese für die Provence seltene Ikonographie – man begegnet dem Thema sonst nur in Arles und St-Gilles – ist mit der Bindung zwischen Ganagobie und dem burgundischen Mutterkloster zu erklären. Dem künstlerischen Rang nach bleibt das Portal jedoch weit hinter den beiden großen Anlagen im Rhônetal zurück. Die Figuren sind eher unbeholfen und besitzen eine für die späte Romanik (das Portal datiert in die zweite Hälfte des 12. Jh.s) auffallend geringe Relieftiefe. Ungewöhnlich sind auch die arabisierenden Auszackungen der Portalrahmung (aus gotischer Zeit).

Der *Kirchenraum* ist nach bodenständigem provenzalischem Muster ein einschiffiger Saal, die Spitztonne eine Anleihe aus dem Mutterkloster. Ebenfalls von dort ist die Westempore herzuleiten, die als Sängerkanzel diente. An das breit ausladende Querhaus schließt das Chorhaupt an, das von zwei fast gleich großen, sich zu den Querschiffarmen öffnenden Kapellen begleitet wird. Hauptchor und südliche Seitenkapelle sind nach einer spezifisch provenzalischen Tradition außen polygonal, innen dagegen halbrund gestaltet.

In den Querhausarmen und in den drei Apsiden hat man schon im 19. Jh. anläßlich der Wiederbesiedlung des Klosters unter einer Schuttschicht *Mosaiken* entdeckt, die heute den Ruhm von Ganagobie ausmachen. Bilderreich wird das die ganze Romanik beherrschende Thema der Psychomachie – der Kampf zwischen Gut und Böse – ausgebreitet. In der linken Apsis sprengt ein Ritter mit eingelegter Lanze auf seinem Schlachtroß gegen ein geflügeltes Ungetüm. Im linken Querhausarm erkennt man Fabelwesen und wilde Tiere, traditionelle Sinnbilder des Bösen. Dagegen ist der Elefant im Hauptchor eine geläufige Metapher für Gutmütigkeit. In das gängige romanische Bestiarium gehören ferner die Tierkreiszeichen, Fische und der bogenschießende Kentaur. Neben einem kunstvoll verzierten Teppichmuster im rechten Querschiffarm erscheint ein weiterer Ritter, der seine Lanze einem Drachen durch das aufgerissene Maul stößt (Farbabb. 22). Es handelt sich hier um eine der ältesten Darstellungen des hl. Georg in der abendländischen Kunst. In einem Medaillon über dem Ritter erscheint ein Hirsch als Symbol Christi. Insgesamt hat es den Anschein, als habe der Mosaizist der Auffassung entsprochen, wonach der Norden Sitz des Bösen ist, während der Süden die Richtung der Verheißung angibt, wie es in einer Inschrift im Kreuzgang von Vaison-la-Romaine beschrieben ist. Im nördlichen Abschnitt überwiegen die bösen

Tiergestalten; der Kampf zwischen Ritter und Bestie ist noch nicht entschieden. Dagegen halten im Mittelteil die Sinnbilder des Guten und des Bösen einander die Waage. Im südlichen Abschnitt nimmt dann die Szene, in der der Ritter, Urbild des christlichen Kämpfers, über das Ungetüm triumphiert, den breitesten Raum ein, ergänzt durch die Christusmetapher des Hirsches.

An der Rundung des Hauptchores verläuft eine Inschrift: ME PRIOR ET FIERI BERTRANNE JUBES ET HABERI ET PETRUS URGEBAT TRUTBERTI MEQ REGEBAT. Frei übersetzt: Der Prior Bertrand hat den Auftrag gegeben, mich (gemeint ist das Mosaik) zu machen, Petrus Trutbert hat meine Herstellung unternommen und beaufsichtigt. Diese Künstlersignatur informiert nicht nur über Auftraggeber und den Ausführenden des Werkes, sondern teilt zugleich mit, daß diesem offenbar Helfer zur Verfügung standen (»regebat«). Demnach ist hier eine ganze Werkstatt tätig gewesen, deren führendes Haupt Petrus Trutbert war. Die Datierung ist aus der Inschrift nicht mit Sicherheit zu erhellen, da es im 12. Jh. zwei Klostervorsteher des Namens Bertrand gab; 1135–52 war der eine, 1173 der andere im Amt. Nach dem Stil ist eine eindeutige Festlegung nicht möglich. Die Entstehung läßt sich lediglich eingrenzen auf die Zeit zwischen 1135 und 1173.

Die Mosaiken von Ganagobie bedecken eine Fläche von annähernd 70 m² und sind damit das größte zusammenhängende Mosaik der Romanik in Frankreich, vergleichbar mit jenen in Otranto (Apulien) oder den Fragmenten in der Krypta von St. Gereon in Köln, die etwa gleichzeitig entstanden.

Der *Kreuzgang* war fast völlig zerstört, wurde aber zu Beginn unseres Jahrhunderts originalgetreu wiederaufgebaut. Er zeigt das in der Provence verbreitete Schema von Entlastungsbögen über kleinen Arkaden mit Doppelsäulchen. In seiner Schmucklosigkeit ist er den Kreuzgängen der Zisterzienser verwandt.

La Garde-Adhémar* *(Drôme)*

An exponierter Stelle hoch über dem Rhônetal gelegen, blickt die kleine KIRCHE ST-MICHEL weit ins Land. Sie besitzt – ein ungewöhnlicher Fall – sowohl im Osten als auch im Westen eine Apsis (vgl. Kathedrale von Nevers, Burgund). Bezeichnend für die Provence ist der Verzicht auf figurale Skulptur; um so unerschöpflicher entfaltet sich der Reichtum der Ornamentik, die in kleinen Friesen die Traufleisten der Apsiden und den oktogonalen Vierungsturm ziert. Der nur zwei Joche tiefe basilikale *Innenraum* ohne Querhaus ist extrem steil proportioniert (Breite des Mittelschiffs 3,70 m, Höhe 14 m) und gipfelt im Mittelschiff in einer Spitztonne, in den Seitenschiffen in

La-Garde-Adhémar, St-Michel, Grundriß

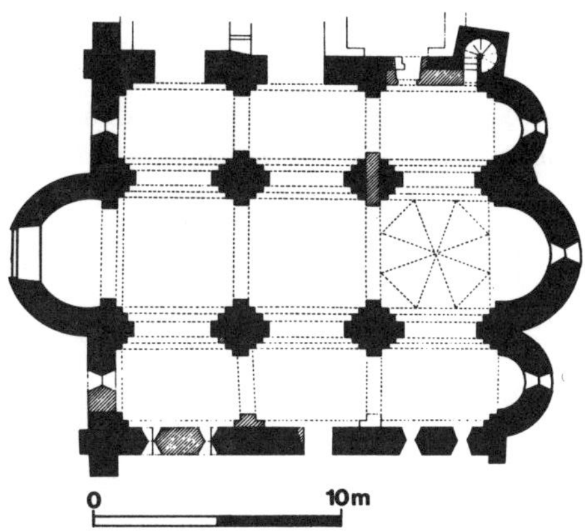

Vierteltonnen, darin St-Trophime in Arles verwandt. Ein drittes quadratisches Joch vor dem Chor, das mit einer Trompenkuppel überwölbt ist, erscheint wie eine Mischform aus Vierung und Chorjoch. Die begleitenden schmaleren Joche, die die Verlängerung der Seitenschiffe nach Osten darstellen, öffnen sich zu zwei kleineren Apsiden. Eine Eigenheit der provenzalischen Romanik ist der Verzicht auf eine Durchfensterung des nördlichen Obergadens: eine Schutzmaßnahme gegen den Mistral, dem St-Michel auf der Bergkuppe preisgegeben ist. Der dementsprechend reduzierte Lichteinfall steigert wirkungsvoll die weihevolle Atmosphäre dieser Kirche.

Nur 2 km östlich von La Garde-Adhémar stößt man seitab der D 572 auf die Ruine der Chapelle du Val-des-Nymphes, deren Name an eben jener Stelle ursprünglich ein antikes Quellheiligtum vermuten läßt. Dach und Gewölbe sind zerstört, so daß das voll einfallende Tageslicht die plastische Gliederung der Chorkonche schön zur Geltung bringt – ein architektonisches Detail, das in vielen anderen Kirchen der Provence zumeist in Dämmerlicht getaucht ist und infolgedessen kaum beachtet wird: Zwei der Wand vorgelegte Arkadenreihen gehen übereinander auf; ihre Bögen werden unten von Pfeilern, oben von Säulen getragen.

Le Thor* *(Vaucluse)*

Notre-Dame-du-Lac in Le Thor kann als typischer Vertreter der provenzalischen Romanik gelten. Der Chor zeigt sich außen polygonal gebrochen, im Innern dagegen halbrund. Der Südseite ist ein Portikus angefügt, der an römische Vorbilder denken läßt. Seine einzelnen Glieder sind verschwenderisch mit antikisierenden Ornamenten überzogen. Der Innenraum, ein einschiffiger Saal, bleibt durch den Verzicht auf eine Durchfensterung des Obergadens (Schutz gegen den Mistral) in Dämmerlicht getaucht. Ungewöhnlich ist die Einwölbung mit Kreuzrippen. Le Thor entstand erst nach der Mitte des 12. Jh.s, als die Zisterzienser begonnen hatten, die modernen Baugedanken aus der Île de France nach Süden weiterzutragen (vgl. Aiguebelle).

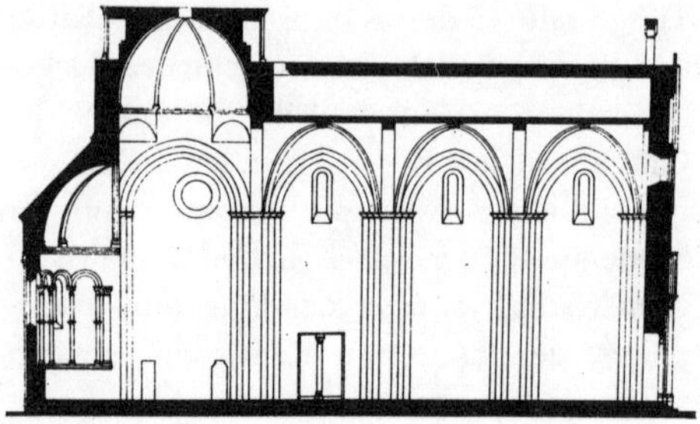

Le Thor, Notre-Dame-du-Lac, Längsschnitt

Le Thoronet** *(Var)*

Gelegentlich findet man die Zisterzienserklöster Sénanque, Silvacane und Le Thoronet als »die drei provenzalischen Schwestern« apostrophiert. Dies läßt den Eindruck entstehen, als habe es immer nur diese drei Niederlassungen des Ordens in der Provence gegeben. Tatsächlich bestand im Mittelalter in der Provence fast ein ganzes Dutzend. *Aiguebelle* im Tricastin ist noch vorhanden, wird aber in Reiseführern meist übergangen, wohl wegen des Umstands, daß das Kloster bewohnt ist und der Besucher nur einen Teil der Kirche betreten kann. Von der von Silvacane aus gegründeten Niederlassung *Valsaintes* im Osten des Vaucluse-Hochlandes stehen nur noch klägliche Reste; dasselbe gilt für *St-Pons* im Ste-Baume-Massiv. Alle übrigen sind verschwunden. Le Thoronet ist unter den erhaltenen Zisterzienserklöstern der Provence das älteste. Es wurde 1136 mit Unterstützung Raimunds von St-Gilles, Graf von Toulouse, nahe der Ortschaft Tourtour etwa 15 km nördlich vom heutigen Standort gegründet. 1160 kam es aus ungeklärten Gründen zu dieser Verlegung des Klosters. Umgehend wurde der Bau der Kirche und der Klausur in Angriff genommen; beides war noch vor der Jahrhundertwende fertiggestellt. Gemäß dem 1134 vom Ordenskapitel verfügten Statut, wonach die Klöster der Zisterzienser »weder in Städten, Kastellen oder Dörfern, sondern an entlegenen Orten, fern vom Verkehr der Menschen« zu liegen hatten, findet man Le Thoronet noch heute in völliger Einsamkeit.

Die *Kirche* ist ein typisches Beispiel zisterziensischer Baukunst. Der Grundriß zeigt eine kreuzförmige Basilika. Im Unterschied zu den beiden anderen großen Zisterzienserbauten der Provence – Sénanque und Silvacane – sind jedoch die ausladenden Querhausarme hier untergeordnet, das heißt, sie bilden keine Vierung aus. Statt dessen ist das Spitztonnengewölbe des Mittelschiffs ununterbrochen bis zum Chor fortgeführt, was die Strenge des Raumeindrucks noch verstärkt (vgl. Fontenay, Burgund!). Die drei Seitenschiffjoche sind mit Vierteltonnen überwölbt, die dem Mittelschiffgewölbe als Widerlager dienen. Auf eine Durchfensterung des Obergadens wurde auch hier verzichtet. Dennoch ist der Raum ausreichend erhellt durch die Öffnungen im Osten und Westen. Der Chor endet – wie in Sénanque – in einem Halbrund; seitlich öffnet sich je ein Paar gleichfalls gerundeter Kapellen zu den Querhausarmen, die am Außenbau durch einen glatten Mauerschluß nicht in Erscheinung treten. Mit Ausnahme der Runddienste, die, um eine optimale Raumnutzung zu gewährleisten, erst etwa 1 m über dem Boden ansetzen und nach oben als Gurte ins Gewölbe fortgeführt sind, gibt es nicht den geringsten Ansatz einer plastischen Gliederung der unverputzten Wände. Träger des zisterziensischen Ausdruckswillens ist einzig der Stein,

Le Thoronet, perspektivischer Schnitt durch den Kreuzgang der ehem. Zisterzienserabtei. Nach Viollet-le-Duc

der durch seine perfekte handwerkliche Bearbeitung selbst zum Kunstwerk geworden ist. In der Geschlossenheit dieses Raumes hat Wolfgang Braunfels »Kerker und Paradies zugleich« gesehen.

Gegenüber dem Idealplan eines Zisterzienserklosters, wie er in Fontenay vorgebildet war, ist der Komplex hier spiegelverkehrt – im Norden der Kirche statt an deren Südseite – angelegt; man paßte sich den topographischen Gegebenheiten an. Der nördliche Querhausarm besitzt zwei Türen: eine zur schmalen Sakristei; die zweite, über eine Treppe erreichbar, öffnet sich gemäß der zisterziensischen Bauvorschrift zum Dormitorium. Ein weiterer Durchgang im nördlichen Seitenschiff stellt die Verbindung zum *Kreuzgang* her. Das unebene Gelände bedingt dessen unregelmäßigen trapezförmigen Grundriß und die Anlage auf drei verschiedenen Bodenniveaus, die durch Stufen ausgeglichen werden. Die Gänge öffnen sich zum Hof in einer Arkadenreihe, in die kleine Biforien mit einem Okulus eingestellt sind (Abb. 32). An der Nordseite, gegenüber dem nicht erhaltenen Refektorium, ist als besondere architektonische Kostbarkeit das *Brunnenhaus* erhalten. Ursprünglich besaß jeder Kreuzgang einen derartigen Brunnen, der nicht nur die Versorgung der Brüder mit Frischwasser inmitten der Klausur gewährleistete, sondern darüber hinaus im symbolischen Kontext des Kreuzgangs als Sinnbild einer *fons vitae* (Lebensbrunnen) stand. Einzig der *Kapitelsaal* (wie immer unter dem Dormitorium) läßt in Gestalt seines Kreuzrippengewölbes das Eindringen der Gotik erkennen. Als letzter Teil der Anlage entstand erst nach der Wende zum 13. Jh. der *Konversenbau* an der Nordwestecke des Kreuzgangs.

Der beste Eindruck von dem Gesamtkomplex des Klosters bietet sich von der *Terrasse,* die vom Dormitorium aus erreicht wird. Aus der erhöhten Perspektive überschaut man den gesamten Kreuzgang und die dahinter aufgehende Kirche mit ihrem bescheidenen Dachreiter (auch Glockentürme waren bei den Zisterziensern verpönt).

Montmajour** *(Bouches-du-Rhône)*

Nordöstlich vor den Toren der Stadt Arles liegt das Kloster Montmajour, dessen Keimzelle eine frühmittelalterliche Eremitage war. Aus dem damals noch sumpfigen Umland ragte weithin sichtbar ein einsamer Kalksockel, der seit dem 9. Jh. als Friedhof diente. Die Einsiedler, die die Pflege der Gräber versahen, nahmen im 10. Jh. die Regel der Benediktiner an und hatten neben ihren Confratres aus St-Victor in Marseille wesentlichen Anteil an der Reorganisation des klösterlichen Lebens in der Provence. Berühmt wurde Montmajour, nachdem der Papst dem Kloster eine Partikel vom Kreuze Christi geschenkt und zugleich das Recht verliehen hatte, einen jährlichen Ablaß zu gewähren, den »Pardon de Montmajour«. Dieses Ereignis fiel traditionell auf den 3. Mai, jenen Tag, an dem die hl. Helena der Überlieferung zufolge das Kreuz wieder aufgefunden hatte. Die von weither zusammenströmenden Pilger bescherten Montmajour einen Geldsegen, der es dem Kloster im 12. Jh. ermöglichte, die Kapelle aus dem 11. Jh. durch eine prachtvolle neue Kirche zu ersetzen. Der Stern von Montmajour begann zu verblassen, als Papst Clemens V. sich das Recht herausnahm, den Abt, den die Mönchsgemeinschaft bis dahin selbst gewählt hatte, zu bestimmen. Durch diesen Eingriff gelang es dem Papst, der gerade in Avignon Residenz bezogen hatte, Teile der Einkünfte von Montmajour dorthin zu kanalisieren. Die Reform der Mauriner brachte im 17. Jh. eine Neubelebung, die jedoch von kurzer Dauer war. Als der letzte Abt in die berüchtigte Halsband-Affäre verwickelt war, veranlaßte Ludwig XVI. 1786 die Aufhebung des Klosters, das daraufhin in private Hände kam. Heute befindet sich das Kloster in Staatsbesitz.

Im äußeren Erscheinungsbild lassen sich unschwer drei verschiedene Bauperioden ablesen: Auf der einen Seite der massige Block der romanischen Kirche, daneben eine mehrstöckige Ruine aus barocker Zeit. Über allem ragt ein mächtiger Festungsturm aus dem 14. Jh. auf. Der Weg in die Kirche führt durch die *Krypta.* Diese besteht aus einem kreisrunden Kern, ummantelt von einem Umgang, von dem fünf Radialkapellen ausstrahlen.

Montmajour, ehem. Abteikirche, Grundriß der Krypta

Die KIRCHE NOTRE-DAME ist ein gewaltiger Saal, der ursprünglich auf fünf Joche angelegt war, von denen aber nur zwei ausgeführt wurden. Obwohl der Raum dadurch ein wenig gestaucht wirkt, eignet ihm dennoch dank seiner großzügigen Weite (14 m Breite, 16,50 m Höhe) ein Eindruck erhabener Würde. Die queroblonge Vierung überfängt ein Kreuzrippenbaldachin. Möglicherweise war hier zunächst eine Trompenkuppel vorgesehen, die unter dem Eindruck der von Norden heraufziehenden Gotik der fortschrittlicheren Lösung weichen mußte. Nach dem Erlebnis der Krypta ist der Chor eine Überraschung. Man erwartet einen Umgang mit Kapellen; statt dessen sieht man ein schlichtes Halbrund ohne Annexe. Das spricht dafür, daß die komplizierte Raumgruppierung der Krypta kaum aus liturgischen Gründen, sondern hauptsächlich aus baustatischen Erwägungen angelegt wurde: Sie dient dem sich über einem Abhang erhebenden Chor als breit auslagernde Substruktion.

Der rechteckige *Kreuzgang* erweist sich als typisch provenzalisch. Ein grundlegendes Charakteristikum aller südfranzösischen Kreuzgänge ist ihre auffallende Breite. Im Südwesten, in Aquitanien, wurde deshalb oft auf eine Wölbung verzichtet (Moissac). Der Grund dafür liegt auf der Hand: In den Kreuzgängen des Südwestens spielte der plastische Dekor der Kapitelle eine herausragende Rolle. Der Verzicht auf ein Gewölbe machte dort massive Stützvorrichtungen überflüssig; eine Folge zierlicher Säulchen gestattete der Kapitellplastik freie Entfaltungsmöglichkeiten und sorgte zudem für eine optimale Belichtung. In der Provence hat man indes nur im Einzelfall auf eine Wölbung verzichtet (Aix-en-Provence). Die architektonisch anspruchsvollere Lösung überwog hier das Bedürfnis nach skulpturaler Ausstattung (Ausnahme: Arles, St-Trophime). Deshalb wurden immer mehrere kleine Arkaden unter einem Entlastungsbogen gesammelt (man spricht bezeichnenderweise in diesem Zusammenhang auch von Sammelarkade), dessen Aufgabe es ist, den Druck der Steinlasten aus der Gewölbezone auf massive Pfeiler abzuleiten, die den Arkaden in einem rhythmischen Wechsel eingestellt sind. Dergestalt wirkt der provenzalische Kreuzgang grundsätzlich massiger als überall sonst in Frankreich. In der Hervorkehrung der steinernen Substanz und des statischen Kräftespiels spiegelt sich die Auseinandersetzung mit den Bauwerken der römischen Antike wider.

Durch eine Tür im Ostflügel des Kreuzgangs, dessen Arkaden in der Barockzeit zum Teil vermauert bzw. verschmälert wurden, erreicht man den *Wehrturm,* von dessen oberer Plattform der Blick im Norden bis zur Kette der Alpilles, bei klarer Sicht bis zum Mont Ventoux reicht.

Ältester Teil des Klosters ist die etwas abseits gelegene KAPELLE ST-PIERRE. Sie reicht in das 11. Jh. zurück, zeigt aber schon die für provenzalische Innenräume charakteristische Gliederung der Wand mittels aufgeblendeter Arkaden (vgl. Chapelle du Val-des-Nymphes bei La Garde-Adhémar). Der plastische Dekor der kleinen Kapitelle – ein jedes zeigt ein anderes stilisiertes Blattmotiv – markiert die in nur wenigen Beispielen faßbare Frühzeit der romanischen Skulptur der Provence.

Ebenfalls außerhalb des engeren Klosterbezirks liegt die im 12. Jh. errichtete KAPELLE STE-CROIX (Abb. 25). Auf dem Weg dorthin blickt man zurück auf die Ostpartie der Abteikirche, deren Chor, wie so oft in der Provence, polygonal gebrochen ist. Ste-Croix ist eine Friedhofskapelle. Um ein Quadrat legen sich vier gleichgroße Konchen, die westliche verlängert sich in einen

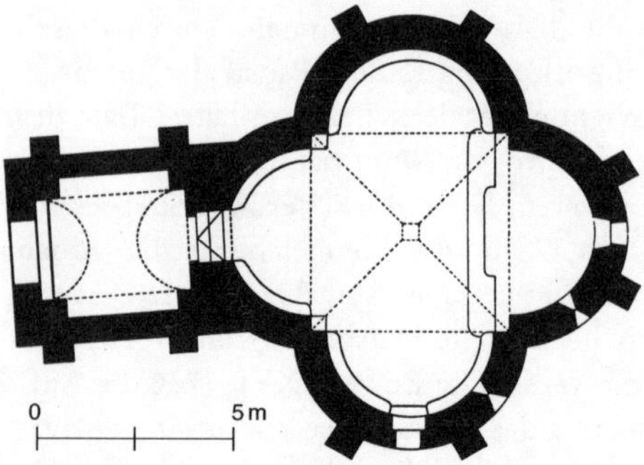

Abtei Montmajour, Friedhofskapelle Ste-Croix, Grundriß

kleinen offenen Vorbau. Die klare Ausgewogenheit der Proportionen, verstärkt noch durch den Verzicht auf Bauplastik, vermittelt einen Eindruck von kristallener Klarheit. Ein Phänomen ist die Akustik im Innern der Kapelle. Sie besitzt ein beachtliches Klangvolumen ohne den in Kirchen sonst oft störenden Nachhall. Die Stimme eines einzelnen Sängers erreicht die Stärke eines ganzen Chores.

Notre-Dame-d'Aubune*
(Vaucluse)

Die nahe Carpentras auf freiem Feld liegende KAPELLE NOTRE-DAME ist ein schönes Beispiel ländlicher Bauweise. Zahlreich sind die Kirchen in der Provence, die weitab der nächsten menschlichen Behausung in völliger Einsamkeit stehen. Sie wurzeln zumeist auf heidnischen, zum Teil – wie in diesem Fall – auf vorrömischen Heiligtümern. Das Mauerwerk aus kleinteiligen Bruchsteinen macht eine Entstehung zu Beginn des 12. Jh.s wahrscheinlich. An den kleinen einschiffigen Saal (im Norden spätere Kapellenanbauten) schließt sich ein durchgehendes Querhaus mit drei Apsiden. Den beherrschenden Akzent setzt der aus glatten Quadern errichtete Glockenturm. Seine kannelierten Pilaster machen deutlich, wie selbst an scheinbar abgeschiedenen Bauten das römische Erbe im 12. Jh. weiterlebte.

Sénanque*** *(Vaucluse)*

Das Zisterzienserkloster liegt in einer Schlucht des Vaucluse-Hochlands. Der Weg dorthin führt durch die fruchtbaren Ebenen der Durance und des Coulon. Bis hinauf nach Gordes, dem alten Stammsitz der Grafen von Simiane (in deren Schloß heute das sehenswerte Vasarely-Museum), begleiten uns endlose Obstplantagen, vor allem Kirsch- und Aprikosenbäume. Hinter Gordes schlägt das Landschaftsbild jäh um. Nun wird alles zur Steinwüste, und das undurchdringliche Gewuchere der immergrünen Garrigue verdrängt die Bäume. Hier und da lugt die Kuppel einer Borie aus dem Dickicht hervor. Nach wenigen Kilometern tut sich eine cañonartige Schlucht auf, die sich alsbald zu einem kleinen Tal erweitert. An dessen Sohle taucht nun die Zisterzienserabtei Sénanque auf, deren Name auf die Kargheit des Ortes Bezug nimmt: Ein kleiner Bach durchzieht das Tal, ein spärliches Rinnsal, das in den glühenden Sommermonaten der Provence oftmals ganz versiegt. Er heißt Sénancole, was etymologisch von *sine aqua* (ohne Wasser) abzuleiten ist.

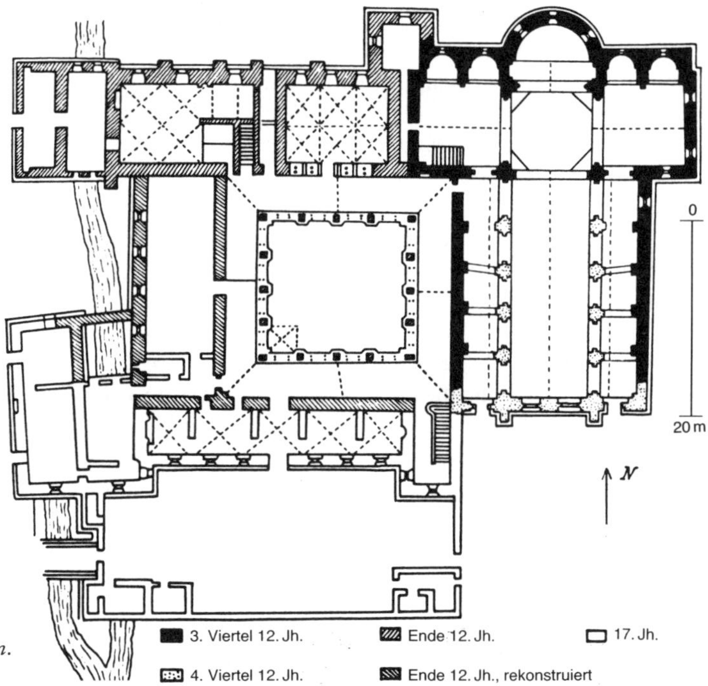

Sénanque, Plan der ehem. Zisterzienserabtei

Das Kloster wurde 1148 gegründet; spätestens 1160 ist mit dem Bau der Kirche begonnen worden. Nach deren Fertigstellung entstanden die Konventsgebäude, die um die Wende zum 13. Jh. weitgehend vollendet gewesen sein dürften. Sénanque hatte seine großen Tage, als im nahen Avignon 1334 mit Benedikt XII. ein Zisterzienser den Stuhl Petri bestieg. Nach dessen Tod 1342 begann der Stern von Sénanque zu verblassen. Nachdem das Kloster im 16. Jh. von Waldensern geplündert worden war, führte es bis zu seiner Aufhebung in der Revolution nur noch ein Schattendasein. Nach mehrfachem Besitzerwechsel konnte der Orden die Abtei 1854 wieder neu beziehen. Bis 1969 blieben die Zisterzienser in Sénanque; dann wurden die letzten dort lebenden Mönche ins Mutterkloster Cîteaux abberufen. Seither hat ein französischer Omnibushersteller die Pflege von Sénanque als Sponsor übernommen. Dank seiner Initiative finden in der Saison Ausstellungen, Konzertveranstaltungen und Tagungen in dem ehrwürdigen Kloster statt.

In Sénanque hat zisterziensischer Geist mustergültig Gestalt angenommen. Die ungewöhnliche Ausrichtung der Kirche nach Norden war hier durch die Gegebenheiten des Terrains bedingt. Wir nähern uns dem Komplex von der Rückseite her, die in den Sommermonaten, wenn die bis an die Chorpartie heranreichenden Lavendelfelder in voller violetter Blütenpracht stehen, einen besonders reizvollen Anblick bietet (Farbabb. 3). Das Chorhaupt ist ein schlichtes Halbrund ohne Annexe und plastische Gliederung. Über der Vierung erhebt sich ein kleiner Turmstumpf, kaum mehr als ein Dachreiter. Wenn die sorgfältige Bearbeitung der Quader mehrfach als ein Merkmal provenzalischer Architektur betont wurde, so läßt sich Sénanque in diesem Zusammenhang als Paradebeispiel anführen. Die glatte Fläche und saubere Fugung der Blöcke zeugen von höchstem handwerklichen Können. Die Kirche selbst ist nur auf dem Umweg über den Klausurbereich zugänglich. Der Weg führt zunächst in das *Dormitorium:* einen langgestreckten, mit einer Spitztonne eingewölbten Saal. Er besitzt, wie bei den Zisterziensern grundsätzlich Usus, einen direkten Zugang zum Kirchenraum, in den man über eine Treppe hinabsteigt.

Die *Kirche* zeigt den üblichen Grundriß des lateinischen Kreuzes. Das basilikale Langhaus besteht aus fünf Jochen. Die Mittelschifftonne ist zugespitzt; ihren seitlichen Schub fangen die Vierteltonnen der Seitenschiffe auf. Das Querhaus liegt gegenüber dem Langhaus um drei Stufen erhöht. Mit seiner ausgeschiedenen Vierung und der über Trompen aufgehenden Kuppel zeigt sich Sénanque aufwendiger als das nur wenig ältere Le Thoronet. Den Grundriß durchwaltet hier das gebundene System: Je zwei Joche des Langhauses und je ein Querhausarm entsprechen dem Vierungsquadrat. Nach Norden öffnen sich beiderseits des halbrund geschlossenen Chores je zwei halbrunde Kapellen, die durch den platten Wandschluß am Außenbau nicht erkennbar sind. Den Raum prägt größtmögliche Zurückhaltung. Indem nirgends gliedernde Motive erscheinen, wirken die Arkaden wie aus der Wandfläche ausgeschnitten. Lediglich ein schmales Gesims setzt das Gewölbe von der Hochschiffwand ab. Der Innenraum von Sénanque, der als Ausnahmeerscheinung je zwei Fenster in der Hochschiffwand aufweist, läßt den Stein selbst zum ästhetischen Ereignis werden, indem dieser über die funktionale Eigenschaft hinaus in seiner brillanten glattflächigen Bearbeitung zum Symbol von Klarheit und Ordnung wird. Dergestalt erscheint Sénanque wie die in Stein geschriebene Regel der Zisterzienser. Der erste Eindruck ist Kargheit, ja Nüchternheit. Wer jedoch länger verweilt, wird hinter der »unerbittlichen Strenge« (Braunfels) den ordnenden Geist dieser Architektur wohltuend empfinden.

Denselben Eindruck von Klarheit und Harmonie vermittelt auch der *Kreuzgang* (Abb. 26): eine quadratische Anlage mit je vier Entlastungsbögen und eingestellter Dreierarkade über zwei Säulenpaaren. Allein die zum Teil mit dezenten Blattformen dekorierten Kapitelle sind ein erstes Anzeichen für ein Abrücken von der bernhardinischen Askese, wie es schon bald nach dem Ableben des Ordensvaters üblich wurde. Unter dem Dormitorium befindet sich der von sechs Kreuzrippen-Baldachinen überfangene *Kapitelsaal;* er besitzt noch die steinernen Bänke, auf denen die Mönche bei den außerliturgischen Lesungen Platz nahmen. Daran schließt sich der *Wärmeraum* an, der einzige beheizbare Teil des gesamten Klosters. Den ganzen Westflügel nimmt in Abweichung vom gängigen zisterziensischen Schema, wonach der Speisesaal mit einer Schmalseite zum Kreuzgang zu stehen hatte, das *Refektorium* ein. Dahinter schlossen sich Küche und Latrinen an. Diese und der Gebäudetrakt im Süden sind Ergebnis einer bereits im 18. Jh. durchgeführten Restaurierung. Für die in einigen Räumen des Westflügels untergebrachte ständige *Ausstellung zum Zisterziensertum* sollte man sich Zeit nehmen; hier ist die Geschichte des Ordens, sein Wirken und seine Ausbreitung über ganz Europa anschaulich dargestellt.

Silvacane** *(Bouches-du-Rhône)*

In dem Namen Silvacane kommt, wie oftmals bei Zisterzienserklöstern, die geographische Situation des Ortes zum Ausdruck: *Silva cannorum* bedeutet Schilfwald, was sich hier auf das Tal der Durance bezieht. Die Lage an einer schon seit antiker Zeit bedeutenden Verkehrsader ist ungewöhnlich für ein Zisterzienserkloster. Sie erklärt sich hier aus dem Umstand, daß an dieser Stelle seit dem 11. Jh. eine Bruderschaft angesiedelt war, die den Verkehr über die Durance betreute. 1144 hatte Raimund von Baux diese Aufgabe den Zisterziensern übertragen. Die Beschaffung der Mittel für den Bau des Klosters scheint Schwierigkeiten bereitet zu haben, denn erst aus dem Jahr 1177 ist die Grundsteinlegung der Kirche überliefert. Nach deren Fertigstellung folgten die Konventsgebäude, deren Bau jedoch erst im 13. Jh. zum Abschluß kam. Das Wirken der Zisterzienser in Silvacane war nur von kurzer Dauer. Bereits im 14. Jh. zeichnete sich der Niedergang ab, und als im 15. Jh. nur mehr zwei Mönche in dem Kloster lebten, wurde es der Aufsicht des Domkapitels in Aix-en-Provence unterstellt. Da die Baulichkeiten ohnehin im 18. Jh. zweckentfremdet worden waren, bedeutete der Verkauf an private Besitzer im Zuge der Revolution keinen Einschnitt mehr in das klösterliche Leben. 1846 wurde eine Renovierung begonnen, die sich über etliche Jahre hinzog. Trotz des frühen Niedergangs ist genügend von der mittelalterlichen Substanz erhalten geblieben, um die in Sénanque gewonnenen Eindrücke zu vertiefen.

Das Vorhandensein eines *Stufenportals* an der Westfassade – darin Fontenay verwandt – ist für eine Zisterzienserkirche eher ein Ausnahmefall (Farbabb. 5). Der *Innenraum*

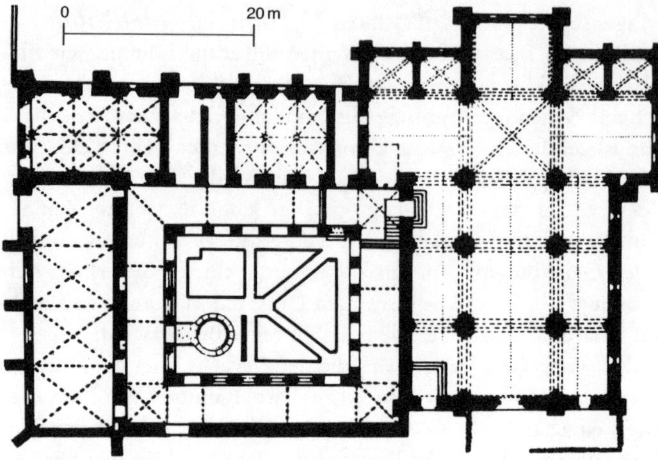

Silvacane, Grundriß der ehem. Zisterzienserabtei

dagegen entspricht vollkommen dem kargen zisterziensischen Geist (Abb. 27). An das dreijochige Mittelschiff mit erhöhten Seitenschiffen schließen die quadratische Vierung und großzügig proportionierte Querschiffarme an. Die Ostpartie als der älteste Teil trägt der Forderung des hl. Bernhard nach Schlichtheit am reinsten Rechnung: Nicht nur das Chorhaupt, auch die begleitenden Kapellen, die sich paarweise zu den Querhausflügeln auftun, besitzen – auch dies eine Parallele zu Fontenay – einen quadratischen Grundriß.

Das Beispiel Silvacane macht deutlich, daß die Zisterzienser hier ebenso wie in Le Thoronet, Aiguebelle und Sénanque ihre eigenständige Architektur unabhängig von bodenständigen Traditionen entwickelten. Provenzalisch ist an diesen Kirchen letztlich nur die exakte Steinbehandlung. Anstelle der in der Provence verbreiteten Trompenkuppel überspannt ein Kreuzrippenbaldachin die Vierung – eine Wölbungstechnik, die die Kenntnis der Gotik voraussetzt. Die flachen Apsidenschlüsse sind gleichfalls eine zisterziensische Besonderheit, ebenso die nicht bis auf den Boden herabreichenden Dienste. Eine weitere Eigenart von Silvacane ist dagegen atypisch und terrainbedingt: Die Kirche wurde an einer Böschung gebaut, die zum Bett der Durance abfällt. Um die Niveauunterschiede auszugleichen, liegt der Boden des südlichen Seitenschiffs um etwa einen halben Meter höher als das Mittelschiff.

Der *Kreuzgang* ist gegenüber der Kirche noch einmal um 1,60 m abgesenkt. Er verzichtet auf den eleganten Rhythmus von über Pfeilern aufgehenden Entlastungsbögen mit eingestellten Säulenarkaden und begnügt sich mit schlichten Rundbogenfenstern, deren Öffnung ursprünglich eine Zwillingsarkade mit Säule und Okulus ausfüllte (vgl. Le Thoronet). Obwohl etwa gleichzeitig mit dem von Sénanque entstanden, wirkt dieser Kreuzgang archaischer, strenger und insofern dem Zisterziensertum noch angemessener. *Kapitel- und Mönchssaal* zeigen gotische Kreuzrippengewölbe.

Stes-Maries-de-la-Mer* *(Bouches-du-Rhône)*

Unter den zahllosen Legenden der Provence hat die, die im Zusammenhang mit dem Wallfahrtsort Stes-Maries-de-la-Mer berichtet wird, eine herausragende Bedeutung. Danach soll im Zuge der ersten Christenverfolgung ein steuerloses Boot von der Küste des Heiligen Landes aus ins Meer gestoßen worden sein, in dem sich die drei Marien befanden: die Büßerin Maria Magdalena (siehe Vézelay), Maria Kleophas, die Mutter des Apostels Jakobus des Jüngeren, und Maria Salome, die Mutter des Johannes und Jakobus des Älteren. Neben Lazarus und seiner Schwester Martha sollen sich ferner die Heiligen Veronika, Zachäus, Trophimus, Martial, Eutropius und Sartuninus in der Barke befunden haben. Dank göttlicher Fügung wurde das Gefährt an die Gestade der Provence gelenkt. Dort trennten sich die Wege der Heiligen. Martha bezwang das Ungeheuer Tarasque, ein aus heidnischer Zeit stammendes Urbild der alles verschlingenden Rhône; Lazarus bekehrte die Einwohner von Marseille; Trophimus wurde erster Bischof von Arles; Martial christianisierte das Limousin, Saturninus die Einwohner von Toulouse und Eutropius die von Saintes. Dieser Bericht führt exemplarisch vor Augen, wie sich in den christlichen Mythen Legende und ein verbürgter historischer Hintergrund miteinander verknüpfen. Trophimus, Eutropius, Saturninus und Martial sind Persönlichkeiten, die nachweislich erst im 4. Jh. n. Chr. lebten, also unmöglich Gefährten der Marien gewesen sein können. Aber das Bild von der Landung des Schiffes mit seiner heilbringenden Fracht ist dennoch treffend, weil das Christentum über die Provence Eingang in Gallien fand.

Nachdem über den Wirren der Völkerwanderungszeit und der Arabereinfälle die Kenntnis von der Lage der Gräber der Marien verlorengegangen war, wurde ihre Ruhestätte von König René dem Guten, dem letzten Sproß der Anjou-Dynastie in der Provence, im 15. Jh. wiederentdeckt. Heute ist Stes-Maries ein wichtiger Wallfahrtsort für die Zigeuner aus aller Welt. Sie pilgern am 24. Mai eines jeden Jahres zu ihrer Schutzpatronin, der hl. Sarah, die als Dienerin der Maria Salome mit zur Gesellschaft der Heiligen gehört hatte.

Die romanische WALLFAHRTSKIRCHE STES-MARIES ist ein typisch provenzalisches Bauwerk: ein einschiffiger Saal, höhlenartig dunkel, mit einer plastischen Binnengliederung des Chores. Sie ist zugleich das Paradebeispiel einer *Wehrkirche*, in der die Einwohner des Fischerdorfes Zuflucht fanden, sei es vor Piraten von der Meerseite her, sei es vor marodierenden Banden vom Festland. Den Zinnenkranz erhielt der Bau allerdings erst im 14. Jh., als die Grandes Compagnies die Gegend unsicher machten: Söldnerhaufen, die, in den Waffenstillstandsphasen des Hundertjährigen Krieges beschäftigungslos geworden, plündernd durch das ganze Land zogen.

St-Gabriel* *(Bouches-du-Rhône)*

Am Westrand der Alpilles, dort, wo sich in antiker Zeit an der Kreuzung der Via Aurelia mit der Via Domitia die Siedlung Ernaginum befand, liegt heute die *Gabrielskapelle* abseits der Straße. Das Interessante an diesem romanischen Bauwerk ist die Fassade in Gestalt eines *Portikus:* In einer von einem Rundbogen überfangenen Nische steht das eigentliche Portal leicht zurückversetzt. Es handelt sich hier um den in der Provence verbreiteten »römischen« Typus mit Säulen und Giebel. Dieselbe antikisierende Sprache sprechen die ornamentalen Bestandteile des plastischen Schmucks. Daneben gibt es Reliefs mit figürlichen Darstellungen: Im Tympanon Daniel in der Löwengrube, Habakuk und der Sündenfall; im Giebel darüber Verkündigung und Heimsuchung; auf der Giebelspitze gleich einem antiken Giebelakroter das Lamm Gottes – in knappen Zitaten der ganze Kosmos der christlichen Glaubenslehre. Das Skulpturenprogramm setzt sich oben an der Fassade fort, wo die vier Evangelistensymbole ein mehrfach getrepptes Okulusfenster umspielen.

Auffallend ist der Qualitätsunterschied zwischen den Ornamenten und den deutlich schwächeren figürlichen Reliefs, so daß man eine zeitliche Divergenz zwischen beiden angenommen hat. Die Reliefs sollen ursprünglich für einen anderen Bau bestimmt gewesen sein. Aber muß denn immer die einfache Form zwangsläufig älter sein als das künstlerisch Ausgereifte? Gerade hier in der Provence scheint eine andere Erklärung plausibler: Für ornamentale Motive bot sich den Steinmetzen reiches Anschauungsmaterial; für die Darstellung christlicher Themen mußte man jedoch auf Vorlagen aus der Buchmalerei oder Elfenbeinschnitzerei zurückgreifen, die ungleich schwerer in das Medium der Reliefplastik zu übertragen waren. Es könnte durchaus dieselbe Gruppe von Künstlern am Werk gewesen sein, die zwar die Ornamentik gründlich beherrschte, bei der Wiedergabe der menschlichen Gestalt und szenischer Zusammenhänge jedoch eher unbeholfen war.

St-Gilles*** *(Gard)*

Inmitten einer verlassenen Gegend am Rande der Camargue erwartet den Reisenden eine der größten Kostbarkeiten Südfrankreichs in Gestalt der gewaltigen *Portalanlage* der EHEM. ABTEIKIRCHE ST-GILLES (Abb. 28). Die Gründungsgeschichte des Klosters zeichnet sich nur vage als Legende ab. Der zufolge soll sich im 7. Jh. ein reicher Kaufmann aus Athen, Ägidius, hierher in die Einsamkeit zurückgezogen haben, um fern des Weltgeschehens ein Leben in Armut und Kontemplation zu führen. Schon bald nach seinem Tode zogen Pilger zum Grab des Eremiten, der noch zu Lebzeiten eine Mönchsgemeinschaft gegründet hatte. Im 11. Jh. kam dieses Kloster unter die Obhut von Cluny. Infolge der sprunghaft steigenden Bedeutung des Pilgerwesens nahm St-Gilles alsbald eine Schlüsselstellung ein. Selbst Ziel einer regen Wallfahrt, war der Ort zugleich Sammelstation und Ausgangspunkt jener Jakobspilger, die, aus Italien oder dem süddeutschen Raum kommend, die Via Tolosana gewählt hatten. Desgleichen schifften sich die aus ganz Frankreich zusammenströmenden Rompilger in St-Gilles ein, das seit dem 11. Jh. einen Seehafen besaß und durch einen Kanal an den westlichen Mündungsarm der Rhône angeschlossen war. Das Pilgerwesen war grundsätzlich eine sichere Einnahmequelle, und so gewann St-Gilles als Wallfahrtszentrum alsbald große wirtschaftliche Bedeutung. Man schätzt, daß die Stadt zu Beginn des 13. Jh.s gut 40000 Einwohner zählte – heute leben hier noch knapp 9000 Menschen.

Noch rascher als der Aufstieg vollzog sich der Niedergang von St-Gilles. Schuld daran waren die berüchtigten Albigenserkriege: Die Abtei war Schauplatz von Ereignissen,

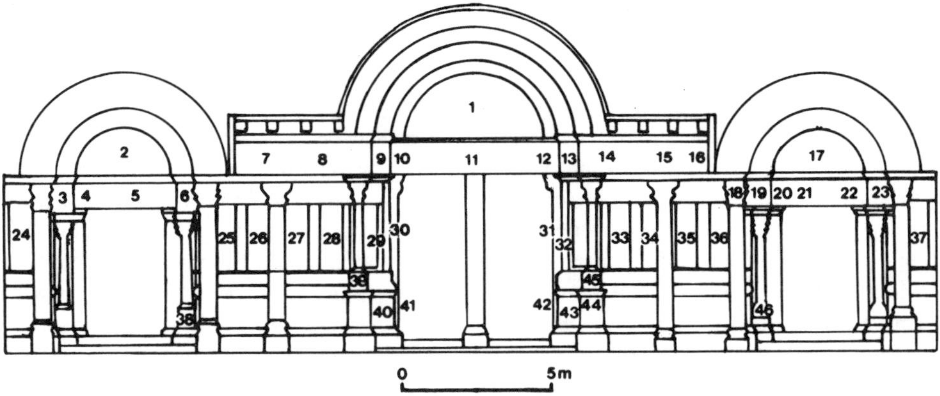

St-Gilles, ehem. Abteikirche, Schema der Portalanlage
1 Majestas Domini 2 Anbetung der Hl. Drei Könige 3 Vorbereitungen zum Einzug in Jerusalem 4 Die Jünger 5 Einzug in Jerusalem 6 Die Einwohner Jerusalems jubeln Jesus zu 7 Judas empfängt den Silberlingslohn 8 Jesus treibt die Wechsler aus dem Tempel 9 Auferweckung des Lazarus 10 Ankündigung der Verleugnung Petri und Fußwaschung 11 Abendmahl 12 Judaskuß und Gefangennahme Jesu 13 Soldaten der Gefangennahme 14 Jesus erscheint vor Pilatus 15 Die Geißelung 16 Die Kreuztragung 17 Kreuzigung 18 Die Jünger in Emmaus 19 Noli me tangere 20 Christus in Bethanien 21 Die hll. Frauen und Salbölhändler 22 Besuch der hll. Frauen am Grab 23 Besuch der hll. Frauen bei den Jüngern; Christus erscheint den Jüngern 24 Erzengel Michael 25 Matthäus 26 Bartholomäus 27 Thomas 28 Jakobus d. J. 29 Johannes der Evangelist 30 Jakobus d. Ä. 31 Paulus 32–36 Apostel 37 Erzengel im Kampf mit Satan 38 Bock von Löwen angegriffen 39 Affen, Kamel, Löwenjagd 40 Abels Ermordung 41 Abel und Kain beim Opfer 42 Kentaur 43 Der falsche Prophet Bileam einen Hirsch jagend 44 Samson und säugende Löwin 45 Geschichte Davids: Anruf des Engels, Tod des Goliath 46 Bär und Personen

die Papst Innozenz III. zum Anlaß nahm, zu diesem Ketzerfeldzug von Christen gegen Christen aufzurufen: Hier war 1208 der päpstliche Legat Peter von Castelnau ermordet worden, wobei Graf Raimund VI. von Toulouse die Hand im Spiel gehabt haben soll. Doch die öffentliche Buße, der sich der Graf im darauffolgenden Jahr an eben diesem Ort unterziehen mußte, konnte die verhängnisvolle Entwicklung nicht aufhalten. Die Folge war ein Abflauen des Pilgerstroms, so daß die vormals reich sprudelnde Quelle versiegte. Bereits 1226 stellte sich das Kloster unter den Schutz des französischen Königs als dem neuen Herrn, der durch den Sturz der Grafen von Toulouse einen gewaltigen Zugewinn an Prestige und realen Hoheitsrechten verbuchen konnte. Im 16. Jh. brannten die Hugenotten die Klosterkirche nieder; von der romanischen Originalsubstanz blieben nur die Krypta und die Fassade erhalten; letztere wurde beim Wiederaufbau der Kirche Mitte des 17. Jh.s restauriert (Trumeau und Tympanon des Mittelportals aus dieser Zeit).

Die Abteikirche entstand im 12. Jh., als St-Gilles den Gipfel seiner Geltung erreicht hatte. Einerseits ist bereits für 1096 eine Altarweihe durch Papst Urban II. überliefert; andererseits nennt eine Inschrift in der

Krypta das Datum 1116 als Baubeginn. Den Ruhm von St-Gilles macht die *Fassade* aus, die nicht ihresgleichen hat. Mit ihren drei Portalöffnungen – einem dominierenden mittleren und zwei niedrigeren an den Seiten – erinnert sie an römische Triumphbögen (Beispiel: Orange). Angesichts dieser breitgelagerten Schauwand mit ihrer Durchdringung von Architektur und Skulptur vermag jedoch insbesondere jene These zu überzeugen, wonach die Bühnenwand des römischen Theaters *(scaenae frons)* in St-Gilles Pate gestanden hat. Dafür sprechen die Säulenstellungen und das Motiv der Kastennischen, in die die monumentalen Figuren eingestellt sind, aber auch die Anlage von drei Toren als solche (vgl. das römische Theater in Orange!): Das mittlere war – nach Vitruv – das Kaisertor, durch das der Herrscher (bzw. in der Provinz sein Stellvertreter) Einzug hielt. Auf die Fassade von St-Gilles übertragen bedeutet dies nicht nur im formalen Sinn eine für die Romanik der Provence bezeichnende Antikennähe, sondern darüber hinaus eine inhaltliche Umdeutung der antiken Kaiseridee auf die christliche Heilslehre. Antike und christliches Mittelalter gehen in St-Gilles eine Symbiose ein, die über formal-ästhetische Aspekte weit hinausgeht.

Im Mittelpunkt des Bildprogramms steht erstmals ein geschlossener Passionszyklus, der größte der mittelalterlichen Skulptur überhaupt. Er erstreckt sich vielfigurig und szenenreich auf einem Fries, der die Türstürze der Portale miteinbezieht, über die ganze Portalbreite, links beginnend mit dem Einzug in Jerusalem bis hin zur Erscheinung Christi vor den Jüngern rechts außen. Auf die sonst übliche Darstellung von Begebenheiten aus dem Leben Jesu (Kindheit, Wunder) wurde hier zugunsten des theologisch Bedeutsameren verzichtet. Daneben fließen zeitgenössische Anspielungen mit ein: So erscheint im Tympanon des rechten Seitenportals neben der Kreuzigung die Gestalt der Synagoge, die von einem Engel niedergestoßen wird; auf ihrem zur Seite geneigten Haupt trägt sie als Krone ein Abbild des Felsendoms: Sinnbild des von Nicht-Christen besetzten Jerusalem. Mit diesem Motiv wird an den Erfolg des Ersten Kreuzzugs erinnert: Raimund von St-Gilles, Graf von Toulouse, einer der Helden dieser Unternehmung, war 1096 von hier aus ins Heilige Land aufgebrochen. Die Darstellung ist jedoch kaum als »Historienbild« zu sehen, vielmehr als theologische Metapher für das Heilswirken Gottes in der Welt.

Lebendigkeit und eine mit großer Liebe zum Detail vorgetragene Erzählung sind in St-Gilles mit antikem Pathos gepaart. Diese Gestalten – jene im Fries ebenso wie die lebensgroßen Apostelfiguren in den Kastennischen – sind monumental und realitätsnah erfaßt, zeigen körperliches Volumen (man vergleiche dagegen die dünngliedrigen Figuren in Autun oder Vézelay!) und lassen vereinzelt durchaus menschliche Gefühlsregungen erkennen – wie etwa Petrus, der sich bei der Fußwaschung vor Verlegenheit am Kopf kratzt (Abb. 29). Alles vollzieht sich ohne jede Dramatik, eher mit einem Unterton der Verhaltenheit. Nicht Augenblickssituationen werden beschrieben, vielmehr allgemeingültige Zustände. Dabei erreichen nicht alle Skulpturen dieselbe Ausgewogenheit im Spannungsfeld zwischen antikem Realitätssinn und romanischer Vergeistigung. Am besten gelingt diese Balance dem Meister, der den Erzengel Michael (Abb. 30) geschaffen hat (Nr. 24) und nach diesem

»*Michaelsmeister*« genannt wird. Hier verschmelzen antikes Pathos und Monumentalität mit reliefhafter Flächenbindung und Verinnerlichung der Romanik zu einer eigenen Sprache, wie sie in dieser Form nur die Provence in der Kunst des 12. Jh.s formuliert hat. Haben wir im Zusammenhang mit burgundischer Skulptur von »Beweglichkeit« als einem signifikanten Merkmal gesprochen, so wäre hier der wieder von Wilhelm Messerer treffsicher geprägte Terminus der »Bewegtheit« für die provenzalische Romanik anzuwenden.

Wenngleich feststeht, daß zahlreiche Künstler an der Fassade von St-Gilles tätig waren, gehen die Meinungen über deren Herkunft und Verbindungen noch immer stark auseinander. Die vieldiskutierte Frage der Datierung – der Bogen der vorgeschlagenen Möglichkeiten reicht vom frühen 12. bis ins 13. Jh. – läßt sich mittlerweile auf die Spanne zwischen 1125 und 1150 eingrenzen. Dabei ist noch einmal hervorzuheben, daß diese Skulptur ohne unmittelbare Vorleistungen auftaucht.

Sehenswert ist außerdem die 40 m lange romanische *Krypta:* eine technische Meisterleistung (Zugang rechts außen). Ihr Gewölbe besteht aus einem System gedrückter Kreuzrippen, das die Last der Oberkirche zu tragen hat. Die *Kreuzrippe* taucht an dieser Stelle erstmalig in der Architektur Südfrankreichs auf.

Fragmente vom plastischen Dekor der Abteikirche bewahrt ein Museum, das in der nahen MAISON ROMANE eingerichtet ist, dem letzten Zeugnis der einst umfangreichen profanen Bausubstanz des mittelalterlichen Ortes.

St-Paul-de-Mausole* *(Bouches-du-Rhône)*

Versteckt hinter Zypressen und Olivenbäumen, nur wenige Schritte von den römischen Denkmälern auf dem Plateau Les Antiques bei St-Rémy-de-Provence, liegt jenes Kloster, in dem Vincent van Gogh das letzte Jahr vor seinem Freitod verbrachte. Von der romanischen Substanz sind der intime *Kreuzgang* und die *Kirche* erhalten (die übrigen, neueren Baulichkeiten beherbergen noch heute die psychiatrische Klinik, in der van Gogh Patient war). Der Kreuzgang zeigt das in der Provence verbreitete Muster von Entlastungsbögen über einem Wechsel von zierlichen Säulchen und massigen Pfeilern. Die Seitenschiffe der basilikalen Kirche sind zu derart schmalen Raumfluchten verengt, daß ihre der Abstützung des Mittelschiffgewölbes dienende Funktion noch deutlicher herausgestellt erscheint als in St-Trophime in Arles.

St-Paul-Trois-Châteaux* *(Drôme)*

Der Namenszusatz »Trois Châteaux« ist nicht etwa als Hinweis auf drei Schlösser zu verstehen; vielmehr lebt in dieser mißverständlichen Formulierung die Erinnerung an den Keltenstamm der Tricastini fort, der in diesem Südzipfel der Dauphiné vormals siedelte. Der Außenbau der EHEMALIGEN KATHEDRALE ST-PAUL weist für die Provence typische Elemente auf: Dreiapsidenschluß mit Chorpolygon (innen gerundet), glattes Quadermauerwerk, Portikus auf der Südseite. Im Innern dominiert wieder, trotz des basilikalen Aufbaus, der saalartige Eindruck, bedingt durch die Breite des Mittelschiffs. Der Obergaden ist an der Nordseite zum Schutz gegen den Mistral nicht durch-

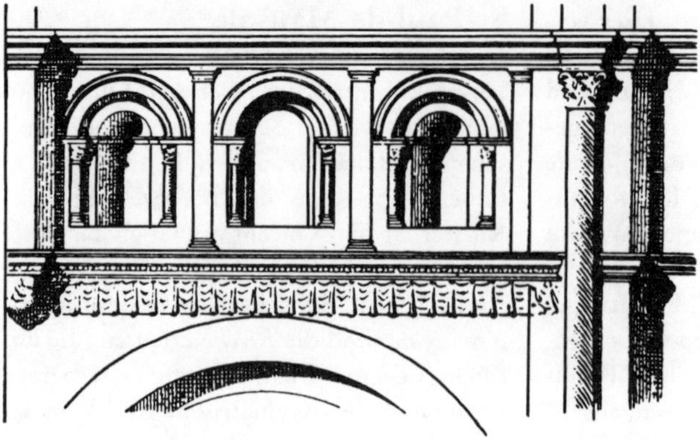

St-Paul-Trois-Châteaux, ehem. Kathedrale, Dekoration des Obergadens

fenstert. Arkadenzone und Obergaden trennt ein *skulptiertes Gesims.* Zu diesen Meisterschöpfungen der Steinmetzkunst gehört insbesondere das Motiv eines raffiniert drapierten Vorhangs, dessen naturalistische Stofflichkeit beinahe vergessen läßt, daß er aus Stein gemeißelt ist. Das Gesims und die halbrunden Dienste führen ein reiches ornamentales Repertoire antikischer Herkunft vor, darunter prachtvollen Akanthus. Weitere Besonderheiten sind im Chor die *Reste eines Mosaiks* mit einer Darstellung des Himmlischen Jerusalem und zahlreiche *Steinmetzzeichen* an den Wänden (besonders im südlichen Querhaus).

Vaison-la-Romaine** *(Vaucluse)*

Die Kathedrale Notre-Dame-de-Nazareth liegt am Rand der ausgedehnten Ausgrabungen der römischen Siedlung Vasio. Sie basiert auf den Fundamenten eines antiken Tempels, von dem einige Säulentrommeln in die Grundmauern des Chores gelangten. An der Mauersubstanz der Kirche ist ihre Baugeschichte recht gut nachvollziehbar: Die Verwendung von kleinteiligen Bruchsteinen im Bereich der Chorapsiden und in den unteren Abschnitten der Langhauswände spricht für einen Baubeginn im 11. Jh. Als sich im 12. Jh. in der Provence die anspruchsvollere Bearbeitung von Quadersteinen durchgesetzt hatte, erfolgte eine Aufstockung. Diese Baumaßnahme ist in einer nachträglichen Einwölbung der Kirche begründet; auch Wände und Pfeiler des Innenraumes erhielten ihre heutige Gestalt in diesem Zusammenhang. Der veränderten Baustatik entsprechen am Außenbau nachträglich angefügte Strebepfeiler zur Abstützung des Gewölbeschubes.

Die Kathedrale vertritt den neben dem Saal zweitwichtigsten Bautypus der Provence: die querhauslose Basilika, in der die Seitenschiffe als schmale Raumfluchten dem Mittelschiff angefügt sind. Das letzte Joch vor dem Chor ist trotz des Verzichts auf ein Querschiff wie bei einer Vierung mit einer Trompenkuppel überwölbt; in den Trompen Reliefs mit den Evangelistensymbolen. Der Chorwand sind Arkadenbögen aufgeblendet – auch dies eine Besonderheit der provenzalischen Romanik. Unter dem mittleren Fenster befindet sich der steinerne *Bischofsthron,* eine aus dem 11. Jh. stammende Kopie nach paläochristlichen Vorbildern.

Den *Kreuzgang* betritt man durch eine Tür im nördlichen Seitenschiff. Der Südflügel, der sich an die Kathedrale lehnt, wurde im 19. Jh. von Grund auf neu errichtet; die drei anderen Flügel sind weitgehend original erhalten. Sie zeigen das gewohnte System mit übergreifenden Bögen. Vom Nordflügel aus entdeckt man an der Außenwand der Kathedrale eine Inschrift, die wesentlich zum Verständnis des romanischen Kreuzgangs als Bautypus beiträgt. Sie lautet:

OBSECRO VOS FRATRES
AQUILONIS VINCITE PARTES
SECTANTES CLAUSTRUM
QUIA SIC VENIETIS AD AUSTRUM
TRIFIDA QUADRIFIDUM
MEMORET SUCCENDERE NIDUM
IGNEA BISSENIS
LAPIDUM SIT UT ADDITA VENIS
PAX HUIC DOMUI

Diese in leoninischen Versen abgefaßte Inschrift – Hexameter, bei denen sich Versmitte und -ende reimen – besagt, frei übersetzt: Ich beschwöre euch, Brüder, den Aquilus zu überwinden, wenn ihr den Kreuzgang durchschreitet. So werdet ihr zum Austrum gelangen. Die dreifach Feurige möge das vierteilige Nest entzünden, damit es sich den zwölf steinernen Gefäßen hinzugeselle. Friede sei mit diesem Haus.

Aquilus ist der Nordwind, Auster der Südwind. Im Bild des dreifachen Feuers wird die Trinität angesprochen; mit dem vierteiligen Nest ist der Kreuzgang gemeint. Die zwölf steinernen Gefäße sind als Metapher für die Apostel zu sehen, vielleicht hier in Vaison zugleich ganz konkret die zwölf Kanoniker des Domkapitels. An diese jedenfalls wendet sich die in der verschlüsselten Botschaft ausgesprochene Verhaltensregel. In der Auffassung des Mittelalters war der Norden der Sitz des Bösen, der Süden dagegen die Richtung der Verheißung und des Heils. Man soll demnach beim Durchschreiten des Kreuzgangs den Weg derart wählen, daß er von Norden nach Süden führt. Zudem bestätigt die Inschrift, daß der Kreuzgang als Abbild der himmlischen Ordnung angesehen wurde.

Vaison-la-Romaine, Kathedrale Notre-Dame-de-Nazareth mit Kreuzgang, Grundriß

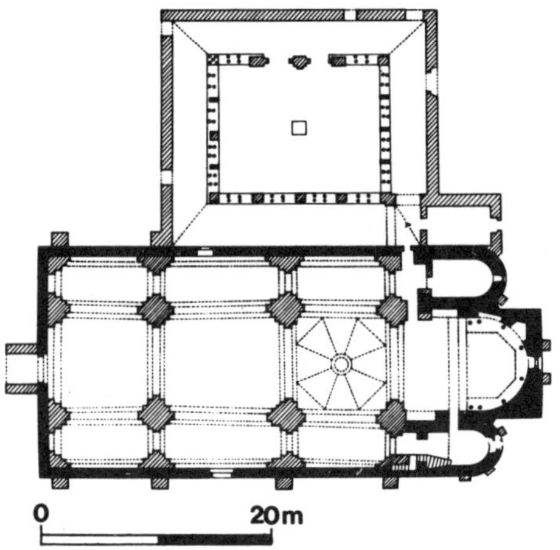

Nur wenige hundert Schritte von der Kathedrale entfernt stößt man auf ein weiteres Denkmal der Romanik: die Kapelle St-Quenin. Allerdings ist nur ihr Chor romanisch, das Kirchlein selbst wurde im 17. Jh. neu errichtet. Die Erscheinung des provenzalischen Chorpolygons, das in der Regel ein Fünfeck beschreibt, erscheint hier in einer originellen Variante: Der Chor besitzt einen dreieckigen Grundriß. Kannelierte Halbsäulen markieren die Ecken. Sie tragen ein Gebälk mit antikisierenden Ornamenten, das jedem römischen Tempel zur Ehre

Weitere sehenswerte romanische Kirchen

Avenas *(Rhône)*

Bemerkenswert in der Kirche Notre-Dame im Beaujolais ist ein steinernes Antependium (3. Viertel 12. Jh.), dessen Vorbilder in der römischen Sarkophagplastik zu suchen sind. Es zeigt eine Majestas Domini und die zwölf Apostel.

Beaune *(Côte-d'Or)*

Die Kirche Notre-Dame ist einer der letzten Nachfolgebauten von Cluny III mit dem klassischen dreigeschossigen Aufriß. (Bemerkenswert im Chor die Tapisserien aus dem 15. Jh. mit Darstellungen aus dem Leben Mariens.)

Bois-Ste-Marie *(Saône-et-Loire)*

Notre-Dame ist ein Vertreter der älteren burgundischen Tradition mit zweigeschossigem Aufriß. Im 19. Jh. puristisch restauriert.

Brancion *(Saône-et-Loire)*

Die Kapelle St-Pierre liegt auf einer Hügelkuppe unweit Tournus. Der Verzicht auf Durchfensterung des Obergadens sowie die insgesamt sehr schlichte Gestalt deuten auf zisterziensischen Einfluß. Unterhalb des Hügels die romanische Kapelle: La Chapelle-sous-Brancion.

Chapaize *(Saône-et-Loire)*

St-Martin ist einer der schönsten Bauten der frühen burgundischen Romanik. Die unprofilierten Säulen, das Kreuzgratgewölbe in den Seitenschiffen (das Gewölbe im Mittelschiff später eingezogen, dort ursprünglich ein offener hölzerner Dachstuhl) und das Mauerwerk aus Bruchsteinen zeigen Verwandtschaft mit St-Philibert in Tournus. Kraftvolle Aufwärtsbewegung der Ostpartie, die in einem wuchtigen Vierungsturm gipfelt.

Châtillon-sur-Seine *(Côte-d'Or)*

St-Vorles ist einer der ältesten Bauten Burgunds (spätes 10. Jh.). Arabischer Einschlag in Gestalt des Hufeisenbogens, der Vorhalle und Kirchenschiff verbindet. Jüngst vorbildlich restauriert.

Donzy-le-Pré *(Nièvre)*

Die Kirche Notre-Dame-du-Pré ist Ruine. Erhalten blieb das *Tympanon des Westportals* (die Muttergottes unter einem Baldachin, ein Engel und der Prophet Jesaja): schönes Beispiel für den »barocken« Spätstil um 1150.

Flavigny-sur-Ozerain *(Côte-d'Or)*

Die Krypta von St-Pierre, erst 1960 wiederentdeckt, ist der einzige Rest eines Benediktinerklosters, dem Alkuin, der Lehrer Karls des Großen, vorstand. Die hexagonale Krypta mit Umgang kopiert das Vorbild von St-Bénigne in Dijon.

Perrecy-les-Forges *(Saône-et-Loire)*

Die *Kirche* Sts-Pierre-et-Benoît ist zerstört; es steht aber noch der Narthex mit einem sehenswerten *Figurenportal.* Im Tympanon Christus in einer von Engeln getragenen Mandorla, im Architrav Szenen aus der Passion: Judaskuß, Gefangennahme, Christus vor Pilatus: Gegenüberstellung des leidenden und des triumphierenden Heilands.

St-Révérien *(Nièvre)*

Die Kirche St-Révérien brannte im 18. Jh. fast vollständig ab und wurde im 19. Jh. wiederhergestellt. Original ist der Chor mit sehenswertem *Kapitellzyklus.* Eines der Kapitelle trägt die Künstlersignatur ROTBERTUS ME FECIT.

Taizé *(Saône-et-Loire)*

Die einschiffige Kapelle Ste-Madeleine gehörte zu einem vom nahen Cluny abhängigen Priorat. Heute dient sie der Communauté de Taizé, einer 1944 von Roger Schutz gegründeten calvinistischen Bruderschaft, als Oratorium. Der Raum bietet den stimmigen Rahmen für Gebet und Meditation (Schweigen geboten!).

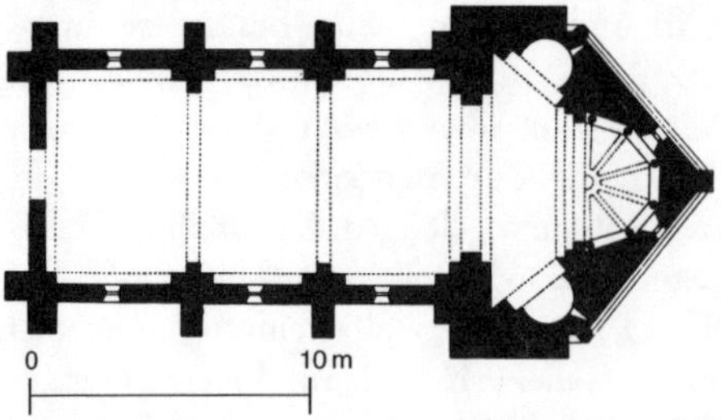

Vaison-la-Romaine, Kapelle St-Quenin, Grundriß

gereichen könnte. Allein die Figurenkapitelle an den äußeren Ecken weisen darauf hin, daß es sich um Arbeiten aus romanischer Zeit handelt.

In die Westwand wurde beim Neubau der Kapelle eine Reliefplatte aus merowingischer Zeit eingelassen. Im *Innern* zeigt sich, daß dem Dreieck des Chores drei kleine Apsiden hineingemuldet sind, die am Außenbau nicht in Erscheinung treten.

Venasque* *(Vaucluse)*

Die kleine Ortschaft, die sich auf einer Anhöhe am Westrand des Vaucluse-Massivs erhebt, gab der Grafschaft Venaissin den Namen. Diese war bis zur französischen Revolution Teil des Kirchenstaates. Die KIRCHE NOTRE-DAME ist als einschiffiger Saal ein klassisches Beispiel provenzalischer Romanik (die Seitenkapellen spätere Hinzufügungen). Obwohl der Bau kein Querhaus besitzt, wird das letzte Joch vor dem Chor durch eine Trompenkuppel betont.

In Verbindung mit der Kirche steht das sogenannte BAPTISTERIUM: ein Vierkonchenbau, dessen hufeisenförmige Apsiden um ein Quadrat gelegt sind. Früher hielt man ihn für ein merowingisches Bauwerk. Die Blendarkaden im Innern tauchen in der Architektur der Provence jedoch erst im 11. Jh. auf. Desgleichen ist die Bestimmung als Taufkapelle nicht haltbar. Zum einen wurde nachgewiesen, daß die beckenartige Vertiefung im Zentrum des Quadrats später angelegt wurde; zum anderen sind Baptisterien – die drei in der Provence erhaltenen Beispiele Fréjus, Aix und Riez beweisen es – rund, quadratisch oder oktogonal. Dagegen ist der Typus des Vierkonchenbaus als *Grabkapelle* belegt, wie der Vergleich mit Ste-Croix in Montmajour zeigt.

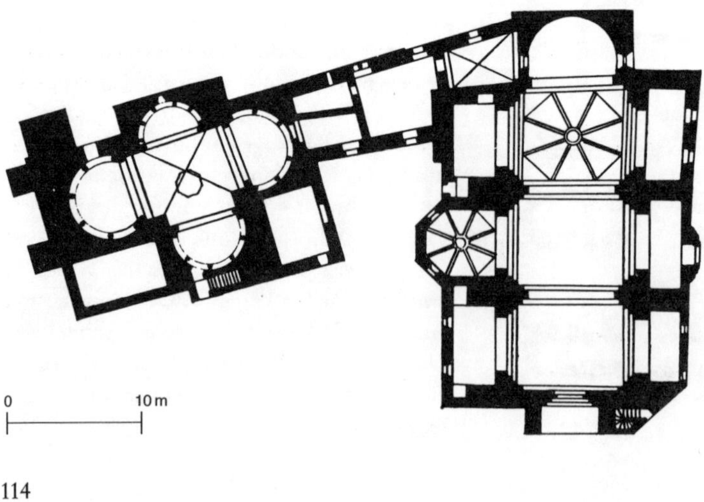

Venasque, Grundriß der romanischen Kirche und des sog. Baptisteriums

Weitere sehenswerte romanische Kirchen

Aix-en-Provence *(Bouches-du-Rhône)*

Die KATHEDRALE ST-SAUVEUR, ein weitgehend gotischer Bau, öffnet sich auf ihrer Südseite in ein oktogonales *Baptisterium* aus frühchristlicher Zeit (4./5. Jh.) und besitzt ferner einen stimmungsvollen kleinen *Kreuzgang* aus dem 12. Jh. mit einem schönen Petrusrelief am Nordostpfeiler. Durch Verzicht auf Gewölbe (Holzdecke) keine baustatischen Probleme; entsprechend fehlen Sammelarkaden und Stützpfeiler. Herausragend die *Ausstattung* der Kathedrale: geschnitzte Holztüren aus dem frühen 16. Jh., Altartriptychon des Nicolas Froment (Schule von Avignon).

Apt *(Vaucluse)*

Die KATHEDRALE STE-ANNE ist durch spätere Umbauten entstellt. Es lohnt aber ein Besuch der zweigeschossigen *Krypta;* die obere entstammt dem 12. Jh., die untere der karolingischen Zeit.

Avignon *(Vaucluse)*

Neben der auftrumpfenden Kulisse des Papstpalastes nimmt sich die romanische KATHEDRALE NOTRE-DAME-DES-DÔMS vergleichsweise bescheiden aus. Auf antike Vorbilder verweist wieder der offene *Portikus.* Der Innenraum ist nach provenzalischem Muster ein Saal (die Kapellen später angefügt).

Beaucaire *(Gard)*

Dem Barockbau von NOTRE-DAME-DES-POMMIERS wurde auf der Nordseite (außen) ein *Relieffries* von einem romanischen Vorgängerbau inkorporiert, der in elf Einzelszenen Stationen der Passion Christi schildert. Stil und thematische Auswahl verweisen auf St-Gilles als Vorbild.

Boscodon *(Hautes-Alpes)*

Die Zisterzienser waren nicht die einzigen, die zu Beginn des 12. Jh.s als Opposition gegen Cluny auftraten. Ähnliche Ziele verfolgten die Kartäuser und die *Mönche von Chalais.* Letztere unterhielten in den provenzalischen Alpen einige Klöster, deren wichtigstes Boscodon war. Die Schlichtheit der oberhalb des Lac de Serre-Ponçon gelegenen KLOSTERKIRCHE offenbart die geistige Verwandtschaft zwischen Chalaisianern und Zisterziensern. Im 14. Jh. schlossen sich die Chalaisianer, den Zisterziensern an. Boscodon blieb als einziges Kloster dieses Ordens bis zur Aufhebung 1790 unabhängig.

Castellane *(Alpes-de-Haute-Provence)*

Neben Riez und Digne einst wichtigstes Bistum der Alpen der Haute-Provence, besitzt Castellane noch heute Spuren dreier romanischer Bauten (Notre-Dame-du-Plan, St-André-du-Roc und Notre-Dame-du-Roc) sowie in der KIRCHE ST-VICTOR ein vollständig erhaltenes Denkmal der Romanik: ein einschiffiger Saal provenzalischen Zuschnitts (Annexe später).

Cavaillon *(Vaucluse)*

Die KATHEDRALE ST-VÉRAN aus dem späten 12. Jh. ist ein mächtiger Wandpfeilersaal. Der intime *Kreuzgang* verzichtet auf das in der Provence übliche Schema mit Sammelarkaden. Die Gliederung besteht aus einer Folge von wie aus der Wand ausgeschnitten wirkenden Arkadenbögen.

Digne *(Alpes-de-Haute-Provence)*

Die EHEMALIGE KATHEDRALE NOTRE-DAME-DU-BOURG wurde im 14. Jh., als sich die Bevölkerung vor den Grandes Compagnies auf die Anhöhe zurückzog, aufgegeben und dient heute als Friedhofskirche. Mit etwas mehr als 50 m Länge ist sie einer der größten provenzalischen Saalbauten. Der gerade Chorschluß von der Zisterzienserbaukunst inspiriert.

Fréjus *(Var)*

Zum KATHEDRALKOMPLEX gehört ein bemerkenswertes *frühchristliches Baptisterium:* ein oktogonaler Zentralbau, der sich über einem quadratischen Sockel erhebt. Die Kathedrale besteht aus einer Doppelkirchenanlage, wie es sonst für die frühchristliche Architektur geläufig ist: Links *St-Étienne* (11. Jh.?), rechts *Notre-Dame* (spätes 12. Jh.) mit schwerem Kreuzrippengewölbe.

Lérins-Inseln *(Var)*

Die der Stadt Cannes vorgelagerte *Insel St-Honorat* ist neben Montecassino in Italien die zweite Wiege des abendländischen Mönchtums. Hier entstand in der zweiten Hälfte des 4. Jh.s n. Chr. auf Betreiben des hl. Honoratus die erste Klostergemeinschaft Galliens. Von den einst umfangreichen Klosterbauten ist nicht viel erhalten geblieben. Bemerkenswert sind drei Bauten: St-Sauveur, ein kleines Oktogon (10./11. Jh.); Ste-Trinité aus derselben Zeit, ein kurzer Saal in Verbindung mit einer Dreikonchenanlage. Als wehrhafter Vorposten erscheint das Monastère fortifié, ein Donjon, der einen mehrstöckigen Kreuzgang ummantelt nebst der Kapelle Ste-Croix, in der einst die Reliquien von Lérins sichere Aufnahme fanden (12./13. Jh.).

Mane *(Alpes-de-Haute-Provence)*

Nahe der Nationalstraße N 100 liegt knapp außerhalb des Städtchens Mane die ehemalige Prioratskirche Notre-Dame-de-Salagon. Sie besitzt am Portal schöne Ornamentformen. Grabungen im einschiffigen Innern (Annexe später) haben 1985 den Nachweis erbracht, daß die Kirche auf den Fundamenten einer römischen Villa steht.

Marseille *(Bouches-du-Rhône)*

Nahe dem Alten Hafen besitzt Marseille noch zwei Bauwerke des Mittelalters: Die Kathedrale La Major wurde beim Bau der neuen Bischofskirche im 19. Jh. arg verstümmelt; vorzüglich erhalten ist dagegen St-Victor auf der Südseite des Hafens. Im Untergeschoß verbindet sich ein paläochristliches Sanktuarium mit einer spätantiken Nekropole; darüber erhebt sich die Basilika des 12. Jh.s, die erst im 14. Jh. ihr heutiges wehrhaftes Äußeres erhielt. St-Victor war im Mittelalter neben St-Honorat (Lérins-Inseln) das wichtigste Kloster der Provence mit einem weitreichenden Einfluß.

Moustiers-Ste-Marie *(Alpes-de-Haute-Provence)*

In einer engen Schlucht nahe den berühmten Gorges du Verdon entstand im 5. Jh. ein Kloster, um das sich bald eine kleine Ortschaft bildete. Deren romanische Pfarrkirche, ein kleiner Saal, besitzt einen differenziert gegliederten Glockenturm. Vom einstigen Kloster, weiter oben in der Schlucht, steht einzig die bescheidene Kirche Notre-Dame-de-Beauvoir.

Salon-de-Provence *(Bouches-du-Rhône)*

Die Kirche St-Michel im Schatten des Château de l'Emperi besitzt ein kleines *Tympanon* mit einer Darstellung des Erzengels Michael und vielgestaltiger Ornamentik.

Sisteron *(Alpes-de-Haute-Provence)*

Kathedrale Notre-Dame: Querhauslose dreischiffige Halle, die auf antiken Fundamenten ruht. Das Höhlenartige des Innenraums zeigt die Nähe zur lombardischen Architektur.

St-Christol *(Vaucluse)*

Bescheidenes Kirchlein auf dem Plateau d'Albion (südlich des Mont Ventoux). Bemerkenswert ist die plastische Ausgestaltung: Figural und ornamental geschmückte *Säulen* und *Kapitelle* im Chor; vom selben Künstler der *Altarblock* mit einer stilisierten Darstellung der Paradiesströme.

St-Donat *(Alpes-de-Haute-Provence)*

Von dem zwischen Sisteron und Ganagobie am Fuße des Lure-Gebirges gelegenen ehemaligen Priorat St-Donat blieb einzig die Kirche erhalten. In der ersten Hälfte des 11. Jh.s entstanden, ist sie eines der wenigen Beispiele der frühromanischen Architektur in der Provence. Grundlegende Merkmale der provenzalischen Romanik des 12. Jh.s finden sich hier bereits festgelegt:

Dreiapsidenanlage, extrem schmale Seitenschiffe und damit verbunden ein hallenartiger Gesamteindruck.

St-Michel-l'Observatoire *(Alpes-de-Haute-Provence)*

Typisch provenzalische kleine Saalkirche mit einer Trompenkuppel vor dem Chor (Annexe und Chorerweiterung 13. und 14. Jh.). Zauberhafte landschaftliche Lage am Ostrand des Vaucluse-Hochlandes.

St-Restitut *(Drôme)*

Südlich von St-Paul-Trois-Châteaux in der Landschaft Tricastin repräsentiert ST-RESTITUT die provenzalische Romanik in reiner Form: polygonaler Chor (innen rund), antikisierende Vorhalle auf der Südseite, einschiffiger Saal, zugespitzte Tonnenwölbung, im Chorrund Blendarkaden. Der Glockenturm mit primitiven Reliefs entstammt dem 11. Jh.: In einer alle vier Seiten des Turmes umziehenden Prozession pilgern die Völker der Erde Christus als der zentralen Gestalt entgegen.

St-Symphorien *(Vaucluse)*

Ruine eines ehemaligen Priorats inmitten der grandiosen Bergkulisse des Lubéron. Der erhaltene *Glockenturm* ist dem von Notre-Dame-d'Aubune verwandt.

St-Trinit *(Vaucluse)*

Kapelle reinster provenzalischer Romanik auf dem Plateau d'Albion nahe St-Christol: polygonaler Chor, glatter Mauerschnitt, einschiffiger Saal.

Zentralmassiv und Auvergne

Die Auvergne ist das Kernland des Zentralmassivs mit seinen charakeristischen Vulkankegeln: Mehr als 60 sind es; der Puy-de-Dôme als der höchste erreicht 1465 m. Zum Zentralmassiv, das wir in diesem Kapitel als Gesamtheit betrachten wollen, gehören weitere Landschaften: Im Südosten grenzt an die Auvergne das Velay (Hauptstadt Le Puy), dessen Berge in die Cevennen übergehen. Die östliche Begrenzung bildet das Rhônetal. Im Westen leitet die einstige Grafschaft Rouergue als Bindeglied zum Südwesten des Landes über; ihr wichtigstes romanisches Denkmal, die Abteikirche Ste-Foy in Conques, liefert den anschaulichen Beweis für die Verwandtschaft dieser Landschaften, die unsere Zusammenfassung rechtfertigt. Ferner sind das Forez und Teile der einstigen Grafschaft Bourbonnais hinzuzurechnen, in denen die Anhöhen des Zentralmassivs nach Norden auslaufen, an Burgund und das Berry grenzend.

Im Gegensatz zu anderen Feudalterritorien blieb die Herrschaft über die Auvergne im Mittelalter weitgehend zersplittert. Daran vermochte auch die offizielle Lehnsabhängigkeit der Grafen der Auvergne vom Herzogtum Aquitanien und der damit verbundene Anschluß an das Angevinische Reich der englischen Plantagenet-Könige Mitte des 12. Jh.s wenig zu ändern. Doch so sehr das zerklüftete Landschaftsrelief einem politischen Zusammenschluß hinderlich war, so wenig beeinträchtigte es die kulturelle Einheit, die sich in der Ausbildung eines regionalen Stils niederschlug. Die Auvergne hat im 12. Jh. eine der markantesten Bauschulen des Mittelalters hervorgebracht. In älteren Publikationen wird diese Landschaft gar als eine Wiege der Romanik hingestellt, doch eine solche Schlüsselrolle ist inzwischen aufgrund korrigierter Baudatierungen nicht mehr haltbar. Im Gegenteil: Die Auvergne hat sich, ähnlich wie die Provence, mit ihren romanischen Leistungen erst relativ spät zu Wort gemeldet. Alle wichtigen Bauten entstanden im Laufe des 12. Jh.s; einige waren noch nicht fertiggestellt, als im Kronland bereits die ersten gotischen Kathedralen ihrer Vollendung entgegengingen.

Dennoch scheint die (überholte) Hypothese einer Frühdatierung der auvergnatischen Romanik einleuchtend. Die Kirchen der Auvergne zeigen gewisse Anachronismen, die für die Bauweise des 11. Jh.s bezeichnend sind und im 12. Jh. allgemein überwunden waren. Damit ist zum einen die *extrem reduzierte Lichtführung* gemeint; zum anderen bleibt hier die *halbrunde Tonnenwölbung* verbindlich, obwohl die damit einhergehenden baustatischen Probleme schon im ausgehenden 11. Jh. erkannt worden waren und neue Lösungen initiiert hatten. Andererseits wiederum zeigt sich die Architektur der Auvergne derart fortschrittlich, daß man ihre baukünstlerischen Formulierungen als einen wichtigen Beitrag zur weiteren Entwicklung der mittelalterlichen Baukunst in Richtung auf die Gotik werten muß. In diesem Zusammenhang kommt der *Empore* eine besondere Bedeutung zu. Sie erscheint erstmalig im 11. Jh. in der normannischen Architektur und erfüllt dort zunächst die Aufgabe, das Kontinuum der Wandfläche aufzulösen und zu gliedern – hat also rein

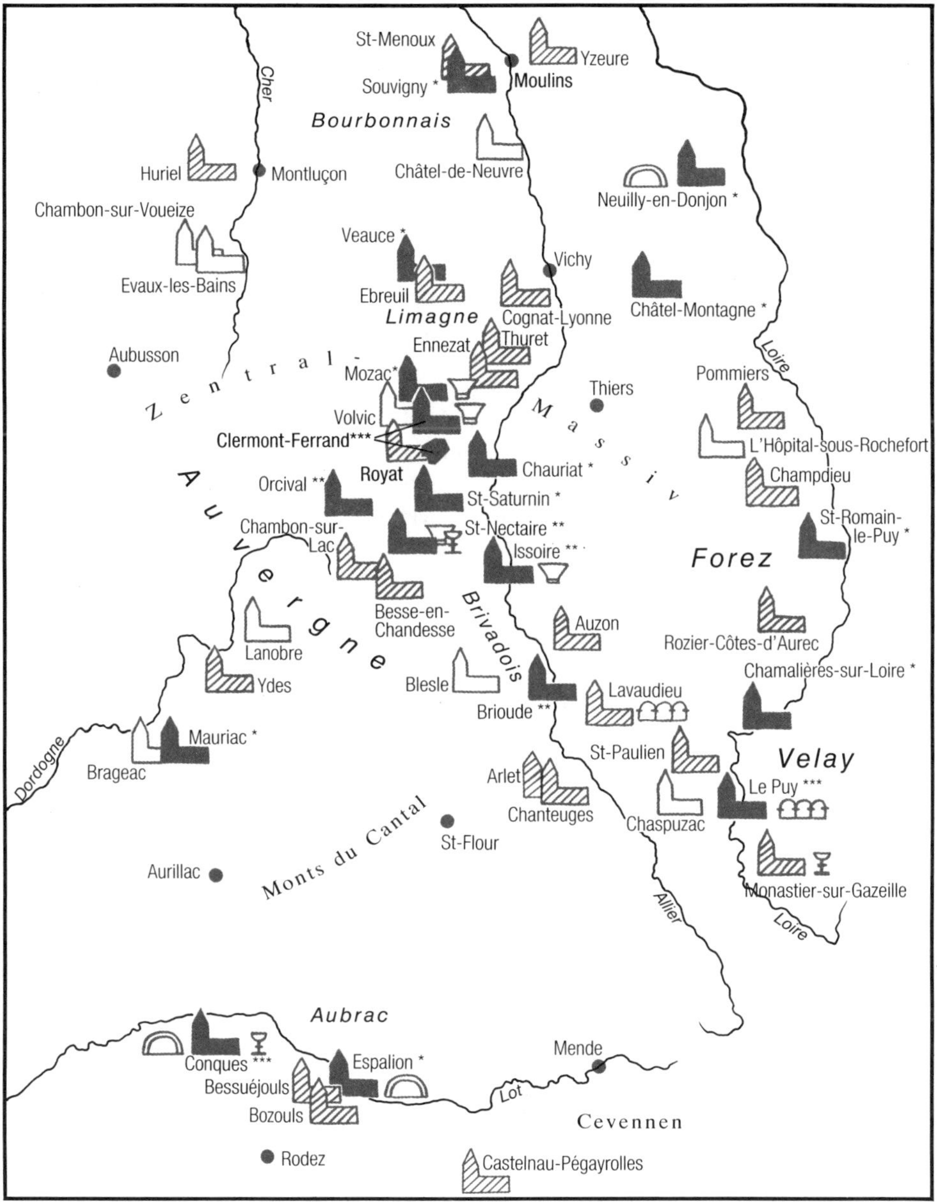

(Erläuterung der Symbole siehe Seite 10)

bauästhetische Funktion. In St-Étienne in Nevers (Burgund) wird dann nach der Mitte des 11. Jh.s das Emporengeschoß aufgegriffen und einem überwölbten Bau integriert (die frühen Emporenkirchen der Normandie waren nicht eingewölbt), ohne indes die baustatischen Möglichkeiten einer solchen Lösung auszuschöpfen. St-Étienne behält vielmehr über der Empore den durchfensterten Obergaden bei, so daß die Tonne geradezu waghalsig – da ohne Widerlager – über dem Mittelschiff schwebt. Die Baumeister der Auvergne dagegen verstanden es, dem Motiv der Empore neben dem baukünstlerischen einen statischen Effekt abzugewinnen: Das den Seitenschiffen der auvergnatischen Kirchen aufgepflanzte Emporengeschoß ist bis an den Fußpunkt des Mittelschiffgewölbes hinaufgezogen, dessen seitlichen Schub es dadurch abfängt. Nun konnte man getrost an der althergebrachten Tonne festhalten, denn die Frage der Verteilung der Schubkräfte war mit Hilfe der Empore befriedigend gelöst. Damit ging ein weiterer Vorteil einher: Indem die Empore zur Entlastung der Mauersubstanz beitrug, wurde es möglich, zu weniger massiven Außenmauern überzugehen. Der Nutzeffekt liegt auf der Hand: Dünnere Wände sind arbeits- und kostensparend. Die auvergnatische Architektur ist demnach konservativ und richtungweisend zugleich.

Eine weitere Eigenart der Bauschule dieser Landschaft ist die sogenannte *auvergnatische Pyramide,* die charakteristische, wohlproportionierte Ostansichten ausprägt: Der gestuften Abfolge von Radialkapellen, Umgang, Chorhaupt und Vierungsturm wird durch Aufstokkung der zentralen Querhauspartie eine weitere Zone hinzugefügt: das *massif barlong* (siehe dazu ausführlich bei Clermont-Ferrand, Seite 124).

Natürlich gilt auch für die Auvergne, daß trotz eines Schulzusammenhangs innerhalb einer Bautengruppe Anregungen aus anderen Kunstlandschaften zum Tragen kamen. Auch hier begegnet man zahlreichen Mischformen. Dies ist besonders in den Randzonen der Landschaft der Fall, die im lebhaften Austausch mit den Nachbarn standen.

Wie überall, wo das Ringen um baukünstlerische Neuerungen im Vordergrund stand, spielte die *Skulptur* auch in der Auvergne eine untergeordnete Rolle. Abgesehen von Conques besitzt die Auvergne kein großes Portal von Rang. Als typisches formales Detail sind die giebelförmig zugespitzten Architrave zu nennen. Ihre schönsten bildhauerischen Leistungen hat die Auvergne im Bereich der *Kapitellplastik* hervorgebracht, die Werken der Provence nahesteht.

Auf dem Gebiet des Baudekors hat die Auvergne dennoch eine Besonderheit zu bieten: Mancherorts finden sich – mehr oder weniger fragmentarisch – die flächendeckenden, farbenfrohen *Inkrustationen* am Außenbau, die wohl mit Einflüssen aus dem maurischen Spanien in Verbindung zu bringen sind. Prächtigstes Beispiel ist die Fassade von Le Puy (Abb. 43); vgl. auch St-Julien in Chauriat (Abb. 36).

Brioude** *(Haute-Loire)*

Das Grab des Märtyrers Julianus (St-Julien), der in diokletianischer Zeit in Brioude hingerichtet wurde, war bereits in der Spätantike ein rege besuchter Wallfahrtsort. Einer der letzten weströmischen Kaiser, Avitus Mäcilius (455/56), der aus der Auvergne stammte und Schwiegervater des Dichters Sidonius Apollinaris war, hatte verfügt, am Grab des Märtyrers beigesetzt zu werden. Später fand Herzog Wilhelm der Fromme, der Gründer von Cluny, in Brioude seine letzte Ruhestätte.

Dieser hoher Rang mag es erklären, daß ST-JULIEN in Brioude mit 74 m Gesamtlänge der größte Kirchenbau der Auvergne ist, ohne indes ein typischer Vertreter der auvergnatischen Bauweise zu sein. Er weicht vielmehr in wesentlichen Punkten vom »Idealplan« dieser Landschaft ab. Bei Betrachtung des Grundrisses fällt sogleich auf, daß die dreischiffige Basilika kein Querschiff besitzt: ein für die Auvergne seltener Fall. Daß dennoch am Außenbau der Eindruck entsteht, als gäbe es ein solches, erklärt sich aus der Tatsache, daß im Innern dem letzten Joch der Seitenschiffe vor der Choranlage eine Tribüne aufgesetzt ist, die nach außen durch eine eigene hochgezogene Bedachung ausgegrenzt erscheint. Dieses ist zugleich die einzige Stelle, an der das auvergnatische Motiv der Empore zum Tragen kommt. St-Julien ist demnach eine echte Basilika mit durchlichtetem Obergaden. Gewisse Unstimmigkeiten lassen vermuten, daß der Bau nicht in einem Zug entstand. So beobachtet man in den Seitenschiffen Stichkappen und Kreuzgratgewölbe in unregelmäßigem Wechsel; die Joche des Mittelschiffs sind mit gotischen Kreuzrippengewölben überfangen. Die Bauarbeiten, mit denen bereits im späten 11. Jh. begonnen worden war, zogen sich bis in das 13. Jh. hin. Aus dem sichtbaren Bestand ist nicht mehr auszumachen, ob im ursprünglichen Plan ein Emporengeschoß oder auch ein Wölbungssystem mit einer Folge von Kuppeln nach Art der Kathedrale von Le Puy vorgesehen war. Einzig der wuchtige *Westbau* mit einer geschlossenen Eingangshalle kann als kanonischer Bestandteil der auvergnatischen Romanik gelten. Dieser besitzt im Obergeschoß eine *Michaelskapelle,* in der Fragmente von romanischen *Fresken* erhalten geblieben sind. Der *Chor* mit Umgang und fünf radial ausstrahlenden Kapellen weist St-Julien als Pilgerkirche aus. Beachtung verdienen die (leider hoch gelegenen) *Kapitelle* von sehr unterschiedlicher Qualität: Einige zeigen einen derben, fast bäuerlichen Stil; andere wieder sind differenziert bearbeitet.

Das *Südportal* besitzt die zwei besterhaltenen und schönsten *bronzenen Türzieher* der französischen Romanik in Gestalt von zwei Tierköpfen mit einem losen Ring im Maul, von denen der eine als Löwe, der andere als Affe gesehen werden kann (Abb. 34, 35). Ihr grimassenhafter Ausdruck macht deutlich, daß sie hier am Kirchenportal eine apotropäische Funktion wahrnehmen. Im Mittelalter ging die Bedeutung solcher Türzieher jedoch noch weiter: Verfolgte genossen Schutz vor weltlichen Instanzen, sobald sie den Ring einer Kirchentür ergriffen hatten. Auch bei Eidschwüren und verschiedenen anderen Rechtsvorgängen spielte der Türring eine Rolle. Aufschlußreich sind die Inschriften, die sich um beide Köpfe ziehen. Rechts ist zu lesen: ORIOR EX ANIMIS. VITAM DAT SPIRITUS ORIS. Frei übersetzt: Ich entspringe aus den Seelen (d. h.

aus dem Geist, des Reimes wegen hier im Plural); der Geist gibt das Leben. Diesen Worten liegt eine geläufige Metapher aus dem *Physiologus* zugrunde: Die Anspielung auf den Löwen, der seine Jungen nach drei Tagen durch Anhauchen zum Leben erweckt, versinnbildlicht Christi Auferstehung am dritten Tag. Der linke Ring trägt neben der Künstlersignatur GIRALDUS ME FECIT folgenden Spruch: ILLECEBRIS ORIS CAPTOS FALLAX TRAIT ORIS. Zu deutsch: Die trügerische Welt verrät diejenigen, die den Verführungen des Mundes (d. h. der Rede) erliegen. So schlägt sich auch in diesen beiden Ringhaltermasken dieselbe Gegenüberstellung von Gut und Böse nieder, die das Grundthema der romanischen Portalplastik schlechthin ist: Im einen Fall fungiert der Kopf mit dem geöffneten Maul als Werkzeug des Heils, im anderen deutet er die Vernichtung des sündhaften Menschen an.

Châtel-Montagne* *(Allier)*

Châtel-Montagne liegt knapp 20 km östlich von Vichy, also nicht weit von der Grenze zu Burgund. Wie so viele Kirchen in geographischen Übergangsbereichen stellt auch die EHEMALIGE PRIORATSKIRCHE NOTRE-DAME eine Synthese aus unterschiedlichen Einflüssen dar: Die Auvergne spricht im Emporengeschoß und in der Anlage des Chores mit Umgang und vier Radialkapellen mit; burgundischer Einfluß hat sich in Form des Obergadens und in der Gestalt der zugespitzten Tonne des Mittelschiffs Bahn gebrochen. Die Erweiterung der Hochschiffwand auf drei Geschosse mit Arkade, Empore und Obergaden hat lediglich in St-Étienne in Nevers eine Parallele, doch ist jener Bau rund ein halbes Jahrhundert älter (die Baudaten von Châtel-Montagne: ca. 1100–1150).

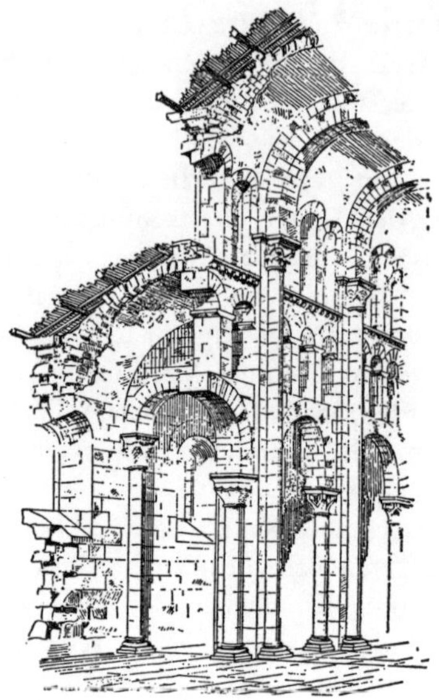

Châtel-Montagne, ehem. Prioratskirche Notre-Dame, perspektivischer Schnitt

Chauriat* *(Puy-de-Dôme)*

Durch tiefgreifende Veränderungen am Chor und im Hauptschiff ist die KIRCHE ST-JULIEN in Chauriat nahe Clermont-Ferrand empfindlich gestört. Als Schulbeispiel der Auvergne weist sich noch der Bereich von Querhaus und Vierung mit *massif barlong* und oktogonalem Vierungsturm aus. Die große Kostbarkeit von St-Julien ist die reichgestaltete *Inkrustation* am Giebel des südlichen Querhausarms und in der Wandzone zwischen Blendarkaden und Traufleiste der südlichen Langhausseite aus weißem Kalkstein, schwarzer Lava und roten Ziegeln: das flächengrößte und zugleich vielfältigste Beispiel dieser für die Auvergne typischen Dekorform (Abb. 36). Die Betrachtung lohnen ferner die *Kapitelle im Langhaus,* besonders das zweite der Südseite mit einer personenreichen Darstellung des Abendmahls.

Clermont-Ferrand***
(Puy-de-Dôme)

Mit der Wallfahrtskirche Notre-Dame-du-Port besitzt die Metropole der Auvergne einen romanischen Bau, der zwar nicht besonders groß ist (Länge 41 m, Höhe des Mittelschiffs 17,50 m), aber in so mustergültiger Weise den Idealplan der auvergnatischen Bauschule des 12. Jh.s vertritt, daß man an ihm die Eigenheiten des Regionalstils exemplarisch studieren kann. Allgemein wird ein Baubeginn um das Jahr 1100 angenommen; die Arbeiten scheinen zügig zum Abschluß gekommen zu sein.

Das relativ bescheiden gehaltene, nach Süden ausgerichtete *Portal* (Abb. 37) zeigt im Tympanon unter einem gestelzten Bogen den thronenden Christus über Evangelistensymbolen, flankiert von zwei sechsflügeligen Seraphim. Darunter erscheint links die Anbetung der Könige, in der Mitte die Darstellung im Tempel, rechts die Taufe Christi im Jordan (sämtliche Köpfe zerstört). Der Architrav ist hier nicht, wie gewöhnlich, ein einfacher Querbalken, sondern nimmt die Form eines Giebels an. Dieser Typus des nach oben zugespitzten Türsturzes findet sich an vielen Kirchen der Auvergne. Als einzelne Versatzstücke sind an den Türpfosten und über dem Portal vier Reliefs angebracht: ganzfigurig Jesaja und Johannes d. T. (unten) sowie Verkündigung und Geburt Christi. Wenngleich eine gewisse stilistische Verwandtschaft zu plastischen Werken der Provence zu erkennen ist, wirken die Arbeiten doch insgesamt deutlich spröder als etwa die herrlich bewegten Gestalten in St-Gilles. An den Rändern des Architravs verläuft ein kommentierendes Spruchband. Diese Form der verbalen Belehrung ist typisch für die Auvergne; man denke nur an die Türzieher von Brioude, an das Portal von Conques oder die Kapitellzyklen hier in Clermont oder in Issoire: Sie alle tragen Beischriften, die an den bildhauerischen Arbeiten im übrigen Frankreich

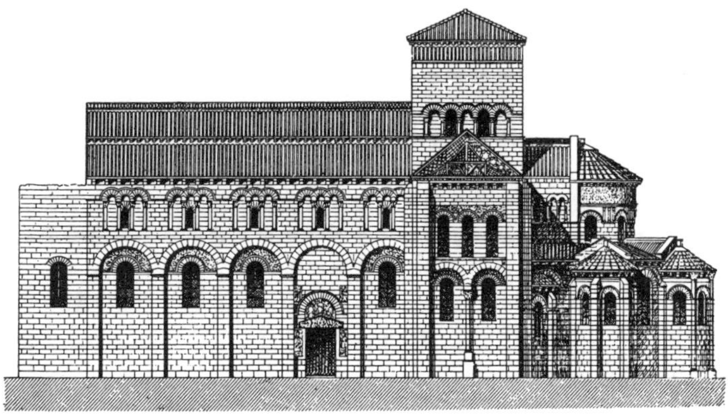

Clermont-Ferrand, Wallfahrtskirche Notre-Dame-du-Port, Seitenansicht

eher selten sind. Es scheint, als habe in der Auvergne ein ebenso großes Interesse an der theologischen Didaktik wie an der künstlerischen Gestaltung bestanden.

Der *Innenraum* empfängt den Eintretenden zunächst mit undurchdringlichem Dämmerlicht; die Augen benötigen mehrere Minuten, bis die erste Blindheit einer schärfer werdenden Wahrnehmung weicht. Diese Phase der Assimilation macht einen wesentlichen Bestandteil des Gesamterlebnisses einer auvergnatischen Kirche aus: Man nimmt teil am Geheimnis. Die gedämpfte Lichtführung ist durch die *Emporen* bedingt, die jene Zone besetzen, in der sich sonst in einer Basilika der durchfensterte Obergaden befindet. Zwar sind auch die Emporen nach außen durchfenstert, doch kommt der Lichteinfall im Kirchenraum eben nur indirekt zum Tragen. In der auvergnatischen Kirche ist somit ein Ziel erreicht, das letztlich alle romanische Architektur anstrebt: die Erzeugung eines immateriellen, von realen Bedingungen unabhängig erscheinenden Lichts im Kirchenraum, der infolgedessen als Abbild eines imaginären Jenseitsbereichs definiert wird. Die Emporen sind sehr hoch hinaufgezogen; ihr Zenit reicht an den Fußpunkt der Mittelschifftonne, deren Last sie damit abfangen. Es scheint unzweifelhaft, daß die Bestimmung der Emporen zunächst eine baustatische war. Hier in der Auvergne sind sie grundsätzlich nur über eine abenteuerlich schmale Stiege zu erreichen. Allein dieser Tatbestand erübrigt Spekulationen, sie könnten auch praktischen Zwecken gedient haben, etwa als Bet- oder Schlafraum für Pilger. Die oben beschriebene Lichtwirkung ist jedoch offensichtlich bewußt einkalkuliert worden. Wie so oft in der Romanik erlebt man am Beispiel der auvergnatischen Empore exemplarisch, daß ein architektonisches Motiv von ursprünglich rein statischer Funktion in einer liturgisch-ästhetischen Dimension vertieft wurde.

Querhaus und Choranlage von Notre-Dame-du-Port zeigen gleichfalls unverwechselbar auvergnatische Züge. Besonders charakteristisch ist der Vierungsbereich: Nicht nur die Vierung, die sich aus der Durchdringung von Mittelschiff und Querhaus ergibt, sondern auch die daran anschließenden Raumabschnitte (in Verlängerung der Seitenschiffe) werden ausgegrenzt und erhöht. Am Außenbau tritt dieser Tatbestand in Gestalt einer querrechteckigen, durchfensterten Aufstockung in Erscheinung, die *»massif barlong«* genannt wird. Die eigentliche Vierung ist im Innern abgesetzt durch tief herabgezogene Schwibbögen, die von Drillingsarkaden durchbrochen werden. Dadurch entsteht hier im Vierungsbereich noch einmal eine Zone indirekter Lichtführung. Das *massif barlong* trägt somit – ebenso wie die Empore – wesentlich zur Irrationalität des auvergnatischen Kirchenraums bei.

Die Querhausarme besitzen je eine kleine, nach Osten weisende Kapelle – auch dies ein festgelegter Typus der Auvergne. Den Chorumgang umgeben *vier* Kapellen statt der sonst üblichen ungeraden Zahl; auf die Scheitelkapelle wird hier verzichtet. Während die Kapitelle der Dienste im Langhaus überwiegend Blattdekor zeigen, besitzen die Säulen des Chorumgangs einen reich gestalteten *Kapitellzyklus* mit szenischen Darstellungen (Abb. 44, 45). Die Reihe der überwiegend allegorischen oder symbolischen Bilder hat zwei inhaltliche Schwerpunkte: die Verherrlichung der Muttergot-

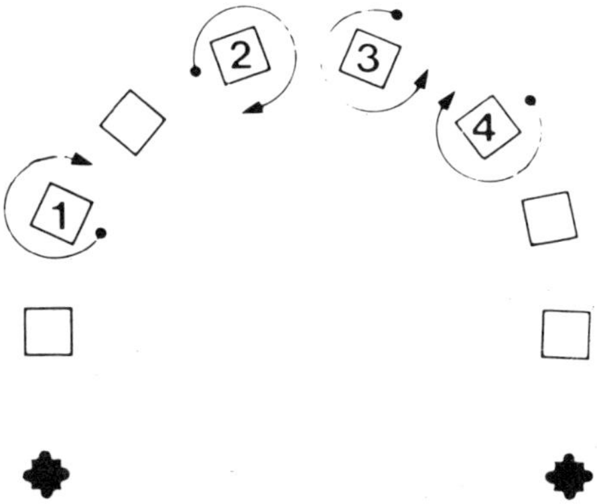

Clermont, die Kapitelle im Chor von Notre-Dame-du-Port

1 *Kapitell des Stifters und der Tugenden:*
Ein Mann mit dem Namen Stephanus, vermutlich der Stifter, überreicht einem Engel ein Kapitell; zwei allegorische Figuren, der Geiz und die Wohltätigkeit (ein edler Ritter!) kämpfen miteinander; eine Person, der Zorn, sticht sich einen Dolch in die Brust; zwei triumphierende allegorische Figuren, Wohltätigkeit und Großherzigkeit.

2 *Die Verkündigung:*
Verkündigung; Heimsuchung; Verkündigung an Zacharias, den Vater Johannes' des Täufers; Joseph wird von einem Engel am Bart gezogen, damit er von seinem Plan, Maria zu verlassen, abgeht.

3 *Die Vertreibung aus dem Paradies:*
Ein geflügeltes Wesen im Paradiesgarten; die Versuchung; der Herr (im Mittelalter immer als Christus dargestellt!) erscheint, in der Hand das Buch des Lebens, das auf Christi Richteramt hinweist; die Vertreibung.

4 *Die Krönung Mariae:*
Ein Engel erscheint mit dem Buch des Lebens; Die Himmelfahrt, Christus nimmt die Seele Mariae in die Hand; ein Engel bläst in eine Trompete; das Tor zum Paradies ist geöffnet; es hat die Form einer Kirche.

Auf dem zweiten Kapitell findet sich die Inschrift R(U)TB(ER)TUS ME FECIT, der seltene Fall, daß der Bildhauer sich verewigte. Diesem Meister Rutbertus werden auch die anderen Kapitelle zugeschrieben.

tes und die Psychomachie (Gegenüberstellung von Tugenden und Lastern). Der auffallende pädagogische Unterton kann als typischer Charakterzug der Auvergne gelten. Die von einem Künstler namens *Rutbertus* gemeißelten Arbeiten gehören zum Besten, was die romanische Skulptur in der Auvergne geleistet hat. Trotz einer gewissen Derbheit eignet ihnen eine antikisierende Monumentalität (Betonung der Figur, Ausgrenzung des Ornaments), die von der Bildhauerkunst der Provence herzuleiten ist.

Notre-Dame-du-Port (der Name deutet auf ein vormals in der Nähe befindliches Stadttor – *porta* = Tür) ist nicht die älteste Kirche der auvergnatischen Bauschule. Als Gründungsbau gilt vielmehr die *Kathedrale* am Ort, die im 13. Jh. einem gotischen Nachfolger weichen mußte. Der ergrabene Bestand aus dem 10. Jh. hat jedoch hinlänglich erwiesen, daß hier die Wurzeln des von Notre-Dame-du-Port so brillant vertretenen Typus liegen.

Chamalières-sur-Loire* *(Haute-Loire)*

Die EHEMALIGE PRIORATSKIRCHE ST-GILLES in Chamalières im oberen Loiretal überrascht durch ihre Größe. Diese erklärt sich aus der Tatsache, daß die vor den Arabern aus der Provence hierher in Sicherheit gebrachten Reliquien des hl. Ägidius dem abseits gelegenen Ort einen lebhaften Wallfahrtsbetrieb bescherten. Auf der Grenze zwischen den Landschaften Forez, Auvergne und Velay gelegen – auch nach Burgund ist es nicht weit –, erweist sich der Bau als eine Zwittererscheinung, in der sich die Eigenschaften unterschiedlicher Lokalstile niedergeschlagen haben: Der zweigeschossige Aufriß der Basilika folgt der älteren burgundischen Tradition; die großräumige Choranlage ohne Umgang, jedoch mit Radialkapellen, zeigt Verbindungen zur aquitanischen Bauweise; die Vierzahl der Kapellen schließlich ist auvergnatisches Erbe.

Eine Besonderheit der Ausstattung stellt der nahe dem Eingang aufgestellte *Pfeiler mit dem Weihwasserbecken* dar, gebildet aus den Statuen der alttestamentarischen Könige und Propheten David, Salomo, Jesaja und Jeremia. Im linken Seitenschiff (im ersten Joch) sind Fragmente von einem spätromanischen *Bischofsgrab* in die Wand eingelassen. Reste des auf der Nordseite befindlichen *Kreuzgangs* dienen heute als Rathaus des Ortes.

Conques*** *(Aveyron)*

Am Westrand des Zentralmassivs in der Landschaft Rouergue gelegen, markiert die EHEMALIGE ABTEIKIRCHE STE-FOY einen der Höhepunkte romanischer Kunst in Frankreich. Die Geschichte dieses Klosters wirft ein bezeichnendes Schlaglicht auf den mittelalterlichen Reliquienkult. Die Gebeine der hl. Fides (Ste-Foy), die als zwölfjähriges Mädchen in diokletianischer Zeit in Agen das Martyrium erlitten hatte, erschienen offenbar den Mönchen von Conques höchst begehrenswert. Der Überlieferung zufolge sollen sie, die ein Dasein im Abseits führten, eigens einen ihrer Mitbrüder nach Agen entsandt haben, der es dort nach etlichen Jahren zum Aufseher über die Reliquien brachte und diese prompt im Handstreich nach Conques entführte. Zwar geht man heute davon aus, daß diese Translation weniger abenteuerlich vonstatten ging, indem die Gebeine der Märtyrerin zum Schutz vor den Sarazenen nach Conques gelangten; im Mittelalter aber war die Geschichte von der gewaltsamen Inbesitznahme die offizielle Version, an der offenbar niemand Anstoß nahm. Dergleichen kam immer wieder vor. So hat etwa der deutsche König Heinrich I. sich nicht gescheut, König Rudolf II. von Burgund mit der Androhung eines Krieges zu erpressen, um sich die Heilige Lanze anzueignen, deren Besitzer den Herrschaftsanspruch über Oberitalien reklamieren konnte (die Heilige Lanze gehörte seither zu den Reichskleinodien). Kaum minder skrupellos entführten bekanntlich die Venezianer die Markusreliquien aus Alexandrien.

Obwohl die Fides-Reliquien Conques bald eine große Anziehungskraft eintrugen, erfolgte der eigentliche Aufschwung erst im 11. Jh. Das Itinerar der Jakobspilger nennt Conques die bedeutendste Station an der Via Podiensis. Noch heute vermittelt die Kirche inmitten einer heroischen Bergwelt einen starken Eindruck (Farbabb. 26). Skulptur, Architektur und der größte in Frankreich erhaltene Kirchenschatz schlagen gleichermaßen in Bann.

Das *Tympanon des Westportals* gehört neben denen von Moissac, Autun, Vézelay und Beaulieu zu den figurenreichsten Ensembles der französischen Romanik (Abb. 38, 39). Zudem ist es das einzige, das noch Reste einer farbigen Fassung aufweist. So

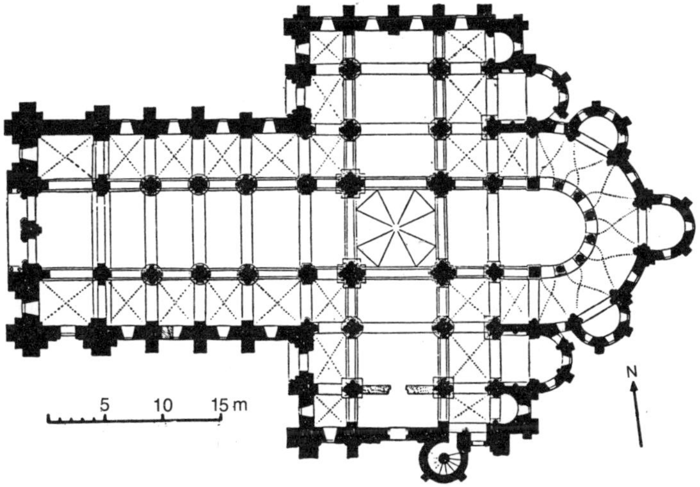

Conques, ehem. Abteikirche Ste-Foy, Grundriß

gewinnt man in Conques eine gewisse Vorstellung vom ursprünglichen Erscheinungsbild romanischer Portalplastik, das wohl kunterbunt, fast grell war. Das Thema ist auch hier das Weltgericht: Im Zentrum thront Christus, dessen rechte erhobene Hand auf die Seite der Auserwählten, die nach unten gerichtete linke auf die Verdammten weist. Insgesamt bevölkern 124 Personen das große, in drei Register unterteilte Bogenfeld. Anders also als Vergleichsbeispiele in Burgund und Aquitanien ist das Tympanon nicht als einheitliche Bildfläche aufgefaßt; es wird vielmehr in einzelne Streifen zerlegt, was dem hier angeschlagenen erzählerischen Ton entgegenkommt. Typisch für die pädagogische Intention der auvergnatischen Romanik sind die zahlreichen Beschriftungen in den trennenden Stegen. Der Architrav ist, analog zu den darunter befindlichen Türöffnungen, zweigeteilt. Beide Abschnitte spitzen sich nach oben in gedrückten Giebeln zu, wie es für auvergnatische Portale charakteristisch ist. Links, wo sich Auserwählte, Heilige, Märtyrer und Apostel paarweise um die zentrale Person Abrahams gruppieren, herrscht wohlgestaltete Ordnung, indem die Figuren säuberlich in einer Arkadenarchitektur plaziert sind. Auf der anderen Seite, wo die Laster erscheinen, macht sich indessen ungezügeltes Chaos breit, das auch in den Folterszenen darüber den Ton angibt. Gegenüber vollzieht sich die Prozession von Stiftern und Heiligen wieder in klarer Gliederung. Das weltumspannende Thema des Jüngsten Gerichts ist überdies gepaart mit lokalen Assoziationen: In den Gestalten der Fides, der Äbte Dadon und Odolric – letzterer führt Karl den Großen wie ein Kind an der Hand – wird auf die Verdienste von Conques hingewiesen. In dem Getümmel der Verdammten gewahrt man auch den Bischof Étienne von Le Puy (Schema Seite 128, 140), der – er war in Personalunion zugleich Abt von Conques – die Kassen des Klosters geplündert hatte, um den Bau seiner Kathedrale in der Hauptstadt des Velay zu finanzieren, wo man ihm sicher wegen desselben Sachverhalts einen Platz auf der Seite der Auser-

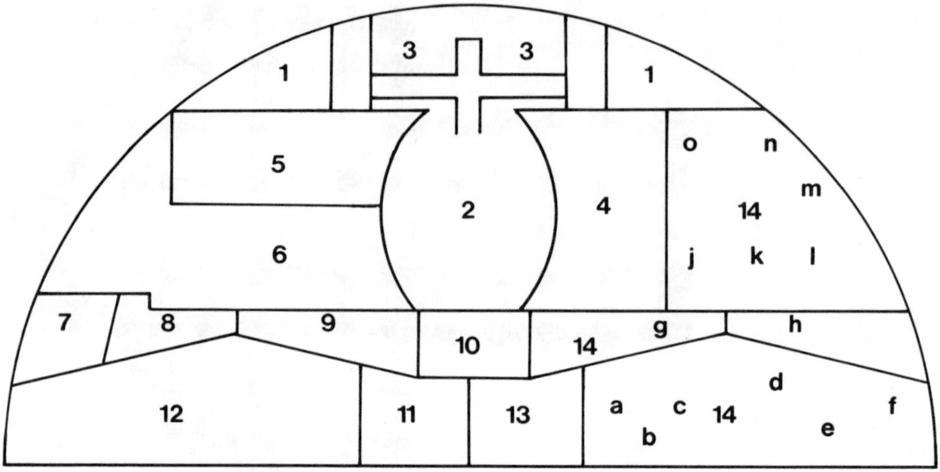

Conques, Ste-Foy, Schema des Tympanons: Das Weltgericht

1 *Die Engel blasen zum Jüngsten Gericht.*

2 *Christus im Glorienschein thront als Richter; seine Rechte weist die Seligen zum Himmel, die Linke stößt die Verdammten ins Inferno der Hölle.*

3 *Engel halten Christi Kreuz und die Leidenswerkzeuge, Symbole der Erlösung.*

4 *Engel halten das Buch des Lebens, Symbol der richterlichen Macht, Schwert und Schild, die gegen die Höllenmächte gerichtet sind, sowie einen Weihrauchkessel.*

5 *Vier Engel verdeutlichen auf Spruchbändern die Kardinaltugenden Glaube, Hoffnung, Liebe und Demut.*

6 *Die Gemeinschaft der Heiligen, hier summarisch durch einige wenige Personen repräsentiert: (von rechts) Maria, Petrus, Dadon, der Gründer des Klosters, Odolric, der Erbauer der Kirche, an seiner Hand Karl der Große, der als Wohltäter der Abtei angesehen wird.*

7 *Drei Arkaden symbolisieren die Kirche von Conques, die eisernen Ketten gehörten als Fesseln Christi zu ihren wichtigsten Reliquien.*

8 *Der betenden Ste-Foy streckt sich die segnende Hand Gottes entgegen.*

9 *Die Auferstehung der Toten.*

10 *Der Erzengel Michael mit der Seelenwaage, an der ein verschmitzt grinsendes Teufelchen zupft.*

11 *Das Tor zum Paradies.*

12 *Das Paradies unter den Gewölben des Himmlischen Jerusalem. In ihm werden die Erwählten in Abrahams Schoß aufgenommen.*

13 *Der Höllenschlund.*

14 *Die Höllenqualen. Jeder Missetat ist eine eigene Strafe zugedacht. Unter den verbreitetsten Lastern sind zu erkennen:*
a) der Hochmut, b) die Unzucht, c) die Faulheit, symbolisch dargestellt in der Kröte, über der Satan, ein grausiges Monster, als Herr der Hölle thront, d) der Geiz, e) die Verleumdung, f) die Wut, g) der Neid, h) die Wilderei, j) der Hochmut der Mächtigen, k) die Hurerei, l) die Völlerei, m) die Falschmünzerei, n) die Verbreitung von Irrlehren, o) der Mißbrauch geistlicher Ämter (Bischof Étienne).

33 Clermont-Ferrand (Auvergne), Notre-Dame-du-Port, Blick vom Langhaus zum Chor ▷

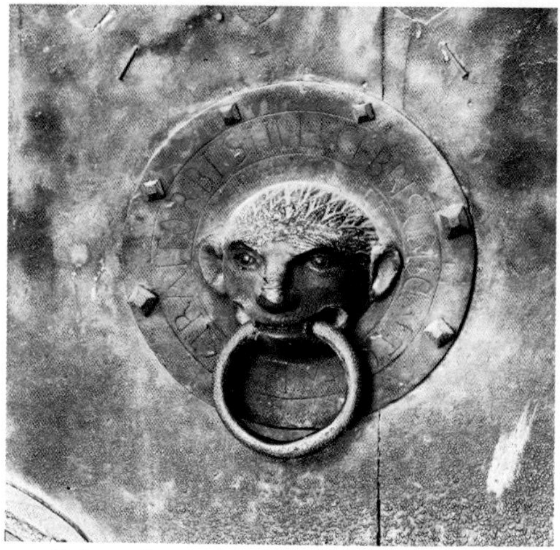

34–35 Brioude (Auvergne), St-Julien, Bronze-Türzieher am Südportal

37 Clermont-Ferrand (Auvergne), Notre-Dame-du-Port, Südportal [

36 Chauriat (Auvergne), St-Julien, Inkrustationen am südlichen Querschiffarm

38–39 Conques (Auvergne/Rouergue), ehem. Abteikirche Ste-Foy, Tympanon des Westportals: Das Weltgericht

40–41 Mozac (Auvergne), ehem. Abteikirche St-Pierre, Kapitelle: Die Frauen am leeren Grab und Atlanten

42 Neuilly-en-Donjon (Auvergne/Bourbonnais), Ste-Madeleine, Tympanon des Westportals

43 Le Puy (Auvergne/Velay), Kathedrale Notre-Dame, Fassade

44–45 Clermont-Ferrand (Auvergne), Notre-Dame-du-Port, Kapitelle: Psychomachie (Kampf der Tugenden gegen die Laster), Sündenfall

48 Issoire, St-Austremoine, Krypta ▷

46 Issoire (Auvergne), St-Austremoine, Kapitell: Abendmahl

47 St-Nectaire (Auvergne), ehem. Prioratskirche, Kapitell: Geißelung Christi

49 Quarante (Languedoc), Ste-Marie, Tischaltar aus dem 11. Jh.
50 St-Hilaire-de-l'Aude (Languedoc), Notre-Dame-de-l'Assomption, Sarkophag des hl. Saturninus (möglicherweise ein Werk des Meisters von Cabestany)

51 Cabestany (Roussillon), Ste-Marie, Marientympanon des Meisters von Cabestany

52 Maguelone (Languedoc), ehem. Kathedrale St-Pierre, Tympanon

53 St-Genis-des-Fontaines (Roussillon), Türsturz der ehem. Klosterkirche

54 St-André-de-Sorède (Roussillon), Türsturz der ehem. Klosterkirche

56 St-Guilhem-le-Désert (Languedoc), Kreuzgang und Klosterkirche ▷

55 Toulouse (Languedoc), St-Sernin, Figuren-Medaillons vom Tischaltar des Bernardus Gelduinus (1096)

57–58 Serrabonne (Roussillon), ehem. Prioratskirche Notre-Dame, Chortribüne

59 Toulouse (Languedoc), Musée des Augustins, Kapitell aus dem abgebrochenen Kreuzgang von St-Étienne: Salome überbringt Herodes das Haupt Johannes des Täufers

60 Toulouse (Languedoc), St-Sernin, Südportal, sog. Porte-Miégeville

wählten hätte zukommen lassen. Das Portal drückt sich nicht in schwierigen theologischen Verklausulierungen aus; der Akzent liegt vielmehr auf einer ungeschminkten Beschreibung dessen, was der Gläubige am Jüngsten Tag zu erwarten hatte, sowie einer für die Zeit eher atypischen Betonung lokalspezifischer Personen.

Daß Ste-Foy auch in bezug auf die Architektur zu den herausragenden Leistungen der französischen Romanik gehört, erweist sich im *Innenraum*. Das Langhaus ist mit vier Jochen verhältnismäßig kurz – das vordere darf man nicht als fünftes Joch zählen, es handelt sich vielmehr um einen mit dem Kirchenraum stark verschmolzenen Narthex (die dazugehörigen Türme der Westfront entstanden erst im 19. Jh.). Dadurch kommt das Vertikalstreben nachdrücklich zum Tragen (Gewölbehöhe 22 m, Länge des Langhauses 20 m). Das Mittelschiff ist annähernd dreimal so hoch wie breit: eine räumliche Disposition, wie sie eher für cluniazensische Bauten als für die Auvergne kennzeichnend ist. Dennoch zeigt sich Conques durch das Emporengeschoß der auvergnatischen Schule verbunden. Im Querschiff geht der Bau dann wieder eigene Wege: Während der Idealplan der Auvergne grundsätzlich ein einschiffiges Querhaus vorsieht, ist jenes von Conques in drei Schiffe unterteilt – darin zusammen mit den beiden großen Pilgerkirchen in Toulouse (St-Sernin) und Santiago de Compostela eine Bautenfamilie bildend. Die Chorlösung zeigt eine Verbindung von Staffelchor und Pilgerkirchenschema mit Umgang und Radialkapellen. Jedem der beiden Querschiffarme sind zwei Kapellen angegliedert: eine größere und eine kleinere, während der Chorumgang seinerseits noch einmal drei Kapellen besitzt.

Abgesehen von einigen szenischen *Kapitellen* in Querhaus und Chor von minderer Qualität (aus dem Rahmen fällt einzig die Darstellung der hl. Fides vor ihrem Richter Datian – im Querschiff) entdeckt man noch weitere Werke der *Bauskulptur* an der Außenseite des nördlichen Querhausarms: Statuen Johannes des Täufers und des Propheten Jesaja sowie ein Verkündigungsrelief; dieses alles von bäuerlich derbem Zuschnitt.

Baudaten und der Bauvorgang sind nicht restlos geklärt. Den Quellen zufolge wurde schon 1031 begonnen. Der Hauptteil des Gebäudes dürfte jedoch erst im 12. Jh. entstanden sein. Dennoch muß Ste-Foy als einer der ersten Vertreter der auvergnatischen Emporenkirche gelten.

Der *Kirchenschatz*, der in den Resten der einstigen Konventsgebäude untergebracht ist, verdankt seine Erhaltung – Paradoxon der Geschichte! – den Religionskriegen. Aus Furcht vor einer Plünderung durch die Protestanten wurden die Preziosen im 16. Jh. im Chor der Kirche vergraben, wo man sie erst im vorigen Jahrhundert wiederentdeckte. Glanzvoller Mittelpunkt ist die *Goldstatue der hl. Fides*, die man lange Zeit für eine Arbeit des 12. Jh.s gehalten hat (Farbabb. 16). Genaue Untersuchungen, die anläßlich einer Restaurierung in den 1950er Jahren durchgeführt wurden, haben stichhaltig nachgewiesen, daß es sich um ein heterogenes Werk handelt: Der Großteil entstand bereits im 9. Jh., wohl bald nach

◁ 61 Toulouse (Languedoc), St-Sernin, Chorpartie und Vierungsturm

der Übertragung der Reliquien nach Conques. Die Sitzfigur besteht aus Goldblechen, die auf einen Holzträger genagelt sind. Das Gesicht mit seinem etwas starren Ausdruck ist eine spätantike Goldmaske, möglicherweise ein kaiserliches Porträt, das sich jedoch aufgrund der allgemein gehaltenen Züge namentlich nicht identifizieren läßt. Zahlreiche der kostbaren Steine dürften erst im 12. Jh. hinzugefügt worden sein; die Knäufe aus Quarz, die die Thronlehne zieren, kamen im 14. Jh. dazu; die rechtwinklig aus dem Korpus herausstehenden Arme wurden der Statue im 16. Jh. appliziert. Das Werk entspricht in seiner Gesamtheit nicht etwa einem mittelalterlichen Schönheitsideal; seine Anziehungskraft bestand vielmehr in dem Glitzern und Funkeln der edlen Materialien. Nicht die künstlerische Gestaltung, der Werkstoff selbst ist Träger von Schönheit und Wert.

Weitere herausragende Stücke des Kirchenschatzes sind: das sogenannte »A« Karls des Großen, das als Behältnis für eine Partikel vom Kreuz Christi diente; die »Laterne des Abtes Begon«, ein kleines Turmreliquiar, sowie der Tragaltar der hl. Fides, ein von Goldemails umschlossener Porphyrstein. Alle Arbeiten dürften aus einer hier in Conques um 1100 tätigen Werkstatt hervorgegangen sein. Zu den ältesten Exponaten zählt das Pipin-Reliquiar, das rund 100 Jahre früher entstanden ist als die oben genannten Stücke.

Espalion* *(Aveyron)*

Am Oberlauf des Lot gründeten die Mönche von Conques um 1060 das Priorat von Perse, dessen Kirche St-Hilarian heute etwa 1 km außerhalb des Städtchens Espalion liegt. In gotischer Zeit vergrößert, besitzt sie an romanischer Bausubstanz nur noch die Ostteile, Chor und Querschiff sowie das nach Süden ausgerichtete *Portal*. Dieses ist wie in Conques in Register unterteilt. Im Architrav erscheinen apokalyptische Szenen, im Streifen darüber die Apostel und Maria in stereotyper Reihung; zuoberst schwebt die Taube als Sinnbild des Heiligen Geistes, von der schlangenförmige Strahlen auf die Häupter der Apostel niedergehen: eine Darstellung des Pfingstgeschehens also, ein in der romanischen Portalplastik seltenes ikonographisches Thema (vgl. Vézelay). Die Grobschlächtigkeit der Reliefs macht eine Datierung nach Stilkriterien unmöglich. Wahrscheinlich handelt es sich trotz des altertümlichen Eindrucks um eine der letzten Äußerungen der Romanik, die auch in der Auvergne bald nach der Mitte des 12. Jh.s erlahmte.

Issoire** *(Puy-de-Dôme)*

Die Kirche St-Austremoine ist dem Missionar der Auvergne geweiht, der im 4. Jh. fast vier Jahrzehnte durch die Landschaften des Zentralmassivs gewandert sein soll, um die Einwohner zum Christentum zu bekehren. Der Ort genoß daher besondere Verehrung, und der Zustrom an Pilgern muß eine einträgliche Geldquelle gewesen sein. Der im 12. Jh. errichtete Nachfolgebau eines frühmittelalterlichen Gotteshauses wurde mit seinen 65 m Gesamtlänge der größte Vertreter der auvergnatischen Bauschule, deren typische Kriterien sich bereits am Außenbau unschwer ablesen lassen: Die *Chorpartie* präsentiert sich unverbaut zu einem freien Platz mit wohlproportioniertem pyramidalen Aufbau ihrer Bauglieder. Als

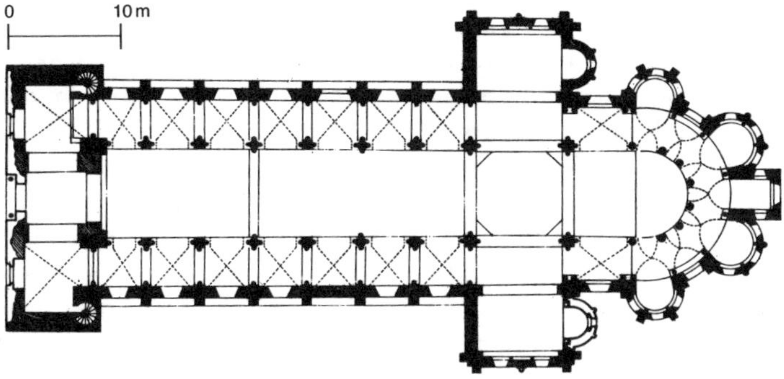

Issoire, St-Austremoine, Grundriß

störend erweist sich einzig die rechteckige Scheitelkapelle, die derart zwischen die inneren der vier apsidial gerundeten Umgangskapellen gezwängt ist, daß man an dieser Stelle eine nachträgliche Bauplanänderung vermuten darf. Der oberhalb der Fenster der Kapellenwand gleichsam applizierte Reliefschmuck in Gestalt von Tierkreiszeichen illustriert die Organisation des Chores als Spiegel der göttlichen Weltordnung.

Man betritt den *Innenraum* durch den obligaten Narthex, der im 19. Jh. weitgehend rekonstruiert wurde – die Kirche hatte in den Jahren der Religionskriege schwer gelitten. Im Kanon von dreischiffigem Langhaus mit Tonne im Mittelschiff und Kreuzgratgewölben in den Seitenschiffen, Emporen als Widerlager für die Mittelschiffwölbung, einschiffigem Querhaus mit einer Kapelle auf jeder Seite, *massif barlong* sowie Chorumgang mit vier Radialkapellen (die fünfte, wie gesagt, vermutlich später) erkennt man das typische auvergnatische Schema. Auch wenn es keinerlei Baunachrichten gibt, kann man davon ausgehen, daß St-Austremoine zu den späteren Beispielen der auvergnatischen Bauschule zählt. Es fallen die kraftvoll aufwärtsstrebenden Halbsäulen auf, die jedem zweiten Pfeiler vorgelagert sind. Dadurch entsteht eine rhythmisierende Gliederung des Raumes, die die anderen Vertreter dieser lokalen Bauschule nicht aufweisen. Zugleich ist dies ein weiterer entscheidender Schritt in Richtung auf die gerüsthafte Struktur der gotischen Bauweise, an deren Ausbildung die Auvergne ja durchaus beteiligt war. Das Mittelschiff von St-Austremoine erscheint somit als Bindeglied zwischen den beiden großen Baustilen des französischen Mittelalters.

Die heutige *Bemalung des gesamten Innenraums* mit ornamentalem Dekor entstammt dem 19. Jh. Die knalligen Farben (vor allem der Rotton) wirken jedoch eher schockierend. Die Ausmalung hat denn auch heftige Kritik ausgelöst, die ihre Entfernung forderte. Zugegeben, dieser Versuch der Restauratoren ist in manchem willkürlich. Dennoch steht unzweifelhaft fest, daß alle Kirchen der Romanik mehr oder weniger ausgemalt waren. So gesehen hilft das Erlebnis von St-Austremoine, eingefahrene Sehgewohnheiten und Vorstellungen zu überdenken.

Die *Kapitelle* des Langhauses zeigen überwiegend vegetabilen Dekor. Die szenischen Kapitelle des Chores wurden im

19. Jh. zum Teil nachhaltig überarbeitet. Mit ihren Darstellungen aus der Passion und Auferstehung Christi – besonders originell das Abendmahl: der Tisch zieht sich rund um den ganzen Kapitellblock (Abb. 46) – nehmen sie inhaltlich Bezug auf das Meßopfer, das hier im Altarraum vollzogen wurde.

In der Mittelkapelle befindet sich ein *Reliquiar* aus Limoges mit Resten der Gebeine des Kirchenpatrons. Dahinter ist eine farbig gefaßte *Holzfigur* des Heiligen gleichfalls aus romanischer Zeit aufgestellt.

Auf keinen Fall sollte man versäumen, in die Krypta hinabzusteigen (Abb. 48). Am Außenbau nimmt sie als Sockelgeschoß teil am Aufbau der auvergnatischen Pyramide. Bei gleichem Grundriß wie der Chor sind ihre Säulen, die ja die Last des darüber aufgehenden Bauwerks zu tragen haben, wesentlich voluminöser ausgefallen als dort. Die den Mauern aufgeblendeten Säulen stellen ein weiteres Merkmal für die entwickelte Spätstufe der Romanik dar.

Le Puy*** *(Haute-Loire)*

Das Hochtal im Herzen der Landschaft Velay, in dem die Hauptstadt Le Puy liegt, besitzt eine Naturkulisse, die die Phantasie der Menschen zu allen Zeiten angeregt hat, so daß der Ort immer als weihevolle Stätte empfunden wurde. Aus der sanft gewellten Ebene, die im weiten Umkreis von einem Kranz von Hügelkuppen umgeben ist, ragen zwei schroff aufwachsende Felsen empor (Farbabb. 23). Der größere, *Rocher Corneille,* von dessen halber Höhe die Kathedrale die Dächer der Altstadt überragt, besaß schon in keltischer Zeit ein Heiligtum, das in der Erinnerung fortlebte: Denn die mittelalterliche Kathedrale soll an der Stelle eines Dolmen erbaut worden sein, an dem sich Wunder zugetragen hatten. Den etwas kleineren, durch seine säulenhaft-bizarre Gestalt noch eindrucksvolleren Felsen mit Namen *Aiguilhe* bekrönte in gallorömischer Zeit ein Merkurtempel, als dessen Nachfolger im Mittelalter eine dem Erzengel Michael geweihte Kapelle errichtet wurde. Das großartige Panorama wird einzig von der riesenhaften Madonnenstatue, die der Spitze des Rocher Corneille 1860 in seltener Instinktlosigkeit aufgepflanzt wurde, gestört.

Le Puy hatte im Mittelalter eine überragende Stellung inne. Seit alters selbst ein wichtiger Pilgerort, wurde die Stadt Ausgangspunkt der Via Podiensis nach Santiago de Compostela und scheint eine treibende Kraft bei der Organisation der Jakobswallfahrt gewesen zu sein: Als einer der ersten Prominenten zog Bischof Godescalc von Le Puy im 10. Jh. zum Apostelgrab im Nordwesten Spaniens und gab damit ein Signal.

Die Kathedrale Notre-Dame hat im Laufe der Jahrhunderte schwer gelitten. Nicht nur Zerstörungen von Menschenhand, auch Naturkatastrophen, zum Beispiel ein heftiges Erdbeben im Spätmittelalter, haben dem Bauwerk zugesetzt. Die im 19. Jh. durchgeführte Restaurierung ging derart einschneidend zu Werke (u. a. weitgehende Neugestaltung des Chores), daß bei einer Würdigung des heutigen Bestandes Zurückhaltung geboten ist.

Die *Westfassade* erhebt sich über einer monumentalen Freitreppe (Abb. 43). Sie zeigt ein für die Landschaften Poitou und Saintonge charakteristisches Gliederungssystem: Drei Geschosse gehen übereinander auf; zugleich ist die Fläche in drei annähernd gleichgewichtige Vertikalzonen unterteilt.

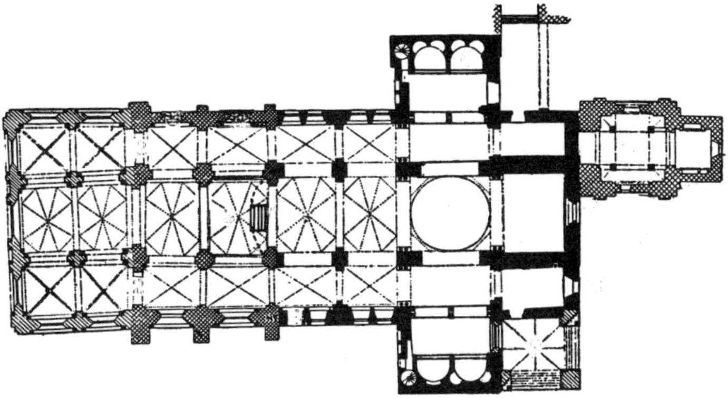

Le Puy,
Kathedrale Notre-Dame,
Grundriß

Skulptur spielt hier keine Rolle. Statt dessen betont ein vielgestaltiges *Inkrustationsmuster,* wie man es an zahlreichen romanischen Kirchen der Auvergne antrifft, die in die Fläche gespannte Farbigkeit der Fassade und läßt sie wie einen ins Überdimensionale gesteigerten Teppich erscheinen. Damit wird ein merkwürdig orientalisierender Ton angeschlagen, der sich im Innern der Kirche und im Kreuzgang fortsetzt.

Das basilikale *Langhaus* besteht aus sechs Jochen, deren jedes eine achtfach gebrochene Trompenkuppel überwölbt. Gegeneinander sind sie durch tief herabgezogene Schwibbögen abgegrenzt und bilden im Gesamteindruck eine Abfolge von Baldachinen: eine in der Romanik absolut singuläre Erscheinung, die ihre Vorbilder in der Architektur des Islam hat. Die Schwibbögen entziehen zudem die hoch angesetzten Fenster den Blicken und bewirken so ein stark mystifizierendes Dämmerlicht. Der Raum ist nicht in einem Zug entstanden; er war zunächst kürzer angelegt. Mit dem ständig anschwellenden Pilgerstrom wurde offensichtlich die schrittweise Erweiterung nach Westen notwendig. Deshalb erscheinen die westlichen Joche mit zugespitzten Schwibbögen im Gegensatz zu den halbrunden im hinteren Teil fortschrittlicher. Die Vierung ist mit einer weiteren, vollrunden Kuppel überwölbt. Die Querschiffarme sind nach auvergnatischer Tradition einschiffig.

Die unverkennbare Orientierung der Kathedrale von Le Puy an islamischer Architektur hat immer Rätsel aufgegeben und ist zum Teil kontrovers beurteilt worden. Die lokale Tradition liefert hierzu einige Anhaltspunkte: Einerseits bestand schon früh eine Verbindung nach Nordspanien, was unweigerlich die Berührung mit dem maurischen Kulturkreis bedeutete. Andererseits hatte Papst Urban II. dem Bischof von Le Puy, Adhémar de Monteil, 1096 die Führung des Ersten Kreuzzugs übertragen, der bekanntlich mit der Einnahme von Jerusalem durch die abendländische Ritterschaft einen großen Erfolg verzeichnen konnte. Es wäre demnach denkbar, daß die dort gewonnenen Eindrücke beim Bau der Kathedrale von Le Puy Pate gestanden haben und hier ganz bewußt eine Konkretisierung der traditionellen Vorstellung angestrebt wurde, der zufolge die christliche Kirche, zumal die Bischofskirche, als Abbild des Himmlischen Jerusalem galt.

Denselben orientalischen Einschlag wie Fassade und Kirchenraum besitzt auch der stimmungsvolle *Kreuzgang*, der gleichzeitig mit der Kirche, also im beginnenden 12. Jh., entstanden sein dürfte. Er gilt somit als eines der frühesten Beispiele mit steinerner Wölbung, was die auffallend gedrungenen Proportionen seiner fortlaufenden Arkadenreihe erklärt. Dieser Eindruck der Massivität wird jedoch durch die großzügige Verwendung von polychromer Inkrustation gemildert. Der Kathedralkreuzgang hatte im übrigen ebenso wie der Klosterkreuzgang die Funktion, die einzelnen Räumlichkeiten des Baukomplexes als dessen Herzstück miteinander zu verbinden. Daneben kommt in seiner opulenten Ausstattung der bischöfliche Repräsentationswille zum Tragen; in dieser Hinsicht zeigt sich dieser Kreuzgang dem von Arles wesensverwandt.

Der *Glockenturm* auf der Südseite der Kathedrale war im vorigen Jahrhundert als baufällig eingestuft worden, so daß der Restaurator der Kirche, der Architekt Mallay, ihn abtragen ließ, um ihn unter weitgehender Wiederverwendung der alten Steine originalgetreu neu aufzubauen. In seiner freien Stellung zu seiten der Bischofskirche und in der vielfachen, in jedem Geschoß andersartigen Durchbrechung sowie der Verwendung des Wimpergmotivs ist er ein Verwandter der südwestfranzösischen Glockentürme des Périgord und Limousin.

Le Puy, Kapelle St-Michel-d'Aiguilhe, Grundriß

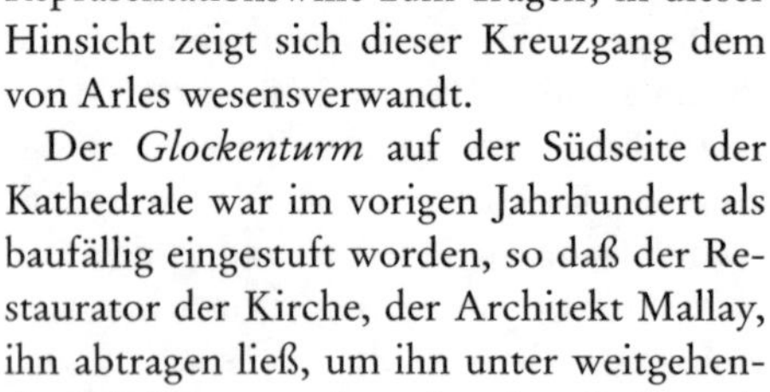

Zur romanischen Substanz gehört ferner das von außen unscheinbar gehaltene BAPTISTERIUM auf der Nordseite der Kathedrale. Der schlichte rechteckige Bau des 11. Jh.s mündet in einen gerundeten Raum mit fünf Konchen, der auf eine frühchristliche, ursprünglich hexagonale Anlage zurückgeht.

Kunstgeschichtlich ist die KAPELLE ST-MICHEL auf der Spitze des Rocher Aiguilhe keine Sensation; allein die bizarre Lage garantiert dem kleinen Bauwerk seine Einmaligkeit. Man erreicht die Kapelle über eine atemerschöpfende Vielzahl von Stufen. Die Tradition, Michaelsheiligtümer auf Bergkuppen anzulegen, hat auf dem apulischen Monte Gargano ihren Ursprung und fand von dort Eingang in den gallischen Raum. Das bedeutendste Michaelsheiligtum in Frankreich ist der Mont St-Michel in der Normandie, wo der Kult des Erzengels seit dem frühen 8. Jh. nachgewiesen ist (vgl. Seite 366). Möglicherweise diente der Mont St-Michel als direktes Vorbild für Le Puy, dessen Michaelskapelle im 10. Jh. entstand.

Der kleine quadratische Bau besaß ursprünglich drei Konchen. Die nach Süden ausgerichtete Apside wurde im 12. Jh. abgetragen, als der Kapelle neben der Errichtung eines Glockenturms eine kleine, unregelmäßige Säulenhalle hinzugefügt wurde. Das *Portal* zu dieser Erweiterung, deren Abmessungen dem Felsabschluß entsprechen, ist reich mit polychromer Inkrustation und Skulpturen geschmückt. Das kleine, selbst nicht dekorierte Tympanon (darin ursprünglich vielleicht Malerei) überfängt ein Dreipaßbogen. In dem mittleren erscheint das Lamm Gottes; zu beiden Seiten kniende Gestalten mit Kelchen in den Händen: apokalyptische Könige. Im Fries darüber dominiert die Halbfigur Christi, flankiert von Maria, Johannes sowie Petrus und Michael.

Den Reigen der romanischen Denkmäler in Le Puy beschließt die KAPELLE ST-CLAIR am Fuße des Aiguilhe. Sie gehörte einstmals zum Pilgerhospiz von St-Nicolas und diente als Friedhofskapelle. Diese Bestimmung erklärt den oktogonalen Grundriß, der nur nach Osten eine apsidiale Ausbuchtung aufweist.

Mauriac* *(Cantal)*

Zwischen dem Oberlauf der Dordogne und dem Bergmassiv des Cantal gelegen, besitzt die Ortschaft Mauriac (der Name geht zurück auf den hl. Mary bzw. Marius, einen der Jünger des hl. Austremonius) in NOTRE-DAME-DES-MIRACLES die größte romanische Kirche in der westlichen Auvergne. Der Bau wurde im 11. Jh. mit der Partie des Staffelchores begonnen, aber erst nach einer längeren Unterbrechung im späteren 12. Jh. fertiggestellt. Entsprechend fortschrittlicher fällt das Langhaus der basilikalen Anlage aus, die, abweichend vom traditionellen auvergnatischen Schema, keine Emporen besitzt. Sowohl das Mittelschiff als auch die Seitenschiffe wölben zugespitzte Tonnen.

Eine kleine Kostbarkeit ist das *Tympanon des Hauptportals*. Es zeigt eine über zwei Register komponierte Himmelfahrt Christi mit dem stehenden Heiland in der Mandorla, zu seiten zwei ekstatisch bewegte Engel, darunter die Versammlung der Apostel mit Maria. Leider wurden allen Figuren schon im 16. Jh. die Köpfe abgeschlagen. Der Rest hat die Jahrhunderte jedoch weitgehend unbeschadet überstanden. Es ist deutlich erkennbar, daß diese Arbeit nicht von der Hand eines auvergnatischen Meisters geschaffen wurde. Die starke Torsion der Engelgestalten, die zum Teil gekreuzten Beine der Apostel und deren paarweise Anordnung sind Stileigentümlichkeiten aus dem aquitanisch-toulousanischen Umkreis. Die Verwandtschaft mit dem Nordportal der Kathedrale in Cahors ist so eng, daß man in Mauriac denselben Meister wie dort vermuten möchte.

Mozac* *(Puy-de-Dôme)*

Das Kloster von Mozac muß im Mittelalter eine hoch angesehene Stellung innegehabt haben. Die Garantie dafür bot die Präsenz von Reliquien des Nationalheiligen der Auvergne, St-Austremoine. Petrus Venerabilis, der bedeutendste Abt von Cluny im 12. Jh., entsandte einen seiner Brüder auf den Abtstuhl von Mozac. Die EHEMALIGE ABTEIKIRCHE ST-PIERRE war infolge wiederholter Erdbeben schon im 14. Jh. teilweise eingestürzt. Beim Wiederaufbau wurde der Chor gänzlich neu gestaltet, das Mittelschiff erhielt ein gotisches Kreuzrippengewölbe.

Den Ruhm von Mozac machen heute seine *Kapitelle* aus, die schönsten Beispiele dieser bezeichnenden romanischen Gattung in der Auvergne. Zwei von ihnen aus dem romanischen Chor sind heute im Mittelschiff frei aufgestellt, so daß man hier – seltener Fall – Kapitelle einmal aus greifbarer Nähe studieren kann. Das eine zeigt einen Reigen von vier knienden Atlanten , die sich an den Händen fassen (Abb. 41). Während die nackten Körper wenig ausgearbeitet sind, läßt die erstaunliche Individualität der Gesichter an römische Porträtköpfe denken. Dieselbe Annäherung an antike Vorbilder bezeugt das Kapitell mit den Frauen am leeren Grab und den schlafenden Wächtern (Abb. 40): Gewandung und Haltung der Frauen erinnern an römische Statuen. In diesen um die Mitte des 12. Jh.s entstandenen Werken findet die auvergnatische Bildhauerei zu einer Synthese, in der sich lokaltypische Schlichtheit mit der aus der Provence herüberwirkenden Antikenrezeption verbindet.

Weiter bemerkenswert: *Fragmente des Südportals* (Madonna mit Heiligen) und im Kirchenschatz das *Reliquiar des hl. Calmin,* des legendären Gründers von Mozac, aus Limoges-Email.

Neuilly-en-Donjon* *(Allier)*

Die kleine KIRCHE STE-MADELEINE dieses im Bourbonnais gelegenen Ortes besitzt ein *Westportal,* das in enger Verbindung mit der burgundischen Plastik steht. Es zeigt im Tympanon die Anbetung der Könige über den Leibern zweier dämonischer Wesen, im Architrav darunter den Sündenfall und das Gastmahl im Hause des Simon (Abb. 42). Die Komposition wirkt wie schwimmend und erfährt nur durch die äußere Rahmung einen stringenten Zusammenhalt. Die dünnen Körper der Figuren und ihre schlangenhafte Beweglichkeit ist den Werken des Gislebertus in Autun verwandt, ohne indes deren Qualität zu erreichen. Als Parallele bietet sich das Portal in der Klosterummauerung von Anzy-le-Duc jenseits der Loire an, das zudem denselben ikonographischen Bezug von Sündenfall, Anbetung der Könige und Gericht aufweist.

Orcival** *(Puy-de-Dôme)*

Die KIRCHE NOTRE-DAME in Orcival ist ein Paradebeispiel für die auvergnatische Bauschule des 12. Jh.s. Allein die unverstellte Ostansicht gehört zum Schönsten, was diese Landschaft zu bieten hat. Überall ist das Bestreben zu beobachten, die Baukörper der Chorpartie in einer ausgewogenen Staffelung zu schichten. In der *auvergnatischen Pyramide,* wie sie hier exemplarisch vor Augen steht, hat diese Tendenz ihre Vollendung gefunden. Zuunterst ist die Krypta so weit über das Bodenniveau gehoben, daß sie eine solide Sockelzone ausbildet. Auf dieser fußen die vier Umgangskapellen sowie die beiden Apsiden des Querschiffs. Geringfügig erhebt sich darüber das Dach des Chorumgangs, aus dem in einer nächsten Etage das Chorhaupt emporwächst; dessen Dach erreicht annähernd dieselbe Höhe wie das Querhaus. Die Überleitung von dieser breit gelagerten Zone zum Oktogon des Vierungsturms erfolgt über das für die Auvergne charakteristische *massif barlong,* hier in Orcival durch die Dachschräge in einer Art fließendem Übergang. Der Vierungsturm schließlich gipfelt in einem spitz zulaufenden Pyramidaldach.

Das Erlebnis des *Innenraums* beginnt – wie praktisch in allen Emporenkirchen – mit der Gewöhnung der Augen an das Dämmerlicht. Zeichnen sich dann die Konturen deutlicher ab, gewahrt man das klassische Bild der *auvergnatischen Emporenhalle.* Das Mittelschiff ist mit einer durchgehenden Halbtonne (ohne gliedernde Gurtbögen) überwölbt, deren Schub die den kreuzgratgewölbten Seitenschiffen aufgesetzten Emporen auffangen. Das Vierungsquadrat grenzen – wie in Clermont-Ferrand – tief herabgezogene Schwibbögen gegen die

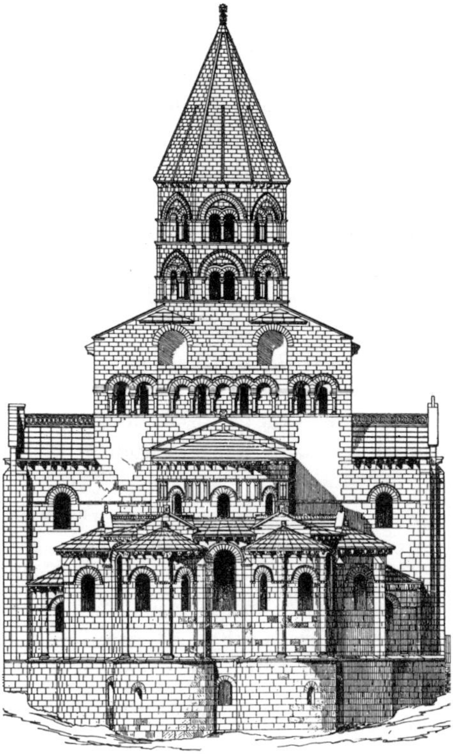

Orcival, Notre-Dame, Ansicht der Ostpartie (»auvergnatische Pyramide«)

hoch aufgehenden Abschnitte des *massif barlong*, Langhaus und Chor aus. Bis hin zur Einschiffigkeit der Querhausflügel, den angrenzenden zwei Apsiden und dem Chor mit Umgang und vier Radialkapellen erweist sich Orcival Punkt für Punkt dem Idealplan der Auvergne treu verpflichtet.

Blickpunkt in diesem weihevollen architektonischen Rahmen ist die berühmte *romanische Madonnenfigur* im Chor: seit alters das Ziel der Wallfahrer (Farbabb. 15). Sie gilt als Schutzpatronin der Gefangenen – weshalb nach Ende des Zweiten Weltkriegs viele ehemalige Kriegsgefangene, die mit heiler Haut in die Heimat zurückkehren konnten, zum Dank nach Orcival pilgerten – und gehört dem in der Auvergne verbreiteten Bildtypus der Sitzmadonna an. Alle noch erhaltenen Beispiele sind aus Holz geschnitzt; die Statue von Orcival dagegen ist ein Werk der Goldschmiedekunst. Einem Holzträger, der in den Köpfen von Mutter und Kind sowie an Händen und Füßen offen zutage tritt (farbig gefaßt), ist das Gold in dünnen Platten aufgelegt. Im Dämmerlicht der Kirche wird das Funkeln des edlen Materials zum magischen Augenfang. In streng frontaler Haltung erscheint die Madonna selbst als Thron, als »Sitz der Weisheit« *(sedes sapientiae)*. Das Christuskind ist wie schwerelos auf ihrem Schoß plaziert und dem Betrachter gleichfalls frontal zugewandt. Es hält das Evangelienbuch in der linken Hand, während die rechte leicht erhoben ist. Die Haltung erinnert lebhaft an die zahlreichen Darstellungen des Weltenrichters – ein Eindruck, der durch die erwachsenen Gesichtszüge des Kindes noch verstärkt wird. Die aus Haltung und Ausdruck resultierende Monumentalität der Gruppe ist verblüffend. Nachdem man das Werk aus der Nähe betrachtet hat, sollte man noch einmal ins Langhaus zurücktreten, um es aus der Distanz auf sich wirken zu lassen. Man wird dann feststellen, daß das subjektive Größenempfinden des Betrachters mit der tatsächlichen Höhe von nur 74 cm nicht in Einklang zu bringen ist.

Die *Krypta* verstärkt das Erlebnis kontemplativer Verinnerlichung, das der Besuch von Orcival zu vermitteln vermag. Von dem in fast völliges Dunkel gehüllten Raum, dessen Stützen die Last der Chorpartie tragen, geht eine unbeschreibliche Feierlichkeit und Ruhe aus.

Souvigny* *(Allier)*

Der heute unscheinbare kleine Ort war im Mittelalter eines der großen geistlichen Zentren der Grafschaft Bourbon (seit dem 14. Jh. Herzogtum). Obwohl das 915 gegründete Priorat zum Bistum Clermont gehörte, zeigt der erhaltene Kirchenbau keine Verwandtschaft mit der auvergnatischen Schule, sondern lehnt sich, bedingt durch das enge Verhältnis zu Cluny, an burgundische Vorbilder an. Die heiligen Äbte Majolus und Odilo von Cluny starben in Souvigny und wurden hier beigesetzt. Seit dem 14. Jh. machten die Bourbonen-Herzöge die Kirche zu ihrer traditionellen Grablege.

Die fünfschiffige KIRCHE STS-PIERRE-ET-PAUL (dasselbe Doppelpatrozinium wie in Cluny) ist durch spätere Umbauten und Erweiterungen in großen Teilen von der Gotik überwuchert worden. Der basilikale Aufbau des Langhauses sowie Querhaus und Chor mit Umgang und Radialkapellen blieben als Grundmuster unangetastet. Einige primitive Kapitelle des Langhauses gehören wohl noch dem 11. Jh. an. Ein Werk der reifen Romanik ist das *Majolusgrab* ganz vorn im nördlichen Seitenschiff.

Der größte Schatz von Souvigny befindet sich heute in der zu einem Museum umgestalteten romanischen KAPELLE ST-MARC auf der Nordseite der ehemaligen Klosterkirche: der sogenannte *Kalender von Souvigny,* ein oktogonaler Pfeiler, dessen acht Seiten im Wechsel figürliche Reliefs und Ornamentstreifen zeigen. Hauptthema sind die Tierkreiszeichen und Monatsarbeiten. Man vermutet in ihm das Fragment einer einst im Kreuzgang aufgestellten Sonnenuhr. Die Ornamentik ist jener von Charlieu (Narthex-Nordportal) verwandt, was für eine Datierung um die Mitte des 12. Jh.s spricht.

St-Nectaire** *(Puy-de-Dôme)*

Dieses Juwel der auvergnatischen Romanik ist durch seine landschaftliche Lage in besonderem Maße ausgezeichnet. Die EHEMALIGE PRIORATSKIRCHE erhebt sich auf einem Basaltkegel, der in ein von bewaldeten Anhöhen umkränztes Hochtal gebettet ist (Titelbild). Wieder einmal wird deutlich, daß nicht die Größe eines Ortes für die Bedeutung einer Kirche ausschlaggebend war, sondern allein die Heiligkeit der Lokalität. Diese war hier durch den hl. Nectarius gegeben, einen der Jünger des hl. Austremonius. Er soll an der Stelle gestorben und beigesetzt worden sein, wo sich heute die ihm geweihte Kirche befindet.

St-Nectaire ist wieder ein mustergültiger Vertreter der auvergnatischen Schule. Das erste Joch des Langhauses, durch massive Pfeiler gegen den übrigen Raum abgegrenzt, ist auch hier als Narthex anzusprechen. Mit ihm korrespondieren die beiden Türme der Westseite, die ihre jetzige Gestalt allerdings – ebenso wie der Vierungsturm – erst im 19. Jh. erhielten. Daran schließt sich das Langhaus mit einer durchgehenden Tonne im Mittelschiff an; die Seitenschiffe sind in vier kreuzgratgewölbte Joche unterteilt. In Abweichung von anderen Vertretern des auvergnatischen Idealplans besitzt das Langhaus von St-Nectaire statt Pfeilern Säulen, was dem Raum gegenüber Clermont-Ferrand, Issoire, Orcival und anderen eine gewisse Leichtigkeit verleiht. Der Grund dafür liegt in den vergleichsweise bescheidenen Abmessungen der Kirche: St-Nectaire ist mit nur knapp 38 m Gesamtlänge die zweitkleinste Emporenkirche der Auvergne (nur St-Saturnin ist mit 34 m noch etwas kürzer). Die im Vergleich zur Säule schwerfälligere Form des Pfeilers hätte hier sicher

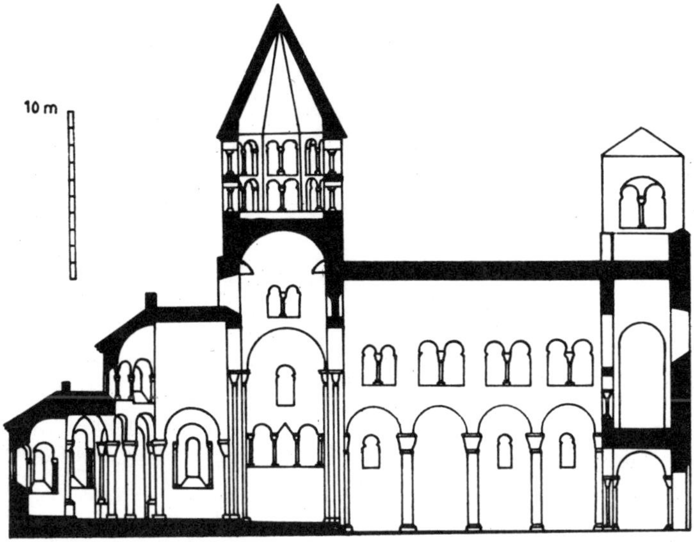

St-Nectaire, ehem. Prioratskirche, Längsschnitt

zu einem spröderen Raumeindruck geführt. Das Emporengeschoß ist dem Rhythmus der Arkaden entsprechend biforienartig gegliedert. Die Querhausarme sind wie gewohnt einschiffig und besitzen im Norden je eine Kapelle. Den Vierungsturm trägt das für die Auvergne typische *massif barlong*. Die Chorpartie besteht aus einem Chorjoch und dem Chorrund, um das sich der Umgang mit drei Radialkapellen legt (ihre ungerade Zahl ist eine weitere Abweichung vom gängigen Schema der Auvergne).

In Vitrinen im nördlichen Querhausflügel ist der *Kirchenschatz* ausgestellt. Er enthält zwei Prunkstücke: zuvorderst eine *holzgeschnitzte Madonna,* wie sie als Bildtypus für die Auvergne charakteristisch ist. In ihrer streng frontalen Haltung mit dem wie ein Herrscher thronenden Christuskind auf dem Schoß zeigt sie sich der Madonna von Orcival eng verwandt. Allein der Werkstoff läßt sie derber, volkstümlicher erscheinen. Ein eindrucksvolles Beispiel der Goldschmiedekunst ist daneben das *Büstenreliquiar des hl. Baudimus* (St-Baudime), der einer der Begleiter des Kirchenpatrons war. Durch einen Diebstahl kamen 1907 sämtliche Edelsteine abhanden, mit denen das Reliquiar großzügig besetzt war. Geblieben ist nur mehr die Goldhülle, die einen Eichenholzkern ummantelt. In der Frontalität der Büste kommt derselbe Repräsentationswille zum Ausdruck, der auch die Madonna kennzeichnet.

Beachtung verdienen weiter die *Kapitelle im Chor,* die noch Spuren der einstigen polychromen Fassung aufweisen. Sie lassen Gestaltungsprinzipien erkennen, die bereits im Zusammenhang mit Notre-Dame-du-Port in Clermont-Ferrand oder St-Austremoine in Issoire als typisch für die Auvergne beschrieben wurden: Ausgrenzung des Ornaments aus der szenischen Darstellung, Hervorhebung der menschlichen Figur

Die Kapitelle im Chor der Kirche von St-Nectaire (In Pfeilrichtung zu lesen; die ikonographisch wichtigste, dem Altar zugewandte Szene ist unterstrichen.)

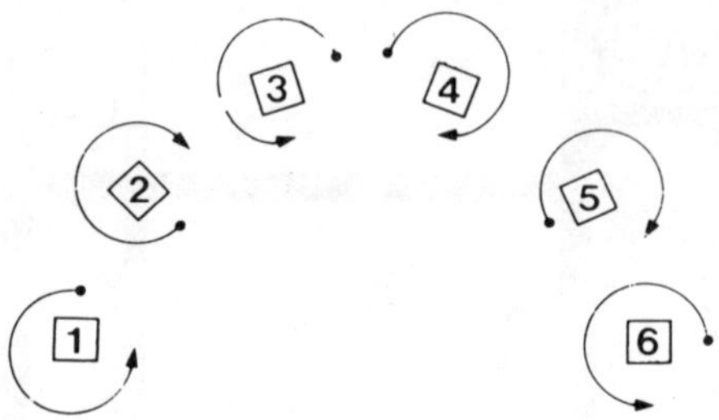

1 *Judaskuß; Geißelung; Kreuztragung; ungläubiger Thomas.*

2 *Verklärung Christi; wunderbare Brotvermehrung; die Gestalt eines gewissen Ranulfo (bei dieser Figur ist ungeklärt, ob es sich um eine verklausulierte Darstellung des mittelalterlichen Asylrechts oder schlichtweg um die Gestalt eines Stifters handelt).*

3 *Kapitell des Kirchenpatrons, des hl. Nectarius: Berufung des Heiligen; Wunder, mit dem er einen Teufel zwingt, ihn über den Tiber zu setzen; Totenerweckung vor der Kirche von St-Nectaire; Erweckung eines Toten in Clermont.*

4 *Erzengel Michael mit der Seelenwaage; apokalyptische Reiter; Märtyrer (mit Palmen in der Hand), die zum ewigen Leben erweckt sind.*

5 *Engel tragen das heilige Kreuz; im Winkel: Christus als Richter des Jüngsten Gerichts; die Auserwählten; Erwählten; Engel blasen die Posaunen zur Erweckung der Toten, im Winkel der Apostel Johannes; die Verdammten.*

6 *Abstieg zur Vorhölle; die schlafenden Soldaten; das leere Grab; der Engel mit den drei Frauen.*

(darin Verwandtschaft mit der Provence), Bildthemen von theologischem Aussagewert (keine Tiere, Fabelwesen, Dämonen, Allegorien etc.): hier Passion (Abb. 47) und Auferstehung des Herrn (vgl. St-Gilles-du-Gard).

Die majestätische Schönheit von St-Nectaire erschließt sich in vollem Umfang, wenn man die Anhöhe, die nach Osten aufsteigt, hinaufwandert. Aus der Distanz gesehen, entfaltet der Bau inmitten einer erhabenen Bergwelt eine Wirkung von unerschütterlicher Festigkeit. Luthers »Ein feste Burg ist unser Gott« mag manchem an dieser Stelle durch den Sinn gehen.

St-Romain-le-Puy* *(Loire)*

In der Auvergne sind es immer wieder Kirchen in exponierter Lage, die besonders in Bann ziehen: St-Nectaire etwa oder Le Puy (St-Michel). Die KIRCHE ST-MICHEL von St-Romain-le-Puy liegt in der Landschaft Forez auf einer spitzen Bergkuppe, auf der schon in keltischer Zeit ein Stein verehrt wurde, dem man heilende Kräfte nachsagte. Die romanische Kirche entstammt dem 11. Jh.; im 12. Jh. wurde der Bau auf seine bestehenden Ausmaße erweitert. Zunächst standen das einschiffige Langhaus und das Querhaus mit seinen abgerundeten Armen, denen bei einer Erweiterung ein Dreiapsidenchor angegliedert wurde. In einem abschließenden Bauvorgang um die Mitte des 12. Jh.s erhielt das bis dahin flach gedeckte Langhaus eine Tonnenwölbung; ferner wurden der gesamte Innenraum und die Außenseite der Chorapsis mit frei vor die Wand gestellten Säulen und Blendarkaden dekoriert. Auffallend ist die Bevorzugung des Ornaments und der Tiergestalt in der *Kapi-*

tellplastik, während der Bilderkreis der Auvergne sonst der menschlichen Gestalt und dem szenischen Zusammenhang den Vorrang einräumt. Dasselbe gilt für eine Reihe archaischer *Reliefs* an der Außenseite des Chores, die aus dem 11. Jh. stammen. Das Antikische tritt zugunsten des keltischen Erbes zurück.

St-Saturnin* *(Puy-de-Dôme)*

Obwohl die dem großen Märtyrer von Toulouse geweihte Kirche südlich von Clermont-Ferrand erst um die Mitte des 12. Jh.s entstand und damit eine der jüngsten auvergnatischen Emporenhallen ist, mutet ihr Erscheinungsbild in manchem altertümlich an. Sie besitzt keinen Narthex, so daß man unmittelbar in das Kirchenschiff gelangt. Die räumlichen Proportionen sind mit denen von St-Nectaire nahezu identisch. Da aber im Gegensatz zu dort keine Säulen, sondern Pfeiler die Arkaden tragen, ist der Eindruck gedrungener und schwerer. Die durch St-Austremoine (Issoire) in die Romanik der Auvergne eingeführte Gliederung der Hochschiffwand mit Hilfe von Runddiensten ist hier aufgegeben (Runddienste nur im Bereich der Vierung und der Seitenschiffe), so daß die Flächigkeit der Wand wieder stärker zum Tragen kommt. Eigentümlich ist der Verzicht auf Chorumgangskapellen. Insgesamt macht St-Saturnin die konservative Grundhaltung der Auvergne deutlich. Ohne Kenntnis der Baudaten würde man die Kirche bedenkenlos ins frühe 12. Jh. datieren. Ähnlich altertümlich ist die *Krypta* mit ihren klobigen Formen.

St-Saturnin, Grundriß

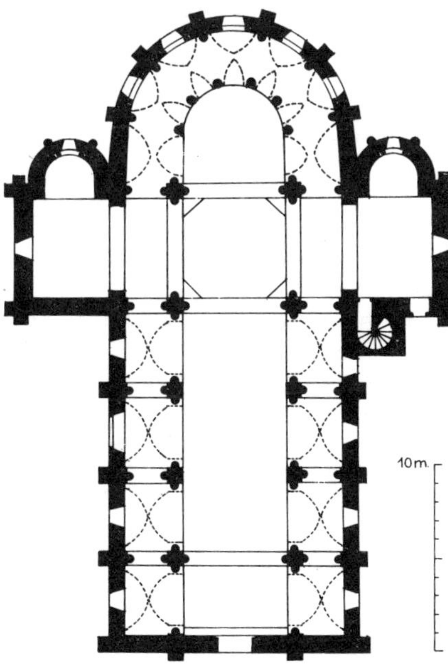

Veauce* *(Allier)*

Die EHEMALIGE PRIORATSKIRCHE STE-CROIX, die von der Abtei im nahen Ebreuil abhing, liegt in jener nördlichen Landschaft der Auvergne, die man Limagne nennt. Das Bauwerk ist im Rahmen der auvergnatischen Romanik eine ganz individuelle Erscheinung. Es fehlen charakteristische Besonderheiten wie die Emporen und das *massif barlong.* 1779 wurde ein Teil des Langhauses abgerissen. Jetzt stehen nur noch zwei von ursprünglich vier Jochen, wodurch der Eindruck eines Zentralbaus entsteht. Auffallend ist das Fehlen von Fenstern im Obergaden: Alle drei Schiffe des basilikalen Langhauses sind unter einem ausladenden Satteldach zusammengefaßt. Eine derartige Zwittererscheinung, in der die Grenze zwischen Basilika und Halle verwischt wird, ist eine baukünstlerische Anleihe aus dem Limousin, das westlich an die Limagne grenzt. Die Vierungskuppel über Trompen folgt einem verbreiteten romanischen Typus ohne spezifische lokale Bindung. Die einschiffigen Querhausflügel mit ihren beiden nach Osten weisenden Kapellen sind stärker der auvergnatischen Tradition verpflichtet. Der Verzicht auf Kapellen am Chorumgang dagegen ist ungewöhnlich und findet in St-Saturnin seine nächste Entsprechung.

Obgleich in der kleinen Kirche verschiedene lokale Strömungen mitsprechen, erscheint das Ganze wie aus einem Guß. Dazu trägt vor allem die wohlabgewogene Proportionierung aller Bauglieder bei, die Ste-Croix zu einem architektonischen Juwel macht. Indem auf Bauplastik weitgehend verzichtet wurde - einige wenige Kapitelle und Kragsteine am Chor zeigen ansatzweise einen Dekorationswillen –, gibt die klare Sprache der kubischen Formen der Architektur den Ton an.

Weitere sehenswerte romanische Kirchen

Arlet *(Haute-Loire)*

Die kleine Kapelle im Brivadois – so der Name der Landschaft rund um Brioude – birgt als besonderen Schatz den *hölzernen Kruzifixus,* einen der schönsten Frankreichs. Der lebensgroße Korpus besitzt zwar einerseits noch den hoheitsvollen Ausdruck, der allen romanischen Darstellungen Christi eigen ist; andererseits künden das Motiv des Hängens – man sieht förmlich die Last des Leibes an den heruntergezogenen Armen – und der zur Seite geneigte Kopf als Andeutung des Leidens von der heraufziehenden Gotik. Entsprechend die Datierung in das späte 12. Jh.

Auzon *(Haute-Loire)*

Stufenförmig wachsen die Dächer des Dorfes Auzon im nördlichen Brivadois hügelan. Zuoberst thront wirkungsvoll die kleine romanische Kirche St-Laurent auf der Spitze eines Felssockels. Der nach Süden ausgerichtete offene Narthex besitzt einige rührend naive *Kapitelle* (Szenen aus der Kindheit Jesu). Drinnen gibt es einen romanischen *Kruzifixus* aus Holz zu bewundern.

Besse-en-Chandesse *(Puy-de-Dôme)*

Die Kirche St-André in Besse, einem Dorf, das sich rühmt, eines der schönsten Frankreichs zu sein, ist neben St-Nectaire und Chauriat (s. o.) ein weiterer der ganz seltenen Fälle in der Auvergne, bei denen Säulen anstelle von Pfeilern die drei Schiffe voneinander scheiden.

Sie besitzt einen Zyklus von 28 überwiegend ornamental dekorierten *Kapitellen;* einzelne zeigen auch szenische Darstellungen. In Themenwahl und Stil besteht jedoch wenig Übereinstimmung mit der sonstigen auvergnatischen Kapitellplastik.

Bessuéjouls *(Aveyron)*

Die kleine Dorfkirche St-Pierre aus dem 16. Jh. besitzt noch einen romanischen *Turm,* in dessen Obergeschoß sich eine *Michaelskapelle* befindet. Deren *Kapitelle* zeigen raffinierte Flechtbandmuster. Ihren romanischen *Altar* ziert an der Frontseite vegetabiler Dekor, an der linken Schmalseite der Kampf Michaels mit dem Drachen.

Bozouls *(Aveyron)*

Der Besuch der KIRCHE STE-FAUSTE lohnt allein schon wegen ihrer bizarren Lage auf einem Felssporn, der inmitten einer kreisrunden Felsauswaschung aufragt. Der Dourdou, ein Seitenarm des Lot, hat diesen Kessel im Laufe von Jahrmillionen entstehen lassen. Die Kirche ist dreischiffig angelegt. Der Chor mit Umgang und Radialkapellen weist sie als Pilgerziel aus.

Castelnau-Pégayrolles *(Aveyron)*

Im Aubrac, dem Südzipfel der Auvergne, gelegen, besitzt dieses weltabgeschiedene Dorf mit ST-MICHEL und NOTRE-DAME gleich zwei romanische Kirchen. Erstere ist eine im späten 11. Jh. entstandene und im 12. Jh. nachträglich eingewölbte dreischiffige Halle, letztere ein einschiffiger Saalbau des 12. Jh.s.

Chambon-sur-Lac *(Puy-de-Dôme)*

Ebenfalls zwei romanische Kirchen besitzt Chambon-sur-Lac, das auf halber Strecke zwischen St-Nectaire und Orcival liegt. ST-ÉTIENNE, ein bescheidenes Dorfkirchlein, zeigt im *Portal* den typisch auvergnatischen Architrav mit der giebelartigen Zuspitzung, darin eine rührend naive Darstellung des Stephanus-Martyriums. Außerhalb des Ortes auf dem Friedhof eine kreisrunde TOTENKAPELLE.

Champdieu *(Loire)*

Die vorbildlich restaurierte EHEMALIGE PRIORATSKIRCHE ST-SÉBASTIEN ist das Musterbeispiel einer Hallenkirche. Nördlich angrenzend Reste der Konventsgebäude.

Chanteuges *(Haute-Loire)*

Ehemals von La Chaise-Dieu abhängiges PRIORAT ST-MARCELLIN im Tal des Allier, auf der Grenze zwischen Brivadois und Velay gelegen. Schlichte querhauslose Basilika mit Dreiapsidenchor. Einige *Kapitelle* plastisch dekoriert; das Motiv der Atlanten in der Auvergne sehr verbreitet (vgl. Mozac). Auf der Nordseite Reste der Konventsbauten mit einem kleinen unregelmäßigen *Kreuzgang*.

Cognat-Lyonne *(Allier)*

Weithin sichtbar erhebt sich die kleine KIRCHE STE-RADEGONDE über die Hügelkuppen der Limagne, im Sommer einen bunten Teppich aus Getreide- und Sonnenblumenfeldern überblikkend. Es handelt sich um einen Saal mit Querhaus und Dreiapsidenchor; darüber ragt der oktogonale Vierungsturm auf.

Ébreuil *(Allier)*

Das Kloster entstand in karolingischer Zeit, nachdem Mönche aus St-Maixent im Poitou mit den Reliquien ihres Patrons, des hl. Liudgar, vor der Normannengefahr hierher in die Limagne geflüchtet waren. Die KIRCHE ST-LÉGER, einer der ältesten Bauten der auvergnatischen Romanik, macht deutlich, daß es im 11. Jh. noch keinen festen Typus in dieser Landschaft gab. Das basilikale Langhaus ist nur im nördlichen Seitenschiff eingewölbt. Die komplizierte Choranlage stammt aus gotischer Zeit. Die Romanik des 12. Jh.s ist in Gestalt des *Narthexturms* vertreten, der von St-Benoît-sur-Loire abhängt. Am Hauptportal zwei eindrucksvolle *Türzieher* aus Bronze, nächst Brioude die besten Beispiele dieser Gattung.

Ennezat *(Puy-de-Dôme)*

Die KIRCHE ST-VICTOR-ET-STE-COURONNE dürfte noch im ausgehenden 11. Jh. entstanden sein und stellt damit einen der ältesten Vertreter der auvergnatischen Schule dar. Indem der Chor eine Neuschöpfung der Gotik ist und der einstmals offene Narthex im 19. Jh. geschlossen wurde, sind heute nur noch das Lang- und das Querhaus als original auszumachen. Das dreischiffige Langhaus zeigt mit Emporen über den Seitenschiffen, durchgängigem Tonnengewölbe und dem charakteristischen *massif barlong* alle Merkmale des auvergnatischen Idealplans.

Huriel *(Allier)*

Die kraftvolle PRIORATSKIRCHE NOTRE-DAME im Bourbonnais (12 km westlich von Montluçon) liegt bereits hart an der Grenze zum Berry und besitzt keinen lokaltypischen Aufbau. An den offenen Narthex (vgl. St-Benoît-sur-Loire) schließt das einschiffige Langhaus ohne Wölbung an. Die quadratischen Querhausarme und der Dreiapsidenchor sind allgemeine Topoi der romanischen Baukunst. Einzig die schmalen Passagen, die sich zwischen die überkuppelte Vierung und die Querhausflügel schieben, stehen der Vierungssituation auvergnatischer Kirchen nahe. Sehenswert das romanische *Taufbecken* und das gleichfalls dem 12. Jh. entstammende schmiedeeiserne *Chorgitter.*

Lavaudieu *(Haute-Loire)*

Im Zentrum eines kleinen reizvollen Dorfes steht das EHEMALIGE BENEDIKTINERINNENPRIORAT ST-ANDRÉ. Die Kirche aus der 2. Hälfte des 11. Jh.s ist äußerst schlicht (einschiffiger dreijochiger Saal, gering fluchtende Querhausarme, Vierungskuppel über Trompen, einfaches Chorhaupt). Der südlich angrenzende *Kreuzgang* (12. Jh.), der als einziger neben dem von Le Puy in der Auvergne vollständig erhalten ist, beschreibt ein Rechteck. Der Wechsel von einfachen und gekuppelten Säulchen entspricht einem in Aquitanien verbreiteten Schema (vgl. Moissac). Im *Refektorium* auf der Südseite des Kreuzgangs Reste von einem romanischen *Fresko* (die Fresken in der Kirche 14. Jh.): Christus in der Majestas über einer thronenden Maria und den Aposteln.

Monastier-sur-Gazeille *(Haute-Loire)*

Obwohl im Herzen der Landschaft Velay gelegen, zeigt die EHEMALIGE KLOSTERKIRCHE ST-CHAFFRE einen deutlichen poitevinischen Einschlag an ihrer *Fassade:* Das Archivoltenportal flankieren zwei Scheinportale; in der Zone darüber entsprechen ein großes Fenster in der Mittelachse und zwei Scheinfenster zu den Seiten dieser Gliederung. Die Inkrustation mit verschiedenfarbigen Steinen weist dagegen auf auvergnatische Meister. Im Innern basilikaler Aufriß. Bemerkenswert der Kirchenschatz mit einem silbernen *Büstenreliquiar des hl. Théofrède,* das in der strengen Frontalität, der maskenhaften Behandlung des Antlitzes und des rechtwinklig aus dem Korpus nach vorne ausgerichteten Armes der Fidesstatue in Conques verwandt ist (11. Jh.).

Pommiers-en-Forez *(Loire)*

Das Priorat von Pommiers liegt nahe der Loire und war durch diese Nähe zu einem wichtigen Verkehrsweg offenbar stark gefährdet. Von der mittelalterlichen Einfriedung stehen noch zwei Stadttore und Teile der Wehrmauern. Die Kirche selbst ist ein Bau des 11. Jh.s. Basilikaler Aufriß. Die Betonung der dreiapsidialen Choranlage (vgl. St-Romain-le-Puy) ist ein kennzeichnendes Merkmal für die romanische Baukunst im Forez.

Royat *(Puy-de-Dôme)*

Der Vorort von Clermont-Ferrand besitzt eine eindrucksvolle WEHRKIRCHE, die dem hl. Liudgar (St-Léger) geweiht ist. Einschiffiges Langhaus, Querhausarme ohne Annexe, platt geschlossener Chor: heroische Wirkung im Innern, martialischer Eindruck nach außen.

Rozier-Côtes-d'Aurec *(Loire)*

Über das Rhônetal hat das Prinzip der polygonalen Chorbrechung seinen Weg ins Forez gefunden, wo die EHEMALIGE PRIORATSKIRCHE von Rozier-Côtes-d'Aurec ein Siebeneck am Chor aufweist (nur außen, innen wie immer gerundet). Die Hervorhebung der Ostteile (Langhaus 15 m, Querhaus mit Chor 13 m tief) ist ein Charakteristikum der Landschaft Forez. Ungewöhnlich für das sonst bilderarme Forez das kleine *Tympanon* im Portal (Westseite); es zeigt eine Anbetung der Könige in archaischer Derbheit. Der kerbschnittartige Stil sowie der achtteilige Stern zwischen der Muttergottes und der Gruppe der Könige findet Entsprechungen im nordspanischen Bereich (ein beinahe identisches Vergleichsbeispiel in Huesca).

St-Menoux *(Allier)*

In der Landschaft Bourbon gelegen, stellt die KIRCHE ST-MENOUX eine Zwittererscheinung dar, in der die Einflüsse verschiedener regionaler Bauschulen mitsprechen. Ältester Teil ist der schwerfällige *Narthex* (11. Jh.); basilikaler Aufriß und Spitztonne des Langhauses entstammen der burgundisch/cluniazensischen Sphäre, desgleichen die antikisierenden Dekorationsformen; die Vierzahl der Chorumgangskapellen mit einer fünften rechteckigen Scheitelkapelle verweist auf die Auvergne (speziell: Issoire); die Hervorhebung der Chorpartie ist ein Merkmal der Baukunst im Forez. Originell der *Sarkophag des hl. Menolphus* im Chor, in den man den Kopf durch ein Loch hineinstecken kann (Drebedinorium).

St-Paulien *(Haute-Loire)*

Der einstige Hauptort des Velay verlor im 11. Jh. diesen Rang an Le Puy. Die KIRCHE ST-GEORGES ist einer der größten mit einer Spitztonne überwölbten Säle der gesamten französischen Romanik. Monumentaler Chor ohne Umgang, jedoch mit Radialkapellen: ein der aquitanischen Romanik entstammender Typus.

Thuret *(Puy-de-Dôme)*

Die KIRCHE ST-LIMIN besitzt ein kleines *Südportal* mit einem typisch auvergnatischen Architrav, der zur Mitte dachförmig ansteigt. Volkstümlich naiv die Darstellung eines in der Mandorla sitzenden Christus im Tympanon, ihm zu seiten die Erzengel Gabriel und Michael.

Ydes *(Cantal)*

Die KAPELLE ST-GEORGES, 5 km südlich des großen Dordogne-Stausees von Bort-les-Orgues, besitzt eine kleine Vorhalle, deren Vorbilder in Aquitanien zu suchen sind. Links Reliefs mit der Verkündigung. Im rechten Gewände der Prophet Habakuk und Daniel in der Löwengrube; die gekreuzten Löwen zu dessen Füßen stehen sichtlich in der Nachfolge des Bestienpfeilers von Souillac.

Yzeure *(Allier)*

Vorort von Moulins mit der KIRCHE ST-PIERRE. Limousinische Halle (Mittelschiff basilikal erhöht, jedoch ohne Durchfensterung des Obergadens). Herausragend der *Kapitellzyklus* mit zahllosen Varianten vegetabiler Formen. Die *Krypta* wohl noch aus karolingischer Zeit.

Languedoc und Roussillon

Die beiden Landschaften Languedoc und Roussillon erstrecken sich, dem Bogen der Mittelmeerküste folgend, von der Rhône bis zu den Pyrenäen. Die Languedoc zerfällt in zwei Hälften: Die östliche, von der Rhône bis zur Senke zwischen Narbonne und Carcassonne reichend, wird *Niedere Languedoc* (Languedoc méditerranéen) genannt; die westliche *Obere Languedoc* (Haut-Languedoc) mit der Hauptstadt Toulouse grenzt an die Gascogne. Languedoc und Roussillon sind durch den Gebirgszug der nicht sehr hoch aufragenden,

(Erläuterung der Symbole siehe Seite 10)

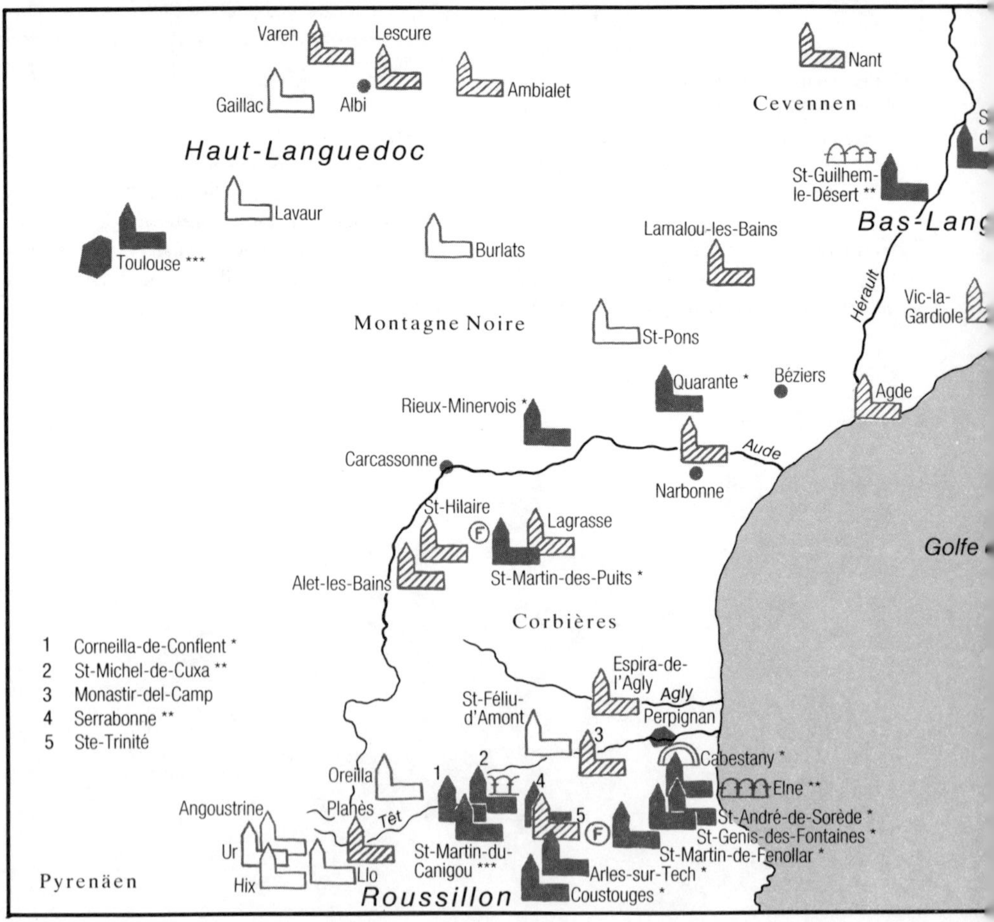

aber zum Teil wild zerklüfteten *Corbières* voneinander getrennt. Wo sich diese nach Süden absenken, durchziehen die Flußläufe des Agly, der Têt und des Tech eine weite Ebene, die bis an die Pyrenäen reicht.

Im 11. und 12. Jh., in der Epoche der Romanik also, waren diese beiden Landschaften von der Zentralgewalt der Krone praktisch unabhängig. Von Toulouse aus regierten die Grafen aus dem Raymoniden-Geschlecht ihr bis nach St-Gilles-du-Gard ausgedehntes Territorium. Das Roussillon unterhielt aufgrund dynastischer Verbindungen politische und kulturelle Beziehungen nach Katalonien und Aragon. Auffallend ist das tolerante Klima, das vielen Kommunen die freie Selbstverwaltung einräumte und Andersdenkende gewähren ließ. Dies sollte dem Süden zum Verhängnis werden: Da sich die Obrigkeit, namentlich der eigenwillige Graf Raimund VI. von Toulouse, nicht gebührend gegen die häretischen *Katharer* – nach einer ihrer Hochburgen auch *Albigenser* genannt – einschritt, rief Papst Innozenz III. 1209 zu dem berüchtigten Kreuzzug gegen die südfranzösischen Christen auf. Das Massaker von Béziers ging als erster Todesstoß gegen die Eigenständigkeit Okzitaniens in die Geschichte ein. König Philipp II. August hatte den Aufruf des Papstes zu tätigem Eingreifen zwar zunächst abgelehnt; sein Nachfolger Ludwig VIII. jedoch, nach erfolgreicher Zerschlagung des Angevinischen Reiches nun unumschränkter Herr ganz Nordfrankreichs, ließ sich die Gunst der Stunde nicht entgehen, den Einfluß der Krone auch auf den Süden auszudehnen. In dieser letzten Phase der Albigenserkriege wurde ungeschminkt deutlich, daß es nicht mehr um weltanschaulich-religiöse Konflikte ging, sondern um handfestes politisches Kalkül. Indem der Vertrag von Paris 1229 die Abhängigkeit Okzitaniens von der Krone besiegelte, war die kulturelle Blüte des Landes geknickt; es führte fortan ein Dasein im Schatten der französischen Zentralgewalt und hat an die Leistungen des 11. und 12. Jh.s nicht wieder anknüpfen können.

Obwohl in der Ausbildung des Einheitsraums (Halle oder Saal) eine enge Verwandtschaft zwischen allen südfranzösischen Landschaften besteht, sind Languedoc und Roussillon von der Provence einer- und Aquitanien andererseits in einem wesentlichen Punkt unterschieden: Während nämlich der Südosten und der Südwesten erst relativ spät in den Kanon der romanischen Kunstlandschaften einstimmten – Aquitanien gegen Ende des 11. Jh.s, die Provence erst im 12. Jh. –, waren Languedoc und Roussillon führend an der Entstehung der Romanik beteiligt. Erste Äußerungen fallen zeitlich mit der frühen Romanik Burgunds und der Normandie zusammen, reichen demnach weit ins 11. Jh. zurück. Dieses zeitige Entstehen einer selbständigen Kultur hängt nicht allein mit der erwähnten politischen Selbständigkeit zusammen; wesentlichen Anteil daran hatte der rege Austausch mit dem mozarabischen Spanien, das den angrenzenden Regionen Frankreichs die reiche ibero-islamische Kultur vermittelte. Es steht außer Frage, daß die Araber dem Abendland zu jener Zeit wissenschaftlich und kulturell weit überlegen waren.

Languedoc und Roussillon waren treibende Kräfte bei der Ausprägung des *»premier art roman«*, also der Formensprache, die wir ganz allgemein als Ausdruck eines ostromanischen Kunstkreises angesprochen haben. Es hat sich auch zunehmend der Begriff *»lombardischer Stil«* eingebürgert. Vorbilder lieferte aber nicht nur die Kunst Oberitaliens, sondern in erheblichem Maße auch das nördliche Spanien, wo in kleineren Kirchen Asturiens die Kunst der Wölbetechnik über die westgotische bis in die karolingische Ära nicht in Vergessenheit geraten war. St-Martin-du-Canigou und das burgundische Tournus machen sich gegenseitig den Rang als erste vollständig eingewölbte Kirche der mittelalterlichen Architekturgeschichte streitig – eine Frage, die nach der unsicheren Quellenlage nicht mit Bestimmtheit zu entscheiden ist.

Der vorherrschende Bautypus ist der *Saal;* daneben behauptet sich die *dreischiffige Halle.* Basiliken im klassischen Sinne stehen demgegenüber in der Minderzahl. Die Lichtsituation ist aufgrund weniger und meist kleiner Fenster gedämpft; Gliederungselemente finden nur spärlich Verwendung. Man begegnet fast ausschließlich der Lisene und dem kleinen Blendarkadenfries, beides der durchgehend flächigen Wandstruktur aufgelegt. Als im 12. Jh. die Romanik überall im Land ihren großen Aufschwung nahm, hatten Languedoc und Roussillon an dieser allgemeinen Blüte nur noch geringen Anteil. Die Bauten der hohen Romanik bleiben konservativ. Man begnügte sich mit dem einmal Erreichten. Lediglich in der Ablösung des unregelmäßigen Bruchsteins durch den glatt bearbeiteten Quader hielten die beiden Landschaften im mittleren Süden den Anschluß an die modernere Entwicklung. Das Gliederungsbestreben und das Prinzip der plastischen Durchdringung der Wände des westromanischen Kunstkreises, wie es sich im Laufe des 12. Jh.s über ganz Frankreich ausgebreitet hatte, vermochten in Languedoc und Roussillon kaum Wurzeln zu schlagen.

In der Ausbildung der romanischen *Skulptur* kommt diesen beiden Landschaften gleichfalls eine führende Rolle zu. Die ältesten Beispiele von Steinskulptur finden sich im Roussillon. Die Türstürze von St-Genis-des-Fontaines und St-André-de-Sorède stehen am Beginn der mittelalterlichen Bildhauerkunst in Europa. Im späten 11. Jh. verlagerte sich der Schwerpunkt vom Roussillon in die Languedoc, wo Toulouse rasch zum Zentrum großer Bildhauerateliers aufstieg. Von dort strahlten nach Moissac, Cahors, Souillac und Beaulieu Impulse aus, die über den südwestfranzösischen Raum hinaus bis in die nordalpine Kunst wirksam wurden. Der Bestienpfeiler in der Krypta des Doms zu Freising (Bayern) ist ein entfernter Reflex auf den Trumeau von Souillac. Das Roussillon, das sich um die Wende vom 11. auf das 12. Jh. zurückhaltend gezeigt hatte, meldete sich im späteren 12. Jh. im Bereich der Skulptur noch einmal mit einigen selbständigen Äußerungen zu Wort. Diese lassen sich zu einem großen Teil mit zwei Künstlern in Verbindung bringen: Der eine, *Raimund von Bianya*, gibt sich inschriftlich an zwei Grabmälern von Bischöfen im Kreuzgang in Elne zu erkennen (datiert 1202). Von seiner Hand stammen auch etliche der Kapitelle im Kreuzgang ebendort. Ein weiteres Grabmal in Arles-sur-Tech ist seiner Hand zuzuweisen; desgleichen die Portalskulpturen von St-Jean-le-Vieux in Perpignan, die, um 1220 entstanden, den

Endpunkt der großen künstlerischen Entwicklung des Roussillon kennzeichnen. Das andere Genie dieser Spätzeit ist der *Meister von Cabestany*, so benannt nach seinem eindringlichsten Werk: einem Marientympanon, das im Innern der Kirche dieses Vorortes von Perpignan aufbewahrt wird. Da sich Werke von seiner Hand von der Toskana bis nach Nordspanien nachweisen lassen, wurde in der Forschung die Vermutung geäußert, er stamme möglicherweise gar nicht aus Frankreich. Allein die Tatsache, daß sich der Hauptteil seiner Werke im Roussillon konzentriert, läßt diese Überlegung wenig überzeugend erscheinen. Sein Œuvre stellt den kühnen Versuch dar, die von der Gotik entdeckte menschliche Gefühlswelt mit der einfachen Sprache des frühromanischen Reliefstils zu einer Synthese zu bringen. Dergestalt sind Werke von einer unverwechselbaren Individualität entstanden, die im Rahmen der spätromanischen Plastik ohne Vergleich dastehen. Zeugnisse vom Schaffen des Meisters von Cabestany finden sich in Rieux-Minervois, St-Hilaire-de-l'Aude, Le Boulou, Lagrasse und St-Pierre-de-Rhèdes.

Wenn Werke anderer Kunstgattungen spärlicher vertreten sind, so muß das nicht heißen, daß solche neben der Architektur und der Steinskulptur eine geringere Rolle spielten. Die Zahl untergegangener Denkmäler ist nicht zu ermitteln. Doch läßt die Menge der in Katalonien erhaltenen *Fresken* vermuten, daß auch auf diesem Gebiet im Roussillon eine emsige Tätigkeit herrschte. Erhalten hat sich einzig der Freskendekor in der Kapelle von St-Martin-de-Fenollar, dessen hohe Qualität ihn als letztes Zeugnis eines einstmals reichen Denkmälerbestands ausweist. Auch holzgeschnitzte Arbeiten sind nur in geringer Zahl bekannt, aber gleichfalls von einer Qualität, die auf eine Tradition deutet.

Insgesamt ist eine solche Fülle von Denkmälern hohen und höchsten Ranges erhalten, daß man die beiden Regionen des mittleren Südfrankreich neben Aquitanien, Burgund, Auvergne, Provence und Normandie zu den großen Kulturlandschaften Frankreichs rechnen muß.

Arles-sur-Tech*
(Pyrénées-Orientales)

Die ABTEIKIRCHE STE-MARIE entstand in der ersten Hälfte des 11. Jh.s; die Weihe ist aus dem Jahr 1046 überliefert. An der nach Osten ausgerichteten Fassade – ein seltener Fall, dessen Hintergründe nicht geklärt sind – erlebt man die Frühzeit und den Spätstil der romanischen Skulptur im Roussillon im direkten Vergleich. Das *Portal* zeigt einen giebelförmig zugespitzten Architrav (motivische Verbindung mit der Auvergne), in den ein Alpha-et-Omega-Monogramm geritzt ist. Im Bogenfeld darüber erscheint ein griechisches Kreuz mit der Majestas Domini im Schnittpunkt der Kreuzbalken und den vier Evangelistensymbolen an deren Enden. Ikonographisch bemerkenswert ist der Umstand, daß das Kreuz bereits in dieser Frühzeit als Zeichen des Sieges interpretiert wird. Die Flächigkeit des Reliefs folgt den Türstürzen von St-Genis und St-André. Links vom Eingang, in die Wand eingelassen, die *Grabfigur des Ritters Guillaume Gaucelme*

(1210), ein Werk des *Raimund von Bianya*. Die Gestalt ist annähernd lebensgroß. Erst in diesen spätesten Äußerungen hat die Bildhauerkunst des Roussillon den Anschluß an die Monumentalskulptur gefunden. Dennoch hält sich das Streben nach Plastizität in Grenzen; im Gesamteindruck bleibt die Flächigkeit des Reliefs bestimmend, wie es im Roussillon seit der Geburtsstunde der romanischen Skulptur vorgegeben war. So gesehen stellen die Werke des Raimund von Bianya wohl weniger eine Auseinandersetzung mit den Werken der frühen Gotik dar als vielmehr mit den Statuen von St-Gilles-du-Gard.

Die dreischiffige Basilika ohne Querhaus endete ursprünglich nach oben in einen offenen Dachstuhl. Das zugespitzte Tonnengewölbe wurde ihr erst nachträglich, im 12. Jh., eingezogen. Dennoch ist der Raumeindruck des 11. Jh.s gut erhalten geblieben: Ungegliederte Wände und höhlenhafte Dunkelheit verbinden sich zu einer Wirkung von asketischer und zugleich würdevoller Strenge. Eine architektonische Besonderheit sind die in die Ostwand der Seitenschiffe gemuldeten Apsiden, die am Außenbau nicht in Erscheinung treten. Mit ihnen korrespondieren die den Hauptchor flankierenden größeren Apsiden im Westen. Einen lebhaften Kontrast zum Halbdunkel der Kirche bildet der lichtdurchströmte *Kreuzgang* aus gotischer Zeit an deren Südseite.

Cabestany* *(Pyrénées-Orientales)*

Die kleine Kirche Ste-Marie im Dorf Cabestany vor den Toren von Perpignan besitzt ein romanisches *Tympanon*, das in der kunstgeschichtlichen Forschung seinem Schöpfer postum den Namen gab (Abb. 51). Im 19. Jh. eingemauert, ist es 1930 wieder freigelegt worden. Seitdem befindet es sich im Innern der Kirche (linker Querhausarm). Dichtgedrängt sind drei Szenen geschildert: Links und rechts Auferweckung Mariens durch Christus und Himmelfahrt der Muttergottes; im Zentrum Christus, flankiert von Maria und dem hl. Thomas, der von der Gottesmutter den wundertätigen Gürtel empfangen hat. Der Meister von Cabestany fällt insofern völlig aus dem Rahmen seiner Zeit, weil er frei von Vorbildern und festgelegten Typen eigene Bildideen formulierte. Besonders deutlich wird dies in der linken Szene mit der Erweckung: In spürbar liebevoller Hinwendung des Sohnes zur Mutter, die beide im unteren Teil der Komposition ineinander aufzugehen scheinen, wird ein menschliches Gefühlserleben in die Darstellung eingebracht, das der romanischen Kunst fremd geblieben ist. Für die Datierung gilt die Auffindung der Gürtelreliquie (1241) als Terminus post. Das Bildwerk entstand also in gotischer Zeit, muß aber aufgrund seines Stils als noch zur Romanik gehörig angesprochen werden. Der Reigen der Engelsköpfe ringsum bringt zugleich eine spielerische Saite zum Klingen. Die lockere handwerkliche Ausführung, die den spontanen Charakter eines Bozzetto hat, verleiht dem Werk seine anrührende Naivität.

Corneilla-de-Conflent* *(Pyrénées-Orientales)*

Corneilla war der Sitz der Grafen von Cerdagne, neben deren (heute nicht mehr existierendem) Schloß in der ersten Hälfte des 11. Jh.s die Kirche Ste-Marie entstand.

Das Aussehen dieser Frühzeit bewahrt noch der *Glockenturm* nach lombardischem Muster; alles andere wurde im 12. Jh. umgestaltet. Die drei Schiffe erhielten eine Wölbung, das Portal und der Chor wurden gänzlich neu gestaltet.

Das tief in die massige Wand hineingestufte *Portal* besitzt eines von nur drei erhaltenen romanischen Tympana im Roussillon. Es zeigt die Muttergottes in einer Mandorla, die von zwei Engeln getragen wird. Die streng frontale Haltung der Madonna ist identisch mit den gleichzeitigen freistehenden Holzstatuen Mariens, von denen die Kirche von Corneilla ebenfalls ein schönes Beispiel besitzt (im Chor). Zwei weitere Madonnen aus dem 13. und 14. Jh. (in den Seitenkapellen des Chores) belegen das lange Fortleben des hieratischen Typus der Gottesmutter über die romanische Zeit hinaus.

Coustouges* *(Pyrénées-Orientales)*

Tief versteckt in jenem Teil der östlichen Pyrenäen, den man das Vallespir nennt, liegt nahe der Grenze zu Spanien die Ortschaft Coustouges mit ihrer KIRCHE STE-MARIE aus dem 12. Jh. Die großen Quader, aus denen sie errichtet wurde, sind von zyklopischer Gewaltigkeit. Die relativ schlichte Architektur besteht aus einer geschlossenen Vorhalle, einem einschiffigen Saal mit nachträglich eingezogener Spitztonne und einem Dreiapsidenchor. Sehenswert ist – von dem seltenen Beispiel eines schmiedeeisernen Chorgitters und einer eisenbeschlagenen Tür (Südportal) abgesehen – ein *Portal* mit überschäumender Dekorfülle, das die Verbindung zwischen Narthex und Kirchenschiff herstellt. Fünf kräftig profilierte Archivolten, von denen jede anders gestaltet ist, überspannen den Durchgang. Die Hervorhebung von Früchten (Pinienzapfen, Äpfel, Weintrauben) und Blättern läßt an die Stirnarchivolten römischer Ehrenbögen denken, wo Ähnliches erscheint.

Elne** *(Pyrénées-Orientales)*

Kaiser Konstantin der Große benannte die antike Stadt Illiberis in *Castrum Helenae* um. Im Ortsnamen Elne lebt also die Erinnerung an die erste christliche Kaiserin und Auffinderin des Kreuzes Christi fort (die hl. Helena, Gattin des Kaisers Constantius Chlorus, war die Mutter Konstantins des Großen). Die Stadt, spätestens seit dem 6. Jh. Sitz eines Bischofs, erhielt im 11. Jh. mit der KATHEDRALE STE-EULALIE den stattlichsten Kirchenbau des gesamten Rousillon. Baubeginn war in den 1040er Jahren; eine erste Altarweihe ist für das Jahr 1069 überliefert. Damals dürfte das Projekt jedoch noch nicht vollständig abgeschlossen gewesen sein. Mit ihren beiden Türmen an der Westseite beherrscht die Kathedrale weithin sichtbar die Ebene am Unterlauf des Tech. Diese Türme sind jedoch erst später entstanden: der südliche im 15. Jh. in Nachahmung bodenständiger Vorbilder aus dem 11. Jh., der kleinere nördliche gar erst im 19. Jh. Die aus unregelmäßigen Bruchsteinen errichtete *Fassade* wird oben von Blendbögen überfangen. Ihr einziger hervorstechender Schmuck ist die aus glatten Marmorplatten gefügte Rahmung des Portals. Der in den nahen Pyrenäen gebrochene *Marmor* hat an zahlreichen Portalen des Roussillon Verwendung gefunden. Seine Vornehmheit kontrastiert wirkungsvoll zu dem archaisch anmutenden Mauerwerk.

Der *Kirchenraum* ist eine dreischiffige Halle. Die geringe Zahl der zudem kleinen Fenster erzeugt ein mystifizierendes Halbdunkel, wie es für alle Sakralbauten dieser Region kennzeichnend ist. Möglicherweise war zunächst ein offener Dachstuhl vorgesehen. Noch während der Bauarbeiten entschloß man sich zur Einwölbung. Dabei erhielt das Mittelschiff eine Halbtonne, die Seitenschiffe Vierteltonnen, die den Schub der Halbtonne an deren Fußpunkt abfangen. Nach einer Unterbrechung des Bauvorhabens wurde die Tonne im Westteil der Kirche entsprechend den technischen Neuerungen im Scheitel zugespitzt.

Von der Ausstattung ist der frühromanische *Altar* sehenswert, der einen in Südfrankreich verbreiteten Typus vertritt. Die Mensa säumen kleine Blendbögen.

Die große Kostbarkeit von Elne stellt der auf der Nordseite der Kathedrale befindliche *Kreuzgang* dar. Er schließt eng an das Beispiel von St-Michel-de-Cuxa an. Dort war 1140 nach mehr als einem halben Jahrhundert der Stagnation auf dem Gebiet der Skulptur der älteste marmorne Kreuzgang des Roussillon entstanden, der etlichen anderen als Vorbild dienen sollte. Allerdings entstammt in Elne nur der parallel zur Kirche gelegene Südflügel dem (späten) 12. Jh. Die Skulptur hat sich aus ihrer flächenhaften Bindung gelöst und an den Kapitellen an plastischem Volumen gewonnen. Neu in der Bildhauerei des Roussillon ist gegenüber den Werken des 11. Jh.s der erzählende Ton. Beides ist mit dem Einfluß von St-Gilles zu erklären, der im ganzen Midi spürbar geworden war. Für einige der Kapitelle dieses Südflügels wird *Raimund von Bianya* als Urheber angenommen, von dem auch die beiden hier im Kreuzgang befindlichen Bischofsgräber stammen (Anfang 13. Jh.): Werke, in denen der von St-Gilles vorgezeichnete Weg zur Monumentalskulptur nachvollzogen wird.

Der Westflügel stellt eine Wiederholung des Südflügels dar; die beiden anderen Trakte entstanden erst im 13./14. Jh. Angesichts der zeitlichen Divergenz der einzelnen Flügel muß es erstaunen, daß man an dem Plan des ausgehenden 12. Jh.s festhielt. Die vier Flügel wirken wie aus einem Guß. Diese Tatsache belegt erneut eindrucksvoll, mit welchem Nachdruck sich der Süden des Landes gegen die Gotik stemmte, mit der ein Form- und Lebensgefühl einherging, das dem mediterranen Frankreich allezeit fremd bleiben sollte. Der ganz aus Marmor errichtete Kreuzgang von Elne ist in seiner lebensfrohen, palastartigen Architektur steingewordenes Sinnbild für die mittelalterliche Kultur Südfrankreichs.

Maguelone* *(Hérault)*

12 km südlich von Montpellier liegt inmitten eines durch eine Nehrung vom offenen Meer abgetrennten Lagunensees eine kleine Insel, die im Mittelalter wiederholt Geschichte gemacht hat. Nachdem Graf Pierre de Melgeuil Maguelone im 11. Jh. an den Papst abgetreten hatte, war dieser Flecken bereits lange vor dem Avignoneser Exil der erste Landbesitz der Kurie in Südfrankreich, der dann im 13. Jh. die Rolle einer Bastion der Orthodoxie gegen das Katharertum spielen sollte. Der ungeschützten Lage zur Meerseite, von wo noch im 12. Jh. Übergriffe von Sarazenen und Piraten zu befürchten waren, verdankt die EHEMALIGE KATHEDRALE ST-PIERRE ihr wehrhaftes Äußeres, das sie mit einer ganzen Gruppe an

der Küste der Languedoc gemeinsam hat. Das kleine *Portal* besteht aus Versatzstükken unterschiedlicher Epochen. Die Reliefs Petri und Pauli an den Seiten sowie die Kragsturzköpfe, die den Architrav tragen, stammen von einem älteren Portal (Anfang 12. Jh.). Der mit einem spiralförmig verlaufenden Rankenfries verzierte Architrav ist inschriftlich für 1178 gesichert, das Jahr der Fertigstellung der Kirche. Für das Relief des Tympanons mit einer Majestas Domini (Abb. 52) wurden kontroverse Datierungen vorgeschlagen. Nach heute verbreiteter Meinung soll es nicht vor 1200 entstanden sein.

Der *Innenraum* ist ein mächtiger Saal, den eine im Scheitel zugespitzte Tonne überfängt. Ein Unikum stellt die *Tribüne* im Westen der Kirche dar, die fast die Hälfte des gesamten Gebäudes einnimmt. Auf ihr nahm das offenbar vielköpfige Domkapitel während der Messe Platz.

Quarante* *(Hérault)*

Neben St-Guilhem-le-Désert und St-Martin-de-Londres ist die Kirche Ste-Marie in Quarante (der Name bezieht sich auf eine Bestattung von 40 Märtyrern, über der Karl der Große die Kirche gegründet haben soll) der dritte bedeutende Vertreter der frühen Romanik in der Niederen Languedoc. Die Außenmauern des Langhauses stammen von einem Bau des 10. Jh.s (Weihe 982), der kurz vor der Mitte des 11. Jh.s nach Osten erweitert und mit Gewölben versehen wurde. Die Tatsache, daß in der mehr in die Breite als in die Höhe strebenden Halle unterschiedliche Wölbungsarten vorkommen (Halbtonne, Kreuzgrate, Trompenkuppeln – wohl die ältesten in der Languedoc überhaupt), beweist, daß um die Mitte des 11. Jh.s auf diesem Gebiet noch experimentiert wurde.

Von ursprünglich fünf frühromanischen *Tischaltären* sind noch zwei in situ erhalten (Abb. 49). Sie gehören zu einer in Narbonne beheimateten lokalen Schule, die zwischen dem 9. und 12. Jh. solche Stücke in großer Zahl hervorbrachte. Ihre Existenz beweist, daß man sich in diesem Gebiet schon vor den ersten figürlichen Reliefs, die dann um 1020 auftauchen, mit der künstlerischen Bearbeitung von Stein auseinandersetzte.

Beachtung verdient ferner der *Kirchenschatz* mit einem spätantiken Sarkophag und Werken der Goldschmiedekunst aus nachmittelalterlicher Zeit.

Rieux-Minervois* *(Aude)*

Die Kirche L'Assomption de Notre-Dame (Mariae Himmelfahrt) ist der einzige Zentralbau der Languedoc und zugleich eine der originellsten Raumschöpfungen des französischen Mittelalters. Der in der zweiten Hälfte des 12. Jh.s entstandene Bau beschreibt im Zentrum ein Siebeneck mit vier Pfeilern und drei Säulen, um das sich ein vierzehneckiger Umgang legt (die Kapellen spätere Hinzufügungen). Die Architektur erscheint wie ein wörtliches Zitat aus den Proverbia (Sprüche) des Alten Testaments, wo es in Kapitel 9,1 heißt: »Die Weisheit hat ihr Haus gebaut und ihre sieben Säulen behauen.« Die Marienkirche von Rieux drückt demnach in baulicher Form dasselbe aus wie die romanischen Statuen der Muttergottes: den Gedanken der »sedes sapientiae« (Sitz der Weisheit). Seltsam reagiert das Unterbewußtsein auf dieses Raumerlebnis: Die ungerade Zahl der Stützen und der damit verbundene unregelmäßige Grundriß lösen Irritation aus. Selbst wenn man sich länger in der Kirche aufhält, gelingt es kaum, sich das Raumgefüge rational zu erschließen. Das in sich Ruhende, das einen regelmäßigen Zentralraum (Quadrat, Hexagon, Oktogon etc.) auszeichnet, will hier nicht zum Klingen kommen. Mit diesem einfachen Kunstgriff ist es dem Baumeister gelungen, der Mystik eines Gottesbegriffes, der jenseits unserer Verstandesgrenzen liegt, sichtbar Gestalt zu verleihen.

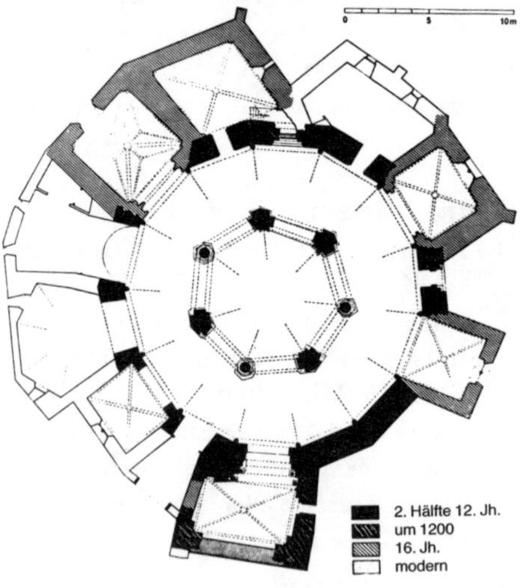

Rieux-Minervois, L'Assomption de Notre-Dame, Grundriß

Nähere Betrachtung verdienen die *Kapitelle,* besonders jene, die die Blendarkaden des Umgangs tragen. Sie werden der Werkstatt des *Meisters von Cabestany* zugeschrieben. Als seine eigenhändige Arbeit gilt das Kapitell mit der Himmelfahrt Mariens (dasselbe Thema erscheint auch auf dem Tympanon in Cabestany). Man vergleiche etwa die auffällige Übereinstimmung der Hände mit den überlangen Fingern, an denen die persönliche Handschrift dieses Künstlers unschwer zu erkennen ist.

Serrabonne**
(Pyrénées-Orientales)

Die Fahrt zum ehemaligen Priorat von Serrabonne stimmt bereits bestens auf das klösterliche Erlebnis ein. Die Kirche Notre-Dame liegt auf einem ausgedehnten Kalksockel, der sich zwischen die Ausläufer der Corbières im Norden und der Pyrenäen im Süden schiebt. Von den Baulichkeiten, die das Kloster einst umgaben, ist nichts erhalten, so daß die Kirche mit ihrem südlichen Anbau heute in völliger Einsamkeit weithin sichtbar die Landschaft beherrscht. Der Bau wurde bereits im 11. Jh. errichtet und 1080 geweiht. Im 12. Jh. erfolgte eine Erweiterung, die 1151 abgeschlossen war.

An die Südflanke der Kirche lehnt sich eine offene Galerie, die ursprünglich die Verbindung zum Kapitelsaal herstellte. Der Wechsel von gekuppelten Säulen und Pfeilern ist der gleichzeitigen Kreuzgangarchitektur entlehnt.

Der *Kirchenraum* des 11. Jh.s bestand zunächst aus einem einschiffigen Saal ohne Annexe. Die Erweiterung im 12. Jh. schuf das Seitenschiff auf der Nordseite und die Ostteile mit Querhaus, Vierung und Dreiapsidenanlage. Die Attraktion von Serrabonne ist die *Tribüne,* die den Hauptraum der Kirche in zwei Hälften unterteilt (Abb. 57, 58). Sie erhebt sich über sechs quadratischen Jochen mit einem kraftvollen System aus Kreuzrippen. Kapitelle, Bogenlaibungen, Zwickelfelder und Gesimse, alles ist über und über mit Reliefs verziert, so daß diese Tribüne insgesamt den Höhepunkt der hochromanischen Bildhauerkunst im Roussillon darstellt. Da die gesamte Konstruktion aus einem rosa gestromten Marmor gearbeitet ist, kontrastiert die Farbigkeit des edlen Werkstoffs wirkungsvoll zu der sonstigen Schlichtheit der Kirche. Man geht davon aus, daß das Werk von denselben Künstlern geschaffen wurde, die in St-Michel-de-Cuxa tätig waren (die dortige Tribüne ist verloren). Möglicherweise wurde auch diese Tribüne sogar dort hergestellt, in einzelnen Versatzstücken hierher transportiert und erst an Ort und Stelle zusammengefügt. Auffallend die Flächigkeit der Reliefs, die der frühen Bildhauerkunst dieser Landschaft treu bleiben. Einzig die Kapitelle lassen ein Bestreben nach stärkerer plastischer Entfaltung spüren. Die menschliche Figur und szenische Zusammenhänge sind von sekundärer Bedeutung. Statt dessen stehen vegetabile und zoomorphe Motive im Vordergrund. Szenische Darstellungen besitzen nur die beiden breiten Pilasterkapitelle an der Nahtstelle zwischen Tribüne und Kirchenwand: Das rechte Kapitell zeigt einen Kentauren, der seinen Pfeil auf einen Hirsch anlegt (eine geläufige Metapher für die Verfolgung der gläubigen Seele durch das Böse). Die Bestimmung der menschlichen Figur zwischen beiden ist ungeklärt. Gegenüber bedrängen zwei Löwen – einer von ihnen mit einem menschlichen Kopf – einen mit einem Brustpanzer bewehrten Mann (Ritter?), der die Bestien kraftvoll zu den Seiten fortschiebt (ebenfalls eine Psychomachie: Sieg des Guten über das Böse). In den Zwickelfeldern erscheinen, gerahmt von überschäumender Ornamentfülle, zwei Seraphim, die Symbole der Evangelisten und das Agnus Dei.

Die Tribüne diente als Sängerkanzel. Das Vorkommen gleichartiger Beispiele in Katalonien und Norditalien bestärkt zum wiederholten Male die Annahme, daß im 11. und 12. Jh. offenbar ein lebhafter Austausch zwischen diesen europäischen Kunstzentren bestand. Ferner fällt auf, daß sich der bildplastische Dekor an der den Laien zugewandten Westseite der Tribüne konzentriert, während die Ostseite, deren nur die Mönche ansichtig wurden, fast schmucklos geblieben ist. Damit macht die Tribüne deutlich, daß sich das Kunstschaffen der Mönche weniger an die Mitbrüder richtete, die der sichtbaren Bilderwelt nicht bedurften, um zur mystischen Begegnung mit Gott zu finden, als an die Laien: Diese galt es in Bann zu ziehen und auf dem Wege über die sinnliche Wahrnehmung in jene spirituelle Sphäre zu geleiten, wie sie dem Mönch im klösterlichen Lebensrhythmus zur Selbstverständlichkeit geworden war.

Nur knapp 10 km sind es von Serrabonne zur Chapelle de la Trinité, die hart neben der Straße nach Amélie-les-Bains liegt. Der unscheinbare kleine Bau birgt einen prächtigen lebensgroßen hölzernen *Kruzifixus,* der noch seine vollständige farbige Fassung besitzt. Die Arme des Gekreuzigten liegen parallel zum Querbalken. Sein Haupt ist nur leicht zur Seite geneigt. Die Augen sind geöffnet und blicken zugleich ernst und gütig. Obwohl von einer Aura des Hoheitsvollen umgeben, wirkt die Gestalt nicht entrückt wie etwa die Christusdarstellungen Burgunds. In ihrer ergreifenden Schlichtheit spricht sie unmittelbar zum Betrachter und vermittelt ihm menschliches Verständnis und Mitgefühl.

St-André-de-Sorède*
(Pyrénées-Orientales)

Keine 5 km trennen St-André-de-Sorède und Elne, so daß der Reisende, der beide Stätten nacheinander aufsucht, binnen kurzem die ganze Spannweite der romanischen Skulptur in Südfrankreich zwischen 1020 und 1200 nachvollziehen kann. Den Eingang zur KIRCHE ST-ANDRÉ überfängt ein *Türsturz* (Abb. 54), der eng mit dem des nahen St-Genis zusammenhängt. In seiner Mitte thront Christus in einer Mandorla, die von zwei Engeln getragen wird. Neben diesen erscheinen zwei Seraphim und die Halbfiguren von vier Aposteln. Trotz der betonten Flächigkeit des Reliefs sind die Darstellungen deutlich tiefer aus dem Stein herausgeschnitten, als dies in St-Genis der Fall ist. Der Türsturz von St-André schließt sich also zeitlich an jenen von St-Genis an und ist damit das stilistische Bindeglied zwischen St-Genis und dem Tympanon von Arles-sur-Tech. Vermutlich von derselben Hand stammt die *Rahmung des Fensters über dem Portal,* deren kunstvoll gestaltete Ornamentstreifen an den Ecken Medaillons mit den vier Evangelistensymbolen besetzen.

Der *Kirchenbau* ist in drei Phasen entstanden, die alle an der Mauersubstanz der Westseite abzulesen sind. Im unteren Bereich verraten die nach Art des römischen »opus spicatum« schräg geschichteten groben Flußkiesel den karolingischen Ursprung des Bauwerks. Darüber folgt unregelmäßiges Bruchsteinmauerwerk, wie es für die frühe Romanik des 11. Jh.s typisch ist. Zuoberst schließen ebenmäßig bearbeitete Quader die Fassadenseite ab, was auf eine nachträgliche Erhöhung der Wand im 12. Jh. schließen läßt. Diese Beobachtung am Außenbau findet ihre Entsprechung im *Innern:* Zunächst bestand ein einschiffiger Saal, der im 11. Jh. erhöht wurde. Auch in dieser zweiten Phase gab es zunächst einen offenen Dachstuhl, den dann im 12. Jh. eine Tonnenwölbung ersetzte. Dabei wurde der Raum in drei Schiffe unterteilt; die Last der Tonne ruht jetzt auf kräftigen Pfeilern. Die Dominanz kommt dem Mittelschiff zu; die durch die Einstellung der Pfeiler entstandenen Seitenschiffe bilden lediglich schmale Raumfluchten, wie es auch für viele Bauten der Provence kennzeichnend ist.

Auch in der Ausstattung ist mittelalterliche Substanz auszumachen: nahe dem Eingang ein *Taufbecken* (vorromanisch) sowie ein *Tischaltar* des 11. Jh.s.

St-Genis-des-Fontaines*
(Pyrénées-Orientales)

Der *Türsturz* der EHEMALIGEN KLOSTERKIRCHE ST-MICHEL in St-Genis-des-Fontaines gilt als das älteste fest datierte Denkmal der romanischen Bildhauerkunst in Frankreich (Abb. 53). Eine Inschrift gibt Aufschluß darüber, daß das Werk im 24. Regierungsjahr des Königs Robert entstand (gemeint ist das Jahr 1020). Streiten ließe sich allenfalls darüber, ob man den Türsturz als bildhauerische Arbeit ansprechen kann. Das Relief ist mit maximal 5 mm Tiefe extrem flach. Unverkennbar haben geschnitzte Elfenbeine Pate gestanden. Mit einem Blick auf die Reliefs im burgundischen Tournus oder in der Krypta von St-Bénigne in Dijon, die etwa aus denselben Jahren stammen, können wir festhalten, daß in der Zeit um 1020 an verschiedenen Orten gleichzeitig ein Wille zu plastischer Gestaltung des Steins erste Keime trieb.

Die Darstellung weicht geringfügig von dem um wenige Jahre jüngeren Türsturz in St-André-de-Sorède ab. Im Zentrum thront Christus, in diesem Fall in einer zweigeteilten Mandorla, die von zwei Engeln, ganz ähnlich denen von St-André, getragen wird. Zu den Seiten schließen sich insgesamt sechs Arkaden an, unter denen ebensoviele männliche Heilige stehen (Apostel?). Die Ornamentik mit dem Palmettenfries und die Hufeisenform der Arkaden machen deutlich, daß der mozarabische Kunstkreis von jenseits der Pyrenäen entscheidende Anregungen geliefert hat.

In allen einschlägigen Publikationen ist zu lesen, daß der *Kreuzgang* von St-Genis-des-Fontaines Anfang unseres Jahrhunderts abgebrochen und in die Vereinigten Staaten deportiert wurde. Tatsächlich aber gelangten lediglich drei Pfeiler des ganz aus rosa gestromten Marmor gearbeiteten Kreuzgangs nach Amerika, der Rest wanderte, sorgsam Stück um Stück beschriftet und markiert, in die Keller eines nahe bei Paris gelegenen Schlosses, wo er in Vergessenheit geriet. Als dessen Besitzer 1983 starb, wurde der Schatz »gehoben« und an seinen Ursprungsort zurückgeführt. Seit dem Sommer 1988 steht der Kreuzgang (mit Ausnahme der in den USA befindlichen Pfeiler) wieder da wie einst – eine der größten denkmalpflegerischen Sensationen Frankreichs der letzten Jahre!

Es handelt sich um einen späten Nachfolger des Vorbilds von St-Michel-de-Cuxa mit einer lockeren Folge zierlicher Säulen und einer Reihe von bescheidenen Kapitellen, die den künstlerischen Niedergang des Roussillon im späten 12. Jh. offensichtlich machen.

St-Guilhem-le-Désert** *(Hérault)*

Herzog Wilhelm von Aquitanien, den man auch unter dem Namen Wilhelm Kurznase oder Wilhelm von Orange kennt, ist der Gründer des Klosters Gellone: erste bedeutende Station entlang der Via Tolosana für alle Jakobspilger, die den Weg von St-Gilles in Richtung Santiago de Compostela eingeschlagen hatten. Wilhelm war einer der treuen Waffengefährten Karls des Großen gewesen, Befreier Aquitaniens von den Sarazenen. Als er ruhmbedeckt von den Feldzügen heimkehrte, war seine Frau gestorben. Er entsagte daraufhin dem Kriegsdienst und widmete die letzten acht Jahre seines Lebens der klösterlichen Kontemplation. Diese Doppelrolle als strahlender Bezwinger der Heiden einer- und entsagungsvoller Eremit andererseits sicherte ihm schon bald nach dem Tod die Aura der Heiligkeit. Rund 100 Jahre nach dem Ableben Wilhelms wurde das Kloster Gellone mit dem Namen seines Gründers belegt.

Wo heute die D 27 auf die D 4 stößt, überquert eine moderne Brücke den Hérault. Gleich daneben überspannt mit dem *Pont-du-Diable* eine der ältesten Brücken des französischen Mittelalters den Fluß. Sie entstand zur selben Zeit wie der Kirchenbau von St-Guilhem und wurde zu gleichen Teilen von den Äbten von Aniane und von St-Guilhem finanziert. Von dieser Stelle führt der Weg nordwärts in die steinige Einöde der hier nach Süden auslaufenden Cevennen. Am Ausgang eines nach Norden sich verengenden Taleinschnitts taucht mit der KIRCHE ST-GUILHEM einer der eindrucksvollsten Bauten der frühen südfranzösischen Romanik auf (Farbabb. 2).

Der Bau, bald nach 1025 begonnen, kam im Jahr 1076 zu einem vorläufigen Ab-

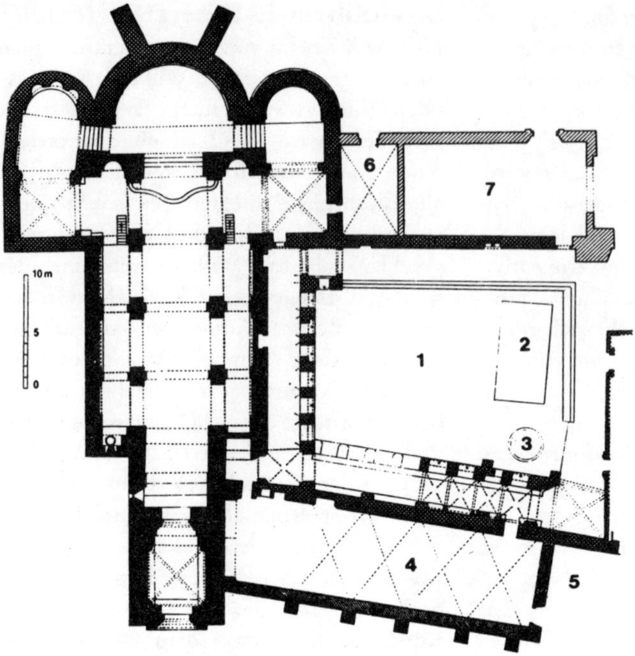

St-Guilhem-le-Désert, Grundriß

1 *Klosterhof*
2 *Wasserbecken, alter Fischteich*
3 *Alter Brunnen, Lavabo*
4 *Kapitelsaal, Musée Lapidaire*
5 *Einstige Küche*
6 *Sakristei*
7 *Einstiges Abts-Haus (Ruine)*

schluß. Gegen Ende des 11. Jh.s wurde die Chorpartie umgebaut und vergrößert. Zum wiederholten Male erfährt der Kunstreisende hier die schulbildende Kraft der lombardischen Romanik, die an der Chorpartie in Gestalt einer Zwerggalerie zu Wort kommt.

Um in das Innere der Kirche zu gelangen, durchschreitet man zunächst einen geschlossenen quadratischen *Narthex*, an den sich ein weiterer, ebenfalls quadratischer Raumabschnitt anschließt, der als ein Relikt des karolingischen Vorgängerbaus gilt. Erst dann betritt man den *Kirchenraum:* Musterbeispiel einer frühromanischen Basilika. Unprofilierte Pfeiler tragen die drei Arkadenbögen des Langhauses. Ihnen sind lediglich flache Lisenen aufgeblendet, die über die Hochschiffwand als Gurtbögen ins Tonnengewölbe fortgeführt erscheinen (dasselbe in den Seitenschiffen). An das weit ausladende Querschiff schließen sich die beiden Seitenkapellen und der Hauptchor an. Dieser zeigt in Gestalt von Blendarkaden eine gegenüber dem Langhaus fortschrittlichere Gliederung. Die behutsame Restaurierung, die vieles an überflüssiger Zutat späterer Zeiten entfernte, hat entscheidend zur Wiedererstehung eines Raumes beigetragen, der in seiner konzentrierten Schlichtheit eindrucksvoll Zeugnis vom asketischen Geist seiner Erbauer ablegt.

Der *Kreuzgang* ist nur noch in Resten zweier Flügel erhalten (Abb. 56). Als einer der ältesten seiner Art zeigt er bereits den Wechsel von Säule und Pfeiler – also das Schema, das im Laufe des 12. Jh.s überall Verbreitung fand. Im ehemaligen *Kapitel-*

saal ist ein Lapidarium mit Exponaten untergebracht, die sich früher in der Kirche befanden. Zwei karolingische Sarkophage gelten als die Särge der Schwestern Wilhelms von Orange; der Klostergründer selbst war in einem weiteren Sarkophag (12. Jh.) beigesetzt, der noch in Bruchstücken vorhanden ist. Wertvollstes Stück ist ein *Altar* aus Marmor mit Glaseinlegearbeiten des späteren 12. Jh.s. Seine Vorderseite zeigt zwei Bildfelder – links eine Majestas Domini, rechts eine Kreuzigung – inmitten von stilisierten Pflanzenarabesken.

St-Martin-de-Fenollar* *(Pyrénées-Orientales)*

Die KAPELLE ST-MARTIN, die man seitab der N 9 kurz hinter Le Boulou auf dem Weg in Richtung auf die spanische Grenze erreicht, besitzt in ihrem rechteckigen tonnengewölbten Chor den einzigen erhaltenen *Freskenzyklus* des gesamten Roussillon. Im Wölbungsscheitel erscheint eine Majestas Domini: Christus in der Mandorla, umgeben von vier Engeln mit den Symbolen der Evangelisten in Händen. In einem Bildstreifen darunter, der im oberen Teil in die Wölbung reicht, im unteren zur Wandfläche fortführt, thronen die 24 Könige der Apokalypse (Farbabb. 7). Der Streifen zieht sich ununterbrochen über alle drei Wände der Apsis. An der Stirnwand ist nach oben ein Feld ausgeschieden mit einem Brustbild der Muttergottes; ihr zu seiten zwei Engel. Auf halber Wandhöhe beschließt ein weiterer Bildstreifen den Zyklus (an der Schmalseite zerstört): Links Verkündigung und Geburt sowie (übereck, nur noch im Ansatz erkennbar) die Verkündigung an die Hirten, gegenüber die Anbetung der Könige und ihre Heimkehr. Es dominieren die Farben Gelb und Rot; in den Gewanddraperien ist auch viel Weiß verwendet worden; Blau tritt dagegen nur spärlich auf. Es handelt sich um echte Fresken, weshalb die Farben ihre intensive Leuchtkraft bewahrt haben. Wie bei mittelalterlicher Wandmalerei üblich, wurde offenbar rasch gearbeitet. Der Künstler mußte sein Werk fertigstellen, bevor der feuchte Malgrund abband (die Einteilung nach sogenannten Tagwerken, die eine bedächtigere Arbeitsweise ermöglichte, führte erst Giotto im 14. Jh. ein). Das erklärt den lockeren, an manchen Stellen wie skizzenhaft wirkenden Pinselstrich.

Die Fresken von Fenollar gelten als Arbeiten aus dem ersten Viertel des 12. Jh.s.

St-Martin-de-Londres* *(Hérault)*

Neben St-Guilhem-le-Désert und Quarante stellt die EHEMALIGE PRIORATSKIRCHE ST-MARTIN den dritten wichtigen Vertreter der frühromanischen Baukunst in der Languedoc méditerranéen dar. Die Gliederungselemente von Lisenen und Blendarkaturen am Außenbau sind ein untrügliches Zeichen für die Baukunst des 11. Jh.s. Andererseits klärt die gegenüber den beiden anderen Kirchen handwerklich ausgereiftere Behandlung des Steinmaterials darüber auf, daß der Bau bereits dem ausgehenden 11. Jh. angehört. Ungewöhnlich ist die Konzeption: An ein gedrungenes, nur zwei Joche tiefes Langhaus (das dritte Joch wurde im 19. Jh. hinzugefügt) schließt der Ostteil mit überkuppelter Vierung und drei Konchen an, von denen lediglich die nach Osten ausgerichtete durch ein zusätzliches schmales Chorjoch etwas weiter vom Zentrum abgerückt ist. Dieses Beispiel einer *Dreikon-*

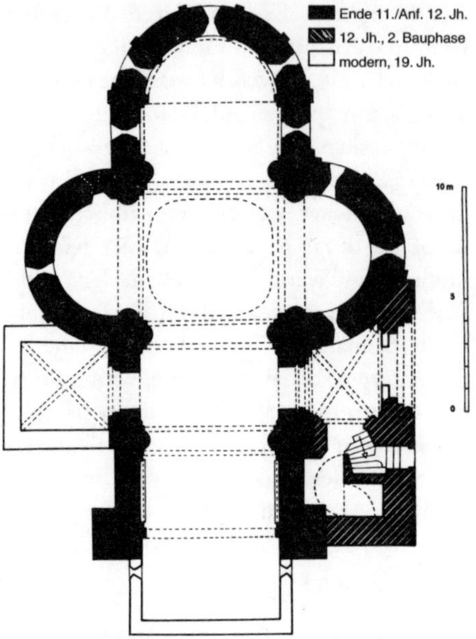

St-Martin-de-Londres, ehem. Prioratskirche, Grundriß

chenanlage ist für die Languedoc singulär und läßt ein weiteres Mal den Einfluß der lombardischen Baukunst aufleuchten, wo dieses Schema verbreitet ist. An St-Martin besticht besonders die harmonische Ausgewogenheit der Baukörper. Im Innern sind zu beachten: ein vorromanischer *Altar* und die aus einzelnen Platten zusammengesetzte *Kanzel* mit Symbolen der Katharer. Malerisch ist zudem das Ambiente des alten Dorfes, dessen Häuser zum Teil in Resten des einstigen Konvents errichtet wurden.

St-Martin-des-Puits* *(Aude)*

Etwa 10 km südwestlich von der Abtei Lagrasse liegt versteckt im Tal des Orbieu (Corbières) die Kapelle von St-Martin-des-Puits, einer der ältesten christlichen Sakralbauten in der Languedoc. Der Chor entstammt dem 8. Jh. Er ist mittels eines Hufeisenbogens, der auf zwei römischen Säulen ruht, gegen den Hauptraum abgegrenzt. Dieser wurde nebst den zwei ebenfalls rechteckigen Seitenkapellen erst im 11. Jh. errichtet. Der Chor birgt *Fresken* des 12. Jh.s. Obwohl der Bildzusammenhang nicht so gut erhalten ist wie in St-Martin-de-Fenollar, lassen sich doch etliche Einzelszenen noch deutlich erkennen: An der Schmalseite links die Verkündigung, an der rechten Wand die Taufe Christi sowie – neben der Verkündigung – König Nebukadnezar und die drei Jünglinge im Feuerofen. Das alttestamentliche Zitat des glühenden Ofens, den niemand berühren kann, erscheint an dieser Stelle als typologischer Hinweis auf die Unbefleckte Empfängnis.

St-Martin-du-Canigou*** *(Pyrénées-Orientales)*

Seine einzigartige Lage inmitten der Bergwelt der Pyrenäen und sein kunstgeschichtlicher Rang als einer der ersten Kirchenbauten der Romanik machen St-Martin-du-Canigou für jeden Enthusiasten der mittelalterlichen Kunst zu einem der anziehendsten Ziele.

Seit 996 befand sich an dieser Stelle des Bergmassivs Canigou eine Eremitage. Fünf Jahre später legte Guifred, Graf der Cerdagne und Bruder des großen Abtes Oliba von St-Michel-de-Cuxa, den Grundstein für ein Priorat. Später trat der Gründer selbst als Mönch in das junge Kloster ein. Man zeigt den Besuchern das Grab, das Guifred für sich selbst aus dem Felsen geschlagen haben soll. Die Mitglieder dieser Familie stehen exemplarisch für ein ganzes Zeitalter: Der

Vater Oliba Cabreta war im Alter als Mönch nach Montecassino gegangen; der Sohn Oliba, der es als Abt von St-Michel-de-Cuxa zu einer glänzenden Stellung gebracht hatte, entsagte später diesem Amt und zog sich als einfacher Mönch ins spanische Ripoll zurück; sein Bruder Guifred wandte dem weltlichen Ruhm den Rücken, um gleichfalls seine Tage in Klostermauern zu beschließen.

Im Zuge des Aufbaus von St-Martin stellte Abt Oliba einige Mönche aus Cuxa zur tätigen Mithilfe ab, darunter auch den Baumeister *Sclua,* der 1014 das Amt des Priors von St-Martin übernahm. Dreißig Jahre lenkte er die Geschicke des Klosters, dessen bauliche Gestalt er geprägt hat. Zu Beginn des 15. Jh.s brachte ein Erdbeben den Glockenturm und Teile der Kirche zum Einsturz; fortan blieb das Kloster als unbewohnte Ruine liegen. Erst zu Anfang unseres Jahrhunderts wurden die Baulichkeiten renoviert und mit neuem Leben erfüllt.

St-Martin-du-Canigou, ehem. Klosterkirche, perspektivischer Schnitt. Nach Conant

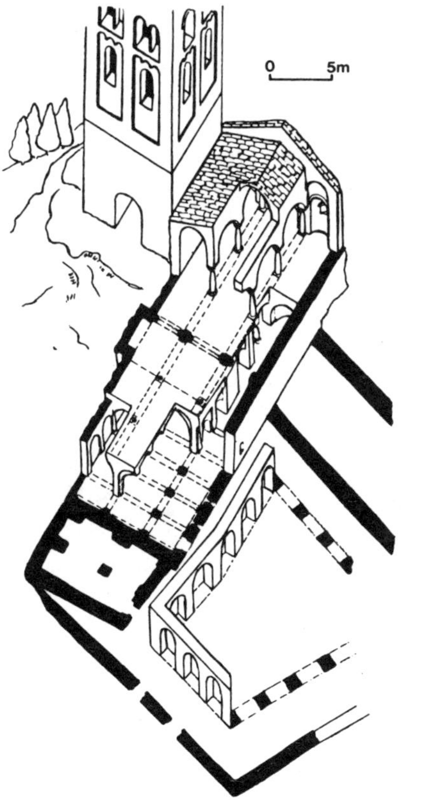

Nach einem Aufstieg von etwa einer Dreiviertelstunde, der in dem Dorf Casteil beginnt, erreicht man das in völliger Abgeschiedenheit auf der Nordflanke des Canigou gelegene Kloster. Der erste Weg führt auf einen Aussichtspunkt, von wo man den Blick auf den Bautenkomplex im Vordergrund und die Bergkulisse genießt (Farbabb. 1). Kraftvoll überragt der frei stehende *Glockenturm* die Kirche. Er ist vermutlich der älteste Vertreter seiner Art in Südfrankreich.

Den zentralen Mittelpunkt des Klosters bildet die wiederhergestellte *Kirche,* die aus zwei übereinander aufgehenden Räumen gleicher Grundfläche besteht. Die Unterkirche ist eine Halle mit drei Schiffen, die von Kreuzgratgewölben überfangen werden. Aus der Tatsache, daß die Arkaden dieser Halle ursprünglich auf kleinen monolithischen Säulen ruhten, die erst nachträglich durch eine Ummantelung zu Pfeilern verstärkt wurden, hat man auf eine nachträgliche Planung der Oberkirche schließen wollen; andererseits spricht die exakt gleiche Scheitelhöhe aller drei Schiffe dafür, daß die Oberkirche doch von Anbeginn vorgesehen war. Möglicherweise hatte man einfach die statischen Gegebenheiten zunächst unterschätzt. Die Oberkirche ist gleichfalls eine

Halle, deren drei Schiffe mit Tonnen überspannt sind. Somit ist St-Martin-du-Canigou neben St-Philibert in Tournus der erste komplett in allen Bauteilen eingewölbte Sakralbau. Beide sind Gründungsbauten der Romanik. Ein Ansatz zur Gliederung ist nirgends auszumachen. Das Mittelschiff der Oberkirche erfährt lediglich in der Mitte eine Unterbrechung, wo anstelle der monolithischen Granitsäulen zwei massiv gemauerte Pfeiler auftreten. Die tragende Substanz stellt einzig das Mauerwerk selbst dar, woraus die minimale Durchbrechung mit Fenstern resultiert. Alle drei Schiffe der querhauslosen Halle münden im Osten in je eine halbrunde Apsis. Die Kapitelle zeigen zaghafte Ansätze einer plastischen Ausgestaltung in Form von vegetabilen und zoomorphen Darstellungen.

Es ist zu bedauern, daß man als Tourist nur im Rahmen eines geführten Besuchs in der Kirche verweilen kann; in der Kürze der Zeit läßt sich das Wesen dieses Raumes kaum ganz erfassen.

Der *Kreuzgang* besaß ursprünglich zwei Galerien, deren obere erst im 14. Jh. angelegt worden war. Bei der Rekonstruktion hat man sich auf die Wiederherstellung des unteren Geschosses beschränkt und dafür Teile vom einstigen Obergeschoß wiederverwendet, so daß das Ergebnis mißverständlich ausgefallen ist.

St-Michel-de-Cuxa**
(Pyrénées-Orientales)

Dieses wichtigste Kloster des Roussillon lieferte seit der Mitte des 10. Jh.s für rund 200 Jahre die entscheidenden Impulse für alle Klöster dieser Landschaft. Die Gründung am Fuße des heiligen Berges Canigou war bereits 878 erfolgt. Der bestehende Kirchenbau wurde knapp 100 Jahre später aufgeführt, als Cuxa schon einen Ruf besaß, der weit über die Grenzen des Roussillon hinausging. 996 hatte sich der Doge Pietro Gradenigo I. aus Venedig in das Pyrenäenkloster zurückgezogen. Die herausragende Gestalt auf dem Abtstuhl war der aus dem Grafengeschlecht der Cerdagne stammende *Oliba.* Er ließ zu Beginn des 11. Jh.s entscheidende Veränderungen an der Kirche vornehmen und führte damit zugleich den ostromanischen oder lombardischen Stil in Südfrankreich ein. Im Zuge der Französischen Revolution teilte Cuxa das Schicksal allen kirchlichen Besitzes; es wurde vom Staat konfisziert und an private Käufer veräußert. 1835 brach das Kirchendach ein, drei Jahre später fiel einer der beiden Glockentürme in sich zusammen. Der Kreuzgang, der noch bis in das anbrechende 20. Jh. alle Katastrophen überstanden hatte, wurde 1907 in die Vereinigten Staaten verkauft. Er bildet heute eines der Prunkstücke des »Museum of the Cloisters«, einer Abteilung des Metropolitan Museum of Art in New York.

Die Kirche des 10. Jh.s ist noch recht gut auszumachen. Es handelt sich um eine dreischiffige Basilika, die in wesentlichen Elementen vorromanisch ist. Die massiven Stützen sind nicht eigentlich Pfeiler, sondern eher Wandabschnitte, zwischen denen die Arkaden wie ausgeschnitten erscheinen. Das Mittelschiff besitzt keine Wölbung (die Schwibbögen, die heute den offenen Dachstuhl tragen, stammen aus gotischer Zeit). Die Querhausarme sind bis an das Mittelschiff herangeführt, ohne dieses jedoch im Sinne einer Vierung zu durchdringen. Der Hufeisenbogen der Arkaden wird

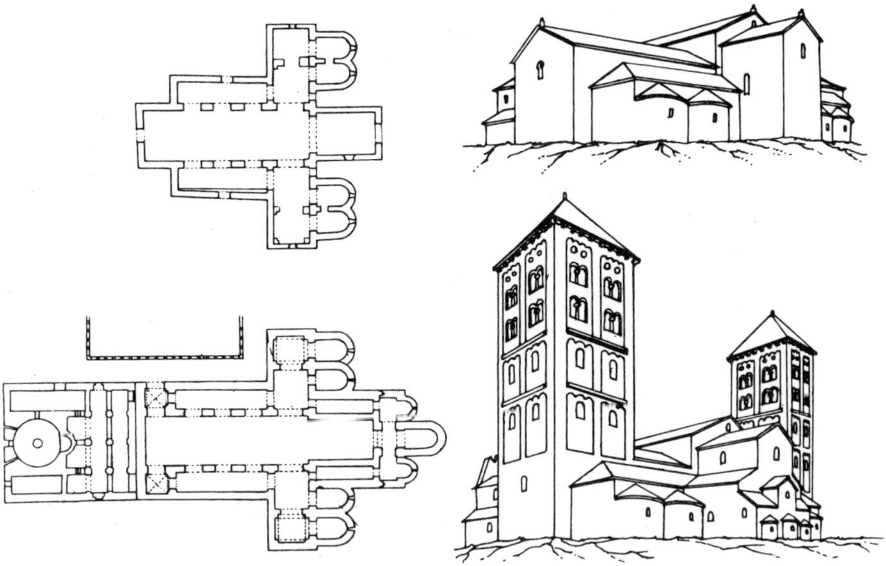

St-Michel-de-Cuxa, ehem. Abteikirche, Grundriß und Ostansicht der beiden Bauphasen (975 bzw. Anf. 11. Jh.). Nach Kubach

in der Forschung nicht als eine Übernahme aus der arabischen Architektur gedeutet, sondern gilt als Relikt aus westgotischer Zeit.

Die von Oliba initiierten Baumaßnahmen betreffen in erster Linie den *Ostteil.* Ursprünglich hatten je zwei Zwillingskapellen an den Querhausarmen isoliert neben dem Chor gestanden. Oliba ummantelte den rechteckigen Chor mit einem Umgang und drei rund abschließenden Ostkapellen, so daß es zur baulichen Verschmelzung der Seitenkapellen mit dem Chor kam. Gleichzeitig wurden an den Enden der Querarme zwei mächtige *Türme* aufgezogen, von denen einer noch steht. In ihrer Erscheinung hielt die lombardische Baukunst triumphalen Einzug in Südfrankreich. Im Westen ließ Oliba einen Anbau aufführen, dessen unterer Teil noch erhalten ist. Dieser von der Kirche durch Querriegel abgesetzte Zentralbau – außen quadratisch, innen rund – ist die älteste *Ringkrypta* der mittelalterlichen Baukunst. Die Ringtonne ruht auf einer einzigen massiven Säule im Mittelpunkt der Rotunde. Dieses Untergeschoß war der Krippenmadonna geweiht (Vierge-de-la-Crèche), das zerstörte obere Sanktuarium der Trinität.

Der größte Teil vom *Kreuzgang* steht heute am Hudson River. Es wurden aber doch etliche Originalstücke in Cuxa selbst zusammengetragen, die eine Teilrekonstruktion erlaubten (Farbabb. 18). Zwei Flügel sind nachträglich errichtet worden (die Kapitelle original, die Arkaden Neuanfertigungen). Dieser um 1140 entstandene Kreuzgang ist der älteste im Roussillon und diente zahlreichen anderen als Vorbild: St-Genis-des-Fontaines, Espira-de-l'Agly (in

Toledo, Ohio), Elne (als einziger vollständig in situ erhalten). Gemeinsam ist allen der Werkstoff – Marmor – und der Stil ihres bildhauerischen Dekors, der übereinstimmend eine Neigung zu strenger Geometrisierung aufweist.

Toulouse*** *(Haute-Garonne)*

Die neben Bordeaux wichtigste Stadt des südwestlichen Frankreich könnte den Titel einer »Hauptstadt der Romanik« für sich in Anspruch nehmen, hätten nicht die Revolutionsjahre Schäden von unvorstellbaren Ausmaßen angerichtet. Toulouse besaß – als einzige Stadt Frankreichs – drei große romanische *Kreuzgänge:* einen neben der *Kathedrale St-Étienne,* einen zweiten im *Kloster La Daurade* und einen weiteren bei der *Pilgerkirche St-Sernin.* Nicht einer von ihnen hat das Massaker der Spitzhacke überlebt. Was an Kapitellen und Architekturfragmenten gerettet werden konnte, ist heute im *Musée des Augustins* zu sehen. Immerhin hat sich mit der Kirche St-Sernin zumindest ein romanisches Denkmal von höchstem Rang erhalten, so daß Toulouse noch immer eine der bedeutendsten Stationen einer Reise durch das romanische Frankreich darstellt, an der kein Weg vorbeiführt.

Toulouse, St-Sernin, isometrischer Schnitt. Nach Kubach

Die Wallfahrtskirche St-Sernin ist heute, nach dem Verlust von Cluny, der größte Sakralbau der französischen Romanik (115 m Gesamtlänge). Der Baubeginn des gewaltigen Projekts liegt im dunkeln, fällt aber aller Wahrscheinlichkeit nach in die 1070er, spätestens 1080er Jahre. Die Weihe des Chores ist für das Jahr 1096 gesichert; das Langhaus war 1118 weitgehend fertiggestellt. Lediglich der Narthex im Westen blieb unfertig (erst 1929 vollendet). Nach einer jüngst durchgeführten umfangreichen Restaurierung erstrahlt das stolze Bauwerk wieder im alten Glanz.

In St-Sernin wurde die Summe aller bis zum Ende des 11. Jh.s gesammelten Erfahrungen gezogen. Der Grundriß zeigt eine fünfschiffige Anlage, ähnlich wie Cluny III. Im Aufriß wurde jedoch das basilikale Schema zugunsten des auvergnatischen Emporenprinzips aufgegeben: Den inneren Seitenschiffen sitzen Tribünen auf, deren Vierteltonnen an den Fußpunkt der Mittelschifftonne heranreichen, um den horizontalen Schub des Hauptschiffgewölbes abzufan-

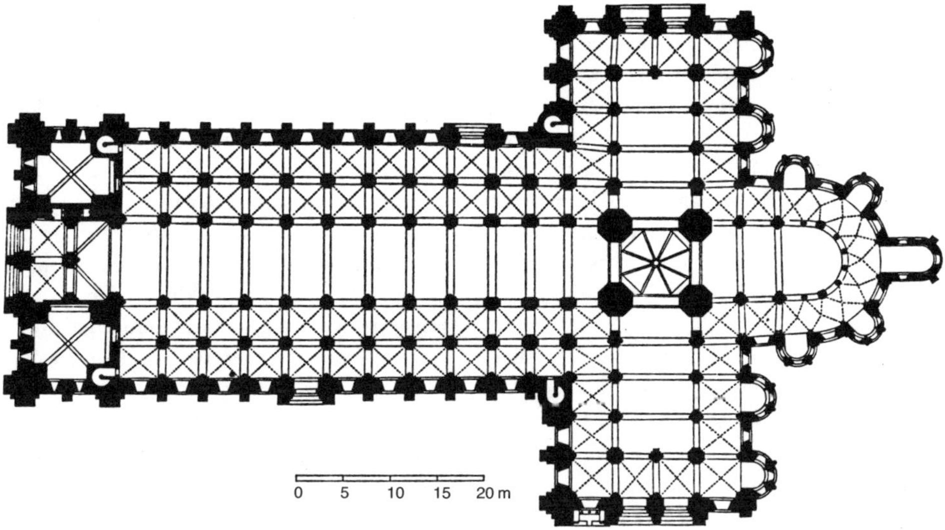

Toulouse, Wallfahrtskirche St-Sernin, Grundriß. Nach Viollet-le-Duc

gen. Im Gegensatz zu den Kirchen der Auvergne zeigt sich St-Sernin fortschrittlicher: Die Tonne ist hier durch Gurtbögen in einzelne Abschnitte gegliedert; diese werden in Form von Diensten vorbereitet, die von den Pfeilern über die Hochschiffwand bis an den Fußpunkt des Gewölbes reichen. Dergestalt wird in St-Sernin ein Bestreben erkennbar, die konservative Gesinnung der Auvergne – Halbtonne anstatt der Spitztonne – mit dem Gliederungswillen der westfranzösischen Romanik zu einer Synthese zu bringen. Noch in einem anderen Punkt weicht St-Sernin von den Schulbauten der Auvergne ab: Während dort das Querhaus grundsätzlich einschiffig blieb, ist es hier dreischiffig. In dieser Besonderheit stimmen Conques und Toulouse überein. In St-Sernin ist man jedoch über Conques noch hinausgegangen: Dort enden die Seitenschiffe an den Stirnseiten der Querhausarme, während sie in St-Sernin um alle drei Seiten der Querflügel herumgeführt sind. Dadurch entsteht eine Einheitlichkeit des Riesenbauwerks, wie sie selbst die so vehement nach Geschlossenheit strebende Gotik nur in Einzelfällen erreicht hat.

Die von einer Trompenkuppel überwölbte Vierung ist unvorteilhaft gegen die vier Flügel von Langhaus, Querhaus und Chor abgegrenzt, was nicht der ursprünglichen Situation entspricht: Als der vielstockige Vierungsturm im 14. Jh. erhöht wurde, machte dies eine Verstärkung der Vierungspfeiler erforderlich. Diese greifen nun so weit in den Raum aus, daß die Vierung wie abgeschnürt erscheint. Der Blick von Westen auf einen barocken Altar im Chor mindert zusätzlich das Raumerlebnis, während man einst die kühnen Ausmaße der Architektur ungehindert vom Eingang bis in den Scheitel des Chores erfassen konnte.

St-Sernin besaß nach Rom den reichsten Reliquienschatz der Christenheit, u. a. die Gebeine des Apostels Jakobus minor, was oft zu Verwechslungen mit Santiago de Compostela führte (dort Jakobus maior). Jedenfalls geht auf Toulouse die heute noch gebräuchliche Redensart zurück, wonach dieses oder jenes »nicht der wahre Jakob ist«. Reliquienbesitz und Pilgerandrang machten die Errichtung eines Chores mit Umgang und Radialkapellen zur einzig möglichen Lösung für den Ostteil der Kirche. Das Ensemble von fünf Radialkapellen und vier Kapellen am Querhaus überragt der aufwendig gestaltete *Vierungsturm* (Abb. 61).

Die Tatsache, daß die Kirche in Santiago de Compostela mit Ausnahme ihrer Dreischiffigkeit geradezu als Zwillingsbau von St-Sernin in Erscheinung tritt, läßt auf eine scharfe Konkurrenz zwischen diesen beiden großen Wallfahrtszentren schließen.

Nicht nur die Architektur von St-Sernin markiert einen Meilenstein in der Entwicklung der romanischen Kunst; auch die *Skulpturen* in und an dieser Kirche legen Zeugnis ab von den entscheidenden Jahren der Entfaltung um die Wende vom 11. zum 12. Jh. Wir gehen chronologisch vor: Nach der letzten Restaurierung wurde in der Vierung wieder jener *Tischaltar* aufgestellt, der dort wahrscheinlich schon am Tag der Weihe durch Papst Urban II. (1096) stand. Der Blick auf die Mensa mit dem Dekor von kleinen Kreissegmenten, die den Rand säumen, beweist, daß er in einer in der Languedoc tief verwurzelten Tradition steht. Der Reliefdekor seiner Außenkanten ist dagegen etwas völlig Neues: Während die Beispiele in der Languedoc hier nur eine Abstufung von Profilen zeigen, sind die Kanten des Tischaltars von St-Sernin vollständig in Reliefs aufgelöst. Die Längsseiten schmücken Ranken, in die Vögel verwoben sind, die Schmalseiten kleine Tondi mit Brustbildern von Heiligen und Engeln, die ein Medaillon Christi tragen (Abb. 55). Gegenüber den älteren bildhauerischen Arbeiten namentlich im Roussillon sind an dieser Stelle erstmalig Anlehnungen an antike Motive erkennbar (porträthafte Unterscheidung der Köpfe; Frisuren, wie man sie von römischen Köpfen her kennt). Ferner werden jetzt die plastischen Entfaltungsmöglichkeiten des Reliefs ausgeschöpft. Es handelt sich nicht mehr um Steinschnittarbeiten wie an den Türstürzen von St-Genis oder St-André im Roussillon; der Stein wird vielmehr ausgehöhlt, Licht und Schatten gewinnen in den Vertiefungen eine räumliche Dimension. Der Künstler – er nennt sich auf der Platte: *Bernardus Gelduinus* – muß als eines der großen innovativen Genies der abendländischen Kunstgeschichte gelten. Zugleich wird an seiner Person deutlich, daß das Roussillon, das in dem halben Jahrhundert zwischen 1020 und 1070 die ersten Beiträge zur Entstehung der mittelalterlichen Skulptur geliefert hatte, die Führungsrolle gegen Ende des 11. Jh.s an die Languedoc und deren Zentrum Toulouse abgetreten hatte.

Weitere Werke, die entweder von der Hand des überragenden Gelduinus selbst oder zumindest aus seinem engsten Umkreis stammen, finden sich im *Chorumgang: sieben skulptierte Marmorplatten* mit knapp halblebensgroßen Darstellungen eines Christus in der Glorie, eines Cherub, eines Seraph und vier Aposteln. Zwar läßt die Flächenhaftigkeit der Reliefs noch an die Verbindung zu Elfenbeintafeln oder an Vorbilder aus der Goldschmiedekunst denken; die Gestaltung der Köpfe ist jedoch nahezu identisch mit den Gesichtern am Tischaltar. Diese Chorumgangreliefs stellen einen wichtigen Schritt in Richtung auf die Monumentalskulptur dar. Die Platten befanden sich nicht alle ursprünglich an dieser Stelle; mindestens vier sind erst 1825 aus anderen zerstörten Kirchen in Toulouse hierher gekommen.

Ein zweites Bildhaueratelier hat wenig später, um 1100, die Kapitelle der nach Süden – zur Stadt – orientierten *Porte des Comtes* am rechten Querhaus gearbeitet (der erst im 17. Jh. auftauchende Name bezieht sich auf links neben dem Portal befindliche Sarkophage, in denen Grafen von Toulouse bestattet wurden). Die künstlerische Qualität der relativ grob bearbeiteten Reliefs reicht an die Gelduinus-Werkstatt nicht heran. Bemerkenswert ist an dieser Stelle eher das Doppelportal in seiner tiefen Muldung in einen der Wand applizierten Vorbau: frühestes Beispiel eines Portalprogramms, das alsbald zu einem Hauptthema der romanischen Kunst werden sollte. In seiner Anlage als Prunktor wird erstmals die Antike zitiert.

Diese Entwicklung setzt sich fort in einem zweiten, gleichfalls nach Süden gerichteten Portal: der *Porte Miégeville* (Abb. 60). Aus der für 1118 überlieferten Weihe für das Bauwerk ist auf eine Datierung vor 1118 zu schließen. Mit dieser dritten an St-Sernin tätigen Werkstatt wird der von Gelduinus und der Porte des Comtes eingeschlagene Weg konsequent fortgesetzt. Die Porte Miégeville ist das erste romanische Portal, in dem Tympanon, Architrav, eingestellte Säulen mit Kapitellen, Archivolten und architektonischer Rahmen zu einer geschlossenen Einheit gruppiert werden (in dem nur wenige Jahre älteren Portal im burgundischen Charlieu beschränkt sich der bildnerische Dekor auf das Tympanon; das Portal setzt sich dort nicht als eigener Baukörper von der Kirche ab). Thema der Darstellung ist die Himmelfahrt Christi: Im Zentrum des aus fünf Platten zusammengesetzten Tympanons wird die aufrechte Gestalt des Heilands von zwei Engeln emporgehoben, wobei Blickrichtung, Arm- und Fußhaltung die Aufwärtsbewegung unterstreichen; zwei Engel assistieren an jeder Seite. Das Tympanon ist von dem Architrav durch ein kräftig profiliertes Gesims mit Rankenmuster geschieden. In dieser Erdenzone erscheinen die Apostel (links und rechts zusätzlich zwei Juden), die ihre Köpfe nach oben verdrehen, den Blick auf das Himmelfahrtsgeschehen gerichtet. Die Reliefs an den Seiten des Portalvorbaus zeigen die Apostel Jakobus maior und Petrus. Die Hervorhebung des Jakobus erscheint an einer Pilgerkirche auf dem Weg nach Santiago selbstverständlich. Petrus hingegen ist in einem inhaltlichen Kontext mit der Himmelfahrt zu sehen: Ihm zu Füßen erkennt man den Magier Simon, dessen Flugversuch Petrus vereitelt hatte (Gegenüberstellung von »echter« und »falscher« Himmelfahrt). Die Kapitelle mit Szenen aus der Kindheit Jesu (links) und dem Sündenfall (rechts innen) waren ursprünglich nicht für dieses Portal vorgesehen, denn sie sind allseitig bearbeitet. Man nimmt an, daß sie wenige Jahre älter sind als das Portal.

In der kompliziert gefältelten Gewandung der großen Gestalten und der Schritt- und Kreuzstellung der Beine bei Engeln und Aposteln werden stilistische Eigenheiten formuliert, die aus der gleichzeitigen Skulptur Nordspaniens übernommen wurden (Kreuzgang von Santo Domingo de Silos) und zu Charakteristika der südwestfranzösischen Plastik werden sollten. Auch das Motiv der nach oben gewandten Köpfe fand vielfältige Nachfolge (Moissac, Cahors, Carennac). Die Porte Miégeville stellt demnach das entwicklungsgeschichtliche Bindeglied zwischen den Arbeiten des Gelduinus und den großen Portalen von Moissac und Souillac dar.

Ein Besuch des Lapidariums im Musée des Augustins, dem ehemaligen Kloster der Augustiner, rundet das Erlebnis der romanischen Skulptur in Toulouse ab: In einem großen Saal sind alle Reste ausgestellt, derer man aus den drei zerstörten Kreuzgängen der Stadt noch habhaft werden konnte. Die ältesten Skulpturen aus *Notre-Dame-de-la-Daurade* aus der Zeit um 1100 weisen denselben Stil auf wie jene im Kreuzgang von Moissac. Die Figuren bewegen sich auf freiem Grund, so daß der Block des Kapitells sichtbar bleibt. In den späteren Arbeiten (nach 1125) rücken die Gestalten eng zusammen, und der Kapitellblock als Bildträger verschwindet. Zu den großartigsten Schöpfungen gehören neben den Figurenpfeilern aus dem einstigen Kathedralkreuzgang von *St-Étienne* mit Darstellungen der Apostel (2. Viertel 12. Jh.) die Kapitelle von ebendort, darunter die erzählerisch bewegten Salome-Szenen (Abb. 59). Als ein Spätwerk des Meisters der Porte Miégeville gilt der Pfeiler mit zwei Frauengestalten, die einen Löwen und einen Widder in Händen halten (1. Viertel 12. Jh.).

Bei aller Begeisterung für die Romanik sollte man in Toulouse nicht den Besuch der gotischen *Dominikanerkirche Les Jacobins* mit dem Grab des Thomas von Aquin versäumen. Hier zeigt sich in der Gestalt einer zweischiffigen Halle, daß die Gotik in Südfrankreich nur dann zu überzeugenden Äußerungen fand, wenn sie sich bereit zeigte, mit alten bodenständigen Traditionen einen Kompromiß einzugehen.

Weitere sehenswerte romanische Kirchen

Agde *(Hérault)*

St-Étienne ist das Paradebeispiel einer Wehrkirche, wie sie zahlreich gerade entlang dem Küstenstreifen entstanden, der dem Angriff von der Seeseite (Sarazenen, Piraten) schutzlos preisgegeben war. Ungewöhnlich ist der T-förmige Grundriß der chorlosen sakralen Festung.

Alet-les-Bains *(Aude)*

507 waren die Westgoten von den vereinigten Franken und Burgundern über die Pyrenäen nach Süden abgedrängt worden. 200 Jahre später (711) brach ihr dort errichtetes Königreich unter dem Ansturm der Mauren endgültig zusammen. Zahlreiche westgotische Mönche flohen zurück ins Frankenreich. Alet gehört neben Lagrasse und St-Hilaire-de-l'Aude zu den westgotischen Gründungen, die damals in den Corbières entstanden. Von dem romanischen Kloster steht heute nur noch eine imposante *Ruine* mit beträchtlichem Baudekor.

Ambialet *(Tarn)*

1057 nahmen die Benediktiner aus St-Victor (Marseille) Besitz von dem kleinen Priorat im Albigeois und errichteten den einzigen Vertreter des frühromanischen Stils in dieser Region. Das ursprünglich flach gedeckte Mittelschiff der dreischiffigen Basilika NOTRE-DAME-DE-L'ODER erhielt erst im 12. Jh. die Tonne; die Vierteltonnen der Seitenschiffe dagegen gelten als original.

Espira-de-l'Agly *(Pyrénées-Orientales)*

NOTRE-DAME ist ein Beispiel für die späte Romanik im Roussillon (um 1200), ablesbar an der perfekten Steinschnittechnik. Das *Portal mit Kapitellen,* die von St-Michel-de-Cuxa abhängen, ist – wie meist im Roussillon in dieser Spätzeit – aus Marmor. Ungewöhnlich der aus einer Doppelapsis bestehende Chor der einschiffigen Anlage.

Lagrasse *(Aude)*

Die einst bedeutende Abtei am Nordrand der Corbières besitzt noch Teile des frühromanischen Kirchenbaus: die untere Partie des mächtigen Turms und einen Querschiffarm mit drei Kapellen, der Rückschlüsse auf die einst beträchtlichen Ausmaße der Gesamtanlage zuläßt; die übrigen Konventsgebäude, soweit erhalten, sind späteren Datums.

Lamalou-les-Bains *(Hérault)*

Die FRIEDHOFSKIRCHE ST-PIERRE-DE-RHÈDES steht auf der Schwelle von der früh- zur hochromanischen Baukunst bzw. macht das Zurückweichen des ostromanischen Stils vor dem westromanischen Einfluß deutlich. Am Chor erscheint noch das lombardische Gliederungssystem (Lisenen, kleine Blendarkadenreihen); der einschiffige Saal dagegen besitzt bereits Runddienste, die als Gurtbögen in die Spitztonne des Gewölbes hinaufreichen.

Lescure *(Tarn)*

Wer Albi mit der burgähnlichen gotischen Kathedrale und dem Toulouse-Lautrec-Museum besucht, sollte auch der wenig bekannten KIRCHE ST-MICHEL im nur 3 km entfernten Lescure seine Aufwartung machen. Sie prunkt mit einem reich ornamentierten *Archivoltenportal,* einem der am weitesten nach Süden vorgedrungenen Vertreter poitevinischer Fassadengestaltung.

Monastir-del-Camp *(Pyrénées-Orientales)*

Frühromanische KIRCHE NOTRE-DAME-DE-LA-VICTOIRE (zur Erinnerung eines Sieges Karls des Großen über die Mauren) mit hochromanischem *Marmorportal* an der Westseite. Interessant dort ein Kapitell mit der Auffindung des Kreuzes durch die hl. Helena. Ein Kleinod aus gotischer Zeit ist der intime Kreuzgang.

Nant *(Aveyron)*

Der Ort liegt in der wildromantischen Schlucht der Gorges de la Dourbie auf der Grenze zwischen Languedoc und Rouergue. Die KIRCHE ST-PIERRE der ehemaligen Abtei ruht auf Pfeilern, denen auf halber Höhe paarweise Säulen aufgeblendet sind. Sie tragen einen umfangreichen Zyklus zumeist ornamental dekorierter *Kapitelle.*

Narbonne *(Aude)*

Neben der vielgerühmten gotischen Kathedrale des Meisters Jean Deschamps (nur der Chor fertiggestellt) besitzt die ehemalige Hauptstadt der römischen Gallia Narbonensis in der KIRCHE ST-PAUL-SERGE (der Name des ersten Bischofs der Stadt) interessante Spuren der Romanik (der Bau insgesamt das Ergebnis einer Erweiterung in gotischer Zeit). Am dritten Pfeiler des Langhauses *Kapitelle* mit Szenen des Weltgerichts; in der Sakristei (Teil des romanischen Kreuzgangs) ein ungewöhnliches *Grabtympanon* mit zehn unterschiedlich großen Bischofsfiguren. Die extrem flächigen Reliefs gehören wohl noch dem 11. Jh. an, die beiden prunkvoll skulptierten Archivolten darüber mit Sicherheit dem 12. Jh.

Perpignan *(Pyrénées-Orientales)*

Die *Portalskulpturen des Raimund von Bianya* an der KIRCHE ST-JEAN-LE-VIEUX setzen den

Schlußpunkt unter das Kapitel der romanischen Bildhauerei im Roussillon (um 1220 entstanden). Während die vier Figuren zu seiten des Eingangs – rechts Johannes d. T. und Petrus, links zwei Apostel (?) – der Tradition der Flächenhaftigkeit huldigen, greift die Gestalt des segnenden Christus über dem Durchgang plastisch in den Raum aus.

Planès *(Pyrénées-Orientales)*

Von Villefranche-de-Conflent führt die N 116 steil hinauf in die zentralen Pyrenäen, wo kurz vor der Grenze zu Spanien eine ganze Gruppe kleiner romanischer Kirche liegt: *Angoustrine, Ur, Hix* und *Llo*. Auf dem Wege dorthin kommt man nahe an Planès mit einem höchst originellen Bau des 12. Jh.s vorbei: Die KIRCHE NOTRE-DAME-DE-LA-MERCI ist über einem dreieckigen Grundriß errichtet. Jede der drei Seiten schwingt dergestalt in eine apsidial gerundete Konche aus, daß man im Innern den Eindruck gewinnt, als handle es sich um ein Hexagon. Eine ovale Kuppel überspannt den Raum, der nach der Legende als Grabbau eines zum Christentum bekehrten maurischen Prinzen errichtet worden sein soll.

St-Hilaire-de-l'Aude *(Aude)*

Die kleine romanische KIRCHE NOTRE-DAME-DE-L'ASSOMPTION (an ihrer Südseite ein großzügiger gotischer Kreuzgang) besitzt ein Hauptwerk der romanischen Bildhauerkunst in Südfrankreich: den sogenannten *Saturninus-Sarkophag* (Abb. 50). Seine Reliefs erzählen Gefangennahme, Martyrium (der Heilige wird von einem Stier zu Tode geschleift) und Grablegung des ersten Bischofs von Toulouse. Nach Marcel Durliat handelt es sich um einen Altaruntersatz. Die bewegte Darstellungsweise in ihrer das Wesentliche betonenden Barockhaftigkeit macht es wahrscheinlich, daß wir es hier wieder mit einem Werk des *Meisters von Cabestany* zu tun haben.

Uzès *(Gard)*

Von der von Hugenotten im 16. Jh. zerstörten KATHEDRALE ST-THÉODORIT (der heutige Bau aus dem 17. Jh.) steht einzig noch der *Glockenturm,* einer der originellsten der gesamten französischen Romanik. Auch zur Zeit seiner Errichtung im 12. Jh. erhob er sich frei neben der Kirche und erwies sich in dieser isolierten Stellung wie in seiner ganzen Erscheinung als ein enger Verwandter italienischer Campanile. Seine Rundgestalt, einzigartig im Rahmen der romanischen Baukunst Frankreichs, hat in Italien etliche Parallelen (z. B. Schiefer Turm von Pisa).

Varen *(Tarn-et-Garonne)*

Die KIRCHE ST-PIERRE besitzt einen ungewöhnlichen Grundriß: Nur die Seitenschiffe der Basilika von stattlichen 45 m Länge münden jeweils in eine Apsis, während das Hauptschiff flach abschließt. Die Kirche weist einige qualitätvolle *Kapitelle* auf, die der Frühphase der romanischen Bildhauerei in Südfrankreich angehören.

Vic-la-Gardiole *(Hérault)*

Weiteres Beispiel für die sakrale *Fortifikationsarchitektur* entlang der Mittelmeerküste (vgl. Maguelone, Agde u. a.). Der schlichte Aufbau eines einschiffigen Saales vertritt einen im Midi verbreiteten Bautypus.

Der Südwesten: Aquitanien

Der Begriff Aquitanien hat im Laufe der Zeit viele Wandlungen erfahren: Bereits Gaius Julius Cäsar nannte die Bewohner in dem von ihm 57 v. Chr. unterworfenen Teil Galliens zwischen Garonne und Pyrenäen »Aquitani» (De Bello Gallico 1,1). Im Mittelalter war Aquitanien politisch definiert durch das Herzogtum, eines der größten Territorialfürstentümer Frankreichs. In nachmittelalterlicher Zeit geriet der historische Name mehr und mehr in Vergessenheit; erst Anfang der 1970er Jahre, als die französischen Départements kulturell und wirtschaftlich zu Gruppen zusammengefaßt wurden, erlebte er seine Renaissance. Seither ist »Aquitaine« der Sammelbegriff für die Départements Dordogne, Lot-et-Garonne, Gironde, Landes und Pyrénées-Atlantiques.

Unsere Kapitelaufteilung orientiert sich an der Geographie und rechnet zu Aquitanien alle Landschaften im sogenannten *Aquitanischen Becken,* das heißt in der weiten Senke, die sich von den Ausläufern des Zentralmassivs bis an den Atlantik erstreckt und im Süden vom Wall der Pyrenäen begrenzt wird. Dies sind: PÉRIGORD (Tal der Dordogne), QUERCY (Täler des Lot und des Tarn), GASCOGNE (der Süden mit den Regionen Landes, Chalosse, Armagnac und Béarn), GUYENNE (die Senke des Garonnebeckens bis vor die Tore von Toulouse) und BORDELAIS (das Gebiet um Bordeaux).

Die nachantike Geschichte Aquitaniens zeigt schon früh die Tendenz, eigene Wege zu gehen. Nach den Römern kamen zunächst die Westgoten, gefolgt von den Franken. Bereits im 7. Jh. gab es ein Herzogtum Aquitanien. Karl der Große ließ 781 seinen jungen Sohn Ludwig (den Frommen) zum König von Aquitanien salben. Nach dem Zusammenbruch des karolingischen Reiches übernahmen in Aquitanien Herzöge aus dem Haus Poitou die Herrschaft; Mitte des 11. Jh.s konnten sie auch das zuvor selbständige Herzogtum Gascogne an sich bringen und ihre Lehnshoheit über die Grafschaften Toulouse und Auvergne ausdehnen. Dieses imposante Erbe brachte Eleonore von Aquitanien durch ihre Heirat mit dem späteren König Ludwig VII. von Frankreich zunächst der französischen Krone ein. Als diese Ehe jedoch 1152 annulliert wurde und Eleonore bald darauf Heinrich Plantagenet, Graf von Anjou und Herzog der Normandie, ehelichte und dieser 1154 als Heinrich II. den englischen Thron bestieg, trat die fatale Situation ein, daß der König von England in Personalunion über weite Teile Frankreichs gebot: das sogenannte *Angevinische Reich.* Damit war der Grundstein für jenes politische Ringen gelegt, in dem sich England und Frankreich drei Jahrhunderte lang aufreiben sollten. Vormals das wirtschaftlich und kulturell reichste Territorialfürstentum im ganzen Königreich, Heimat der Troubadourlyrik, die die gesamte mittelalterliche Dichtung Europas befruchtete, war Aquitanien nach dem Tod Eleonores (1204) nur noch umkämpfter Zankapfel zwischen den verfeindeten Königreichen. Seine blühende Kultur verblaßte, so daß auch hier wie in vielen anderen Kunstlandschaften Frankreichs nur die Epoche der Romanik ein eigenes Profil entfalten konnte.

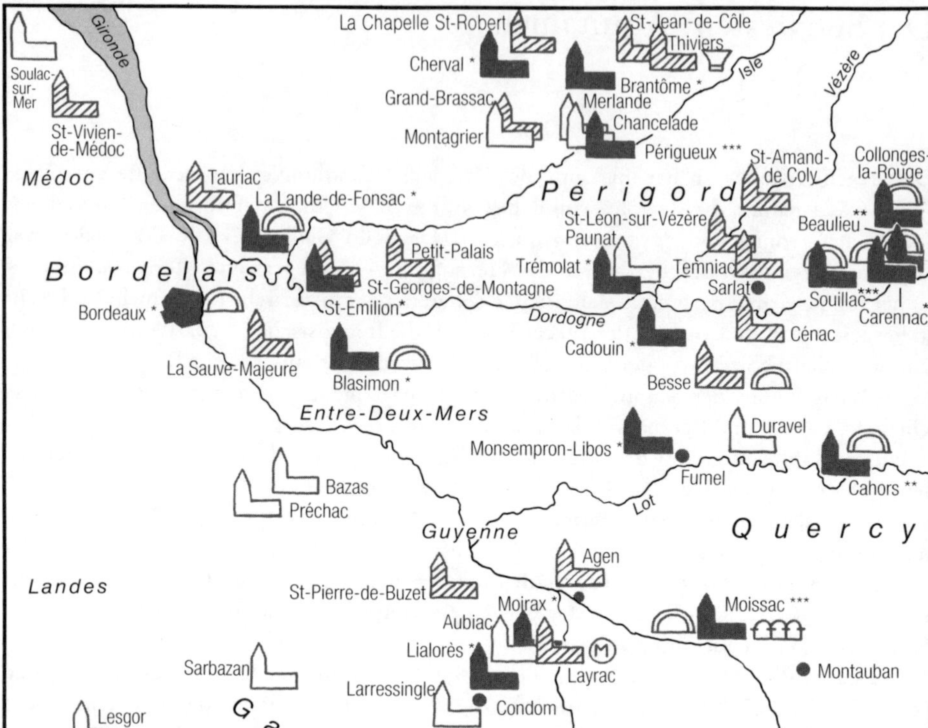

(Erläuterung der Symbole siehe Seite 10)

Ähnlich wie im Südosten des Landes, in der Provence, hat auch im Südwesten die Romanik erst nach der Wende zum 12. Jh. zu ihren großen Leistungen gefunden. In Aquitanien – das heißt in den historischen Landschaften Périgord, Quercy, Bordelais, Guyenne und Gascogne – war, wie überall im Süden, der Einheitsraum (die Halle oder der Saal) der vorherrschende Bautypus; dagegen spielte die Basilika eine eher nebensächliche Rolle. In der Gewölbetechnik beschritt man jedoch mit der Kuppellösung durchaus eigenwillige Wege. Der klassische Typus Aquitaniens ist die einschiffige *Saalkirche* mit einer *Reihe von Pendentifkuppeln* über Wandpfeilern. Die Flächen zwischen den Stützpfeilern haben keine tragende Funktion. In dieser Ausbildung eines struktiven Gerüsts verfolgt Aquitanien ein Prinzip, das mit dem der Normandie vergleichbar, von den südöstlichen Landschaften aber deutlich unterschieden ist. Über die Frage, warum gerade die Kuppel das übliche Wölbungselement wurde, ist viel gerätselt worden. Am plausibelsten erscheint der Hinweis auf die byzantinische Architektur, mit der Frankreich spätestens seit dem Ersten Kreuzzug in Berührung gekommen war. San Marco in Venedig mag dabei eine wichtige Vermittlerrolle gespielt haben. Andererseits muß man der Tatsache ins Auge sehen, daß die byzantinischen Kirchen grundsätzlich über einem griechischen Kreuzgrundriß errichtet wurden, wie es auch bei San Marco der Fall ist. In Aquitanien gibt es jedoch nur ein einziges Beispiel, das diesen Grundriß nachbildet: St-Front in Périgueux. Alle anderen Kuppelkirchen bleiben bei dem Schema des Saales, oft sogar ohne Querhaus. Wenn man also das byzantinische Erbe heranzieht, so ist doch festzuhalten, daß mögliche Vorbilder in einem spezifisch aquitanisch-südfranzösischen Sinne umgedeutet wurden. Auf einen anderen Zusammenhang hat bereits Dehio hingewiesen: Überall in Südfrankreich findet man primitive Kuppelbauten als architektonische Reflexe aus vorgeschichtlicher Zeit (*bories* heißen sie in der Provence, in Aquitanien *cabanes*), die offenbaren, daß die Kuppel seit eh und je ein geläufiges Motiv des Südens war. Als die technischen Möglichkeiten der Romanik es erlaubten, gewaltige Räume mittels Kuppeln zu überspannen, setzte sich diese Bauweise desto leichter in einem Land durch, in dem eine entsprechende bodenständige Tradition bereits angelegt war.

Doch auch für Aquitanien gilt, worauf bereits bei den anderen Kunstlandschaften wiederholt hingewiesen wurde: Nicht alle Bauten dieser Region sind sklavisch nur einem Typus, in diesem Fall der Kuppelbauweise, verpflichtet. Nur in einer gar nicht einmal sehr großen Gruppe findet sich das Grundprinzip stilrein ausgeprägt. Je weiter man in die Peripherie vordringt, desto mehr schwindet der Einfluß der Kernregion – der Gegend zwischen Cahors und Périgueux –, und es kommen die Anregungen benachbarter Gegenden zum Tragen. In der Gascogne sind Einflüsse aus der Languedoc stärker als die aquitanische Tradition. Umgekehrt hat die lokale Bauschule zum Teil über ihre kulturgeographischen Grenzen hinaus Impulse ausgesandt: In Fontevraud an der Loire findet sich ein Kuppelbau weit außerhalb der Grenzen Aquitaniens.

Die Auseinandersetzung mit Problemen der *Skulptur* ist in den unter dem Sammelbegriff Aquitanien erfaßten Landschaften sehr unterschiedlich ausgefallen. Im Quercy, das der Languedoc und deren schulbildendem Zentrum Toulouse räumlich am nächsten liegt, entstand eine ganze Reihe herausragender Werke, in denen die romanische Plastik Frankreichs ihre Vollendung erfuhr. Die von Toulouse ausstrahlenden Einflüsse sind an den Portalen von Carennac, Cahors, Beaulieu und – allen voran – Moissac und Souillac wirksam geworden. Es ist wieder ein Phänomen dieses merkwürdigen Ineinandergreifens der Kunstlandschaften im 12. Jh., daß gerade die Languedoc, die der Skulptur in wesentlichen Bereichen den Weg geebnet hatte, das Verdienst, die Epoche auf den Gipfel geführt zu haben, an Regionen außerhalb ihrer eigenen Kulturgrenzen abtrat.

Das Périgord ist dagegen verhältnismäßig bilderarm geblieben. Wenn man von einigen wenigen Kapitellzyklen absieht, hat sich der Elan dieser Landschaft ganz in der Bewältigung der Kuppelbauweise erschöpft. Kuppelbau und skulpturale Ausschmückung scheinen nicht miteinander in Konkurrenz treten zu wollen. Cahors und Souillac bleiben die beiden Ausnahmen, bei denen die hohe Qualität der Skulptur der großen Leistung auf dem Gebiet der Architektur ebenbürtig an die Seite tritt.

Ganz allgemein lassen sich die bildhauerischen Arbeiten der südwestfranzösischen Landschaften hinsichtlich ihres Stils auf einen Nenner bringen: Überall dort, wo ein szenischer Zusammenhang besteht, zeigt sich das Bestreben, die Figuren in eine Interaktion miteinander zu bringen. Die sich umarmenden Paare etwa am Bestienpfeiler von Souillac oder die im Gespräch einander zugewandten Apostel am Portal von Carennac sind dafür exemplarisch. Entsprechend läßt sich für alle diese Werke als gemeinsames Charakteristikum der Begriff der *Bewegung* anwenden (W. Messerer). Im Zusammenhang mit der burgundischen Skulptur war in Abgrenzung dagegen von *Beweglichkeit* (starke Bewegung innerhalb der einzelnen Figur, die nicht nach außen drängt), im Rahmen der provenzalischen von *Bewegtheit* die Rede (Betonung der menschlichen Gestalt, in der Statuarik Rückgriff auf antike Vorstellungen).

Je weiter man von den beiden Kernlandschaften Périgord und Quercy in Richtung Südwesten vordringt, desto dünner gesät sind die romanischen Denkmäler; nur vereinzelt wird an die Errungenschaften der großen Kunstzentren angeknüpft. Dies hängt nicht zuletzt mit der Humangeographie zusammen. Ganz besonders die Landes (= Heide, der Küstenstreifen der Côte d'Argent) waren schon immer ein volkarmes Gebiet, das noch heute zu den am dünnsten besiedelten Gegenden Frankreichs gehört. Dennoch trifft man auch hier im äußersten Südwesten Frankreichs noch einige durchaus sehenswerte romanische Stätten, die eine Rundfahrt durch diesen entlegenen Winkel des Landes allemal lohnen.

Beaulieu-sur-Dordogne**
(Corrèze)

Die Benediktinerabtei Sts-Pierre-et-Paul wurde 840 gegründet und gelangte durch den Erwerb bedeutender Reliquien rasch zu Ansehen. Auf eine Phase des Verfalls im 10. Jh. folgte die Reform durch die Cluniazenser, deren Bemühungen dazu führten, daß Beaulieu, obwohl abseits der Hauptrouten gelegen, sich alsbald zu einem wichtigen Etappenziel für viele Jakobspilger entwickelte. Mit dem bestehenden Kirchenbau wurde Anfang des 12. Jh.s begonnen; die Arbeiten dürften im wesentlichen gegen die Jahrhundertmitte vollendet gewesen sein.

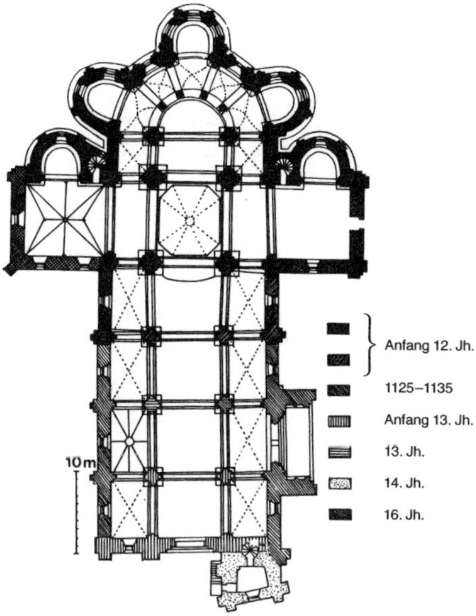

Beaulieu-sur-Dordogne, ehem. Abteikirche Sts-Pierre-et-Paul, Grundriß

An seiner Südseite öffnet sich das *Portal,* dem Beaulieu seine Berühmtheit verdankt (Abb. 63). Es ist in der Zeit zwischen 1130 und 1140 entstanden und steht in der Nachfolge von Moissac. Wie dort bildet eine tiefe tonnengewölbte Vorhalle den Überbau, in den das eigentliche Portal eingemuldet ist. Als wichtigster Bildträger dominiert das *Tympanon,* das von einem Trumeau gestützt wird. Sein Thema ist wiederum das Weltgericht. Als beherrschende Gestalt nimmt der Richter-Christus mit weit ausgebreiteten Armen das Zentrum ein; ihn flankieren zwei zur Mitte gewandte Engel, die die Posaunen des Jüngsten Gerichts blasen. Zu seiten als Beisitzer die Apostel; über Christus schweben Engel mit den Leidenswerkzeugen und der Richterkrone herab. In den Ecken entsteigen kleine Gestalten ihren Gräbern und streben der Mitte zu. Der Architrav ist in zwei Register geteilt: Im oberen speien zwei teuflische Fratzen vier Höllentiere aus, die sich daran machen, die Verdammten zu verschlingen; darunter treten vor einem Rosettenfries, ganz ähnlich jenem von Moissac, weitere dämonische Wesen auf, darunter das siebenköpfige Ungeheuer aus der Vision des Johannes.

Vergleicht man das Portal von Beaulieu mit anderen Darstellungen desselben Themas, so wird deutlich, daß die Ikonographie keineswegs eindeutig ist. Hier werden vielmehr verschiedene Inhalte miteinander verwoben. Die Erscheinung Christi ohne die übliche Mandorla ist als Hinweis auf die Parusie zu deuten, die dem Weltgericht zeitlich vorausgeht. Die Hervorhebung des Kreuzes in Verbindung mit den ausgebreiteten Armen – Demonstration der Wundmale – bezeugt den Triumph Christi. Eine weitere Besonderheit fällt auf, die hier in Beaulieu erstmalig in der christlichen Kunst des Abendlandes erscheint: Christus wird mit nacktem Oberkörper dargestellt, was der souveränen Herrschergestalt einen menschlichen Zug verleiht. Dies liegt auf derselben Linie wie die Attribute der Passion, die sonst aus dem Weltgericht stets ausgeklammert sind. Die Betonung des Leidens ist als ein Fortschreiten auf dem in Moissac eingeschlagenen Weg der Konkretisierung zu verstehen. Die Verschiebung der traditionellen romanischen Spiritualität zugunsten eines stärkeren Diesseitsbezugs kennzeichnet das Portal als einen wichtigen Meilenstein in Richtung auf die Gotik.

Der *Trumeau* wird aus überschlanken Figuren gebildet, vermutlich Propheten, die von eingebuchteten Säulchen getrennt werden. Den Eingang flankieren Petrus und

Paulus als die Patrone der Abtei. Weitere Reliefs in den Portalwangen sind starker Verwitterung wegen nur mühsam zu identifizieren. Links ist Daniel in der Löwengrube erkennbar, daneben hebt ein Engel Habakuk vom Boden auf, der dem Daniel die Nahrung in die Löwengrube brachte – ein typologischer Bezug zur Auferstehung. Gegenüber lassen sich die Versuchungen Christi ausmachen.

Der symmetrische Aufbau des Portals erfährt in der axialen Verschiebung des Kreuzes, das nicht direkt hinter Christus, sondern leicht neben ihn versetzt erscheint, eine geschickte Auflockerung. Der Stil weist auf Toulouse (Kreuzstellung der Beine, paarweise Zuordnung der Gestalten). Dennoch will das Werk insgesamt nicht so einheitlich erscheinen wie etwa die Portale in Moissac oder Carennac. Die spindeldürren Gliedmaßen (besonders deutlich an den Beinen des Weltenrichters) lassen burgundischen Einfluß vermuten. Möglicherweise hatte die Werkstatt Kontakt mit der gleichzeitigen Bildhauerei Burgunds, was aus der engen Verbindung Beaulieus mit Cluny zu erklären wäre.

Der *Innenraum* macht deutlich, daß Beaulieu im Einzugsbereich verschiedener Einflüsse liegt. Der Aufriß ist pseudobasilikal: Das Mittelschiff erhebt sich zwar über die begleitenden Seitenschiffe; da diesen aber kleine Emporen aufsitzen, ist der Obergaden nach außen verstellt. Der Obergadenbereich erscheint somit als ein Kompromiß auvergnatischer und limousinischer Bauformen. Die Chorgestalt dagegen mit Umgang und drei Radialkapellen steht der burgundischen Bauschule des Mutterklosters nahe (Cluny III).

Blasimon* *(Gironde)*

Die EHEMALIGE PRIORATSKIRCHE ST-NICOLAS liegt im Entre-Deux-Mers (so nennt man den Landstrich zwischen den Unterläufen der Dordogne und der Garonne, in denen die Gezeiten fast 100 Kilometer flußaufwärts spürbar sind: Zwischen zwei Meeren). Die Konventsgebäude sind bis auf spärliche Mauerreste zerstört, doch steht noch unversehrt die Kirche. Sie besitzt eine *Fassade*, die von Künstlern aus der Saintonge geschaffen worden sein muß, so getreulich hält sie sich an das Muster jener Landschaft. Zwei kleine Scheinportale flankieren den Haupteingang, der von sechs Archivolten überspannt wird. Drei von ihnen tragen einen Fries von breit auslappenden Blättern; die anderen zeigen Engel, Tugenden im Kampf gegen die Laster (Psychomachie) und Tierszenen. Die schlanken Personifikationen der Tugenden mit ihren über Kreuz gestellten Beinen (Languedoc-Erbe) sind Beispiele des elegant bewegten Spätstils der Romanik im dritten Viertel des 12. Jh.s.

Bordeaux* *(Gironde)*

Bordeaux, die Kapitale Aquitaniens, war immer eine blühende Handelsstadt. Denkmäler aller Epochen belegen eindrucksvoll ihre Geschichte: Reste des römischen Amphitheaters, die gotische Kathedrale St-André, spätmittelalterliche Stadttore, das Grand Théatre und die Börse aus dem 18. Jh. Aus romanischer Zeit stammen die Kir-

1 Kloster St-Martin-du-Canigou in den Pyrenäen, Roussillon ▷

2 Wallfahrtsort und Klosterkirche St-Guilhem-le-Désert, Languedoc ▷▷

3 Zisterzienserabtei Sénanque von Norden, Provence

5 Zisterzienserabtei Silvacane von Westen, Provence ▷

4 Chor der ehem. Prioratskirche St-Julien in Cénac, Périgord

7 Apokalyptischer König aus dem Freskenzyklus der Kapelle St-Martin-de-Fenollar, Roussillon

◁ 6 Vermählung der hl. Katharina, Fresko in der Krypta der Kirche Notre-Dame in Montmorillon, Poitou

8 Blick in das vollständig mit Fresken ausgemalte Tonnengewölbe von St-Savin-sur-Gartempe, Poitou ▷

10 St-Just-de-Valcabrère von Osten, im Hintergrund St-Bertrand-de-Comminges, Pyrenäen
◁ 9 Christus Pantokrator, Fresko in der Kapelle von Berzé-la-Ville, Burgund
11 Baume-les-Messieurs im Französischen Jura, Franche-Comté

12 La Chapelle St-Robert, Périgord

14 Vézelay; rechts im Bild die Wallfahrtskirche Ste-Madelaine, Burgund ▷

13 Kirche St-Aventin in den Pyrenäen

15 Die Madonna von Orcival, Auvergne

16 Goldstatue der hl. Fides (Ste-Foy) im Kirchenschatz von Conques, Auvergne ▷

17 Kreuzgang von Moissac, Quercy

19 Kreuzgang des ehem. Zisterzienserklosters Fontenay, Burgund ▷

18 Kreuzgang von St-Michel-de-Cuxa, Roussillon

20 Fußbodenmosaik in der Kirche von Sorde-l'Abbaye, Gascogne

22 Fußbodenmosaik in der Klosterkirche von Ganagobie, Haute-Provence ▷

21 Fußbodenmosaik in der ehem. Kathedrale von Lescar, Béarn

24 Ste-Radegonde in Talmont, Saintonge
◁ 23 Le Puy, Auvergne/Velay, links die Kapelle St-Michel-d'Aiguilhe, rechts die romanische Kathedrale
25 St-Denis in Lichères, Angoumois

26 Ste-Foy in Conques, Auvergne ▷

chen St-Seurin und Ste-Croix. St-Seurin, dessen Gründung in spätantike Zeit zurückreicht, hat trotz der Gotisierung im 13. Jh. noch den Narthex, im Innern einige Kapitelle und die Krypta aus dem 11./12. Jh. bewahrt. Ste-Croix ist ebenfalls im Kern ein Bau des 11. Jh.s, der im 12. Jh. erweitert, eingewölbt und mit einer verschwenderischen Fassade ausgestattet wurde. Sie erfuhr allerdings im vorigen Jahrhundert eine derart radikale Überarbeitung durch Paul Abadie, daß eine genaue Bestimmung des ursprünglichen Aufrisses und Bildprogramms schwerfällt. Teile der Archivolten und der linke Turm sind auf jeden Fall noch Originalsubstanz. Im Gesamtentwurf stand offenbar die Kathedrale von Angoulême Pate.

Brantôme* *(Dordogne)*

In diesem verträumt am Ufer der Dronne (einem Nebenarm der Isle) gelegenen Kloster verfaßte Pierre de Bourdeille genannt Brantôme im 16. Jh. seine Skandalchronik »Les Dames galantes«. Kunstgeschichtlicher Anziehungspunkt ist der romanische *Glockenturm,* der sich frei neben der ehem. Abteikirche Sts-Pierre-et-Sicaire (diese weitgehend im 19. Jh. rekonstruiert) erhebt (Abb. 74). Er stammt aus dem späten 11. Jh. und hat einen völlig neuen Typus geprägt. Die Wandfläche ist vollständig aufgegeben; statt dessen erscheint eine Folge von mehrfach durchbrochenen und vielgestaltig gegliederten Geschossen übereinander geschichtet. Neu ist ebenfalls die Zurückstufung der einzelnen Geschosse, so daß der Turm sich insgesamt nach oben teleskopartig verjüngt und an Leichtigkeit gewinnt. Ein weiteres Novum sind die vier Spitzgiebel, die die Rundbogenöffnungen des vorletzten Geschosses bekrönen: Sie durchbrechen das trennende Gesims darüber und schaffen dergestalt eine Verzahnung zwischen den beiden letzten Abschnitten des

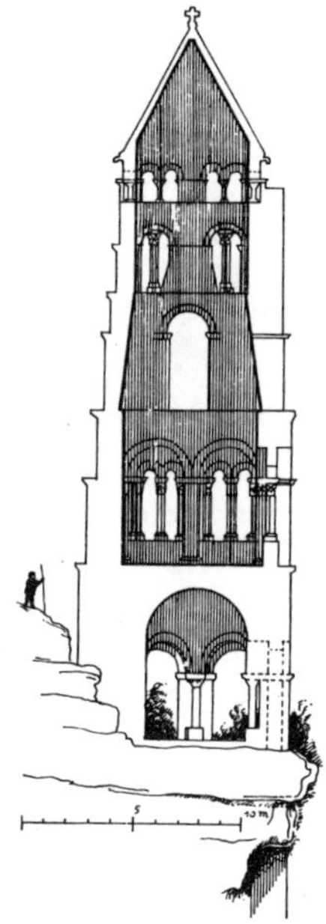

Brantôme, ehem. Abteikirche Sts-Pierre-et-Sicaire, romanischer Glockenturm, Aufriß. Nach Viollet-le-Duc

Glockenturms. Hier wurde bereits früh das romanische Prinzip der Trennung der einzelnen Baukörper aufgegeben. Am Glockenturm von Brantôme taucht also erstmals ein Detail auf, das ein halbes Jahrhundert später zum unverzichtbaren Bestandteil der gotischen Kathedrale werden sollte: der *Wimperg.* Das Beispiel machte Schule: Binnen kurzem fand er Nachahmung in Uzerche, Limoges und St-Léonard-de-Noblat im Limousin und selbst noch in der Auvergne an der Kathedrale von Le Puy. Der

◁ 27 St-Martin in Besse von Westen, Périgord

Turm von Brantôme zeigt somit exemplarisch, wie ein in der Romanik formuliertes Motiv sich allmählich ausbreitete, um schließlich Eingang in die gotische Kunst zu finden.

Cadouin* *(Dordogne)*

Mit der Zahl erhaltener Zisterzienserklöster im südöstlichen Frankreich kann der Südwesten des Landes nicht konkurrieren. Die wiederholten und zum Teil lang anhaltenden Kriege haben hier vieles vernichtet. Das Périgord besaß einst vier Niederlassungen des Ordens. Boschaud steht noch als Ruine (nördlich von Périgueux), Cadouin hat als einziges, wenn auch nur in Teilen, die Jahrhunderte überdauert. 1115 war das Kloster zunächst als freie Kongregation gegründet worden; bereits zwei Jahre später erfolgte der Anschluß an den Zisterzienserorden. Die KIRCHE NOTRE-DAME-DE-LA-NATIVITÉ wurde unverzüglich errichtet, denn schon für 1154 ist ihre Weihe überliefert. In ihrer Anlage als dreischiffige Halle mit zugespitzten Tonnen verbinden sich Elemente aus dem Poitou mit solchen aus Burgund. Das Périgord selbst hat in der Architektur nicht mitgesprochen. Der Verzicht auf Baudekor und einen Glockenturm ist ein allgemeines Kennzeichen zisterziensischer Baugesinnung. Das Kloster war im Hundertjährigen Krieg von Engländern gebrandschatzt worden. Von den Konventsgebäuden überstand einzig der romanische *Kapitelsaal* die Feuersbrunst. Der Kreuzgang wurde nach Ende des Hundertjährigen Krieges in spätgotischen Formen neu errichtet und erfuhr zu Beginn unseres Jahrhunderts eine Wiederherstellung, die die Wunden der Revolution heilte. Sein üppiger bildhauerischer Dekor läßt erkennen, daß man sich im 15. Jh. bereits weit vom Armutsideal des hl. Bernhard von Clairvaux entfernt hatte.

Cadouin war im Mittelalter ein rege besuchter Wallfahrtsort, denn es besaß als kostbare Reliquie das Tuch, in das der Leichnam Christi gewickelt gewesen sein soll.

Cahors** *(Lot)*

Das Erlebnis der KATHEDRALE ST-ÉTIENNE macht mit einer verblüffenden Erkenntnis vertraut: Der gewaltige Bau muß schon im späten 11. Jh. begonnen worden sein, denn bereits für 1119 ist die Weihe durch Papst Kalixtus II. überliefert. Obwohl St-Étienne neben der ehemaligen Kathedrale von Périgueux damit nachweislich einer der ältesten

Cahors, Kathedrale St-Étienne, Schnitt durch das 2. Joch. Nach J. de Verneilh, 1852

Kuppelbauten Aquitaniens ist, tritt die lokale Bauschule in diesem Beispiel derart ausgereift auf, daß man unweigerlich nach den Vorstufen fragt; und eben solche gibt es nicht. Man kennt keine Kuppelbauten, die als Vorläufer für den Monumentalbau in Cahors zitiert werden könnten. Zugleich besitzt Cahors die größten Kuppeln in Westeuropa. Ihr Durchmesser beträgt 18 m, eine Dimension, die keine andere aquitanische Kuppelkirche je wieder erreicht hat. Mit der Kühnheit dieser Konstruktion war man offenbar bereits bis an die Grenzen des technisch Möglichen gestoßen. Im 13. Jh. jedenfalls stürzte die hintere der drei Kuppeln ein und wurde nicht rekonstruiert; an ihrer Stelle entstand vielmehr im 14. Jh. ein gotischer Chor mit großen Maßwerkfenstern und einem Rippengewölbe. Will man also den romanischen Teil für sich betrachten, stellt man sich am besten in den Ostteil der Kirche mit dem Rücken zum Chor. Die Kuppeln bewirken ein in sich ruhendes Raumgefüge. Breite und Höhe sind derart ausgewogen in Beziehung gebracht, daß man die realen Ausmaße kaum ahnt. Der Zenit der Kuppel liegt 32 m über dem Boden (das sind nur gut 4 m weniger als im Mittelschiff der Kathedrale von Chartres). Als struktives Gerüst dienen mächtige Wandpfeiler, auf die die Last der Kuppeln über Pendentifs abgeleitet wird. In dieser das gotische Baldachinsystem vorausnehmenden Disposition erscheinen die Wände aus dem Spiel der statischen Kräfte ausgeklammert.

Gleichzeitig mit der Erneuerung des Chores erhielt die Kathedrale einen klobigen Westbau vorangestellt. Das romanische *Portal* wurde dabei an die Nordseite versetzt – ein seltener Fall von Pietät gegenüber der

Cahors, Nordportal der Kathedrale St-Étienne: 1 Christi Himmelfahrt 2 Engel 3 Apostel 4 Maria 5 Engel 6 Szenen aus dem Leben des hl. Stephanus

alten Substanz (Abb. 64). Das Tympanon zeigt mit der Himmelfahrt Christi dieselbe Thematik wie die nur wenige Jahre ältere Porte-Miégeville in Toulouse (St-Sernin), jedoch auf einer größeren Fläche und bereichert mit Nebenszenen. Das Zentrum bildet wie immer die Gestalt des Heilands, hier aufrecht in der Mandorla stehend. Zwei Engel tragen diese Lichtaura; von oben schweben weitere Engel herab, um den Auferstandenen in den Himmel zu führen. In einem die ganze Breite des Tympanons einnehmenden Streifen darunter stehen, jeweils paarweise unter einem Dreipaßbogen zusammengefaßt, die Apostel. In korrekter Übereinstimmung mit dem biblischen Bericht sind es nur elf, da der Verräter Judas Ischarioth zu diesem Zeitpunkt bereits ausgeschieden und Mathias, der die Lücke später füllte, noch nicht an dessen Stelle getreten war. Direkt zu Füßen Christi steht als Einzelfigur Maria, die etwas größer als die Apostel erscheint. Dies entspricht der im Mittelalter geläufigen »Bedeutungsperspektive«, wonach die Wichtigkeit von Personen durch einen unterschiedlichen Größenmaßstab kenntlich gemacht wurde. Die Zwikkelfelder zu seiten der Himmelfahrtsszene sind in zwei Streifen aufgeteilt, in denen das Martyrium des Stephanus geschildert wird, dem die Kathedrale von Cahors geweiht ist (frz. Étienne = Stephan). Links oben sieht man die Gefangennahme des Heiligen; darunter predigt er zu den Juden, die aber ihre Ohren zuhalten, um seine Botschaft nicht zu vernehmen. In den rechten Streifen vollzieht sich die Steinigung: Stephanus ist niedergekniet und hält den Blick fest auf Christus gerichtet, der im Bildstreifen darüber – gleichsam als Vision des Sterbenden – thront.

Unschwer ist im Stil die Handschrift der Toulousaner Bildhauer zu erkennen. Die gekreuzten Beine mancher Apostel, die elegante Fältelung der Gewänder und besonders die ekstatische Verdrehung der beiden die Mandorla tragenden Engel sind Motive, die zum festen Repertoire dieser lokalen Schule zählen. Die Haltung aller Figuren ist gegenüber der Porte-Miégeville freier, gelöster geworden.

Die Stirnseite des Portalvorbaus ist mit ornamentalen Elementen, Tierdarstellungen und phantasievollen Kragsteinen am abschließenden Gesims übersät.

Der *gotische Kreuzgang* auf der Südseite der Kathedrale wurde erst zu Beginn des 16. Jh.s angelegt. Von hier aus hat man einen eindrucksvollen Blick auf die beiden Kuppeln der Kirche.

Carennac* *(Lot)*

Das Priorat St-Pierre in Carennac hatte sich im 11. Jh. wie das nahegelegene Beaulieu Cluny angeschlossen. Die Klosterkirche entstand in der ersten Hälfte des 12. Jh.s. Durch ein schmales Stadttor geht der Blick auf das kleine *Portal,* dessen Tympanon durch kräftig profilierte Stäbe in fünf Felder unterteilt ist (Abb. 62). Das Mittelfeld nimmt eine Majestas Domini mit den vier Evangelistensymbolen ein; ihr zu seiten haben in den übrigen Feldern die zwölf Apostel auf kleinen Thronen Platz genommen; in den Zwickeln unten zwei Mönche, darüber zwei gebückte Engel. Der Architrav wurde auf eine schmale Schmuckbordüre reduziert, in deren mäanderartig verlaufendes Doppelband allerlei Getier verwoben ist. Ein Rankenfries von gleicher Breite schließt den Halbbogen um das Tympanon. Die bewunderungswürdige Feingliedrigkeit der Schmuckformen läßt an Vorbilder aus der Goldschmiedekunst denken.

Die Portalplastik von Carennac ist das Werk eines Künstlers aus dem Umfeld von Toulouse. Die Stellung, in der einige der Apostel mit übergeschlagenen Beinen dasitzen, ist von den Königen aus Moissac her geläufig. Die Apostel erscheinen nicht als isolierte Einzelfiguren, sondern sind paarweise einander im Gespräch zugewandt. Diese Form menschlicher Interaktion ist ein weiteres Merkmal der aus der Languedoc hervorgegangenen Bildhauerschulen. Dennoch beobachtet man eine gewisse Verhärtung, die am deutlichsten in der Gestalt des Weltenrichters zutage tritt. Die beginnende Erstarrung kündigt die Endphase der romanischen Skulptur an, woraus sich für Carennac eine Datierung gegen 1150 ergibt.

Die *Kirche* – wie jene des nahen Beaulieu dem Petrus geweiht – ist eine limousinische Halle, in der sich das Mittelschiff zwar über die Seitenschiffe erhebt, jedoch keine

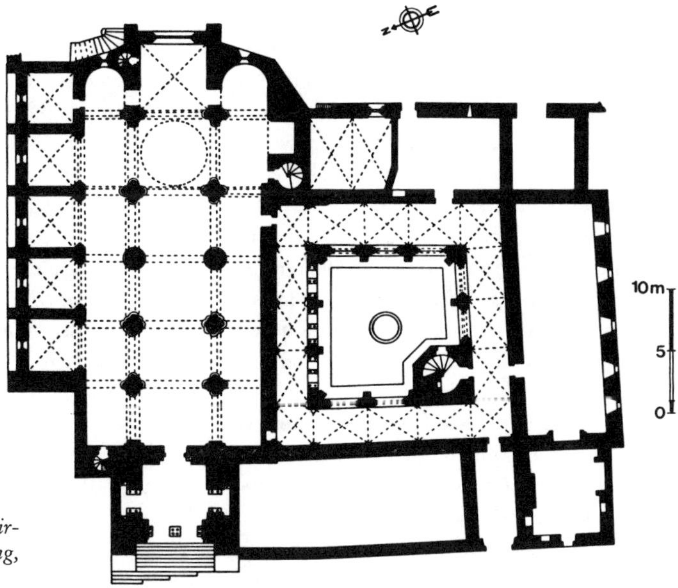

Carennac, ehem. Prioratskirche St-Pierre mit Kreuzgang, Grundriß

Durchfensterung im Obergaden besitzt. Querhausarme sind nur angedeutet; die Vierung ist aber mittels einer kleinen Kuppel betont. Der Chor beschreibt ein Quadrat, die seitlichen Apsiden dagegen sind gerundet.

Der kleine *Kreuzgang* vermittelt eine Atmosphäre von anrührender Intimität. Nur ein Flügel ist noch romanisch, die drei anderen wurden nach Ende des Hundertjährigen Krieges neu errichtet. Hier wandelte als junger Kanoniker François Fénélon, der spätere Erzbischof von Cambrai, der als Autor der »Aventures de Télémaque« in die Literaturgeschichte eingegangen ist.

Im ehemaligen Kapitelsaal ist eine *Grablegungsgruppe* mit lebensgroßen Figuren ausgestellt: ein Hauptwerk der Renaissance-Bildhauerkunst im Quercy von einem unbekannten Künstler.

Cherval* *(Dordogne)*

Die Mauern der kleinen KIRCHE ST-MARTIN entstammen dem 11 Jh. Ihnen wurde um die Mitte des 12. Jh.s eine Folge von vier Kuppeln aufgesetzt, wohl nicht zuletzt, um den Bau in den unsicherer gewordenen Zeiten besser gegen Feuer zu schützen. Das Beispiel von Cherval macht deutlich, daß die technische Meisterleistung der *Kuppelbauweise* keineswegs ein Luxus war, der den großen Abtei- und Kathedralkirchen vorbehalten blieb, sondern ebenso in einem ländlichen Milieu zur Anwendung kommen konnte. Das wiederum beweist, wie tief die Kuppelbauweise in Aquitanien im 12. Jh. verwurzelt war.

Collonges-la-Rouge* *(Corrèze)*

Als eines der schönsten Dörfer Frankreichs ausgewiesen, lädt Collonges-la-Rouge zu einem ausgedehnten Bummel ein. Der Ort wurde als Ruhesitz für verdiente Beamte der Vizegrafen von Turenne gegründet. Alle Häuser sind aus einem tiefroten Buntsandstein errichtet, dessen intensive Farbe den besonderen Reiz des Ortes ausmacht. Auch die romanische KIRCHE ST-SAUVEUR wurde aus diesem Stein erbaut. Lebendig hebt sich davon das kleine, aus weißem Kalkstein geschlagene *Portal* ab, dessen Tympanon eine der letzten Äußerungen der Toulousaner Schule ist. Es schildert in zwei Registern die Himmelfahrt Christi: Im unteren Streifen stehen Maria und die elf Apostel unter Arkaden; im spitz zulaufenden Giebelfeld darüber erscheint Christus, dessen aufrechte Gestalt von zwei Engeln mittels eines Tuches emporgehoben wird, während zwei weitere, ekstatisch bewegte Engel auf das Wunder weisen. Einige der Figuren lösen sich fast vollplastisch vom Grund. Ähnlich wie an einigen Beispielen im Roussillon (Perpignan, St-Jean-le-Vieux) wird der Versuch unternommen, überkommene Vorstellungen der Portalplastik mit dem neuen Geist der Gotik in Einklang zu bringen (vgl. Chartres, Westportal).

Hagetmau* *(Landes)*

Am Rande des Städtchens Hagetmau in der Gascogne lag bis zur Zerstörung in der Revolution das KLOSTER ST-GIRONS, das in enger Verbindung mit dem nahen St-Sever stand. Außer der *Krypta* ist nichts erhalten geblieben, aber diese allein rechtfertigt jeden Umweg. Man betritt zunächst einen kleinen Vorraum, von dem zwei seitliche Treppen hinabführen. Von hier kann man durch kleine Öffnungen in die Krypta hinunterschauen, wie es einst die Pilger taten, um einen Blick auf die Grablege des Klostergründers (heute nicht mehr vorhanden) zu werfen. Das Gewölbe der Krypta ruht auf vier im Quadrat gestellten Säulen, Spolien aus einem Gebäude der gallorömischen Zeit. Den Wänden sind acht weitere Säulen vorgeblendet. Sie alle besitzen kunstvoll verzierte *Kapitelle,* die zum Besten gehören, was die Bildhauerkunst auf diesem Sektor im 12. Jh. hervorgebracht hat. Die auffallende Übereinstimmung mit einigen Kapitellen in St-Sever legt den Schluß nahe, daß sie von derselben Künstlergruppe gearbeitet wurden, die auch dort tätig war. Vier dieser Kapitelle zeigen vegetabilen Dekor mit Pflanzen und Blättern, andere tragen zoomorphe Motive. Als geläufiger Topos können die Vögel auf den Kapitellen der apsidial gerundeten Rückwand gelten. Eher ungewöhnlich sind dagegen die Löwen auf dem ersten Kapitell der rechten Seite, deren Mäuler wie zu einem Grinsen verzogen erscheinen: Hier erkennt man die ganz persönliche Handschrift eines Meisters, der neben St-Sever auch in Agen (St-Caprais) tätig war. Löwen können in der romanischen Bilderwelt als Symbole für das Böse wie für das Gute stehen; gemeinsamer Nenner für beides ist die Kraft. Möglicherweise ist also das »Lächeln« der Raubtiere durchaus sinnbildlich zu deuten, und zwar im Gegensatz zu denen der vorderen linken freistehenden Säulenkapitelle, die als menschenverschlingende Bestien gestaltet sind. Eine szenische Darstellung findet sich am zweiten Kapitell der rechten Wand: die Befreiung Petri aus dem Marmertinischen Kerker. Der Befreier, ein Engel, durchschneidet die Fesseln des Apostelfürsten mittels einer Lanze. Ebenfalls szenischen Dekor zeigt das Kapitell der rechten hinteren freistehenden Säule: Auf der Vorderseite sitzt der reiche Prasser mit seiner Frau an einem opulent gedeckten Tisch, während auf der linken Seite zwei Engel die Seele des armen Lazarus gen Himmel tragen: eine Szene, in der sich erzählerische Freude mit einem lebhaften Empfinden für antike Statuarik paart. Auf der Rückseite ist der Prophet Daniel dargestellt, dieses Mal nicht in der Löwengrube, sondern in der Begegnung mit der Schlange, die in der Gestalt eines furchteinflößenden Drachen auftritt. Das originellste Stück aber ist das Kapitell gegenüber (hinten links): Es zeigt vier Männer im Kampf mit Vögeln; diese halten krampfhaft eine Frucht im Schnabel, die die Männer ihnen zu entreißen versuchen. Bei aller Lebendigkeit der Schilderung ist nicht zu übersehen, daß die Figuren wie immer in der romanischen Kunst dem Kapitell ornamental eingebunden sind: in ihrer vornüber gebeugten Haltung den Blättern konform, die hinter ihnen emporwachsen und sich über ihren Häuptern zu Voluten aufrollen.

Die Kapitelle von St-Girons fallen in die Blütezeit der romanischen Skulptur und werden um das Jahr 1130 datiert.

La Lande-de-Fronsac* *(Gironde)*

Künstlerisch von geringer Qualität, ikonographisch dafür um so bemerkenswerter ist das kleine *Portal* der KIRCHE ST-PIERRE am Rande des Dorfes inmitten des bekannten Weingebietes Fronsac, das an die Lagen von St-Émilion grenzt. Das Tympanon schildert die erste Vision des Johannes auf der Insel Patmos (Offenbarung 1, 9–20). Während die zweite Vision des greisen Johannes, das Weltgericht, hundertfach in Stein verewigt wurde, ist das Portal von La Lande-de-Fronsac das einzige bekannte Beispiel für eine Darstellung dieser ersten Erscheinung. Sie ist das ins Bild übertragene wörtliche Zitat des biblischen Textes: »Und als ich mich wandte, sah ich sieben goldene Leuchter und mitten unter den Leuchtern einen, der war eines Menschen Sohn gleich... und er hatte sieben Sterne in seiner rechten Hand, und aus seinem Mund ging ein scharfes, zweischneidiges Schwert...«

Die kleine Gestalt mit dem Buch in Händen in der linken Hälfte ist Johannes; neben ihm, als kleine Kuppelbauten angegeben, die sieben Leuchter. Der Evangelist wendet seinen Blick zur Mitte, die Christus einnimmt, in der rechten Hand einen Kreis mit sieben Rosetten haltend, die für die Sterne stehen; von seinem Mund weist nach rechts hinüber das zweischneidige Schwert. Die Schrift nennt auch die Bedeutung der Leuchter und Sterne. Die Leuchter symbolisieren die sieben Gemeinden Asiens: Ephesus, Smyrna, Pergamon, Thyatira, Sardes, Philadelphia und Laodicaea; die Sterne stehen für die Engel, die über diese Gemeinden wachen.

Die Datierung des Portals ist nicht mit letzter Sicherheit festzulegen. Ein Indiz liefern die Archivolten mit ihrem üppigen Ornamentschmuck. Die Stirnarchivolte zeigt verschiedene menschliche Gestalten: im Schlußstein Christus, links und rechts von ihm zwei Cherubim sowie mehrere Apostel, ferner Vögel, ganz rechts unten die Muttergottes zwischen Sol und Luna. Diese Manier, auf jeden Keilstein eine Einzelfigur zu stellen, setzt die Kenntnis der Archivoltenportale der Saintonge voraus, was eine Datierung vor das zweite Viertel des 12. Jh.s ausschließt.

Lescar** *(Pyrénées-Atlantiques)*
Architektur, Kapitellskulptur und Mosaikdekor sind in der EHEMALIGEN KATHEDRALE NOTRE-DAME in dem Vorort von Pau, der Hauptstadt des Béarn, gleichermaßen bemerkenswert. Die Chorpartie entstand zwischen 1120 und 1140, das Langhaus in der zweiten Hälfte des 12. Jh.s. Das romanische Portal ging bereits in der Zeit der Religionskriege verloren, und auch die Revolution hat dem Bauwerk übel mitgespielt. Dank einer schon Mitte des 19. Jh.s durchgeführten Restaurierung konnte das baufällig gewordene Denkmal gerettet werden.

Die Kirche ist mit 60 m recht lang, bei einer Höhe des Mittelschiffs von nur 15 m jedoch auffallend niedrig. Die Wölbung mit einer Halbtonne mutet nach der Mitte des 12. Jh.s anachronistisch an und stellte angesichts einer Mittelschiffbreite von annähernd 10 m eine schwer zu lösende baustatische Aufgabe dar. Der Architekt bewältigte das Problem, indem er auf einen Obergaden verzichtete, so daß das tief ansetzende Gewölbe direkt von den Seitenschiffen aufgefangen wird. Diese sind ihrerseits nicht als durchgängige Raumfluchten gestaltet, sondern jedes Joch ist mit einer quergestellten Tonne überwölbt: ein System, das rund 100 Jahre zuvor im Mittelschiff von St-Philibert in Tournus (Burgund) Anwendung gefunden hatte und später in den Seitenschiffen mancher Zisterzienserkirchen auftaucht. In Lescar sind diese Transversaltonnen und die sie tragenden Schwibbögen so tief heruntergezogen, daß die einzelnen Joche im Raumeindruck eher wie eine Folge von Seitenkapellen anmuten. Derart leistet Lescar einen ganz eigenen Beitrag zum Thema Einheitsraum, das ja das wichtigste Anliegen aller südfranzösischen Kunstlandschaften war. Als die Gotik schließlich im Midi Einzug hielt, fand sie ihre gelungensten Formulierungen dort, wo sich gotisches Empfinden mit lokaler Tradition verband. Beispielhaft für diese Synthese ist jene Gruppe von Bauten, die in Gestalt eines Wandpfeilersaals mit seitlichen, durch Trennmauern abgesetzten Kapellen konzipiert wurden (wichtigstes Beispiel: die Kathedrale Ste-Cécile in Albi). Dieses für die Gotik Südfrankreichs geläufige Muster ist in der Kathedrale von Lescar vorbereitet.

An das einschiffige Querhaus mit einer ausgeschiedenen Vierung schließt die Dreiapsidenanlage des Chores an.

Der *Kapitellzyklus* entstand analog zum Bauvorgang in zwei Etappen und wurde entsprechend von zwei unterschiedlichen Werkstätten geschaffen, die beide aus dem

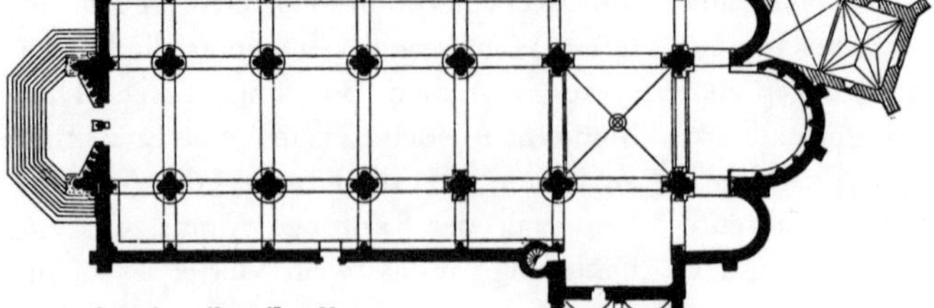

Lescar, ehem. Kathedrale Notre-Dame, Grundriß

Umfeld der großen Toulousaner Ateliers hervorgegangen sind. Es bestehen aber auch stilistische Berührungspunkte mit der Skulptur des Westens, etwa mit St-Sever und St-Girons (Hagetmau) in der Gascogne sowie mit Arbeiten in der Saintonge. Dies drückt sich vor allem in gelegentlich sehr kompakten, nach greifbarem körperlichen Volumen drängenden Kapitellen aus. Die älteren Beispiele (vor 1140) finden sich im Chor, wo der Wand nach provenzalischem Muster Säulen aufgeblendet sind. Diese zeigen ausschließlich Blattornamente. In Quer- und Langhaus dominieren demgegenüber szenische und zoomorphe Darstellungen.

Die größte Überraschung bietet der *Chor*, wo sich in zwei Streifen Fragmente von einem *Fußbodenmosaik* aus der Erbauungszeit (d. h. vor 1140) erhalten haben: etwas über 5 m lang und 1,5 m breit (Farbabb. 21). Im linken Streifen ist ein Jäger dargestellt, der mit einer Lanze auf einen Keiler losgeht. Auf dessen Rücken hat sich ein Jagdhund festgeklammert, der den Keiler in den Nakken beißt. Daneben erscheinen zwei Löwen, die einen Ziegenbock schlagen. Noch origineller sind die Bilder der rechten Seite: Dort zieht ein Esel einen Wolf hinter sich her. Der Wolf ist mittels eines Stricks, der ihm um den Hals gelegt ist, an den Schweif des Huftieres gebunden. Ein verblüffender Naturalismus kommt nicht nur in der sicheren Erfassung der Anatomie zum Ausdruck, sondern auch in der Lebendigkeit der Darstellung: Der Esel plagt sich sichtlich ab, indem er sich leicht duckt und mit einem Hinterlauf kräftig abstützt. Der Wolf wiederum stemmt sich mit Gewalt dagegen und hat sein Schwergewicht nach hinten verlagert. Der Strick schnürt ihm dabei die Kehle zu, so daß seine Zunge weit zum Rachen heraushängt. Dieser makabren Prozession schreitet ein mit Pfeil und Bogen bewaffneter zweiter Jägersmann voran, über die Schulter einen Olifant gehängt. Er wird als Krüppel gezeigt: Der Unterschenkel seines nach hinten abgewinkelten rechten Beins wird knapp unterhalb des Knies von einer hölzernen Beinprothese gestützt. Diese medizingeschichtlich interessante Darstellung informiert über den Stand der prothetischen Technik, wie sie zu jener Zeit die Araber beherrschten. Den christlichen Künstlern diesseits der Pyrenäen muß dieses Knowhow auf medizinischem Gebiet imponiert haben, wenn sie es für würdig befanden, in einer Kathedrale im Bilde verewigt zu werden. Man kennt vergleichbare Darstellungen auch in der Skulptur (Portale von St-Aventin, Ourde, Maubourguet). Die Profanität dieser Mosaiken hat dazu geführt, daß man sie früher für gallorömische Arbeiten hielt. Allein, die Inschrift nahe dem beinamputierten Jäger schließt jeden Zweifel aus, daß es sich um ein Werk des 12. Jh.s handelt: DOMINUS GUIDO EPISCOPUS LASCURRENSIS HOC FIERI FECIT PAVIMENTUM (Bischof Guido von Lescar hat dieses Mosaik machen lassen).

L'Hôpital-St-Blaise*
(Pyrénées-Atlantiques)

Kurz vor Ostabat, wo sich die drei westlichen Hauptwege der Jakobspilger zu einer Route vereinten, die von dort über den Paß von Roncesvalles nach Spanien führte, lag das KRANKENHAUS ST-BLAISE, von dem einzig die *Kirche* die Jahrhunderte überdauert hat. Kein anderer Bau der südwestfranzösischen Romanik zeigt eine derart weitgehen-

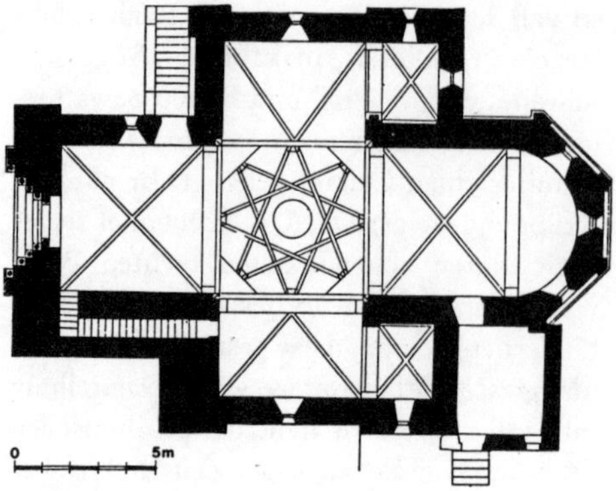

L'Hôpital-St-Blaise, Grundriß der Kirche

de Durchdringung des christlichen Kultbaus mit arabischen Elementen. Das Zentrum der kleinen, über einem griechischen Kreuz errichteten Kirche überspannt eine *Kuppel,* deren Schale (innen) ein Geäst aus Bandrippen aufgelegt ist; sie ergeben ein sternförmiges Muster, wie man es aus der Architektur Spaniens kennt. Desgleichen sind die Fenster – kunstvoll durchbrochene Steinplatten mit unterschiedlichen Mustern – sichtlich ein Derivat desselben Kunstkreises, so daß man als ihren Urheber einen Künstler von jenseits der Pyrenäen vermutet.

Lialorès* *(Gers)*

Wer sich der versteckt abseits der D 931 (Agen – Condom) gelegenen KIRCHE ST-ANTOINE (so genannt nach einem zu Beginn des 4. Jh.s in Agen hingerichteten Märtyrer) nähert, wird angesichts des unscheinbaren Äußeren vielleicht versucht sein, vorzeitig wieder abzudrehen, zumal der Schlüssel erst in einem nahen Gehöft geholt werden muß. Um so mehr überrascht dann der *Innenraum,* der dank einer glänzend gelungenen Restaurierung eine Klarheit besitzt, die in vielen anderen Kirchen aufgrund störender Ausstattung oftmals überlagert wird.

Es handelt sich um eine dreischiffige Halle, deren Mittelschiff sich nur geringfügig über die Seitenschiffe erhebt. Das Ganze mutet wie ein Lehrbuch der Wölbetechnik an: Das Mittelschiff überspannt eine Spitztonne (Lialorès war ein Benediktinerpriorat, das von Cluny abhing); in den Seitenschiffen treten in den vorderen Jochen Kreuzgrate, in den beiden nachfolgenden Vierteltonnen und im letzten Joch dann wieder Kreuzgrate auf. Eine Dreiapsidenanlage beschließt den Bau im Osten. Alles ist in eine wohltuende Ausgewogenheit zueinander gestellt, aus der eine tiefe Ruhe zum Betrachter spricht.

Moirax* *(Lot-et-Garonne)*

NOTRE-DAME führt die Trias der romanischen Kirchen im südlichen Agenais – Aubiac, Layrac und Moirax – an. Sie ist zugleich einer der ältesten Bauten des südwestlichen Frankreich. Die Grundsteinlegung erfolgte um 1060, die Fertigstellung um 1100. Der Bau verrät den Einfluß aus drei verschiedenen Landschaften: Das Langhaus ist eine dreischiffige Halle, folgt also dem im ganzen Süden verbreiteten Bautypus. Im letzten Joch fand eine Planänderung statt: Der neue Baumeister pflanzte den Seitenschiffen ein Emporengeschoß nach auvergnatischem Vorbild auf (rechts nur noch im Ansatz zu erkennen). Daraus ist zu schließen, daß beabsichtigt war, die bis dahin flach gedeckte Kirche mit einem Gewölbe (Halbtonne) zu versehen. Vermutlich sollte die Empore über die gesamte Länge des Kirchenschiffs gezogen werden. Dieser Plan

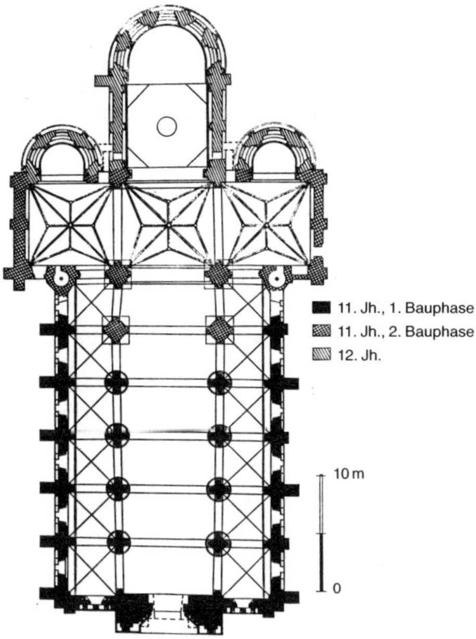

Moirax, Notre-Dame, Grundriß. Nach M. Mastarakis

wurde jedoch aufgegeben zugunsten einer Spitztonne nach burgundischem Muster (Moirax hing von Cluny ab). Für den Chor schließlich scheint eine Bauschule aus der Saintonge verantwortlich zu zeichnen. Dafür spricht jedenfalls die räumliche Betonung der Ostpartie, bestehend aus einem großen quadratischen Joch und dem Halbrund des Chores (ohne Annexe). Auch die Wandgliederung mit Diensten und besonders die tief gestuften Fenster mit eingestellten Säulchen können als Merkmale der Saintonge-Romanik genannt werden.

Beachtung verdienen die vielgestaltigen *Kapitelle* aus der Zeit um 1100. Sie sind etwa zeitgleich mit denen des Kreuzgangs von Moissac, fallen aber insgesamt gröber aus als jene.

Moissac*** *(Tarn-et-Garonne)*

Der unscheinbare Ort am Tarn nahe dessen Einmündung in die Garonne birgt eine der größten Kostbarkeiten der mittelalterlichen Kunst Europas: die EHEMALIGE ABTEIKIRCHE ST-PIERRE mit ihrer *Portalanlage* und dem *Kreuzgang*. Das Kloster wurde bereits in merowingischer Zeit, Ende des 7. Jh.s, gegründet. Auf eine Phase des allgemeinen Niedergangs in der spätkarolingischen Epoche folgte durch den Anschluß an Cluny Mitte des 11. Jh.s ein Neubeginn. Sichtbarer Ausdruck dafür war die Errichtung einer neuen Kirche: einer dreischiffigen Anlage (Moissac I), die Mitte des 12. Jh.s in einen Einheitsraum mit Kuppeln nach dem gängigen aquitanischen Schema umgewandelt wurde (Moissac II). Dieser Bau wurde zu Beginn des 13. Jh.s von den Truppen des Simon de Montfort, der die päpstliche Streitmacht im Kampf gegen die Albigenser führte, niedergebrannt. Wie durch ein Wunder überlebte das Portal die Feuersbrunst. Erst nach Ende des Hundertjährigen Krieges erstand die Abteikirche aufs neue, diesmal in Gestalt eines Saalraums mit gotischen Kreuzrippengewölben (Moissac III). Dieser Raum wirkt ausgesprochen seelenlos, was durch eine unvorteilhafte Ausmalung aus dem 19. Jh. noch verstärkt wird. Die Architektur von Moissac spielt deshalb keine Rolle. Das Augenmerk richtet sich voll und ganz auf die Skulptur.

Das berühmte *Portal* öffnet sich zur Südseite in einer tiefen Vorhalle. Erst 1986 ist das Niveau des Platzes davor geringfügig abgesenkt worden, wodurch die originalen Stufen wieder freigelegt wurden. Seitdem kommt das Ensemble entschieden besser zur Geltung. Der an den Portalen von St-

Sernin in Toulouse zu Beginn des 12. Jh.s eingeschlagene Weg wird hier konsequent weitergeführt: Das Portal erscheint nun als eigener, der Kirche applizierter Baukörper, dessen vorgezogene Wangen ebenfalls als Bildträger fungieren.

Souverän beherrscht der monumentale Christus das Bogenfeld des Tympanons (Abb. 65). Ihn umgeben die vier Evangelistensymbole und zwei schlanke Engelsgestalten, über dem Haupt Christi erkennt man die Andeutung einer Mandorla. Den übrigen Raum nehmen, im Bedeutungsmaßstab verkleinert und in drei Registern übereinander angeordnet, die 24 Ältesten der Apokalypse ein. Vergleicht man Moissac mit dem Gislebertusportal in Autun, fällt auf, daß hier wesentliche Motive der Weltgerichtsikonographie fehlen: die Apostel als Beisitzer, die Seelenwägung, die Gruppen der Verdammten und Auserwählten. In Moissac tritt demnach das Thema der Parusie – die Wiederkunft Christi auf Erden, die dem eigentlichen Weltgericht vorausgeht – stärker in den Vordergrund. Das Wellenband zu Füßen Christi deutet die Wogen des Gläsernen Meeres an. Auf dem Türsturz entrollen sich rosettenartige Flammenräder als Symbole für das Höllenfeuer den Schlünden zweier Fabelwesen und scheiden so die himmlische Sphäre des Tympanons von der diesseitigen Wirklichkeit, der Zone des Betrachters. Für die Sündhaftigkeit der irdischen Welt stehen die zahllosen Tiere, die zu seiten des Portals in mehreren Zügen emporkriechen.

Wie vor der Wand schwebend erscheinen neben den beiden Türöffnungen *Reliefstatuen: Petrus* (als Patron der Abtei) und *Jesaja*. Eine Meisterschöpfung für sich ist der an allen vier Seiten skulptierte *Trumeau:* Auf seiner Vorderseite zeigt er drei gegenläufig angeordnete Löwenpaare übereinander. An dieser Stelle wird die Doppeldeutigkeit der Löwen in der romanischen Kunst besonders anschaulich: Einerseits stehen sie als Trägerfiguren und Apotropäen für die Kraft des Guten; zugleich haftet ihnen inmitten des Höllenfeuers – hinter ihnen taucht folienartig wieder das Rosettenmotiv des Architravs auf – der Geruch des Bösen an. Richard Hamann hat sie treffend mit den Wächtertieren an assyrischen Palästen verglichen. Die Seiten des Trumeaus besetzen überlange, in sich gedrehte Gestalten des *Paulus* (links) und des Propheten *Jeremia* (Abb. 66). Letzterer ist in seiner eleganten Zartgliedrigkeit und der feinen Modellierung der direkte Vorläufer des noch berühmteren Jesaja von Ste-Marie in Souillac (Abb. 69). Die Rückseite schließlich zeigt ein raffiniertes Schuppenmuster.

Die Wangen der Portalbucht gliedert jeweils eine Doppelarkade, in die in zwei Registern übereinander szenische Darstellungen eingepaßt sind. Die hier behandelten Themen nehmen inhaltlich Bezug auf das Tympanon: Links stehen die Personifikationen von Avaritia (Geiz) und Luxuria (als nackte Frau mit Schlangenbrüsten) für das Reich des Bösen. Darüber haucht der reiche Prasser seine Seele aus, die gleich daneben von einem Teufel gepeinigt wird. In einem Fries darüber erscheint die Parabel von demselben Prasser und dem armen Lazarus, dessen Füße zwei Hunde lecken. Seine Seele wird von einem Engel aus dem Mund gezogen und findet daneben Aufnahme in den Schoß des Erzvaters Abraham, der das Paradies symbolisiert. Auf der gegenüberliegenden Seite erzählen Begebenheiten aus der Kindheit Jesu von der ersten Parusie des

Heilands (unten Verkündigung, Heimsuchung, Anbetung der Könige; im Fries darüber Flucht nach Ägypten und Darbringung im Tempel).

Mit der Nennung der einzelnen Bildinhalte ist nur ein Teil des tiefen Symbolgehalts angerissen. Abgesehen von der theologischen Aussage legt dieses Portal eindringlich Zeugnis ab vom Gottesverständnis des 12. Jh.s. In dem Zusammenhang ist daran zu erinnern, daß der vollbärtige Christus von Moissac im Volksmund früher als Chlodwig bezeichnet wurde; denn der Merowingerkönig gilt als der legendäre Gründer der Abtei. Offenbar wurde dieser Christus, übrigens der erste, der an einem mittelalterlichen Portal gekrönt erscheint, auch immer als Vertreter eines irdischen Königtums verstanden. Das zwischen 1130 und 1140 entstandene Portal erscheint denn auch wie ein Abbild der sich im Laufe des 12. Jh.s herausschälenden Hierarchie der mittelalterlichen Feudalgesellschaft. Die apokalyptischen Greise tragen ihrerseits Kronen, sind aber im Sinne des Bedeutungsmaßstabs durch ihre kleinere Gestalt gegenüber Christus herabgesetzt. Sie vertreten die Gruppe der Vasallen, die sich um ihren Herrscher scharen. In dem Zusammenhang gewinnen auch Besonderheiten des Stils ein inhaltliches Gewicht: In Weiterentwicklung der Porte-Miégeville in Toulouse löst sich das Relief stärker vom Grund. Die Köpfe Christi und der Ältesten heben sich fast vollplastisch vom Tympanon ab. Verblüffend ist zudem die Natürlichkeit, mit der die kleinen Könige auf ihren Thronen Platz genommen haben. Einige haben ihre Beine lässig übereinandergeschlagen; jeder von ihnen wird in einer anderen Körperhaltung gezeigt. In dem Maße also, wie das Relief an Plastizität und räumlicher Tiefe gewinnt, wird der Bildinhalt konkreter. Dennoch bleibt das Portal zutiefst romanisch und damit jenseitsbezogen. Das lehrt allein der Blick auf die Gestalten am Trumeau, die sich wie schwimmend vor dem Pfeilerhintergrund bewegen. Alle Reliefs bleiben dem ehernen Gesetz der Romanik verpflichtet, wonach an keiner Stelle die imaginäre Vorderfläche durchbrochen wird. Auch die Haltung der Könige erweist sich, trotz ihrer scheinbaren Natürlichkeit, als illusionär. Zwar verdrehen sie die Köpfe, um den Blick auf den Herrscher im Mittelpunkt zu richten; indem sie aber in dieselbe Fläche verspannt sind wie er, können sie ihn, real betrachtet, mit ihren Augen nicht wahrnehmen. Der Konkretisierungsgedanke im Inhalt wie in der Darstellung geht gerade so weit, daß das Visionäre davon unberührt bleibt. In Moissac ist in Vollendung gelungen, wonach alle romanische Bildkunst strebt: die Veranschaulichung eines letztlich jenseits der menschlichen Begriffswelt liegenden Geschehens; konkrete sinnliche Bilder für übersinnliche Inhalte.

Eine weitere Beobachtung sei nachgetragen. Übereinstimmend wird der Christus von Moissac immer als furchterregend, als Rachegott, als schreckenverbreitend charakterisiert – u. a. in der schillernden Beschreibung in Umberto Ecos Roman »Der Name der Rose«. Diese Ansicht kann nicht unwidersprochen bleiben. Gewiß, dieser Christus vermittelt keine menschliche Wärme; er erregt kein Mitleid, noch zeigt er seinerseits Milde oder Zuwendung. Er erscheint vielmehr entrückt, bei aller Präsenz hoheitsvoll und unberührt über allem Geschehen thronend. Diese Gestalt appelliert weniger an die Seele als an den klaren Verstand. Der Christus von Moissac, der keinen Anteil nimmt an der Verworrenheit von menschlichen Emotionen, erscheint als wahrhaftiges Abbild einer Himmelsordnung, die frei ist von Schrecken, von Sünde und Verfolgung, wie sie uns im unteren Teil des Portals vor Augen geführt werden. Bei längerer Betrachtung geht eine tiefe Ruhe von dieser Gestalt aus, die sich in der ganzen Haltung, vorrangig aber im Blick ausspricht. In dieser Dimension der Wertfreiheit und geistigen Sammlung schlägt die romanische Kunst eine Brücke, die auch dem heutigen Betrachter einen Weg zur Gotteserfahrung weist.

Der *Kreuzgang* (Farbabb. 17) nimmt einen ähnlich hohen Stellenwert in der mittelalterlichen Kunst ein wie das Portal. Während dessen Datierung jedoch nicht genau festgelegt ist, haben wir für die Entstehung des Kreuzgangs ein Fixdatum am Mittelpfeiler der Westgalerie eingraviert. Dort wird das Jahr 1100 als Zeitpunkt der Fertigstellung genannt. Daraus ergibt sich, daß Moissac mit seinen 76 Arkaden nicht nur den größten, sondern auch den ältesten mit skulptierten Kapitellen geschmückten Kreuzgang besitzt. Er markiert die Geburtsstunde eines Bautypus, in dem das mittelalterliche Mönchtum den schönsten Ausdruck seines Selbstverständnisses geprägt hat.

Die vier Gänge sind auffallend breit proportioniert – ein gemeinsames Merkmal aller südfranzösischen Kreuzgänge. Auf die technisch komplizierte Einwölbung wurde hier noch verzichtet; mit diesem Problem schlugen sich wenig später die Baumeister der Provence und Burgunds herum. Infolgedessen war ein Stützsystem mit Pfeilern nicht erforderlich; man konnte die zierli-

Moissac, Kreuzgang der ehem. Abteikirche St-Pierre, mit Verzeichnis der Kapitelle: ▷

Südliche Galerie
1 *Eckpfeiler: Matthäus*
2 *Festmahl des Herodes und Enthauptung Johannes' des Täufers*
3 *Stilisierte Vögel im Astwerk*
4 *Babylon, die Stadt der Sünde*
5 *Stilisierte Vögel*
6 *Nebukadnezar in ein wildes Tier verwandelt*
7 *Verurteilung und Martyrium des hl. Stephanus*
8 *Blumenmotiv*
9 *David und die Musiker des Tempels*
10 *Das Himmlische Jerusalem*
11 *Mittelpfeiler*
12 *Apokalyptische Szene*
13 *Symbole der Evangelisten*
14 *Verschiedene Wunder Christi*
15 *Der barmherzige Samariter*
16 *Die Versuchung in der Wüste*
17 *Die vier apokalyptischen Reiter*
18 *Verklärung Christi*
19 *Gefangenschaft und Befreiung Petri*
20 *Taufe Christi*
21 *Eckpfeiler: Paulus*

Östliche Galerie
22 *Eckpfeiler: Petrus*
23 *Samson mit dem Löwen*
24 *Martyrium von Petrus und Paulus*
25 *Arabisierende Dekorformen*
26 *Der Sündenfall*
27 *Blumendekor*
28 *Martyrium des hl. Lorenz*
29 *Fußwaschung*
30 *Pflanzlicher Dekor*
31 *Der arme Lazarus und der Prasser*
32 *Stilisierte Vögel*
33 *Mittelpfeiler: Abt Durandus*
34 *Blumendekor*
35 *Hochzeit von Kana*
36 *Blumendekor*
37 *Anbetung der Könige und Kindermord*
38 *Wildes Tier und stilisiertes Blattwerk*
39 *Blumendekor*
40 *Martyrium des hl. Saturninus*
41 *Blumendekor*

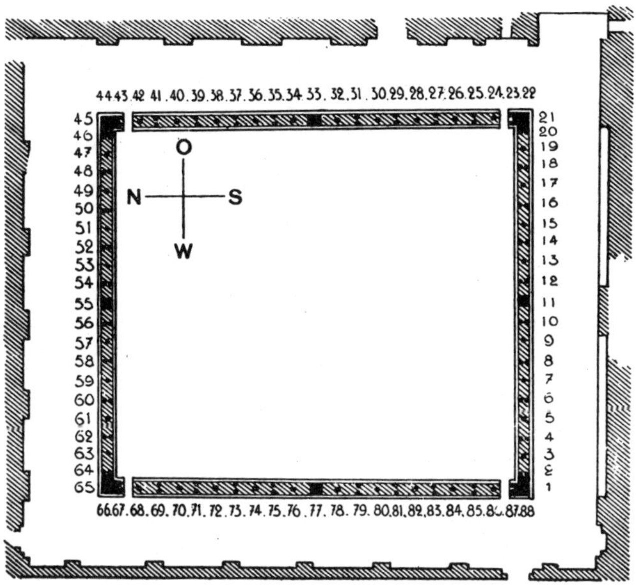

42 *Martyrien dreier Heiliger*
43 *Verkündigung und Heimsuchung*
44 *Eckpfeiler: Jakobus d. Ä.*

Nördliche Galerie
45 *Eckpfeiler: Johannes*
46 *Kampf der guten und der bösen Engel*
47 *Stilisierter Vogel*
48 *Lineares Ornament*
49 *Geschichte des hl. Benedikt*
50 *Stilisierte Vögel*
51 *Heilung eines Gelähmten durch Petrus*
52 *Blumendekor*
53 *Engel*
54 *Der wunderbare Fischfang*
55 *Mittelpfeiler mit linearem Ornament*
56 *Daniel in der Löwengrube*
57 *Ankunft der Kreuzritter am Hl. Grab*
58 *Blumendekor*
59 *Die vier Evangelisten*
60 *Vögel und Palmetten*
61 *Die Jünglinge im Feuerofen*
62 *Hl. Martin*
63 *Lineares Ornament*
64 *Jesus und die Samariterin*
65 *Eckpfeiler: hl. Andreas*

Westliche Galerie
66 *Eckpfeiler: Philippus*
67 *Das Opfer Abrahams*
68 *Triumph des Hl. Kreuzes*
69 *Blumendekor*
70 *Stilisierte Figur*
71 *Verkündung an die Hirten und Daniel in der Löwengrube*
72 *Blumendekor*
73 *Figur in Pflanzen endend*
74 *Auferweckung des Lazarus*
75 *Blumendekor*
76 *Mensch, ein Vogelreptil erwürgend*
77 *Mittelpfeiler mit Inschrift zur Fertigstellung des Kreuzgangs unter Abt Ansquetil*
78 *Das Opfer Davids*
79 *Blumendekor*
80 *Stilisierte Tiere*
81 *Blumendekor*
82 *Die Seligen*
83 *Stilisiertes Tier*
84 *Kain und Abel*
85 *Blumendekor*
86 *Menschen und Tiere*
87 *Kampf von David und Goliath*
88 *Eckpfeiler: Bartholomäus*

chen Säulen in lockerer Reihung nebeneinanderstellen. Dennoch wirkt die Arkadenfolge nicht stereotyp, vielmehr – bedingt durch Eckpfeiler und die quadratischen Stützen, die jeweils die Mitte der Flügel markieren, ferner im Wechsel von einfachen und gekuppelten Säulen – recht lebendig. Die leichte Zuspitzung der Arkaden dürfte nicht original sein. Nach einem Brand im 13. Jh. wurden sie neu aufgemauert; möglicherweise kam es dabei auch zur Umstellung einiger Kapitelle, die heute in ihrer Abfolge keinen inhaltlichen Zusammenhang erkennen lassen. Der Skulpturenschmuck umfaßt 10 Reliefplatten aus Marmor an den Pfeilern sowie 88 Kapitelle. Den Chorumgangreliefs in St-Sernin in Toulouse steht der Abt Durandus am Mittelpfeiler des Ostflügels nahe: Die in einem extrem flachen Relief gehaltene Gestalt (Abb. 68) macht den Eindruck, als wären Anregungen aus der Elfenbeinschnitzerei mit solchen aus der Grabskulptur zu einem völlig neuen Bildgedanken verschmolzen, aus dem wenig später die Gewändefigur hervorgehen sollte. Die übrigen Reliefs mit Darstellungen der Apostel erinnern in ihrer zum Teil antikisch anmutenden Porträthaftigkeit an die Köpfe des Gelduinus-Altars von St-Sernin. Diese deutlichen Übereinstimmungen mit den bildhauerischen Arbeiten in Toulouse – dasselbe gilt auch für die Kapitelle – stellen sicher, daß hier in Moissac Künstler aus jenem Zentrum tätig waren. Die Forschung hat nicht weniger als sechs verschiedene Hände identifiziert. Dabei fällt auf, daß die Bildhauer in der Ausarbeitung von ornamentalen Motiven eine größere Fertigkeit bezeugen als bei Menschen- und Tierdarstellungen, die demgegenüber etwas unbeholfener ausfallen. Einige der fortschrittlicheren Kapitelle weisen stilistisch bereits den Weg in Richtung auf das etwa drei Jahrzehnte jüngere Portal. Eine eingehende Würdigung jedes einzelnen Kapitells würde hier zu weit führen. Wer sich näher mit Moissac befaßt, findet in den Arbeiten Meyer Schapiros eine Fülle scharfsichtiger Beobachtungen.

Montsaunes* *(Haute-Garonne)*

Nahe dem Ufer der Garonne, etwa 20 km östlich von St-Gaudens, ist von einer einst einflußreichen Komturei der Tempelritter die Kirche St-Christophe erhalten. Der Bau wurde aus Ziegelsteinen errichtet, zu denen die beiden romanischen *Portale* aus hellem Kalkstein reizvoll kontrastieren. Das nördliche, das einstmals die Verbindung zwischen Kirche und Komturei herstellte – heute öffnet es sich zum freien Feld –, zeigt auf vier Kapitellen einen Zyklus mit Begebenheiten aus der Kindheit Jesu: Verkündigung, Heimsuchung, Traum Josephs, Geburt (auf der linken Seite); Bad des Kindes, Verkündigung an die Hirten und Anbetung der Könige (rechts). Das ähnlich aufgebaute Westportal zeigt, gleichfalls auf vier Kapitelle verteilt, die Martyrien Petri, Pauli und des Stephanus (links); Auferweckung des Lazarus, Apostel sowie Christus mit Martha und Magdalena (rechts). Darüber spannt sich eine Archivolte mit 50 Keilsteinen, von denen jeder einen kleinen Kopf trägt. Im Zenit darüber eine Reliefplatte mit Engeln, die ein Christusmonogramm halten: Alpha und Omega. Die Buchstaben S und P stehen als Kürzel für Sanctus Spiritus und Pater: insgesamt also ein Trinitätsmonogramm. Die beiden Portale sind späteste Äußerungen der Romanik im Pyrenäenvorland und werden um 1180 datiert.

Monsempron-Libos*
(Lot-et-Garonne)

Die Kirche St-Géraud in einem Vorort von Fumel, malerisch eingebettet in das Gewirr verwinkelter Gassen und alter Häuser, gehörte zu einem Priorat, das von St-Géraud in Aurillac abhing. Die dreischiffige Halle des Langhauses wurde im 17. Jh. umgebaut, so daß eine eindeutige Festlegung des ursprünglichen Zustands nicht mehr möglich ist. Aufmerksamkeit beansprucht der Ostteil der Kirche: Die Winkel zwischen Querhausarmen und Chor – er wurde im 16. Jh. in spätgotischen Formen nach Osten erweitert – füllen Annexkapellen über annähernd dreieckigem Grundriß. Sie werden von Ovalkuppeln überfangen und öffnen sich in zwei weitere Kapellen, von denen die linke quadratisch, die rechte fünfeckig ist. Dieses enge Zusammenrücken von Kapellen und deren Aufbrechung zueinander ist eigentlich unromanisch; die romanische Architektur ordnet Kapellen für gewöhnlich räumlich getrennt an. Das Beispiel von St-Géraud macht deutlich, daß es für das gotische Prinzip der Verzahnung von Chorkapellen vereinzelte Vorstufen in der Romanik gibt (vgl. dazu u. a. Puypéroux im Angoumois).

Monsempron-Libos, St-Géraud, Grundriß. Nach H. Séguy

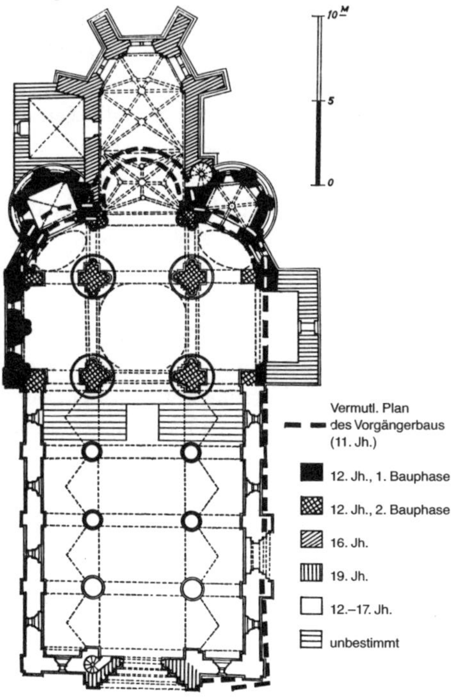

Oloron** *(Pyrénées-Atlantiques)*

Mit Ste-Croix und Ste-Marie besitzt Oloron gleich zwei romanische Kirchen von Rang. Ste-Croix, die ältere von beiden, entstand im letzten Viertel des 11. Jh.s. Die Kirche ist eine breit gelagerte Halle mit drei Schiffen. Die Halbtonne des Mittelschiffs stützen die bis an den Fußpunkt des Gewölbes hinaufgezogenen angeschnittenen Tonnen der Seitenschiffe. Diese werden wiederum von Schwibbögen unterfangen, die die einzelnen Joche der Seitenschiffe akzentuiert gegeneinander absetzen. In diesem Raumgefüge ist das Prinzip der Kathedrale von Lescar vorbereitet, die ihrerseits einen bedeutsamen Schritt in Richtung auf die spätere gotische Saalkirche Südfrankreichs darstellt. Die Vierung überwölbt eine Kuppel mit aufgelegten Bandrippen, die zu einem Sternenmuster angeordnet sind (Abb. 70) – ganz ähnlich jenem von l'Hôpital-St-Blaise.

Der Rang als Metropolitankirche ging im 12. Jh. von Ste-Croix auf Ste-Marie über, deren Grundsteinlegung Anfang des 12. Jh.s erfolgte. Die Zerstörungen in der Zeit der

Religionskriege haben nur wenig von der romanischen Substanz übriggelassen, so daß der Bau in seiner heutigen Erscheinung weitgehend das Ergebnis späterer Restaurierungen ist. Jedoch hat das *Portal*, von einem nach drei Seiten offenen Vorbau gegen Verwitterung abgeschirmt, die Wirren der Kriegs- und Revolutionsperioden überdauert. Ein weiterer Grund für seinen guten Erhaltungszustand ist der Umstand, daß das Portal – ähnlich wie in Autun – lange Zeit von einer Gipsschicht zugedeckt war, die erst im 19. Jh. wieder entfernt wurde. Das aus senkrecht stehenden Marmorplatten gefügte Tympanon zeigt das für ein Portal höchst seltene Thema der Kreuzabnahme, das jedoch jenseits der Pyrenäen recht verbreitet war. Angesichts des engen Austauschs zwischen den Kunstlandschaften beiderseits der Pyrenäen braucht diese Ikonographie also nicht zu verwundern. Ganz romanischem Geist entsprechend, wird auch an dieser Stelle das Kreuz nicht als Marterholz, sondern als Zeichen des Triumphs interpretiert. Es wurzelt nämlich auf einem Medaillon mit dem Christusmonogramm; darunter erscheint eine Tierfratze als Sinnbild des besiegten Heidentums. Die kleinen Tympana darunter – es handelt sich allerdings um Neuschöpfungen des 19. Jh.s – nehmen darauf inhaltlich Bezug, indem sie Personifikationen des bedrängten und des siegreichen Christentums zeigen. Das Heidentum tritt an anderer Stelle des Portals noch einmal sehr originell in Erscheinung, und zwar in Gestalt der beiden Mauren, auf deren Schultern die Last des Trumeaus ruht. Volkstümlichen Charakter haben die Gestalten der inneren Archivolte: Dort erkennt man in einer verblüffend realistischen Auffassung (von links nach rechts) die Schlachtung und Zubereitung eines Schweins, die Präparierung eines Weinfasses, den Fang und die küchengerechte Zubereitung eines Lachses. Man nimmt an, daß es sich hierbei um Illustrationen zum Gleichnis von der königlichen Hochzeit handelt (Matthäus 22, 1–5 bzw. Lukas 14, 16–24). Die äußere der beiden Archivolten zeigt die Versammlung der apokalyptischen Könige mit Krone, Saiteninstrument und Trinkgefäß. An den Fußpunkten dieser Archivolte stoßen ein menschenzerfleischendes Untier und ein Ritter zu Pferde vollplastisch aus dem Mauerverband vor (Abb. 75). Mit dem Ritter ist möglicherweise nicht nur das Sinnbild des christlichen Kämpfers allgemein, sondern gerade hier, in Oloron, ganz konkret der Vizegraf Gaston IV. von Béarn gemeint, der, als er von der erfolgreichen Teilnahme am Ersten Kreuzzug zurückkehrte, seine Heimat von Sarazenen besetzt vorfand. Seine kriegerischen Unternehmungen gegen die Okkupanten fielen in die Zeit der Errichtung von Ste-Marie. Aber wie in St-Gilles, wo gleichfalls eine Anspielung auf den Kreuzzug auftaucht, geht es wohl auch hier weniger um die Verherrlichung einer historischen Persönlichkeit als vielmehr um die Sichtbarmachung des Heilswirkens Christi in dieser Welt. Die beiden Ritter in den Zwickeln zu seiten des Portals stehen in inhaltlicher Verbindung mit dem Reiter und sind zugleich als Gegenüber der beiden Sarazenen am Fuße des Portalpfeilers zu verstehen.

In Oloron erleben wir den seltenen Fall, daß offenbar zwei aus unterschiedlichen Schulzentren stammende Werkstätten nebeneinander tätig waren. Das Tympanon gehört der Toulousaner Schule an: Die Zusammenstellung von mehreren Marmorplatten, das flache Relief, der bewegte Schwung der Gestalten und ihrer Gewänder – alles das sind Eigentümlichkeiten, die von der Porte-Miégeville in Toulouse her geläufig sind. Die sehr viel plastischere Ausarbeitung der Archivolten weist dagegen auf einen anderen Meister. Dieser kann nur in Westfrankreich, im Poitou oder in der Saintonge, beheimatet gewesen sein, wo die Archivolten die wichtigsten Bildträger sind. Auch die Ikonographie spricht für diese Vermutung, erscheinen doch die apokalyptischen Könige vorzugsweise als Besatz der Keilsteine in den Archivolten poitevinischer Portale; auch das Motiv des Reiters ist dort verbreitet. Damit macht das Portal von Oloron deutlich, daß im Bereich der Skulptur ähnlich den Gepflogenheiten im Bauwesen an einem Ort zur selben Zeit unterschiedliche Stilauffassungen durchaus einträchtig nebeneinander artikuliert werden konnten. Nicht selten scheinen die Künstler dabei voneinander gelernt zu haben.

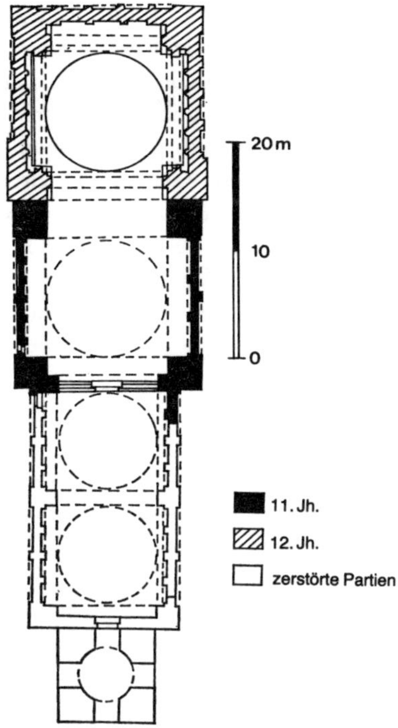

Périgueux, ehem. Kathedrale St-Étienne-de-la-Cité, Grundriß

Périgueux*** *(Dordogne)*

Die einstige Hauptstadt der Grafschaft Périgord und heutige Präfektur des Département Dordogne trumpft gleich mit zwei außerordentlichen Bauten des aquitanischen Kuppeltypus auf. Der ältere ist die EHEMALIGE KATHEDRALE ST-ÉTIENNE-DE-LA-CITÉ, die sich im Bereich der römischen Provinzstadt Vesuna Petrucorium erhebt. Ein von Hugenotten gelegter Brand hat das Gebäude im 16. Jh. zur Hälfte vernichtet. Von den einstmals vier überkuppelten Jochen der Saalkirche sind nur zwei erhalten. Das struktive Gerüst des Bauwerks besteht aus einer Folge massiver Wandpfeiler, auf die die Gewölbelast über Pendentifs abgeleitet wird. In St-Étienne hat man offenbar sehr rasch die Möglichkeiten entdeckt, aus den besonderen statischen Gegebenheiten eines Baldachinsystems bestimmte bauästhetische Konsequenzen zu ziehen. Im westlichen Joch, das noch dem ausgehenden 11. Jh. angehört, stoßen die Wände scharfkantig mit den Wandpfeilern aufeinander; es gibt nur wenige kleine Fenster; die Wandgliederung beschränkt sich auf eine Folge von Blendarkaden im unteren Bereich. Im Chorjoch dagegen, das erst im anbrechenden 12. Jh. aufgeführt wurde (Abb. 73), läßt eine tiefe Kehle zwischen Pfeilern und Wandfläche beide wie voneinander losgelöst erscheinen. Auf diese Weise wird optisch sinnfällig, welche Teile des Bauwerks be- und welche entlastet sind. Zudem ist die Wand durchgehend gegliedert: in der unteren Hälfte mit eleganten Blendarkaden über fast vollplastisch von der Mauer gelösten Runddiensten, darüber durch eine Gruppe von drei großen Fenstern mit mehrfach getreppter Laibung. Von hier ist der Schritt zur vollständigen Aufbrechung der Wand, den dann die Baumeister der Gotik vollzogen, nicht mehr weit.

Nach der teilweisen Zerstörung von St-Étienne-de-la-Cité wurde St-Front zur neuen Kathedrale von Périgueux erhoben. Der hl. Frontus, der Missionar des Périgord, war außerhalb der römischen Stadt auf einem Hügel beigesetzt worden. An dieser Stelle wurde später ein Kloster gegründet, um das sich im Mittelalter die Siedlung Puy-St-Front scharte. Bis ins 13. Jh. existierten das alte Vesuna und Puy-St-Front als rivalisierende Städte nebeneinander. Als jedoch im 13. Jh. mit der englischen Herrschaft über Aquitanien ein gemeinsamer Feind auf den Plan trat, kam es zur Annäherung beider Gemeinwesen, die sich schließlich 1251 unter dem Namen Périgueux zu einer Kommune zusammenschlossen. Das Kloster hatte bereits im 11. Jh. eine neue Kirche erhalten, die aber 1120 einem Brand zum Opfer gefallen war. Unverzüglich wurde mit der Errichtung eines Neubaus begonnen. Es entstand die größte Kuppelkirche Westeuropas und zugleich die einzige der südwestfranzösischen Romanik, die nicht dem Muster des Einheitsraums folgt, sondern sich, in enger Anlehnung an byzantinische Vorbilder, über dem Grundriß eines griechischen Kreuzes erhebt: Einem zentralen Geviert schließen sich allseits vier gleich große Raumeinheiten an; alle fünf sind mit einer Kuppel überwölbt. Lediglich die Ostpartie wurde im 13. Jh. durch Anfügung eines halbrunden Chores geringfügig erweitert. Die Kuppeln ruhen auf mächtigen Pfeilern, die jedoch nicht blockhaft geschlossen sind, sondern, mittels steiler Arkaden durchbro-

Vergleich der Grundrisse von St-Front in Périgueux (links) und San Marco in Venedig

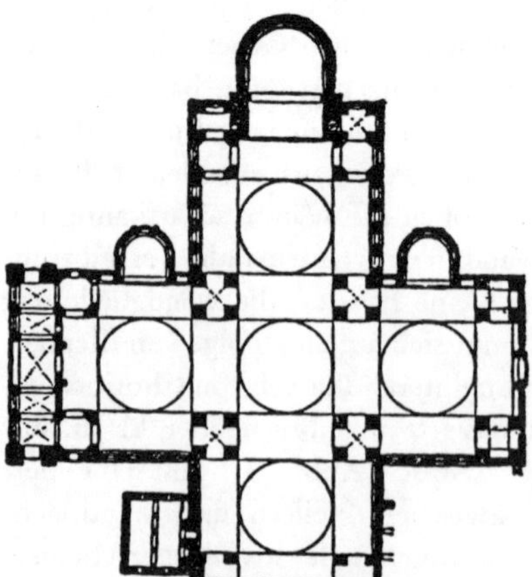

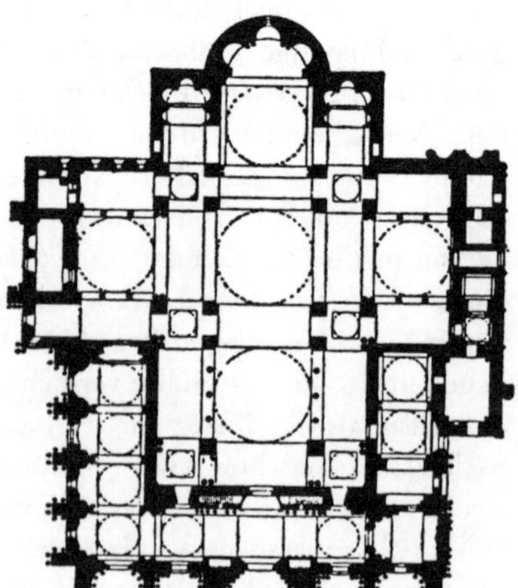

chen, als Gerüst von vier Pfeilern erscheinen. Untereinander sind diese riesenhaften Stützen durch Halbtonnen verbunden, so daß ein rhythmischer Wechsel von Kuppel und Tonne entsteht. Dieses Schema geht auf die Apostelkirche Kaiser Justinians in Byzanz zurück, die 1455 von den Türken zerstört wurde; über San Marco in Venedig ist der Bautypus in den Westen vermittelt worden. Betrachtet man den Grundriß, so sind die Staatskirche der Dogenrepublik und die Bischofskirche von Périgueux einander zum Verwechseln ähnlich. Der einzige auffällige Unterschied besteht darin, daß San Marco einen zweiflügeligen Narthex besitzt, der in Périgueux fehlt. Dennoch fällt das Erscheinungsbild in diesen beiden Nachfolgern der Apostelkirche grundlegend anders aus: San Marco ist düster und von Mosaiken, die eine Fläche von mehr als 4000 m^2 bedecken, gleichsam überwuchert. Die venezianische Kirche wirkt deshalb geheimnisvoll, mystisch, rätselhaft. St-Front weist dagegen keinen Dekor auf. So tritt hier die Architektur, die in Venedig wie unter einem kostbaren Überwurf verschwindet, mit kristallener Klarheit in den Vordergrund und läßt St-Front weiträumiger erscheinen als den Schwesterbau in der Lagunenstadt. Wenn der Eindruck heute insgesamt etwas zu nüchtern ausfällt, so ist das nicht den Architekten des 12. Jh.s, sondern dem Restaurator Paul Abadie anzulasten, der im vorigen Jahrhundert die Instandsetzungsarbeiten leitete. Im Innern ist diese Renovierung zu puristisch ausgefallen; die Grautönung der Steine sticht unvorteilhaft von anderen Bauten des Périgord ab, die in der Regel in dem warmen Ockerton des heimischen Kalksteins leuchten. Am Außenbau ist die Restaurierung gar zum Frevel geworden: In

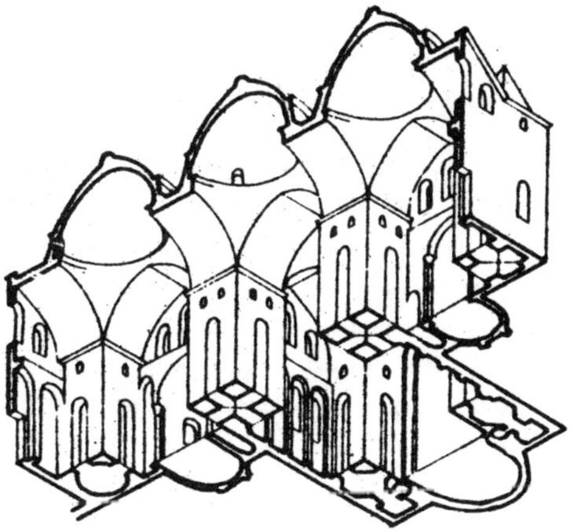

Périgueux, Kathedrale St-Front, isometrischer Schnitt. Nach Kubach

dem Bestreben, den orientalischen Charakter der Architektur zu betonen, wurden die Kuppeln mit einem albernen Schuppenmuster belegt. Ferner kamen Laternen hinzu, so daß St-Front heute äußerlich verfremdet vor uns steht (Abb. 72). Diese Verniedlichung nimmt dem Ensemble der fünf Kuppeln jene geballte Kraft, die es zuvor gehabt haben dürfte. Der Vergleich mit Cahors läßt in etwa auf das ursprüngliche Aussehen rückschließen. St-Front ist nämlich keineswegs eine simple Nachahmung östlicher Vorbilder, sondern stellt deren Übersetzung in die Sprache der westlichen Romanik dar. Wenn auch durch den Eingriff Abadies die Wirkung beeinträchtigt wurde, gehört die Kirche zu den großartigsten Bauschöpfungen des französischen Mittelalters.

Sorde-l'Abbaye*
(Pyrénées-Atlantiques)

Das BENEDIKTINERKLOSTER ST-JEAN am Fuße der Pyrenäen wurde 1060 gegründet.

Archäologische Grabungen haben den Nachweis erbracht, daß es über den Fundamenten einer gallorömischen Villa errichtet wurde. Die Architektur der *Kirche* (nur der Chor rein romanisch, das Langhaus gotisiert) sowie die Bauskulptur (ein kleines, stark verwittertes Nordportal, einige Kapitelle im Innern) sind von geringem Interesse. Der Schatz von Sorde ist das *Fußbodenmosaik* im Chor (Farbabb. 20). Erst 1869 wiederentdeckt, wurde es bei einer Restaurierung etwas mutwillig ergänzt. Ein großes quadratisches Feld, von Streifen mit vegetabilen und geometrischen Ornamenten gerahmt, nimmt den Hauptteil der Fläche ein. Hier sind in einem kompliziert verschlungenen Muster, das an die Sterne aus Bandrippen in den Kuppeln von l'Hôpital-St-Blaise und Ste-Croix in Oloron erinnert, vier Tierszenen dargestellt, wobei die Tiere immer paarweise in einem Feld auftreten: zweimal Löwen mit ineinander verschlungenen Schwänzen, zwei Adler und ein Hund, der einen Hasen jagt. Die Tatsache, daß das Kloster auf antiken Mauern steht, läßt ahnen, woher die Anregungen für dieses Mosaik stammen.

Souillac*** *(Lot)*

Souillac, das auf der Grenze zwischen Quercy und Périgord liegt, soll der Legende zufolge schon im 7. Jh. durch den hl. Eligius gegründet worden sein (vgl. Solignac im Limousin). Zur Ausbildung eines organisierten Klosterwesens kam es jedoch erst im 10. Jh. Die bestehende Kirche Ste-Marie entstand in der ersten Hälfte des 12. Jh.s. Eine genauere Eingrenzung ist nach der unsicheren Quellenlage nicht möglich. Wie zahlreiche Kirchen und Klöster gerade des südwestlichen Frankreich wurde auch diese in der Zeit der Religionskriege im 16. Jh. in Brand gesteckt. Dank einer bereits im 17. Jh. durchgeführten Restaurierung konnte die bauliche Substanz gerettet werden. Das Portal hingegen hat den Bildersturm der Hugenotten nur in Bruchstücken überlebt. In den Jahren 1950 bis 1975 fand eine erneute Restaurierung statt, die vor allem der Sicherung der mittlerweile vom Einsturz bedrohten Kuppeln gewidmet war.

Ste-Marie ist ein weiteres Paradebeispiel für die aquitanische Kuppelbauweise. Die beiden Joche des Langhauses überfängt je

Souillac, ehemalige Klosterkirche Ste-Marie, Grundriß

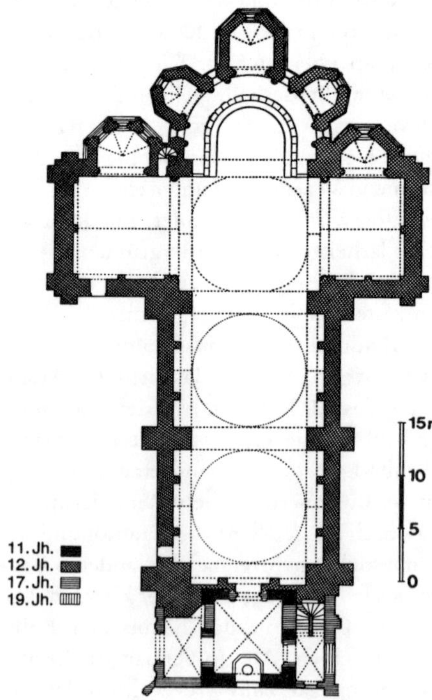

Souillac, Ste-Marie, Längsschnitt (rekonstruierter Zustand vor Bloßlegung der Kuppeln)

eine Kuppel von 11 m Durchmesser, deren Last über Pendentifs auf ein Gerüst von sechs massiven Wandpfeilern abgeleitet wird. Die zurückhaltende Gliederung der Füllwände spricht für eine Entstehung des Bauwerks im frühen 12. Jh. Die Anlage der Ostpartie fällt komplizierter aus als in den meisten anderen Kuppelkirchen, die oft einen quadratischen Abschluß zeigen. In Souillac gibt es zwei weit ausladende Querschiffarme und eine von einer weiteren Kuppel überwölbte Vierung. Beide Querhausflügel öffnen sich nach Osten in eine polygonale Kapelle. Das gleichfalls polygonale Chorhaupt verzichtet zwar auf einen Umgang, besitzt aber drei radial ausstrahlende Kapellen. Der Bau stellt also insgesamt den Versuch einer Annäherung zwischen dem aquitanischen Einheitsraum und dem Typus der Pilgerkirche dar. Die Kuppeln, die heute am Außenbau sichtbar sind, waren ursprünglich unter einem Satteldach verborgen, wie das auch für andere Kuppelkirchen nachgewiesen ist.

Wendet man sich nun wieder dem Eingang zu, so gewahrt man an der Westwand jene Skulpturen, denen Souillac seinen Ruhm verdankt. Es handelt sich um Fragmente des im 16. Jh. zerstörten Portals, die schon im 17. Jh. aus konservatorischen Gründen ins Innere verbracht und hier willkürlich zusammengesetzt wurden. Über dem Eingang das sogenannte *Theophilusrelief:* eine große, von einem Dreipaßbogen überfangene Platte. Seitlich thronen in einer Haltung, die an den Christus von Moissac erinnert, zwei Heilige, die als Benedikt (links) und Petrus gedeutet werden: der erste Ordensgründer und der erste Bischof der kirchlichen Hierarchie. Sie rahmen eine komplizierte Komposition, die – die Achsen des Dreipaßbogens ignorierend – den zentralen Teil einnimmt. Hier wird in drei Szenen die Legende des Theophilus erzählt, ein in den Predigten des Mittelalters vielzitiertes Thema. Bemerkenswert erscheint die Tatsache, daß hier kein Heiliger, sondern ein sündiger Mensch die Hauptperson ist, während die Heiligen an die Ränder gerückt sind. Theophilus war Bistumsverwalter in Adana (Kilikien). Anläßlich eines Wechsels auf dem Bischofsstuhl seines Postens enthoben, ging er einen faustischen Pakt mit dem Teufel ein, indem er seine Seele gegen die Wiedereinsetzung in sein Amt verpfändete. Dieser Akt ist hier im Relief in zwei parallele Szenen aufgeteilt: In der linken Hälfte treten Satan und Theophilus mit der Schriftrolle auf, die den Vertrag fixiert; die Szene rechts daneben zeigt beide in dem Augenblick, der das Abkommen besiegelt. An dieser Stelle taucht hinter Theophilus die Kirche auf, in der er betete, nachdem ihm die Tragweite seines schuldhaften Handelns zum Bewußtsein gekommen war. In der linken oberen Bildhälfte ist als dritte Episode der schlafende Theophilus dargestellt; aus einem durch Schlangenlinien angedeuteten Gewölk schwebt die Muttergottes von Engeln begleitet zu ihm herab, um den fatalen Vertrag an sich zu nehmen und damit null und nichtig zu machen. Der Legende nach starb Theophilus wenige Tage später als Erlöster.

Die Schlüsselszene dieser »Moralpredigt« in Stein ist die des Vertragsabschlusses. Der Künstler hat sich hier an der mittelalterlichen Realität orientiert und der Szene eine Form verliehen, wie sie bei Lehnsverträgen üblich war: Der Lehnsherr – hier der Teufel – umfaßt die Hände des Vasallen, der somit gebunden ist. Diesen profanen Charakter der Darstellung hat M. Schapiro als fortschreitende Konkretisierung von Bildinhalten gedeutet. Den Beginn dieser Entwicklung hatten wir bereits in Moissac festgemacht. Inhaltlich ist hier, ganz konkret, der Autorität der Kirche ein Denkmal gesetzt, ohne deren Vermittlung der Mensch nicht zum Heil gelangen kann.

Frühere Rekonstruktionsversuche, die davon ausgingen, daß sich das große Relief ursprünglich im Tympanon befand, sind aus formalen wie ikonographischen Überlegungen gleichermaßen unhaltbar. Zum einen spricht das Format dagegen; zum anderen ist es völlig ausgeschlossen, daß man die Geschichte eines Nichtheiligen an so exponierter Stelle vorgeführt hätte. Es steht eher zu vermuten, daß das Relief mit der Theophiluslegende eine der beiden Portalwangen besetzte, denn man muß sich für Souillac einen ähnlichen Vorbau wie in Moissac vorstellen.

In der künstlerischen Qualität geht der *Bestienpfeiler* (Abb. 67), der rechts vom Eingang in die Wand eingelassen ist, weit über das Theophilusrelief hinaus. Es handelt sich um den einstigen Trumeau des untergegangenen Portals. Vermutlich trug er ein Tympanon mit der Darstellung des Weltgerichts; auf einen solchen Zusammenhang deutet jedenfalls sein ikonographisches Programm. Die Frontseite zeigt greifenähnliche Fabeltiere – halb Säuger, halb Vogel – und Löwen, die paarweise über Kreuz aufeinander getürmt sind. Sie wenden ihre Köpfe rückwärts zur Pfeilermitte und verbeißen sich dort in weitere Tiere, die von oben herabstürzen. Zuoberst taumelt ein Mensch in diesen Orkus, in dem man den Höllensturz der verdammten Kreatur zu sehen hat. Das scheinbare Chaos erhält in der symmetrischen Kreuzstellung der Fabeltiere einen stringenten Zusammenhalt. Tumult und Ordnung halten – wie auch auf den romanischen Kapitellen – einander die Waage. Die linke Seite des Pfeilers nimmt mit der Isaakopferung typologisch Bezug auf den Opfertod Christi. Die problematische Form des schmalen, hohen Pfeilers wurde der Komposition in genialer Weise nutzbar gemacht: Der Vater hat den Sohn eng an sich gezogen und ist eben im Begriff, zum tödlichen Streich auszuholen. Von oben fährt der Engel herab, in der Hand den Widder, der anstelle von Isaak geopfert werden soll. Die extreme Vertikalisierung unterstreicht die

Dringlichkeit des Einschreitens durch den Engel, der raubvogelgleich senkrecht vom Himmel herabstößt. Auch hier ist zu beobachten, daß die Dramatik des Geschehens durch eine streng geometrisierende Anordnung gebremst wird. Die Schrägstellung von Händen und Köpfen der Akteure ergibt ein ähnliches Kreuzmuster, wie es die Bestien an der Stirnseite beschreiben. Die rechte Seite schließlich zeigt drei Menschenpaare übereinander, die sich gegenseitig umarmen. Mal werden sie als Ringkämpfer beschrieben, dann wieder erscheinen sie als Auserwählte. Eine eindeutige Festlegung ist in der Tat nicht möglich. Während das obere Paar wirklich zu kämpfen scheint, sinken sich die beiden anderen mit beseligtem Lächeln in die Arme. Bricht sich an dieser Stelle das tiefe Mißtrauen der Romanik gegen alle Erscheinungen der irdischen Wirklichkeit Bahn? Oder offenbaren diese Menschenpaare eine tiefe Einsicht in das nahe Nebeneinander von Haß und Liebe?

Das unbestrittene Meisterwerk von Souillac ist der *Prophet Jesaja,* dessen Gestalt jetzt zwischen Bestienpfeiler und Tür erscheint (Abb. 69). Ursprünglich muß man sich das Relief wohl zu seiten des Portals vorstellen, vergleichbar dem Petrus in Moissac. Das Motiv des Schreitens mit gekreuzten Beinen, seit der frühchristlichen Kunst ein gängiger und gerade in der südwestfranzösischen Romanik verbreiteter Topos, wird hier geradezu tänzerisch vorgetragen; dies verleiht der Figur etwas Leichtes, fast Schwebendes. Zugleich wird deutlich, daß es sich nicht um ein reales Tanzen handelt: Die extreme Kreuzung der Beine bei gleichzeitig flach aufgesetzten Füßen, die angewinkelten Arme und die Hände, die ein Schriftband halten, schließlich die Drehung des Oberkörpers ergeben in summa eine real nicht nachvollziehbare Haltung; wer versuchen wollte, es dem Jesaja gleichzutun, würde unweigerlich ins Taumeln geraten. Es ist wohl mehr eine Folge von Bewegungsabläufen gemeint. Letztlich erweist sich alles nach streng ornamentalen Gesichtspunkten komponiert! So wird die Schrägstellung des linken, vorgestellten Beins vom linken Arm und weiter oben in der Haltung des Kopfes noch einmal aufgegriffen, während die Position des rechten Beins der Wendung des Rumpfes entspricht und im rechten Unterarm ein weiteres Mal anklingt. Diese kreuzweise Anordnung parallel zueinander verlaufender Kompositionslinien wurde bereits an der Bestiensäule ausgeführt. Dem Gewühl der niederstürzenden Tiere dort entspricht beim Jesaja das Geschlängel seiner Kopf- und Barthaare. Die Strähnen erscheinen wie die im biblischen Text beschriebenen Lichtreflexe, die vom Haupte des Erleuchteten ausgingen. Derselbe Antagonismus zwischen scheinbarem Naturalismus einerseits und künstlerischer Verfremdung andererseits kennzeichnet die Gewandung des Propheten: Schwungvoll gebauschte Faltenwürfe werden jäh durch Knitterung gebremst oder brechen sich im Saum, dessen filigranhaft ziselierte Bordüre vergessen läßt, daß es sich nicht um Stoff, sondern um spröden Stein handelt. Was aber ist der Sinn? Wir erleben den Propheten im Augenblick der göttlichen Inspiration, der Erleuchtung, die ihn in eine beschwingte Tanzhaltung versetzt. Der Künstler will aber nicht den Tanz selbst vorführen, sondern in der Gestalt des von göttlichem Geist erfüllten Propheten die Idee von einer Bewegung vermitteln, die, da von Impulsen aus einer Welt jenseits unserer Begriffe ausgelöst, auch keiner irdischen Gesetzmäßigkeit unterworfen sind. So vollendet sich im Jesaja von Souillac das Ziel, auf das alle romanische Skulptur ausgerichtet ist: übersinnliche Erfahrungen in Stein festzuschreiben. Dieses Werk zeigt mit einer Eindringlichkeit, wie sie in solcher Dichte nicht mehr erreicht wurde, daß die romanische Kunst ihrem Wesen nach in einem unauflösbaren Widerspruch zugleich sinnlich und zutiefst spirituell ist.

St-Aventin* *(Haute-Garonne)*

Wenige Kilometer westlich von Bagnères-de-Luchon liegt an der Paßstraße, die über den Col de Peyresourde führt, die KIRCHE ST-AVENTIN (Farbabb. 13). Der Bau wurde im 11. Jh. errichtet (dreischiffige Halle mit Kreuzgratgewölben in allen drei Schiffen); seine Ausstattung mit Skulptur (Südportal) und Fresken (im Chor) kam erst Mitte des 12. Jh.s hinzu. Das recht derbe kleine *Tympanon* zeigt Christus in der von Engeln getragenen Glorie. Qualitätvollstes Stück der den Eingang rahmenden Reliefs ist eine *sitzende Muttergottes mit Kind* (Abb. 76). Die komplizierte Gewandstruktur verweist darauf, daß die Arbeit der späten Romanik angehört; andererseits erfährt man nachdrücklich, daß die Bildhauer des Pyrenäenbereichs das Flachrelief zu allen Zeiten bevorzugten. Entfernt erinnert die Haltung der Maria an das um etwa ein halbes Jahrhundert jüngere Christusrelief im Chorumgang von St-Sernin in Toulouse.

Die stark verblichenen *Wandbilder* wurden erst im 19. Jh. unter einer Schicht Tünche wiederentdeckt. Sie zeigen Heilige und Engel.

St-Bertrand-de-Comminges** *(Haute-Garonne)*

In praktisch allen bedeutenden römischen Provinzstädten im südlichen Gallien sind Denkmäler erhalten geblieben, die noch heute einen Eindruck von deren einstigem Rang vermitteln; nicht so in St-Bertrand-de-Comminges. Die Stadt, die unter dem Namen Lugdunum Convenarum in ihrer Blütezeit an die 60000 Einwohner gezählt haben soll, war durch die Zerstörungen der Völkerwanderungszeit vom Erdboden verschwunden. Durch Grabungen konnten lediglich einige spärliche Mauerreste nachgewiesen werden. Erst im 11. Jh. regte sich wieder Leben auf dem dem Pyrenäenpanorama vorgelagerten Hügel. Bischof Bertrand, nach dem der Ort jetzt benannt ist, ließ auf der Wende vom 11. zum 12. Jh. inmitten der damals sicher noch vorhandenen antiken Ruinen eine romanische Kathedrale errichten, die zum Zentrum der neu entstehenden mittelalterlichen Siedlung wurde. Seit 1295 war Bertrand de Got Bischof dieser Kirche. Von hier führte ihn seine steile Karriere zunächst als Erzbischof nach Bordeaux und fünf Jahre später, 1305, auf den Stuhl Petri. Als Papst nahm er den Namen Clemens V. an. Wegen seiner Willfährigkeit gegenüber dem französischen König (Aufhebung des Templerordens, Widerruf der Bulle »Unam sanctam« seines Vorgängers Bonifaz VIII., Verlegung der Papstresidenz von Rom nach Avignon) zog er bereits die Kritik der Zeitgenossen auf sich. Seinem einstigen Bischofssitz in den Pyrenäen blieb er verbunden. Er ließ die romanische Kathedrale umbauen und erweitern. So entstand ein gotischer Saalraum mit neun den gewaltigen Chor umkränzenden Kapellen. Lediglich der Westteil blieb aus

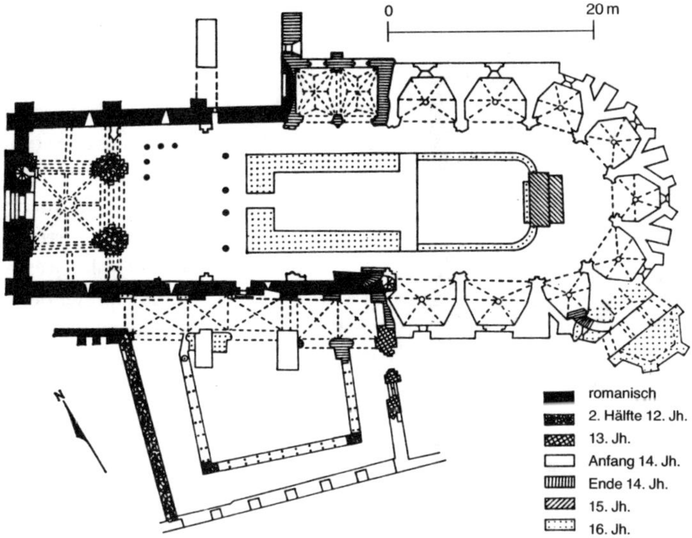

St-Bertrand-de-Comminges, ehem. Kathedrale mit Kreuzgang, Grundriß

romanischer Zeit erhalten: ein mächtiger *Turm,* in dem sich zuunterst das kleine romanische *Portal* befindet. Sein skulpturaler Dekor zeigt im Tympanon eine Anbetung der Könige. Die ihnen im Profil zugewandte Maria trägt ebenso wie das Christuskind eine Krone. Daneben erscheint die Gestalt Bischof Bertrands, des Kirchenerbauers. Zwar besitzt er keinen Nimbus, denn seine Kanonisation erfolgte erst später; aber durch seine außerordentliche Größe, die ihn selbst die Könige überragen läßt, ist seine Bedeutung herausgestrichen. Im Architrav darunter stehen die zwölf Apostel. Die Verschachtelung einzelner Platten im Tympanon weist auf Toulouse, ebenso der Stil der leider arg ramponierten Reliefs.

Ein besonderes Kleinod ist der *Kreuzgang* auf der Südseite der Kathedrale. Ein Flügel wurde nachträglich nach Süden aufgebrochen, so daß man bei klarer Sicht den Blick auf die Pyrenäen genießen kann. Dem 12. Jh. gehört noch der Westflügel an (die drei anderen 13. Jh.), dessen Kapitelle mit der dritten im Kreuzgang von La Daurade in Toulouse tätigen Werkstatt in Verbindung stehen. Auf gotischen Einfluß deutet der *Pfeiler mit den vier Evangelisten,* deren säulenhafte Statuarik die frühe gotische Monumentalskulptur voraussetzt. Allerdings wird hier das neue gotische Gestalten im althergebrachten romanischen Sinn umgedeutet: Die Figuren lösen sich nicht vom Träger, dem Pfeiler; sie erscheinen vielmehr derart mit ihm verschweißt, daß der Eindruck des Statuarischen hinter dem Reliefhaften zurücktritt.

Das *Kircheninnere* ist vollständig das Ergebnis der von Clemens V. initiierten Gotisierung. Bei aller Liebe zur Romanik wird man nicht zögern, dem kunstvoll geschnitzten Chorgestühl aus dem 16. Jh. seine Bewunderung zu zollen.

Nur knapp 1 km von St-Bertrand nach Osten liegt im Tal die Kirche St-Just-de-Valca-

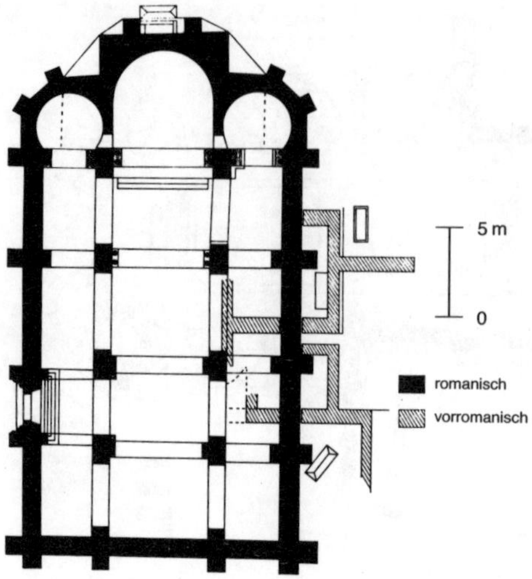

St-Just-de-Valcabrère, Grundriß

BRÈRE, die im Bereich der antiken Nekropole Ende des 12. Jh.s errichtet wurde (Farbabb. 10). Die querhauslose dreischiffige Halle besaß offenbar anfangs einen offenen Dachstuhl. Anläßlich der Einwölbung im 13. Jh. (Mittelschiff Tonne, Seitenschiffe Vierteltonnen) mußten die Pfeiler verstärkt werden. Selbst in dieser letzten Phase der Romanik blieb der Einfluß der maurischen Kunst im Pyrenäenbereich lebendig: Die den Hauptchor flankierenden Apsiden beschreiben einen hufeisenförmigen Grundriß.

Das kleine *Nordportal* hängt eng mit dem Kreuzgang von St-Bertrand zusammen, stammt möglicherweise von derselben Werkstatt. Das Tympanon, eine letzte erschlaffte Äußerung der Romanik aus der Zeit um 1200, zeigt den thronenden Christus im Kreise der vier Evangelistensymbole. Die vier Gewändefiguren – man identifiziert sie als die Heiligen Justus und Pastor (links), zwei spanische Märtyrer, und Stephanus sowie Helena (rechts) – streben dieselbe Synthese von Romanik und Gotik an wie der Evangelistenpfeiler im nahen Kathedralkreuzgang. Die Form der monumentalen Gewändefigur setzt die Kenntnis früher gotischer Portale voraus; andererseits bleibt das Prinzip der reliefhaften Einbindung in den Hintergrund unangetastet. Mit den Skulpturen von St-Bertrand-de-Comminges und St-Just-de-Valcabrère endet das knapp 200 Jahre umspannende Kapitel der romanischen Bildhauerkunst in Südfrankreich.

St-Émilion* *(Gironde)*

Bei Nennung dieses Ortsnamens denkt wohl jeder zuerst an den Wein, dem das Städtchen östlich von Bordeaux seine weltweite Berühmtheit verdankt. Mit seiner FELSKIRCHE besitzt St-Émilion auch eine der originellsten Raumschöpfungen des französischen Mittelalters. Dem Vorbild des hl. Aemilianus folgend, eines aus der Bretagne stammenden Eremiten, der sich im 8. Jh. eine Klause in den Fels geschürft hatte, schlugen die Benediktiner von St-Émilion eine ganze Kirche aus dem gewachsenen Stein (Église monolithe). Sie ist als Halle mit drei annähernd gleich großen Schiffen angelegt. Ihre Länge beträgt 38, ihre Breite 20 und die Höhe 15 m.

Noch während die Arbeiten an der Felskirche in Gang waren, hatte man bereits auf dem Plateau darüber mit dem Bau einer konventionellen KLOSTERKIRCHE begonnen. Ihr tief gestuftes *Archivoltenportal* steht unter dem Einfluß der Saintonge-Romanik. Der *Innenraum* dagegen, ein schlichter Saal mit zwei Kuppeln, bezieht seine Anregungen vom östlichen Nachbarn, dem Périgord. Der Chor entstammt dem Spätmittelalter.

Mit weiteren Denkmälern ist das mittelalterliche Klosterwesen in St-Émilion stark vertreten: Reste des gotischen Franziskanerklosters, Ruine des ehemaligen Dominikanerklosters vor den Stadtmauern. Die oben beschriebene Kollegiatskirche selbst besitzt gleichfalls einen schönen gotischen Kreuzgang.

St-Lizier* *(Ariège)*

Die einstige Bischofsstadt über dem Tal des Salat, eines Nebenarms der Garonne, trumpfte im Mittelalter mit zwei Bischofskirchen auf. Die mächtige Stellung des Bischofs wurde jedoch 1130 durch das Einschreiten der Grafen von Comminges für alle Zeiten gebrochen. Die EHEMALIGE KATHEDRALE ST-LIZIER ist nach einer Neuerrichtung des Langhauses nur noch in ihren Ostteilen romanisch. Der Chor birgt einen Schatz in Form von *Fresken* in den Flächen der hochgestelzten Blendarkaden. Sie zeigen in einem unteren Streifen Begebenheiten aus der Kindheit Jesu, in einer zweiten Zone darüber Darstellungen der Apostel. Die kurz vor 1117 (Datum der Weihe) datierten Wandmalereien werden einem Künstler zugeschrieben, dessen Tätigkeit in etlichen Kirchen Kataloniens nachzuweisen ist. Nach seinem Hauptwerk nennt man ihn den *Meister von Pedret.* Wegen auffälliger Anklänge an byzantinische Werke ist daran gedacht worden, seine Herkunft in Italien zu suchen.

Ein weiteres Kleinod ist der intime kleine *Kreuzgang,* dessen Entstehung Ende des 12./Anfang des 13. Jh.s anzusetzen ist. Er gehört damit zur Gruppe jener Denkmäler, in denen sich das romanische Erbe noch lange beharrlich gegen die Gotik behauptete.

St-Paul-lès-Dax* *(Landes)*

Im 19. Jh. wurde die romanische KIRCHE ST-PAUL am Rande der Landes de Gascogne abgerissen und neu aufgebaut. Einzig der Chor blieb erhalten. Dieser Teil bietet eine skulpturale Besonderheit, die den Abstecher hierher rechtfertigt: Die Chor-Außenseite umzieht ein *Fries aus einzelnen Marmorreliefs.* Einen derartigen Dekor einer Chorpartie kennt man nur noch in Selles-sur-Cher (Loiretal). Von Süden nach Norden sind folgende Szenen auszumachen: Apokalyptische Wesen (von H. Schade als Höllenhunde interpretiert), die Marien am leeren Grab, Christus zwischen zwei Propheten (Abb. 77), Abendmahl, Judaskuß und Gefangennahme, Kreuzigung, Samsons Kampf mit dem Löwen, Abraham, ein weiteres Höllentier und zum Abschluß das Himmlische Jerusalem. Deutlich sind zwei unterschiedliche Stilrichtungen zu unterscheiden: Die eine, für die das Abendmahl und die Gefangennahme stehen, zeigt in ihrer stereotypen Reihung der Figuren eine Verwandtschaft mit Arles (St-Trophime), was letztlich einen Rückgriff auf spätantike Sarkophagplastik bedeutet; die andere – Marien am Grab, Kreuzigung – besitzt in vereinfachender Manier Ähnlichkeiten mit den skulpturalen Arbeiten an St-Sernin in Toulouse. Damit markiert St-Paul-lès-Dax zugleich den äußersten westlichen Vorposten der Bildhauerkunst der Languedoc.

St-Plancard* *(Haute-Garonne)*

Etwas außerhalb des Städtchens St-Plancard im Pyrenäenvorland steht auf dem Friedhof das KIRCHLEIN ST-JEAN-DES-VIGNES, dessen Chorrund und südliche Seitenkapelle mit *Fresken* geschmückt sind (den Schlüssel holt man sich im Krämerladen im Ort). Die Darstellungen der Anbetung der Könige, der Kreuzigung und des Pantokrators im Chor sind stark verblaßt. Die Bilder in der Seitenkapelle haben ihre Leuchtkraft besser bewahrt. Hier erkennt man in der Apsiswölbung den weltenrichtenden Christus in einer zweigeteilten Mandorla und die Enthauptung Johannes des Täufers, über dem Bogen der Kapellenöffnung eine Manus Dei, von zwei Engeln gehalten, und rechts neben dem Bogen in einer mehr zeichnerisch als gemalt anmutenden Darstellung den Sündenfall. Die Bilder wurden erst 1943 wiederentdeckt und haben kontroverse Ansichten hinsichtlich der Datierung ausgelöst. Die stilistische Nähe zu karolingischen Malereien könnte vermuten lassen, daß es sich um Arbeiten aus dem 10. Jh. handelt. Damit wären die Fresken von St-Plancard nächst den karolingischen Fresken in den Krypten von Auxerre in Burgund die ältesten Zeugnisse christlicher Wandmalerei in Frankreich.

St-Sever* *(Landes)*

Beim Stichwort St-Sever leuchtet das Auge eines jeden Kenners mittelalterlicher Buchmalerei. Aus dem Skriptorium dieser hoch über dem Tal des Adour gelegenen Abtei stammt einer der am reichsten illuminierten Kommentare des Beatus von Liebana zur Apokalypse, heute eines der Glanzstücke der Bibliothèque Nationale in Paris. Obwohl man am Ort selbst keine Zeugnisse dieser hochrangigen Kunst mehr bewundern kann, macht das Erhaltene an Architektur und Skulptur St-Sever für den Reisenden immer noch anziehend genug. Das Langhaus der EHEMALIGEN ABTEIKIRCHE wurde nebst der Fassade im 19. Jh. so weitgehend neu gestaltet, daß sich hier eine genauere Untersuchung erübrigt. Wir widmen unsere Aufmerksamkeit der Chorpartie: Nächst Châteaumeillant (Berry) besitzt St-

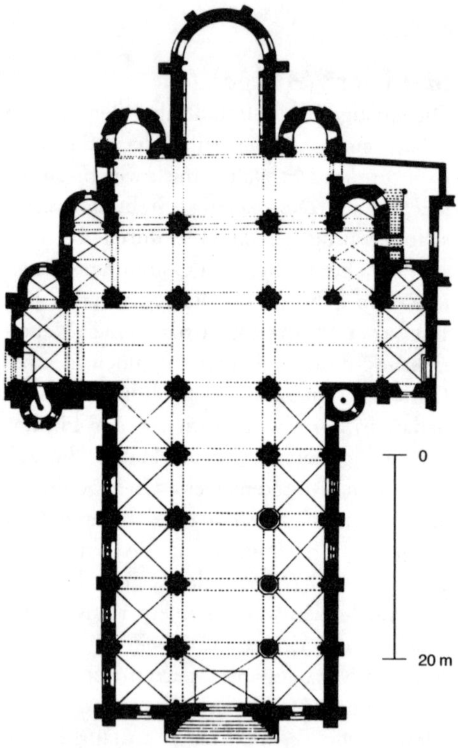

St-Sever, ehem. Abteikirche, Grundriß

Sever den prachtvollsten *Staffelchor.* Insgesamt sind sieben Kapellen nebeneinandergereiht, wobei ihre Tiefe zu den Seiten schrittweise abnimmt. Da die Außenansicht nur geringfügig verstellt ist – in Châteaumeillant ist sie gänzlich hinter Anbauten versteckt –, ist St-Sever das einzige Beispiel der französischen Romanik, wo man das Muster eines sieben Kapellen umfassenden Staffelchores auch von außen studieren kann. Im Innern sind die Kapellen durch Arkaden zueinander geöffnet. Ihre tragenden Säulen ziert eine Reihe vorzüglicher *Kapitelle* mit überwiegend Blatt- und Pflanzenornamentik, aber auch einigen figürlichen und zoomorphen Motiven, unter denen besonders jene im südlichen Querhaus Aufmerksamkeit verdienen: Sie zeigen in einer sehr körperhaften Auffassung Greifen und Löwen, deren scheinbar lächelnde Fratzen mit vergleichbaren Darstellungen in Agen (St-Caprais) und Hagetmau (Krypta von St-Girons) in Verbindung stehen. Sie wurden im 19. Jh. mit einer neuen farbigen Fassung versehen, die, wenn auch vielleicht ein wenig zu grell geraten, doch recht anschaulich den ursprünglichen Zustand wiederaufleben läßt.

Trémolat* *(Dordogne)*

Nahe dem Ufer der Dordogne steht beim Cingle de Trémolat die KIRCHE NOTRE-DAME mit ihren abweisenden Mauern. Die Lage direkt an einem wichtigen Verkehrsweg mag die wehrhafte Erscheinung bedingt haben. Anstelle von Fenstern gibt es nur schmale Schlitze; der Turm ist gänzlich geschlossen und besitzt nicht einmal ein offenes Glockengeschoß. Auch der Grundriß ist ausgesprochen karg: ein lateinisches Kreuz, das Langhaus einschiffig, das Chorhaupt flach abschließend, ohne Annexe. Indem fernerhin jede Spur von Ausschmückung fehlt, kommt im Innern die Wirkung der vier Kuppeln – drei über dem Langhaus, eine über der Vierung – kraftvoll zur Geltung. Obwohl recht klein – ihr Durchmesser beträgt 5 m (zum Vergleich: Cahors 18 m) –, verdeutlichen sie, daß die Kuppelbauweise auch im kleineren Maßstab eine monumentale Wirkung entfaltet.

Weitere sehenswerte romanische Kirchen

Agen *(Lot-et-Garonne)*

Das Langhaus der KIRCHE ST-CAPRAIS wurde im 19. Jh. zum Teil neu errichtet. Romanisch ist noch der Ostteil. Der Chor ohne Umgang, jedoch mit drei Radialkapellen, vertritt ein geläufiges aquitanisches Schema. Auf der Nordseite ist von den ehemaligen Konventsgebäuden der *Kapitelsaal* erhalten. Sein plastischer Kapitell- und Portaldekor zeigt Stileigentümlichkeiten, die in der Provence vorkommen. Sie wurden über Agen nach St-Paul-lès-Dax in den Landes weitervermittelt.

Aire-sur-l'Adour *(Landes)*

Die EHEMALIGE KATHEDRALE ST-JEAN-BAPTISTE wurde durch spätere Umbauten gänzlich entstellt. Anschaulicher hat sich die Romanik in der WALLFAHRTSKIRCHE STE-QUITTERIE-DU-MAS erhalten, von der immerhin noch die östlichen Teile romanisch sind. In der Krypta ist sehenswert der spätantike *Sarkophag* der Märtyrerin Quitterie; in der Sakristei einige *Kapitelle*, die mit der romanischen Skulptur Nordspaniens in Verbindung stehen.

Besse *(Dordogne)*

Die kleine romanische Dorfkirche St-Martin (Farbabb. 27) im südlichen Périgord besitzt ein bemerkenswertes *Portal,* leicht vom Gebäude abgesetzt und von einem Giebel überfangen. Die sehr archaisch wirkenden Reliefs (Ende 11. Jh.) müssen als die ältesten Skulpturen in dieser Region gelten. *Stirnarchivolte:* (nur im Scheitel) zwei Engel tragen Christus auf einem Thron; *zweite Archivolte* (von links nach rechts): Engel, der Jesajas Lippen mit glühender Kohle berührt; daneben (in der Laibung) sitzt Petrus im Kerker, von oben kommt ein Engel herab, um ihn zu befreien; ein Cherub; Adam und Eva nackt, im Scheitel Adam und Eva bekleidet; der hl. Eustachius jagt den Hirsch; Muttergottes mit Kind; als letztes Erzengel Michael, der den Drachen bezwingt; *innere Archivolte* (wieder nur Scheitel): Engel mit Agnus Dei. In Einzelzitaten wird der ganze Kosmos der christlichen Heilslehre vom Sündenfall bis zur Erlösung des Menschen durch den Triumph Christi aufgezeigt.

Cénac *(Dordogne)*

An den Fuß des Felsmassivs, auf dem, hoch über der Dordogne, die Bastide Domme im 13. Jh. angelegt wurde, schmiegt sich der kleine Ort Cénac mit seiner Kirche St-Julien. 1090 hatte der Abt Aquilanus von Moissac das Priorat gegründet, das mit einer überraschend großzügigen Kirche ausgestattet wurde. Im 16. Jh. vernichtete ein von Hugenotten gelegtes Feuer den größten Teil des Bauwerks. Im 19. Jh. wurden Lang- und Querhaus wieder neu errichtet. Romanisch ist heute nur noch die *Chorpartie* (Farbabb. 4): eine Dreiapsidenanlage, deren Außenpartie eine Vielzahl von phantasievoll dekorierten Kragsteinen aufweist – ein für das eher bilderarme Périgord verblüffend reichhaltiger Figurenzyklus.

Grand-Brassac *(Dordogne)*

Die Kirche Sts-Pierre-et-Paul ist, ähnlich wie Trémolat, das Musterbeispiel einer Wehrkirche. Den Innenraum überspannen vier Kuppeln.

Hastingues *(Pyrénées-Atlantiques)*

Das ehemalige Kartäuserkloster Arthous bei Hastingues ist eine imposante Ruine, an der schon seit Jahren restauriert wird. In Teilen des wiederhergestellten Konvents ein *Museum zur Vor- und Frühgeschichte der Gascogne* mit einigen römischen Mosaiken.

La Chapelle St. Robert, *Périgord*

Die Kirche St-Robert gehörte im 12. Jh. zu einem Priorat, das Mönche aus La Chaise Dieu (Auvergne) gegründet hatten. Von dem Klosterbau steht nur noch die Kirche (Umschlag vorne, Farbabb. 12), die in der dünnbesiedelten Gegend des nördlichen Périgord auf freiem Felde liegt. Die Architektur ist vor allem der *Saintonge* verpflichtet: Westseite mit Portal und seitlichen Scheintüren, Einschiffigkeit der Kreuzanlagen, Betonung des reichen gegliederten Vierungsturms.

Larressingle *(Gers)*

Das Wehrdorf bei Condom in der Gascogne mutet wie ein kleines Carcassonne an. Auch die Kirche St-Sigismond diente dem Rückzug und der Verteidigung. Der klobige, nach Osten abgerundete Turm gleicht einem Donjon; daran schließt sich eine quadratische, fensterlose Kapelle an.

La Sauve-Majeure *(Gironde)*

Die im 11. Jh. gegründete Abteikirche im Entre-Deux-Mers ist seit der Revolution nur noch eine Ruine. Die fünf Kapellen der Ostpartie gruppieren sich zum *Musterbeispiel eines Staffelchores.* Ferner sind einige gute *Kapitelle* aus frühromanischer Zeit (11. Jh.) erhalten.

Layrac *(Lot-et-Garonne)*

Die ehemalige Klosterkirche St-Martin ist eindrucksvoll über dem Ufer des Gers in Szene gesetzt. An der Fassade etliche *Figurenkapitelle.* Den einschiffigen Saal überwölbt eine Spitztonne, die Vierung eine Kuppel über Pendentifs. Im Chor *Reste eines Mosaiks.* Einzig erhaltene Darstellung neben vielgestaltigen Ornamenten: Samsons Kampf mit dem Löwen.

Petit-Palais *(Gironde)*

Die Fassade der KIRCHE ST-PIERRE folgt getreulich den Vorbildern in der nahen Saintonge. Die Überladenheit ihrer dreigeschossigen Gliederung ist ein Charakteristikum der »barocken« Spätphase der Romanik.

Sauveterre-de-Béarn *(Pyrénées-Atlantiques)*

Der Ort war im Mittelalter eine wichtige Grenzfeste zwischen der Grafschaft Béarn und Niedernavarra. Diesem Umstand verdankt die KIRCHE ST-ANDRÉ ihre wehrhafte Erscheinung. Ihr Reiz liegt zuvorderst in der malerischen Lage auf einem Steilufer über dem Gave d'Oloron; in der Nachbarschaft ein Donjon, ihr zu Füßen die Ruine einer mittelalterlichen Brücke.

St-Amand-de-Coly *(Dordogne)*

Die WEHRKIRCHE, die aus dem zweiten Viertel des 12. Jh.s stammt, ragt wie ein monolithischer Block auf. Da das Langhaus nur geringfügig größer ist als die extrem ausladenden Flügel des Querschiffs und der flach abschließende Chor, besitzt sie fast den Grundriß eines griechischen Kreuzes. Als Wehrkirche wurde sie in den vielen Kriegen, die das südwestliche Frankreich überzogen, oft von den Militärs genutzt und entsprechend heruntergewirtschaftet. Im 19. Jh. erfolgte eine umfassende Restaurierung.

St-Georges-de-Montagne *(Gironde)*

ST-GEORGES ist eine der wenigen Kirchen des Südwestens aus dem 11. Jh. In der Gestalt des *Glockenturms* durchdringen ostromanische (isolierte Stellung, kleinteiliges Bruchsteinmauerwerk) und westromanische Elemente einander (Fenster mit eingestellten Säulchen).

St-Jean-de-Côle *(Dordogne)*

In enger Nachbarschaft zum Château de la Marthonie und zu einer alten Markthalle hat die romanische KIRCHE ST-JEAN Anteil an einem malerischen Ensemble, wie es für die Dörfer des Périgord typisch ist. Der unvollständig gebliebene Bau besteht aus einem polygonalen Chor mit drei radial ausstrahlenden Kapellen. Die Kuppel, die ihn einstmals überspannte, war mit 15 m Durchmesser eine der größten in Aquitanien. Sie stürzte 1787 ein. Der Versuch einer Rekonstruktion scheiterte kläglich, so daß 1850 anstelle der Wölbung eine flache Holzdecke eingezogen wurde.

St-Léon-sur-Vézère *(Dordogne)*

Im Tal der Vézère dreht sich alles um die Vor- und Frühgeschichte (Höhlen von Lascaux, Font-de-Gaume, Combarelles u. a.). Aber der Ort St-Léon-sur-Vézère lädt zu einem Seitensprung in die Romanik ein. Die KIRCHE ST-LÉON erhebt sich direkt am Flußufer; sie ist eines der ältesten Bauwerke Aquitaniens. Das einschiffige Langhaus gehört noch ins 10. Jh., die Errichtung der Ostteile mit einer kompakten Dreiapsidenanlage ins 11. Jh. Die Vierung ist mittels einer Kuppel hervorgehoben. Zum Teil besteht noch die originale Bedachung mit lose geschichteten Steinplatten. Konstruktionen dieser Art wiegen eine Tonne pro Quadratmeter.

St-Pierre-de-Buzet *(Lot-et-Garonne)*

Obwohl es nur wenige hundert Meter Luftlinie zur Autobahn A 61 (Toulouse-Bordeaux) sind, liegt die KIRCHE ST-PIERRE in wohltuend ruhiger Abgeschiedenheit. Nach der jüngst durchgeführten vorbildlichen Restaurierung erlebt man die ausgewogen proportionierte Architektur des einschiffigen Saals als eindrucksvolles Zeugnis der schlichten Baugesinnung an der Wende vom 11. zum 12. Jh.

St-Vivien-de-Médoc *(Gironde)*

Die reich gegliederte und mit Bauplastik dekorierte Chorpartie der KIRCHE ST-VIVIEN besitzt ihre Vorbilder in der Saintonge (Rétaud, Rioux). Eine originelle Besonderheit sind die beiden *Scheintympana* der Westfassade mit Darstellungen der Königin von Saba bei Salomon und von Musikanten und Gauklern.

Tauriac *(Gironde)*

Die Kirche St-Étienne besitzt eine vielgestaltig gegliederte Fassade nach Art der Saintonge. Im linken Scheintympanon ist, wenngleich stark verwittert, eine für den westfranzösischen Kunstkreis typische *Reiterfigur* zu erkennen, die als Kaiser Konstantin gedeutet wird.

Sarlat *(Dordogne)*

Die Hauptstadt des Périgord Noir, die wegen ihrer zahlreichen historischen Wohnhäuser als eine der schönsten Städte Frankreichs gilt, hat im *Turm* der (gotischen) Kathedrale St-Sacerdos ein romanisches Denkmal aufzuweisen, dem sich gleich hinter der ehemaligen Bischofskirche mit der *»Lanterne des morts«* ein weiteres Bauwerk aus dem 12. Jh. hinzugesellt. Der zylindrische, nach oben spitz zulaufende Turm, der früher als Grabkapelle diente, wurde der Überlieferung zufolge zur Erinnerung an einen Aufenthalt Bernhards von Clairvaux in Sarlat errichtet. Etwas außerhalb der Stadt erhebt sich auf einem Hügel die kleine, von zwei Kuppeln überwölbte Wallfahrtskirche Notre-Dame-de-Temniac. Die Wände des zweiten Jochs sind, ähnlich wie in St-Étienne-de-la-Cité in Périgueux, leicht von den Stützpfeilern abgesetzt und werden damit augenfällig als baustatisch entlastete Füllwände definiert.

St-Gaudens *(Haute-Garonne)*

Die Kirche St-Gaudens – so benannt nach dem Märtyrer Gaudens, der dreizehnjährig für seinen Glauben sterben mußte – wurde zunächst als Emporenkirche nach auvergnatischem Muster begonnen, dann aber als Halle fortgeführt. Beachtung verdienen die unter Toulousaner Einfluß stehenden *Kapitelle.* Das letzte der linken Seite vor dem Chor ist wohl das obszönste der gesamten romanischen Kunst: Dort hocken als Sinnbilder der niederen Instinkte Äffinnen, die ostentativ ihre Schamlippen auseinanderziehen.

Thiviers *(Dordogne)*

Das an Bauplastik eher arme Périgord kann in Notre-Dame in Thiviers immerhin mit einem sehenswerten *Kapitellzyklus* aufwarten. Im Vordergrund stehen dämonische Tiere. Unter den wenigen szenischen Darstellungen – u. a. Samson mit dem Löwen, Christus übergibt Petrus die Schlüssel (an einem der Vierungspfeiler) – im Chor die originelle Darstellung einer mit einem Ballettröckchen bekleideten Tänzerin, die von einem Löwen bedroht wird. Die Arbeiten gehören möglicherweise noch ins 11. Jh.

Der mittlere Westen: Poitou, Saintonge, Angoumois und Limousin

Der mittlere Westen Frankreichs ist eine nur gelegentlich von sanften Hügelketten durchzogene weite Ebene, die nach Norden in die Senke des Loiretals hinüberspielt und im Süden mit dem Aquitanischen Becken verschmilzt. Die westlichen Ausläufer des Zentralmassivs stellen die natürliche Barriere gegen das Landesinnere dar; die Westgrenze bildet die Atlantikküste. Die Kernlandschaften dieses mittleren Westens sind das POITOU, die SAINTONGE und das ANGOUMOIS. Hier ist der Denkmälerbestand an romanischen Kirchen umfangreicher als irgendwo sonst in Frankreich. Wir haben diesem Kapitel darüber hinaus das LIMOUSIN zugeschlagen, das den Anschluß zum Zentralmassiv herstellt. Aus annähernd 400 erhaltenen Denkmälern wurde eine Auswahl von etwa 60 sehenswerten Beispielen getroffen. Diese große Zahl und ihr oftmals hervorragender Erhaltungszustand erstaunt um so mehr, als gerade das Poitou und die Saintonge im 16. Jh. Hochburgen des Protestantismus waren, der ja nicht eben zimperlich mit den Kirchen des Mittelalters und besonders mit deren bildnerischem Dekor umzugehen pflegte. Dies gilt jedoch erst für die Zeit, als die Konfrontation zwischen den Konfessionen in Form kriegerischer Auseinandersetzungen eskalierte, was wiederum von katholischer Seite mit Fleiß betrieben wurde. Anfangs war man um eine friedliche Koexistenz bemüht. So weiß man von Kirchen in La Rochelle, daß sie von beiden Konfessionen genutzt wurden. Darüber hinaus war der Westen Frankreichs 200 Jahre zuvor, zur Zeit des Hundertjährigen Krieges, bevorzugter Schauplatz für die kriegerischen Auseinandersetzungen zwischen England und Frankreich gewesen.

Das Aufblühen der Romanik in den Bereichen Poitou und Saintonge – im Angoumois, also nach Osten zu, nimmt die Zahl der Kirchen deutlich ab, im Limousin sind die Beispiele sehr weit gestreut – hängt eng mit der politischen Geschichte zusammen. Seit dem 10. Jh. war der Herzog von Aquitanien in Personalunion zugleich Graf des Poitou. Im 12. Jh. lief Poitiers, wo sich die Herzöge nun häufiger aufhielten, Bordeaux seinen Rang als Metropole Aquitaniens ab. (Zur Geschichte Aquitaniens siehe Seite 187ff.).

Kulturgeographisch sind das *Poitou* und die ihm zuzurechnenden Landschaften des mittleren Westens dem südfranzösischen Raum beizuordnen, auch wenn die Sprachgrenze zwischen langue d'oc und langue d'oïl mitten durch dieses Gebiet führt. Sie verläuft etwa von La Rochelle über das Sumpfgebiet des Marais Poitevin nach Osten weiter durch den Wald von Chizé (südlich von Niort).

Der vorherrschende Bautypus des Poitou ist die *dreischiffige Halle*. Dem Mittelschiff kommt nur insofern eine Dominanz zu, als es meist breiter proportioniert ist als die Seitenschiffe. Die annähernd gleiche Höhe aller Schiffe und der damit verbundene Verzicht auf einen Obergaden bedingt eine indirekte Beleuchtung der Innenräume von den Seitenschiffen

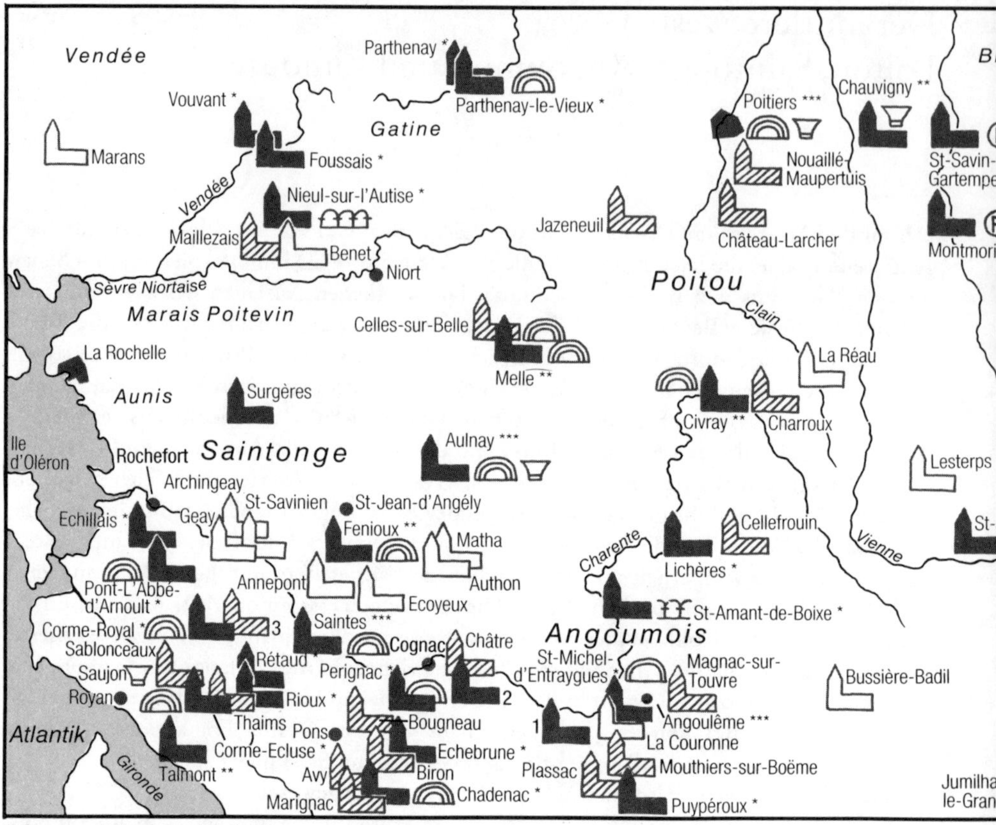

(Erläuterung der Symbole siehe Seite 10)

her. Diese Indifferenz der Lichtverhältnisse, von natürlichen Lichtquellen scheinbar unabhängig, verleiht den Kirchen des Poitou ihre weihevolle Atmosphäre. Dem Langhaus schließt sich in der Regel ein einschiffiges Querhaus mit einer ausgeschiedenen Vierung an. Die Apsis ist entweder als schlichtes Halbrund angelegt oder – wo es sich um Wallfahrtskirchen handelt – zum Chor mit Umgang und Radialkapellen erweitert. Letzteres findet man vorwiegend entlang der Via Touronensis bzw. an deren Nebenrouten. – Von wenigen Ausnahmen abgesehen, fallen die Kirchen der *Saintonge,* was ihre Ausmaße anbetrifft, bescheiden aus. Hier bestimmt die *einschiffige Halle* die Szene. Alle gestalterische Kraft dieser Region hat sich im Bereich der Skulptur gesammelt. – Die Kirchen des *Angoumois* sind überwiegend Mischformen, in denen sich Anregungen aus den benachbarten Landschaften niedergeschlagen haben. Eine eigene Bauschule ist dabei nicht zur Ausbildung gekommen. – Die romanischen Kirchen des *Limousin* erscheinen wie der Versuch, die

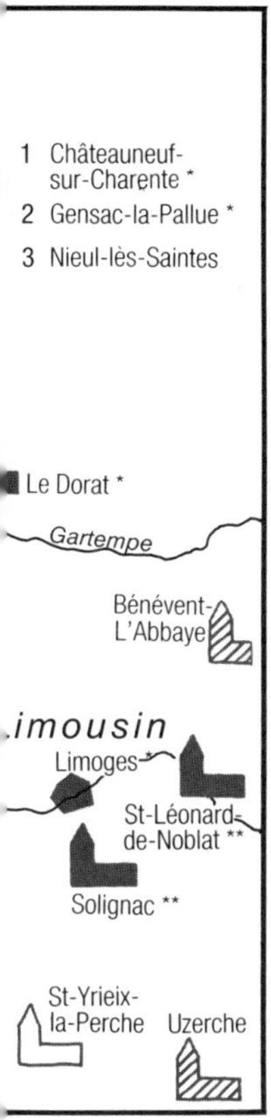

Gestalt der Basilika mit dem Prinzip der Hallenkonstruktion in Einklang zu bringen. Sie zeigen meist einen dreischiffigen Grundriß; im Aufriß erhebt sich das Mittelschiff über die Seitenschiffe – ein basilikales Schema also. Auf eine Durchfensterung im Obergaden wurde jedoch verzichtet, so daß im subjektiven Eindruck des Betrachters das poitevinische Raumgefühl der Halle zum Tragen kommt.

Aber auch hier gilt, wie schon mehrfach betont: Jenen Bauten, in denen die geschilderten lokaltypischen Formen ganz rein in Erscheinung treten, stehen ungezählte andere gegenüber, die die Anregungen unterschiedlicher Landschaften aufgegriffen und mit bodenständigen Traditionen in Verbindung gebracht haben. Der aquitanische Kuppelbau ist allgegenwärtig; ebenso die burgundische Errungenschaft der Gewölbezuspitzung (bezeichnenderweise überall dort am auffälligsten, wo eine enge Verbindung zu Cluny bestand); in Einzelfällen sind Querverbindungen zur Auvergne und bis zur Provence aufzuspüren.

Von überragender Bedeutung ist die Rolle der *Skulptur* im mittleren Westen Frankreichs. Man sieht sich einer derartigen Fülle plastischer Bildwerke gegenüber, daß eine Poitou-Reise zu einem konzentrierten Lehrgang in romanischer Skulptur gerät. Die auffälligste Besonderheit dieser Landschaften ist der Verzicht auf das Tympanon, das doch gerade in allen anderen Gebieten der wichtigste Träger des romanischen Bildprogramms ist. Hier verlagert sich das Schwergewicht in die das Portal überfangenden *Archivolten*. Die Verzahnung von Skulptur und Architektur wird an diesen Archivoltenportalen besonders deutlich. Oftmals trägt jeder Keilstein eine eigene Figur, die sich somit als ein Glied des Bauwerks erweist. Aus ihrer Reihung resultiert im ganzen gesehen eine gewisse Monotonie poitevinischer Portale; es fehlt jener kompositorische »Spielraum«, wie ihn das Feld eines Tympanons bietet. Doch der bauplastische Dekor ist nicht auf die Portalzone beschränkt. Meist gliedert sich die Fassade in zwei, gelegentlich drei Blendarkadengeschosse, die für unterschiedliche Formen plastischen Dekors genutzt werden. Dabei tritt das pflanzliche, geometrische oder zoomorphe Ornament gleichberechtigt neben figürliche und szenische Darstellungen. Dergestalt erlebt man Fassaden in Westfrankreich oft als ganze Bildwände, die nicht selten mit ihrer Schmuckfülle in Kontrast zu der Anspruchslosigkeit der dahinter befindlichen Architektur stehen. Dies gilt besonders für die Saintonge. Das Limousin ist dagegen eigene Wege gegangen; an der Bilderpracht der Nachbarlandschaften hat es keinen Anteil genommen.

Denkmäler der *Malerei* trifft man im Poitou in höherer Zahl als anderswo; sie konzentrieren sich in den Tälern der oberen Vienne und der Gartempe. Den umfangreichsten Zyklus romanischer Wandmalerei überhaupt bieten die Gewölbefresken von St-Savin-sur-Gartempe.

Angoulême*** *(Charente)*

Die einstige römische Provinzstadt, die sich wie uneinnehmbar auf einem Kalkfelsen hoch über dem Tal der Charente erhebt, wurde unter Karl dem Kahlen Hauptstadt der Grafschaft Angoumois. Die KATHEDRALE ST-PIERRE, auf dem höchsten Punkt der Erhebung errichtet und weithin das Land beherrschend, macht deutlich, daß das Angoumois im Spannungsfeld unterschiedlicher Strömungen liegt: Die Architektur folgt getreulich dem aquitanischen Kuppelbau; die Fassade dagegen hält sich an Vorbilder aus dem Poitou-Saintonge-Gebiet.

Der Grundstein für den romanischen Bau – es handelt sich um die vierte Bischofskirche an dieser Stelle – wurde 1110 gelegt. Bereits 20 Jahre später konnte die Weihe vollzogen werden, eine für mittelalterliche Verhältnisse frappierend kurze Bauzeit. Entgegen der verbreiteten Praxis, eine Kirche am Chor zu beginnen und nach Westen fortschreitend zu errichten, entstanden in Angoulême zuerst die Westteile. Die Ausschmückung der *Fassade,* der größten des romanischen Frankreich überhaupt (Abb. 81), zog sich jedoch noch bis 1138 hin. Als gewaltige Schaufront angelegt, ist sie bis in die letzten Winkel mit plastischem Dekor überzogen.

Das komplizierte ikonographische Programm wird am besten verständlich, wenn man die Fassade aus einiger Entfernung von oben nach unten »liest«. Unter der zentralen Bogenstellung im Obergeschoß schwebt Christus in einer Mandorla stehend, umgeben von den vier Evangelistensymbolen. Darunter erscheinen sechs Engel: vier kleinere, Christus zugewandt, und zwei größere, deren Blicke und Gesten auf die Apostel gerichtet sind, die in zwei Registern neben

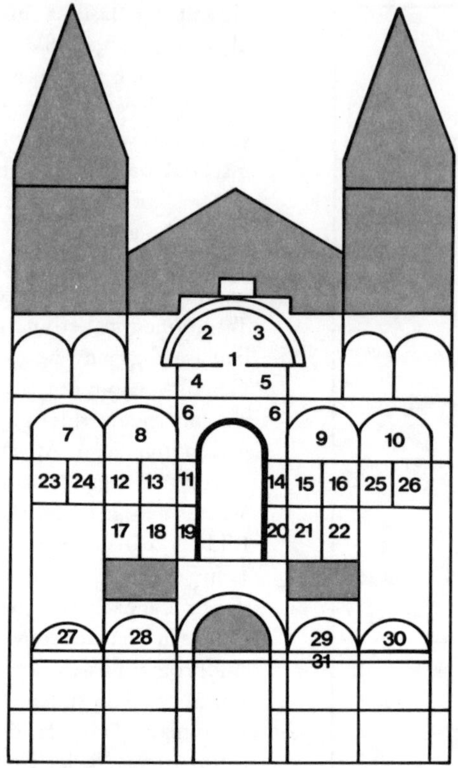

Angoulême, Schema der Fassade der romanischen Kathedrale St-Pierre (die im 19. Jh. von Paul Abadie rekonstruierten Partien sind grau getönt): 1 Christus in der Mandorla 2 Adler = Symbol des Evangelisten Johannes 3 Engel = Matthäus 4 Geflügelter Löwe = Markus 5 Geflügeltes Rind = Lukas 6 Engel 7–10 Auserwählte 11 Muttergottes 12–22 Apostel 23 Verdammter 24, 25 Teufel 26 Verdammter 27–30 Apostel 31 Reiterkampf (Illustration zum Rolandslied?)

dem großen Fenster und in den angrenzenden Arkadenbögen stehen. Die reduzierte Zahl der Apostel (elf anstatt zwölf, dazu die Gottesmutter) macht deutlich, daß es sich um die Himmelfahrt Christi handelt, ein Thema, das des öfteren an Portalen des Südwestens erscheint (Toulouse, Cahors u. a.). Auffallend ist aber hier die Präsenz der Evangelistensymbole, die sonst nur im Zusammenhang mit dem Weltgericht auftauchen. Die biblische Überlieferung klärt diesen Sachverhalt: In der Apostelgeschichte (1,9–12) wird berichtet, daß im Augenblick der Himmelfahrt Christi zwei Engel den versammelten Aposteln verkündeten, der Gottessohn werde gerade so, wie sie ihn jetzt zum Himmel aufsteigen sähen, am Jüngsten Tage wieder zur Erde herniederfahren. In einer Art visionärer Synopsis, wie nur die Romanik sie zu sehen imstande war, vereint die Fassade von Angoulême also beide Begebenheiten miteinander: die Himmelfahrt und die Parusie (Wiederkehr) mit der Ankündigung des Weltgerichts. Die acht Heiligen in den Tympana der hochgezogenen Scheinarkaden (Ziffer 7 bis 10 auf der Schemazeichnung) sind in freudig bewegter Tanzhaltung wiedergegeben. Sie stehen für den Kreis der Auserwählten, die den Triumph des Heilands feiern. Das Weltgerichtsthema kommt in den Figuren links und rechts (23/24 und 25/26) zum Tragen: Dort sind zwei Sünder und zwei Teufel dargestellt, die als einzige ihre Blicke von der Gestalt des Erlösers abwenden. Die beiden Reiterstatuen, der hl. Georg und der hl. Martin, weiter unten sowie das Tympanon des Hauptportals selbst sind freie Ergänzungen des Paul Abadie, der die Fassade im 19. Jh. auch im oberen Drittel einer Radikalrestaurierung unterzogen hat (die Türmchen). Zum Originalbestand gehört aber der Skulpturenschmuck der Scheinportale: In den zwölf Gestalten der Tympana erkennt man noch einmal die Versammlung der Apostel. Der reich dekorierte Fries zu ihren Füßen zeigt im lebendigen Wechsel ornamentalen und figuralen Schmuck. Von besonderem Reiz ist die schwungvolle Darstellung eines Reitergefechts, das in der Forschung unterschiedlich interpretiert worden ist: Die eine Version versteht sie als Illustration zum Rolandslied, das den heroischen Kampf der Getreuen Karls des Großen gegen die Heiden am Paß von Roncesvalles verherrlicht, die andere als Kampf zwischen

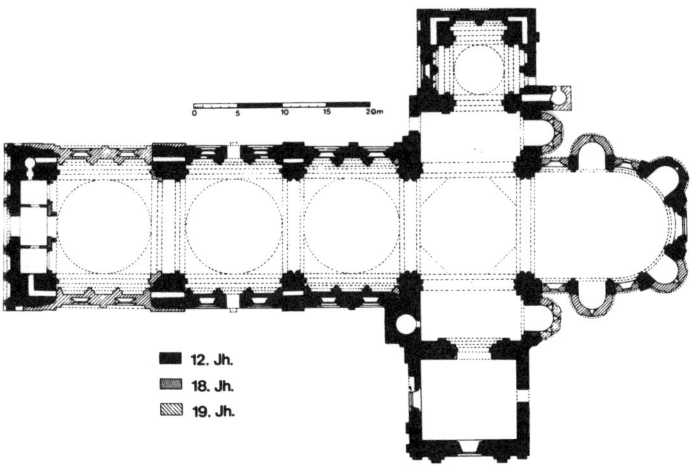

Angoulême, Kathedrale St-Pierre, Grundriß

Christen und Sarazenen, was jedoch beides nah beieinanderliegt. Der gemeinsame Nenner ist jedenfalls die geläufige Gegenüberstellung guter und böser Gewalten (Psychomachie).

Für die *Architektur* der Kathedrale stand der Typus der aquitanischen Kuppelkirche Pate. Der einschiffige Saal ist mit drei mächtigen Kuppeln über Pendentifs eingewölbt. Vierung und Chor sind Rekonstruktion (Abadie). In der Vierzahl der Chorkapellen zeigt sich eine deutliche Anlehnung an die Bauschule der Auvergne. Der Blick auf die *Ostpartie* (von außen) der Kathedrale steht dem Eindruck der Fassade kaum nach. Chorrund, Vierungskuppel und der nach Art italienischer Campanile (ostromanisches Erbe) neben dem Bauwerk stehende Glockenturm gruppieren sich zu einem prachtvollen Ensemble. Allerdings nimmt die Kuppel heute eine allzu dominierende Rolle ein, die sie im ursprünglichen Erscheinungsbild wohl nicht hatte, wie ein vergleichender Blick auf alte Abbildungen lehrt.

Einige sehenswerte Stücke romanischer Bauskulptur verschiedener Kirchen des Angoumois findet man in dem nördlich an die Kathedrale angrenzenden MUSÉE DES BEAUX-ARTS.

Aulnay-de-Saintonge***
(Charente-Maritime)

Die PILGERKIRCHE ST-PIERRE in Aulnay gehört in der kraftvollen Sprache ihrer Architektur und der verschwenderischen Ausstattung mit Bauplastik zu den herausragenden Denkmälern der Romanik im Westen Frankreichs. Besondere Beachtung verdient überdies die Tatsache, daß St-Pierre weder Priorats- geschweige denn Abteikirche gewesen ist, ebensowenig Pfarr- oder gar Bischofskirche. Hier haben wir das Beispiel eines Sakralbaus, der ausschließlich als Station für die Jakobspilger errichtet worden war. Vorab die wichtigsten Daten: Quellen des 11. Jh.s berichten von einer Kirche St-Pierre-de-la-Tour an dieser Stelle. 1122 fand ein Besitzerwechsel statt. Die Mönche der Abtei St-Cyprien in Poitiers übergaben die Fürsorge für Aulnay ihren Confratres von St-Pierre (gleichfalls in Poitiers), die die bestehende Kirche aufführten. Genaue Baudaten liegen nicht vor. Aber die Bestätigung der Abtretung von Aulnay an St-Pierre durch eine päpstliche Bulle Innozenz II. 1135 wird in der Forschung als Terminus post zitiert. Die Fertigstellung fällt in die Zeit um 1170.

In Aulnay haben wir das seltene Glück, einer Kirche noch weitgehend so zu begegnen wie der Pilger des Mittelalters, für den sie eines der drei großen Etappenziele – neben Melle und Saintes – auf dem Weg zwischen Poitiers und Bordeaux war. Sie liegt am Ortsrand inmitten der Stille eines aufgelassenen Friedhofs mit zum Teil umgestürzten Grabsteinen.

Die Fassade ist in zwei Geschosse gegliedert, deren oberes durch den Verlust einer großen Reiterstatue in der Revolution an Gewicht verloren hat. Jetzt konzentriert sich der umfangreiche Skulpturenschmuck auf die untere Zone mit dem Hauptportal und den begleitenden, nur unwesentlich kleineren Scheinportalen. Die Archivolten über dem Eingang zeigen ein Bildprogramm von exemplarischem Charakter für die Poitou- und Saintonge-Skulptur. Im inneren Bogenlauf strebt eine Engelschar aufwärts zur Mitte, wo sich ein Medaillon mit dem Agnus Dei – einem der geläufigsten Sinnbil-

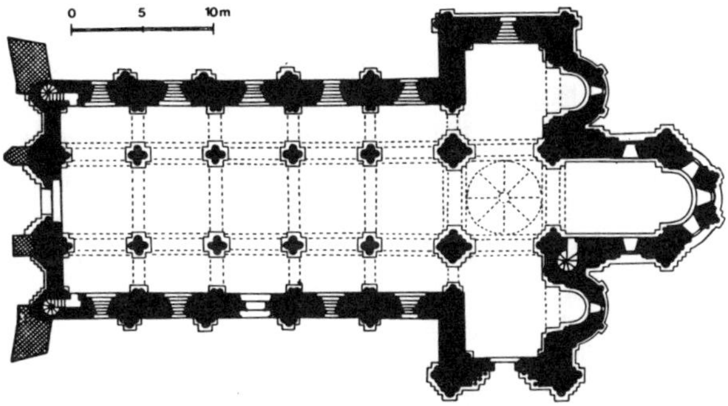

Aulnay, Pilgerkirche St-Pierre, Grundriß

der für den Erlöser – befindet. Die wehrhaften Gestalten der folgenden Archivolte, die mit ihren Füßen auf Tiere treten, sind Personifikationen der Tugenden im Kampf gegen die Laster (die Tiere). Die dritte Archivolte zeigt im Scheitel eine Halbfigur Christi – in der mittelalterlichen Architektursymbolik bezeichnet der Schlußstein eines Bogens oder eines Gewölbes immer den Erlöser –, der nach links und rechts die klugen und törichten Jungfrauen voneinander scheidet. Die äußere Archivolte ist stark zerstört und zudem von den der Fassade nachträglich aufgelegten Strebepfeilern zum Teil überschnitten. Man erkennt noch im Wechsel Tierkreiszeichen und Monatsarbeiten, die zugleich als Symbole für die Apostel zu verstehen sind.

Das Portal demonstriert zwei unterschiedliche Möglichkeiten der Figurenanordnung innerhalb von Archivolten: In den drei unteren erstrecken sich die Gestalten (Engel, Tugenden, Jungfrauen) über mehrere Keilsteine; ihre eigene Körperachse liegt schräg zu jener der Fassade. Man nennt diese Anordnung *tangential.* Die Gestalten der Stirnarchivolte besetzen dagegen immer nur einen Keilstein und sind axial auf den Mittelpunkt des Portalhalbrunds bezogen. Diese Archivoltenstruktur nennt man *radial.*

Die Archivolten der seitlichen Scheinportale zeigen streng geometrisch angeordnete Pflanzenornamente. Im linken Tympanon erscheint das Martyrium Petri; der Apostelfürst ließ sich zum Zeichen der Demut gegenüber seinem Herrn mit dem Kopf nach unten ans Kreuz schlagen. Die drei sitzenden Gestalten im rechten Tympanon werden allgemein als Christus, Petrus und Paulus gedeutet. Das inhaltliche Leitmotiv ist die Psychomachie, die Gegenüberstellung von Gut und Böse, Schlüsselszene die Darstellung der beiden Tugenden Demut und Freigebigkeit, die ihre im Kampf gegen die Laster errungene Krone dem Lamm als dem eigentlichen Sieger darbringen. Auch der verlorengegangene Reiter Konstantin als Urbild des siegreichen christlichen Herrschers gehörte dazu. Der Hinweis auf Petrus definiert die Institution der Kirche als Mittler zwischen dem Erlöser und dem sündhaften Menschen.

Der ursprüngliche Zugang zur Kirche war raffiniert angelegt. Der Pilger mußte zunächst ein paar Stufen empor- und dann zum Bodenniveau der Kirche über die Schwelle wieder hinabsteigen. Auf diese Weise erfuhr er den Innenraum zunächst in einer Art Schwebezustand. Paul Abadie hat im vorigen Jahrhundert sicher sehr wohlmeinend das Terrain vor der Kirche aufschütten lassen. Der Zugang ist dadurch zwar bequemer geworden, aber die Inszenierung, die dem Pilger einen der Höhepunkte auf der langen Wallfahrt bescherte, ist zerstört.

Die *Kirche* vertritt den Typus der poitevinischen Halle. Ein fünf Joche tiefes Mittelschiff wird von zwei annähernd gleich hohen Seitenschiffen gesäumt. In der Zuspitzung des Gewölbes kommt der Einfluß von Cluny zum Tragen. Der Chor dagegen steht in der Tradition der Saintonge-Romanik, indem er, obwohl es sich um eine Pilgerkirche handelt, auf einen Umgang mit Radialkapellen verzichtet.

Wie eine Vorankündigung des Phantasiereichtums am Südportal mutet der stattliche *Kapitellzyklus* an. Die ausgefallensten Beispiele finden sich an den Vierungspfeilern. Neben verschiedenen biblischen Themen (Kain und Abel; Samson, dem Dalila die Haare abschneidet; Adam und Eva) nehmen die Tierdarstellungen breiten Raum ein. Eine Rarität ist das Kapitell mit der Wiedergabe dreier Elefanten, die wohl als Symbole der Gutmütigkeit gedacht sind. Der Künstler besaß möglicherweise keine Vorlage in seinem Musterbuch, und aus eigener Anschauung dürften ihm die Dickhäuter unbekannt gewesen sein; jedenfalls zeigen sie auffallende Anomalien. Die langen dünnen Beine enden in raubtierähnlichen Tatzen, der weit heruntergezogene Unterkiefer läßt den Rüssel wie einen Vogelschnabel erscheinen.

Man verläßt das Kirchengebäude wie der Pilger des Mittelalters durch einen Ausgang im südlichen Querhausarm. Hier erwartet den Besucher die größte Überraschung, die eigentliche Berühmtheit von Aulnay: das *Südportal* – ein Archivoltenportal, das von Hunderten kleiner Figuren besetzt ist (Abb. 80). Die untere Archivolte bildet ein Rankenfries mit eingebundenen Greifen. In der folgenden stehen 24 männliche Heilige, vermutlich Apostel und Propheten. Darüber thronen die apokalyptischen Könige, 31 an der Zahl, d. h. sieben mehr, als in der Johannesoffenbarung beschrieben: Sogar traditionelle Bildinhalte wurden also unbedenklich den Erfordernissen angepaßt. Die Gestalten der zweiten und dritten Archivolte werden von je einer kleinen Figur getragen, die nur erkennbar ist, wenn man sich direkt unter das Portal stellt. Der Bilderbogen – ein solcher ist es im wahrsten Sinne dieses Wortes – der Stirnarchivolte sprengt den theologischen Rahmen. In 36 Einzelfiguren wird die ganze Sagen- und Märchenwelt des Poitou vor uns aufgeblättert. Namentlich zu identifizieren ist die fischschwänzige Melusine (8. Figur von rechts). Deren Sage spielt auf dem Schloß Lusignan (zwischen Poitiers und Niort gelegen). Daneben erscheinen Fabelwesen, halb Mensch, halb Tier, Vögel mit zwei Köpfen, Dämonen und Monster – ein regelrechter Hexensabbat! Zum Teil nehmen die Darstellungen ironische, ja sarkastische Züge an. Besonders originell die Prozession dreier auf ihren Hinterläufen aufgerichteter Huftiere (8. bis 10. Figur von links): Voran schreitet ein harfespielender Esel, hintendrein tänzeln ein Steinbock und ein Hirsch, auf den ein Kentaur daneben heimtückisch seinen Pfeil anlegt. Der musizierende Esel ist die köstlichste Figur von allen. Ein anderer Esel (gleich rechts vom Scheitelpunkt), in ein Chorhemd gekleidet, singt aus einem Antiphonar, das ihm ein Eselchen aufgeschlagen entgegenhält.

Das häufige Auftreten des Esels vermittelt ein Stück Lokalkolorit: Hier im Westen

Frankreichs gibt es eine eigene Eselsrasse, den Poitou-Esel. Vertreter dieser Spezies kann man nicht weit von Aulnay im »Zoorama Européen« im Wald von Chizé bestaunen. Dieser Wald von Chizé, in Quellen wiederholt als Grenze zwischen Poitou und Aquitanien (und somit als Sprachgrenze zwischen langue d'oc und langue d'oïl) genannt, scheint mitverantwortlich für die drastische Bildersprache des Südportals von St-Pierre. Im Mittelalter stellte er eines der gefahrvollsten Hindernisse für die Pilger dar, denn in seinem Dickicht lauerten mannigfaltige Bedrohungen in Gestalt wilder Tiere oder Räuber. Wer Aulnay unbeschadet glücklich erreicht hatte, konnte aufatmen. Die Steinfiguren des Südportals in ihrer unbekümmerten Heiterkeit vermitteln etwas von dieser Erleichterung und bringen uns diese ferne Epoche menschlich näher.

Den Abschluß des Besuchs von Aulnay bildet die Betrachtung der *Chorpartie* (außen), in deren Fensterlaibungen, Gesimsen, Kapitellen und Kragsteinen vielgestaltige Ornamente und Figuren diese Symphonie der Bauskulptur ausklingen lassen.

Chadenac* *(Charente-Maritime)*

Das Priorat von Chadenac in der südlichen Saintonge ist noch in seiner KIRCHE ST-MARTIN gegenwärtig, deren in der Revolution beschädigte *Fassade* zu den schönsten in dieser Landschaft zählt. Sie ist in drei Geschosse unterteilt: zuunterst die Portalzone mit dem Eingang und zwei seitlichen Scheinportalen, darüber eine Reihe paarweise zusammengestellter Blendarkaden, zuoberst das Giebelgeschoß. In den Archivolten des Portals erscheinen die klugen und törichten Jungfrauen sowie Tugenden im Kampf gegen tiergestaltige Laster. Die lebensgroßen Figuren in den Scheinportalen sind aufgrund der fortgeschrittenen Zersetzung nicht mehr zu bestimmen. Ein originelles Detail sind die elegant geschwungenen Löwen und Hunde, die sich über den seitlichen Bögen um ein Beutetier balgen. Sie sind zwischen vier Statuen gerückt, in denen man den hl. Georg und die von ihm befreite Prinzessin Genoveva (links) sowie den Erzengel Michael mit dem Drachen (rechts) erkennt. Das Bildprogramm ist in summa wieder die die Skulptur der Romanik gemeinhin beherrschende Gegenüberstellung von Vertretern des Heils und solchen der Finsternis und der Verdammnis.

Châteauneuf-sur-Charente* *(Charente)*

Der Ort, der sich um ein im 12. Jh. vom nahen Bassac gegründetes Priorat gebildet hat, liegt auf der Grenze zwischen Saintonge und Angoumois in einer Schleife der Charente. Blickfang der *Fassade* der KIRCHE ST-PIERRE ist die beinahe lebensgroße *Statue eines Reiters,* in der man Kaiser Konstantin den Großen erkennt. Abgesehen vom Verlust seines Kopfes und zweier Beine des Pferdes ist das Standbild noch recht gut erhalten. Zu Füßen des Pferdes befindet sich das Bruchstück einer Figur, die für das besiegte Heidentum steht. Von der Kirche ist nur noch das dreischiffige Langhaus romanisch. Der Chor wurde im Hundertjährigen Krieg zerstört und im 15. Jh. neu aufgebaut.

Chauvigny** *(Vienne)*

Steil erhebt sich auf einem Kalkrücken über dem Ufer der Vienne die einstige Nebenresidenz der Bischöfe von Poitiers. Die Ruinen von vier Burgen und die Silhouette der romanischen Kirche St-Pierre gruppieren sich zu einer der malerischsten Stadtansichten Frankreichs. Den beherrschenden Akzent innerhalb dieses Bautenensembles setzen der *Glockenturm* und der *Chor* von St-Pierre. Die Kirche wurde im ausgehenden 11. Jh. begonnen und in der ersten Hälfte des 12. Jh.s vollendet. Ihr äußeres Erscheinungsbild ist auffallend schmucklos. Der Innenraum entpuppt sich als klassische poitevinische Halle mit drei Schiffen, die unter einem gemeinsamen Satteldach vereint sind. Allerdings erhebt sich die Tonne des Mittelschiffs erkennbar über die Seitenschiffe. In dieser Abstufung spricht die Romanik des Limousin mit.

Den Ruhm von St-Pierre machen die *Kapitelle im Chor* aus. Die Säulen, die den Umgang vom Chorhaupt trennen, sind verschwenderisch mit Skulpturen bekrönt, die man, da sie nicht besonders hoch angebracht sind, bis in das kleinste Detail problemlos studieren kann. Ihre Ikonographie ist nicht einheitlich; neben einigen Begebenheiten aus dem Leben Jesu erscheinen vor allem tierische und dämonische Darstellungen, die zu den ausdrucksstärksten der französischen Romanik gehören. Etliche Kapitelle tragen Inschriften, die Auskunft über die Bildinhalte geben. Am Kapitell mit der Anbetung der Könige findet sich das seltene Beispiel einer Künstlersignatur: GOFRIDUS ME FECIT. Die Arbeiten dieses Gofridus zeigen nicht jenes künstlerische Raffinement, das die Meister des Toulousaner Umkreises auszeichnet. Seine Figuren sind wenig strukturiert, eher flächenhaft, mit breiten Gesichtern und suppigen Gewändern.

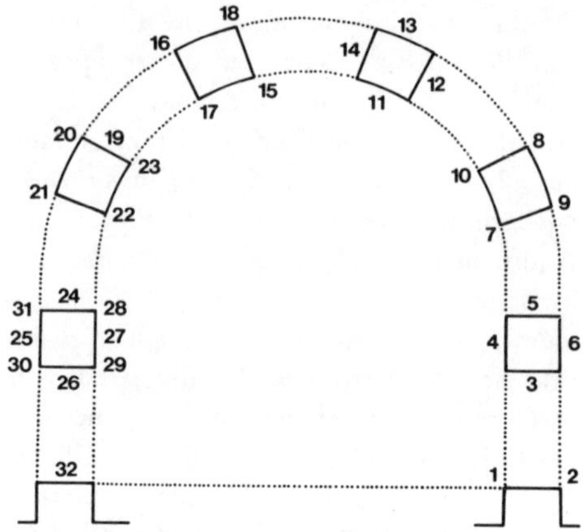

Chauvigny, St-Pierre, Anordnung der Kapitelle im Chor (die Inschriften in Kapitälchen)

1, 2 Vögel, die nackte Menschen verschlingen 3 Die babylonische Hure aus der Apokalypse, BABILONIA MAGNA MERETRIX *4 Verkündigung der Geburt Christi an die Hirten,* GABRIEL ANGELUS. DIXIT GLORIA IN EXCELSIS DEO. PASTORES. PASTOR BONUS *5 Das verdammte Babylon,* BABILONIA DESERTA *6 Die Seelenwägung 7, 8 Zwei Menschenköpfe mit herausgestreckten Zungen 9, 10 Drachen mit Menschenköpfen, die nackte Männer verschlingen 11 Anbetung der Hl. Drei Könige,* SANCTA MARIA, GOFRIDUS ME FECIT *12 Die Verkündigung Mariens,* S. MARIA *13 Eine der drei Versuchungen Christi 14 Die Darbringung Christi im Tempel,* SIMEON – IHS XPS – SANCTA MARIA *15, 16 Löwen, aus deren Schwanzenden menschliche Hände wachsen 17, 18 Zwei Masken 19 Phantastische Menschengestalt mit zwei Körpern, die in einem gemeinsamen Kopf zusammenwachsen 20–23 Verschiedene Monstren 24–27 Drachen mit menschlichen Köpfen 28–31 Menschenverschlingende Masken 32 Satan, flankiert von zwei Dämonen*

Die Unterstadt von Chauvigny besitzt in Gestalt der Pfarrkirche Ste-Marie ein weiteres Zeugnis aus romanischer Zeit. Sie ist um wenige Jahre älter als St-Pierre auf der Anhöhe und macht in ihrer zurückhaltende-

Chauvigny, St-Pierre, Querschnitt. Nach Dehio/ Bezold

ren Gliederung den Unterschied zwischen ost- und westromanischer Wandauffassung bzw. im Vergleich zu St-Pierre das Fortschreiten der letzteren deutlich.

Knapp 2 km südlich der Stadt findet man auf einem alten Friedhof mit etlichen merowingischen Sarkophagen die kleine romanische KIRCHE ST-PIERRE-LES-ÉGLISES. Sie bewahrt im Innern einige allerdings stark in Mitleidenschaft gezogene *Fresken.* Gut ist noch die Kreuzigung auszumachen. Diesen Bildern kommt ein hoher Rang zu, denn sie werden ins 10. Jh. datiert und gelten somit als die ältesten Zeugnisse der Wandmalerei im Poitou und entsprechend als Wegbereiter für die Entfaltung dieser Kunstgattung im Westen Frankreichs, die in St-Savin-sur-Gartempe und Montmorillon zu ihrem Gipfel geführt wurde.

Civray** *(Vienne)*

Die KIRCHE ST-NICOLAS in Civray prunkt mit einer *Fassade* nach poitevinischem Zuschnitt. Die breit gelagerte Front ist in zwei Geschosse unterteilt, die sich gleichermaßen von Skulptur überschüttet darbieten. Nur selten steht die Fassadengestaltung des Poitou im Einklang mit der Architektur des Kirchenraums. St-Nicolas in Civray jedoch erbringt diese Leistung: Die Anordnung der Blendarkaden in drei Abschnitte nebeneinander bei gleichbleibender Höhe entspricht der dreischiffigen Halle.

Die *Archivolten des Hauptportals* zeigen (von unten nach oben): Engel mit Weihrauchfässern, in der Mitte eine Halbfigur Christi in einer Mandorla (stark verwittert); darüber die klugen und törichten Jungfrauen zu seiten eines weiteren Christusbildes; einen zweiten Engelreigen, der einer gekrönten Gestalt im Zenit zustrebt (Himmelfahrt Mariens?); schließlich, in der Stirnarchivolte, Tierkreiszeichen und Monatsarbeiten, die oft an dieser Stelle erscheinen, um das Weltumspannende der Heilslehre zu veranschaulichen. In dem Nebeneinander von tangentialer und radialer Anordnung besteht ein enger Zusammenhang mit dem Westportal von Aulnay, das für zahlreiche Portale des Poitou und der Saintonge richtungweisend war. Das Tympanon ist eine störende und gerade an einem poitevinischen Portal verfälschende Zutat des 19. Jh.s.

In den Archivolten der seitlichen Scheinportale entfaltet sich das breitgefächerte Repertoire der Ornamentik mit einem bewegten Wechsel pflanzlicher, tierischer und geometrischer Formen. Das Fenster im Obergeschoß flankieren Statuen der Apostelfürsten Petrus und Paulus; in dem Bogen darüber erscheint das beliebte Thema der Psychomachie in Gestalt des Kampfes der Tugenden gegen die Laster. Das Bogenfeld des rechten Scheinfensters ist in zwei Streifen unterteilt: Das untere nimmt Bezug auf den Titelheiligen dieser Kirche, den hl. Nikolaus, der drei junge Mädchen vor ihrem gewalttätigen Vater in Schutz nimmt. Allerdings ist die Begebenheit nicht als szenische Handlung wiedergegeben; vielmehr erscheinen die Akteure als unbewegliche Statuen. An dieser Stelle wird der Einfluß der aufkeimenden Gotik deutlich, woraus sich für die Skulpturen von Civray eine Datierung nach der Mitte des 12. Jh.s ergibt. Im Streifen darüber stehen, gleichfalls statuarisch-unbewegt, die vier Evangelisten. Den linken, nischenartig vertieften Bogen füllte einst eine Reiterstatue: Vom Reiter selbst – vermutlich wieder Konstantin der Große – blieb nichts erhalten; auch das Pferd ist nur noch in Umrissen auszumachen. Weitgehend unbeschadet ist dagegen die kleine Männergestalt am Boden, die das besiegte Heidentum personifiziert. Den Triumph des Glaubens bejubeln Engel in kleinen Medaillons in der Archivolte, die sich über die Nische spannt.

Corme-Écluse*

(Charente-Maritime)

Die Kirche Notre-Dame gehörte zu einem von der Abbaye-aux-Dames in Saintes abhängigen Priorat. Das kurze Langhaus besteht aus nur zwei Jochen; daran schließen sich das Querschiff und der räumlich betonte Chor an, der fast ebenso groß ist wie das Langhaus. Der Glockenturm wurde in der Gotik aufgestockt und ragt deshalb steiler auf, als allgemein in der Saintonge üblich. Blickfang ist wieder die *Fassade*. Deren untere Zone zeigt die üblichen drei Bögen mit dem Eingang in der Mitte und zwei seitlichen Scheinportalen. Im Geschoß darüber reihen sich acht kleine Blendarkaden nebeneinander, durch ein schmales Gesims gegen das Giebelfenster darüber abgegrenzt. Tierdarstellungen nehmen in den Archivolten und Kapitellen den breitesten Raum ein; menschliche Figuren verschwinden fast völlig in dem von kunstvollen Ranken durchzogenen Gewoge. Das Portal mutet wie eine in Stein gehauene Voliere an. Über die große Stirnarchivolte marschiert eine Abteilung Hühner. Im ersten Eindruck meint man, den satirischen Unterton zu vernehmen, der vom Südportal in Aulnay her bekannt ist. Mit dem Blick auf die christliche Symbolik wird dann jedoch deutlich, daß hier nicht das dumme Federvieh veralbert wird, vielmehr stehen die Hühner für die Seelen der Gläubigen, die Christus, der im Zentrum thront, als ihrem Erlöser zustreben. Das Huhn als Symbol der unschuldigen Seele taucht bereits in der frühchristlichen Kunst auf.

Corme-Royal*

(Charente-Maritime)

Corme-Royal ist eine Stiftung der Agnes von Burgund, die das Priorat der Aufsicht der Nonnen in Saintes unterstellte. Die *Fassade* der Kirche-St-Nazaire zeigt das für die Saintonge kanonische Gliederungsschema mit zwei Geschossen, einem Eingangsportal und zwei seitlichen Scheinportalen, denen darüber ein großes Mittel- und zwei seitliche Scheinfenster entsprechen. In Corme-Royal feiert die Ornamentik wahre Triumphe. Nicht nur die Archivolten, auch die Friese und sogar die Schäfte der aufgeblendeten Halbsäulen sind wie überwuchert von Spiralbändern, Rosetten, Kanneluren,

Kreuzbändern und unterschiedlichen Blattmotiven. Aber auch der figürliche Dekor kommt nicht zu kurz. In der zweituntersten Archivolte des Portals erkennt man Christus inmitten einer Versammlung von Heiligen. In den Tympana der Scheinportale stehen Figuren, von denen jene links als Heimsuchungsgruppe – Maria und Elisabeth – gedeutet werden können; der Sinn der rechten Gruppe bleibt unklar.

Während sonst an den Fassaden der Saintonge eine stufenweise Abnahme des Skulpturendekors nach oben stattfindet, zeigt Corme-Royal eine gleichgewichtige Verteilung auf beide Geschosse. Im Obergeschoß werden die Themen vorgetragen, die die Künstler der Saintonge am häufigsten beschäftigten: die klugen und törichten Jungfrauen sowie die Psychomachie: der Kampf der Tugenden gegen die Laster. Ersteres entdeckt man im Bogen über dem Fenster. Dort erscheint im Scheitel Christus, nach links und rechts auf zwei Türen weisend. Der linken, geöffneten Tür streben die klugen Jungfrauen zu. Die andere Tür ist verschlossen, so daß die törichten Jungfrauen, die unvorsichtig das Öl ihrer Lampen verschwendet hatten und deshalb im Dunkel nicht die Tür zu ihrem Bräutigam fanden, resigniert die Köpfe hängen lassen. In den Bögen über den Scheinfenstern stehen die Gestalten der Tugenden, gewappnet und bewehrt mit Schilden und Schwertern, die tiergestaltigen Laster besiegt zu Füßen.

Echebrune* *(Charente-Maritime)*

Die kleine Kirche St-Pierre in der südlichen Saintonge besitzt eine Fassade, die auf figürlichen Schmuck vollständig verzichtet und alle gestalterische Kraft auf die Gliede-

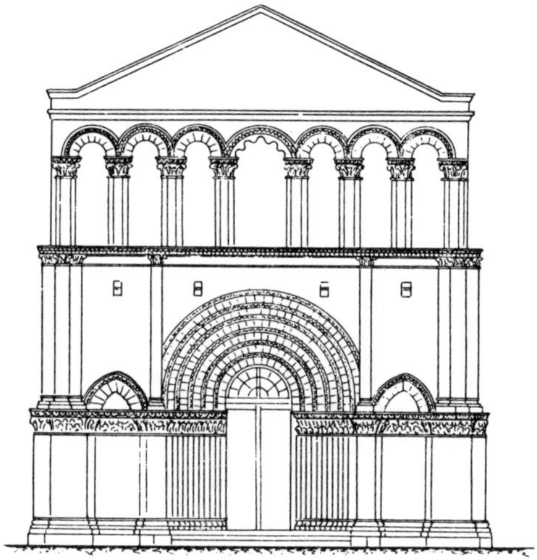

Echebrune, St-Pierre, Aufriß der Fassade

rung der Wandfläche legt. Hier wird das grundsätzlich andere sinnliche Verhältnis des Westromanischen gegenüber dem Ostromanischen exemplarisch deutlich: Das Hauptportal ist tief in die Wand hineingestuft; auch die seitlichen Scheinportale, die trennenden Gesimse und die Arkadenreihe des Obergeschosses wirken nicht wie der Wand aufgeblendet, vielmehr plastisch gestaltend. Von höchster handwerklicher Präzision ist der *Fries* aus unterschiedlichen Blattformen, der in der Kapitellzone des Untergeschosses die ganze Breite der Westwand überzieht.

Echillais* *(Charente-Maritime)*

Die Kirche Notre-Dame liegt südlich vor den Toren der alten Hafenstadt Rochefort nahe der Charente-Mündung. Da ihre *Fassade* die Dimensionen der Kirche übersteigt, entfällt der Spitzgiebel. Neben den von anderen Saintonge-Portalen geläufigen Darstellungen von Engeln, Tugenden und Lastern entdeckt man als Besonderheiten die Steinigung des hl. Stephanus, einen Violinspieler, nach dessen Klängen sich eine Tänzerin im Kreise dreht, ferner die Verkündigung und die Krönung Mariens. Höchst originell ist eine dämonische Maske, die, als Kapitell gearbeitet, den Säulenschaft, den sie bekrönt, zu verschlingen im Begriff ist. Hier blitzt wieder der Schalk auf, der an so vielen Portalen der Saintonge mitspricht. Zugleich tritt in einem solchen Motiv das tiefe Mißtrauen der Romanik gegen alle gegenständliche Wirklichkeit zutage.

Fenioux** *(Charente-Maritime)*

Am Rande eines kleinen Dorfes (8 km südwestlich von St-Jean-d'Angély) liegt die Kirche St-Savinien von Fenioux, deren Architektur, wie meist bei den ländlichen Kirchen der Saintonge, von sekundärem Interesse ist; das Augenmerk richtet sich auf ihre beiden *Portale.* Ein karolingischer Bau wurde im 12. Jh. vergrößert und mit einem prachtvollen Westportal versehen. Der Eingang ist höhlenartig in die Westwand hineingetieft. In den fünf Archivolten inszeniert die Sonne ein wechselvolles Spiel von Licht und Schatten. Mit der restlosen Auflösung der Wand führt das Portal von Fenioux die westfranzösische Romanik an die Schwelle zur Gotik. Die Ikonographie bleibt indes der traditionellen Thematik der Saintonge verpflichtet. Die Archivolten zeigen (von innen nach außen) Tugenden und Laster, Engel, törichte und kluge Jungfrauen, Monatsarbeiten und Tierkreiszeichen. In einer Galerie, die wie eine Vorankündigung der späteren Königsgalerien an den Fassaden gotischer Kathedralen anmutet,

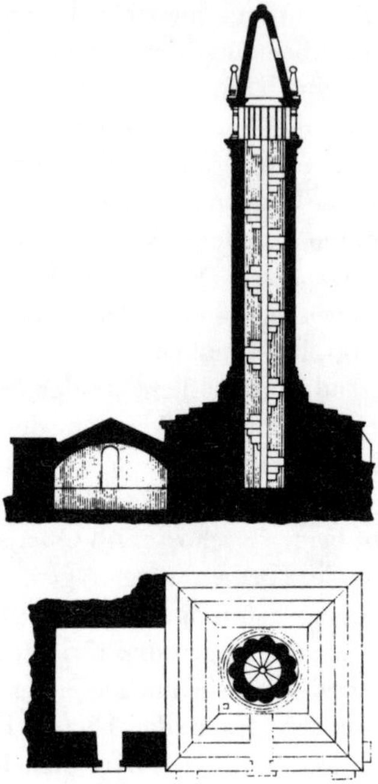

Fenioux, Totenlaterne, Schnitt und Grundriß. Nach P. Abadie

stehen kleinformatige Statuen, die namentlich nicht zu bestimmen sind. An ihrer Nordseite besitzt die Kirche ein zweites kleineres Portal mit ornamentaler Rahmung. Der leicht vom Gebäude abgesetzte, steil aufragende *Glockenturm* wurde von Paul Abadie im 19. Jh. recht unbekümmert restauriert.

Die eigentliche Berühmtheit von Fenioux ist die *Totenlaterne,* die sich etwas abseits auf dem ehemaligen Friedhof über einer alten Gruft erhebt (Abb. 79). Unter allen erhaltenen Beispielen dieser nur im Westen Frankreichs vorkommenden Besonderheit der romanischen Kunst ist dies die größte. Ihre turmähnliche Gestalt wird aus elf

63 Beaulieu-sur-Dordogne (Quercy), ehem. Abteikirche Sts-Pierre-et-Paul, Südportal

◁ 62 Carennac (Quercy), Blick durch das Stadttor auf das Portal der ehem. Prioratskirche St-Pierre

64 Cahors (Quercy), Kathedrale St-Étienne, Nordportal (vormals Westportal) ▷

65 Moissac (Quercy), ehem. Abteikirche St-Pierre, Tympanon der Portalanlage

68 Moissac (Quercy), ehem. Abteikirche St-Pierre, Darstellung des Abtes Durandus an einem der Kreuzgangpfeiler

69 Souillac (Quercy), ehem. Abteikirche Ste-Marie, Prophet Jesaja (Fragment vom Portal)

◁ 66 Moissac (Quercy), ehem. Abteikirche St-Pierre, der Prophet Jeremia am Trumeau des Portals (vgl. Umschlagrückseite)

◁ 67 Souillac (Quercy), ehem. Abteikirche Ste-Marie, Bestienpfeiler (einst Trumeau des Portals)

70 Oloron (Pyrenäen), Ste-Croix, Blick in die Vierungskuppel

71 Poitiers (Poitou), St-Hilaire, Kuppeln des Mittelschiffs

72 Périgueux (Périgord), Kathedrale St-Front von Südosten

73 Périgueux (Périgord), St-Étienne-de-la-Cité, Blick in den quadratischen Chor

74 Brantôme (Périgord), Glockenturm der ehem. Abteikirche Sts-Pierre-et-Sicaire

75 Oloron (Pyrenäen), ehem. Kathedrale Ste-Marie, Reiterfigur am Portal

76 St-Aventin (Pyrenäen), St-Aventin, Marmorrelief der Muttergottes am Südportal

77 St-Paul-lès-Dax (Gascogne/Landes), St-Paul, Relief an der Außenseite des Chores: Christus zwischen zwei Propheten

78 Maillezais (Poitou), Pfarrkirche St-Nicolas, Detail vom Portaldekor: Akrobaten

79 Fenioux (Saintonge), Totenlaterne auf dem ehemaligen Friedhof

80 Aulnay (Saintonge), Pilgerkirche St-Pierre, Südportal

81 Angoulême (Angoumois), Kathedrale St-Pierre, Westfassade ▷

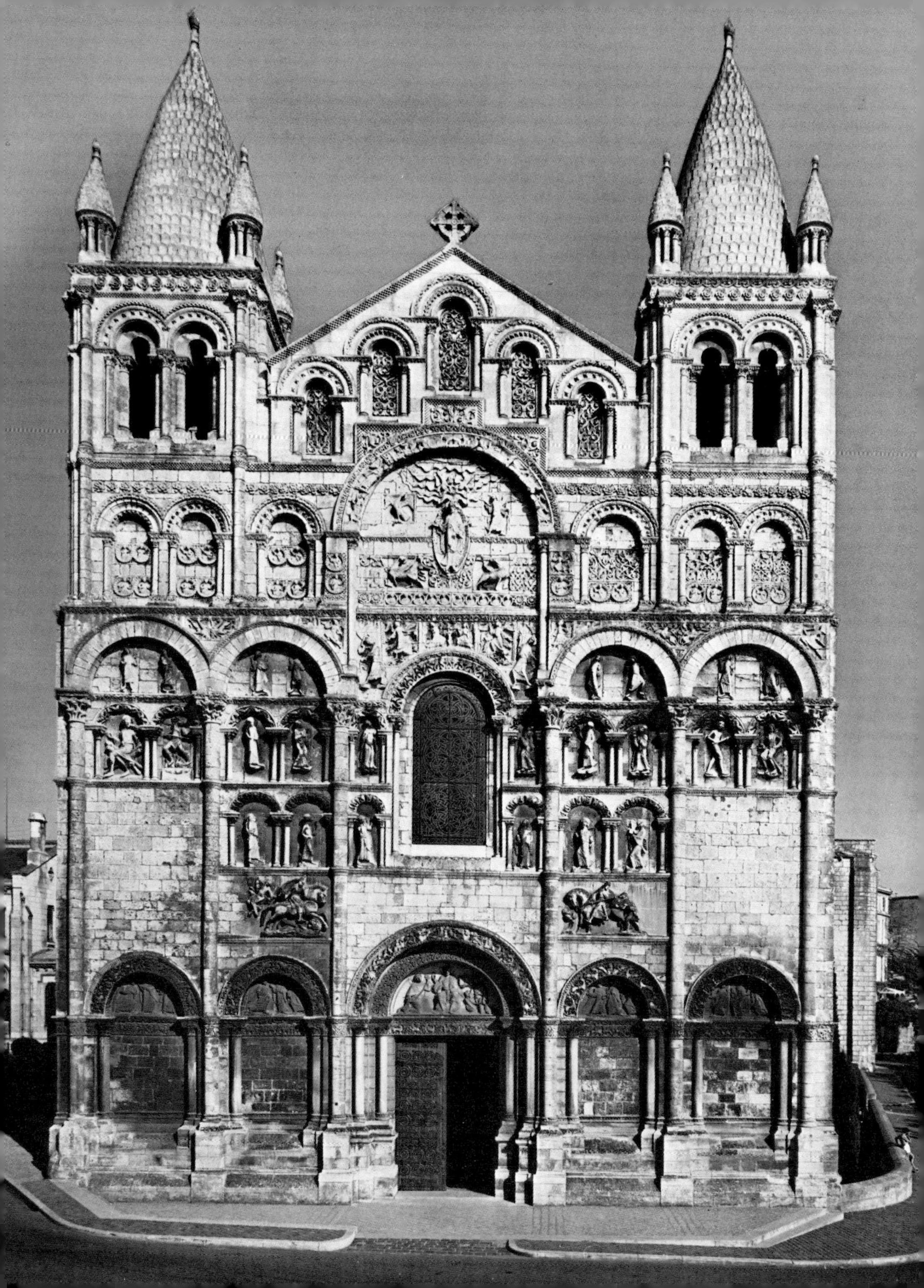

82 St-Michel-d'Entraygues (Angoumois), Friedhofskapelle

83 Rioux (Saintonge), Notre-Dame, der polygonale Chor

84 Saintes (Saintonge), St-Eutrope, Krypta

86 Poitiers (Poitou), Notre-Dame-la-Grande, Westfassade

◁ 85 Saintes, ehem. Abteikirche Ste-Marie-des-Dames, Detailansicht der Archivolten des Hauptportals

Rundstäben gebildet; nach oben öffnet sie sich in eine Art Tabernakel. Dort befand sich einst das Licht, das den Toten am Tage der Auferstehung den Weg weisen sollte. Ein Zusammenhang mit der in dieser Gegend häufigen Darstellung der klugen und törichten Jungfrauen klingt an, von denen nur jene den rechten Weg fanden, die mit ihrem Öl sorgfältig gewirtschafet hatten.

Die Treppe, die im Innern des Schaftes aufwärts führt, zählt 33 Stufen (der Schnitt von Abadie, der 47 Stufen verzeichnet, ist in diesem Punkt unkorrekt). Man weiß, daß die Zahl 33, den Lebensjahren Jesu entsprechend, einen hohen Symbolwert besaß. Deswegen unterhielten bisweilen Krankenhäuser im Mittelalter nur 33 Betten. In der Symbolsprache der Totenlaterne bedeutete dies, daß das Erlösungswerk Christi auf Erden stufenweise den Weg vorgibt, auf dem der Mensch, vom Irdischen gelöst, zum ewigen Licht emporsteigen kann. So ist denn auch die Zahl von elf Rundstäben nicht zufällig; sie entspricht dem Kreis der Apostel zum Zeitpunkt der Auferstehung Christi.

Foussais* *(Vendée)*

Foussais gehört strenggenommen nicht zum Poitou, sondern zur westlich angrenzenden Vendée, deren wenige romanische Kirchen jedoch so eng mit denen des Poitou in Verbindung stehen, daß man sie kulturgeographisch der poitevinischen Schule zuzuordnen hat. Die *Fassade* der EHEMALIGEN PRIORATSKIRCHE ST-HILAIRE mußte im 15. Jh. mit Hilfe zweier Strebebögen vor dem Einsturz bewahrt werden. Die Gesamtwirkung ist dadurch beeinträchtigt; im Detail lassen sich aber köstliche Einzelheiten beobachten. Das Bildprogramm bestimmt in der Hauptsache ein christologischer Zyklus. Unter dem rechten Bogen ist das Mahl Christi im Haus des Lazarus dargestellt. Bemerkenswert die von tiefer Menschlichkeit geprägte kauernde Gestalt der Magdalena, die die Füße des Heilands mit ihren Haaren trocknet. Ähnliche Gefühlsanklänge sind in der Kreuzabnahme aufzuspüren – untrügliche Kennzeichen spätester Romanik, die bereits vom Heraufdämmern der Gotik künden. Bei der Kreuzabnahme hat sich eine der seltenen Künstlersignaturen erhalten: Der Bildhauer *Giraudus Audebertus* aus der Abtei St-Jean-d'Angély gibt sich dort als Schöpfer des Portals zu erkennen.

Gensac-la-Pallue* *(Charente)*

Die KIRCHE ST-MARTIN gehört zur kleinen Gruppe jener Bauten, deren *Fassade* einen dreigeschossigen Aufriß besitzt (im Gegensatz zu dem verbreiteteren zweigeschossigen Schema). Es fällt auf, daß alle Fassaden dieses Typus mit Betonung auf der architektonischen Gliederung die Skulptur stiefmütterlich behandeln. Hier beschränkt sich der figürliche Dekor auf zwei große Reliefs in den Scheinportalen: Links steht die Muttergottes in einer von Engeln getragenen Mandorla, rechts gegenüber der Patron der Kirche, der hl. Martin. Der einschiffige Kirchenraum ist nach aquitanischem Muster mit Kuppeln überwölbt.

Le Dorat* *(Haute-Vienne)*

Die Senke zwischen Poitiers und Angoulême in östlicher Richtung verlassend, erreicht man alsbald die Anhöhen des Limousin. Hier wird die Landschaft spröder und

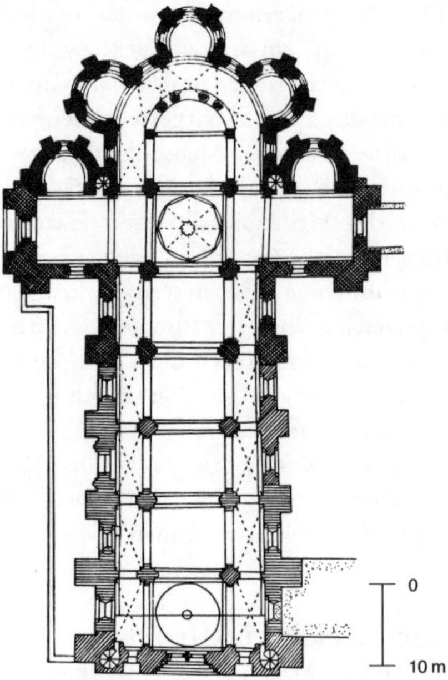

Le Dorat, St-Pierre, Grundriß

das Klima spürbar rauher. In Limoges liegen die Temperaturen durchschnittlich um zehn Grad niedriger als nur 100 km weiter im Süden oder Westen. Verzeichnet der Küstensaum um La Rochelle mehr als 2000 Sonnenstunden pro Jahr, so sinkt die Marke im Limousin auf unter 1600 Stunden. Diese Landschaft ist trotz ihrer Fruchtbarkeit immer dünn besiedelt gewesen. Dementsprechend ist auch die Zahl romanischer Kirchen begrenzt. Ihre Erscheinung paßt sich eigentümlich dem herben Umfeld an, wobei das Baumaterial eine nicht geringe Rolle spielt. Die meisten limousinischen Kirchen sind nämlich aus grauem Granit errichtet, dessen gedeckter Ton weniger gefällig erscheint als das farbenfrohe Gelb oder Ocker des Kalksteins in den Landschaften westlich des Zentralmassivs. Zudem ließ die harte Beschaffenheit des Gesteins den Bildhauern nur begrenzte Ausdrucksmöglichkeiten, weshalb die Kirchen auffallend schmucklos sind. Andererseits ist den Bauten dieser Region immer eine besondere Würde eigen.

Alle diese Eigenschaften verkörpert die KIRCHE ST-PIERRE in Le Dorat im nördlichen Limousin. Der Bau besitzt kaum schmückende Details; alles konzentriert sich auf die Architektur, die in schweren Formen gehalten ist. Es handelt sich um eine typisch limousinische Halle mit einem über die Seitenschiffe erhobenen, aber im Obergaden nicht durchfensterten Mittelschiff, eingewölbt mit einer im Scheitel zugespitzten Tonne und durch massige Gurtbögen in fünf Joche unterteilt. In den Seitenschiffen findet man Kreuzgrate. Der erdenschweren Gesamterscheinung wirkt der kühn himmelwärts strebende Vierungsturm entgegen.

Lichères* *(Charente)*

Ein Kleinod der romanischen Baukunst im Angoumois ist die auf freiem Feld stehende EHEMALIGE PRIORATSKIRCHE ST-DENIS am Rande des Dorfes Lichères (Farbabb. 25). Ihr Vierungsturm war im 18. Jh. in sich zusammengestürzt und hatte das nördliche Querschiff unter sich begraben. Beides wurde im 19. Jh. mustergültig wiederhergestellt. Das kleine *Portal* schmücken Engel und das Lamm Gottes. Der *Innenraum* scheint eine Synthese zwischen Halle und Saal anzustreben. Die Seitenschiffe sind wie bei einer entsprechenden Bautengruppe in der Provence derartig schmal, daß sie kaum als eigene Raumabschnitte, vielmehr als reine Stützkonstruktionen für das Mittelschiff erscheinen. Obwohl es sich, formal betrach-

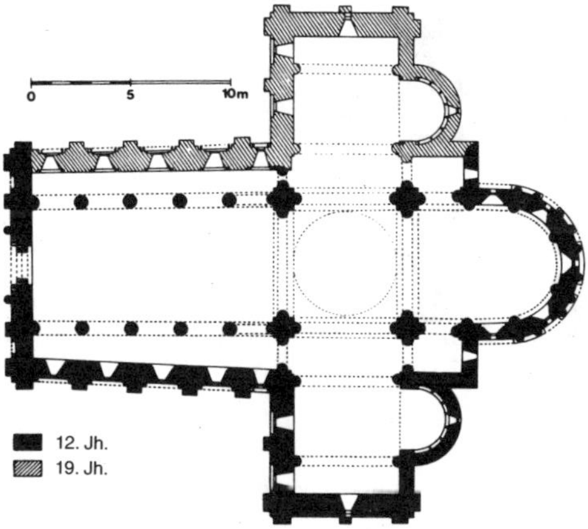

Lichères, ehem. Prioratskirche St-Denis, Grundriß

tet, um eine Halle mit drei Schiffen handelt, überwiegt doch im Gesamteindruck der breit gelagerte Saal nach südfranzösischem Vorbild.

Eine ungewöhnliche Augenweide bietet St-Denis in den Sommermonaten, wenn das flammende Gelb der Sonnenblumenfelder die mittelalterlichen Mauern umwogt.

Limoges* *(Haute-Vienne)*

Der Besuch von Limoges ist für den Liebhaber der romanischen Kunst deprimierend. In der Stadt erhob sich einst mit der Kirche St-Martial eines der größten romanischen Bauwerke des Landes. Es wurde während der Revolutionsjahre bis auf die Grundmauern abgetragen. Erst 1960 stieß man bei Ausschachtungsarbeiten für eine Tiefgarage auf die erhalten gebliebene *Krypta*, die seitdem über eine Treppe zugänglich ist. Weltrang besaß Limoges im 12. Jh. als Zentrum der Emailkunst. Das Musée Municipal im ehemaligen bischöflichen Palais (gleich neben der gotischen Kathedrale) besaß bis vor wenigen Jahren die bedeutendste Sammlung an Limoges-Emails. Doch seit einem bis heute unaufgeklärten Diebstahl in der Silvesternacht 1980 sind die interessantesten Stücke verschollen.

Wer aber durch die Stadt kommt, sollte die Fahrt unterbrechen, um den hier genannten Stätten zumindest kurz seine Aufwartung zu machen. Über die Verluste mögen die *Kathedrale*, eines der wenigen Beispiele stilreiner Gotik in Südfrankreich, und das gut bestückte *Porzellanmuseum* hinwegtrösten.

Melle** *(Deux-Sèvres)*

Melle, heute ein unbedeutendes Provinzstädtchen östlich von Niort, war von der Antike bis ins hohe Mittelalter als Sitz einer ergiebigen Silbermine eine florierende Münzprägestätte. Von der Glanzzeit des 12. Jh.s, als Melle zudem Station der Jakobspilger war, zeugen noch drei romanische Kirchen. Auf dem Hügel im Stadtzentrum erhebt sich die älteste von ihnen, St-Savinien, deren Errichtung ins anbrechende 12. Jh. fällt. Sie gehörte zu einer in der Revolution abgetragenen Burg und diente seit dem 19. Jh. als Gefängnis. Erst vor wenigen Jahren wurde eine Restaurierung durchgeführt. Seitdem wird der Bau für wechselnde Veranstaltungen genutzt, in erster Linie für sommerliche Konzerte. Der kleine, giebelförmig zugespitzte Architrav des schmucklosen Portals stellt eine baukünstlerische Anleihe aus der Auvergne dar. Der Raum selbst ist ein schlichter einschiffiger Saal.

Am Nordrand des Städtchens steht St-Pierre, die jüngste der drei romanischen Kirchen des Ortes. Ihr *Portal* befindet sich

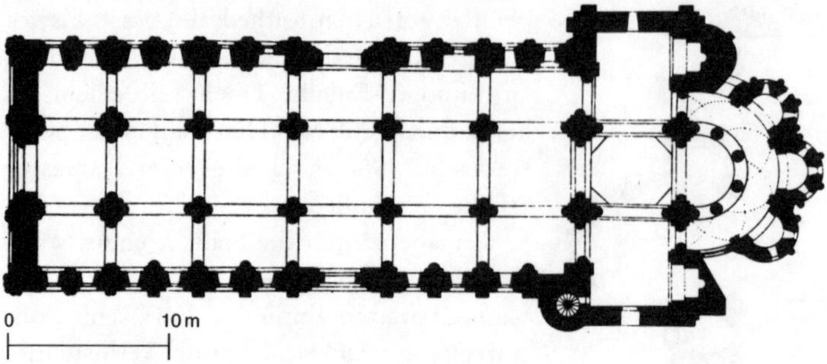

Melle, ehem. Prioratskirche St-Hilaire, Grundriß

an der südlichen Langhausseite. Es besteht aus einem mehrfach getreppten Eingang mit einer Nische darüber. Beides trennt ein kräftiges Gesims mit Pflanzenornamenten, seinerseits getragen von Kragsteinen, zwischen die metopenartig Reliefs mit Darstellungen der Tierkreiszeichen eingelassen sind. In der Nische thront Christus; ihm zu seiten zwei kleinere Gestalten, die allgemein als Maria und Johannes gedeutet werden. Die Kapitelle der dreischiffigen Halle zeigen ansatzweise einen Ausdruck menschlichen Gefühls, was auf den Einfluß der anbrechenden Gotik deutet. Sehr anschaulich wird dies etwa in der Grablegungsszene am dritten Pfeiler der nördlichen Langhausseite. In dem Zusammenhang fällt auf, daß überall dort, wo im Rahmen der spätromanischen Skulptur emotionale Regungen artikuliert werden, dies ausschließlich im Zusammenhang mit Szenen aus der Passion geschieht.

Die bedeutendste der drei Kirchen von Melle, St-Hilaire, liegt östlich etwas außerhalb der Stadt. Sie gehörte zu einem im 11. Jh. von den Mönchen von St-Jean-d'Angély gegründeten Priorat. Die Lage an einem der vier Hauptwege nach Santiago de Compostela brachte es mit sich, daß St-Hilaire als wichtige Pilgerstation aus dem Schatten des Mutterklosters heraustrat und eine Kirche von Ausmaßen erhielt, die jeder großen Abtei würdig gewesen wäre. Sie entstand im wesentlichen im zweiten Viertel des 12. Jh.s. Die *Fassade* folgt dem Idealplan der hiesigen Landschaft: zwei Geschosse, unten das Portal mit seitlichen Scheinportalen, darüber drei weiträumige Blendarkaden. Die überraschend bescheidene Verwendung von Bauskulptur erklärt sich damit, daß die Westseite der Stadt abgewandt ist. Statt dessen erfuhr das *Nordportal,* durch das man die Kirche vorwiegend betrat, eine Aufwertung: Es wird von drei Archivolten mit tangentialen Figuren überfangen (die untere Archivolte mit Blattwerk im 19. Jh. neu geschaffen). Die Szenen sind stark verwittert und nur noch im Einzelfall eindeutig zu bestimmen (Tugendpersonifikationen, Monatsarbeiten u. a.). Triumphaler Höhepunkt ist die Nische darüber, die eine fast lebensgroße *monumentale Reiterstatue* füllt. Am Boden kauert eine kleine Gestalt, deren Blick auf das Gesicht des Reiters gerichtet ist, der jedoch teilnahmslos über sie hinwegschaut. Eine fromme Legende will wissen, daß es sich um den Grafen von Lusignan beim Aufbruch zum Kreuzzug handelt. Wahrscheinlicher ist die Deutung auf Kaiser Konstantin den Großen, der das Heidentum niederreitet. Die Gestalt der großen Reiterstatue ist im Poitou besonders verbreitet. Insgesamt kennt man noch etwa 40 Bildwerke dieses Typus, die meisten davon stark zerstört. Der Reiter von Melle ist der besterhaltene von allen. Allerdings darf man nicht verschweigen, daß ihm eine Restaurierung im 19. Jh. auf die Sprünge geholfen hat. Diese Reiterbildnisse gehen auf antike Vorbilder zurück. Ihr gemeinsamer Ahnherr ist die Statue des Mark Aurel in Rom (vormals auf dem Kapitolshügel), die im Mittelalter irrtümlich für den christlichen Kaiser Konstantin gehalten wurde. Wer die Fülle der Reiterstandbilder im Poitou kennenlernt, wird den Bamberger Reiter nicht länger als rätselhaften Einzelfall betrachten.

Montmorillon* *(Vienne)*

Knapp 10 km südlich von St-Savin-sur-Gartempe prunkt das Städtchen Montmorillon mit zwei sehenswerten romanischen Denkmälern. Das eine ist ein stattlicher OKTOGONALER KARNER. Der Grundriß des Bauwerks entspricht der auf die Antike zurückgehenden Tradition, wonach Grabbauten grundsätzlich als Zentralbauten errichtet wurden. Die andere Attraktion ist die KIRCHE NOTRE-DAME, deren Krypta ein großes *Fresko* birgt (Schlüssel im benachbarten Krankenhaus holen). Es füllt die Viertelkugel der Apsiswölbung und zeigt die mystische Vermählung der hl. Katharina mit dem Christuskind, das älteste Beispiel dieser Ikonographie (Farbabb. 6). Zentraler Mittelpunkt der Komposition ist die thronende Muttergottes, die in einer sehr beschwingten Pose den Knaben hält. Dessen rechte Hand reicht zur Seite hinüber, von wo sich die gekrönte Gestalt der Katharina über den Rand der Mandorla beugt, die Maria umfängt. Obwohl in Farbwahl und Technik den Fresken von St-Savin nahestehend, ist die Malerei stilistisch doch deutlich von jenen unterschieden. Der bewegte Faltenwurf des Madonnengewandes hat Parallelen in der spätromanischen Skulptur; die mütterliche Geste, mit der Maria die linke Hand des Kindes zu einem Kuß an den Mund führt, ist ein untrügliches Zeichen für die schon mehrfach angesprochene Vermenschlichung, die sich in der Übergangsphase von der Romanik zur Gotik Bahn bricht. Demzufolge hat man das Fresko von Montmorillon um rund 100 Jahre später anzusetzen als die Ausmalung von St-Savin, nämlich im ausgehenden 12., vielleicht sogar erst im frühen 13. Jh.

Nieul-sur-l'Autise* *(Vendée)*

Von Niort bis zur Küste bei La Rochelle erstreckt sich die romantische Landschaft des Marais Poitevin, einst ein ausgedehntes Sumpfgebiet, dessen Trockenlegung und Urbarmachung mehrere Klöster seit dem 11. Jh. gemeinsam betrieben. Einen beträchtlichen Anteil an diesen Anstrengungen hatte das Kloster Nieul-sur-l'Autise am Nordrand des Marais Poitevin, das die Franzosen, nebenbei bemerkt, schwärmerisch »Venise verte« nennen (reizvolle Bootsfahrten ab Coulon, Arçais oder La Garette). In dem (heute zerstörten) Herzogspalast von Nieul wurde 1122 Eleonore von Aquitanien geboren.

Die während der Religionskriege schwer beschädigte KIRCHE ST-VINCENT ist erst im 19. Jh. wieder instandgesetzt worden (neue Fassade). Lediglich der auf massigen Pfeilern ruhende *Kreuzgang* konnte sein ursprüngliches Aussehen bewahren. An dieser Stelle wird schmerzlich bewußt, daß die Soldateska der vielen Kriege, die gerade diesen Teil Frankreichs so schwer getroffen haben, die Kirchen zwar oft geschont, die Konventsgebäude der Klöster jedoch meistens geplündert und gebrandschatzt hat. Der romanische Kreuzgang in Nieul ist der einzig erhaltene im gesamten Poitou-Saintonge-Bereich.

Parthenay* *(Deux-Sèvres)*

Gatine nennt man jenen Landstrich, der den Übergang von der Senke des Poitou um Poitiers zu den Hügelketten der Vendée herstellt (nicht zu verwechseln mit der Landschaft Gâtinais mit der Hauptstadt Montargis). Der Hauptort dieser Region, Parthenay, hat den Charakter einer alten Pilgerstation lebendig bewahrt. Eine wichtige Nebenroute der Via Touronensis führte, von Thouars her kommend, nach Parthenay und von dort weiter in Richtung Süden, wo sie sich bei St-Jean-d'Angély wieder mit der Hauptroute vereinte. Vor den Mauern der Stadt stand ein Hospital, in dem die unterwegs erkrankten Pilger gepflegt wurden (nur durch Überlieferung belegt). Die Gesunden hielten über die Brücke und die anschließende *Porte St-Jacques* Einzug in die Stadt. Brücke und Stadttor stammen aus dem 13. Jh. Dahinter beginnt die *Rue de la Vaux-St-Jacques* mit ihren alten Fachwerkhäusern, von denen die meisten einstmals Pilgerherbergen waren. Diese Straße führt bergan in die durch eine eigene Mauer gesicherte Oberstadt. Dort stößt man auf die romanische KIRCHE STE-CROIX, einen Hallenbau des 12. Jh.s. Nahebei ist von der KIRCHE NOTRE-DAME-DE-LA-COULDRE als einziges die *Fassade* stehengeblieben. An ihr erkennt man zwei Verkündigungsszenen: die Verkündigung der Geburt Johannes des Täufers an seinen Vater Zacharias und die Verkündigung an Maria.

Auf dem Platz vor dieser Kirche fand ein bedeutendes historisches Ereignis statt: Hier gelang es Bernhard von Clairvaux, der sich im Schisma von 1130 vehement für den zwielichtigen Innozenz II. stark gemacht hatte (»... auch große Heilige irren sich zuweilen«, G. Schwaiger, in: Geschichte der Päpste), Herzog Wilhelm X. von Aquitanien, der seinerseits Partei für den Gegenpapst Anaklet II. ergriffen hatte, unter Androhung des Kirchenbanns auf seine Linie einzuschwören.

Ein weiteres romanisches Denkmal findet man in dem Vorort *Parthenay-le-Vieux*. Die dortige KIRCHE ST-PIERRE zieht durch die originelle Bauskulptur ihrer *Fassade* in Bann. Im Tympanon des rechten Scheinportals erscheint der Kampf Samsons mit dem Löwen. Dem steht im Tympanon des linken Scheinportals ein *Reiter* gegenüber, wie er für die poitevinische Romanik so charakteristisch ist. Doch handelt es sich in diesem Fall wohl nicht um Konstantin den Großen. Der Kopfbedeckung wegen – einer Mitra – ist gelegentlich auf den hl. Martin von Tours geschlossen worden. Dem widerspricht jedoch der am Boden liegende Mann, der offenbar von dem Pferd niedergetrampelt wird. Einleuchtender erscheint die Version, wonach ein Erzbischof von Bordeaux namens Josselin (gest. 1096) gemeint sein könnte, der aus dem Priorat von Parthenay-le-Vieux hervorgegangen war. Dieser hatte auf einer Synode zu St-Maixent-l'École engagiert gegen einen Häretiker Berengar Stellung bezogen. Die Darstellung zeigt demnach den besiegten Berengar und – sozusagen als neuen Konstantin – den triumphierenden Bischof mit der Taube, dem Symbol göttlicher Inspiration, wie es das traditionelle Attribut der abendländischen Kirchenväter ist. Dieser heute kaum noch bekannte Berengar von Tours muß das 11. Jh. tief erschüttert haben. In seiner Eucharistieauffassung verwarf er die Wesensverwandlung und vertrat eine symbolisch-sensualistische Lehre, deretwegen er auf mehreren Synoden verurteilt wurde (1050 in Rom, 1054 in Tours, dort durch den päpstlichen Legaten Hildebrand, den nachmaligen Papst Gregor VII., 1062 in Angers und zuletzt 1075 in St-Maixent).

Die Reiterszene rahmt die originellste Darstellung der *Melusine* im gesamten poitevinischen Kunstkreis: Gleich 37mal erscheint dort in der Archivolte die Fee in einem Badezuber sitzend.

Pérignac* *(Charente-Maritime)*

Die *Fassade* der Kirche St-Pierre in Pérignac stellt innerhalb der Saintonge-Romanik einen Sonderfall dar. Im unteren Teil der rechteckigen Wand ohne Giebel befindet sich lediglich das tiefgestufte Portal (gotisch) ohne jedweden Zierat. Es fehlen die gewohnten Scheinportale. Das Skulpturenprogramm beginnt erst in der Fensterzone, wo zwei Streifen mit Arkaden und Nischen die Wand in ihrer ganzen Breite überziehen. Im unteren Streifen zählt man 13 etwa halblebensgroße Statuen: Maria und die zwölf Apostel. Darüber erscheinen acht weitere Nischen (in der Mitte ist der Streifen durch das Fenster unterbrochen). Von den ursprünglich acht Standfiguren sind drei verloren und durch schlichte Steinblöcke ersetzt. Die fünf noch vorhandenen sind Personifikationen von Tugenden, wie sie sonst in den Archivolten der Saintonge-Portale erscheinen. Über dem Fenster schwebt der in einer Mandorla stehende Christus, von zwei Engeln getragen. Demnach ist das Hauptthema der ganzen Anlage die Himmelfahrt. Im Aufriß der Fassade hat die Kathedrale von Angoulême mitgesprochen. Besondere Beachtung verdient die Archivolte des Fensters: Dort entdeckt man 19 Pferdeköpfe, zu einem Halbkreis angeordnet. Die Bedeutung dieser Pferde ist nicht mit letzter Sicherheit zu bestimmen, da es praktisch keine Vergleichsbeispiele gibt. Denkbar wäre eine Anspielung auf eine Vision des Propheten Sacharja, der eine Schar Rosse als Sendboten des Himmels erblickte (Sacharja 1,8).

Poitiers*** *(Vienne)*

Poitiers, einst Hauptort der keltischen Pictonen und zur Römerzeit eine wichtige Provinzstadt, war schon in frühchristlicher Zeit ein geistliches Zentrum im westlichen Gallien. Der hl. Hilarius, der Mitte des 4. Jh.s gegen den Arianismus zu Felde zog, gilt als der erste Bischof. Im 6. Jh. gründete die hl. Radegunde, Gattin des Merowingerkönigs Chlothar I., das Kloster Ste-Croix, in das sie selbst als Nonne eintrat. Sie war eng mit Venantius Fortunatus, dem berühmten Dichter christlicher Hymnen, befreundet, der nach einem unsteten Wanderleben in Poitiers seßhaft und alsbald Bischof der Stadt geworden war. Der hohe geistliche Rang von Poitiers hat sich in der Vielzahl der Kirchen niedergeschlagen. Mehr als 70 sollen es gewesen sein, womit die auf einer Anhöhe über dem Tal des Clain gelegene Stadt ein unvergleichliches Bild geboten haben dürfte. Die erhaltenen Denkmäler vermögen noch heute einen lebendigen Widerhall von ihrer einstigen Größe zu vermitteln.

Das wichtigste sakrale Bauwerk der Stadt ist die EHEMALIGE KOLLEGIATSKIRCHE NOTRE-DAME-LA-GRANDE. Ihre Berühmtheit verdankt sie ihrer *Fassade,* einem Paradebeispiel poitevinischer Schmuckfreudigkeit (Abb. 86). Der Horror vacui der reifen romanischen Kunst hat keinen Flecken der dreigeschossigen Wand freigelassen. Die untere Zone beherrschen drei Portale: in der Mitte der Eingang, zu seiten zwei Scheinportale. Im zweiten Geschoß betont ein großes Fenster die Mittelachse; zu dessen Seiten gehen zwei Arkadenreihen mit eingestellten Figuren übereinander auf. Den krönenden Abschluß bildet das getreppte Giebelfeld mit einer Öffnung in Mandorlaform, in der Christus mit zwei Engeln erscheint. Ihren tektonischen Zusammenhalt erfährt diese gewaltige Bilderwand durch zwei flankierende Türmchen. Dem Skulpturenprogramm scheint kein strenges Konzept zugrunde zu liegen. In einer unerhörten Lust am Fabulieren spannt sich der Bogen von alttestamentarischen Begebenheiten über solche des Neuen Testaments bis hin zu mythologischen Themen, symbolischen Tiergestalten und vielfältiger Ornamentik. Die genaue Entschlüsselung ist dem beigefügten Schema zu entnehmen. Die Figuren gehören unverkennbar dem »barocken« Spätstil der

Poitiers, Schema der Fassade der ehem. Kollegiatskirche Notre-Dame-la-Grande

1 Adam und Eva 2 König Nebukadnezar von Babylonien 3–6 Die Propheten Moses, Jeremia, Jesaja und Daniel 7 Der Engel der Verkündigung und Maria 8 Die Wurzel Jesse 9 König David (?) 10 Die Heimsuchung 11 Die Geburt Christi 12 Waschung des Christuskindes 13 Ein apokalyptisches Untier (?) 14 Der hl. Joseph 15 Personifikationen der Gerechtigkeit und des Friedens 16–27 Die zwölf Apostel 28, 29 Zwei Bischöfe 30–32 Christus in der Mandorla mit zwei Engeln

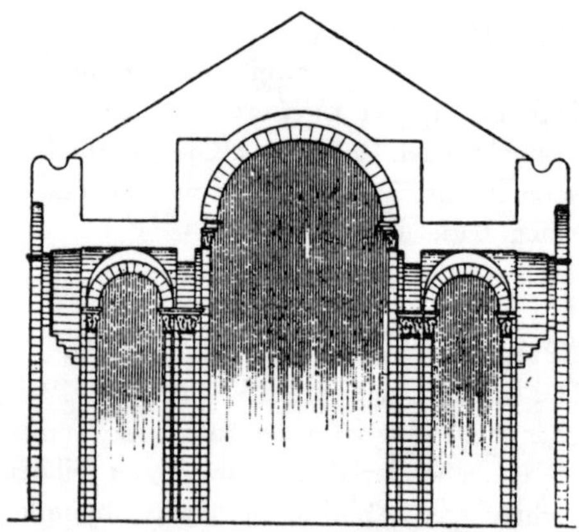

Poitiers, Notre-Dame-la-Grande, Querschnitt

Romanik an und sind zeitlich um die Mitte des 12. Jh.s anzusetzen.

Zur Baugeschichte der Kirche schweigen die Quellen. Man vermutet die Grundsteinlegung in den letzten Jahren des 11. Jh.s, die Fertigstellung wird man mit der Fassade um 1150 anzusetzen haben. Der Querschnitt zeigt eine dreischiffige Anlage, deren Mittelschiff sich leicht über die Seitenschiffe erhebt. Indem aber alle drei Schiffe unter einem gemeinsamen Satteldach vereint sind, entfällt der Obergaden. Es handelt sich also um eine klassische poitevinische Halle.

Eine weitere romanische Kirche von hohem Rang ist St-Hilaire-le-Grand, die Grablege des Apostels des Poitou. 1590 war deren Glockenturm eingestürzt und hatte den westlichen Teil des Langhauses mit niedergerissen. Bei der Restaurierung im 19. Jh. wurde das Langhaus um zwei Joche verkürzt.

Seit dem 11. Jh. betreute ein Chorherrenstift die Wallfahrt zum Grab des hl. Hilarius. Der Abt dieser Kongregation war laut Statut der Landesfürst, der Graf des Poitou und Herzog von Aquitanien. Ihm unterstand in der Verwaltung der Schatzmeister. Dieses Amt oblag in den Jahren 1022–28 dem Bischof von Chartres, Fulbert, der in seiner Domstadt die 1195 abgebrannte große romanische Kathedrale hatte errichten lassen. In ihm sieht die Forschung den Initiator des romanischen Baus von St-Hilaire-le-Grand, der über den Fundamenten eines merowingischen Vorgängers aufgezogen wurde. Diese Fulbert-Kirche muß mit einem offenen hölzernen Dachstuhl gedeckt gewesen sein, denn aus dem frühen 12. Jh. berichtet eine Chronik, daß das Zimmerwerk aus Sicherheitsgründen – der Brandgefahr wegen – durch steinerne Gewölbe ersetzt wurde. Diese Maßnahme brachte es mit sich, daß die mit fünf Schiffen ohnehin schon gewaltig proportionierte Kirche auf sieben Schiffe erweitert wurde, ohne daß jedoch die Außenmauern versetzt worden wären. Zur soliden Unterfangung des im ur-

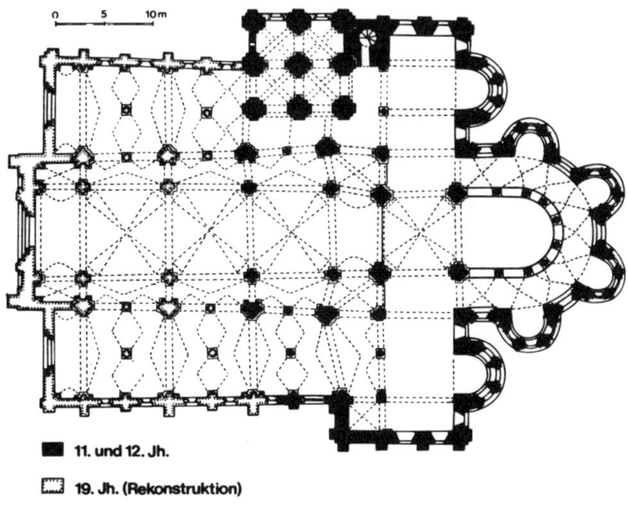

Poitiers, St-Hilaire-le-Grand, Grundriß

sprünglichen Bauplan nicht vorgesehenen Gewölbes war es notwendig, das breit ausladende Mittelschiff mit Hilfe zusätzlich eingestellter Stützen in quadratische Joche zu unterteilen, wodurch zwei weitere schmale Schiffe entstanden.

St-Hilaire weicht erheblich vom klassischen Muster der poitevinischen Schule ab und zeigt den Niederschlag unterschiedlicher Kunstlandschaften. Der Stützenwechsel von Säule und Pfeiler ist aus der Normandie herzuleiten. Die Kuppeln, die sich über das nachträglich verschmälerte Mittelschiff spannen, entstammen der Baukunst Aquitaniens. Die Vierzahl der Chorkapellen ist der auvergnatischen Romanik entlehnt. An den Säulenschäften befinden sich Reste einer *Bemalung* aus dem 12. Jh. Zu beachten sind auch die *Kapitelle,* die – ins 11. Jh. datiert – zu den ältesten Zeugnissen der Bildhauerkunst im Poitou zählen. Am nordwestlichen Pfeiler des Querhauses ist der Tod des hl. Hilarius dargestellt.

Auch den anderen Sehenswürdigkeiten von Poitiers sollte man seine Aufmerksamkeit schenken. Das Baptisterium St-Jean gilt als der älteste erhaltene christliche Kultraum Galliens. Sein Ursprung reicht ins 4. Jh. zurück. Nicht weit davon entfernt steht die Kirche Ste-Radegonde: ein einschiffiger romanischer Saal, der in gotischer Zeit verändert wurde. Hier fand die hl. Radegunde ihre letzte Ruhestätte. Über den Grundmauern des von ihr gegründeten und in der Revolution zerstörten Klosters erhebt sich heute das Museum der Stadt (dieses Kloster ist Schauplatz des Romans »Die Wölfin von Poitiers« von der aus Montmorillon stammenden Bestsellerautorin Régine Deforges).

Aufschlußreich ist der Besuch der Kathedrale St-Pierre. Obwohl es sich um ein Bauwerk des 13. Jh.s in rein gotischen Formen handelt, wurde sie dennoch nicht als Basilika angelegt wie die klassischen Kathedralen der Île de France, sondern hält als dreischiffige Halle am alten Idealplan dieser Landschaft fest.

Weitere Denkmäler aus romanischer Zeit in Poitiers: Die stark restaurierte Kirche St-Jean-de-Montierneuf im Norden der Stadt; der *Turm* der Kirche St-Porchaire (Fußgängerzone) sowie der *Festsaal des ehemaligen Grafenschlosses* (heute in den neogotischen Justizpalast integriert).

Pont-l'Abbé-d'Arnoult*
(Charente-Maritime)

Bis nach Pont-l'Abbé-d'Arnoult reichte in antiker Zeit das Meer. Der Ort hieß damals Pontum Labium (= Meereslippe). Das im 12. Jh. gegründete Priorat unterstand den Nonnen von Saintes. Das Obergeschoß der Fassade der Kirche St-Pierre verlor durch eine Gotisierung seinen romanischen Dekor. In der *Portalzone* aber schlägt dem Betrachter noch die ungezügelte Bilderfreudigkeit der Saintonge entgegen. Die Archivolten des Mittelportals zeigen in der beliebten Gegenüberstellung von Vertretern der guten und bösen Gewalten Heilige, Engel, Tugenden und Laster, kluge und törichte Jungfrauen (das Tympanon eine deplazierte spätere Hinzufügung). Das Relief im Tympanon des linken Scheinportals ist infolge starker Verwitterung kaum mehr zu deuten; mit etwas Phantasie ließe sich darin Petrus im Marmertinischen Kerker erkennen. Gut erhalten ist hingegen die Szene im Tympanon des rechten Scheinportals mit dem Martyrium Petri. In seltsamem Kontrast zu dieser Hinrichtung stehen die jünglingshaften Gestalten, die sich tanzend in der Ranke des Bogens darüber bewegen. Eine solche Verwischung von Grenzen, die zutiefst psychologische Sicht, daß im menschlichen Dasein Tod und Leben genauso wie Freud und Leid nah beieinanderliegen, erlebt man allenthalben in der romanischen Kunst.

Puypéroux* *(Charente)*

Die Legende will im Kloster von Puypéroux eine Gründung des vor den Arabern aus der Provence geflüchteten hl. Ägidius (St-Gilles) sehen. Historisch richtig ist daran allein die Datierung des Ursprungs in karolingische Zeit. Noch im 11. Jh. errichtet, ist die

Puypéroux, Klosterkirche St-Gilles, Grundriß

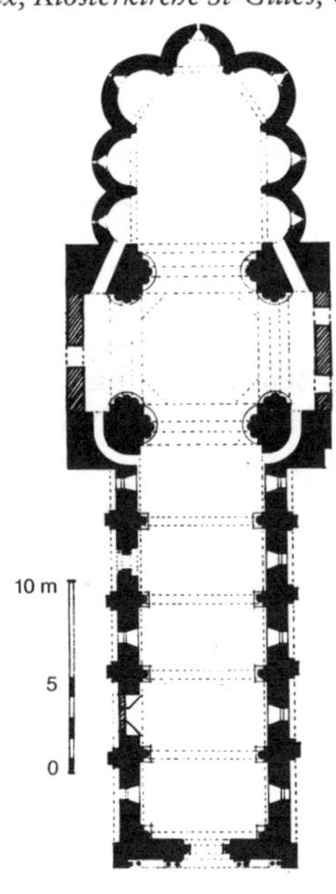

Kirche St-Gilles, die heute zu einem Nonnenkloster gehört, der älteste romanische Bau im Angoumois. Nach der Zerstörung im Hundertjährigen Krieg wurde sie erst Mitte des 19. Jh.s wiederhergestellt. Das fünf Joche tiefe, einschiffige Langhaus mündet in einen quadratischen, von einer Kuppel überwölbten Raumteil, an den sich das polygonale Chorhaupt anschließt. Sieben Kapellen umkränzen den Chor. Sie stehen entgegen aller Gewohnheit nicht isoliert nebeneinander, sondern stoßen nahtlos eine an die andere und bilden einen echten Kapellenkranz, wie er in dieser Form eigentlich erst für die Gotik typisch ist. Hier, tief im südlichen Angoumois des 11. Jh.s, findet sich also ein Vorläufer dieser gotischen Chorkonzeption.

Rétaud* *(Charente-Maritime)*

Die Kirche St-Trojan in Rétaud gehört zu den spätesten Zeugnissen der Romanik in der Saintonge. Der im letzten Drittel des 12. Jh.s entstandene Bau zeigt größte Zurückhaltung: einschiffiger Saal ohne Querhaus, schlichtes Chorhaupt ohne Umgang und Kapellen; selbst die Fassade blieb – ungewöhnlich für die Saintonge – gänzlich schmucklos. Letzteres erklärt sich aus der dem Ort abgewandten Ausrichtung. Folglich fiel dem Chor eine repräsentative Rolle zu, und entsprechend prunkvoll ist er gestaltet. Seine Architektur steht mit der Romanik der Provence in Verbindung; während das Äußere ein Polygon beschreibt, ist der Innenraum gerundet. Jeder der fünf Seiten des Polygons ist ein Bogen aufgeblendet, wie man es gleichfalls von einigen Beispielen aus der Provence kennt. Die Vielfalt der ornamentalen Motive – auch darin ein Bezug

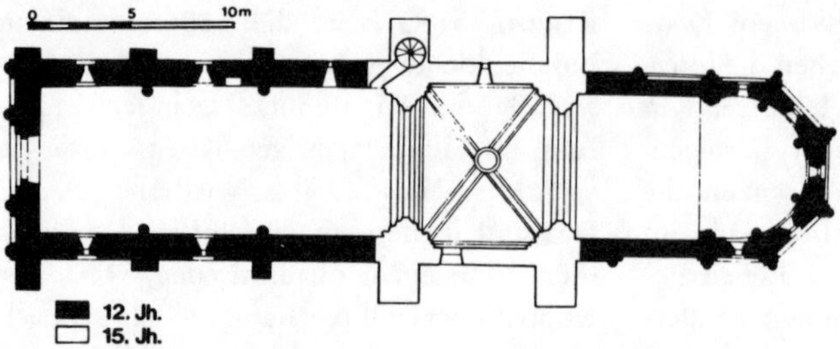

Rétaud, St-Trojan, Grundriß

zum südöstlichen Frankreich – wirkt in ihrer Kleinteiligkeit zerfahren und unruhig: ein Indiz für das Erlahmen des schöpferischen Atems in der Saintonge-Kunst des späten 12. Jh.s.

Rioux* *(Charente-Maritime)*

St-Trojan in Rétaud und Notre-Dame in Rioux – beide Orte liegen nur knapp 5 km auseinander – bilden ein echtes Zwillingspaar (die seitlichen Kapellen in Rioux, die auf den ersten Blick wie ein Querschiff anmuten, sind Applikationen aus gotischer Zeit). Auch hier in Rioux ist der polygonale Chor von Ornamenten schier überwuchert (Abb. 83) – fast noch gedrängter als in Rétaud. Abweichend von dort findet man jedoch plastischen Dekor auch an der Westseite. Einzig die Muttergottes über dem Portal vertritt die figürliche Skulptur; alles übrige ist Ornament. Dieses *Westportal* markiert die Endzeit der romanischen Plastik in der Saintonge, denn an die Stelle der überschäumenden Ornamentformen in ihrer unendlichen Vielfalt sind einfallslose, stereotype Muster getreten.

Saintes*** *(Charente-Maritime)*

Der scheinbar so eindeutig christliche Name der Hauptstadt der Saintonge geht in Wahrheit auf eine heidnische Wurzel zurück und hält die Erinnerung an den einstmals in diesem Gebiet siedelnden Keltenstamm der Santones wach. Die Blütezeit von Saintes fällt in das 12. Jh., als die Stadt das wichtigste Etappenziel der Jakobspilger auf der Via Touronensis zwischen Tours und Bordeaux war. Zwei gewichtige Denkmäler aus dieser Zeit zeugen noch vom einstigen Rang der Stadt an der Charente.

Die Pilger, die den Ort von Norden her erreichten, gelangten zuerst zum Frauenkloster Ste-Marie-des-Dames, auch Abbaye-aux-Dames genannt, wo sich viele von ihnen für einige Tage von den Strapazen des beschwerlichen Marsches erholten. Das Kloster ist eine Gründung der Agnes von Burgund, Witwe Herzog Wilhelms V. von Aquitanien, die in zweiter Ehe mit Gottfried, Graf von Anjou, verheiratet war. Sie rief 1047 das Benediktinerinnen-Kloster ins Leben. Die im 11. Jh. begonnene Kirche wurde im 12. Jh. umgebaut, vergrößert und gelangte gegen die Mitte des 12. Jh.s mit der Fassade zum Abschluß. Die Revolution hat die Klostergebäude fast vollständig zerstört; in den verschonten (nicht mittelalterlichen) Trakten, die vorübergehend als Kaserne benutzt wurden, ist heute die Musikschule der Stadt untergebracht.

Den Ruhm der Kirche macht ihre *Fassade* aus, die unter der Äbtissin Agnès de Barbezieux (1134–74), einer Cousine der Eleonore von Aquitanien, entstand. Gemäß dem in der Saintonge üblichen Schema ist sie in zwei Geschosse gegliedert (das Giebelgeschoß spätere Zutat), die ihrerseits in drei vertikale Abschnitte unterteilt sind. Den Eingang in der Mitte flankieren zwei Scheinportale. Mit dieser Disposition korrespondiert die Anordnung der darüberliegenden Zone mit einem erhöhten Fenster in der Mitte und zwei seitlichen Blindfenstern. Der erhaltene Skulpturenschmuck konzentriert sich auf die Kapitelle und Archivolten des Hauptportals. Das Gewimmel der zahllosen Figürchen irritiert zunächst. Bei längerer Betrachtung offenbart sich allmählich die klare Ordnung, die das Ganze durchwaltet. Monotonie wird geschickt vermieden, indem im lebendigen Wechsel immer eine breitere und eine schmalere Archivolte – insgesamt acht – aufeinander folgen: die breiteren mit vorwiegend figürlichem, die schmalen mit ornamentalem Dekor (Abb. 85). Zuunterst schwebt ein Engelsreigen, der im Scheitelpunkt des Halbbogens ein Medaillon mit der Hand Gottes trägt, die den Eintretenden segnet. Auf ein verschlungenes Rankenband folgt im Scheitel des dritten Bogens das Lamm mit Kreuz und Buch (Symbol für Christus), umgeben von den vier Wesen – Evangelistensymbolen – im Rankengeschlinge; darüber in der vierten Archivolte eine Reihe von Vögeln (= Seelen der Gläubigen). Die fünfte Archivolte zeigt Kampfszenen: Bekleidete Männer schlagen und stechen mit Schwertern auf nackte Personen ein; dazwischen mehrere Frauengestalten – also eine Darstellung des Bethlehemitischen Kindermordes. Die Tatsache, daß die Kinder ebenso groß sind wie ihre Mörder, ist aus der Bedeutungsperspektive zu verstehen; als Märtyrer werden die Kinder in den Rang von Erwachsenen erhoben. Ein weiterer Rankenfries leitet über zur Stirnarchivolte mit den apokalyptischen Königen. Deren gibt es laut dem biblischem Text 24; hier erscheinen jedoch in großzügiger Abweichung von der schriftlichen Vorlage 54. Sie tragen jeder einen Kelch und eine Laute und wenden einander paarweise die Köpfe zu. Der übergeordnete Gedanke ist folgender: Die Unschuldigen (= bethlehemitische Kinder) und die Gläubigen (= Vögel) werden laut göttlichem Ratschluß (= apokalyp-

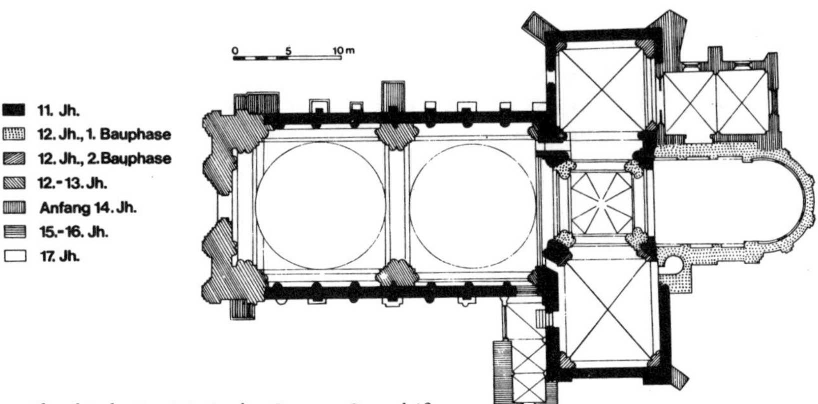

Saintes, ehem. Abteikirche Ste-Marie-des-Dames, Grundriß

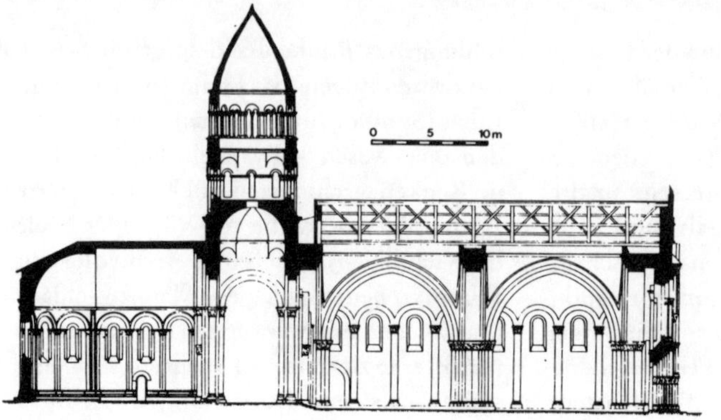

Saintes, Ste-Marie-des-Dames, Längsschnitt

tische Könige) durch Christus (= Agnus Dei) erlöst. Die Qual der Verdammten dagegen spielt sich in einer auch räumlich gesehen »niederen« Sphäre ab: an den Kapitellen, auf denen die Archivolten fußen. Verstrickt in chaotisch verschlungene Pflanzen, werden sie von Teufeln und allerlei höllischem Getier gepeinigt. Die Archivolten der Scheinportale zeigen neben vielgestaltiger Ornamentik das Abendmahl (rechts) und Christus mit den Aposteln (links – nach anderer Deutung soll es sich um Sibyllen handeln).

Der *Innenraum* hat viel von seiner Ursprünglichkeit eingebüßt. Der einschiffige Saal war im 11. Jh. zunächst flach gedeckt. Im 12. Jh. erfolgte die Einwölbung. Die im Poitou übliche Tonne hätte eine beträchtliche Verstärkung der Außenmauern erforderlich gemacht; deshalb entschloß man sich für das aquitanische Muster der Kuppelwölbung, das von einem einfachen System von Stützpfeilern zu unterfangen war. Die beiden großen Kuppeln brachen nach einem von Hugenotten im 16. Jh. gelegten Brand unter den herunterstürzenden Dachbalken zusammen; die beiden runden Öffnungen wurden lediglich mittels einer flachen Holzdecke geschlossen.

Nach dem Besuch der Kirche sollte man nicht versäumen, außen vor die unverbaute *Chorpartie* zu treten. Sie gipfelt in einem differenziert gegliederten *Vierungsturm*, der aus drei Abschnitten besteht: Auf das untere, der Vierung entsprechende Quadrat folgt ein rundes Geschoß als Glockenstube, bekrönt von einem Kegeldach.

Am Rande des Platzes nördlich der einstigen Abteikirche steht die kleine romanische Kirche St-Pallais, die heute als Ausstellungsraum genutzt wird.

Über die Avenue Gambetta gelangt man auf das andere Ufer der Charente (auf dem Weg dorthin beachtenswert der römische *Germanicusbogen* aus augusteischer Zeit sowie das kleine, aber interessante *archäologische Museum*). Am Südwestrand der Altstadt liegt St-Eutrope, die zweite Station der Santiago-Pilger in Saintes. Der Hauptteil dieser von Cluniazensern errichteten Kirche, das basilikale Langhaus, fiel der Revolution zum Opfer. Erhalten blieben das Querschiff, der Chor sowie die geräumige Krypta. Der Bau trägt unverkennbar die Handschrift der Cluniazenser: Die Gewölbe im Querhaus sind zugespitzt. Ursprünglich besaß der Chor auch einen Umgang mit

Saintes, St-Eutrope, isometrischer Schnitt durch den Chor

radial ausstrahlenden Kapellen, die jedoch einer Erweiterung im 14. Jh. geopfert wurden. Der mächtige, seitlich neben der Kirche stehende Glockenturm wurde Ende des 15. Jh.s von König Ludwig XI. gestiftet.

Die mächtige *Krypta,* die man durch einen Seiteneingang auf der Nordseite erreicht, vermittelt einen Eindruck von getragener Feierlichkeit (Abb. 84). Sie ist dreischiffig angelegt, wobei die Seitenschiffe um das Halbrund im Osten herumgeführt sind. Auffallend ist die Größe dieses Raumes, dessen Abmessungen exakt dem Chor darüber entsprechen. Der Begriff einer Unterkirche scheint hier eher am Platze. Im Halbrund befindet sich der *Sarkophag* mit der Inschrift EUTROPIUS. In der Revolution geschändet und aus der Krypta entfernt, ist er erst im 19. Jh. an seinen angestammten Platz zurückgebracht worden. Die Reliquien des Missionars der Saintonge sind zwar verloren, aber seine Grabstätte hat nicht an Anziehungskraft verloren.

Saintes, St-Eutrope, Krypta. Nach Viollet-le-Duc

Solignac** *(Haute-Vienne)*

Das Kloster ist eine Gründung des hl. Eligius (St-Eloy). Dieser stammte aus dem Limousin, wohin er in fortgeschrittenem Alter zurückkehrte, nach einer glänzenden Laufbahn: Vom einfachen Goldschmied stieg er unter Chlothar II. zum königlichen Münzmeister auf; unter Dagobert I. bekleidete er ein Ministeramt und wurde Bischof von Tours. Er starb 660 in seiner Gründung Solignac südlich von Limoges. Seines früheren Berufes wegen wurde er als Schutzpatron der Goldschmiede und Metallarbeiter verehrt.

Solignac war in fränkischer Zeit ein wichtiges geistliches Zentrum, aus dem zahlreiche große Gestalten hervorgingen: der hl. Hadelinus, Gründer des Klosters Celles im Bistum Lüttich, der hl. Remaclus, Abt und Bischof in Stablo-Malmédy in Lothringen, und der hl. Theatus. Nach Zerstörungen durch Sarazenen und Normannen erfolgte seit dem 10. Jh. eine Phase der Regeneration. Seitdem unterhielt Solignac Beziehungen zu den großen Klöstern der Zeit: zu Fleury an der Loire und zu St-Denis, der königlichen Abtei bei Paris. Der zunehmende Pilgerstrom – Solignac liegt an der Via Lemovicensis – machte zu Beginn des 12. Jh.s einen Kirchenneubau erforderlich. Die gleichzeitig entstandenen Klosterbauten wurden wiederholt das Opfer von Brandschatzungen; zuerst durch Engländer 1388, knapp 200 Jahre später durch die Hugenotten. Im 18. Jh. zum Teil wiederhergestellt, beherbergen sie seit 1945 ein Seminar des Ordens der »Oblaten der Maria Immaculata«.

Der *Außenbau* der EHEMALIGEN ABTEIKIRCHE ST-PIERRE vermittelt den Eindruck einer kompakten und gedrungenen Baumas-

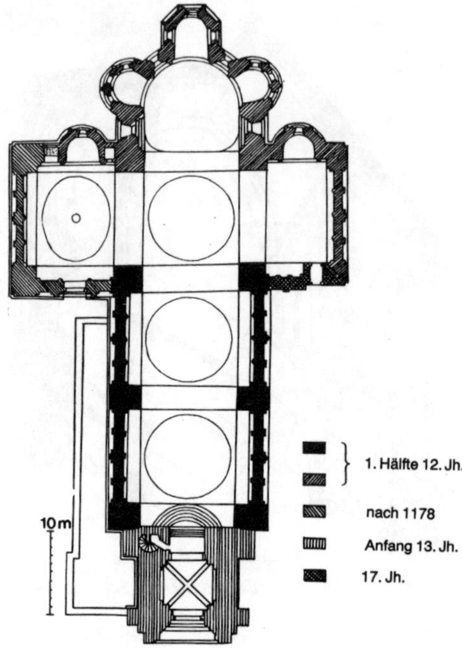

Solignac, ehem. Abteikirche St-Pierre, Grundriß

se. Am nachdrücklichsten erfährt man dies beim Betrachten des Chores, der kraftvoll aus dem Halbrund von fünf Kapellen – drei am Chor selbst, zwei an den Querhausarmen – emporwächst. Der einschiffige *Innenraum* wirkt durch das tief herabgezogene Gewölbe (es ist nur knapp 14 m hoch) gleichfalls massig und erdverbunden, was sicher durch den dunklen Granit mitbestimmt wird. Das Überraschende ist die Wölbung: Solignac besitzt drei große *Kuppeln* – zwei über dem Langhaus, eine über der Vierung –, ist also in den Kreis der aquitanischen Kuppelkirchen einzureihen. Ihr singuläres Auftreten in dieser Landschaft ist mit den weitreichenden Verbindungen der Abtei zu erklären, die nicht nur rege Kontakte nach Norden, sondern auch nach Süden unterhielt. Die Querhausarme wurden unterschiedlich eingewölbt: das linke mit einer zum Oval gelängten Kuppel, das rechte mit einer Tonne. Vermutlich besaßen beide ursprünglich eine Tonnenwölbung.

St-Amant-de-Boixe* *(Charente)*

Nächst der Kathedrale von Angoulême ist die EHEMALIGE KLOSTERKIRCHE ST-AMANT die größte romanische Kirche des Angoumois, erbaut im 12. Jh. an der Stelle einer alten Eremitage. Im Hundertjährigen Krieg wurden Chor und Kreuzgang zerstört. Ersterer ist im 15. Jh. erneuert worden, letzterer blieb als Ruine liegen. Die *Fassade* mit dem geläufigen Schema von zwei Geschossen, Blendarkaden, Portal und seitlichen Scheinportalen macht deutlich, daß der Einfluß der Saintonge bis in das nördliche Angoumois wirksam war. Ungewöhnlich ist die Gliederung der *Westwand des nördlichen Querschiffs* in der Art einer Fassade. Der Dekor erscheint hier sogar noch aufwendiger als an der Hauptfassade (dort nur ornamental): Unten sind drei Scheinportale nebeneinandergereiht (das rechte ursprünglich tatsächlich eine Tür, später zugemauert). In der Archivolte des rechten sieht man ein Agnus Dei und die Symbole der Evangelisten. In den Tympana der beiden linken Scheinportale stehen Apostelstatuen, stilistisch eng mit den Aposteln der Kathedralfassade in Angoulême verwandt. Die drei kleineren Blendarkaden im Geschoß darüber überfangen jeweils einen namentlich nicht bestimmbaren Heiligen. Kapitelle, Friese und Archivolten schwelgen in vegetabilen und zoomorphen Ornamentformen.

Der Bau selbst entzieht sich als dreischiffige Halle dem Einfluß der Saintonge und steht der Bauschule des Poitou nahe. Melancholie verbreitet die *Ruine des Kreuzgangs,* in dem noch vereinzelt Reste romanischer Skulptur zu entdecken sind.

St-Junien* *(Haute-Vienne)*

Wie fast alle romanischen Kirchen des Limousin ist auch ST-JUNIEN aus Granit errichtet, was dem Bau eine erdenhafte Schwere verleiht. Nach limousinischem Muster handelt es sich um eine dreischiffige Anlage mit erhöhtem Mittelschiff, dessen Obergaden jedoch nicht durchfenstert ist. Ungewöhnlich groß fällt der flach abschließende Chor aus mit annähernd gleichen Ausmaßen wie das Langhaus.

Ein besonderes Juwel der im Limousin sonst nur spärlich vertretenen Bildhauerkunst ist der im Chor aufgestellte *Sarkophag des hl. Junianus* aus dem 12. Jh. Seine Langseiten sind nach Art antiker Sarkophage mit zwei übereinandergesetzten Reihen von Arkaden geschmückt, in denen die Könige der Apokalypse Platz genommen haben; sie rahmen auf der einen Seite ein Medaillon mit dem Agnus Dei, auf der anderen eine in einer Mandorla thronende Muttergottes, von vier Engeln getragen. Die linke Schmalseite nimmt eine Majestas Domini ein.

St-Léonard-de-Noblat** *(Haute-Vienne)*

Den eigenwilligsten romanischen Bau des Limousin findet man in dem knapp 20 km östlich von Limoges gelegenen Wallfahrtsort St-Léonard. Die Gründung geht auf den hl. Leonhard zurück, der hier in der ersten Hälfte des 6. Jh.s als Einsiedler lebte. Als Sohn adliger Eltern schien er zunächst für

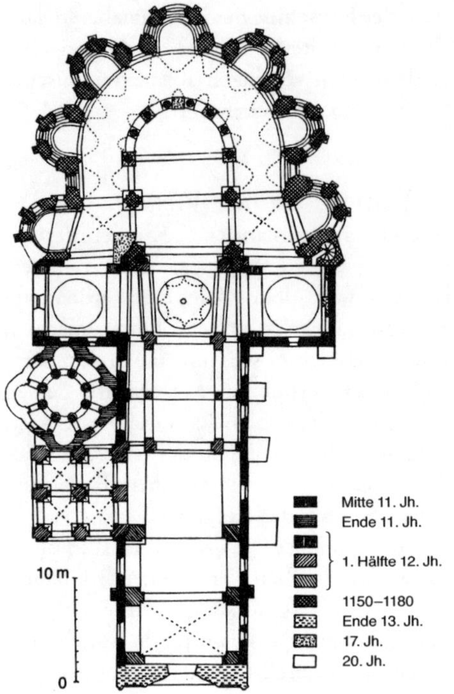

St-Léonard-de-Noblat, St-Léonard, Grundriß

eine politische Karriere bestimmt zu sein; kein geringerer als König Chlodwig I. war sein Taufpate. Überraschend entschied sich Leonhard jedoch für ein Leben in frommer Zurückgezogenheit und ließ sich im Limousin nieder, um Verfolgten und Kranken zu helfen. Auch Tieren soll der Heilige oftmals Linderung verschafft haben. Im süddeutschen Raum wird noch heute der traditionelle Leonhardiritt am Todestag des Heiligen, dem 6. November – er starb 559 –, festlich begangen (u. a. Bad Tölz).

Die Kirche St-Léonard entstammt unterschiedlichen Epochen und bietet dementsprechend kein einheitliches Bild. Zudem kamen hier Bauschulen verschiedener Kunstlandschaften zum Zuge. Von den durch Quellen gesicherten Vorgängerbauten aus merowingischer und karolingischer Zeit ist nichts mehr vorhanden. Dagegen haben sich Teile des dritten, zwischen 1045 und 1070 errichteten Baus erhalten. Die Mauern des Langhauses und des Querschiffs stammen weitgehend aus dieser Zeit. Als die anfangs flach gedeckte Kirche im 12. Jh. in allen Gebäudeteilen eingewölbt wurde, machte die veränderte Statik weitreichende Umbauten notwendig. Im Zuge dieser Arbeiten scheint ein Baumeisterwechsel stattgefunden zu haben; denn die zwei östlichen Joche des ursprünglich einschiffigen Saales erhielten freistehende Säulen, woraus eine dreischiffige Situation entstand. In den westlichen Jochen löste man das Problem des Gewölbeschubes durch massive Pfeiler, die der Wand nachträglich eingezogen wurden; in diesem Teil blieb die Einschiffigkeit gewahrt. Die heterogene Situation hat auch in den unterschiedlichen Wölbungssystemen ihren Niederschlag gefunden: Das erste Joch im Westen ist kreuzgratgewölbt, die beiden folgenden Joche haben eine Halb- und die beiden letzten vor der Vierung eine Spitztonne; die quadratischen Querschiffarme werden von je einer Kuppel überfangen. Der Chor schließlich, der erst in der zweiten Hälfte des 12. Jh.s entstand und das Langhaus deutlich an Höhe überragt, vertritt den aus Burgund und der Auvergne hervorgegangenen Typus der Pilgerkirche mit Umgang und radial ausstrahlenden Kapellen. Das zwischen Chorhaupt und Vierung eingeschobene Chorjoch besitzt in der Obergadenzone eine Tribüne, wie sie in dieser Form nur von einem Baumeister aus der Auvergne stammen kann. Insgesamt also stellt die Kirche von St-Léonard ein Konglomerat aller möglichen Stilrichtungen dar mit Anregungen aus der burgundischen, auvergnatischen und aquitanischen Schule. In diese Vielfalt der unterschiedlichen Inspirationsquellen fügt sich auch das Erscheinungsbild des *Glockenturms*, der der Kirche an ihrer Nordseite beigestellt ist. In seiner reich gegliederten Vielgeschossigkeit und vor allem in der Anwendung des Wimpergmotivs ist er ein Ableger des Glockenturms von Brantôme (Périgord). Aber damit der Originalität nicht genug! Eingezwängt zwischen Glockenturm und nördlichem Querschiff, erhebt sich ein runder Bau mit vier leicht geschwungenen Ausbuchtungen, der ursprünglich wohl isoliert neben der Klosterkirche stand: Dieses Abbild des Heiligen Grabes ist von der Bauforschung in das späte 11. Jh. datiert worden.

St-Michel-d'Entraygues*
(Charente)

Gleich vor den Toren von Angoulême – fast noch in einem Vorort – steht ST-MICHEL, die ungewöhnlichste aller romanischen Kirchen des Angoumois. 1137 legte Lambert, Abt des nahen Klosters La Couronne, den Grundstein zu dem Bau, der als *Friedhofskapelle* diente (Abb. 82). Aus dieser Funktion erklärt sich seine Gestalt als Rundbau mit acht kleeblattförmig ausstrahlenden Apsiden. Die kleine turmähnliche Bekrönung des Zeltdachs erfüllte die Aufgabe einer Totenlaterne. So originell wie das Bauwerk selbst ist auch das *Tympanon* seines Portals: Es zeigt den Erzengel Michael, den Patron der Kirche, im Kampf mit dem Drachen. In einer schwungvollen Schrittbewegung entscheidet der Himmelsbote geradezu spielerisch und elegant den Kampf für sich. Der langgezogene Schwanz des Untiers ist vielfach gedreht und in sich verknotet. Die Expressivität der Szene kann als charakteristisch für den Spätstil der romanischen Skulptur um 1150 gelten.

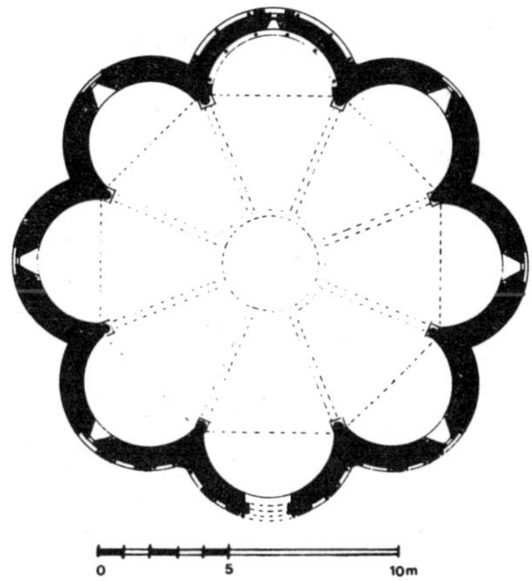

St-Michel-d'Entraygues, Friedhofskapelle St-Michel, Grundriß

St-Savin-sur-Gartempe***
(Vienne)

Die am östlichen Rand des Poitou gelegene EHEMALIGE ABTEIKIRCHE ST-SAVIN besitzt den umfangreichsten *Zyklus romanischer Wandmalerei* Frankreichs (er bedeckt eine Fläche von insgesamt 413 m^2). Genaue Daten zur Baugeschichte liegen nicht vor, weil das Klosterarchiv in den Jahren der Religionskriege in Flammen aufging. Allgemein geht man heute davon aus, daß die Kirche im ausgehenden 11. Jh., die Fresken im unmittelbaren Anschluß an die Fertigstellung in den ersten Jahren des 12. Jh.s entstanden sind. Nach der Revolution war die Kirche dem Verfall preisgegeben. 1836 entdeckte Prosper Mérimée St-Savin und seine Male-

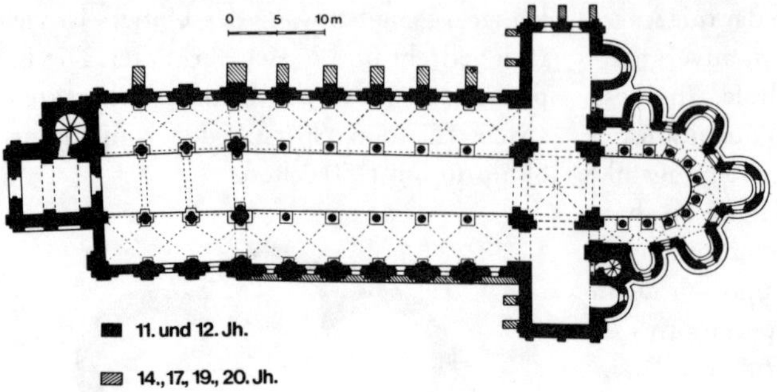

St-Savin-sur-Gartempe, ehem. Abteikirche, Grundriß

reien. Unverzüglich ließ er das Gebäude unter Denkmalschutz stellen und veranlaßte eine erste Restaurierung der Fresken. Bei einer neuerlichen Instandsetzung, die 1968–74 unter Leitung von Jean Taralon durchgeführt wurde, konnten die Malereien mit Hilfe modernster Konservierungsverfahren gesichert werden.

Die *Kirche* ist ein Prototyp der poitevinischen Romanik. Das Langhaus mit seinen drei annähernd gleich hohen Schiffen vertritt das Prinzip der Halle. Während die Seitenschiffe mit Kreuzgratgewölben eingezogen sind, ist das Mittelschiff von einer Halbtonne überspannt, die nur in den ersten drei Jochen eine Gurtbogengliederung aufweist. Diese Bauplanänderung ist möglicherweise darauf zurückzuführen, daß erst im Verlauf der Bauarbeiten der Entschluß reifte, das Gewölbe vollständig auszumalen. Der Verzicht auf die Gurtbögen garantierte eine glatte, durchgängige Fläche als idealen Bildträger. Man registriert ferner, daß die Fensteröffnungen größer sind als in anderen poitevinischen Hallen: Während dort in der Regel ein gedämpftes Dämmerlicht herrscht, ist die Halle von St-Savin lichtdurchflutet, womit eine optimale Ausleuchtung der Gewölbezone einhergeht. An das Langhaus schließen sich das einschiffige Querhaus und der Chor mit Umgang und Radialkapellen an.

Man betritt das Kircheninnere durch einen kleinen *Narthex*, das Untergeschoß des Glockenturms. Die Lichtverhältnisse sind spärlich (im Vergleich zum Kirchenschiff), so daß die Künstler an dieser Stelle kontrastreichere und hellere Farben verwendeten. Die Malereien an den Wänden und im Gewölbe schildern Szenen der Apokalypse, eine Thematik, die im Mittelalter traditionell ihren Platz im Westen einer Kirche hat. Über dem Durchgang zum Kirchenraum thront Christus als Weltenrichter, umgeben von Engeln, die die Leidenswerkzeuge des Herrn tragen. An den Seiten erkennt man den Kampf des Engels gegen das Untier, die Darstellung des Himmlischen Jerusalem mit den Kirchengründern daneben (die Heiligen Savinus und Cyprianus), ferner die eindringliche Schilderung der Heuschreckenplage.

Vom Narthex führen fünf Stufen in das etwas tiefer gelegene Kirchenschiff. Ursprünglich waren auch die Wände der Seitenschiffe bemalt. Erhalten blieb der Großteil der Gewölbefresken des Mittelschiffs (Farbabb. 8). Eine breite durchgezogene Linie im Scheitel der Tonne trennt diese in eine rechte und eine linke Hälfte. Auf jeder der

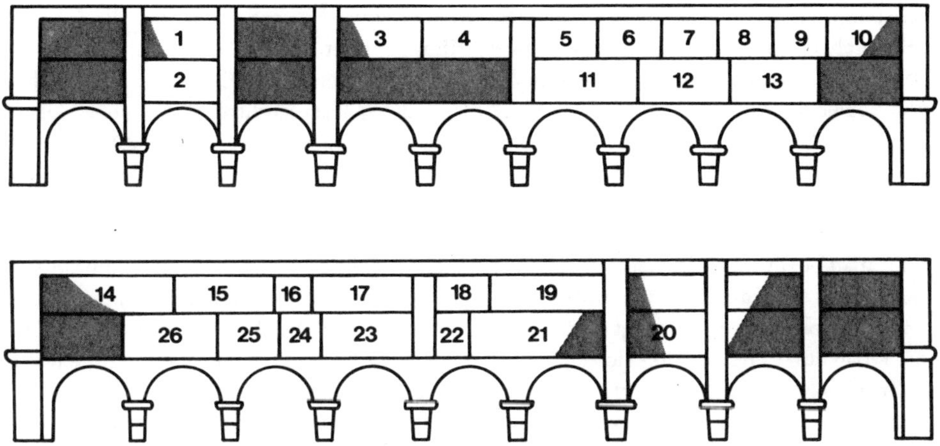

St-Savin-sur-Gartempe, Schema der Fresken in der Mittelschifftonne (1–13 = linke bzw. nördliche Hälfte, 14–26 = rechte bzw. südliche Hälfte; die zerstörten Partien sind grau gekennzeichnet)
1–5 Szenen aus der Genesis. Erschaffung der Gestirne und der Eva, die Opfer Kains und Abels, der Brudermord 6–10 Begebenheiten aus dem Leben Noahs 11–13 Szenen aus dem Buch Exodus. Der Zug des Volkes Israel durch das Rote Meer, Moses empfängt die Gesetzestafeln 14–16 Weitere Begebenheiten aus dem Leben Noahs 17 Der Turmbau zu Babel 18–20 Szenen aus dem Leben Abrahams 21–26 Szenen aus dem Leben Josephs

beiden Seiten entfalten sich die Bilder in zwei Registern übereinander. Während im Narthex und in der Empore (s. u.) Themen des Neuen Testaments behandelt werden, schildern die Fresken des Kirchengewölbes ausschließlich Begebenheiten aus dem Alten Testament, und zwar nur solche aus den beiden ersten Büchern des Pentateuch: Genesis und Exodus (Pentateuch = die fünf Bücher Moses'). Wir beschreiben die Bilder in der Reihenfolge des chronologischen Ablaufs (zur besseren Orientierung vgl. das nebenstehende Schema):

Die Felder im ersten Joch der linken Seite sind zerstört, wir beginnen also im zweiten Joch, wo man im oberen Streifen die Erschaffung der Gestirne erkennt (1), darunter Gottvater bei der Erschaffung Evas und ihre erste Begegnung mit der Schlange (2). Der Zyklus setzt sich im vierten Joch im oberen Streifen fort (die Bilder des dritten Jochs wieder zerstört). In Richtung auf den Chor fortschreitend, sieht man im oberen Bildstreifen nacheinander: Eva bei der Arbeit am Spinnrocken (3); Kain und Abel bei der Opferung (4), wobei Abel, dessen Opfer Gott gnädig annimmt, mit einem Nimbus dargestellt ist; Brudermord (5); Enoch, der Gott mit erhobenen Händen anruft; Gottes Ankündigung der Sintflut an Noah (6); die Arche Noahs auf den Wogen (7); Gott segnet Noah und dessen Familie beim Verlassen der Arche (8); Noah opfert zwei Vögel und ein Lamm (9); Noah pflanzt einen Weinstock (10). Ursprünglich setzte sich die Bilderfolge im vierten Joch im unteren Streifen fort, jedoch sind hier wiederum die ersten Felder zerstört. Wir fahren deshalb im sechsten Joch fort: Durchzug des Volkes Israel durch das Rote Meer (11); der Engel Gottes und die Feuersäule bewahren die Nachzügler des Volkes vor dem Zugriff der Ägypter (12); Moses empfängt die Gesetzestafeln (13).

Die Szenen der rechten Seite sind in umgekehrter Reihenfolge zu betrachten, das heißt, man beginnt bei der Vierung zu lesen und bewegt sich in Richtung auf den Ausgang. Der obere Streifen zeigt nacheinander: Noah tanzt und betrinkt sich (14); Noahs Trunkenheit (15); Noah verflucht seinen Enkel Kanaan, weil dessen Vater, Ham, Noahs Sohn, den nackten Vater heimlich beobachtet und den Brüdern davon berichtet hatte (16); der Turmbau zu Babel (17); Gott erscheint Abraham (18); die Trennung Abrahams von Lot (19). Nun geht es im unteren Streifen wieder zurück in Richtung auf den Chor: die Bestattung Abrahams (20); Jakob schickt Joseph fort zu seinen Brüdern (21); Joseph wird von seinen Brüdern in die Sklaverei verkauft (22); von Potiphars Frau verleumdet, wird Joseph in den Kerker geworfen (23); Joseph deutet den Traum Pharaos (24); Pharao schenkt Joseph seinen Ring (25); Josephs Erhöhung (26).

In der Bewegtheit und Leichtigkeit der Gestalten, ihrer Gebärden und Gewandungen werden Stiltendenzen vorausgenommen, die in der romanischen Skulptur erst seit etwa 1130 zum Tragen gekommen sind.

Auch die *Krypta* ist ausgemalt. Neben den Darstellungen Christi und verschiedener Heiliger sind hier Begebenheiten aus dem Leben der Heiligen Savinus und Cyprianus wiedergegeben. Diese Bilder fallen deutlich gegen die hohe Qualität der Fresken im Mittelschiff ab. Daraus hat man früher auf eine zeitliche Divergenz geschlossen. Inzwischen hat sich jedoch die Ansicht durchgesetzt, daß sie zeitgleich, jedoch von geringer begabten Künstlern ausgeführt wurden. Offenbar durfte die »zweite Garnitur« in einem Raum zum Zuge kommen, der weit weniger frequentiert war als das Hauptschiff der Kirche.

Über dem Ausgang das Bild einer thronenden Muttergottes mit Stifterfiguren aus dem späten 12. Jh. Die flaue Kontur macht deutlich, daß die Wandmalerei in der Zeit der heraufziehenden Gotik ihre große Rolle ausgespielt hatte.

Auch das *Geschoß über dem Narthex* (leider meist verschlossen) ist mit Fresken dekoriert. Die zum Teil stark verblaßten Szenen zeigen Begebenheiten aus dem Leben und Leiden Jesu. Sie gelten als die ältesten Malereien von St-Savin und stammen noch aus dem zu Ende gehenden 11. Jh.

Angesichts der bedeutenden Fresken gerät leicht in Vergessenheit, daß auch die übrige Ausstattung der Beachtung wert ist, vor allem die *Kapitelle*. In den drei ersten Langhausjochen sind sie ausschließlich aus einfachen Voluten gebildet. Im Zuge der erwähnten Bauplanänderung jedoch wurden die Kapitelle phantasievoll mit verschlungenen Blatt- und Rankenornamenten, in einzelnen Fällen auch mit figürlichen Szenen ausgestaltet. Ferner sei auf die *Altäre* hingewiesen, von denen einige – seltener Fall – romanische Originale sind.

Insgesamt vermittelt St-Savin wie kaum eine andere Kirche Frankreichs das unverfälschte Bild eines Sakralraums des 12. Jh.s. Dabei sind es nicht allein die Fresken, die in den Bann ziehen, sondern vielmehr das Zusammenwirken von Malerei, Architektur, Kapitellen und Altären, in dem sich die Komponenten einer romanischen Kirche zu einer unvergleichlichen Gesamterscheinung verdichten.

Surgères* *(Charente-Maritime)*

Surgères liegt auf der Grenze zwischen der Saintonge und der Landschaft Aunis, dem sumpfigen Hinterland von La Rochelle. Die *Fassade* der KIRCHE NOTRE-DAME sprengt die in der Saintonge übliche Dreiteilung. Hier überspannen sieben identische Arkadenbögen die breit gelagerte Front; im Geschoß darüber vier, unterschiedlich groß. Zu seiten des Fensters im Obergeschoß sind zwei Reiterreliefs in die Wand eingelassen, die in der Revolution ihre Köpfe einbüßten. An den Gesimsen, Kapitellen, Kragsteinen und Archivolten wurde ein immenser Aufwand mit ornamentaler und figürlicher Skulptur getrieben. Der Hauptakzent liegt dabei deutlich auf der Wiedergabe allen möglichen Getiers, darunter musizierende Affen, Vögel, Bären und diverse Fabelwesen.

Der *Innenraum* – eine dreischiffige Halle in der Tradition der poitevinischen Bauschule – entspricht dem Eindruck, den bereits die Fassade vermittelte: Diese Architektur entwickelt sich betont in die Breite und reflektiert damit ein Raumempfinden, wie es in dieser ausgeprägten Form vor allem für die Südprovinzen kennzeichnend ist.

Talmont** *(Charente-Maritime)*

Die Kirchen des Poitou und besonders jene der Saintonge verblüffen immer wieder durch ihre Vielgestaltigkeit, den Abwechslungsreichtum und besonders durch die oft verschwenderische Fülle ihres bauplastischen Dekors. Da aber dieser mittlere Westen Frankreichs ein nur mäßig bewegtes Landschaftsrelief besitzt, findet man keine dieser Kirchen in exponierter Lage. In dieser Hinsicht nimmt die KIRCHE STE-RADEGONDE in Talmont eine Sonderstellung ein: Am Rande eines alten Fischerdorfes trotzt sie auf einer steil zur Gironde abfallenden Klippe, einer Gottesburg gleich, den Gewalten der Natur (Farbabb. 24).

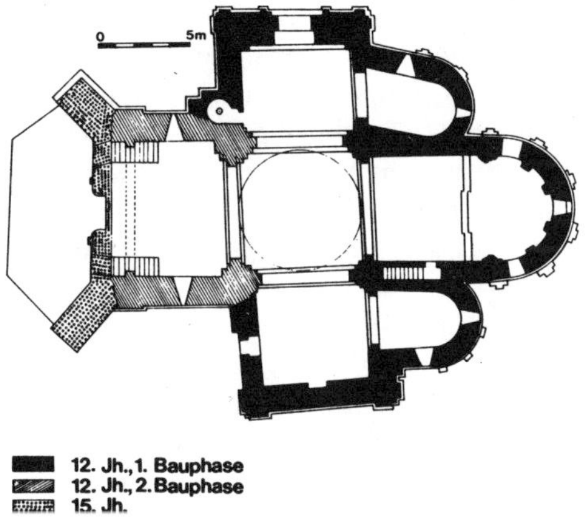

Talmont, Ste-Radegonde, Grundriß

Schon in karolingischer Zeit befand sich an dieser Stelle ein Kirchlein, das nach 1094 durch den bestehenden romanischen Bau ersetzt wurde. Die vordere Hälfte des einschiffigen Langhauses wurde bereits im 14. Jh. durch einen Abbruch des Felsens in die Tiefe gerissen. So entsteht heute der Eindruck eines Zentralraums mit vier gleich langen Armen. Die Chorapsis wird von zwei kleineren Kapellen begleitet, die sich zu den Querschiffarmen öffnen. Die Vierung ist von einer Kuppel akzentuiert; das einzige erhaltene Langhausjoch und die Querhausarme wölben Spitztonnen. Die Zuspitzung des Gewölbes erklärt sich aus der Abhängigkeit Talmonts von St-Eutrope in Saintes, das seinerseits Cluny unterstand. Die *Kapitelle* der Vierungspfeiler sind szenisch dekoriert. Hervorzuheben ist die Darstellung des Ritterheiligen Georg, der die Prinzessin dem Maul des Ungeheuers entreißt. Der an dieser Stelle angeschlagene Ton des Dämonischen schwingt auch an den Archivolten der nach Norden ausgerichteten *Fassade* mit. Im linken Scheinportal erkennt man zwei Drachen mit weit aufgerissenen Mäulern; in der Stirnarchivolte des Portals zwei Züge von Männern, die an Stricke gebundene Löwen hinter sich herziehen. Der apotropäische Charakter zahlreicher Tierdarstellungen der Romanik scheint gerade hier in Talmont besonders sinnfällig: Mit magischer Kraft soll die zerstörerische Gewalt der Meereswogen gebannt werden.

Die majestätische Schönheit von Ste-Radegonde läßt sich am besten erfassen, wenn man dem Bogen der südlich an den Ort grenzenden Bucht folgt, bis man sich wieder auf gleicher Höhe mit der Kirche befindet. Vor dem Steilufer stehen zahlreiche der an der ganzen Atlantikküste verbreiteten Auslegergestelle, von denen bei Flut Netze zum Fang von Krabben und Krebsen herabgelassen werden. Das kraftvolle romanische Bauwerk, aus dessen Mitte gleich einem monolithischen Block der quadratische Vierungsturm aufwächst, erscheint vor dieser Kulisse wie eine steingewordene Flutwelle.

Vouvant* *(Vendée)*

Vouvant, am Nordrand des zauberhaften Marais Poitevin gelegen, ist eine Gründung Herzog Wilhelms V. von Aquitanien. Die Sage weiß es anders. Ihr zufolge soll es sich um eine jener Gründungen handeln, die die Fee Melusine zum Segen des Poitou gestiftet hatte, bevor sie von ihrem Gemahl, dem Grafen von Lusignan, in der fischschwänzigen Gestalt entdeckt und fortan zu einem unruhigen Geisterdasein verdammt worden war. Einer ihrer Söhne, Gottfried Großzahn, soll in der Kirche von Vouvant zur letzten Ruhe gebettet worden sein. Das im Hundertjährigen Krieg schwer beschädigte Gebäude wurde im 19. Jh. renoviert. Dabei hat man jedoch die zerstörten Langhausjoche, drei an der Zahl, nicht rekonstruiert.

Der nördliche Querhausarm weist zum Ort und ist deshalb als *Fassade* gestaltet worden. Den Blickfang bildet das *Portal*, bestehend aus zwei Türen, die unter zwei hochgezogenen Archivolten zusammengefaßt sind. Atlanten im unteren Bogen tragen die Bilder des äußeren Bogenlaufs: annähernd 40 Fabelwesen, Tiere, Masken, aber auch szenische Darstellungen wie Sündenfall, Flucht nach Ägypten und die Melusine. In den Zwickelfeldern zwei Reliefs mit Darstellungen aus dem Leben Samsons: Links beugt sich Dalila über den schlafenden Helden, um ihm sein Haupthaar abzuschneiden; rechts besteht er den Kampf mit dem Löwen. Die Skulpturen im Giebelfeld (Abendmahl und Himmelfahrt) sind spätere Hinzufügungen des 15. Jh.s.

Das Innere der Kirche wirkt durch die puristisch ausgefallene Restaurierung ein wenig akademisch trocken. Eine Besonderheit ist die kunstvoll ornamentierte *Archivolte am Durchgang zur Krypta*.

Weitere sehenswerte romanische Kirchen

Avy *(Charente-Maritime)*

Die Kirche Notre-Dame besitzt ein für ihre Winzigkeit verblüffend reich dekoriertes *Portal,* wie es aber in dieser Form für die Saintonge keine Seltenheit ist. Wichtigster Bildträger sind wie immer die Archivolten. Dort sehr originell die apokalyptischen Könige in der Stirnarchivolte, 36 an der Zahl (statt 24 im biblischen Text) mit Flaschen in Händen (anstatt der üblichen Kelche).

Bénévent-l'Abbaye *(Creuse)*

Ehemalige Klosterkirche St-Barthélemy im östlichen Limousin: Das tief getreppte *Archivoltenportal* ist von der Poitou- bzw. Saintonge-Romanik beeinflußt. Wandpfeilersaal mit der baulichen Besonderheit, daß die Pfeiler durchbrochen sind, so daß schmale seitenschiffähnliche Fluchten entstehen. Die Zuspitzung des Tonnengewölbes weist auf cluniazensischen Einfluß.

Biron *(Charente-Maritime)*

Die Kirche St-Eutrope wurde über lateinischem Kreuz errichtet: einschiffiges Langhaus, Querhaus, gotisch erweiterter Chor. Darüber ein kraftvoller Vierungsturm. *Fassade* mit einer Vielzahl zoomorpher Darstellungen: Schwäne, Elstern, Pfauen, Hunde, Löwen, Bären, Chimären, Basilisken.

Bougneau *(Charente-Maritime)*

Eine der ältesten Kirchen in der Saintonge, 11. Jh. Die Besonderheit ist die zweigeschossige Gliederung des quadratischen Chorjochs und der Rundung mit Blendarkaden. In der oberen Zone des Chorrunds Wechsel von Bögen und Dreiecksgiebeln; dies hat seine Parallele in der provenzalischen Baukunst (Montmajour, Kapelle St-Pierre).

Cellefrouin *(Charente)*

Das 1025 gegründete Kloster erhielt nach der Mitte des 11. Jh.s seine Kirche St-Pierre, eine der ältesten des Angoumois. Die Blendarkaden der Westwand lassen bereits den im 12. Jh. zur Entfaltung kommenden Willen zu plastischer Ausschmückung der Fassaden erkennen. Dreischiffige Halle nach poitevinischem Muster. Auf dem Friedhof oberhalb der Kirche eine 12 m hohe *Totenlaterne* aus dem 12. Jh.

Celles-sur-Belle *(Deux-Sèvres)*

Die romanische Klosterkirche Notre-Dame brannte im 16. Jh. ab und wurde in gotischen Formen wiederaufgebaut. Von der romanischen Substanz ist das *Portal* erhalten geblieben: neun Archivolten, alle in kleine Paßbögen ausgezackt, die einen optischen Sog auf das Zentrum hin bewirken. Deutlicher Niederschlag arabischen Einflusses.

Charroux *(Vienne)*

In der Revolution zerstörte Abteikirche St-Sauveur, die als einzige in Frankreich einen ähnlichen Aufbau besaß wie St-Bénigne in Dijon (Burgund): Auf das basilikale Langhaus folgte eine mächtige Rotunde, daran anschließend der Chor. Einzig erhalten in Charroux der runde *Turm,* der einst den Kern der Rotunde bildete.

Château-Larcher (Vienne)

Romantische mittelalterliche Kulisse mit dem Ensemble von Burgruine, Stadtmauer und romanischer Kirche (kleines Archivoltenportal). Auf dem nahen Friedhof eine 5 m hohe *Totenlaterne* aus dem späten 12. Jh.

Châtre *(Charente)*

Aufgelassene, auf freiem Feld stehende ehemalige Prioratskirche Notre-Dame (östlich von Cognac). Dreistöckige Fassade mit zahlreichen Blendarkaden. Zwei Reliefs mit Muttergottes und dem hl. Martin. Der Innenraum von Kuppeln überwölbt.

Jazeneuil *(Vienne)*

Südlich von Poitiers im Tal der Vonne gelegene EHEMALIGE KLOSTERKIRCHE ST-JEAN-BAPTISTE. Überaus malerische Lage direkt am Flußufer. Seltenes Beispiel eines Weihedatums, inschriftlich an einem der Chorkapitelle mit 1164 angegeben.

Magnac-sur-Touvre *(Charente)*

Die KIRCHE ST-CYBARD östlich von Angoulême, deren Bild sich in der nah vorbeifließenden Touvre spiegelt, besitzt den seltenen Grundriß eines griechischen Kreuzes. Klare kubische Formen ohne bauplastischen Dekor.

Maillezais *(Deux-Sèvres)*

Ort im Herzen des Marais Poitevin. Die romanische PFARRKIRCHE ST-NICOLAS wurde nach wiederholten Zerstörungen im 19. Jh. grundlegend restauriert. *Archivoltenportal* mit vielgestaltiger Ornamentik. Ausgefallene Besonderheit ist im Gewände die Darstellung von sechs Akrobaten, die, einer auf den Schultern des anderen stehend, zu einer Säule aus Menschenleibern aufgetürmt sind (Abb. 78). – Außerhalb der Ortschaft die imposante Ruine einer frühgotischen Abteikirche.

Marignac *(Charente-Maritime)*

Einst von Charroux abhängiges Priorat mit einschiffiger KIRCHE ST-SULPICE, an die im Osten eine *Dreikonchenanlage* anschließt. Seltener Fall einer bauplastischen Ausschmückung im Innern: Durch die Apsiden des Kleeblattchores ist ein durchgängiger *Fries* gezogen: ein verschlungenes Rankenband, in das Tiere und menschliche Gestalten verwoben sind.

Mouthiers-sur-Boëme *(Charente)*

Im späten 12. Jh. begonnen und erst im 13. Jh. fertiggestellt, bezeugt die KIRCHE ST-HILAIRE im südlichen Angoumois das zähe Fortleben romanischer Tradition. Der Vierungsturm dann aber in gotischen Formen aufgeführt. Malerische Lage auf freiem Feld.

Nieul-lès-Saintes *(Charente-Maritime)*

KIRCHE ST-MARTIN mit sehenswertem *Archivoltenportal:* In der Stirnarchivolte ein Reigen von Tänzern und Musikanten. Neben dem Südportal von Aulnay das beste Beispiel für eine latent humoristische Tendenz in der Bauskulptur der Saintonge.

Nouaillé-Maupertuis *(Vienne)*

Benediktinerabtei vor den Toren von Poitiers. An dieser Stelle tobte 1356 jene Schlacht, die den Franzosen trotz beträchtlicher zahlenmäßiger Überlegenheit die bitterste Niederlage des Hundertjährigen Krieges bescherte: König Johann der Gute geriet in die Gefangenschaft des Schwarzen Prinzen.

Die romanische KIRCHE ST-JUNIEN ist eine klassische poitevinische Halle, in der 1945 drei verschüttete *Krypten* entdeckt und freigelegt wurden.

Plassac *(Charente)*

Die *Fassade* der KIRCHE ST-CYBARD im Tal der Charente gilt als Vorläufer der Kathedralfassade in Angoulême. Wie dort ist auch hier kaum ein Stück der Westwand undekoriert geblieben. Typisch für das Angoumois ist der oktogonale *Vierungsturm* mit dem geschuppten Dach. Im Chor ein *Fries* in Form einer Blattgirlande, die von Kragsturzköpfen getragen wird.

Sablonceaux *(Charente-Maritime)*

Ehemaliges Augustiner-Chorherrenstift, dessen 1136 begonnene KIRCHE NOTRE-DAME als einschiffiger, mit Kuppeln überwölbter Saal von der aquitanischen Baukunst abhängt. Von den ursprünglich fünf Kuppeln sind bei einem Brand im 16. Jh. drei eingestürzt.

Saujon *(Charente-Maritime)*

Die KIRCHE ST-JEAN-BAPTISTE wurde erst im 19. Jh. errichtet. Im Innern fanden vier *Kapitelle* Aufnahme, die zum Schönsten zählen, was die romanische Bauplastik der Saintonge im 12. Jh.

hervorgebracht hat. Die Bildthemen: Daniel in der Löwengrube; die Frauen am Grabe; Erzengel Michael und Satan bei der Seelenwägung; allegorisches Bild vom Fischfang. Eine stilistische Eigenheit dieses Meisters ist die mittels Bohrung und Ritzung vorgenommene Belebung der Oberflächenstruktur.

Thaims *(Charente-Maritime)*

Am Mauerwerk der kleinen Kirche St-Pierre sind praktisch alle Epochen von der Antike bis zum Mittelalter ablesbar. Der Bau entstand an der Stelle einer gallorömischen Villa, von der Teile dem Fundament inkorporiert wurden. Auch von einer merowingischen und einer karolingischen Kapelle besitzt der im 12. Jh. errichtete Bau noch Spuren. Im Innern eine spätantike Stele und merowingische Sarkophage.

Uzerche *(Corrèze)*

Die Kirche St-Pierre ist eine der ältesten des Limousin. Ihre *Krypta* aus dem 11. Jh. möglicherweise von Papst Urban II. 1095 geweiht. Der Bau auf der Schwelle zum 12. Jh. entstanden. Bemerkenswert der vielstöckige *Glockenturm,* der in der Nachfolge des Turms von Brantôme steht.

Loiretal und Berry

Wenn im folgenden vom Loiretal die Rede ist, so ist damit nicht etwa die gesamte Erstrekkung des mit 1010 km Länge mächtigsten Stromes Frankreichs gemeint. Sein Quellgebiet im Zentralmassiv sowie der Oberlauf, der Burgund streift, sind anderen Kapiteln zugeordnet. Hier geht es um den Mittel- und Unterlauf etwa ab der alten Porzellanstadt Gien (östlich von Orléans) bis zur Mündung in der Nähe von Nantes. Diese weite Senke bildet in geographischer Einheit mit der Landschaft Berry das Bindeglied zwischen der Île de France und dem Poitou. Ihre »Reißverschlußsituation« zwischen Norden und Süden hat diesen Regionen die Rolle eines kulturellen Vermittlers zugewiesen. Nach allen Richtungen offen, waren sie nicht imstande, im Mittelalter eigene Bauschulen auszubilden. Vielmehr fungiert dieses Gebiet als ein großes Sammelbecken, in dem die vielfältigen Auffassungen unterschiedlicher Landschaften zusammenströmen, aufgegriffen, nachgeahmt, umgedeutet und vor allem miteinander verschmolzen wurden. Loiretal und Berry lassen sich deshalb strenggenommen nicht als eigene Kunstlandschaft definieren. Eine Reise etwa von Nevers über Bourges, Orléans, Tours und Angers nach Nantes vermittelt Einblicke in einen breit gefächerten Querschnitt durch alle Formen, die die Kunstlandschaften der Romanik in Frankreich

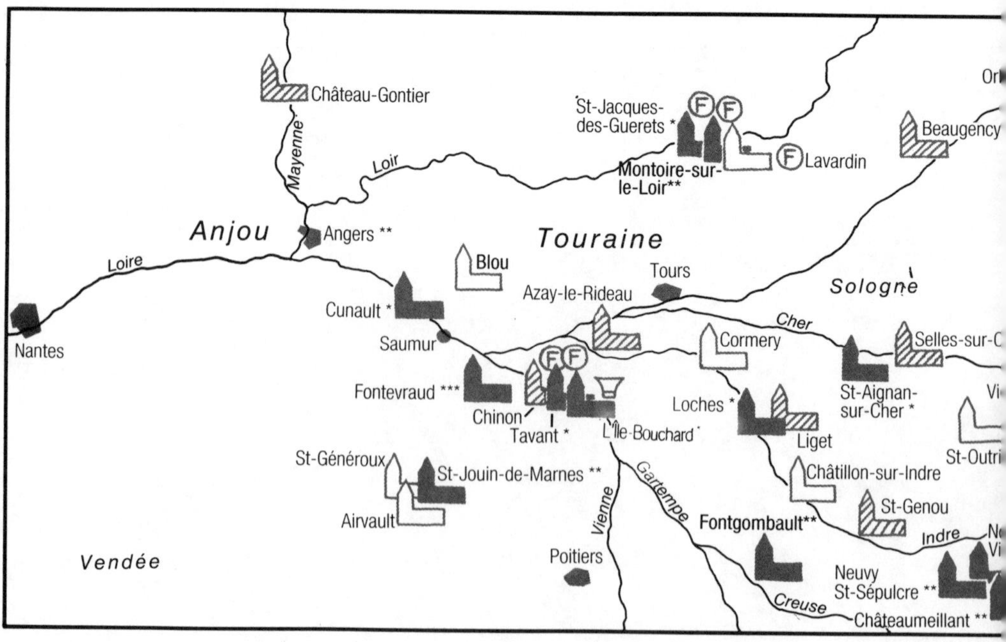

hervorgebracht haben. Wer sich vom verbreiteten Loire-Klischee als Paradeland der Burgen und Schlösser frei macht, wird staunend feststellen, wie unerhört reich das Erbe sakraler Baukunst des Mittelalters auch im »Garten Frankreichs« ist. Zwischen St-Benoît-sur-Loire im Osten und Fontevraud im Westen als den beiden wichtigsten Vertretern der Romanik im Loiretal gibt es eine Fülle sehenswerter Denkmäler. Erst in der Zusammenschau der profanen Baukunst der Valoiszeit und den sakralen Denkmälern aus dem 12. Jh. offenbart sich der wahre Reichtum des Loiretals.

Wenn Loiretal und Berry auch im strengen Sinn keine Bauschule hervorgebracht haben, so hatten sie doch Anteil an der *Ausbildung des Umgangschores* mit Radialkapellen als der wichtigsten mittelalterlichen Chorform. Die Kirche St-Martin in Tours, die die Revolution nicht überlebt hat, war seit karolingischer Zeit ein vielbesuchtes Pilgerziel. So überrascht es kaum, daß gerade hier die später verbreitete Chorlösung etwa gleichzeitig mit Tournus und der (untergegangenen) Kathedrale von Clermont bereits im frühen 11. Jh. auftaucht.

Wenn man eine Bilanz der wichtigsten Bauwerke zieht, ist festzustellen, daß der Einfluß des Nordens (Normandie und Île de France) hinter der prägenden Kraft des Südens zurücktritt. Abgesehen von St-Benoît-sur-Loire und einigen wenigen anderen Basiliken begegnet man häufiger dem in den Südprovinzen beheimateten Einheitsraum (Saal oder Halle). So stellt etwa Fontevraud den nördlichsten Vertreter der aquitanischen Saalkirche mit Kuppeln dar; Loches (St-Ours) erweist sich als Variante dieses Themas. Vor allem die große Zahl kleinerer Landkirchen steht in enger Verbindung mit Vorbildern des Südwestens.

Vergeblich sucht man im Loiretal und im Berry – hierin den nordfranzösischen Landschaften vergleichbar – nach großen Zeugnissen der romanischen *Skulptur*. Sie ist im Loiretal nur vereinzelt vertreten. An Monumentalskulptur, etwa in Gestalt von Portalen, fehlt es fast völlig. Die wenigen Äußerungen auf diesem Gebiet beschränken sich vorwiegend auf die Kapitellplastik. Dagegen erlebte die *Wandmalerei* im 12. Jh. eine deutliche Bevorzugung. Indem die Baukunst nur zögerlich Anteil an dem von der Normandie ausgehenden Bestreben zu bauplastischer Durchformung der Wände nahm, blieb das Kontinuum der glatten Wand hier lange erhalten und gab den idealen Träger für zusammenhängende Bildzyklen ab. Im Bereich der Wandmalerei hat die Romanik im Loiretal und im Berry ihre schönsten Leistungen hervorgebracht. Gerade scheinbar unbedeutende Kirchen frappieren manches Mal durch die Fülle ihres malerischen Dekors. Mit der Kapelle von Montoire-sur-le-Loir etwa ist uns das seltene Beispiel eines fast vollständig ausgemalten Kirchenraums erhalten.

(Erläuterung der Symbole siehe Seite 10)

Angers** *(Maine-et-Loire)*

Bereits im 4. Jh. gab es in Angers eine Bischofskirche, die der hl. Martin selbst geweiht haben soll. Der bestehende Bau der KATHEDRALE ST-MAURICE entstand im wesentlichen um die Mitte des 12. Jh.s (Langhaus); die Ostpartie wurde erst im Spätmittelalter vollendet. Dieses einschiffige Langhaus ist eine der eigenwilligsten Raumschöpfungen des französischen Mittelalters: weder eindeutig romanisch noch gotisch. Der Saal als solcher entspricht dem alten, im Südwesten Frankreichs geläufigen Prinzip des Einheitsraums. Er ist hier in drei quadratische Joche unterteilt; weit vorspringende Wandpfeiler grenzen die Raumabschnitte gegeneinander ab – ein System, das von den aquitanischen Kuppelkirchen geläufig ist. Anstelle von Kuppeln sind die Joche hier von stark nach oben ausgebusten Kreuzrippengewölben überfangen. In der so entstandenen Zwittererscheinung verschmelzen der aquitanische Wandpfeilersaal und dessen Kuppeln mit dem neuen, aus der Île de France hervorgegangenen Prinzip des Kreuzrippengewölbes. Da die Kathedrale in Angers nicht der einzige Vertreter dieses Bautypus geblieben ist, läßt sich hier eine eigene Bauschule am Übergang von der Romanik zur Gotik lokalisieren: in der Fachliteratur als *»angevinischer Stil«* oder *»Plantagenet-Stil«* bezeichnet, da ihre Beispiele auf den einstigen Herrschaftsbereich der englischen Plantagenet-Könige auf französischem Boden beschränkt sind. Es handelt sich hierbei jedoch nicht mehr um eine romanische Bauschule; das angevinische Gewölbe ist vielmehr als baukünstlerischer Beitrag im Spannungsfeld zwischen Romanik und Gotik zu werten. Dieser aber äußert sich nicht als eigener, neuer Stil, ebensowenig als Fortentwicklung in Richtung auf die Gotik: Die Kathedrale von Angers ist eher ein Kompromiß, der veranschaulicht, wie man im Übergangsbereich zwischen Aquitanien mit seiner konservativen Haltung und der Île de France als dem Geburtsland der Gotik bestrebt war, die revolutionären Neuerungen in der Architektur um 1150 den traditionellen Formen dienstbar zu machen, ohne das Überlieferte substantiell aufzugeben. So gesehen besitzt Angers einen ganz anderen Stellenwert als etwa die Bauten der Übergangszeit in Burgund (vgl. die

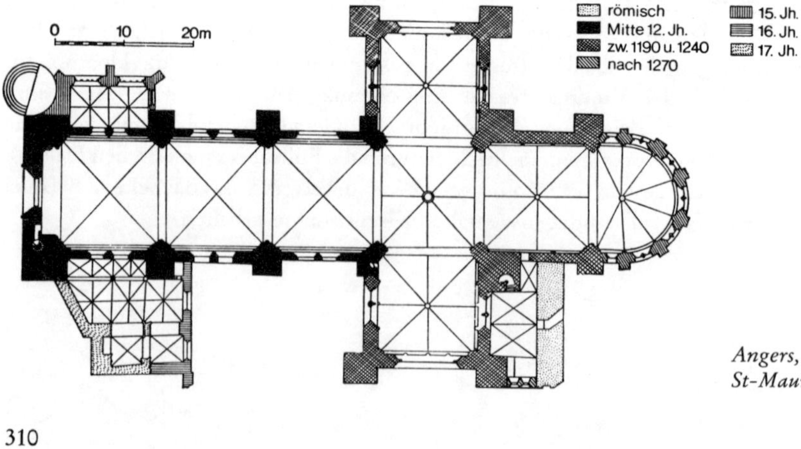

Angers, Kathedrale St-Maurice, Grundriß

Kathedrale von Langres). Die Bauten im nördlichen Burgund sind Glieder einer Kette, die ein geradliniges Fortschreiten von der Romanik zur Gotik darstellt – eine progressive Entwicklung also. Die Kathedrale von Angers ist demgegenüber das Beispiel einer regressiven Gesinnung.

Neben der Kathedrale besitzt Angers noch weitere, wenn auch überwiegend verstümmelte Bauwerke aus romanischer Zeit, die Zeugnis vom Rang der Stadt im 12. Jh. ablegen, als nach Angers ein Großreich benannt wurde: das Angevinische Reich der Plantagenet-Dynastie. Vom einstigen KLOSTER ST-AUBIN steht noch der mächtige *Glockenturm* sowie ein *Rest des Kreuzgangs* mit einer Fülle bauplastischen Dekors. Der frühen Romanik des 11. Jh.s gehört die KIRCHE ST-MARTIN an, die in ihren wesentlichen Teilen (Chorjoch, Vierung, Querhausarme) zwischen 1030 und 1060 entstand. Das zum Teil zerstörte Langhaus erst aus der 2. Hälfte des 11. Jh.s, der Chor aus gotischer Zeit. St-Martin ist einer der ersten Kirchenbauten des Loiretals, der nach den Regeln des gebundenen Systems errichtet wurde.

Von der KIRCHE TOUSSAINTS steht nur mehr eine klägliche Ruine. Besser erhalten, aber dem Besucher nicht zugänglich, ist die KIRCHE NOTRE-DAME-DU-RONCERAY auf dem rechten Ufer der Maine: eine großzügig proportionierte dreischiffige Anlage mit Querhaus und Dreiapsidenchor, errichtet 1088–1119.

Ebenfalls noch romanischen Ursprungs ist der Krankensaal des HOSPITALS ST-JEAN mit seinen angevinischen Gewölben (12. Jh.).

In das ausgehende 12. Jh. fällt der Chor der KIRCHE ST-SERGE. Er besitzt das beste Beispiel des Plantagenet- oder angevinischen Stils. W. Hansmann hat die über zierlichen Säulen aufgehenden und mit dünnen Rippen unterlegten Kuppeln mit straff geblähten Segeltüchern verglichen.

Der Besuch des *Schlosses* mit dem darin untergebrachten monumentalen *Wandteppich-Zyklus* mit 70 Bildern aus der Apokalypse aus dem späten 14. Jh. komplettiert das Bild des mittelalterlichen Angers.

Brinay** *(Cher)*

Die kleine KIRCHE ST-AIGNAN liegt versteckt im Tal des Cher, südöstlich von Vierzon. 1913 wurden unter dem Verputz *Malereien* entdeckt und freigelegt. In diesem Fall muß man froh darüber sein, daß die Kunstwerke über Jahrhunderte unter einer Tünche verborgen waren. Es handelt sich nämlich um Temperamalerei, die ohne diesen Schutz längst untergegangen wäre. So erlebt der Besucher einen der nach St-Savin umfangreichsten Bilderzyklen der romanischen Kunst.

Dieser beginnt in der *Laibung des Chorbogens* mit Darstellungen der Monatsarbeiten, die durch Beischriften leicht zu identifizieren sind: Für den Januar steht eine sitzende Figur, deren Tätigkeit nicht zu erkennen ist; Februar: ein ebenfalls sitzender Bauer streckt seine Hände dem Herdfeuer entgegen; März: ein Bauer lockert mittels einer Hacke die Krume des Feldes; April: ein Edelmann steht neben einem Baum; im Mai besteigt derselbe sein Roß, um zur Jagd aufzubrechen; Juni: Heuernte; Juli: Getreideernte; August: Dreschen des Getreides; September: Kelterung des Weins (verbreiteter ist für diesen Monat die Weinlese); Oktober: Schweine werden zum Eichel-, vielleicht auch zum Trüffelsuchen geführt; November: Schlachtung der Schweine; im Dezember beschließt der Bauer das Jahr mit einem deftigen Trinkgelage.

Der anschließende *Chorraum* ist nahezu quadratisch. Wir lesen den Zyklus beginnend mit seiner Westwand, wo ursprünglich acht große Heiligenfiguren dargestellt waren. Die Fläche links vom Chorbogen ist stark zerstört; hier ist noch die Gestalt Johannes des Evangelisten erkennbar. Rechts sieht man in einem unteren Streifen zwei Apostel, darüber zwei Propheten, von denen der eine dank einer Inschrift als Jeremia zu benennen ist. Ihm zur Seite liegt ein nackter Mann, der sich einen Pfeil aus der Ferse des linken Fußes zieht. Diese rätselhafte Gestalt ist möglicherweise eine Illustration zu den Klageliedern Jeremias, wo es in Kap. 3, 12 heißt: »Er hat seinen Bogen gespannt und mich dem Pfeil zum Ziel gegeben.« Wie die Westwand sind auch die anderen drei Wände in zwei Bildstreifen unterteilt. An der *Nordwand* beginnt ein christologischer Zyklus oben links mit der Verkündigung; es folgen Heimsuchung, Geburt, Verkündigung an die Hirten und die sehr farbenprächtige, lebendige Darstellung der Drei Könige zu Pferde. Im unteren Bildstreifen sehen wir die Könige vor Herodes, das Nachfolgende ist zerstört. Ganz rechts erscheinen nochmals die Könige auf ihren Pferden. In diesem Fall ist wohl ihr Heimweg gemeint, so daß man sich an der zerstörten Stelle die Anbetung der Könige denken muß. *Ostwand*, oben: Herodes erteilt den Befehl zum Kindermord; das Massaker in Bethlehem (es nimmt fast den gesamten Streifen ein); darunter: Darbringung Jesu im Tempel; Traum Josephs (rechts vom Fenster); Flucht nach Ägypten. *Südwand*, oben: links die Taufe Christi, rechts das Abendmahl. Unten: Versuchung Christi; Auferstehung; ganz rechts die Wiederkunft (Parusie) des Heilands.

Die schwungvolle, lebendige Vortragsweise, die in der Skulptur ihre Parallele hat, legt eine Datierung der Wandmalereien von Brinay in die Spätzeit der Romanik zwingend nahe. Vermutlich sind sie sogar erst nach der Mitte des 12. Jh.s entstanden.

Châteaumeillant** *(Cher)*

Ursprünglich war die EHEMALIGE BENEDIKTINER-KLOSTERKIRCHE ST-GENÈS in Châteaumeillant dem hl. Stephanus geweiht. Erst im 17. Jh. wurde das Patrozinium geändert. Seitdem heißt die Kirche nach einem

Châteaumeillant, ehem. Klosterkirche St-Genès, Grundriß (nach Deshouilières)

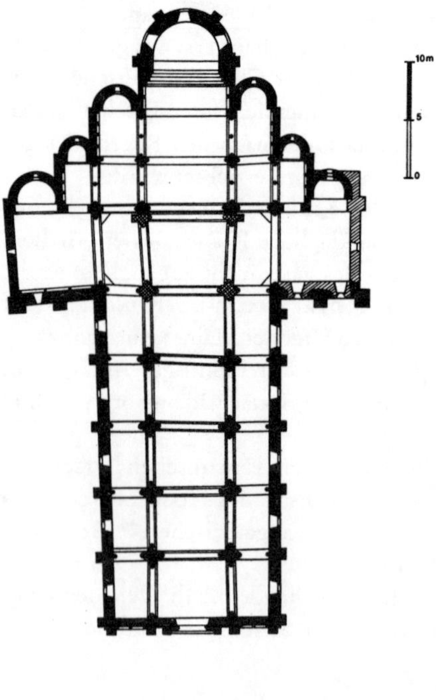

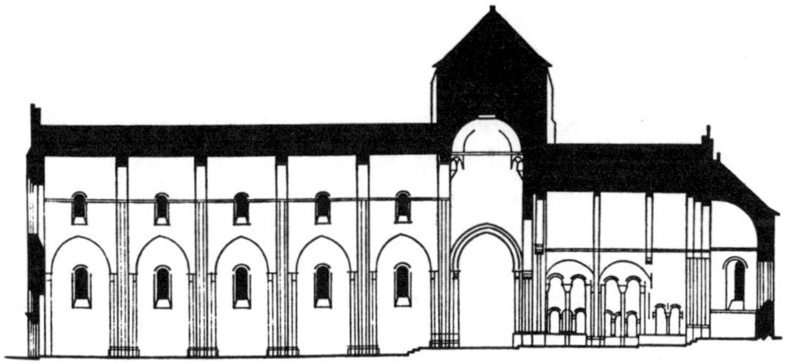

Châteaumeillant, St-Genès, Längsschnitt (nach G. Darcy)

lokalen Märtyrer. Abgesehen von vier Kapitellen mit Tieren und Dämonen sowie einigen Ornamentformen präsentiert sich die *Fassade* auffallend schmucklos. Die früheste erhaltene Quelle, in der Châteaumeillant Erwähnung findet, entstammt dem 13. Jh., einer Zeit also, in der der Kirchenbau längst fertiggestellt war. Hinsichtlich der Baugeschichte sind wir deshalb auf Beobachtungen am Bauwerk selbst angewiesen. Man bemerkt, daß die Arkaden in Chor und Langhaus unterschiedlich ausfallen: Im Ostteil sind sie halbrund, im Westen dagegen zugespitzt. Die Anlage eines Staffelchores spricht für eine enge Beziehung zwischen Cluny und Châteaumeillant. Demnach wurde der Chor mit Blick auf Cluny II bzw. dessen Nachfolger wie etwa La Charité-sur-Loire erbaut, möglicherweise im ausgehenden 11./frühen 12. Jh., während das Langhaus mit seinen zugespitzten Arkaden bereits Cluny III voraussetzt und dementsprechend später entstanden sein dürfte (2. Viertel des 12. Jh.s).

Das Langhaus folgt als dreischiffige Basilika dem in Burgund verbreiteten Typus der benediktinischen Pilgerkirche. Der bemerkenswerteste Teil der Kirche ist der *Staffelchor*, nächst dem von St-Sever in der Gascogne das beste Beispiel dieses Typus: Der Hauptchor, der dieselbe Breite besitzt wie das basilikale Mittelschiff, springt weit nach Osten vor. Seitlich schließen sich ihm sechs Kapellen an, die, allesamt zu den Querhausflügeln geöffnet, schrittweise nach außen an räumlicher Tiefe abnehmen. Dem Eintretenden bleibt diese komplizierte räumliche Disposition zunächst verborgen; denn vom Eingang aus gesehen schieben sich die kantonierten Pfeiler der Basilika so nah aneinander, daß der Ausblick in die Seitenkapellen verstellt ist. Indem die Kapellen, vom Hauptraum der Kirche betrachtet, optisch nicht in Erscheinung treten, wird deutlich, daß das Schema des Staffelchores zuvorderst eine liturgische und keine bauästhetische Funktion besitzt. Dennoch kommt die Art der Kapellenanordnung im Ostteil der Kirche faszinierend zur Wirkung: Weil die Kapellen nicht gegeneinander abgegrenzt sind, sondern durch offene Arkaden miteinander in Verbindung treten, entsteht ein raumübergreifendes Zusammenspiel der Sanktuarien. Lediglich die beiden äußeren Apsiden sind als selbständige Baukörper ausgegrenzt. Ähnlich wie in St-Sever ist auch in Châteaumeillant eine Bedeutungsstaffelung innerhalb des *Kapitellzyklus* zu beobachten:

Die Kapitelle an Säulen und Pfeilern zwischen Hauptchor und dem ersten Paar der Seitenkapellen zeigen szenischen, die in der nächstfolgenden Raumzone figürlichen (jedoch rein ornamental aufgefaßt) und die zu den Seiten nur noch schlichten vegetabilen Dekor. Dergestalt wird durch die Steigerung der baukünstlerischen Ausschmükkung von außen nach innen die herausragende Stellung des Hauptchores mit dem Hochaltar als Allerheiligstes sinnfällig.

Cunault* *(Maine-et-Loire)*

Wer von Fontevraud aus über Saumur am linken Ufer der Loire Richtung Angers fährt, sollte den Besuch der KIRCHE NOTRE-DAME in Cunault auf keinen Fall versäumen. Der älteste Teil, der *Glockenturm* auf der Nordseite, entstammt noch dem 11. Jh.; die Bauzeit der Kirche ist dagegen für das 12. Jh. verbürgt. Es handelt sich dabei um das reinste Beispiel einer *poitevinischen Halle* im Loiretal – keine 30 km von Fontevraud entfernt, das seinerseits ein Musterbeispiel des aquitanischen Kuppelsaals darstellt! Der Vergleich gerade dieser beiden Bauten macht das Nebeneinander unterschiedlicher Stile im Loiretal augenfällig. Das Mittelschiff ist mit einer zugespitzten Tonne eingewölbt, die Seitenschiffe überfangen Kreuzgrate. Der Umgang mit zwei Radialkapellen (ursprünglich waren es drei) weist Notre-Dame in Cunault als Wallfahrtskirche aus. Die drei Joche im Westen, mit denen der Bau im ausgehenden 12. Jh. abgeschlossen wurde, zeigen achtteilige Rippengewölbe nach Art des im Zusammenhang mit Angers beschriebenen Plantagenet-Stils. Beachtung verdient die umfangreiche Reihe der derb-naiven *Kapitelle* im Innern.

Fontevraud*** *(Maine-et-Loire)*

Ursprung und Organisation eines Klosters wie Fontevraud konnte nur die spirituelle Haltung des mittelalterlichen Europa hervorbringen. Obwohl der Gründer, Robert von Arbrissel, ein wortgewaltiger Verfechter des Kreuzzugsgedankens, die 1091 zunächst als Einsiedelei ins Leben gerufene Kongregation unter die Regel des hl. Benedikt stellte, bildete sich schon bald eine Gemeinschaft mit ganz eigenem Charakter. Anders als so viele, die sich in die Einsamkeit zurückgezogen hatten und eher ungewollt von Hilfesuchenden belagert wurden,

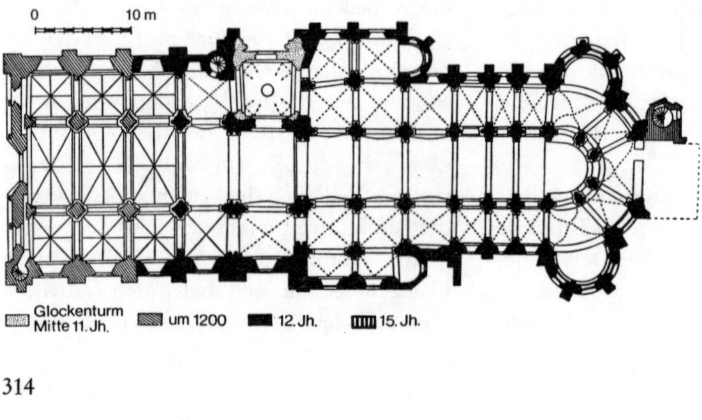

Cunault, Notre-Dame, Grundriß

spielte Robert seine magnetische Anziehungskraft bewußt aus. Als Konsequenz entstand ein Doppelkloster für Männer und Frauen. Das eine war dem Johannes geweiht, das andere der Muttergottes. Als unsichtbares Zeichen über diesen beiden Patronen stand das Kreuz Christi, denn Robert hatte als Motto für das Gemeinwesen das Wort des Gekreuzigten an Johannes gewählt: »Siehe, das ist deine Mutter.« Schon bald zog Fontevraud alle möglichen Elendsgestalten an, die als Ausgestoßene ihr Dasein am Rande der Gesellschaft fristeten: Kranke, Asoziale, Prostituierte. Ihnen allen bot Fontevraud in zwei zusätzlich ins Leben gerufenen Gemeinschaften Halt: Die eine, dem hl. Lazarus geweiht, nahm sich der Kranken, vor allem der Leprösen an; die andere, unter dem Schutz der Maria Magdalena, sorgte für gestrauchelte Mädchen. Die Führung dieser insgesamt vier Bruder- und Schwesterschaften lag in der Hand einer Äbtissin – Ausdruck der geistigen Mutterschaft der Maria.

Die Äbtissinnen von Fontevraud (von der Gründung bis zum Niedergang in der Revolution 26) entstammten ausnahmslos dem hohen Adel; mehr als die Hälfte von ihnen (14) stand im Rang einer Prinzessin. Die außerordentliche Stellung von Fontevraud unterstreicht die Tatsache, daß Englands Königin Eleonore von Aquitanien ihr Leben hier beschloß. 1199 hatte sich die damals nahezu Achtzigjährige auf die Insel Oléron zurückgezogen, wo sie jedoch des rauhen Atlantikklimas wegen nur wenige Monate verbrachte. Dennoch hat ihr kurzer Aufenthalt auf der Insel (dort heute noch zwei kleinere romanische Kirchen, St-Georges und St-Denis) nachhaltig in der Geschichte fortgewirkt. Auf Oléron nämlich erließ Eleonore die »Rôles d'Oléron«, das erste kodifizierte Seefahrtsrecht der europäischen Geschichte. Sodann trat sie als einfache Nonne in den Orden von Fontevraud ein, in dessen Kirche sie 1204 beigesetzt wurde. Auch ihr (zweiter) Gemahl, Heinrich II. von England, und beider Sohn, König Richard Löwenherz, sind hier begraben.

In seiner Blütezeit unterhielt der Orden von Fontevraud insgesamt 18 Klöster im ganzen Land. Im 18. Jh. galt Fontevraud als das wohlhabendste Frauenkloster in Frankreich. Zu diesem Zeitpunkt hatte sich der Konvent jedoch schon weit von den Idealen seiner Frühzeit entfernt. Im Rokokozeitalter wurde in Fontevraud mehr Wert auf prächtige Hofhaltung als auf karitative Aufgaben gelegt. Vielleicht hat der Volkszorn deshalb gerade gegen Fontevraud mit besonderer Unerbittlichkeit gewütet. 1789 wurden weite Teile des Klosterkomplexes niedergerissen; etliche Nonnen starben unter der Guillotine. Napoleon ließ in dem aufgelassenen Kloster ein Gefängnis einrichten, das noch bis 1963 bestand. Erst danach wurde eine Restaurierung des Erhaltenen durchgeführt.

Zahlreiche Gebäude entstammen nachmittelalterlichen Bauphasen, vor allem des 18. und 19. Jh.s. Von der romanischen Substanz sind einzig die Kirche und die originelle Küche erhalten geblieben.

Die *Kirche* ist ein Musterbeispiel für die aquitanische Bauschule und zugleich deren nördlichster Vorposten. Das einschiffige *Langhaus* umfaßt vier quadratische Joche, ein jedes von einer Kuppel überfangen. Das in Bauten wie Cahors oder Périgueux (St-Étienne) ausgebildete Prinzip des Wandpfeilersaals mit einer Folge von kuppelgewölbten Baldachinen wird in Fontevraud

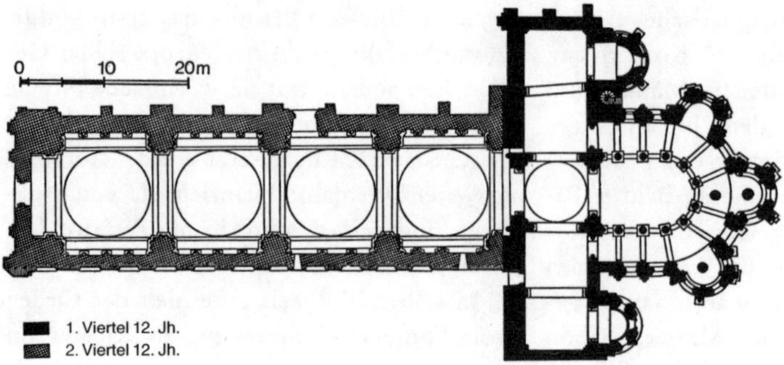

Fontevraud, ehem. Abteikirche, Grundriß

zur Vollendung gebracht. Hier sind die mehrfach profilierten Pfeiler so weit aus dem Mauerverband gelöst, daß eine Zweischaligkeit entsteht: Während das Beispiel der Kathedrale von Angers den Versuch vor Augen führt, im späten 12. Jh. gleichsam nostalgisch rückschauend die neuen Gedanken der Gotik mit den tradierten Formen der Romanik in Einklang zu bringen, steht Fontevraud exemplarisch für jene späte Phase der südwestfranzösischen Romanik, die sich bautechnisch in Richtung auf die Gotik zubewegt und folglich als einer ihrer Wegbereiter angesprochen werden kann.

Etwas älter als das im zweiten Viertel des 12. Jh.s enstandene Langhaus sind die Ostteile der Kirche mit *Querhaus und Chor,* deren Weihe durch Papst Kalixtus II. aus dem Jahr 1119 überliefert ist. Die Vierung wird von einer weiteren (fünften) Kuppel überwölbt; zu den Seiten schließen sich die in zwei gleichfalls quadratische Joche unterteilten Querhausarme an. Der Chor folgt dem Muster der klassischen Pilgerkirche mit Umgang und drei radial ausstrahlenden Kapellen.

Nach der jüngsten Restaurierung wirkt das Innere vielleicht ein wenig zu puristisch, aber die Feierlichkeit dieses großartigen Raumes kommt immer noch spürbar zum Tragen.

Im südlichen Querschiff befinden sich die königlichen *Grabmäler der Plantagenet* (Abb. 91): Hier ruhen Eleonore von Aquitanien, Heinrich II. und ihr Sohn Richard Löwenherz, als Liegefiguren (*gisants*) in herrschaftlichem Ornat dargestellt; Eleonore hält zudem ein aufgeschlagenes Buch in Händen. Angesichts der Tumben wird die Erinnerung lebendig an diese englische Königsdynastie französischen Ursprungs, deren »Angevinisches Reich« von der schottischen Grenze bis zu den Pyrenäen reichte und zeitweise mehr als die Hälfte des französischen Königreichs miteinbezog. Erst durch den Sieg von Bouvines (1214) konnte König Philipp II. August Frankreich nördlich der Loire von der englischen Herrschaft befreien. Die noch verbliebenen englischen Territorien im Südwesten, Eleonores Stammland Aquitanien, waren später, im Hundertjährigen Krieg (1328–1453), der umkämpfte Zankapfel zwischen England und Frankreich.

Einzigartig ist die *Küche* des Klosters, die gleichfalls dem 12. Jh. entstammt. Ihre Größe erklärt sich aus dem personenstarken Aufgebot eines Zusammenschlusses von

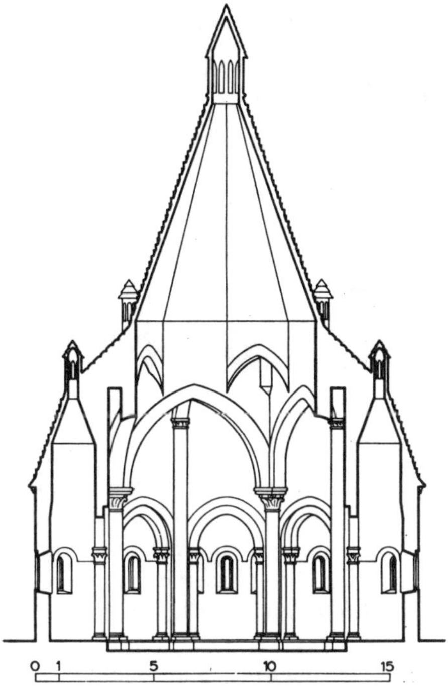

Fontevraud, Klosterküche, Schnitt und Grundriß

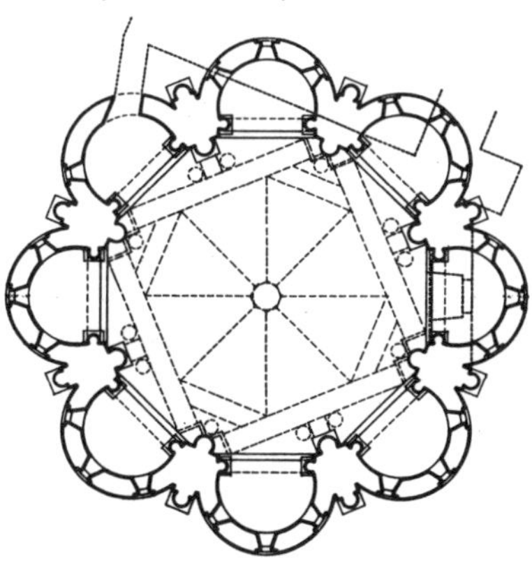

vier Gemeinschaften. Den Kern der Anlage bildet ein Quadrat mit einem achtteiligen pyramidalen Gewölbe, das in einer Laterne gipfelt. Um die vier Seiten des Quadrats legt sich ein Oktogon, von dem sechs apsidiale Nischen ausgehen (ursprünglich acht, zwei zerstört). Eine jede von ihnen besaß ihren eigenen Herd mit einem Rauchfang darüber. Da auch die Dreiecke zwischen Quadrat und Oktogon weitere Abzüge besitzen, entsteht am Außenbau der Eindruck eines von zahlreichen Türmchen bekrönten Schlosses (Abb. 87). Der Grundriß dieser Küche findet in der gleichzeitigen Sakralbaukunst auffällige Parallelen (vgl. z. B. St-Michel-d'Entraygues im Angoumois): Die Küche, in der man die lebensspendende Speise zubereitete, wurde demnach aus dem sakralen Komplex des Klosters nicht ausgegrenzt, sondern selbst im Sinne eines geheiligten Raumes definiert – in einer Zeit, in der die Menschen gewohnt waren, auch im scheinbar Banalen Äußerungen des Göttlichen zu sehen, eigentlich keine Überraschung.

Fontgombault** *(Indre)*

Die Abtei Fontgombault liegt am Ufer der Creuse. Von dort breitet sich nach Osten die ausgedehnte Moorlandschaft der Brenne aus. Der Besuch lohnt in doppelter Hinsicht: zum einen der vollendet schönen Architektur wegen; zum anderen erlebt man eines der rar gewordenen Beispiele eines wieder intakten Klosters in mittelalterlichen Mauern. Schon im 19. Jh. hatten vorübergehend Zisterzienser Besitz von der Abtei ergriffen, sie jedoch bald wieder aufgegeben. Ihnen folgten 1945 Benediktiner, die seither die historischen Baulichkeiten beleben.

Das Kloster war 1091 von Pierre de l'Étoile an der Stelle einer alten Eremitage gegründet worden. Sogleich wurde mit dem Bau einer stattlichen *Kirche* begonnen, die ein halbes Jahrhundert später (1141) geweiht

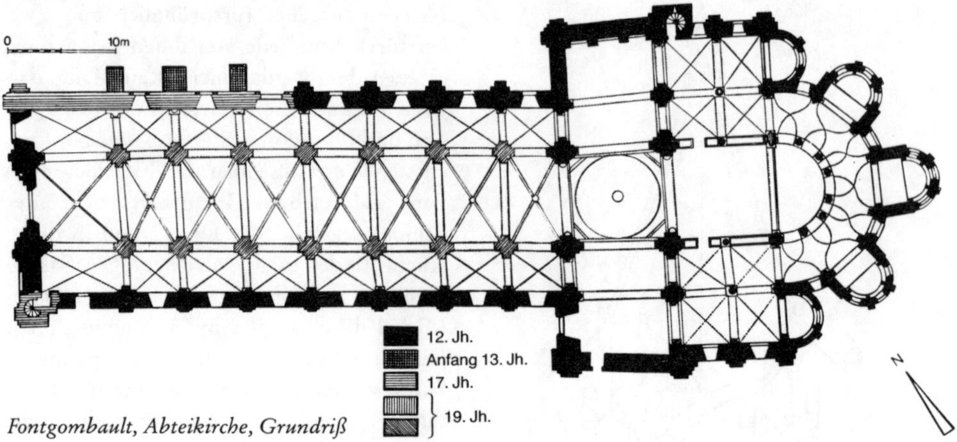

Fontgombault, Abteikirche, Grundriß

werden konnte. An der Grenze zwischen vier Landschaften gelegen (Poitou, Berry, Maine und Marche limousine) erweist sich der Bau vorwiegend der nordfranzösischen Romanik verpflichtet. Am deutlichsten spricht die Normandie in Gestalt der Empore mit, die über die Landschaft Maine hierher vermittelt wurde.

Wiederholte Zerstörungen (Hunderjähriger Krieg, Religionskriege, Revolution) haben die einstige Ausstattung vernichtet. Die helle Tünche, mit der die Mauern heute überschlämmt sind, läßt den Raum ein wenig nüchtern erscheinen (Abb. 90). Für diesen Mangel an Atmosphäre entschädigt der Chorgesang der Mönche. Man sollte sich dieses akustische Erlebnis auf keinen Fall entgehen lassen; denn im gregorianischen Gesang kommt eine spirituelle Saite zum Klingen, die wesentlich zum Gesamteindruck einer romanischen Kirche beiträgt.

L'Île-Bouchard* *(Indre-et-Loire)*

Zwar steht von der EHEMALIGEN PRIORATSKIRCHE ST-LÉONARD in L'Île-Bouchard lediglich die Ruine des Chores mit einem Teil seines Umgangs sowie drei Radialkapellen, aber der sehenswerte *Kapitellzyklus* mit einer Folge christologischer Szenen rechtfertigt den Besuch allemal. Die Ruinensituation bringt es mit sich, daß man die Kapitelle weit besser studieren kann als im Halbdunkel eines Kirchenraums, denn diese sind dem vollen Tageslicht ausgesetzt. Die Figuren erscheinen ausgesprochen kompakt und rundlich; es herrscht eine unbekümmerte Erzählfreude (Abb. 88). Die Betonung des Figürlichen unter Hintanstellung des ornamentalen Moments zeigt Verwandtschaft mit Kapitellen im Poitou/Saintonge (z. B. Chauvigny, Saujon), aber auch mit Beispielen in der Auvergne.

Loches* *(Indre-et-Loire)*

Loches in der südlichen Touraine war seit dem frühen Mittelalter infolge seiner Lage auf einem Felssattel über dem Indretal ein strategisch wichtiger Punkt. Vollständig ist noch die Festungsmauer erhalten, die die Ober- von der Unterstadt trennt. Zwischen

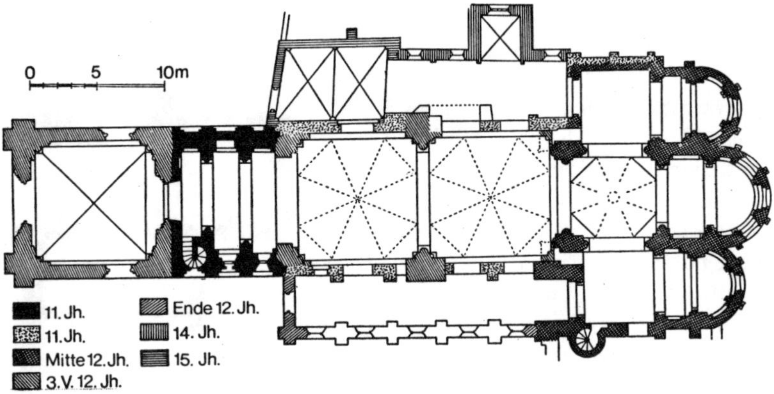

Loches, St-Ours, Grundriß

dem Donjon des 11. Jh.s auf der Südspitze des Felsens und dem aus dem 14. Jh. stammenden Logis du Roi im Norden zeichnet sich die Kulisse der romanischen Kirche St-Ours kraftvoll ab. Sie besitzt zwei Glockentürme: einen über der Vierung, den anderen im Westen über dem Eingang. Zwischen beiden ragen zwei merkwürdige Pyramidaldächer auf. Das *Portal*, das die Verbindung zwischen dem geschlossenen quadratischen Narthex und der Kirche herstellt, ist als einziges im gesamten Loiretal mit Großfiguren geschmückt. Die beiden vielgestaltig besetzten Archivolten weisen auf das Poitou. Auf einen Einfluß der frühen Gotik aus der Île de France dagegen deuten die Versatzstücke darüber, die ursprünglich für einen anderen Zusammenhang bestimmt waren. Obwohl sie sehr gelitten haben, erkennt man noch die Anbetung der Könige und deren Traum daneben, rechts und links sechs Heiligenstatuen, von denen lediglich Petrus aufgrund der Schlüssel zu benennen ist.

Im *Innenraum* wird der Sinn der am Außenbau so bizarr wirkenden Pyramiden erkennbar: Es handelt sich um Bedachungen von zwei oktogonalen Kuppeln – eine originelle Variation zum Thema des aquitanischen Kuppelsaals. Die Ostpartie besteht aus Vierung, quadratischen Querschiffarmen und einer Dreiapsidenanlage.

Ein interessantes Detail ist die *Freskodarstellung des hl. Brictius* (er war der Nachfolger des hl. Martin im Amt des Bischofs von Tours) in einer Nische der kleinen Krypta. Die strenge Frontalität der Gestalt, ihre Schwebestellung, die Linearität der Gewandfalten sind Stilmerkmale des 11. Jh.s. Dieses Fresko steht damit am Beginn der romanischen Wandmalerei im Loiretal, die in Montoire-sur-le-Loir ihren Höhepunkt erreichte.

Montoire-sur-le-Loir** *(Loir-et-Cher)*

Die Kirche St-Gilles ist nur als Fragment erhalten. Von dem einschiffigen Langhaus (11. Jh.) steht noch ein Teil der Südwand. Unbeschädigt blieb die Ostpartie – das letzte Joch des Langhauses, Vierung, Querhaus und Chor –, die durch eine nachträglich eingezogene Westwand gesichert wurde. Entsprechend erscheint die Kapelle heute wie ein Zentralbau über griechischem Kreuz. Dieser Zentralbaucharakter wird weiter betont, indem die Stirnseiten der Querhausarme wie der Chor apsidial gerundet sind (außen gerade). Die bescheidene Architektur dient als Rahmen für eine einzigartige *Folge von Wandbildern*: sowohl der Chor als auch die Apsiden des Querschiffs sind vollständig ausgemalt. Die Malereien entstanden zu unterschiedlichen Zeiten und in verschiedenen Techniken, so daß man in Montoire die Entwicklung der romanischen Wandmalerei geradezu exemplarisch nachvollziehen kann.

Die ältesten Bilder sind die im *Chor.* Die gesamte Wölbfläche füllt die Gestalt eines überlebensgroßen Christus, der in einer doppelten Mandorla thront. Die Kreissegmente der Mandorlen tragen vier tänzerisch bewegte Engel, zwischen die die Evangelistensymbole eingeschoben sind. Auf dem strahlend weißen Hintergrund dominieren als Farbakzente Rot und Gelb; im Gewand Christi sowie im unteren Teil der Mandorla sind vereinzelt Grün und Blau verwoben. Die Leuchtkraft der Farben erklärt sich daraus, daß es sich in diesem Fall um echte Fresken handelt. Der technische Vorteil des Freskos, die Langlebigkeit der Farbintensität, brachte aber auch einen Nachteil mit sich: Das rasche Abbinden der Putzschicht, auf die das Bild aufgetragen wurde, erlaubte dem Künstler kein langes Verweilen im Detail. Das Bild mußte insgesamt zügig aufgetragen werden. Es hat deshalb einen stark skizzenhaften Charakter und lebt primär von der bewegten Umrißzeichnung. Zieht man Vergleiche zur Skulptur im 12. Jh., so ergeben sich Parallelen zu Autun (Zartgliedrigkeit der Extremitäten, Entkörperlichung) und zu Moissac (Leichtigkeit der Bewegung, das Motiv der Rückwendung bei den Engeln), woraus auf eine Entstehung des Freskos im 2. Viertel des 12. Jh.s zu schließen wäre.

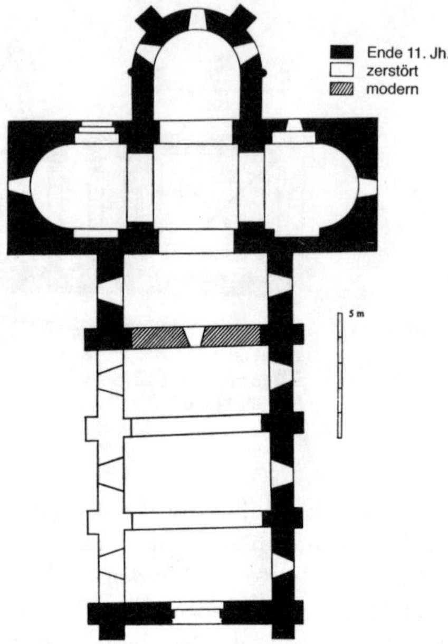

Montoire-sur-le-Loir, St-Gilles, Grundriß

Im *südlichen Querhausarm* erscheint eine weitere monumentale Christusgestalt, ebenfalls in einer doppelten Mandorla thronend. Es fallen deutliche Unterschiede zum Fresko im Chor auf: Die Farbpalette ist reicher; andererseits sind die Farben stumpf und besitzen nicht annähernd die Leuchtkraft des Chorfreskos; die Malerei ist sehr viel differenzierter, das Gewand bis in die kleinsten Fältelungen exakt ausgearbeitet – Eigenschaften, die aus einer anderen Technik resultieren. In diesem Fall nämlich wurde nicht »al fresco«, sondern »al secco« gemalt, das heißt mit Temperafarben auf trokkenem Grund. Folglich war die Arbeit des Künstlers kein Wettlauf gegen die Uhr; er hatte Muße, das Bild bis in die Details auszuarbeiten. Der Nachteil dieser Technik ist das spätere Verblassen der Farben. Es grenzt überhaupt an ein Wunder, daß die Temperabilder von Montoire derart gut erhalten sind. Das liegt – wie so oft – an dem Umstand, daß sie in nachmittelalterlicher Zeit jahrhundertelang hinter einer Tünche konserviert waren und erst im 19. Jh. wieder freigelegt wurden. Die Körperhaftigkeit der Darstellung verweist auf die späteste Romanik. Das Bild wurde wohl erst gegen das ausgehende 12. Jh. ausgeführt. Die Schlüssel in der rechten Hand Christi deuten darauf hin, daß mit der Darstellung die Schlüsselübergabe an Petrus gemeint ist.

Eine weitere überlebensgroße Christusgestalt, hier in einer einfachen Mandorla, erscheint in der *Wölbung des linken Querhausarms*. Wenn auch Farbgebung und Üppigkeit der Gewanddraperie dem Christus in dem gegenüberliegenden Querschiffflügel ähneln, erkennt man doch leichthin die Handschrift eines anderen Künstlers (breiteres Gesicht, große Augen, insgesamt etwas derbere Behandlung). Auch dieses Bild wurde in Tempera ausgeführt und dürfte etwa zur selben Zeit entstanden sein wie das Pendant gegenüber, also im ausgehenden 12., vielleicht auch anbrechenden 13. Jh. Die auffallende Kleinteiligkeit und die tragende Rolle ornamentaler Motive in diesem Bild lassen vermuten, daß dem Künstler der Entwurf für ein Mosaik als Vorlage diente. Dargestellt ist das Pfingstgeschehen: Von den Händen Christi gehen rote Linien auf die Häupter der zu seinen Seiten versammelten Apostel nieder.

Die Vierungskuppel hat ihren Bilddekor verloren. Weitere Malereien finden sich in den vier *Scheidbögen*: Zuvorderst ein Medaillon mit einem Brustbild Christi, der seine Hände auf die rittergestaltigen Köpfe zweier Tugendpersonifikationen legt: Keuschheit (die die Wollust bezwingt) und Geduld (die den Jähzorn zügelt); im Chorbogen ein Medaillon mit dem Agnus Dei; im rechten Bogen eine Manus Dei und gegenüber im linken Bogen ein Medaillon mit einem Engel.

Neuvy-St-Sépulcre** *(Indre)*

Die Doppelanlage der Kirche St-Étienne ist der ungewöhnlichste Bau des gesamten Berry, gebildet von zwei unterschiedlichen Komponenten: einer *dreischiffigen Basilika* und einer angrenzenden *Rotunde*. Diese letztere, der eigentlich interessante Teil, besteht aus einem kreisrunden Zentrum und einem breit ausladenden Umgang, über dem eine zweigeschossige Empore aufgeht (Abb. 92).

Beide Baukörper gehören dem 11. Jh. an. Die Rotunde erhielt ihre heutige Gestalt jedoch erst im frühen 12. Jh., und das Gewölbe der Basilika mit ihren unterschiedlich großen Jochen entstammt der gotischen Zeit. Wenn auch die Kirche seit dem 19. Jh. dem hl. Stephanus geweiht ist (= St-Étienne), läßt doch der Name der Ortschaft keinen Zweifel an der Deutung des Bautenensembles: Die Rotunde ist Abbild der Grabeskirche Christi in Jerusalem. Pilgern, denen die weite Reise ins Heilige Land unmöglich war, bot sich hier in Neuvy die Gelegenheit, das Heilige Grab gleichsam aus »zweiter Hand« zu erleben. Die Basilika diente den Benediktinern, denen die Fürsor-

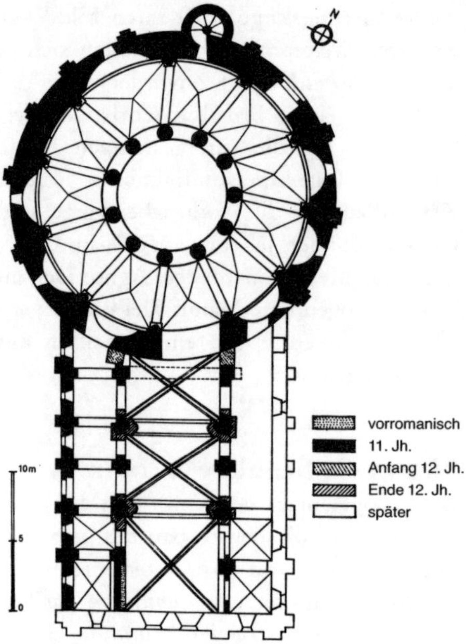

Neuvy-St-Sépulcre, Doppelkirche St-Étienne, Grundriß (nach R. Michel-Dansac)

ge für Neuvy oblag, zum täglichen Chorgebet.

So weit die notwendige Beschreibung und Deutung – in dieser Form findet man Neuvy mal knapper, mal ausführlicher in den einschlägigen Publikationen vorgestellt. Auf einen Punkt aber wird in der Regel nicht aufmerksam gemacht, der gerade als die eigentliche Besonderheit dieses Bauwerks gelten muß: Wenn man die Rotunde nichtsahnend betritt (die beste Voraussetzung für ein vorurteilsfreies Erleben mittelalterlicher Architektur), spürt man, daß eine seltsam irrationale Wirkung von dem Bauwerk ausgeht. Normalerweise vermitteln gerade Zentralbauten den Eindruck gefügter, in sich ruhender Verhältnisse. Das Raumerlebnis von Neuvy ließe sich dagegen als schwimmend, merkwürdig diffus charakterisieren. Der Blick auf den Grundriß löst dieses Rätsel: Die Rotunde ist unregelmäßig; *elf Säulen* trennen das Zentrum vom Umgang. Infolgedessen fehlen klare axiale Verhältnisse. Warum diese merkwürdige Asymmetrie? Es gibt eigentlich nur eine Erklärung: In der mittelalterlichen Auffassung stehen die Säulen einer Kirche für die Apostel. Nun war aber zum Zeitpunkt des Todes Christi der Verräter Judas Ischarioth aus der Gemeinschaft ausgeschieden; erst später sollte Mathias seinen Platz einnehmen und die »Runde« wieder vervollständigen. So gesehen erscheint die Architektur von Neuvy-St-Sépulcre als korrektes Zitat aus dem Evangelium. Derart lebhaft war der Wunsch der romanischen Künstler nach Vergegenwärtigung abstrakter Vorstellungen, daß man notfalls sogar eherne Gesetze der Harmonie dafür über Bord warf. Das Ergebnis ist in Neuvy ein Bau, dessen Irrationalismus sich auch dem heutigen Betrachter lebhaft mitteilt; er erlebt einen Raum, der nicht von dieser Welt zu sein scheint.

Nohant-Vicq* *(Indre)*

St-Martin gehört zu jenen Kirchen des Berry, an denen man wegen der schlichten baulichen Erscheinung achtlos vorübergehen würde. Im Chor entdeckt man dann jedoch einen beeindruckenden *Wandbilder-Zyklus*. Die 1849 vom Verputz befreiten Werke wurden nicht zuletzt dank des engagierten Eintretens von George Sand restauriert, die in Nohant einen Besitz hatte, wo sie 1876 starb. Die Bilder addieren sich zu einem der umfangreichsten Leben-Jesu-Zyklen der romanischen Kunst überhaupt. *Apsisrundung:* im Zentrum Christus in der

Mandorla mit den vier Evangelistensymbolen, zu den Seiten das Martyrium Petri, die Heimsuchung und Christus vor Pilatus; *Ostwand:* stark zerstörte Darstellungen alttestamentarischer Propheten; *Nordwand:* im oberen Bildstreifen Szenen aus dem Leben des Kirchenpatrons, des hl. Martin von Tours, darunter die Fußwaschung Petri, die Gefangennahme Jesu und Simon von Cyrene, der das Kreuz trägt; *Südwand:* im unteren Teil weitgehend zerstört, darüber als Fragmente einer Gerichtsszene Adam und Eva, zuoberst ein Engel, der dem Propheten Jesaja die Lippen mit glühenden Kohlen reinigt, daneben der Einzug des Heilands in Jerusalem; *Westwand:* über dem Durchgang zum Kirchenschiff das Abendmahl, zu seiten des Durchgangs David und Moses; in der Laibung des Chorbogens Kampf der Tugenden gegen die Laster. Szenenreich ist die Trennwand zwischen Kirchenschiff und Chor (zur Kirchenseite) geschmückt: im Zentrum Christus in einer Mandorla über einem Medaillon mit dem Agnus Dei, daneben in drei Streifen übereinander von oben nach unten, links: fünf Apostel, Ankunft und Anbetung der Könige, Darbringung Christi im Tempel; rechts: weitere fünf Apostel (fragmentarisch), darunter eine unklare Szene, Maria mit sieben anderen Personen, daneben die Verkündigung; zuletzt, unten, die Kreuzabnahme. Die Bewegtheit der Darstellungen sowie das reiche Kolorit lassen vermuten, daß die Bilder von einem in Katalonien geschulten Meister im ersten Drittel des 12. Jh.s geschaffen wurden.

Noirlac* *(Cher)*

Zwischen 1137 und 1145 – das genaue Datum ist nach der Quellenlage nicht eindeutig zu bestimmen – gründete der hl. Bernhard von Clairvaux auf dem linken Ufer des Cher ein Kloster mit Namen Maison-Dieu-sur-Cher. 1175 scheint eine Epidemie das Kloster nahezu entvölkert zu haben. 1180 erfolgte jedenfalls eine Neugründung auf dem jenseitigen Ufer des Flusses, die fortan den Namen Noirlac trug. Sogleich wurde mit dem Bau der Kirche und der Konventsgebäude begonnen. Da die Geschehnisse des Hundertjährigen Krieges wie auch später die Religionskriege das Berry kaum berührten, blieb das Kloster bis zur Revolution weitgehend unangetastet. Erst nach der Säkularisation war es der Zerstörung preisgegeben. Eine bereits im 19. Jh. durchgeführte Restaurierung konnte den erhaltenen Bestand sichern. Noirlac ist heute das *besterhaltene Zisterzienserkloster im westlichen Frankreich*.

Man betritt den Klosterbezirk durch eine Toranlage des 17. Jh.s. Die *Kirche* präsentiert sich als ein Musterbeispiel zisterziensischer Bauweise, deren deutlichstes Merkmal im Verzicht auf einen Glockenturm sowie auf jedweden schmückenden Dekor besteht. Ein weiteres Charakteristikum ist der flach abschließende Chor; die seitlichen Kapellen sind gleichfalls gerade geschlossen. Die Schlichtheit romanischer Bauweise in Verbindung mit gotischen Kreuzrippengewölben weist Noirlac als einen typischen Vertreter der zweiten Generation der Zisterzienserkirchen aus, die man letztlich weder der Romanik noch der Gotik eindeutig zuzuordnen vermag.

Der *Kreuzgang* wurde erst im 13. Jh. errichtet. Der früheren Bauperiode des 12. Jh.s gehören dagegen das *Refektorium* und der *Kapitelsaal* an. Ebenfalls noch zur romanischen Substanz zählt der *Weinkeller* im Trakt der Laienbrüder. Alle anderen Baulichkeiten entstammen späteren Zeiten.

St-Aignan-sur-Cher*
(Loir-et-Cher)

Die beiden gedrungenen Türme der EHEMALIGEN PRIORATSKIRCHE St-Aignan – einer im Westen, der andere über der Vierung – ähneln denen von St-Ours in Loches. Sie verbinden sich mit dem Gewirr der Altstadtdächer und einem benachbarten Renaissanceschloß zu einer romantischen Kulisse. Die dreischiffige Basilika mit Chorumgang und drei Radialkapellen war im 19. Jh. akut vom Einsturz bedroht und wurden zwischen 1850 und 1875 grundlegend – um nicht zu sagen: radikal – restauriert. Der Innenraum wirkt heute kühl und abweisend. Sehenswert sind aber die *Chorkapitelle* aus dem anhebenden 12. Jh.

Der eigentliche Schatz von St-Aignan sind die *Fresken in der Krypta*: In der mittleren Kapelle thront in einer Mandorla der Heiland; zu seinen Seiten stehen Petrus und Jakobus (die anderen Fresken rimgsum 16. Jh.). Petrus heilt Lahme, Jakobus erteilt die Absolution. Das Thema der Krankenheilung wird in den anderen Kapellen aufgegriffen, wo die Auferweckung des Lazarus und Begebenheiten aus dem Leben des hl. Ägidius (St-Gilles) dargestellt sind. In der Datierung herrscht Uneinigkeit. O. Demus plädierte für das späte, J.-M. Berland für das frühe 12. Jh. Eine eindeutige Festlegung nach dem Stil ist nicht möglich.

St-Benoît-sur-Loire*** *(Loiret)*

Das *Benediktinerkloster Fleury* wurde bereits im 7. Jh. gegründet. In karolingischer Zeit avancierte es zu einer der wichtigsten Lehranstalten des Reiches. Die große Anziehungskraft von Fleury gründete auf der Tatsache, daß schon bald nach der Mitte des 7. Jh.s die Reliquien des hl. Benedikt von Nursia, des Vaters des abendländischen Mönchstums, nebst denen seiner Schwester Scholastika aus Furcht vor den langobardischen Invasoren aus dem italienischen Montecassino hierher überführt worden waren. Seitdem nannte sich Fleury *St-Benoît-sur-Loire*. Nach wiederholten Plünderungen durch die Normannen brannte 1026 das Kloster erneut bis auf die Grundmauern nieder. Unverzüglich ließ Abt *Gauzlinus* eine neue Kirche errichten. Die Bauarbeiten zogen sich bis in das 12. Jh. hin. Durch einen erneuten Brand 1179 kam es zu einem weiteren Rückschlag, so daß die Weihe erst 1218, knapp 200 Jahre nach der Grundsteinlegung durch Abt Gauzlinus, vollzogen werden konnte.

Die kriegerischen Ereignisse des 15. und 16. Jh.s zogen das Kloster in Mitleidenschaft, aber erst die Revolution besiegelte seinen Niedergang. Zu Beginn des 19. Jh.s wurden die gesamten Konventsgebäude abgetragen; die Kirche entging nur knapp demselben Schicksal. 1944 wurde St-Benoît erneut von Benediktinern in Besitz genommen; seit 1955 steht das geschichtsträchtige Kloster wieder im Rang einer Abtei.

Die größte architektonische Kostbarkeit von St-Benoît-sur-Loire ist der *Westturm*, mit dessen Errichtung Abt Gauzlinus 1026 den Neubau begonnen hatte (Abb. 94). Man geht heute davon aus, daß Gauzlinus, der bereits 1030 starb, zwar diesen Bau geplant, vielleicht auch begonnen hat, daß die Fertigstellung jedoch erst um die Mitte des 11. Jh.s anzusetzen ist. Diese Ansicht gründet nicht

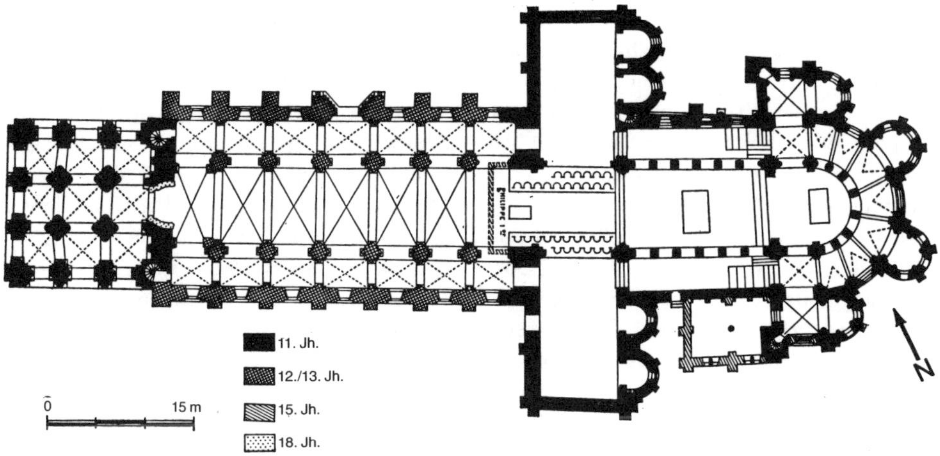

St-Benoît-sur-Loire, Abteikirche, Grundriß

zuletzt auf stilkritischen Untersuchungen der Kapitellplastik. Eines jedoch kann als sicher gelten: Die Gestalt dieses Bauwerks ist bereits von Gauzlinus verbindlich festgelegt worden. Der Abt scheint seinen ganzen Ehrgeiz auf dieses Projekt gerichtet zu haben, denn aus einer Quelle ist zu erfahren, daß es sein Wunsch war, es möge »ganz Gallien ein Vorbild sein«. Tatsächlich ist hier ein völlig neuer Bautypus entstanden, der weder eindeutig als Turm noch als Narthex anzusprechen ist. In Frankreich hat man dafür den Begriff des *clocher-porche* geprägt. Die zahlreichen Nachfolger (z. B. Ébreuil) zeigen, daß dem Thema der turmartigen offenen Vorhalle beliebig viele Variationen abzugewinnen waren.

Der Westbau von St-Benoît besteht heute aus zwei Geschossen (ursprünglich sollen es drei gewesen sein). Er hat einen rechteckigen Grundriß von 17 m Breite und 14,5 m Tiefe, ist also nicht ganz quadratisch. Unklar ist immer noch, ob er anfänglich der Kirche frei vorangestellt oder schon zu Beginn mit ihr baulich verbunden war, wie es heute der Fall ist. Kräftige Pfeiler mit aufgelegten Halbsäulen unterteilen die Halle in neun annähernd gleich große Joche, die von Kreuzgratgewölben überfangen und gegeneinander durch Gurtbögen getrennt sind.

Das Bauwerk ist nicht nur in architektonischer Hinsicht ein bahnbrechender Beitrag zur Kunst des 11. Jh.s, auch seine skulpturale Ausschmückung besitzt epochalen Rang. Sämtliche *Kapitelle* sind plastisch ausgearbeitet, einige in Gestalt des antikisierenden Akanthus-Blattkapitells, andere in Form des romanischen Figurenkapitells (Abb. 95).

Wenngleich diese frühen bildhauerischen Arbeiten zum Teil noch recht unbeholfen anmuten, wohnt ihnen doch ein für diese Frühzeit der romanischen Skulptur frappierender Wille zu plastischer Gestaltung inne. Vergleicht man sie etwa mit den nur wenig älteren Türstürzen in St-Genis-des-Fontaines oder St-André-de-Sorède (beide im Roussillon), so wird man sie als einen Meilenstein auf dem Weg vom Flachrelief der Anfangszeit zu den körperhaften Werken der hohen Romanik erkennen. Es ist sicher nicht zu hoch gegriffen, wenn man mit M. Aubert die Kapitelle von St-Benoît als Grundlage für die bald danach aufblühende burgundische Skulptur ansieht.

Insgesamt besitzt der Westbau 128 Kapitelle: 54 im Untergeschoß und 74 in der oberen Etage, also den Blicken der Besucher entzogen (nur eine schmale Treppe führt hinauf). Wir müssen daraus den Schluß ziehen, daß bereits in dieser Frühzeit die Präsenz von Skulptur am Bauwerk wichtiger war als ihre Sichtbarkeit für den Besucher. Dergestalt ist in St-Benoît bereits ein Weg eingeschlagen, der ungebrochen bis in die Spätzeit der gotischen Kathedralkunst fortgeführt werden sollte, wo ja oftmals in schwindelnder Höhe bauplastischer Dekor angebracht ist, den kaum je ein menschliches Auge erblicken konnte.

Auf eine weitere bahnbrechende Neuerung des Gauzlinus-Baus sei hingewiesen: die *Technik des Mauerwerks.* In der oben bereits zitierten Quelle wird die ausdrückliche Weisung des Abtes hervorgehoben, wonach das Bauwerk »lapidibus quadratis« errichtet werden sollte. Mit Ausnahme der normannischen Kirchen wurden sonst allgemein kleinteilige Bruchsteine zum Mauern verwendet – eine Technik, die sich im Süden des Landes bis in das ausgehende 11. Jh. hielt. Der Westbau von St-Benoît kann somit als ältestes Beispiel einer aus glatt behauenen Quadern bestehenden Architektur außerhalb der Normandie gelten. Dabei scheint man keine Mühe gescheut zu haben. In der weiten, sandigen Ebene rings um Fleury gab es keine größeren Steine. Das Baumaterial wurde – auch darüber sind wir verläßlich informiert – aus Steinbrüchen im Nivernais gewonnen und auf Lastkähnen loireabwärts transportiert.

Das *basilikale Langhaus* der Kirche ist deutlich jüngeren Datums. Sein zweigeschossiger Aufriß, die zum Teil erst hoch über dem Boden ansetzenden Runddienste sowie das Kreuzrippengewölbe legen es nahe, daß hier die Baukunst der Zisterzienser Pate gestanden hat; zugleich bricht sich die Gotik Bahn.

Um die Wende des 11. zum 12. Jh. entstand die Ostpartie mit *Querhaus und Chor.* Dementsprechend muß man sich die Entstehungsgeschichte folgendermaßen klarmachen: Der älteste Teil ist der Gauzlinus-Bau im Westen; es folgten (im Abstand von einem halben Jahrhundert) Chor und Querhaus; als letztes entstand, wohl erst nach dem Brand von 1179, das Langhaus, das die beiden Teile miteinander verband. Der Chor muß bereits 1108 fertig gewesen sein, als König Philipp I. hier auf eigenen Wunsch beigesetzt wurde. Er besteht aus einem gestreckten Vorjoch (dem hl. Benedikt geweiht) und einer erhöhten Apsis (Maria geweiht), um die sich ein Umgang mit zwei Radialkapellen legt. In der Apsis rücken Arkade, das aus Cluny übernommene Triforium und die Obergadenfenster nah aneinander; im Vorchor hingegen verbleibt zwischen Arkade und Triforium ein beträchtliches Stück glatter Wandfläche, das ursprünglich sicher bemalt war. Die weit ausladenden Querhausarme besitzen je zwei weitere Kapellen.

Unter der Apsis liegt die *Krypta,* zwischen deren massigen Säulen sich zwei halbrunde Umgänge konzentrisch um den Mittelpfeiler legen: eine Bauform, die wie eine Halbierung der Ringkrypta erscheint (Dijon, St-Bénigne; St-Michel-de-Cuxa). Der Mittelpfeiler im Zentrum ist durchbrochen. In dieser Aussparung steht der Schrein mit den Reliquien des hl. Benedikt (Neuschöpfung des 19. Jh.s). Gleichgültig, ob man an diesem geweihten Ort im Gebet verharrt oder sich einer stillen geschichtlichen Betrachtung überläßt: Man wird nicht umhinkönnen, hier der Wirkung Benedikts zu gedenken und der Leistung, die Mönche in seiner Nachfolge in Gestalt der romanischen Kirchen geschaffen haben.

Im Anschluß an den Besuch von St-Benoît-sur-Loire ist der Abstecher zum nahen Germigny-des-Prés (6 km am rechten Loireufer flußabwärts Richtung Châteauneuf-sur-Loire) geradezu Pflicht. Dort finden wir das *besterhaltene Beispiel karolingischer Architektur in Frankreich*, gleichzeitig entstanden mit der Aachener Pfalzkapelle. Wie dort handelt es sich um einen Zentralbau: eine Mischung von kreuzförmigem und quadratischem Grundriß, der in seiner Aufteilung in neun quadratische Joche den Turm von St-Benoît vorwegzunehmen scheint. Der Bau wurde als Palastkapelle für Theodulf, den Verfasser der »Libri Carolini« errichtet. Der aus Spanien stammende Ratgeber Karls des Großen war u. a. Bischof von Orléans und Abt von Fleury. In Germigny hatte er sich eine ausgedehnte Villa anlegen lassen, zu der diese Kapelle gehörte. Sie bewahrt staunenswert schöne *Mosaiken* des frühen 9. Jh.s. Im Gegensatz zu dem Repräsentationsbau in Aachen ist diese Kapelle das ganz persönliche Denkmal Theodulfs, der nach einem erfüllten Leben 818 als vermeintlicher Verschwörer von Kaiser Ludwig dem Frommen in die Verbannung geschickt wurde und drei Jahre später starb.

St-Désiré* *(Allier)*

Die in warmem rötlich-gelben Sandstein leuchtende Kirche St-Désiré im gleichnamigen Ort (Abb. 93) liegt in der Diözese von Bourges, gehört geographisch gesehen jedoch zur Westflanke des Bourbonnais. Die Grenze zur Auvergne ist nicht weit. Aus dieser Situation ist die heterogene Baugestalt zu erklären, in der Elemente verschiedener Kunstlandschaften zum Tragen kommen. Schon der giebelförmig zugespitzte Architrav über dem (schmucklosen) Portal bringt die Nähe zur Auvergne in Erinnerung. An das *massif barlong* der auvergnatischen Kirchen gemahnt ferner die auffallende Abtreppung der Querschiffarme. Der Aufriß des Langhauses mit basilikaler Struktur unter Verzicht auf einen Obergaden entspricht der limousinischen

St-Désiré, Grundriß

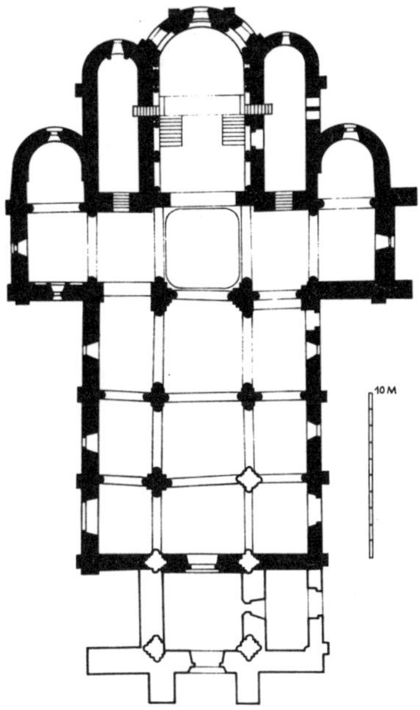

St-Désiré, Querschnitt

Halle. Die Form des Staffelchores wiederum dürfte von Cluny II über La Charité-sur-Loire zum Benediktinerkloster von St-Désiré vermittelt worden sein. So stellt St-Désiré insgesamt eine gelungene Kombination von Formen der Landschaften Auvergne, Limousin und Burgund dar.

St-Jacques-des-Guerets*
(Loir-et-Cher)

Ursprünglich war wohl die gesamte Kirche St-Jacques (schlichter einschiffiger Saal mit halbrunder Apsis ohne weitere Annexe) gänzlich ausgemalt. Abgesehen von einigen Fragmenten an den Wänden des Kirchenschiffs konzentriert sich die Wandmalerei jetzt auf die *Apsis*. Dort erkennt man in stark verblaßter Farbe (Seccomalerei!) noch folgende Szenen: links vom Fenster Kreuzigung, Auferstehung der Toten, rechts davon Christus als Weltenrichter in der Mandorla, darunter das Abendmahl, daneben ferner das Himmlische Jerusalem, Petrus, der dessen Tore öffnet, Martyrium des hl. Jakobus. Wenn wir auch heute das Verblassen der Bilder beklagen, wird doch mit Blick auf den Farbenreichtum (vielfache Verwendung von Blau) deutlich, weshalb die Maler des 12. Jh.s dem Secco so oft den Vorzug gegenüber dem Fresko gaben: Das Secco bot eine größere Entfaltung der koloristischen Möglichkeiten. An die Lebensdauer scheint man dabei nicht gedacht zu haben.

St-Jouin-de-Marnes**
(Deux-Sèvres)

Im 4. Jh. gegründet, gilt St-Jouin-de-Marnes als eines der ältesten Klöster Frankreichs. Seine abseitige Lage im geographischen Übergangsbereich vom Loirebecken zum Poitou verschonte es vor den Raubzügen der Normannen. Gleichzeitig wurde die Abtei zum Zufluchtsort obdachlos gewordener Mönche. Da die Flüchtlinge zahlreiche Reliquien mitbrachten, entwickelte sich St-Jouin alsbald zu einem beliebten Pilgerziel. Um der ständig wachsenden Zahl der

88 L'Île-Bouchard (Loiretal/Touraine), ehem. Prioratskirche St-Léonard, Kapitell: Einzug Christi in Jerusalem

89 St-Genou (Berry), ehem. Abteikirche, Kapitell: Daniel in der Löwengrube

◁ 87 Fontevraud (Loiretal/Anjou), die Küche des von Robert von Arbrissel gegründeten Klosters

90 Fontgombault (Berry), Abteikirche Notre-Dame, Blick in den Chor

91 Fontevraud (Loiretal/Anjou), ehem. Abteikirche Notre-Dame; im Vordergrund die Grabfigur des Richard Löwenherz

93 St-Désiré (Berry/Bourbonnais), ehem. Klosterkirche

◁ 92 Neuvy-St-Sépulcre (Berry), das Innere der Rotunde

94 St-Benoît-sur-Loire (Loiretal/Orléanais), Westbau der Abteikirche ▷

95 St-Benoît-sur-Loire, Kapitell aus der Vorhalle: Flucht nach Ägypten

96 Plaimpied (Berry), ehem. Abteikirche St-Martin, Kapitell: Versuchung Christi

97 Bourges (Berry), Tympanon der (zerstörten) Kirche St-Ursin

99 Caen (Normandie), St-Étienne von Nordwesten

◁ 98 Jumièges (Normandie), ehem. Abteikirche Notre-Dame, Fassade

100 St-Gildas-de-Rhuys (Bretagne), ehem. Abteikirche St-Gildas von Nordosten

102 Caen (Normandie), Ste-Trinité, Blick in das Langhaus ▷

101 Lessay (Normandie), ehem. Abteikirche Ste-Trinité

103 Mont-St-Michel (Normandie), Blick ins Langhaus der ehem. Abteikirche

104 St-Martin-de-Boscherville (Normandie), ehem. Abteikirche St-Georges, Mittelschiff und Chor ▷

105 Morienval (Île-de-France), ehem. Abteikirche von Westen

106 Marmoutier (Elsaß), Westwerk der ehem. Abteikirche St-Étienne

107 Ottmarsheim (Elsaß), Klosterkirche Sts-Pierre-et-Paul

108 Andlau (Elsaß), ehem. Abteikirche Sts-Pierre-et-Paul, Detail vom Portaldekor: Erschaffung Evas

110 Murbach (Elsaß), ehem. Abteikirche St-Léger, Chorpartie ▷

109 Pompierre (Lothringen), ehem. Prioratskirche St-Martin, Tympanon

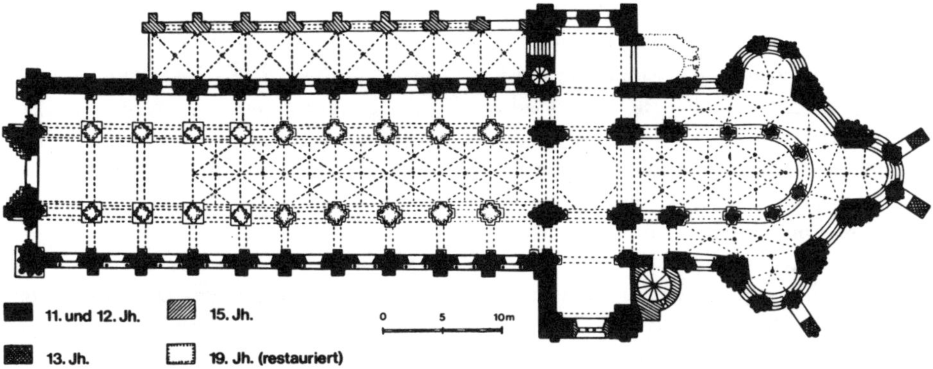

St Jouin-de-Marnes, ehem. Abteikirche, Grundriß

Wallfahrer gerecht zu werden, wurde 1095 der Grundstein zu einem gewaltigen Kirchenbau gelegt. Nach einem zügigen Voranschreiten des Projekts konnte der Hochaltar bereits 1130 geweiht werden. Im 13. Jh. wurde die Tonne des Mittelschiffs durch ein angevinisches Gewölbe (vgl. Angers, Kathedrale) ersetzt. Im 17. Jh. erfolgten noch einmal einschneidende Baumaßnahmen, indem der Außenbau ein Stützsystem von Strebepfeilern erhielt. Danach scheint die Abtei in Vergessenheit geraten zu sein. Nachdem sie bereits 1770 nicht mehr bewohnt war, stellte ihre Aufhebung in der Revolution nur mehr einen symbolischen Akt dar. Eine von Prosper Mérimée veranlaßte Restaurierung zog sich mit Unterbrechung bis nach 1945 hin.

Schon aus der Ferne bietet die Kirche St-Jouin mit der ausladenden Chorpartie einen majestätischen Anblick. Kapellenkranz, Umgang und Chorhaupt schichten sich zu einer mächtigen Pyramide, die im bekrönenden Quadrat des Vierungsturms gipfelt. Kaum minder eindrucksvoll gestaltet sich die Ansicht von Westen. Die Anlage der *Fassade* als große Schauwand erklärt sich aus der Nähe zum Poitou. In der Mittelachse öffnet sich das Hauptportal. Die seitlichen Türöffnungen wurden nachträglich anstelle von ursprünglichen Scheinportalen in das Mauerwerk gebrochen. Zu seiten des Mittelfensters im Obergeschoß und über den begleitenden Seitenfenstern sind Heiligenstatuen angebracht: bis auf drei Neuschöpfungen des 19. Jh.s (der Klostergründer Jovinus, Johannes und Paulus) ist alles Originalsubstanz des 12. Jh.s. Ungewöhnlich die Verkündigung (neben dem Mittelfenster rechts oben): Maria läßt im Angesicht des Engels erschreckt den Spinnrocken fallen – ein Motiv, das seinen Ursprung in der syrischen Ikonographie hat. Über den gekuppelten Diensten, die die Fassade in drei Abschnitte unterteilen, erscheinen Samson mit dem Löwen (rechts) und Kaiser Konstantin der Große (links), der im Galopp einhersprengt. Diese Symbole für den Triumph Christi gehören zum Repertoire poitevinischer Portalplastik. Darüber nimmt ein Fries kleiner Figuren die ganze Breite der Westwand ein; oben thront Christus, flankiert von zwei posauneblasenden Engeln, zu seinen Füßen die kostbar gewandete Muttergottes. Das Thema ist nicht das Weltgericht, sondern die Parusie, die Wiederkunft Christi auf Erden. Die Figuren in dem Streifen sind die Auferstandenen, die dem bevorstehenden Gericht entgegenziehen, viele von ihnen durch einen Wanderstab als Pilger gekennzeichnet.

Die Kirche zeigt im Grundriß ein lateinisches Kreuz. Das Langhaus hält sich an das im Poitou verbreitete Schema der dreischiffigen Halle. Die drei ersten Joche werden noch von der ursprünglichen Tonne überspannt, alle anderen besitzen das später eingezogene angevinische Gewölbe mit Kreuzrippenbaldachinen. An das einschiffige Querhaus schließt sich der Chor an, der in seiner Organisation mit Umgang und drei Radialkapellen dieses Gotteshaus unmißverständlich als Pilgerkirche ausweist.

St-Jouin-de-Marnes liegt in einer geschichtsträchtigen Ebene, die von den Flußläufen der Dive und des Thouet eingefaßt wird. Nur 2 km östlich fand unterhalb der Burg Moncontour 1569 eine der entscheidenden Schlachten der Religionskriege statt. Die Hugenotten unter Admiral Coligny sollen dabei an 20000 Mann verloren haben. 9 km südwestlich findet man in AIRVAULT sehenswerte Reste eines romanischen Augustiner-Chorherrenstifts und 6 km westlich in ST-GÉNÉROUX eine in romanischer Zeit umgebaute karolingische Kirche.

Tavant* *(Indre-et-Loire)*

Die kleine, zu Beginn des 12. Jh.s errichtete KIRCHE ST-NICOLAS besitzt neben einigen aus dem Poitou beeinflußten *Kapitellen* exzellente *Malereien*. In der Apsiswölbung: Christus in der Mandorla, begleitet von Engeln und den Evangelistensymbolen (enge stilistische Verwandtschaft mit der Ostapside von Montoire-sur-le-Loir, gleichzeitig, d. h. frühes 12. Jh.). In dem dem Chor vorgeschalteten Joch erkennt man ferner: Verkündigung, Heimsuchung, Geburt, Bethlehemitischer Kindermord (Südseite) sowie Verkündigung an die Hirten und Flucht nach Ägypten (Nordseite). Weitere Fresken in der niedrigen Hallenkrypta mit zahlreichen Einzeldarstellungen aus dem Alten und Neuen Testament sowie allegorische und mythologische Szenen. Die vorzüglich erhaltenen Arbeiten werden in das zweite Viertel des 12. Jh.s datiert.

Weitere sehenswerte romanische Kirchen

Azay-le-Rideau *(Indre-et-Loire)*

Nahe dem berühmten Wasserschloß steht die KIRCHE ST-SYMPHORIEN, die zu Teilen aus dem mittleren 11. Jh. stammt. Dieser Zeit gehört die *Westwand* an, in die 14 Heiligenfiguren in kleinen Rundbogennischen sowie ein paar Tiergestalten eingelassen sind: archaische Frühformen der romanischen Skulptur im Loiretal.

Beaugency *(Loiret)*

Gegenüber dem Schloß liegt die schlichte romanische BASILIKA NOTRE-DAME (mit gotischen Gewölben), die einst zu einem Augustiner-Chorherrenstift gehörte. In ihr tagte 1152 jenes Konzil, das die Annullierung der Ehe zwischen Eleonore von Aquitanien und König Ludwig VII. von Frankreich aussprach und damit Eleonores Wunsch nach einer ehelichen Verbindung mit Heinrich Plantagenet, dem späteren König von England, den Weg ebnete.

Bourges *(Cher)*

Die gewaltige *gotische Kathedrale* der Hauptstadt des Berry, eine querhauslose fünfschiffige Basilika, besitzt noch *zwei Portale eines romanischen Vorgängerbaus* (Nord- und Südportal). Ein weiteres Stück sehenswerter Skulptur ist das wohl um 1100 entstandene *Portal der* – im übrigen zerstörten – *Kollegiatskirche St-Ursin:* seltenes Beispiel eines reinen Registertympanons mit drei Bildstreifen übereinander (Abb. 97). Unter kleinen Arkaden im unteren Streifen die Monatsarbeiten (= die zwölf Apostel); darüber in deutlicher Anlehnung an antike Sarkophagplastik eine bewegte Jagdszene (Hirschjagd = Martyrium Christi); zuoberst drei Fabeln: ein Esel erteilt Unterricht; ein Kranich, der einem Fuchs (eventuell auch Wolf) einen Knochen aus dem Schlund zieht (dieselbe Szene im romanischen Kreuzgang von S. Zeno in Bad Reichenhall, Bayern); schließlich ein Trauerzug mit einem Bären voran; dahinter ziehen Hahn und Hühnchen einen Wagen, auf den ein Fuchs gesprungen ist, um beide zu verschlingen. In einer Tafel, die zwischen Tympanon und den mit einem Rankenfries geschmückten Architrav eingeschoben ist, nennt sich ein Bildhauer *Girauldus* als Urheber des Portals.

Celle-Bruère *(Cher)*

Die Kirche St-Blaise ist eine schlichte Halle nach poitevinischem Muster, die drei vorderen Joche im 17. Jh. erneuert. Weit ausladendes Querschiff, Staffelchor, die seitlichen Kapellen zum Chorjoch offen. An der Westwand (außen) zwei frühromanische Reliefplatten: Jakobs Kampf mit dem Engel und Taufe Christi; beide Stücke von dem Künstler *Frotoardus* signiert.

Château-Gontier *(Mayenne)*

Frühromanische Kirche St-Jean auf einer Anhöhe über dem Tal der Mayenne. Dreischiffige Basilika mit Holzgewölbe, sehenswerte Reste romanischer *Wandmalerei* im Querschiff; Krypta mit archaischen Würfelkapitellen. Am selben Ort zwei weitere romanische Denkmäler: die Chapelle-de-Genneteil (in den Sommermonaten Ausstellungsraum) und St-Saturnin im Vorort Azé.

Chinon *(Indre-et-Loire)*

Kapelle Ste-Radegonde oberhalb der Ortschaft: einstige Eremitage, in den weichen Tuffstein gehöhlt. Hier wurde 1964 ein ungewöhnliches *Fresko* mit fünf reitenden Gestalten entdeckt; eine, mit Krone, vorneweg, die anderen paarweise hinterdrein. Man deutet die Personen als König Johann-Ohneland (gekrönte Gestalt vorne), dahinter seine Mutter Eleonore von Aquitanien (ebenfalls gekrönt) und neben ihr Isabella von Angoulême, die zweite Gemahlin König Johanns, zuletzt zwei Leute aus dem königlichen Gefolge (einer davon mit einem Falken). Um das Jahr 1200 entstanden, ist dieses Fresko ein ungewöhnliches Beispiel profaner Malerei am Übergang von der Romanik zur Gotik.

Liget *(Indre-et-Loire)*

Knapp 8 km östlich von Loches stößt man am Rande eines ausgedehnten Waldes auf die Reste einer Kartause. Das Kloster war 1178 von Heinrich II. von England einer bereits am Ort existierenden Einsiedlergemeinschaft als Sühneleistung für den Mord an Thomas Becket zum Geschenk gemacht worden. Erhalten ist einzig die kreisrunde Kapelle St-Jean. Die Flächen zwischen den Fenstern füllen fragmentarisch erhaltene *Wandmalereien.* Reihum erkennt man (von der Tür an der Westseite im Uhrzeigersinn betrachtet): Geburt Christi, Darbringung im Tempel, Kreuzabnahme, die drei Frauen am Grabe, Tod Mariens und zuletzt die Wurzel Jesse; in einigen der Fensterlaibungen Heiligenfiguren. Darüber verläuft ein Streifen mit Brustbildern von Propheten.

Plaimpied *(Cher)*

Die kunstgeschichtliche Attraktion der KIRCHE ST-MARTIN ist das *Kapitell* am letzten Langhauspfeiler der rechten Seite: Es zeigt Christus auf einem Drachenthron, seitlich zwei kleine Dämonen – eine der Versuchungen Jesu also (Abb. 96). Die fast vollplastische Lösung des Reliefs von seinem Grund sowie die extreme Verdrehung der Figur weisen das Kapitell als eine der letzten Äußerungen der Romanik aus. Die stilistische Parallele dazu findet sich in Burgund (Narthex-Nordportal von Charlieu) oder im Angoumois (Portal von St-Michel-d'Entraygues).

Selles-sur-Cher *(Loir-et-Cher)*

Die Besonderheit der KIRCHE ST-EUSICE (Langhaus weitgehend gotisch, Chor romanisch, im 19. Jh. extrem puristisch restauriert) sind die *Skulpturen* an der *Chor-Außenseite*. Die Anordnung der Reliefs findet nur in St-Paul-lès-Dax (Gascogne/ Landes) eine Parallele. In zwei Streifen unter und über den Fenstern werden Begebenheiten aus dem Leben Jesu (unten) und des Kirchenpatrons (oben) geschildert. Die Bildwerke zeichnen sich aus durch eine rührende Naivität.

St-Genou *(Indre)*

Die EHEMALIGE ABTEIKIRCHE ST-GENOU wurde bereits im 17. Jh. wegen Baufälligkeit abgerissen. Erhalten blieb lediglich der *Chor* (im 19. Jh. restauriert). Im Vorchor eine Reihe altertümlicher Kapitelle aus dem frühen 12. Jh. (Abb. 89).

Tours *(Indre-et-Loire)*

Von der BASILIKA ST-MARTIN – einst eines der wichtigsten Heiligtümer Frankreichs – sind nur klägliche Reste erhalten. Die Gestalt einer großen Pilgerkirche mit Chorumgang und Radialkapellen ist durch Ausgrabungen gesichert.

Normandie und Bretagne

Im Rahmen unseres Konzeptes, nur solche Landschaften in einem Kapitel zusammenzufassen, die aufgrund bestimmter stilistischer Kriterien eine kulturgeographische Einheit bilden, wäre es eigentlich geboten, Normandie und Bretagne getrennt vorzustellen. Während nämlich die Normandie schon im 11. Jh. eine ausgeprägte Eigengesichtigkeit besaß, hat die Bretagne kaum Anteil an der Entwicklung der romanischen Kunst genommen, so daß man nicht von einer eigenen bretonischen Romanik sprechen kann. Wenn hier dennoch beide Landschaften gemeinsam abgehandelt werden, so hat dies ausschließlich geographische, um nicht zu sagen praktische Gründe: Die Nachbarschaft von Bretagne und Normandie bringt es mit sich, daß viele Reisende, die sich die Normandie zum Ziel nehmen, ihre Fahrt mit einem Schlenker durch die Bretagne verbinden und umgekehrt. Zugleich ist der Bestand an romanischen Denkmälern in der Bretagne so gering und weit verstreut, daß es ein verzerrtes Bild ergäbe, wollte man der Bretagne ein eigenes Kapitel in dieser Übersicht einräumen.

Die NORMANDIE scheint in der Zeit der fränkischen Herrschaft über Gallien keine besondere Rolle gespielt zu haben. Die Christianisierung ist zwar durch verschiedene Klostergründungen – St-Wandrille, Jumièges, Fécamp, Mont-St-Michel – hinlänglich belegt; diese Pflanzstätten des christlichen Glaubens standen jedoch anfänglich hinter den Abteien des zentralen Frankreich, Burgunds oder Aquitaniens zurück. Im 9. Jh. war dann die Normandie den Invasionen der Wikinger ausgesetzt, die mit ihren schnellen, wendigen Booten auf den Flüssen bis tief ins Landesinnere vorstießen und Dörfer, Städte und Klöster zerstörten; im Jahre 845 wurde sogar Paris gebrandschatzt. Erst im ausgehenden 9. Jh. begann die zerstörerische Kraft der »Nordmänner« abzuflauen. Die Belagerung von Paris 885 mußte ergebnislos abgebrochen werden. Nachdem der streitbare Wikingerfürst *Rollo* 910 mit einer erneuten Belagerung von Paris gescheitert war, wendete sich das Blatt: Rollo ließ sich taufen und nahm 911 das Land zwischen der Epte und dem Meer mit der Stadt Rouen von dem westfränkischen König Karl dem Einfältigen zu Lehen. Mit diesem Akt legaler Inbesitznahme, der die Invasoren zu rechtmäßigen Herren machte, begann der Aufstieg der Normandie zu einem wohlorganisierten Staatsgebilde von weitreichender politischer und kultureller Ausstrahlung. Einen Gebietszuwachs konnte Herzog Rollo 923 in der Unteren Normandie (Gegend um Bayeux) ertrotzen, indem er sich auf die Seite der Gegner Karls des Einfältigen schlug. Wilhelm Langschwert, Rollos Sohn, setzte die Territorialpolitik seines Vaters erfolgreich fort. Unter seiner Herrschaft wurden alle der Erzdiözese Rouen unterstehenden Suffraganbistümer – Lisieux, Bayeux, Coutances, Avranches, Évreux, Sées – dem Hoheitsgebiet des Normannenherzogs einverleibt. Das Herzogtum entwickelte sich zu einem stabilen politischen Faktor, während die Zentralgewalt der Krone ihre Kräfte im Ringen der letzten Vertreter der Karolingerdynastie mit dem aufstrebenden Haus der Kapetinger aufrieb. Hier sollten sich die Verhältnisse erst mit dem Regierungsantritt von Hugo Capet 987 klären.

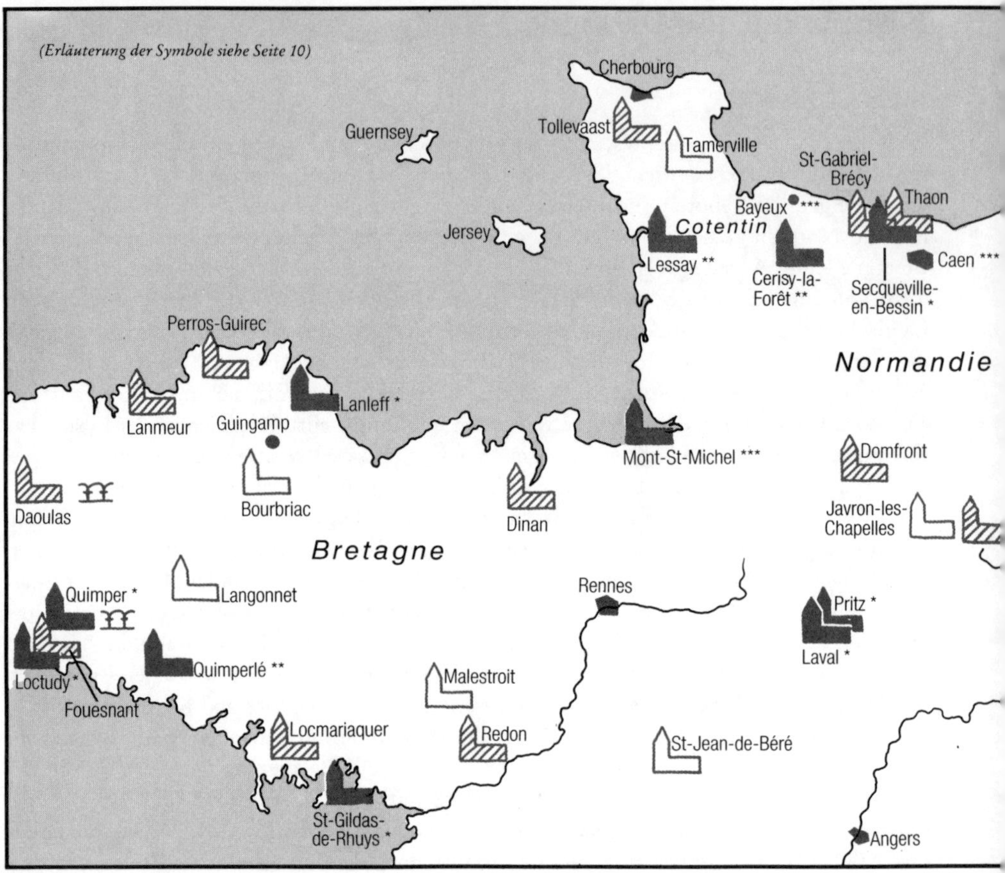

Die Konsolidierung der Herzogsgewalt in der Normandie schuf die Voraussetzungen für eine Erneuerung der städtischen und klösterlichen Kultur. Der Sohn des 942 ermordeten Wilhelm Langschwert, Herzog Robert I., trieb diese Entwicklung systematisch voran. 966 wurde das Kloster auf dem Mont-St-Michel reformiert. Signalwirkung hatte die Berufung *Wilhelms von Volpiano* durch Herzog Richard II. im Jahr 1003 nach Fécamp. Wilhelm, der zuvor auf Veranlassung des hl. Majolus im Kloster St-Bénigne in Dijon die cluniazensische Reform durchgeführt und sich dort zugleich als phantasiebegabter Bauherr profiliert hatte, entfaltete auch am Ort seines neuen Wirkens eine rege Bautätigkeit.

Zu einem vorübergehenden Rückfall in Anarchie kam es 1035, als Herzog Robert der Prächtige auf einer Pilgerfahrt ins Heilige Land starb und mit seinem erst fünfzehnjährigen Sohn Wilhelm ein unmündiges Kind die Nachfolge antrat. Sogleich versuchten die mächtigen Familien, sich Vorrechte zu verschaffen. Lokale Fehden zersplitterten die Normandie,

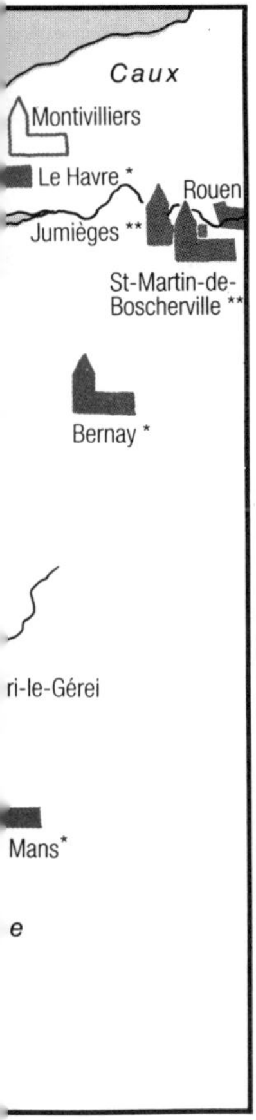

bis sich Wilhelm in den 1050er Jahren endlich durchsetzen konnte. Einen nicht geringen Anteil an der Normalisierung der Verhältnisse hatte die von den Klöstern betriebene Durchsetzung des Gottesfriedens. Mit der Eroberung Englands (Schlacht bei Hastings, 1066) stieg Herzog *Wilhelm »der Eroberer«* auf den Gipfel seiner Macht. Seither war der Herzog der Normandie in Personalunion König von England. (Die staatenbildende Kraft der Normannen sollte parallel hierzu im Süden Europas nicht minder spektakuläre Erfolge erzielen, nachdem Robert Guiscard aus dem normannischen Haus Hauteville 1059 vom Papst mit Apulien, Kalabrien und dem noch arabischen Sizilien belehnt worden war.)

Die folgende Blütezeit der Normandie in den Jahrzehnten zwischen 1060 und der Jahrhundertwende hat sichtbaren Niederschlag in den großen Kirchenbauten dieser Landschaft gefunden. Das Verblüffende daran ist, daß die Normannen, die einst als heidnische Invasoren ins Land gekommen waren, in weniger als 100 Jahren zu besonders engagierten Verfechtern des christlichen Glaubens wurden und eine der frühesten lokalen Bauschulen des romanischen Frankreich hervorbrachten. Die Entfaltung der Baukunst in der Normandie ging Hand in Hand mit der Konsolidierung der Herzogsgewalt, die in nicht unwesentlichem Maße vom Klerus mitgetragen wurde, indem dieser zunehmend Verwaltungsaufgaben an sich zog. Diese Wechselwirkung, die ursächlichen Zusammenhänge von Politik und Kunst, war in Frankreich etwas gänzlich Neues. Ähnliches läßt sich jedoch im Falle der sogenannten ottonischen Kunst im Deutschen Reich feststellen.

Die Besonderheit der normannischen Bauschule ist die Ausbildung des *»mur épais«*, wie Jean Bony diese Art der Konstruktion als erster genannt hat (wörtlich: dicke Mauer). War die Wand der frühen (östlichen) Romanik als unstrukturierte Fläche aufgefaßt worden, zielt die Baukunst der Normandie von Anbeginn auf eine Durchbrechung der Wand: Diese ist nicht mehr eine durchgängige Scheibe, sie wird vielmehr als Masse behandelt und in einem plastischen Sinn gestaltet. So entsteht ein Gliederungssystem aus halbrunden Diensten in der Vertikalen und Laufgängen (Emporen) in der Horizontalen. Obwohl alle diese Bauten des 11. Jh.s nicht eingewölbt waren – bei den meisten wurde erst nachträglich ein Gewölbe eingezogen –, erscheint doch die Wandstruktur geradezu darauf angelegt, ein Gewölbe zu tragen.

Was sind die tieferen Gründe für diese »Erfindung«, die die gesamte mittelalterliche Baukunst revolutionierte? Die vorrangige Ursache liegt in der Herkunft der Initiatoren: Als die Normannen zu Beginn des 10. Jh.s von dem neuen Land Besitz ergriffen, war ihnen das Bauen in Stein zunächst völlig unbekannt. Nachweislich wurden die ersten Kirchen in der Normandie aus Holz errichtet (davon zwar nichts erhalten, aber in Quellen gesichert). Nun gelten für ein hölzernes Gebäude gänzlich andere Gesichtspunkte als für ein steinernes. Im Steinbau werden Quader zu einer glatten Fläche übereinandergefügt, im Holzbau entsteht aus einzelnen Balken ein Gerüst, dessen Zwischenräume gefüllt werden. So gesehen erscheint der normannische Kirchenbau der Romanik wie die Übersetzung der Holzbauweise in Stein. Indem dieses neuartige Prinzip der Gestaltung von Wänden – Füllmauern innerhalb eines struktiven Gerüsts aus bauplastischen Gliedern – die gesamte Baukunst Frankreichs im Mittelalter durchdrungen hat, ist die romanische Architektur letztlich eine Synthese aus germanischem Holz- und mittelmeerisch-antikem Steinbau. Vergleicht man die wichtigsten Bauten der normannischen Romanik miteinander, so läßt sich im Sinne des Fortschreitens der Wandaufbrechung eine geradlinige Entwicklung ausgehend von Bernay über Jumièges, Mont-St-Michel und die Abteikirchen in Caen bis zur Klosterkirche von Lessay nachzeichnen.

Mit der Eroberungspolitik der Normannen wurde die normannische Bauweise nach England getragen, wo sich die Fortentwicklung in Richtung auf die Gotik schrittweise vollzog. Einen Meilenstein markiert in dem Zusammenhang die Kathedrale von Durham, wo zum erstenmal in der Baukunst des Abendlandes der *Strebebogen* auftritt. In Durham blieb er zunächst noch unter den Pultdächern der Seitenschiffe verborgen; erst in Chartres trat er dann offen zutage. So sehr waren die schöpferischen Kräfte der Normandie auf die Aufgaben der Architektur gerichtet, daß offenbar für die *Skulptur* kein Raum mehr blieb. Fast hat es den Anschein, als habe die Bauplastik kein Interesse gefunden, weil der Baukörper in seiner Gesamtheit als eine Art Monumentalplastik aufgefaßt wurde.

Ganz anders liegen die Verhältnisse in der BRETAGNE. Diese Landschaft an der Peripherie Frankreichs hat immer ihr Eigenleben geführt. Ein ausschlaggebender Grund dafür ist die ethnische Sonderstellung: Hier ist das keltische Erbe lebendig geblieben und hat sich mit Zähigkeit gegen eine Durchdringung mit dem Romanischen gesperrt. Nachdem die Bretagne zunächst infolge der Eingliederung in das römische Imperium romanisiert worden war, erfolgte im 6. und 7. Jh. gleichsam eine Rekeltisierung: Von den Angeln und Sachsen von den Britischen Inseln vertriebene Keltenstämme faßten in der Bretagne Fuß. Fortan war das Augenmerk der Bretonen darauf gerichtet, sich gegen die Zentralgewalt abzuschotten. 990 wurde das alte karolingische Herzogtum erneuert. Seit der Mitte des 11. Jh.s machte sich zunehmend der Druck von der benachbarten Normandie und England bemerkbar, so daß König Ludwig VI. von Frankreich 1113 auf seine Lehnshoheit verzichten mußte. Die englischen Plantagenet-Könige verleibten dann die Bretagne ihrem Angevinischen Reich ein, verloren sie aber zusammen mit allen anderen Territorien nördlich der Loire in der Schlacht bei Bouvines (1214). Wenngleich das Herzogtum 1491 durch die Heirat der Erbtochter Anne de Bretagne mit König Karl VIII. (und nach dessen Tod mit Ludwig XII.) nominell an die französische Krone kam, konnte ein Sonderstatus weiter aufrechterhalten werden. Letztlich ist die Bretagne erst in der Revolution zu einem unverbrüchlichen Bestandteil Frankreichs geworden. Doch noch heute besteht die Tendenz zur Autonomie; erst Ende der 1960er Jahre haben blutige Attentate auf diesen Umstand aufmerksam gemacht.

Fragt man nun nach dem Grund, warum die Bretagne kaum einen nennenswerten Beitrag zur Kunst der Romanik geleistet hat, so ist des Rätsels Lösung rasch gefunden: Die Bretagne besaß keine großen Abteien wie die benachbarte Normandie und die anderen großen romanischen Kunstlandschaften Frankreichs. Damit gebrach es an den geistigen Trägern – eine Feststellung, die die entscheidende Rolle der Klöster in dieser Negativbilanz mindestens so eindringlich vor Augen führt wie anderswo die sichtbaren Zeugnisse ihres Wirkens. Die an Zahl geringen Denkmäler der Romanik in der Bretagne zeigen entweder Einflüsse aus der Normandie oder Anregungen aus dem Poitou. Zu ihrer eigenen und unverwechselbaren Kunstsprache hat die Bretagne erst sehr viel später – im 16. Jh. – gefunden, und zwar in Gestalt des *»enclos paroissial«* mit dem oft figurenreichen *»calvaire«* (Kirchhofseinfriedung mit Kalvarienberg) – bezeichnenderweise kein Kulturgut klösterlicher Gemeinschaften, sondern Ausdruck einer von breiten Schichten getragenen Volksfrömmigkeit.

Bayeux*** *(Calvados)*

Natürlich wird jeder Normandiereisende der KATHEDRALE von Bayeux einen Besuch abstatten. In unserem Rahmen erweist er sich jedoch als weniger ergiebig, weil der romanische Bau weitgehend von der Gotisierung des 13. Jh.s erfaßt und überdeckt wurde. Interessant ist hier immerhin der augenscheinliche Beweis, daß die Gotik im Grunde nahtlos an die Tradition des normannischen Kirchenbaus des 11. und 12. Jh.s anknüpfen konnte. Als Besonderheit der normannischen Gotik kann die Öffnung der Vierung zum Vierungsturm gelten, der damit wie eine Laterne den Kreuzungspunkt von Lang- und Querhaus erhellt. Noch rein romanisch ist die *Krypta.* Sie war im Zuge der Gotisierung des Bauwerks vollständig zugeschüttet und erst im 15. Jh. wieder freigelegt worden.

Die Hauptattraktion von Bayeux ist der weltberühmte *Teppich,* der früher zur Ausstattung der Bischofskirche gehörte (Abb. vordere Umschlagklappe). Heute befindet er sich, hinter Panzerglas geschützt, im EHEMALIGEN BISCHÖFLICHEN PALAIS unweit der Kathedrale. Strenggenommen handelt es sich nicht um einen Teppich, vielmehr um einen textilen Fries von 50 cm Höhe und 70 m (!) Länge. Auf das Leinen ist mit bunten Wollfäden die Geschichte von der Eroberung Englands durch Herzog Wilhelm in 73 Einzelbildern aufgestickt. Der umfangreichste historische Bilderzyklus des gesamten europäischen Mittelalters wurde im Auftrag des Bischofs von Bayeux und Halbbruders Herzog Wilhelms, Odo von Conteville, vermutlich von einem Atelier in England hergestellt. Odo war nach der Eroberung Englands zu einem mächtigen Grundherrn aufgestiegen, wodurch ihm leichthin die Mittel zuflossen, die zur Finanzierung eines Projekts dieser Größenordnung vonnöten waren. Wir referieren die dargestellten Ereignisse in einer Zusammenfassung.

Die Schilderung beginnt im Jahr 1064. Der kinderlose König Edward »the Confessor« (der Bekenner) bestimmt Herzog Wilhelm von der Normandie zu seinem Nachfolger und beauftragt den Prinzen Harold, diesen Entschluß dem Normannenfürsten zu übermitteln. Auf seiner Überfahrt zum Kontinent verschlägt es die Schiffe Harolds an die Küste jenes Gebiets der Bretagne, über das der Graf Guy de Ponthieu herrscht. Dieser nimmt Harold gefangen und gibt ihn an Wilhelm erst nach Zahlung eines Lösegeldes wieder frei. Harold und Wilhelm schließen ein Bündnis, das mit der Eheschließung zwischen Wilhelms Tochter Aelfgyve und dem englischen Prinzen bekräftigt wird. Alsdann beteiligt sich Harold mit seiner Gefolgschaft an einer kriegerischen Unternehmung der Normannen gegen die Bretagne. Nach dem erfolgreichen Abschluß des Feldzugs legt Harold in der Kathedrale von Bayeux einen Eid darauf ab, daß er Wilhelm beim Ableben Edwards die Anwartschaft auf den englischen Thron nicht streitig machen werde. Das betreffende Bild zeigt Harold, der im Augenblick des Schwurs seine Hände auf die Reliquienschreine der Kathedrale legt (vgl. Umschlagklappe, oben). Dies ist die Schlüsselszene der ganzen Folge. Bald nach Harolds Rückkehr nach England stirbt Edward, und noch am selben Tag läßt sich Harold, unter Bruch seines Eides, zum neuen König von England ausrufen. Unverzüglich rüstet Wilhelm zum Krieg gegen Harold, indem er eine Flotte bauen läßt. Bilderreich werden sodann die Einschiffung des Normannenheeres sowie die Ereignisse am Vorabend der entscheidenden Begegnung dargestellt. Breiten Raum nehmen anschließend einzelne Episoden der welthistorischen Schlacht von 1066 bei Hastings ein, an deren Ende die Niederlage des englischen Heeres und der Tod Harolds stehen.

Der Bildteppich beinhaltet weit mehr als eine chronologische Schilderung der Ereignisse, die zur Eroberung Englands durch die Normannen führten. Er soll darüber hinaus die Bedeutung der Reliquien aufzeigen. Der Eidbruch Harolds war eine Schändung der Reliquien, auf die der Schwur des Thronverzichts geleistet worden war. Entsprechend wird die Niederlage des englischen Prinzen dem Wirken der Reliquien zugeschrieben und letztlich das historische Ereignis zum Ratschluß himmlischer Mächte überhöht. Die Tatsache, daß das Ergebnis schon im Vorfeld entschieden und Wilhelm gleichsam nur als Vollstrecker des göttlichen Willens erscheint, findet sich bereits in der ersten Szene angedeutet, in der die Astrologen mit Blick auf einen Kometen Harold sein unrühmliches Ende voraussagen. So ist der Teppich von Bayeux nicht nur ein geschichtliches Dokument ersten Ranges; er belegt zugleich eindrucksvoll die Auffassung von der Bedeutung der Reliquien im Mittelalter, deren Wirken man auch bei politischen Entscheidungen zu erkennen vermeinte.

Die Erhaltung des aus einem so vergänglichen Material gearbeiteten Denkmals grenzt an ein Wunder. Das häufige Aufhängen an besonderen Festtagen in der Kathedrale von Bayeux hätte schon früh zu Abnutzung und Zerstörung führen können. Auf des Messers Schneide stand das Schicksal des Teppichs, als er, bereits in einzelne Streifen zerschnitten, in der Revolution beim Abmarsch von einem Freiwilligenaufgebot aus Bayeux zur Abdeckung der Wagen herhalten mußte. Im letzten Augenblick vereitelte das beherzte Eingreifen des Rechtsanwalts Lambert Léonard-Leforestiers den Abtransport. Der Teppich wurde geborgen, wieder zusammengesetzt und in das ehemalige bischöfliche Palais überführt, wo er seit dem 19. Jh. allen Besuchern einen geschichtlichen Anschauungsunterricht vermittelt, wie man ihn sich lebendiger nicht denken kann.

Bernay, ehem. Abteikirche Notre-Dame, Wandgliederung

Bernay* *(Eure)*

Die Kirche Notre-Dame in Bernay (säkularisiert, dient heute als Ausstellungs- und Konzertsaal) ist die älteste unter den erhaltenen normannischen Sakralbauten (die des Wilhelm von Volpiano in Fécamp leider zerstört). Wenn auch die Daten nicht restlos geklärt sind, hat man doch von einem Baubeginn schon bald nach der Wende vom 10. auf das 11. Jh. auszugehen. Damit ist Bernay der einzige erhaltene Bau aus jener Zeit, als mit Wilhelm von Volpiano ein neues Zeitalter für die Normandie heraufzog. Die Fertigstellung der Kirche wird wohl um die Mitte des 11. Jh.s anzusetzen sein.

Notre-Dame ist eine dreischiffige Basilika mit Querhaus (nur der rechte Arm erhalten, der linke wurde 1810 abgerissen) und einem daran anschließenden längsrechteckigen Chorjoch. Dieser Raumteil ist heute nach Osten flach geschlossen; ursprünglich mündete das Chorjoch in eine halbrunde Apsis, die von zwei kleinen Nebenapsiden flankiert war. In der Gestalt der Hochschiffwand der Südseite wird bereits der Weg gewiesen, auf dem die normannische Architektur weitergehen sollte: Die Arkadenbögen des Untergeschosses sind nicht einfach aus der Wand ausgeschnitten, wie es in dieser Zeit sonst überall üblich war, sondern erscheinen mit einem Unterzug unterlegt, der auf halbrunden Vorlagen mit Kapitellen ruht – ein erster wichtiger Schritt in Richtung auf die *Plastizierung der Wand!* Noch schwerer ins Gewicht fällt die Gestaltung der freien Fläche zwischen Arkade und Obergaden: Diese Zone der Hochschiffwand ist aufgebrochen; über dem Scheitel jeder Arkade öffnet sich ein kleiner Zwillingsbogen im rhythmischen Wechsel mit Blendbogen über den Pfeilern. Diese Form der Wandaufbrechung bereitet die *Empore* vor, die schon bald ein Hauptmerkmal der

Bernay, Notre-Dame, Isembardus-Kapitell

normannischen Architektur werden sollte. Daß die Normandie nicht die einzige Landschaft war, in der die Baumeister mit der Empore zu experimentieren begannen, beweisen die Kirchen von Vignory, Montier-en-Der und St-Remi in Reims in der Champagne, in denen – zur selben Zeit wie hier in Bernay – die Empore als Möglichkeit zur Wandaufbrechung entdeckt wurde.

Bemerkenswert ist auch die plastische Ausgestaltung zahlreicher *Kapitelle,* ein in der Normandie eher seltener Fall. An einem von ihnen (im Chor) findet sich die Signatur eines Bildhauers mit Namen *Isembardus.*

Caen*** *(Calvados)*

Caen, die Hauptstadt der Basse-Normandie, ist eine Gründung Wilhelms des Eroberers, der in der von ihm gestifteten *Kirche St-Étienne* 1087 zur letzten Ruhe gebettet wurde. Seine Gemahlin Mathilde gründete am selben Ort die *Kirche Ste-Trinité,* auch *Abbaye-aux-Dames* genannt. Beide Kirchenstiftungen sind Bußleistungen, wobei nicht mit letzter Sicherheit geklärt ist, was den Anlaß gab. Wir wissen nur so viel, daß die Eheschließung zwischen Wilhelm und Mathilde die Mißbilligung des Papstes fand. Es wäre denkbar, daß eine verwandtschaftliche Beziehung zwischen den Ehegatten im Widerspruch zum geltenden kanonischen Recht stand, worüber man sich jedoch im allgemeinen leicht hinwegsetzte (Eleonore von Aquitanien ging 1136 die Ehe mit Ludwig VII. ein, und erst viel später, als es für sie von vitalem Interesse war, die Verbindung wieder zu lösen, entsann sie sich der entfernten Verwandtschaft mit ihrem Gemahl, um daraufhin erfolgreich die Annullierung der Verbindung zu betreiben). Denkbarer wäre deshalb die Furcht vor einer zu großen Machtkonzentration in Händen des normannischen Herzogspaares, denn als Tochter Balduins V. von Flandern brachte Mathilde ihrerseits eine starke Hausmacht mit in die Ehe. So sind die beiden großen Kirchen in Caen letztlich als öffentliche Demutsbezeugungen zu verstehen, die jedoch die weltlichen Machtgelüste des Eroberers keineswegs dämpften.

St-Étienne (Abb. 99) wurde in einer staunenswert kurzen Bauzeit fertiggestellt. Die Grundsteinlegung erfolgte 1063, zu einer Zeit also, als sich Wilhelm bereits mit konkreten Plänen zur Ergreifung der Herrschaft über England trug. Zum ersten Abt bestimmte er den aus dem italienischen Pavia stammenden Lanfranc, der zuvor erfolgreich zwischen Papst und Herzog vermittelt hatte. Nach der Eroberung Englands wurde Lanfranc als Erzbischof von Canterbury berufen, wodurch die Abtei St-Étienne Grundbesitz in England erhielt. Erst König Heinrich V. unterband im Hundertjährigen Krieg den Zustrom der Geldmittel aus England nach Caen, um sie seiner eigenen Kriegskasse zuzuleiten. 1077 wurde St-Étienne in Anwesenheit des Herzogspaares, das inzwischen zum Königspaar aufgestiegen war, geweiht.

Allein die gewaltige *Fassade* ist eine Leistung von epochalem Rang. Das in Burgund (Tournus) kurz zuvor formulierte Motiv der Zweiturmfassade erfährt hier eine Steigerung ins Monumentale. Die Abteikirche von Jumièges hatte in dieser Richtung wichtige Vorarbeit geleistet. Dort treten beide Türme jedoch hinter einem Portalvorbau zurück, so daß sich die einzelnen Elemente noch nicht wirklich zu einer Fassade zusammenfügen. Bei St-Étienne liegen die Stirn-

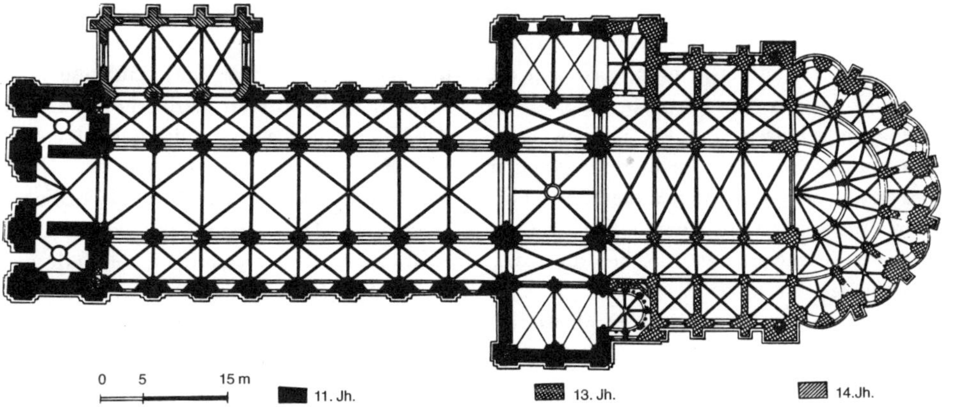

Caen, ehem. Abteikirche St-Étienne, Grundriß

wand des basilikalen Mittelschiffs und die beiden Türme in gleicher Fluchtlinie, verschmelzen zu einer gewaltigen, in sich geschlossenen Front, in der die himmelstürmende Tendenz der Türme für eine akzentuierte Vertikalbetonung sorgt. Von der Fassade von St-Étienne zu den großen Zweiturmfassaden der gotischen Kathedralen ist es nur noch ein kleiner Schritt. Folglich empfindet man die Helmaufsätze, die erst in gotischer Zeit hinzukamen, keineswegs als störende Fremdkörper. Im ursprünglichen Zustand muß man sich dahinter noch den Vierungsturm vorstellen, der jedoch schon im 16. Jh. einstürzte und nicht rekonstruiert wurde.

In der *Gestaltung des Innenraums* haben die Architekten die Summe aus den Bauerfahrungen aller vorangegangenen Kirchen der Normandie gezogen. Die Hochschiffwand der dreischiffigen Basilika zeigt dieselbe Abfolge von Arkade, Empore und Obergaden wie in Jumièges. Während dort aber zwischen den Öffnungen des Emporengeschosses noch glatte Mauerflächen stehenblieben, sind in St-Étienne die Emporen zu einer Größe gesteigert, die mit der der darunter befindlichen Arkaden fast identisch ist. Sie grenzen nah aneinander und sind nur noch durch schmale Wandstücke voneinander getrennt, die ihrerseits durch Halbsäulen und Dienste in der Hochschiffwand zu bauplastischen Körpern umgedeutet sind. Im Obergaden erscheint darüber hinaus die Wand *zweischalig:* Unterhalb der Fensterreihe ist ein kleiner *Laufgang* entlanggeführt, dessen Räumlichkeit durch schmale Arkaden zu seiten der Obergadenfenster betont wird. Dieser Laufgang sollte ebenso wie die Empore zum unverbrüchlichen Repertoire normannischen Bauens werden. In der damit einhergehenden *völligen Eliminierung der Wandfläche* erreicht die normannische Romanik in St-Étienne ihren Höhepunkt. Rückblickend läßt sich von hier aus der Weg in folgende Stufen unterteilen: Die erste besteht in der Aufbrechung der Wand (Bernay); es folgt in einer zweiten

Entwicklungsstufe die Plastizierung der Wand mit Hilfe von Runddiensten (Jumièges): ein Gestaltungsprinzip, das, von der Normandie ausgehend, schrittweise alle Kunstlandschaften Frankreichs eroberte; am Ende steht die Auflösung der Wand in ein struktives Gerüst von Säulen und Diensten, das seine konsequente Fortentwicklung im Gitterwerk der gotischen Kathedralen erlebt.

St-Étienne ist demnach ein Denkmal, das Architekturgeschichte gemacht hat. Hier wird das Tor in ein neues Zeitalter aufgestoßen. Nun erst ist die Antike endgültig überwunden, hat das europäische Mittelalter seine eigene Sprache gefunden!

Caen, St-Étienne, für die Gewölbe veränderter Wandaufbau

Um 1130 wurden St-Étienne sechsteilige Rippengewölbe eingezogen, doch empfindet man diese nachträgliche Baumaßnahme keinesfalls als störend. Durch die Dienste in der Hochschiffwand war das Gewölbe derart vorbereitet worden, daß seine tatsächliche Ausführung eher wie eine logische Folge erscheint. Das Prinzip des gerüsthaften Aufbaus wird damit sinnvoll zu Ende gedacht. Mit Hilfe der Rippen, die aus den Diensten emporwachsen, werden die Wände raumübergreifend miteinander verzahnt.

Der romanische Chor wurde später, als die Normandie nicht mehr Impulsgeber, sondern ihrerseits Empfänger geworden war, durch einen gotischen Neubau ersetzt. In seiner formalen Verwandtschaft mit der normannischen Romanik fügt er sich ähnlich organisch in die Substanz des 11. Jh.s wie am Außenbau die Helmaufsätze der Türme und im Langhaus die Kreuzrippengewölbe.

Mit Ste-Trinité besitzt Caen einen weiteren Bau aus derselben Zeit. Die Grundsteinlegung fand etwa gleichzeitig mit jener von St-Étienne oder nur unwesentlich früher statt. 1066 wurde bereits eine erste Weihe vollzogen, doch dürfte zu diesem Zeitpunkt bestenfalls der Chor vollendet gewesen sein. Danach kam der Bau ins Stocken. Einen Rückschlag bedeutete der Tod Wilhelms 1087, so daß sich die Fertigstellung bis 1130 hinzog. Die lange Dauer des Bauvorhabens erklärt nicht nur manche Ungereimtheiten wie etwa die unregelmäßige Anbringung der Seitenschiffenster, sondern auch die Übernahme von Motiven aus anderen Kunstlandschaften. Die *Fassade* ist wie bei St-Étienne als Zweiturmfront angelegt; doch es fehlen die Helme, so daß das Aufwärtsstreben

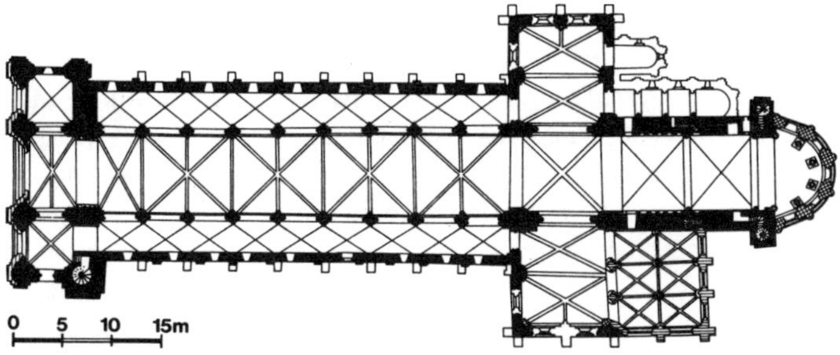

Caen, ehem. Abteikirche Ste-Trinité, Grundriß

gedämpfter erscheint als dort. Der Portaldekor des 19. Jh.s (Tympanon über dem Mittelportal) ist eine an normannischer Architektur der Romanik entstellende Zutat.

Die Hochschiffwand der dreischiffigen Basilika ist wie in St-Étienne dreigeschossig (Abb. 102). Hier tritt an die Stelle der normannischen Empore ein *Blendtriforium,* das aus der burgundischen Architektur übernommen wurde. Die Obergadenwand zeigt sich – darin St-Étienne eng verwandt – zweischalig aufgebrochen, indem am Fußpunkt der Fenster ein kleiner Laufgang angelegt ist – ein Gestaltungsprinzip, das gleichfalls in der Gotik seine Fortsetzung gefunden hat. Gewölbe waren im ursprünglichen Plan nicht vorgesehen; doch da das Langhaus erst im 12. Jh. zum Abschluß kam, war die Einwölbung inzwischen zur Selbstverständlichkeit geworden. Durch den normannischen Wandaufriß mit Diensten bestens vorbereitet, fügen sich die Kreuzrippen organisch in die gewachsene Substanz. Als störend erweisen sich nur die modernen grellbunten Fenster. In den Querschiffarmen findet sich derselbe Wandaufriß wie im Langhaus. In den beiden der Chorapsis vorgeschalteten Jochen hingegen ist das System gestört; sie bestehen aus großflächigen fensterlosen Wänden. Das Halbrund des Chores ist zweigeschossig. Die fünfschiffige *Krypta* unter dem Chor war eine baustatische Notwendigkeit, bedingt durch die Lage der Kirche an einem leicht abschüssigen Terrain.

Eine dritte romanische Kirche in Caen, St-Nicolas, die von denselben Baumeistern errichtet wurde, die an St-Étienne tätig waren, mutet wie eine Synthese aus St-Étienne und Ste-Trinité an. Die Bindegliedzone

Caen, Ste-Trinité, Wandgliederung

zwischen Arkadengeschoß und Obergaden ist eine Art Zwittererscheinung aus Triforium und Empore. Der Grundriß mit basilikalem Langhaus, Querhaus, zwei Chorjochen und Apsishalbrund ohne Umgang und Kapellenkranz entspricht den beiden großen Schwesterbauten, denen sie auch zeitlich nahesteht.

Cerisy-la-Forêt** *(Manche)*

Auf der Schwelle von der Landschaft Bessin zur Halbinsel Cotentin bestand schon in merowingischer Zeit eine Einsiedelei, an deren Stelle Robert der Prächtige, der Vater Wilhelms des Eroberers, im Jahr 1032, drei Jahre vor seinem Tod, ein Benediktinerkloster gründete. Wenn auch die Konventsgebäude und etwa die Hälfte des Langhauses der Kirche während der Revolution der Spitzhacke zum Opfer fielen, lohnt der Besuch von Cerisy allemal: zum einen wegen der Bedeutung des Bauwerks in architekturgeschichtlicher Hinsicht, zum anderen wegen der reizvollen Lage in ländlicher Abgeschiedenheit.

Die KIRCHE ST-VIGOR wurde um 1070 begonnen und zu Beginn des 12. Jh.s fertiggestellt. Die Architekten konnten bereits auf die Erfahrungen von St-Étienne in Caen zurückgreifen, und so ist denn auch Cerisy-la-Forêt deren unmittelbarer Nachfolger. Das basilikale Langhaus zeigt dieselbe Abfolge von Arkade, Empore und Obergaden. In einem Punkt aber geht Cerisy über die Bauten von Caen hinaus: Der kleine Laufgang, der in St-Étienne und Ste-Trinité in Caen zum erstenmal auftaucht, dort aber nur einen Teil des Obergadens in Anspruch nimmt, erfährt hier in Gestalt zweier bis zum oberen Abschluß des Obergadens aufragender freistehender Säulen eine gesteigerte Betonung. Somit wird das Prinzip der Zweischaligkeit der Wand gegenüber den Bauten in Caen noch deutlicher herausgestellt.

Spätere Eingriffe haben den Raum zum Teil einschneidend verändert. Am schmerzlichsten ist die Verstümmelung des Langhauses. Wenig vorteilhaft sind ferner die massige Verstärkung der Vierungspfeiler und die weit herabgezogenen Scheidbögen der Vierung – beides Maßnahmen, die nach einem Einsturz des Vierungsturms unumgänglich waren. Im Zuge der jüngsten Restaurierung hat man die gotischen Gewölbe in den Jochen des Vorchores und im südlichen Querschiff wieder entfernt und durch eine Holzdecke ersetzt. Diese mutige Wiederherstellung des ursprünglichen Zustands

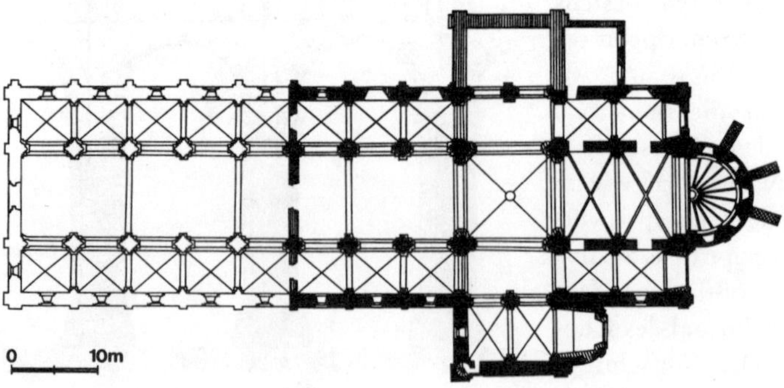

Cerisy-la-Forêt, ehem. Klosterkirche, Grundriß

ist besonders zu begrüßen, kommt doch dergestalt die Authentizität des Bauwerks wieder stärker zum Tragen.

Jumièges** *(Seine-Maritime)*

In einer enggezogenen Schleife der Seine westlich von Rouen gründete der hl. Philibert (vgl. Tournus) Mitte des 7. Jh.s ein Kloster, das 200 Jahre später eine leichte Beute der Normannen wurde. Einer ersten Plünderung 841 folgten weitere Brandschatzungen, so daß die Mönche das Kloster alsbald aufgaben. Fast 100 Jahre dauerte es, bis die Benediktiner 940 Jumièges wieder in Besitz nahmen. Zunächst wurden die zerstörten karolingischen Bauten instandgesetzt. Gegen Ende des 10. Jh.s entstand dann mit *St-Pierre* ein erster neuer Kirchenbau. Als dieser ein halbes Jahrhundert darauf bereits zu klein geworden war, reifte der Plan, anstelle der bereits vorhandenen karolingischen Marienkapelle eine große Abteikirche zu erbauen. Der Grundstein zu NOTRE-DAME wurde 1040 gelegt – 400 Jahre nach Gründung der Abtei, 200 Jahre nach ihrer Zerstörung, 100 Jahre nach ihrer Restituierung. Die Fertigstellung fiel mit der Eroberung Englands 1066 zusammen. Bei der Weihe, die im darauffolgenden Jahr mit allem nur denkbaren Pomp vollzogen wurde, war auch das frischgebackene englische Königspaar, Wilhelm und Mathilde, anwesend und verlieh den Feierlichkeiten mit reichen Geschenken zusätzlichen Glanz.

Mit der Revolution brach die Katastrophe über Jumièges herein: Der hochgotische Chor, der im 13. Jh. anstelle des romanischen Vorgängers errichtet worden war, wurde gesprengt und bis auf die Grundmauern abgetragen. Das romanische Langhaus konnte vor dem Abbruch bewahrt werden; es verlor jedoch sein Dach und steht seither als Ruine da.

Notre-Dame in Jumièges ist das erste Beispiel einer monumentalen *Zweiturmfassade* in der Normandie (Abb. 98). Allerdings springt der Mittelteil als flacher Narthex vor, die Türme fluchten seitlich zurück. Durch diese Abstufung besitzt die Fassade noch nicht jene Geschlossenheit, die wenig später an St-Étienne in Caen so überzeugend geglückt ist. Ferner fehlen die Gliederungselemente, die der Zweiturmfassade der Abteikirche in Caen ihren struktiven Aufbau verleihen.

Das basilikale *Langhaus* besteht aus acht Jochen, die im Stützenwechsel von Säulen

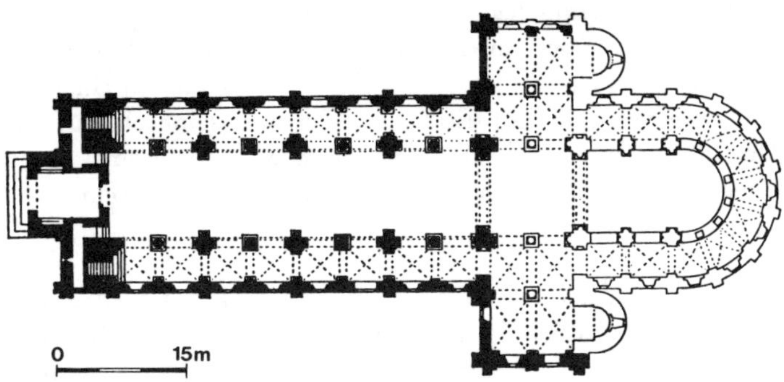

Jumièges, ehem. Abteikirche Notre-Dame, Grundriß

und kantonierten Pfeilern mit vier halbrunden Vorlagen gebildet werden. Dieser Stützenwechsel der frühen normannischen Romanik sollte im späten 11. Jh. zugunsten einer einheitlichen Gliederung aufgegeben werden. Über den Arkaden des Untergeschosses geht das Emporengeschoß auf, das sich in Gestalt von Drillingsarkaden unter einem übergreifenden Bogen zum Mittelschiff öffnet. Die dem Mittelschiff zugewandten halbrunden Vorlagen der Pfeiler wachsen als *Dienste* in der Hochschiffwand auf und sorgen für eine vertikale Verklammerung aller Geschosse untereinander. Zwischen Empore und Obergadenfenstern ist noch ein beträchtliches Stück glatter Wandfläche stehengeblieben, das im Urzustand möglicherweise mit Malereien dekoriert war. Im Fortschreiten der Wandaufbrechung stellt Jumièges das Bindeglied zwischen der etwas älteren Kirche in Bernay (s. o.) und den zwei Jahrzehnte jüngeren Abteikirchen in Caen dar.

Die Kapelle St-Pierre gleich neben der großen Kirchenruine (Südseite) ist nur als Fragment auf uns gekommen. Die kleinen Zwillingsarkaden über den Bögen des Untergeschosses lassen jedoch unschwer erkennen, daß das *Motiv des Emporengeschosses* in der normannischen Architektur noch unter die Marke der Jahrtausendwende bis ins 10. Jh. zurückreicht.

Unweit von Jumièges trifft man in dem Dorf *Yainville* auf eine kleine romanische *Kapelle*, die zu der großen Abtei gehörte.

Lanleff* *(Côtes-du-Nord)*

Knapp 10 km südlich des Hafenstädtchens Paimpol liegt nahe der Nordküste der Bretagne auf freiem Feld die romantische Ruine einer Kirche, die im Volksmund unter dem Namen »Temple de Lanleff« bekannt ist. Das Fehlen jeglicher schriftlicher Nachrichten über das Bauwerk hat die Hypothesen desto mehr beflügelt: Von einem heidnischen Heiligtum oder römischen Tempel war die Rede. Genaue Bauuntersuchungen haben indes die These unterstützt, die für einen romanischen Bau des frühen 12. Jh.s plädiert.

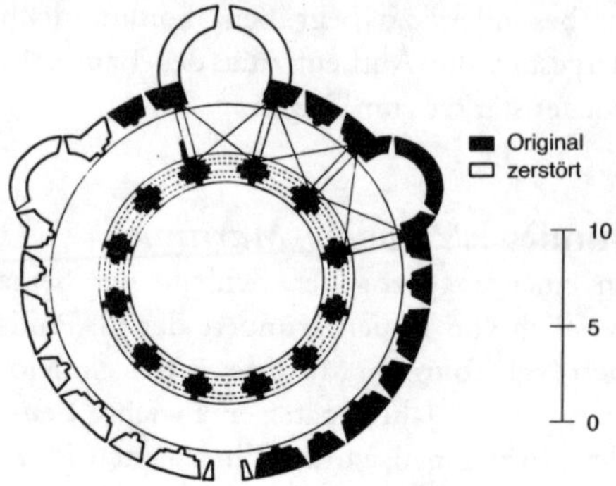

Lanleff, sog. Temple de Lanleff, Grundriß

Der Tempel von Lanleff ist eine *Rotunde.* Zwölf Pfeiler stehen um einen inneren Kreis, um den sich ein jetzt zur Hälfte zerstörter Umgang legt. Der Vergleich mit anderen Bauten dieses Schemas – etwa Neuvy-St-Sépulcre (Berry) – läßt vermuten, daß es sich auch in diesem Fall um ein Abbild der Grabeskirche Christi in Jerusalem handelt. Demnach dürfte Lanleff im Mittelalter ein bedeutsames bretonisches Pilgerzentrum gewesen sein.

Laval* *(Mayenne)*

Hart am Ufer der Mayenne erhebt sich die alte Wallfahrtskirche Notre-Dame-

D'AVÉNIÈRES. Das Langhaus wurde im 19. Jh. komplett neu errichtet, lediglich das Querhaus mit zwei Apsiden und der Chor mit Umgang und Kapellenkranz sind romanisch. Bei flüchtigem Hinsehen scheint die Chorpartie aufgrund ihres kleinteiligen Mauerwerks und des Mangels an gliedernden Elementen frühromanischen Ursprungs zu sein. Allein die Tatsache, daß die fünf Umgangskapellen nahtlos aneinanderstoßen, also einen echten Kranz bilden, spricht für die Kenntnis der frühen gotischen Kathedralen. Demzufolge muß Notre-Dame-d'Avénières nach der Mitte des 12. Jh.s entstanden sein. Es handelt sich um ein Bauwerk, dessen Architekten Elemente der Romanik mit einer Neuerung der Gotik eklektisch verbanden.

Laval, Wallfahrtskirche Notre-Dame-d'Avénières, Grundriß

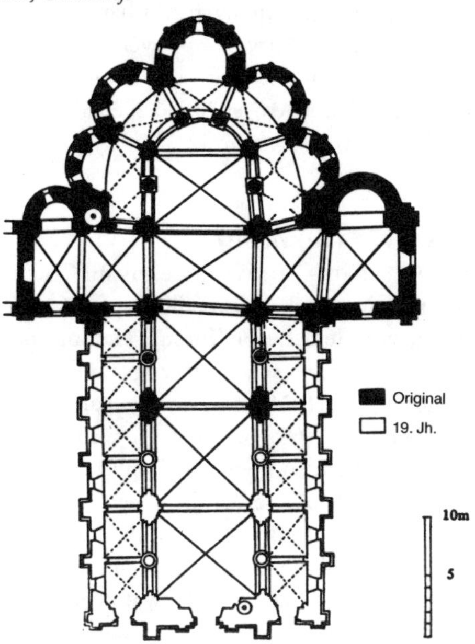

Versteckt am Nordrand der Stadt liegt die umscheinbare KAPELLE NOTRE-DAME-DE-PRITZ (abseits der D 162), die in ihrem Chor einige vorzüglich erhaltene *Wandmalereien* birgt. Über dem Chorbogen: Verkündigung, Maria mit dem Kind, Christus mit vier Aposteln und die Geburt. Sehr lebendig die Darstellungen der Monatsarbeiten in der Laibung des Chorbogens. Im Gewölbe sind sechs große Gestalten der apokalyptischen Könige erhalten, deren gebauschte Gewänder und paarweise Zuordnung auf Vorbilder im südwestfranzösischen Kunstkreis verweisen (vgl. Moissac).

Le Havre (Graville)*

(Seine-Maritime)

Ursprünglich eine eigene Ortschaft, wurde Graville auf dem rechten Seineufer 1919 der expandierenden Hafenstadt Le Havre eingemeindet. Die Religionskriege und erneut die Kampfhandlungen des Zweiten Weltkriegs haben der EHEMALIGEN KLOSTERKIRCHE STE-HONORINE in Graville schwer zugesetzt. Dank einer erst vor kurzem abgeschlossenen Restaurierung sind diese Wunden wieder verheilt.

Die Außenmauern des Querschiffs zeigen ein typisch normannisches Dekorationsschema: halbrunde Bögen, die einander dergestalt durchdringen, daß eine Folge kleinerer Spitzbögen entsteht. In der Normandie selbst ist das Motiv rar geworden; an den Normannenbauten Siziliens jedoch findet man es noch allenthalben (Chor von Monreale!).

Der *Innenraum* – eine dreischiffige Basilika mit sechs Jochen, ausgeschiedener Vierung, einschiffigem Querhaus, gotischem Chor (13. Jh.) – zeigt die geläufige normannische Architektur. Obwohl der Stützenwechsel eher auf eine frühe Entstehung deutet, ist die Kirche doch erst im späten 11. Jh. erbaut worden. Der Besuch wird nicht zuletzt deshalb zu einem eindrucksvollen Erlebnis, weil Ste-Honorine einer der ganz wenigen Bauten ist, der keine nachträgliche Einwölbung erfuhr und unverfälscht das typische Erscheinungsbild des 11. Jh.s bewahrt hat. Die Hypothese, wonach das Prinzip der Wandgliederung in Gestalt von Runddiensten aus dem germanischen Holzbau herzuleiten sei, erhärtet sich hier zur Gewißheit: Die Dienste, die auf halber Höhe des Obergadens enden, »dienen« als Widerlager für Holzstützen, die in Verlängerung der steinernen Rundstäbe die hölzerne Dachkonstruktion zur zusätzlichen Stabilisierung unterfangen.

Le Mans* *(Sarthe)*

Berühmtheit genießt der große hochgotische Chor der Kathedrale St-Julien in Le Mans; kaum minder beachtenswert ist das *romanische Langhaus* dieser *einzigen romanischen Bischofskirche Nordfrankreichs*. Wenn auch nicht mehr zur Normandie gehörig (Le Mans ist Hauptstadt der Landschaft Maine), zeigt sich der Bau doch von der normannischen Baukunst inspiriert. Das basilikale Langhaus besteht aus vier großen quadratischen Jochen, die von einem hochbusigen angevinischen Kreuzrippengewölbe überfangen werden (ursprünglich flach gedeckt). Die Seitenschiffe sind in strikter Anwendung des gebundenen Systems in die doppelte Anzahl von Jochen unterteilt, deren Grundfläche einem Viertel der Mittelschiffjoche entspricht. Die rhythmische Gliederung des Bauwerks kommt durch den Wechsel von Säulen und kantonierten Pfeilern zustande. Die Hochschiffwand ist dreigeschossig: zuunterst die Arkadenstellung; darüber ein Triforium, dessen Bögen im Wechsel mal aufgeblendet, mal zum dahinter befindlichen Dachstuhl der Seitenschiffe geöffnet sind; zuoberst der Obergaden mit Doppelfenstern.

Besonders hervorzuheben sind die *Glasmalereien*. Das Langhaus weist neun farbige Fenster aus der Zeit um 1150 auf. Sie sind damit die vermutlich ältesten Vertreter dieser Kunstgattung in Frankreich, die wenig später, in der Gotik, ihre große Zeit erlebte.

Zwei weitere romanische Denkmäler in Le Mans: Notre-Dame-de-la-Couture, ein einschiffiger Saal des ausgehenden 11./anbrechenden 12. Jh.s mit angevinischem Gewölbe, und Notre-Dame-du-Pré. Letztere, eine dreischiffige Basilika mit Stützenwechsel, dreigeschossigem Aufriß – darin der Kathedrale verwandt –, weit ausladendem Querschiff und Chor mit Umgang und drei Radialkapellen, entstand gleichfalls an der Wende vom 11. zum 12. Jh..

Lessay** *(Manche)*

Die Abtei Ste-Trinité in Lessay im Cotentin ist eine verhältnismäßig junge Gründung, von dem Baron Turstin Haldup, der mit der normannischen Herzogsfamilie verwandt war, erst 1056 ins Leben gerufen. Der Kirchenbau (Abb. 101) wurde, wenn auch nicht sogleich, so doch mit Sicherheit noch im Laufe des späteren 11. Jh.s begonnen und in der ersten Hälfte des 12. Jh.s fertiggestellt. Ein aus dem Jahr 1178 überliefertes Weihedatum bezieht sich wahrscheinlich auf die gesamte Klosteranlage, denn die Kir-

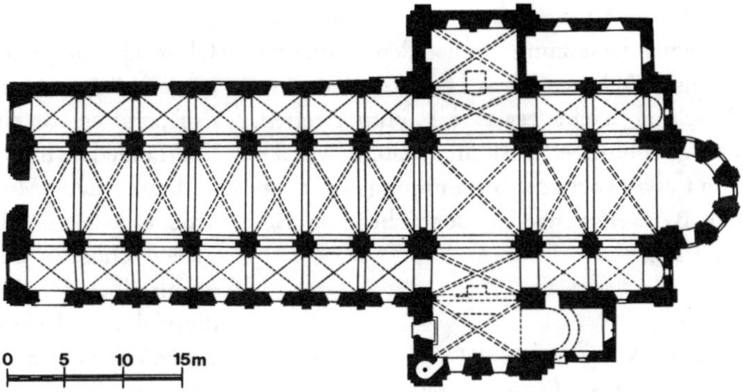

Lessay, ehem. Abteikirche, Grundriß

che dürfte zu diesem Zeitpunkt längst vollendet gewesen sein. Die Kriegswirren des 14. und 16. Jh.s scheint sie einigermaßen glimpflich überstanden zu haben. Erst die Kampfhandlungen in der Normandie nach der Invasion der Alliierten 1944 fügten dem Bauwerk schweren Schaden zu. Nach 1945 wurde deshalb eine Restaurierung durchgeführt, die 1959 zum Abschluß kam.

Das basilikale Langhaus besitzt sieben Joche. Im Gegensatz zu früheren Bauten der normannischen Romanik ist in Lessay der Stützenwechsel aufgegeben; gleichmäßig reihen sich die kantonierten Pfeiler hintereinander, so daß ein einheitliches System identischer Jochabschnitte entsteht. Die Gliederung der Langhauswand setzt sich im Querschiff und den beiden Jochen des Vorchores einheitlich fort. Während die vor 1070 entstandenen Bauten oft nachträglich eingewölbt wurden, scheint in Lessay das Gewölbe von Anbeginn eingeplant gewesen zu sein. Die Kreuzrippen unterstreichen in ihrer Gleichförmigkeit den geschlossenen Raumeindruck. Lessay markiert somit den Übergang von der frühen Romanik zur Hochromanik.

Bei genauer Betrachtung stellt man fest, daß das Langhaus trotz seiner einheitlichen Wirkung nicht ganz aus einem Guß ist. Zwischen dem zweiten und dritten Joch (von der Vierung) ist ein Planwechsel vollzogen worden. Die Arkaden des Triforiums wurden von drei auf zwei reduziert; zudem erfuhr die Gestalt des in der Hochschiffwand aufgehenden Dienstes eine Veränderung: In den beiden letzten Jochen vor der Vierung handelt es sich um einen einzigen halbrunden Stab, aus dessen Kapitellbekrönung die Zahl von drei Rippen etwas unvermittelt aufwächst – eine als Querbogen zur Jochunterteilung, zwei, die schräg als Kreuzrippen zur Jochmitte führen. In den vorderen Jochen wurde der Dienst abgeflacht und durch zwei begleitende Dienste ergänzt, so daß eine organischere Verbindung zwischen Hochschiffwand und Gewölbe stattfindet – ein weiterer vorbereitender Schritt in Richtung auf die Gotik.

Im Zuge der Restaurierung hat man die Kirche aller störenden Zutaten aus späterer Zeit entkleidet, so daß die Architektur heute wieder unverstellt und rein zur Geltung kommt. Man ist es gewohnt, gerade diese normannischen Kirchen in erster Linie um ihrer innovativen, ja progressiven Architektur willen zu betrachten, die nicht nur für sich selbst, sondern auch als Wegweiser für die Zukunft Großartiges geleistet hat. Die Auseinandersetzung mit den Inhalten kommt über solchen baukünstlerischen Aspekten leicht etwas ins Hintertreffen. Der gesammelte Ernst einer Kirche wie der von Lessay rückt die Bestimmung des sakralen Bauwerks wieder deutlicher ins Bewußtsein.

Loctudy* *(Finistère)*

Die KIRCHE ST-TUDY in Loctudy im Westen der Bretagne ist eines der wenigen rein romanischen Bauwerke dieser Landschaft – sieht man von der im 19. Jh. angelegten Fassade und dem aus derselben Zeit stammenden Glockenturm ab: eine dreischiffige, querhauslose Basilika, deren Seitenschiffe in einem Umgang mit drei radial ausstrahlenden Kapellen um das Chorhaupt herumgeführt werden. Lediglich die Ostteile mit Chor, Umgang und Kapellen sind mit Stein eingewölbt, während das Langhaus in allen drei Schiffen von einem hölzernen Gewölbe überfangen wird. Steinerne Schwibbögen verleihen dem Mittelschiff seine rhythmische Gliederung. Die Hochschiffwand ist zweigeschossig; über hohen Arkaden geht unmittelbar der Obergaden auf. Auffallend die vielfache Dekoration der *Kapitelle* und Basen der Dienste mit grob gehauenen Ornamenten.

Loctudy, St-Tudy, Grundriß

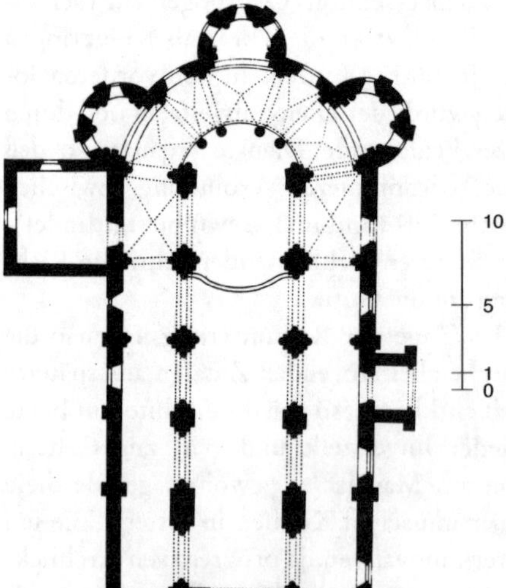

Mont-St-Michel*** *(Manche)*

Zu Beginn des 8. Jh.s gründete der hl. Aubert, Bischof von Avranches, das Heiligtum auf dem Mont-St-Michel. Der 70m hohe Felsen, der die Grenze zwischen der Normandie und der Bretagne markiert, war bereits in keltischer Zeit eine Kultstätte; die Römer hatten auf seiner Spitze einen Merkurtempel errichtet. Die Tradition, Engels- und besonders Michaelsheiligtümer auf Bergkuppen anzulegen, geht auf den Monte Gargano in Apulien zurück und sollte im Mittelalter weiter Verbreitung finden. Bezeichnenderweise hatte sich Aubert vom Gargano Reliquien für seine Gründung beschafft. Zunächst entstand hier lediglich ein kleines Oratorium, dessen kultischen Dienst eine Handvoll Eremiten versah. Diese Eremitage wurde zur Keimzelle des bald entstehenden Klosters. Zunächst machte auch die Mönchsgemeinschaft auf dem Mont-St-Michel die überall im 9. und 10. Jh. um sich greifende Dekadenz durch. 996 wurde sie vertrieben und durch 30 Mönche aus dem Kloster St-Wandrille ersetzt. Mit der Neuorganisation begann eine Bautätigkeit, die über Jahrhunderte nicht mehr

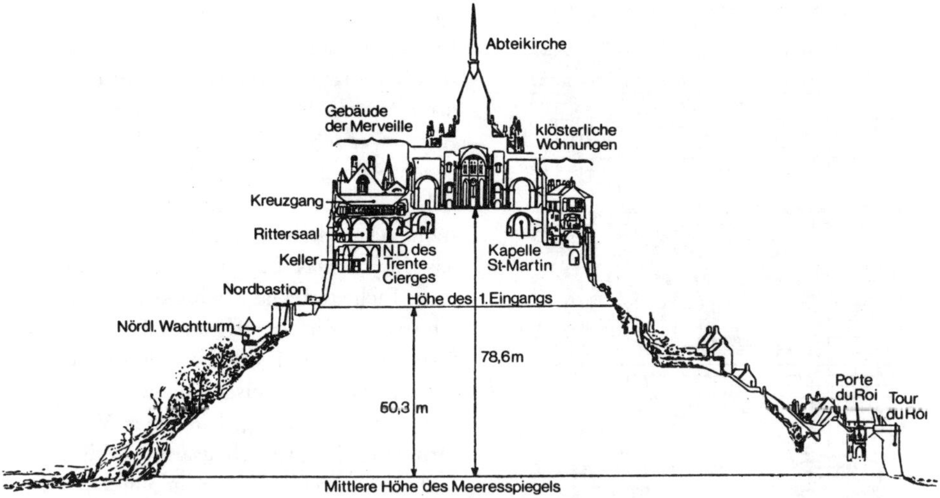

Mont-St-Michel, Querschnitt von Norden nach Süden durch die Achse des Querhauses

abreißen sollte; zugleich setzte der Strom der Pilger ein. Die frühe Kapelle, *Notre-Dame-sous-Terre,* die in eine Vertiefung des Felsens hineingemuldet worden war, wurde durch den im 11. Jh. entstandenen Kirchenneubau in den Untergrund verbannt. Fortan erhob sich das Gotteshaus stolz auf der Anhöhe des Felsens. Jahrzehnt um Jahrzehnt vergrößerte sich der Klosterkomplex; Rückschläge infolge mehrmaliger Brände wurden immer rasch wettgemacht. So entstand das größte Felsenkloster des westlichen Abendlandes, das heute als »premier site de France« – bedeutendste Sehenswürdigkeit Frankreichs – gilt.

Wir lassen die komplizierte Baugeschichte und das Labyrinth der verzweigten Klostergebäude außer acht und konzentrieren uns auf den romanischen Kern der Abteikirche St-Michel. Der Chor ist das Ergebnis einer spätgotischen Erneuerung (15. Jh.), so daß einzig das basilikale *Langhaus* als Zeugnis des 11. Jh.s erhalten blieb (Abb. 103). Doch auch dieses hat die Zeit nicht unbeschadet überstanden. Brände machten immer wieder Erneuerungen notwendig (die Kirche war durch ihre exponierte Lage ständig der Gefahr von Blitzeinschlägen preisgegeben). Bereits im Mittelalter stürzte die Nordwand ein und mußte neu errichtet werden; im 18. Jh. hatte ein Feuer den Westteil der Kirche zum Einsturz gebracht, weshalb die drei vorderen Joche abgebrochen wurden. Im Zuge einer Restaurierung um 1900 sind derart umfangreiche Ergänzungen an dem erhaltenen Bestand vorgenommen worden, daß man heute kaum noch zu entscheiden vermag, was eigentlich überhaupt noch Originalsubstanz ist. Eines jedoch kann als sicher gelten: Die wiederholten Instandsetzungen haben das Aussehen der Basilika stets zu wahren gesucht, so daß uns der Kirchenraum, unbeschadet aller späteren Baumaßnahmen, in der Form vor Augen steht, wie er im 11. Jh. angelegt wurde.

Mont-St-Michel, Abteikirche, Wandgliederung

Die nicht erhaltenen Ostteile bildeten um 1020 den Auftakt. Der Bau des Langhauses wurde gegen 1060 begonnen und kam 1084 zum Abschluß. Er steht damit zeitlich zwischen Jumièges und St-Étienne in Caen. Gegenüber dem älteren Jumièges ist der Stützenwechsel aufgegeben, was die Gesamterscheinung des Raumes stärker vereinheitlicht. Das Emporengeschoß ist in zweifache Biforien pro Joch unterteilt: ein Schema, das wenig später in Lessay wieder aufgegriffen wurde. Den Laibungen der Obergadenfenster sind zwei kleine Säulchen eingestellt, worin sich die Zweischaligkeit der Wand anbahnt – ein Schritt, der dann in den Kirchen von Caen vollzogen wurde.

Quimper* *(Finistère)*

Im Vorort Locmaria von Quimper im Westen der Bretagne findet man mit der Kirche Notre-Dame ein schönes Beispiel einer zwar schlichten, aber in der ausgewogenen Anordnung ihrer kubischen Raumteile gelungenen Architektur. Der Bau entstand vermutlich um die Wende vom 11. auf das 12. Jh. Das Langhaus der Basilika ist sechs Joche tief. Die Flächigkeit der zweigeschossigen Mittelschiffwand läßt nichts vom fortschreitenden Einfluß der Normandie erkennen. Über der ausgeschiedenen Vierung geht ein kraftvoll gedrungener Vierungsturm auf. Die Querhausarme besitzen in strikter Anwendung des gebundenen Systems dieselben Abmessungen wie das Vierungsquadrat. Zu ihnen öffnen sich zwei Kapellen, die den Hauptchor einfassen. Von den einstigen Konventsbauten des Klosters ist lediglich ein Fragment des Kreuzgangs erhalten.

Quimperlé** *(Finistère)*

Der bedeutendste romanische Sakralbau der Bretagne ist die große Rotunde von Ste-Croix in Quimperlé (der Ortsname kommt von bretonisch Kemper = Zusammenfluß, gemeint ist der Zusammenfluß von Isole und Ellé). Einer Legende zufolge soll sich hier bereits im 6. Jh. eine Eremitage befunden haben; die offizielle Klostergründung ist jedoch erst für das Jahr 1029 beurkundet. Die Kanonisierung des ersten Abtes Guerloes (gest. 1057) gab 1083 Anlaß zum Bau einer neuen Kirche. Im 19. Jh. war dieses Bauwerk derart heruntergekommen, daß der Architekt Lassus, damals Generalinspekteur der Historischen Denkmäler Frankreichs, empfahl, den Turm abzurei-

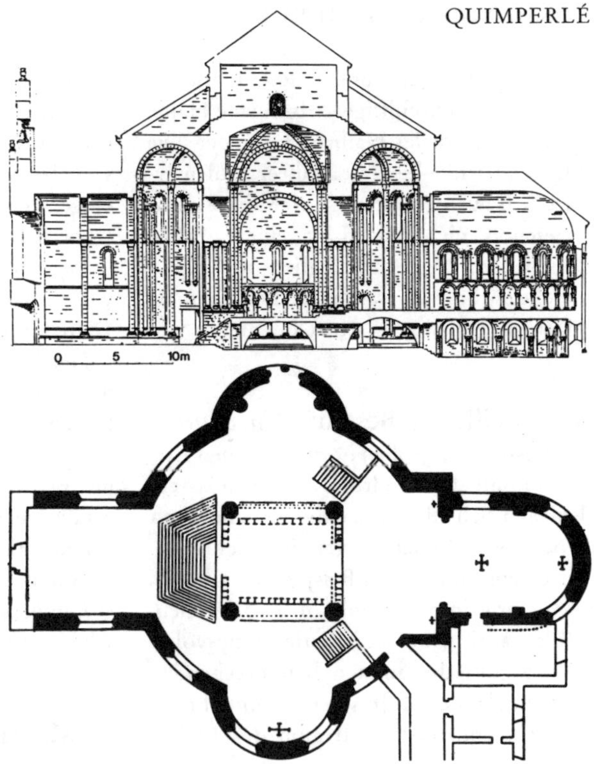

Quimperlé, Ste-Croix, Grundriß und Querschnitt von Rotunde, Chor und Krypta

ßen. Doch der Gemeinderat schlug die Warnungen in den Wind, und am 21. März 1862 kam es dann zur Katastrophe: Der Turm stürzte ein und begrub die Kirche unter sich; ein Wunder, daß dabei nicht mehr als zwei Menschen ums Leben kamen. Einzig die Krypta überstand den Einsturz unbeschadet. Noch im 19. Jh. wurde die Kirche originalgetreu wiederaufgebaut. So leichtfertig, wie man sich zunächst über die berechtigten Warnungen hinweggesetzt hatte, so akribisch verfuhr man nun bei der Wiederherstellung. Der großen Sorgfalt der Restauratoren ist es zu danken, daß Ste-Croix wieder in ihrem ursprünglichen Glanz erstrahlt.

Der Bau beschreibt einen Kreis von annähernd 30 m Durchmesser. Das Zentrum der Rotunde ist in Gestalt eines Quadrats ausgeschieden, das von vier vielfach profilierten Pfeilern umstellt wird. Der Abschluß nach oben ist wieder gerundet; er erhebt sich nur geringfügig über die Bedachung des Umgangs. Nach Norden und Süden strahlen zwei halbrunde Apsiden aus; nach Osten der Chor, um ein geringes tiefer als die beiden Kapellen; im Westen eine Vorhalle über einem etwas unregelmäßigen, leicht trapezoiden Grundriß. Insgesamt stellt der Grundriß eine Durchdringung von Rotunde und griechischem Kreuz dar. Damit verbindet sich eine Doppelbedeutung, indem sowohl auf das Kreuz Christi als auch auf die Grabeskirche des Erlösers in Jerusalem angespielt wird.

Die *Krypta* liegt unter dem Chor im Osten: eine dreischiffige gedrungene Halle, die in ein apsidiales Halbrund mündet. Die auffallend schlanke Gestalt ihrer Säulen erklärt sich aus der Tatsache, daß dieses Untergeschoß nicht die Last einer großen Choranlage, sondern lediglich die kleine Kapelle darüber zu tragen hat. Die *Kapitelle* zeigen vielgestaltige Blattornamente.

Secqueville-en-Bessin* *(Calvados)*

Der Besuch der großen normannischen Kirchen könnte den Eindruck entstehen lassen, als ließen sich alle Bauten dieser Landschaft in den bisher geschilderten Entwicklungsprozeß einordnen. Das Beispiel der KIRCHE ST-SULPICE in Secqueville macht deutlich, daß es auch eine Reihe stimmungsvoller Bauten gibt, die an den bahnbrechenden Neuerungen des 11. Jh.s keinen Anteil nahmen. Obwohl erst zu Beginn des 12. Jh.s entstanden, präsentiert sie sich in einer Schlichtheit, die man eher dem früheren 11. Jh. zuschreiben würde. Das Langhaus ist lediglich zweigeschossig; die Wand zeigt keine gliedernden Elemente. Der Chor wurde im 19. Jh. neu errichtet, und zwar nicht als Rekonstruktion, vielmehr als verkürztes Abbild des Langhauses mit seinen drei Schiffen.

Die äußere Erscheinung ist deutlich aufwendiger als das bescheidene Innere. Die Außenwand des Obergadens besetzt eine Reihe von Blendarkaden; über der Vierung erhebt sich ein stolzer dreigeschossiger Turm. Zwar wurde dessen Helmbekrönung mit den Ecktabernakeln erst in gotischer Zeit aufgesetzt, doch kommt es zu einer ähnlich harmonischen Verbindung von Turm und Helm wie an St-Étienne in Caen.

St-Gildas-de-Rhuys* *(Morbihan)*

Die KIRCHE ST-GILDAS, die ihren Namen nach dem Gründer trägt, einem im 6. Jh. von den Britischen Inseln in die Bretagne eingewanderten Mönch, ist ein frühromanischer Bau des 11. Jh.s (Abb. 100). Das gilt jedoch nur für den *Chor.* Das Langhaus wurde nach schweren Beschädigungen im 17. Jh. komplett neu errichtet.

Der Pilgerkirchentypus mit Umgang um das Chorhaupt ist in dieser Frühzeit in der Bretagne ungewöhnlich. Ebenfalls fällt aus dem Rahmen, daß Chorhaupt und Umgang unter einem gemeinsamen Dach zusammengefaßt werden, so daß der Umgang am Außenbau nicht in Erscheinung tritt. Typisch für die Bretagne ist dagegen der *Kapitelldekor,* in dessen vegetabiler Ornamentik keltisches Formengut fortlebt.

St-Martin-de-Boscherville** *(Seine-Maritime)*

Der Name des Ortes vor den Toren von Rouen erinnert an das Patrozinium der einstigen Pfarrkirche, die, nachdem sie in der Revolution aufgegeben worden war, verfiel und im 19. Jh. abgerissen wurde. Nach Wiedereinführung des christlichen Kultes wählte sich die Gemeinde die EHEMALIGE ABTEIKIRCHE ST-GEORGES zur neuen Pfarrkirche, die dadurch in den Genuß einer Renovierung kam. Das Kloster war um 1050/60, in einer Zeit, da die großen Adelsgeschlechter der Normandie in der Neuschaffung klösterlicher Stätten miteinander wetteiferten, von Raoul de Tancarville gegründet und einer Chorherrengemeinschaft überantwortet worden. 1114 erfolgte die Umwandlung in ein Benediktinerkloster. Zugleich wurde mit dem Neubau einer Kirche begonnen, der erst nach der Mitte des 12. Jh.s zum Abschluß kam. Indem die schöpferische Kraft der Normandie gegen Ende des 11. Jh.s erlahmte, ist St-Georges neben Lessay eines der wenigen Beispiele der reifen Romanik in dieser Landschaft. In der entwicklungsgeschichtlichen Reihe, wie wir sie nachzeichnen konnten – Bernay, Jumièges, Mont-St-Michel, Caen, Cerisy-la-Forêt, Lessay –, bildet Boscherville das letzte Glied.

Die *Fassade* mit ihrem hoch aufgehenden Mittelteil (der Giebel im 19. Jh. erhöht, dadurch eine gewisse Verzerrung in den Proportionen) und den flankierenden Seitenteilen ist ein Spiegel der basilikalen Situation im Innern. An den Nahtstellen zwischen Mittelschiff und Seitenschiffen wachsen zwei schlanke Türme auf, deren obere Geschosse erst im 13. Jh. ausgeführt wurden. In ihrer Zartgliedrigkeit ordnen sie sich devot der Dominanz des mächtigen Vierungsturms unter. Das *Portal* stellt eine baukünstlerische Anleihe aus dem Poitou dar. Die von Säulchen eingefaßte Laibung ist tief in die Wand hineingemuldet; darüber geht eine Vielzahl ornamental dekorierter Archivolten auf. Zu seiten des Eingangs erscheinen zwei schmale, der Wand aufgeblendete Scheinportale. Diese Anlage macht deutlich, daß die Normandie, nachdem sie ihre Rolle als Impulsgeber ausgespielt hatte, ihrerseits für Anregungen aus Nachbarlandschaften empfänglich geworden war.

Die Großartigkeit des Raumerlebnisses wird durch das penible Vorgehen der Restauratoren im 19. Jh. ein wenig beeinträchtigt. Die akribische Nachzeichnung etwa der Mauerfugen entspricht einem modernen Bedürfnis nach Sichtbarmachung von Strukturen, ist aber nicht nur unhistorisch, sondern auch optisch wenig vorteilhaft.

Das *Innere* zeigt den klassischen dreigeschossigen Aufriß mit der Abfolge von Arkade, Triforium und Obergaden (Abb. 104). Die beiden oberen Zonen sind als freie Laufgänge gestaltet, so daß die Durchbrechung der Wand zur Zweischaligkeit nun in letzter Konsequenz vollzogen ist. Kein Stück glatter Wandfläche ist mehr übriggeblieben, alles erscheint in ein System aus Stützen und Stäben aufgelöst. Folglich fügen sich auch die gotischen Kreuzrippenge-

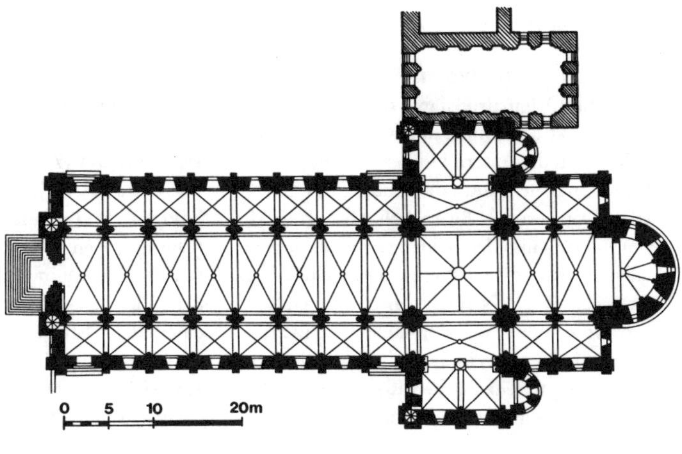

St-Martin-de-Boscherville, ehem. Klosterkirche St-Georges, Grundriß

wölbe organisch in die Architektur von Boscherville, die die letzte Entwicklungsstufe der normannischen Romanik auf der Schwelle zur Gotik darstellt.

Vom einstigen Kloster ist auf der Nordseite der Kirche lediglich der *Kapitelsaal* erhalten geblieben (in einen Neubau des 17. Jh.s einbezogen). Man sollte St-Martin-de-Boscherville nicht verlassen, ohne zuvor die hinter der Abteikirche leicht ansteigende Höhe zu erklimmen. Von dort überschaut man die ganze Weite des unteren Seinetales, in dessen üppiges Grün die Kirche wie ein Kristall eingebettet erscheint.

Weitere sehenswerte romanische Kirchen

Daoulas *(Finistère)*

Das Kloster gehört zu den Gründungen des 6. Jh.s, die auf Initiative angelsächsischer Mönche in der Bretagne entstanden. Nach der Zerstörung durch die Normannen wurde der Konvent 1167 als Augustiner-Chorherrenstift wieder ins Leben gerufen. Die gegen das ausgehende 12. Jh. errichtete KIRCHE NOTRE-DAME ist eine dreischiffige, querhauslose Basilika einfachen Zuschnitts. Alle drei Schiffe münden in Apsiden. Auf der Nordseite sind noch drei Flügel vom romanischen *Kreuzgang* vorhanden. Im 16. Jh. erhielt die Kirche einen typisch bretonischen *enclos paroissial* (Ummauerung mit Prunktor).

Dinan *(Côtes-du-Nord)*

Romanische Originalsubstanz sind an der KIRCHE ST-SAUVEUR in Dinan in der nördlichen Bretagne lediglich der untere Teil der Fassade und die südliche Langhauswand (alles andere das Ergebnis einer Gotisierung). Beachtlich das *Portal*: Mit seinem Eingang und den beiden seitlichen Scheinportalen ist es aus dem Poitou herzuleiten. Vermutlich hat es ein Wanderkünstler geschaffen. Die Löwen zu Füßen der vier namentlich nicht zu bestimmenden Statuen in den Scheinportalen entstammen der provenzalischen Romanik, die dieses Motiv ihrerseits aus der Lombardei übernommen hatte. In den Archivolten apokalyptische Könige, Monatsarbeiten und Ornamente (das Tympanon – unpoitevinisch – eine Zutat des 19. Jh.s).

Domfront *(Orne)*

Auf der Grenze zwischen der Normandie und der einstigen Grafschaft Maine liegt die EHEMALIGE PRIORATSKIRCHE NOTRE-DAME-SUR-L'EAU aus der 2. Hälfte des 11. Jh.s. Da Anfang des 19. Jh.s vier der sechs Joche des Langhauses abgebrochen und zudem die Seitenschiffe restlos abgetragen wurden, besitzt der Bau heute irreführend die Gestalt eines Zentralbaus. Im südlichen Querschiff Reste von *Wandmalerei* aus dem 12. Jh. Die zweigeschossige Blendarkadengliederung des Chores ist der Saintonge-Romanik entlehnt.

Fouesnant *(Finistère)*

Die Ende des 11. Jh.s/Anfang des 12. Jh.s erbaute KIRCHE ST-PIERRE ist jener von Locmaria (Quimper) eng verwandt: basilikales Langhaus mit fünf (in Quimper sechs) Jochen, ausgeschiedene Vierung, quadratische Querhausflügel mit je einer nach Osten ausgerichteten Kapelle, schlichtes Chorhaupt, Gewölbe nur im Chor. Einzige Abweichung: der quadratische Grundriß der Querschiffkapellen.

Lanmeur *(Finistère)*

Die PFARRKIRCHE ST-MÉLAR (Bretagne) aus jüngerer Zeit besitzt noch eine frühromanische *Krypta*, deren gedrungene Säulen zum Teil mit Ranken besetzt sind. Etwas außerhalb der Ortschaft stößt man auf ein weiteres Denkmal aus romanischer Zeit: die KIRCHE NOTRE-DAME-DE-KERNITRON mit einem stark verwitterten *Portal* auf der Südseite. Im Innern des einschiffigen Saals – dazu Querhaus und Chor aus gotischer Zeit – bauplastischer Dekor an den *Kapitellen*.

Locmariaquer *(Morbihan)*

Ohne Zahl sind die Zeugnisse der Megalithkultur am Westrand des Golfes von Morbihan (Bretagne). Als Denkmal des Mittelalters findet man im weiten Umkreis nur die KIRCHE NOTRE-DAME in dem alten Fischerhafen Locmariaquer: eine Kapelle des 11. Jh.s mit interessanter *Kapitellplastik* (vegetabile Ornamentik als Spiegel keltischen Erbes).

Perros-Guirec *(Côtes-du-Nord)*

Der kleine Hafen an der Nordküste der Bretagne besitzt in der KIRCHE STS-JACQUES-ET-GUIREC eine klobige dreischiffige Halle (poitevinischer Einfluß) aus dem 12. Jh. ohne Gewölbe. Die vorderen sechs Joche alt, die letzten fünf aus dem 17. Jh. Bemerkenswert der bildhauerische Dekor: ein kleines *Portal* mit Christus und zwei Evangelistensymbolen im Tympanon sowie flach gehaltener *Kapitelldekor* im Innern.

Redon *(Ille-et-Vilaine)*

Redon war die einflußreichste Abtei der Bretagne; ihr unterstanden 27 Priorate und 12 Pfarreien in fünf der sieben Diözesen der Bretagne. Die EHEMALIGE ABTEIKIRCHE ST-SAUVEUR ist eine dreischiffige Halle mit einem Holzgewölbe; der Chor wurde in gotischer Zeit erneuert. Als Glanzstück der alten Abteikirche präsentiert sich ihr kraftvoller *Vierungsturm* mit seinen beiden in zahlreiche Arkaden geöffneten Geschossen; ungewöhnlich die Abrundung seiner Ecken.

St-Céneri-le-Gerei *(Orne)*

Das auf der Grenze zwischen Normandie und Maine gelegene Dorf schmückt sich mit dem Titel, »eines der schönsten Frankreichs« zu sein, was ein wenig hoch gegriffen erscheint. Imposant die romanische KIRCHE ST-CÉNERI auf einer Anhöhe über dem Tal der Sarthe. Der Bau aus dem späten 11. Jh. entspricht in der Konstellation von einschiffigem Langhaus, Querhaus mit zwei Kapellen, Chorjoch und Apsis dem gängigen Repertoire. Im Chor gotische Wandmalereien.

St-Gabriel-Brécy *(Calvados)*

Das von Fécamp abhängige PRIORAT ST-GABRIEL bei Caen erhielt im 12. Jh. eine den großen Abteien der Normandie ebenbürtige Kirche. Mit einer ursprünglichen Länge von 60 m war sie nur knapp 10 m kürzer als St-Georges in St-Martin-de-Boscherville. Dem Abriß in der Revolution entging lediglich der Ostteil mit den beiden Jochen des Vorchores, der Apsis und zwei Seitenkapellen. Dreigeschossiger Aufriß. Malerisches Ensemble der einstigen Konventsgebäude aus späteren Jahrhunderten.

Thaon *(Calvados)*

Obwohl die Kirche St-Pierre von Thaon außerhalb des Dorfes versteckt am Ufer der Mue liegt, findet man schnell den Weg, wenn man der entsprechenden Beschilderung folgt, die von Thaon Ortsmitte zu dem Denkmal führt. Der Basilika wurden im 19. Jh. die Seitenschiffe amputiert, die Arkaden zugemauert. Reich gegliedert der zweigeschossige *Glockenturm*. Ungewöhnlich für die Normandie der reiche *bauplastische Dekor* (Kragsteine unter dem Dachansatz, sicher von ortsfremden Künstlern ausgeführt).

Tollevaast *(Manche)*

Die einschiffige KIRCHE ST-MARTIN (2. Viertel 12. Jh.) im Cotentin zeigt ebenfalls das allmähliche Vordringen der *Skulptur* in der Normandie gegen die Mitte des 12. Jh.s (Kragsteine).

Der Norden: Île de France, Picardie und Champagne

Die von den Flüssen Oise, Aisne, Marne, Aube und Seine in ost-westlicher Richtung durchzogene Senke Nordfrankreichs mit den Hauptlandschaften PICARDIE (Hauptstadt Amiens), ÎLE DE FRANCE (Hauptstadt Paris) und CHAMPAGNE (Hauptstadt Reims) besitzt in keiner Himmelsrichtung eine eindeutige geographische Begrenzung. Seit alters ist diese fruchtbare Region die Kornkammer Frankreichs und deshalb schon immer dichter besiedelt gewesen als andere Landschaften, besonders der Süden. Die allseitige Offenheit hat zunächst in der Romanik die Ausbildung eines charakteristischen lokalen Stils verhindert. Die weite Ebene im Dreieck zwischen Orléans, Amiens und Reims war für Anregungen empfänglich; in ihren Denkmälern kommen folglich unterschiedliche Einflüsse zum Niederschlag. Aus dieser Funktion eines Sammelbeckens erwuchs andererseits der Île de France und den ihr geographisch zugehörigen Randgebieten die Kraft, alle dort zusammenlaufenden Strömungen zu bündeln und schließlich, nach der Mitte des 12. Jh.s, in Gestalt der gotischen Kathedrale zu einer neuen Kunstform zu synthetisieren. Diese Entwicklung vollzog sich, wie bereits eingangs beschrieben, parallel zu der politischen Aufwertung der Île de France als Krondomäne.

In merowingischer Zeit waren diese Landschaften Keimzellen des aufstrebenden fränkischen Reiches gewesen und im Zuge der Eroberungspolitik König Chlodwigs I. (482–511) Ende des 5./Anfang des 6. Jh.s miteinander verschweißt worden. Doch schon unter den Söhnen Chlodwigs kam es zu ersten Teilungen. Seit 511 unterschied man zwischen den merowingischen Teilreichen *Neustrien* als dem östlichen Bereich der Frankenherrschaft mit den Hauptstädten Metz und Reims und *Austrasien* als dem westlichen, in dem die Städte Paris, Soissons, Orléans und Tours die Schwerpunkte bildeten. Dem Zerfall der politischen Autorität der späten Merowinger steuerten die Hausmeier Austrasiens entgegen und übernahmen schließlich in der Person Pipins des Kurzen, des Vaters Karls des Großen, 751 die Königswürde (er wurde 754 von Papst Stephan II. offiziell gekrönt). Doch die Phase der Neukonsolidierung unter Karl dem Großen wurde im 9. Jh. abrupt unterbrochen. Daran trugen die Reichsteilungen unter den Erben Kaiser Karls des Großen den geringeren Anteil als vielmehr die Turbulenzen, die in Gestalt der normannischen Invasoren das Land überzogen. Im 10. Jh., als die karolingische Dynastie nun ihrerseits in Agonie lag, zersplitterten die Nordprovinzen Frankreichs in kleine Territorialfürstentümer. Erst mit der Königsherrschaft der Kapetinger begann seit dem ausgehenden 10. Jh. erneut – und diesmal endgültig – der Prozeß, die Landschaften der Île de France und ihrer engen Nachbarn zu einigen und dauerhaft miteinander zu verklammern. In der zweiten Hälfte des 11. Jh.s trieb Philipp I. (1060–1108) diese Entwicklung entscheidend voran, indem er das Gâtinais, das Bindeglied zwischen der Île de France und Nordburgund, sowie die Städte Château-Landon und Monthléry der Krondomäne zuschlagen konnte. Sein Nachfolger, Ludwig VI. (1108–37),

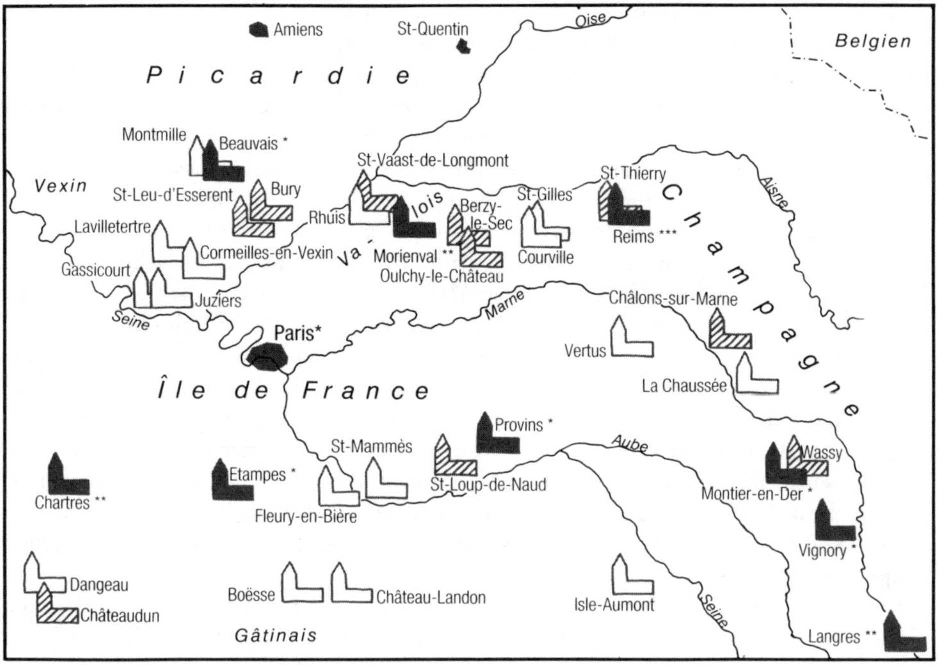

(Erläuterung der Symbole siehe Seite 10)

setzte diese Politik der Autoritätserweiterung der Krone unbeirrt fort. Seit seiner Regierungszeit kann Paris als das unangefochtene politische Zentrum Frankreichs gelten.

Die heutige Situation der Nordprovinzen Frankreichs mit ihrer Vielzahl gotischer Kathedralen, denen nur eine verschwindend kleine Gruppe romanischer Denkmäler gegenübersteht, bietet in bezug auf das 12. Jh. ein verzerrtes Bild. Die Übermacht gotischer Denkmäler darf nicht zu der Meinung verleiten, der Norden sei in vorgotischer Zeit kulturelles Niemandsland gewesen. Schon im 11. und in der ersten Hälfte des 12. Jh.s besaßen auch Île de France, Picardie und Champagne eine stattliche Anzahl romanischer Kirchen. Von Chartres etwa wissen wir, daß die romanische Bischofskirche annähernd dieselben Ausmaße besaß wie die Ende des 12. Jh.s begonnene gotische Kathedrale. Doch mußten hier fast alle romanischen Kirchen seit dem Ende des 12. Jh.s Bauten der neuen Stilrichtung weichen. Beinahe stereotyp liest sich die Geschichte der gotischen Kathedralen, die immer wieder damit beginnt, daß der romanische Vorgänger einem Brand zum Opfer fiel. Etwas merkwürdig mutet die Vielzahl der Feuersbrünste nach 1150 an. Da sich in anderen Landstrichen nichts dergleichen abspielte, steht zu vermuten, daß die Brände nicht aus heiterem Himmel aufflammten, sondern wohl oftmals mit Billigung der Bischöfe (wenn nicht sogar auf deren Weisung) gelegt worden waren.

Angesichts der Lückenhaftigkeit des romanischen Denkmälerbestandes ist es kaum möglich, ein zuverlässiges Bild der Situation vor Anbruch des gotischen Zeitalters zu entwerfen. Die wenigen unberührt gebliebenen Denkmäler aber geben mit ihren heterogenen Formen zu erkennen, daß der Norden wohl tatsächlich erst in gotischer Zeit zu seinem eigenen Ausdruck gefunden hat. Dennoch lassen sich zumindest zwei Faktoren ins Feld führen, die als charakteristisch für die Nordprovinzen gelten können; sie sind in dieser Form nirgends sonst zu beobachten und machen deutlich, daß der gotischen Kunst in Nordfrankreich schon in romanischer Zeit der Boden bereitet worden war: Zum einen ist damit die *Struktur der Kirchenwände* gemeint. Es fällt nämlich auf, daß die Baumeister speziell in der Île de France mit deutlich dünneren Mauern operierten als die Architekten anderer Landschaften (einzige Ausnahme: die Auvergne, wo dies dank der baustatischen Erleichterung durch Einführung der Empore möglich war). In der Champagne entstand im 11. Jh. eine Gruppe von Bauten, die eine ähnliche Entwicklung aufzeigen, wie sie sich zur selben Zeit in der Normandie vollzog: Die Wandfläche zwischen Arkade und Obergaden wurde mittels einer *Empore* aufgebrochen. In den Beispielen von Vignory und Montier-en-Der, bei denen es sich um Scheinemporen handelt – um Wandaufbrüche also, hinter denen sich keine räumliche, begehbare Zone befindet – wird das Prinzip der Wandauflösung besonders sinnfällig. In Reims (St-Remi) erscheint dann, gleichfalls noch im 11. Jh., die Scheinempore zur echten Empore gewandelt.

Daneben fällt als zweite Besonderheit das Gewicht auf, mit dem die *Türme* belegt wurden. Sie zeigen meist eine differenzierte Gliederung und wachsen, von spitzen Helmen bekrönt, hoch in den Himmel. In dieser Vertikaltendenz kündigt sich das später für die Gotik so bezeichnende Höhenstreben an. Doch handelt es sich in der Romanik zunächst noch überwiegend um *einzelne Türme*. Für das später für die Gotik signifikant gewordene Muster von *Turmgruppen* – in Chartres z. B. sind zwar nur die beiden westlichen bis zur Helmspitze aufgeführt, doch finden sich sechs weitere zu seiten der Querhausarme und des Chores angelegt – ist in der Île de France selbst mit Morienval (drei Türme) nur ein Beispiel aus romanischer Zeit erhalten. Der markanteste Vertreter dafür, die Kathedrale von Tournai (Belgien) mit ihren fünf Türmen, liegt außerhalb der Île de France.

Erwähnt sei noch, daß nach der Mitte des 12. Jh.s, als sich im Chor von St-Denis bei Paris die gotische Architektur in der Île de France Bahn brach, in der Champagne eine Gruppe von Bauten entstand (z. B. Provins, Langres u. a.), die eine Art Übergangsstil von der Romanik zur Gotik artikulieren. Romanisch ist an diesen die Beibehaltung durchgängiger Wandflächen, gotisch dagegen schon die Verwendung von Diensten und Kreuzrippengewölben.

Im Bereich der *Skulptur* besteht gleichfalls kein einheitliches Bild. Auch in dieser Hinsicht haben die Kunstlandschaften des Nordens zunächst, das heißt im 11. Jh. und noch in den ersten Jahrzehnten des 12. Jh.s, gern die Anregungen aus den Nachbarprovinzen aufgenommen. An Portalen wie denen von St-Vaast-de-Longmont oder St-Basile in Étampes findet sich das Muster des poitevinischen Archivoltenportals in einer rein ornamentalen Umsetzung ausgeprägt. In Gassicourt erscheint gleichfalls das Archivoltenportal, doch setzen hier anstatt plastischen Dekors tiefe kreisrunde Bohrungen die Akzente – die Durchdringung des

Steins scheint den Künstlern der Île de France ein wesentliches Anliegen gewesen zu sein. In den wenigen erhaltenen Tympana (z. B. St-Étienne in Beauvais) kommt dagegen das burgundische Erbe stärker zum Tragen. Insgesamt stehen alle diese Arbeiten in ihrer künstlerischen Qualität weit hinter den Leistungen Burgunds, des Südens und Südwestens zurück. Um so erstaunlicher ist dann das rasche Aufblühen der Skulptur seit den 1140er Jahren. In dieser Zeit entstehen die großen Portale von Étampes (Notre-Dame-du-Fort), Provins und – allen voran – Chartres (Westportal). Namentlich der Meister des letztgenannten, mit dessen Werken die glanzvolle Reihe der nordfranzösischen Portale eröffnet wird, zeigt ein völlig neues Verhältnis zur Skulptur. Obwohl die Statuen unverändert Bestandteil der Architektur bleiben, erscheinen sie doch aus der die ganze Epoche der Romanik verbindlichen Bindung in das Relief gelöst und nun zum monumentalen Maßstab gesteigert als raumgreifende vollplastische Bildwerke. Diese neue Auffassung von Skulptur hängt eng mit einer Wandlung der bildhauerischen Technik zusammen: Während die romanischen Arbeiten immer aus mehreren Versatzstücken geschlagen wurden, arbeitete der Meister von Chartres seine Statuen aus einem einzigen monolithischen Block. Mit diesem epochalen Schritt endet das Kapitel der romanischen Skulptur; zugleich wird der beginnenden gotischen Kunst der Weg gewiesen.

Der Norden ist und bleibt das Paradeland der Gotik. Angesichts der wenigen verstreut liegenden romanischen Kirchen wird man das Dreieck zwischen Chartres, Amiens und Chaumont (Ostgrenze der Champagne) kaum allein der romanischen Kirchen wegen bereisen. Eine Fahrt durch dieses Gebiet führt vielmehr zwangsläufig von einer gotischen Kathedrale zur nächsten. Desungeachtet sollte man auch den romanischen Kirchen daneben Aufmerksamkeit schenken, weil erst der Vergleich zwischen den Vertretern der beiden großen Epochen den Blick dafür schärft, in welchem Maße sie doch miteinander verzahnt sind.

Beauvais* *(Oise)*

Kaum ein krasserer Gegensatz ist denkbar als der zwischen den beiden zeitdifferenten Bauteilen der KATHEDRALE NOTRE-DAME! Im Osten ragt der annähernd 50 m hohe Chor des 13./14. Jh. auf, dessen Gewölbe mehrfach einstürzte und den gotischen Baumeistern die Grenzen des damals technisch Möglichen aufzeigte. Westlich anschließend duckt sich unscheinbar das kleine Langhaus der älteren Kathedrale aus vorromanischer Zeit in den Schatten des Chores. Treffend nennt man diese auf drei Joche verkürzte gewölbelose Basilika auch das *»Basse-Œuvre«*.

Trotz der Kriegshandlungen, die 1940 große Teile der Stadt Beauvais zerstörten, hat die romanische KIRCHE ST-ÉTIENNE die Zeiten verhältnismäßig gut überdauert. Kostbarstes Detail ihrer bauplastischen Ausschmückung ist das *Rundfenster* der Westfassade. Um 1130 entstanden, kann es als direkter Vorläufer der Rosenfenster gotischer Kathedralen gelten, deren Deutung viele Rätsel aufgegeben hat. Hier in Beauvais spricht das skulpturale Programm eine unmißverständliche Sprache: Das runde Fenster steht als Symbol für das Glücksrad. Auf der rechten Seite streben fünf Menschlein dem Zenit entgegen, in dem eine Einzelfigur thront; gegenüber stürzen fünf andere ins Elend hinab. Am Fußpunkt des Fensters, eingezwängt in das kleine Zwickelfeld zwischen dem Okulus und zwei darunter befindlichen Rundbogenfenstern erscheint eine zermalmte Gestalt. Weitere Bauplastik zeigen Archivolten und Tympanon am *Nordportal:* Fabelwesen und zoomorphe wie vegetabile Ornamentik.

Der Chor von St-Étienne ist gotisch. Aus romanischer Zeit stammen die dreischiffige Basilika und das Querhaus. Der im zweiten Viertel des 12. Jh.s entstandene Bau war ursprünglich flach gedeckt und erhielt erst gegen das ausgehende 12. Jh. seine Rippengewölbe. Die aufgebrochene Wandzone zwischen Arkade und Obergaden ist typologisch schwer zu definieren: Für ein Triforium erscheint die Anlage der Doppelarkade in jedem Joch zu groß; die Bezeichnung Empore will aber auch nicht recht passen, denn dafür ist die räumliche Tiefe des dahinter sichtbaren Laufgangs wieder zu gering. Der Begriff der Scheinempore, der gelegentlich zu lesen ist, erweist sich gleichfalls als unzutreffend, denn damit ist explizit eine emporenartige Wandaufbrechung ohne räumliche Tiefe gemeint (vgl. Vignory). Wir haben es in diesem Fall mit einer echten Zwittererscheinung zu tun.

Chartres** *(Eure-et-Loir)*

So sehr auch die KATHEDRALE von Chartres zum Inbegriff gotischer Kunst geworden ist, sollte doch nicht übersehen werden, daß das epochale Bauwerk in wesentlichen Partien Spuren aus romanischer Zeit aufweist. So fußt das gesamte Gebäude auf der riesenhaften *Krypta,* die schon die Bischofskirche des 11. Jh.s trug. Sie wurde zwischen 1020 und 1040 auf Initiative des baufreudigen Bischofs Fulbert angelegt. Ihr Grundriß hat unter anderem die Chorgestalt der gotischen Kathedrale bedingt, die – abweichend von St-Denis und anderen gotischen Bauten der zweiten Hälfte des 12. Jh.s und in Fortführung überkommener romanischer Tradition – die Kapellen des Umgangs nicht räumlich miteinander in Verbindung bringt, sondern als Einzelkörper voneinander isoliert. Nachdem 1134 ein Brand den Westteil der Kirche vernichtet hatte (der eigentliche Kathedralbau entstand erst nach einem weiteren Brand 1195), wurde die mächtige *Zweiturmfassade* errichtet, deren Fertigstellung etwa 20 Jahre später angenommen wird. Im Vergleich der beiden Türme (der spätgotische, vielfach durchbrochene Helmaufsatz des linken aus dem 16. Jh.) wird das fortschreitende Prinzip der Wandgliederung und -durchbrechung anschaulich: Der Nordturm zeigt noch weite Partien unstrukturierter Wandfläche; der Südturm dagegen, der zeitlich daran anschließt, ist sowohl reichhaltiger gegliedert als auch großzügiger durchfenstert.

Das *Westportal,* dessen Entstehung zwischen 1145 und 1155 anzusetzen ist, markiert den Wendepunkt von der romanischen zur gotischen Epoche. Die säulengleichen Statuen wirken wie versteinert und stehen insofern in krassem Gegensatz zu dem barock-bewegten Spätstil der romanischen Skulptur namentlich Burgunds (vgl. Narthex-Nordportal in Charlieu) und Südwest-Frankreichs (vgl. das Tympanon von St-Michel-d'Entraygues im Angoumois). Andererseits bricht sich in der Monumentalität der überlebensgroßen Figuren und in ihrer vollplastischen Bearbeitung ein völlig neues Verständnis von Skulptur Bahn. Das »Königsportal« von Chartres, wie es auch wegen der gekrönten Gestalten im Gewände des Mittelportals der dreitorigen Anlage genannt wird, hat in seiner Zeit wie ein Fanal gewirkt. Über Nacht scheint die romanische Skulptur vergessen; um 1150 folgte bereits der Künstler, der das Portal von Notre-Dame-du-Fort in Étampes gestaltete, dem Chartreser Vorbild; von dort sprang der Funke nach Burgund über (vgl. Avallon). Nur südlich der Loire hielt sich der romanische Reliefstil gegen die gotische Vollskulptur in Einzelfällen noch bis über die Schwelle zum 13. Jh. hinaus (vgl. im Roussillon die Werke des Meisters von Cabestany und die des Raimund von Bianya).

Schon bald lösten sich die Figuren wieder aus ihrer frühgotischen Erstarrung. Die großformatigen Heiligen an den *Fassaden der Querhausarme* hier in Chartres (13. Jh.) verkörpern die fortschreitende Befreiung und Verselbständigung der gotischen Statue. Ihr Einfluß erstreckte sich im 13. Jh. gleich dem der aus der Île de France hervorgegangenen Kathedralarchitektur über ganz Europa.

Die anderen Baudenkmäler in Chartres aus dem 12. Jh. vermögen zwar nicht mit der alles überragenden Kathedrale zu konkurrieren, aber sie verdeutlichen doch immerhin, welch hohen Rang die Stadt auch schon vor dem Bau der gotischen Bischofskirche innehatte. Es handelt sich dabei um die etwas außerhalb des historischen Stadtzentrums gelegenen KIRCHEN ST-PIERRE mit einem klotzigen romanischen Turm (die Kirche selbst weitgehend gotisch), ST-ANDRÉ und ST-MARTIN-AU-VAL, zwei schmucklose Basiliken, letztere mit einer ausladenden Krypta.

Étampes* *(Essonne)*

Étampes genoß die besondere Gunst der Kapetinger-Könige, was sich deutlich in der Befreiung von den allgemeinen Steuern 1123 niederschlug. Zeitweilig stand die Stadt im Rang einer zweiten königlichen Residenz neben Paris. Dies erklärt das für eine Stadt Nordfrankreichs überraschend reiche Erbe romanischer Baudenkmäler. Deren wichtigstes ist die KIRCHE NOTRE-DAME-DU-FORT. Ihr Name erinnert daran, daß sich in ihrer Nachbarschaft einst das königliche Schloß befand. Der kühn aufwärts strebende *Westturm* ist mit seiner vielgestaltigen Gliederung ein Paradebeispiel für die Turmbauweise der Île de France im 12. Jh. Hohes künstlerisches Niveau zeigt auch das nach Süden ausgerichtete *Hauptportal,* dessen bauplastischer Dekor direkt vom Westportal der Kathedrale in Chartres abzuleiten ist. Wenngleich an dieser Stelle stilistisch der neue Weg der beginnenden Gotik beschritten wurde (Freifiguren im Gewände, Monumentalität), so steht doch die Ikonographie noch deutlich in der überlieferten Tradition romanischer Bildvorstellungen. Im Türsturz und Tympanon sind Himmelfahrt und Wiederkunft Christi thematisch miteinander verquickt, wie man es von verschiedenen Portalen gerade des Südwestens her kennt (vgl. Angoulême). Auf das Weltgericht deuten die Figuren der 24 apokalyptischen Könige in den Archivolten.

Heute überspannen gotische Kreuzrippengewölbe das nur zwei Joche tiefe basilikale Langhaus. Ganz vom Geist der Gotik geprägt sind die Ostteile mit Querhaus und Chor. Hier dominieren Rippengewölbe, Lanzettfenster und Dienstbündel.

Die schlichte Gestalt der PFARRKIRCHE ST-GILLES (basilikal) führt vor Augen, daß noch im 12. Jh. selbst im Geburtsland der Gotik romanische Bauten ohne Gliederungsmotive errichtet wurden.

Die Kostbarkeit der KIRCHE ST-BASILE ist ihr *Westportal:* ein reines Archivoltenportal nach poitevinischem Muster. Neben der Fülle der Ornamente – ein Erkennungsmerkmal spätester romanischer Bauskulptur – hat die figürliche Darstellung einen untergeordneten Stellenwert; lediglich im Zentrum des zweiten Bogens erkennt man die Seelenwägung zwischen Verdammten und Erlösten. Die Engel in der äußeren Archivolte sind überwiegend Nachbildungen aus dem 19. Jh. (wie übrigens auch die dem Gewände eingestellten Säulen). Die Kirche selbst ist dagegen gotisch.

Weitere romanische Bausubstanz zeigt schließlich der Chor der KIRCHE ST-MARTIN. Mit einem Chorhaupt, um das ein Umgang mit drei radial ausstrahlenden Kapellen geführt ist, vertritt diese unverfälscht den klassischen Pilgerkirchen-Typus.

Langres, Kathedrale St-Mammès, Innenansicht

Langres** *(Haute-Marne)*

Langres liegt auf einem Hochplateau nahe der Ostgrenze der Champagne, die hier Lothringen und Burgund berührt. Entsprechend dieser geographischen Situation ist auch die KATHEDRALE ST-MAMMÈS als Beispiel eines Mischstils am Übergang von der Romanik zur Gotik zu sehen. An dieser Stelle greifen die beiden Epochen derart ineinander, wie man es sonst nur von den spätromanischen Bauwerken der Normandie kennt. Der Aufriß der dreigeschossigen Basilika geht im Ursprung auf Cluny III zurück: Arkade, Triforium, Obergaden. Doch anstatt der zugespitzten Tonne fand hier bereits das gotische *Kreuzrippengewölbe* Anwendung. Dieses verbindet sich nahtlos mit der Hochschiffwand und dem aus diesem vertikal aufgehenden Geäst von Diensten. Dergestalt macht die bald nach 1150 entstandene Kathedrale von Langres noch einmal nachdrücklich deutlich, wie geradlinig der Weg der romanischen Kunst zur Gotik hinführte. Zugleich erinnert dieser Bau daran, daß trotz einer gewissen Führungsrolle der Normandie auch andere Kunstlandschaften Frankreichs an der Ausbildung der gotischen Kathedrale ihren Anteil hatten.

Montier-en-Der* *(Haute-Marne)*

Montier-en-Der mit seiner EHEMALIGEN ABTEIKIRCHE STS-PIERRE-ET-PAUL liegt im

Osten der Champagne, nicht weit von der Grenze zu Lothringen. Die dreigeschossige Basilika besitzt über den Arkaden ein Scheinemporengeschoß: Zwillingsarkaden unter einem übergreifenden Bogen schaffen eine Durchlässigkeit zwischen Haupt- und Seitenschiffen, ohne daß jedoch eine räumlich begehbare Empore entsteht. Das Motiv dient, ohne eine reale bauliche Funktion zu erfüllen, allein der Durchbrechung der Wandfläche und ist insofern westromanischem Kunstkreis verpflichtet. Anders als in den gleichzeitigen Bauten der Normandie erfolgt diese Aufbrechung der Wand jedoch nicht im Sinne einer bauplastischen Durchformung; vielmehr wirken die Arkaden wie aus der Wand ausgeschnitten. Hierin kommt ostromanisches Empfinden zum Tragen. Die Abteikirche von Montier-en-Der erweist sich demnach entsprechend der geographischen Grenzsituation auch stilistisch zwischen der west- und ostromanischen Einflußsphäre angesiedelt.

Montier-en-Der, ehem. Abteikirche Sts-Pierre-et-Paul, isometrischer Schnitt

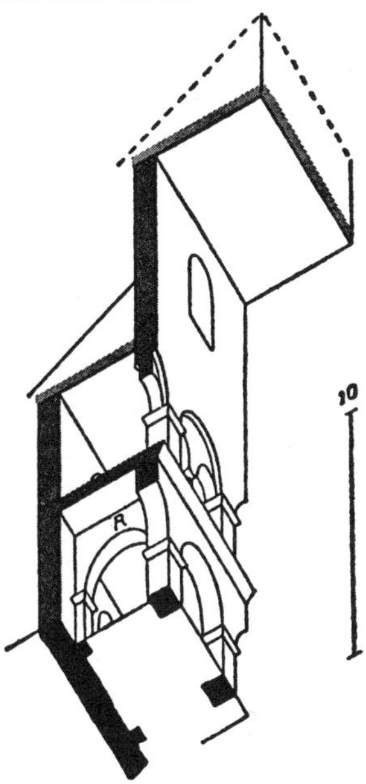

Der Bau wurde bereits im ausgehenden 10. Jh. errichtet, das Emporengeschoß jedoch erst um die Mitte des 11. Jh.s angelegt.

Morienval** *(Oise)*

Nachdem die Zeugen aus romanischer Zeit in Soissons (dort noch einige sehenswerte romanische Kapitelle im Museum) und Crêpy-en-Valois, der Hauptstadt der einstigen Grafschaft Valois, verschwunden sind, besitzt Morienval heute in Gestalt seiner EHEMALIGEN BENEDIKTINERINNEN-ABTEIKIRCHE NOTRE-DAME das beste Beispiel romanischer Baukunst in der Île de France. Sie wurde um die Mitte des 11. Jh.s errichtet und gelangte zu Beginn des 12. Jh.s zu einem – vorläufigen – Abschluß. In der Folgezeit hat sie zahlreiche zum Teil tiefgreifende Veränderungen erfahren: Um 1120 wurde der Chor nach Osten erweitert; zur selben Zeit entstand im Westen die von einem mächtigen Turm überragte Vorhalle. Erst im 17. Jh. erfolgte die Einwölbung des Langhauses. Im 19. Jh. fanden umfangreiche Instandsetzungsarbeiten statt.

Von außen präsentiert sich der Bau in seiner Gruppierung von drei hoch aufragenden *Türmen* – zwei zu seiten des Chores, einer im Westen – als der in dieser Beziehung reichste in der Île de France und vertritt damit einen Bautypus, der in der Gotik Schule machen sollte (Abb. 105). Der *Innenraum* besteht aus der Abfolge von Vorhalle, dreischiffigem basilikalem Langhaus, Querschiff mit ausgeschiedener Vierung, Chor-

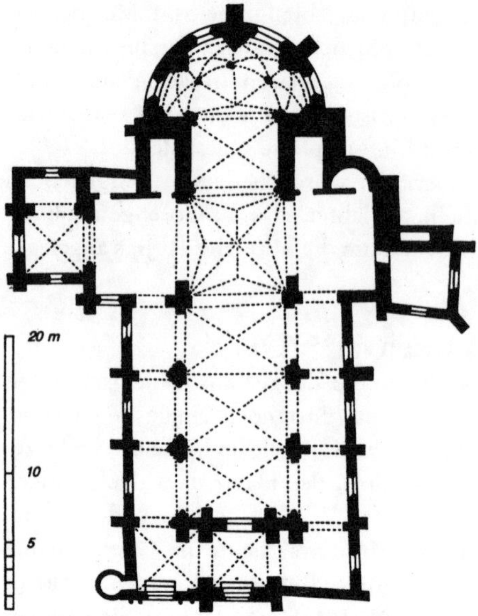

Morienval, ehem. Klosterkirche, Grundriß

joch und Chorhaupt. Das Apsisrund des Chores übergreifen *Kreuzrippen,* die, um 1125 oder kurz danach entstanden, als die ältesten in der Île de France gelten. Drei freistehende Säulen trennen einen schmalen Umgang vom eigentlichen Chorhaupt. Es gibt Mutmaßungen, dieser Umgang könnte in Zusammenhang mit der Translation der Reliquien des hl. Annobert aus der Normandie hierher (1122) entstanden sein, denn seine bauliche Substanz weist ihn als deutlich jünger aus als den übrigen Teil des Chores. Doch handelt es sich, wie ein Blick auf den Grundriß klärt, um einen »Pseudo-Umgang« (A. Prache, in: Île de France Romane, Zodiaque). Er stößt nämlich an beiden Seiten auf zwei geschlossene rechteckige Kapellen, die von einem vorangegangenen Staffelchor stehenblieben, ist also vom Querschiff aus nicht zu erreichen und kann entsprechend unmöglich Pilgern zum Durchzug gedient haben. Man vermutet deshalb, daß ausschließlich baustatische Erwägungen den Anlaß zu seiner Errichtung gaben; denn der Chor von Morienval erhebt sich über einer Böschung. Auf diesem unsicheren Terrain könnte schon bald nach der Fertigstellung des Gebäudes eine nachträgliche Abstützung erforderlich geworden sein.

Obwohl die Kirche von Morienval infolge der langen Bauzeit schon an die gotische Ära heranreicht, zeigt sie sich doch zutiefst in der Romanik verwurzelt. Gliederungselemente spielen eine nebensächliche Rolle; in der Hochschiffwand begnügte man sich mit einem einfachen zweigeschossigen Aufriß; auch auf ein Gewölbe wurde verzichtet. So hat der Bau denn auch – außen wie innen – ungeachtet der späteren Veränderungen den Eindruck strenger Würde bewahrt.

Paris* *(Seine)*

Die einstige romanische Substanz der Hauptstadt Frankreichs ist vielerorts von späteren Epochen überwuchert worden. Am reinsten tritt sie noch in der traditionsreichen Kirche St-Germain-des-Prés im alten Universitätsviertel zutage. Die Westseite nimmt ein trutziger *Turm* ein. Bereits im frühen 11. Jh. entstanden, ist er einer der ältesten seiner Art in der Île de France. Das zweigeschossige Langhaus der dreischiffigen Basilika entstammt dem 11., der aufwendig gestaltete Chor mit Umgang und Kapellenkranz dagegen dem 12. Jh. Das zwischen beide geschaltete Querhaus erhielt sein jetziges Aussehen erst im 17. Jh.; die Ausmalung des ganzen Gebäudes erfolgte im 19. Jh.

An der Kirche St-Martin-des-Champs – ihr Name klärt darüber auf, daß sie im Mittelalter vor den Toren der Stadt lag – interessiert besonders ihr *Chor* (1140/50 – das Langhaus gotisch), der mit einem doppelten Umgang und einem Kranz von räumlich zueinander geöffneten Kapellen dasselbe Schema vertritt wie die Abteikirche von St-Denis, die als Gründungsbau der Gotik gilt.

Nur als Fragment blieb die Kirche St-Aignan auf der Île-de-la-Cité erhalten. Bemerkenswert sind hier einige *Kapitelle* mit ausgereiftem bildhauerischem Dekor (Monster, vegetabile Ornamente), die deutlich über dem Niveau dessen stehen, was im allgemeinen in den ersten Jahren des 12. Jh.s in der Île de France geschaffen wurde.

Die Kirche St-Pierre-de-Montmartre wurde im 19. Jh. umfassend restauriert, wobei etliche Partien von Grund auf neu errichtet werden mußten. Von den vier Langhausjochen der dreischiffigen Basilika ist nur noch das östliche original. Ein Querhaus ist nur nach Norden eben angedeutet, das Vierungsquadrat von den Langhausjochen praktisch nicht zu unterscheiden. Die Ostpartie besteht aus einem Chorjoch und einer Dreiapsidenanlage.

Der Bau verdankt seine Entstehung der Gründung eines Frauenklosters durch Ludwig VI. und seine Gemahlin Adelaide von Savoyen im Jahr 1134. Bei der Weihe des Choraltars durch Papst Eugen III. 1147 waren auch die großen Äbte Bernhard von Clairvaux und Petrus Venerabilis von Cluny anwesend. Die Königin wurde 1154 vor dem Hauptaltar beigesetzt.

Vorzügliches Anschauungsmaterial zur romanischen Kunst bieten die Museen von Paris. Empfohlen sei der Besuch des Musée de Cluny, das ganz zentral nahe der Kreuzung Boulevard St-Michel/Boulevard St-Germain liegt. Glanzstück der dort untergebrachten Sammlung ist das *goldene Altarantependium,* das Kaiser Heinrich II. 1020 für das Baseler Münster stiftete, neben dem goldenen Altarvorsatz im Aachener Münster eines von nur zwei erhaltenen Goldantependien des 11. Jh.s. Ferner findet man Kapitelle aus St-Germain-des-Prés (dort wurden die Originale durch Abgüsse ersetzt). Weitere romanische Kapitelle sowie etliche Schnitzwerke aus romanischer Zeit (Kruzifixe und Madonnen) bietet die Abteilung mittelalterlicher Skulptur im Musée du Louvre.

Auf ein weiteres Museum sei mit besonderem Nachdruck aufmerksam gemacht: Schon im 19. Jh. hat der große Architekt und unermüdliche Kunstbewahrer Viollet-le-Duc eine Sammlung von Repliken romanischer Portale angelegt. Diese wurde nach dem Bau des Palais Chaillot am Trocadéro etabliert. Dieses Musée des Monuments Français besitzt heute originalgetreue Nachbildungen der wichtigsten Portale aus dem 12. Jh. aus ganz Frankreich. Gewiß, der Besuch des Museums kann das Erlebnis vor den Originalen nicht ersetzen; aber die Zusammenschau von geographisch weit auseinanderliegenden Denkmälern erlaubt Vergleiche, die sonst nur mit Hilfe von Photographien anzustellen sind.

Provins* *(Seine-et-Marne)*

Im 11. Jh. waren die Grafen der Champagne mit der Stadt Provins belehnt worden. Sie förderten den Markt derart engagiert, das Provins im 13. Jh. Handelsverbindungen in ganz Europa unterhielt und zur drittgrößten Stadt Frankreichs anwuchs. Soziale Spannungen und vor allem die Ereignisse des Hundertjährigen Krieges führten im 14. Jh. zu einem raschen Niedergang. Provins hat an seine einstige große Rolle nicht wieder anknüpfen können. Die erhaltene Bausubstanz – neben den Kirchen auch zahlreiche Wohnhäuser, die einstige Burg der Grafen der Champagne, die »Grange aux Dîmes« genannte Scheune für die Einlagerung des Zehnten – zeigt ein geschlossenes mittelalterliches Bild und macht den Ort zu einem der anziehendsten im Norden Frankreichs.

Erst nach der Mitte des 12. Jh.s entstand die KIRCHE ST-QUIRIACE, die, wie so manche andere in der Champagne (vgl. Langres), als ein Bau des Übergangs von der Romanik zur Gotik erscheint. Ebenfalls in die Zeit der aufkeimenden Gotik fällt das *Portal* der in ihrer baulichen Substanz verfälschten KIRCHE ST-AYOUL, das eng mit dem im nahen St-Loup-de-Naud und so auch mit Chartres (Westportal) zusammenhängt.

Reims*** *(Marne)*

Zu Unrecht überstrahlt der Ruhm einer der schönsten gotischen Kathedralen Frankreichs jenen der alten ABTEIKIRCHE ST-REMI, denn diese ist heute, nachdem so vieles andere zerstört ist, der wichtigste Vertreter der romanischen Baukunst in ganz Nordfrankreich. Die Tatsache, daß Reims gleich zwei herausragende Denkmäler des Mittelalters besitzt, exemplarische Vertreter ihrer Epoche – St-Remi für die Romanik, die Kathedrale für die Gotik –, wirft ein bezeichnendes Schlaglicht auf den hohen Rang, den Reims in der französischen Geschichte einnimmt. 498 hatte sich König Chlodwig I. hier taufen und zum König salben lassen. Mit seiner Abkehr vom Arianismus und dem Bekenntnis zum christlichen Glauben gemäß der römisch-katholischen Doktrin hatte der Merowingerkönig weit mehr als ein Zeichen gesetzt: Der Übertritt vom Arianismus zum Katholizismus hat welthistorische Dimension. Anders als etwa in Norditalien, wo zur selben Zeit unter Theoderich dem Großen Romanen und ostgotische Germanen in Koexistenz nebeneinander lebten, schuf Chlodwig in Frankreich die Voraussetzung dafür, daß unter seinen Nachfolgern Galloromanisches und Fränkisches miteinander verschmelzen konnte. Damit war die Grundlage für die Entstehung eines gemeinsamen Staatswesens gegeben. Nicht erst die historische Rückschau hat diesen Sachverhalt in seiner Tragweite erkannt; schon das Mittelalter war sich der Bedeutung des Ereignisses bewußt und hat es in einer Legende mythisch überhöht, in der sich das Selbstverständnis der französischen Könige widerspiegelt; sie sei deshalb an dieser Stelle kurz referiert:

Als Abt des später nach ihm benannten Benediktinerklosters und Bischof der Stadt Reims vollzog der hl. Remigius die Zeremonie der Salbung Chlodwigs. In dem Moment, als der König niedergekniet war, soll eine Taube vom Himmel herabgeschwebt sein und Remigius ein Gefäß mit himmlischem Salböl übergeben haben, mit dem dann die Salbung vollzogen wurde. Aus dieser Begebenheit leitete der französische König den Anspruch ab, als einziger direkt von Gott eingesetzter Herrscher in Europa zu gelten.

Der bestehende Bau von ST-REMI, dem eine merowingische und eine karolingische Kirche vorangingen, entstammt der ersten Hälfte des 11. Jh.s. Für 1049 ist die Weihe

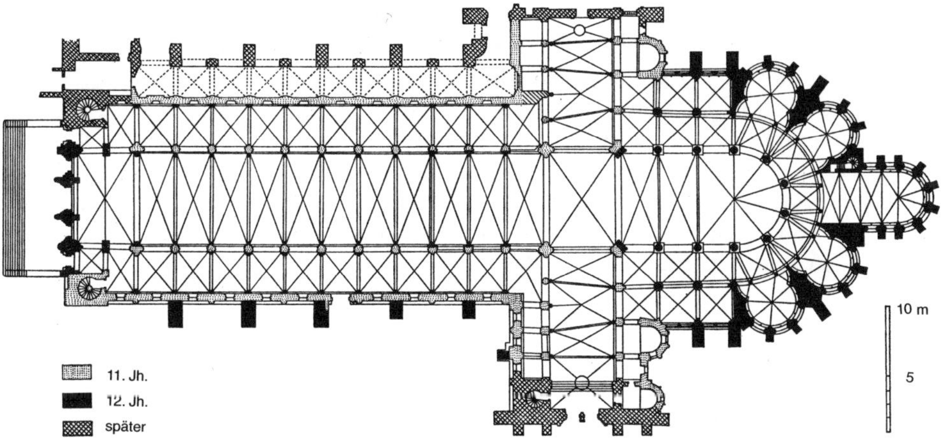

Reims, ehem. Abteikirche St-Remi, Grundriß

durch Papst Leo IX. überliefert. Einschneidende Veränderungen hat die Gotik im 12. Jh. vorgenommen; aus dieser Zeit stammen die den Hochschiffwänden aufgeblendeten Spitzbögen, die Dienstbündel und die Einwölbung sowie der Chor mit Umgang und Kapellenkranz. Da der Wandaufriß und die Abmessungen der Architektur unangetastet blieben, ist es leicht möglich, sich das frühere Aussehen zu rekonstruieren. Es handelt(e) sich demnach um eine dreischiffige Basilika mit einem offenen hölzernen Dachstuhl. Die Vierung ist – ein altertümlicher Zug – querrechteckig. Die Pfeiler, die die Arkaden des Untergeschosses tragen, sind eng von Diensten umstellt, so daß der Kern der Stütze selbst nicht in Erscheinung tritt. Darüber geht ein Emporengeschoß auf. Vorbilder für die Empore finden sich nicht nur in der Normandie, sondern auch in der Champagne selbst: In der Kirche von Vignory ist das Motiv vorgebildet. Dort werden die Bögen allerdings von schwerfälligen kleinen Säulen getragen; zudem tritt die Empore nicht räumlich in Erscheinung. Hier dagegen gehen die einzelnen Biforien der Empore, die immer identisch mit den Bögen des Arkadengeschosses sind, über zerbrechlich zartgliedrigen Säulen auf. Insgesamt kommen in St-Remi verschiedene Faktoren zusammen: das Höhenstreben, die Aufbrechung der Wand, die Gliederung in klaren axialen Bezügen und die Mehrgeschossigkeit. Das beweist stichhaltig, daß die Wurzeln für die gotische Architektur nicht ausschließlich außerhalb der Grenzen von Île de France und Champagne zu suchen sind, daß vielmehr wesentliche Stilprinzipien der späteren Kathedralkunst im Norden Frankreichs selbst schon im 11. Jh. angelegt waren.

Vignory* *(Haute-Marne)*

Die EHEMALIGE PRIORATSKIRCHE ST-ÉTIENNE in Vignory liegt – wie das nahe Montier-en-Der – unweit der Grenze der Champagne zu Lothringen. Beide Bauten sind ein echtes Zwillingspaar: Sie zeigen denselben dreigeschossigen Aufriß der basilikalen Mittelschiffwand mit der Abfolge von Arkade, Scheinempore und Obergaden. Während aber in Montier-en-Der die Scheinempore erst nachträglich in das Mauerwerk gebrochen wurde, war sie in Vignory, das in der ersten Hälfte des 11. Jh.s entstand, von Anbeginn mit eingeplant. Deshalb ist Montier-en-Der in Abhängigkeit und Nachfolge von Vignory zu sehen. St-Étienne steht damit am Beginn einer spezifisch französischen Entwicklung, die im Verlauf des 12. Jh.s schrittweise auf die gotische Architektur zuführt. Im Gegensatz dazu hielt die deutsche Baukunst an dem Kontinuum der Wandfläche noch bis ins 13. Jh. fest, bis auch sie in den Bann der nun voll ausgebildeten französischen Kathedralgotik geriet.

Weitere sehenswerte romanische Kirchen

Berzy-le-Sec *(Aisne)*

Eine mittelalterliche Burgruine und die romanische PFARRKIRCHE in Berzy-le-Sec gruppieren sich zu einem stimmungsvollen Ensemble. Kunstgeschichtlicher Anziehungspunkt der Kirche sind die *Kapitelle,* deren Szenenreichtum für einen Bau Nordfrankreichs in der ersten Hälfte des 12. Jh.s ungewöhnlich ist. Neben dem üblichen romanischen Bestiarium und unterschiedlichen Ornamentformen findet man (in der Apsis) auch szenische Darstellungen zur Kindheit Jesu: Verkündigung, Heimsuchung, Traum Josephs, Anbetung der Könige und Verkündigung an die Hirten.

Bury *(Oise)*

Die KIRCHE ST-LUCIEN, eine dreischiffige Basilika mit Querhaus und Chor, überrascht durch die Fülle ihres bauplastischen Dekors im Innern. Die *Kapitelle* (namentlich im nördlichen Seitenschiff) sind archaische Beispiele früher Romanik. Die *Atlanten* dagegen, gekrönte Gestalten, die den Ansatz des nachträglich eingezogenen Kreuzrippengewölbes tragen (ebenfalls nördliches Seitenschiff), sind später entstanden und zeigen die für die beginnende gotische Bildhauerei typischen Verhärtungen.

Châlons-sur-Marne *(Marne)*

Drei Kirchen dieser Stadt sind romanischen Ursprungs. Die nach 1138 entstandene KATHEDRALE ST-ÉTIENNE ist ein fast ausschließlich gotischer Bau. Von der Romanik sind einzig die *Türme* geprägt, die den Chor flankieren.

Deutlicher kommt die Romanik dagegen in der KIRCHE ST-JEAN zum Tragen. Hier sprechen lediglich Chor und Querschiff die Sprache der Gotik; das basilikale *Langhaus* ist rein romanisch. Seine schlichte Gestalt mit zweigeschossigem Aufriß ohne Verwendung gliedernder Elemente läßt an eine Entstehung im 11. Jh. denken.

Ebenfalls einen gotischen Chor besitzt die KIRCHE NOTRE-DAME-EN-VAUX. Querhaus und das sieben Joche tiefe basilikale Langhaus stehen am Übergang von der Romanik zur Gotik. Empore und Triforium in Verbindung mit Arkade und Obergadenfenstern ergeben ein Maximum an Wanddurchbrechung. Doch fallen die Öffnungen verhältnismäßig klein aus, so daß noch beträchtliche Partien der gemauerten Substanz erhalten bleiben.

Châteaudun *(Eure-et-Loir)*

Wie in fast allen Kirchen der Île de France muß man sich auch in STE-MADELEINE in Châteaudun gotische Veränderungen oder Hinzufügungen wegdenken, um das originale Bild der romanischen Struktur zu rekonstruieren: in diesem Fall die der Hochschiffwand nachträglich aufgelegten hochaufgehenden Blendbögen, die Dienstbündel und die Kreuzrippengewölbe der Seitenschiffe. Übrig bleibt eine weitgehend ungegliederte gewölbelose Basilika, deren Mittelschiffwände in der dreigeschossigen Abfolge von Arkade, Triforium und Obergaden unterteilt sind. Über das kleine *Südportal* spannen sich zwei Archivolten mit tangential angeordneten Figuren.

Oulchy-le-Château *(Aisne)*

Die KIRCHE NOTRE-DAME in Oulchy besitzt wiederum einen gotischen Chor und ein basilikales Langhaus aus romanischer Zeit: Bemerkenswert die *Kapitellskulptur:* Im Vergleich zwischen den kerbschnittartigen Ornamenten des Langhauses aus dem (späten?) 11. Jh. und den lebendig verschlungenen Blattformen im Querschiff (Mitte 12. Jh.) wird hier auf engem Raum die Entwicklung demonstriert, die die romanische Bildhauerkunst innerhalb eines halben Jahrhunderts auch in Nordfrankreich durchschritten hat.

St-Leu-d'Esserent *(Oise)*

Mit knapp 30 m Höhe und 77 m Länge baut sich die KIRCHE ST-LEU eines vormals von Cluny abhängigen Priorats als eindrucksvolle Kulisse über dem Tal der Oise auf. Die Anlage ist insgesamt ein gotischer Bau. Der Romanik des 12. Jh.s gehört einzig die Vorhalle an: ein machtvoller Baukörper, der mit seinen drei Schiffen und zwei hohen Geschossen ein eigenwilliges Exempel abgibt.

St-Loup-de-Naud *(Seine-et-Marne)*

Die EHEMALIGE PRIORATSKIRCHE ST-LOUP (identisch mit St-Leu, dem legendären Erzbischof von Sens) auf der Grenze zwischen Champagne und Île de France erscheint nach außen als einer der wenigen rein romanischen Bauten im Pariser Becken. Die Dreiapsidenanlage des Chores, das Querhaus mit ausgeschiedener Vierung sowie die beiden ersten Joche des basilikalen Langhauses entstammen dem späten 11. Jh. Erst um 1170 entstand der Rest des Langhauses, dessen schlichte Gestalt sich jedoch dem älteren Teil anpaßt. Trumeau- und Gewändefiguren des *Westportals* stehen in direkter Nachfolge des Westportals der Kathedrale in Chartres.

St-Thierry *(Marne)*

Obwohl die EHEMALIGE ABTEIKIRCHE ST-HILAIRE vor den Toren von Reims im 12. Jh. errichtet wurde, würde man sie, in Unkenntnis der Baudaten, aufgrund ihrer schlichten Zurückhaltung für einen Bau des 11. Jh.s halten. Die dreischiffige Basilika, deren unverputzte Wände nicht den Ansatz zu einer Gliederung aufweisen, ist flach gedeckt – im ganzen gesehen ein Einzelfall in der Baukunst der Champagne des 12. Jh.s. Der Kirche wurde nachträglich im Westen eine kleine Säulenhalle vorangestellt. Auch hier wurde mit größtmöglicher Sparsamkeit zu Werke gegangen.

St-Vaast-de-Longmont *(Oise)*

Die kleine KIRCHE ST-VAAST besitzt zwei Besonderheiten: ihren gemessen an der bescheidenen Größe der Kirche auftrumpfenden *Glockenturm* und das reich verzierte *Portal.* Dessen vier Archivolten sind ununterbrochen nach unten ins Gewände verlängert. Sie zeigen durchgehend ein Diamantmuster ohne figürlichen Schmuck.

Wassy *(Haute-Marne)*

Im Südzipfel der Champagne gelegen, zeigt die KIRCHE LA-NATIVITÉ-DE-NOTRE-DAME Einflüsse aus dem nahen Burgund: Zuspitzung der Scheidbögen in den Seitenschiffen der Basilika, Gliederung des Vierungsturms. Ein origineller Beitrag zum Thema des Westvorbaus ist ein querschiffähnlicher *Narthex,* dessen Abmessungen genau dem Querhaus im Osten entsprechen.

Lothringen, Elsaß, Franche-Comté

Als die Söhne Kaiser Ludwigs des Frommen 843 im Vertrag von Verdun das Imperium ihres Großvaters Karls des Großen untereinander aufteilten, schufen sie mit dem westfränkischen Reich Karls des Kahlen einerseits und dem ostfränkischen Reich Ludwigs des Deutschen andererseits politische Gebilde, aus denen später die Nationalstaaten Frankreich und Deutschland erwuchsen. Das Mittelreich hingegen, das dem ältesten der Brüder, Kaiser Lothar, zugesprochen wurde, war eine merkwürdig künstliche Formation, die sich längs durch ganz Europa, von der Nordsee bis an die Küste der Provence und bis tief nach Italien erstreckte. Nach dem Tod König Lothars II. zerbrach dieses *Lotharingien* genannte Reich und wurde in den Verträgen von Meersen (870) und Ribémont (880) praktisch zwischen Karl dem Kahlen und Ludwig dem Deutschen geteilt. Während Elsaß und Lothringen von Anfang an dem ostfränkischen Reich zugeschlagen waren und nach einer Phase der Unsicherheit zwischen beiden Machtblöcken die Herrschaft des deutschen Königs Heinrich I. anerkannten, teilte die FRANCHE-COMTÉ (Pfalzgrafschaft oder Freigrafschaft Burgund) die historische Entwicklung des Königreichs Burgund (oder Arelat), das sich als karolingischer Nachfolgestaat im Westalpengebiet und im Rhônetal als selbständiger Herrschaftsbereich herausbildete. Dieses Königreich Burgund (nicht zu verwechseln mit dem Herzogtum Burgund westlich der Saône-Grenze) fiel 1032 an das Deutsche Reich (vgl. Seite 36). Unmittelbar kam die deutsche Herrschaft im Arelat zum Tragen, als Kaiser Friedrich I. Barbarossa Beatrix von Burgund, die Erbtochter des Grafen Reginald, ehelichte (1156) und damit nicht nur seine kaiserliche Autorität, sondern die eigene staufische Hausmacht im Südwesten Deutschlands erheblich stärkte. Bereits 1157 hielt Barbarossa den berühmt gewordenen Reichstag in Besançon ab.

Das ELSASS, seit den Tagen Heinrichs I. mit Schwaben vereinigt, zerfiel in zwei regionale Herrschaften: den *Nordgau*, die Domäne der Grafen von Egisheim, und den *Sundgau* (Südgau), wo die Habsburger beheimatet waren, das Geschlecht späterer deutscher Könige und Kaiser. Seit 1079 waren diese alemannischen Länder im Südwesten des Reiches Stammlande der Staufer, die im 12. Jh. von Herzögen zu Königen und Kaisern aufsteigen sollten. In dieser Zeit stand folglich auch das Elsaß im Brennpunkt der Reichspolitik und nahm Anteil an der kulturellen Blüte, die als »staufische Romanik« bezeichnet wird.

LOTHRINGEN dagegen war in romanischer Zeit eine Pufferzone zwischen den deutsch-französischen Machtblöcken. Die vom deutschen Kaiser verliehene Herzogsgewalt wurde hier eingeschränkt bzw. überflügelt durch starke kirchliche Kräfte: die Bischofsstädte Metz, Toul und Verdun sowie insbesondere die Klöster – allen voran *Gorze* –, von denen im 11./12. Jh. starke kulturelle und religiöse Impulse ausgingen. So wurde Lothringen – parallel zu Burgund mit Cluny – ein Zentrum der Kloster- und Kirchenreform, die mit Bruno, dem Bischof von Toul – er stammte aus dem Geschlecht der Grafen von Egisheim-Dagsburg und

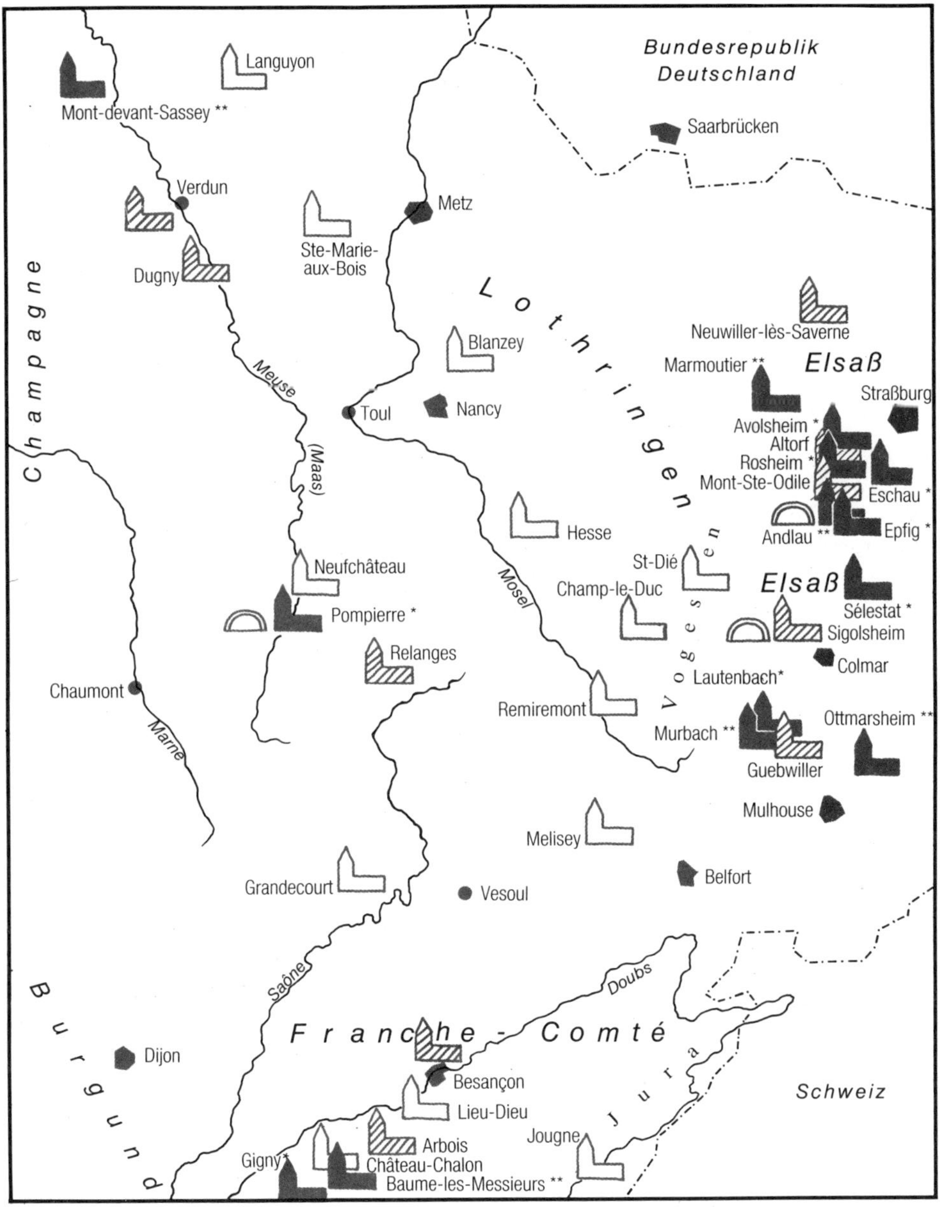

(Erläuterung der Symbole siehe Seite 10)

war ein Vetter Kaiser Heinrichs III. –, auf das Papsttum übergriff: Als *Leo IX.* bestieg er 1049 den Stuhl Petri als erster der Reformpäpste, die wenig später im Investiturstreit den universalen Anspruch der Kirche gegen die weltliche Macht des Kaisers ausspielten.

Da, wie wir gesehen haben, die drei Landschaften Franche-Comté, Elsaß und Lothringen in der Epoche der Romanik Territorien des Heiligen Römischen Reiches Deutscher Nation waren, orientierten sie sich kulturell stärker nach Osten als nach Westen. Folglich kann man diesen Bereich des heutigen östlichen Frankreich strenggenommen nicht den französischen Kunstlandschaften des 11./12. Jh.s zurechnen, die – wie wiederholt gezeigt – trotz der Ausbildung unverwechselbarer Eigenleistungen stets im regen Austausch miteinander standen. An dieser Fluktuation hat nur die Westflanke Lothringens Anteil genommen. Der Vogesenkamm, bis heute die Sprachgrenze, ist schon im Mittelalter eine deutliche Kulturscheide gewesen. In Gestalt der romanischen Kirchen namentlich des Elsaß tritt uns die geschichtliche Situation bildhaft vor Augen: Die Baukunst der Stauferzeit bleibt dem ostromanischen Kunstkreis verpflichtet und sperrt sich gegen das Vordringen des westromanischen Formenguts. Bis in das späte 12. Jh. wird in der Baukunst an dem Prinzip der Flächenhaftigkeit der Mauer mit dem lombardischen Motiv der Lisenengliederung festgehalten. An der Entwicklung der fortschreitenden Mauerdurchbrechung und plastischen Gliederung der Baukörper hat der größte Teil des heutigen östlichen Frankreich keinen Anteil genommen. Stilistisch ist die staufische Romanik andere Wege gegangen als die französischen Landschaften; in technischer Hinsicht hatte sie jedoch denselben hohen Standard erreicht. So war im 12. Jh. längst das kleinteilige Bruchsteinmauerwerk zugunsten des glatt behauenen Quaders aufgegeben worden, und auch das Einwölben selbst größter Räume bereitete keine Schwierigkeiten mehr. Nennen wir die Dinge beim Namen: Die in diesem Kapitel behandelten Denkmäler sind (bis auf wenige Ausnahmen im Westen) Vertreter einer deutschen Kunst. Wie Cluny in Burgund zum Vorbild geworden war, so orientierten sich die Bauwerke beiderseits des Rheins am Dom zu Speyer.

Andlau** *(Bas-Rhin)*

Papst Leo IX. (vormals Bruno Graf von Egisheim) hielt sich unmittelbar nach seiner Wahl für längere Zeit in seiner Heimat auf und nahm 1049 zahlreiche Kirchenweihen vor. Dazu zählt auch Andlau mit seiner EHEMALIGEN ABTEIKIRCHE STS-PIERRE-ET-PAUL, die von der Gemahlin Kaiser Karls des Dicken, Richardis, gegründet worden war. Die Stifterin, die sich als Nonne nach Andlau zurückgezogen hatte, wurde von Leo IX. heiliggesprochen. Von dem ursprünglichen Bauwerk ist lediglich die *Krypta* erhalten. Nach 1130 entstand ein Neubau, von dem wiederum nur das *Portal* bestehenblieb. Anschließend wurde der Westseite noch ein mehrstöckiger *Narthex* angefügt. Die romanische Basilika mußte im 17. Jh. einem Neubau weichen. Man sieht heute demnach in Andlau an mittelalterlicher Bausubstanz nur noch die Krypta aus frühromanischer Zeit, das hochromanische Portal und den spätromanischen Westbau.

Am *Westbau* fällt die handwerklich perfekte Verarbeitung der Quader auf. Der besondere Schatz ist ein *Fries* von 29,5 m Länge und 0,60 m Höhe, der die Außenseiten unterhalb des Gesimses zwischen Unter- und Mittelgeschoß umzieht. Liest man die Bilderreihe von der Nordseite zur Westseite, ergibt sich diese Szenenfolge: Löwe als Wasserspeier; Löwe, der ein Beutetier (Ziege?) schlägt; Drache, der gleichfalls ein Tier verschlingt; Adler; Kentaur, der mit Pfeil und Bogen auf zwei Fabelwesen zielt; König Theoderich rettet einen Ritter aus dem Schlund eines Drachen; Skorpion; Reiter auf einem Kamel; hundeköpfiger Mensch führt einen Gefangenen an einem Seil; ein Seeungeheuer, das mit Schlangen ringt; als letztes Bild der Nordseite wieder ein Wasserspeier in Löwengestalt. Weiter auf der Westseite: Die erste Szene gehört dem nordischen Sagenkreis an (der Held Biarco tötet einen Bären); es folgen verschiedene Jagdszenen; über dem Portal Ritterkämpfe und Löwen, die ein Wildschwein verschlingen; zwei Szenen mit dem Teufel (nicht näher bestimmbar); der Fries endet mit der Darstellung eines Festmahls. Ein rührendes Detail ist der Schlußstein über dem Eingang zum Narthex: Er zeigt Christus, der die aus einem kleinen Gebäude (Abbild der Abtei Andlau) heraustretende Richardis segnet.

Der Skulpturenschmuck setzt sich an dem etwas älteren *Portal* der Kirche fort: Im Tympanon thront Christus. Nach links und rechts teilt er Schlüssel und Buch an Petrus und Paulus aus, die beiden Patrone des Klosters. Im Architrav Szenen aus der Genesis: Erschaffung Evas (Abb. 108); der Sündenfall; die Vertreibung aus dem Paradies; Adam und Eva nackt unter einem Baum. Reliefbänder mit Palmettendekor flankieren den Eingang. Daneben gehen auf jeder Seite fünf kleine Blendarkaden auf, unter denen paarweise Stifter und Wohltäter der Abtei

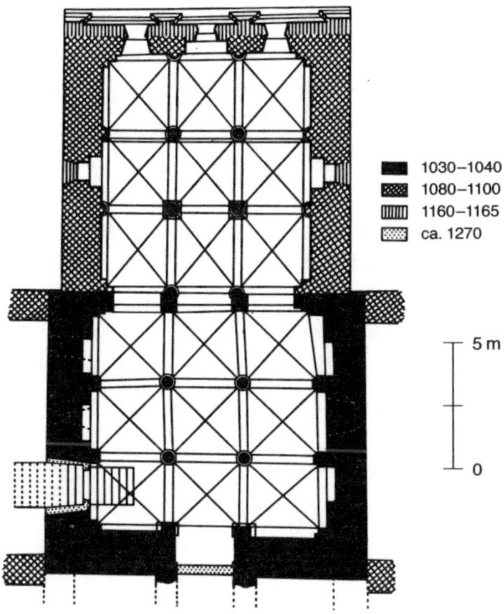

Andlau, ehem. Abteikirche Sts-Pierre-et-Paul, Grundriß der Krypta

erscheinen. Die steinschnittartige Bearbeitung der Figuren von Portal und Fries am Narthex mit einer sehr geringen Erhebung des Reliefs spricht dafür, daß beide Werke von derselben Werkstatt ausgeführt wurden. In der Gestalt eines figurenreichen Portals – das größte seiner Art im Elsaß – wird deutlich, daß gegen die Mitte des 12. Jh.s doch eine langsame Infiltration von Westen her erfolgte.

Die *Krypta* besteht aus drei gleichhohen Schiffen. Die drei vorderen Joche entstammen der ersten Hälfte des 11. Jh.s; die drei hinteren wurden erst gegen Ende des 11. Jh.s angelegt.

Avolsheim* *(Bas-Rhin)*

Im Ort selbst stößt man auf St-Ulrich, die Miniaturausgabe eines Zentralbaus, dessen

Bestimmung nicht geklärt ist. Er stammt aus der Zeit um 1000 und hatte manche entstellende Veränderung zu erdulden; einiges konnte bei einer Restaurierung in den 1960er Jahren richtiggestellt werden. Der kleine Rundbau besitzt vier Konchen. Bei der Restaurierung wurden 1967 *Fresken* unter dem Putz entdeckt und freigelegt; sie zeigen im Zentrum Christus mit den vier Evangelisten; darunter vier Szenen, die nicht zu bestimmen sind. Die Malereien werden in die Zeit um 1160 datiert.

Ein weiteres romanisches Denkmal steht außerhalb der Ortschaft: die DOMPETER-KIRCHE, die als die älteste Kirche des Elsaß gilt. Von dem karolingischen Bau ist jedoch kaum noch etwas vorhanden. Der größte Teil der dreischiffigen Basilika entstammt den Jahren kurz vor der Mitte des 11. Jh.s.

Baume-les-Messieurs** *(Jura)*

Das Kloster wurde von dem seligen Berno in der Franche-Comté nicht allzuweit von der Grenze nach Burgund gegründet. Berno war von Herzog Wilhelm von Aquitanien als erster Abt von Cluny eingesetzt worden. Es ist weniger die kunstgeschichtliche Bedeutung der Kirche als vielmehr die Lage, die den Ruhm von Baume-les-Messieurs ausmacht: Das Kloster liegt am Grunde eines Talkessels, der den Schnittpunkt dreier Jura-Schluchten bildet. Ringsum steigen die Felswände Hunderte von Metern senkrecht empor (Farbabb. 11). Trotz der geradezu entgegengesetzten topographischen Situation besteht eine Gemeinsamkeit zu Heiligtümern auf Bergeshöhe; denn hier wie dort bietet der Standort natürlichen Schutz. Die Felsformationen ragen rund um das Kloster gleich gewaltigen Wehrmauern auf. Von Natur getürmter und von Menschenhand geschichteter Stein verbinden sich hier zu einer eindrucksvollen Symbiose.

Die erhaltenen Teile des Klosters stammen aus spät- und nachmittelalterlicher Zeit. Einzig die EHEMALIGE ABTEIKIRCHE STE-BAUME (Baume = Barmherzigkeit) ist ein romanisches Bauwerk. Ihre Errichtung stellt man in die Amtsperioden der Äbte Bernhard I. (1076–83) und Alberich (1104–39). Das basilikale Langhaus ist neun

Baume-les-Messieurs, ehemalige Abteikirche, Grundriß

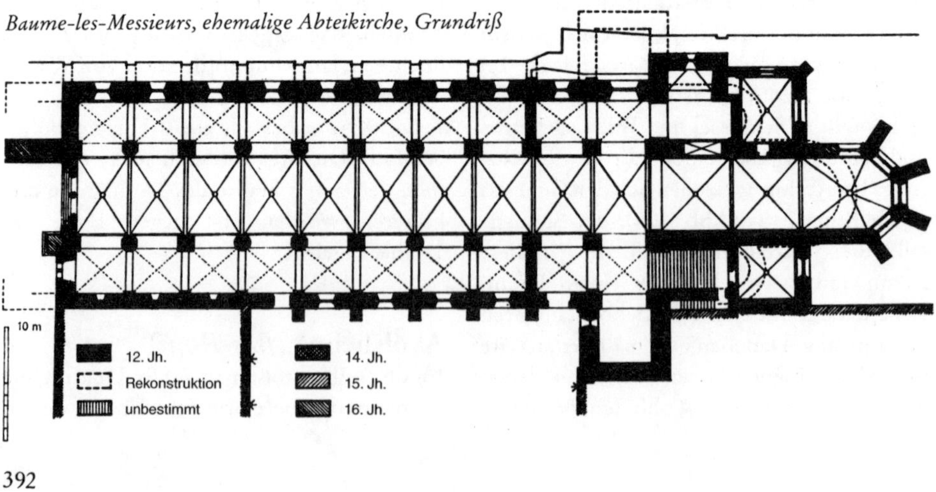

Joche tief und besitzt die stattliche Länge von knapp 50 m. Die drei Schiffe waren ursprünglich flach gedeckt, wurden jedoch in gotischer Zeit eingewölbt. Als frühromanisch gibt sich die ungegliederte Wandstruktur mit ihren grob behauenen Quadern zu erkennen. Vom Querschiff, dessen Arme dem Langhaus angefügt sind, ohne dieses zu durchdringen, ist lediglich der Südteil erhalten. Der Chor mußte im 15. Jh. einem Neubau weichen.

Epfig* *(Bas-Rhin)*

Die Kapelle Ste-Marguerite zu Epfig, heute eine etwas außerhalb der Ortschaft gelegene Friedhofskirche, stellt eine originelle Verbindung von Zentral- und Längsbau dar. Die beiden Querschiffarme und der flach abschließende Chor beschreiben jeweils einen Grundriß, der mit dem Vierungsquadrat identisch ist. Der nach Westen ausgerichtete einschiffige Bauteil bildet dagegen ein geringfügig größeres Rechteck.

Dem im ersten Viertel des 11. Jh.s entstandenen Bauwerk wurde zu Beginn des 12. Jh.s eine gedrungene kleine *Vorhalle* mit zwei Flügeln vorangestellt, in deren Arkaden das Motiv des Kreuzgangs anklingt.

Eschau* *(Bas-Rhin)*

Die Kirche St-Trophime in Eschau kann noch nicht als romanisch gelten. Als ottonisches Bauwerk rangiert die dreischiffige Pfeilerbasilika mit Querhaus und Chor unter »vorromanisch«. Verschiedene Besonderheiten grenzen den Bau aus dem Rahmen der romanischen Baukunst aus: Das Mittelschiff ist gegenüber den Seitenschiffen überproportional breit; die Kirche kennt also noch nicht das gebundene System. Die Querhausarme, niedriger als das Langhaus und dieses nicht durchdringend, sind dem Bau als isolierte Raumteile angefügt. Die Chorapsis schließt nach Art altchristlicher Basiliken direkt an die Kirche an und ist nicht durch einen Vorchor abgesetzt, wie es erst in der Romanik zur Regel werden sollte.

Die erhaltenen Teile des im 12. Jh. errichteten Kreuzgangs gelangten ins Dommuseum von Straßburg.

Gigny* *(Jura)*

Gigny in der Franche-Comté stand ebenso wie das nahe Kloster Baume-les-Messieurs in enger Verbindung mit Cluny. Der selige Berno, der von Baume-les-Messieurs aus Gigny ins Leben gerufen hatte, nahm aus diesen beiden Gründungen je sechs Mönche in das burgundische Kloster mit.

Die dem 11. Jh. entstammende ehemalige Abteikirche ist in ihrem basilikalen Aufbau und in der Verwendung grob behauener Quadersteine jener von Baume-les-Messieurs eng verwandt. Wie dort wurde auch hier in gotischer Zeit die Chorpartie einschneidend verändert.

Lautenbach* *(Haut-Rhin)*

Das Kloster von Lautenbach, das in naher Nachbarschaft zu Murbach in einem Taleinschnitt der östlichen Vogesen liegt, hatte sich im Investiturstreit ostentativ auf die päpstliche Seite geschlagen und büßte diese Parteinahme mit der Zerstörung durch Kaiser Heinrich IV. im Jahr 1075. Das Benediktinerkloster wurde aufgelöst und mit Augustiner-Chorherren neu besiedelt, die zwischen 1080 und 1100 die bestehende Kirche

STS-MICHEL-ET-JEAN-BAPTISTE aufführten. Von diesem Bau des späten 11. Jh.s steht noch das flach gedeckte basilikale Langhaus mit einem Stützenwechsel von Pfeiler und Säule. Das Querhaus entstand um 1130, der Chor erst im 13. Jh. Die Kostbarkeit von Lautenbach ist der von zwei Türmen flankierte, im unteren Geschoß offene *Narthex*, der um die Mitte des 12. Jh.s der Kirche vorangestellt wurde. Seine sechs Joche werden von vier Stützen getragen. An Pfeilern und Basen überrascht die Vielfalt des reichen bauplastischen Dekors in Gestalt vegetabiler und zoomorpher Ornamente.

Marmoutier** *(Bas-Rhin)*

Von der romanischen KIRCHE ST-ÉTIENNE in Marmoutier ist einzig das *Westwerk* erhalten geblieben, aber das allein lohnt den Besuch. Das Langhaus der Kirche entstand im 13. Jh. in gotischen Formen; der Chor ist das Ergebnis eines Neubaus im 18. Jh.

Dieses Westwerk ist ein Musterbeispiel der staufischen Baukunst im Elsaß. Im Umriß wurde eine Anleihe bei der Romanik Frankreichs gemacht, im Aufriß dagegen trägt das Bauwerk unverkennbar deutsche Züge: Das Motiv der Zweiturmfassade, aus der französischen Baukunst hervorgegangen (vgl. Tournus), klingt in den kleinen Seitentürmen an. Die blockhafte Geschlossenheit dagegen steht in der Tradition des karolingischen Westwerks und damit der ostfränkischen Baukunst (Abb. 106). Ungewöhnlich und auch gänzlich unfranzösisch ist die Form des leicht zurückversetzten Turms in der Mittelachse der Fassade. Das wehrhafte Erscheinungsbild wird durch den Mangel an Öffnungen im Mauerwerk unterstützt; lediglich zum Narthex öffnen sich drei unterschiedlich große Arkaden. Fenster treten nur in Form von schmalen Schlitzen in Erscheinung. So entsteht eine große Fläche, der das alte lombardische Motiv der Lisene mit abschließenden Blendarkaden als einziges Gliederungsmittel aufgelegt wurde.

Mont-devant-Sassey** *(Meuse)*

Die romanische Perle des Maastals ist die EHEMALIGE PRIORATSKIRCHE NOTRE-DAME-DE-L'ASSOMPTION in Mont-devant-Sassey. Stolz ragt die *Chorpartie* an einem zum Flußtal auslaufenden Hügel empor. Das polygonal gebrochene Chorhaupt flankieren zwei Türme; dahinter erhebt sich der Glockenturm. Die Gruppierung von zwei Türmen am Chor hat ihre Heimat in der Baukunst Oberitaliens, von wo sie über

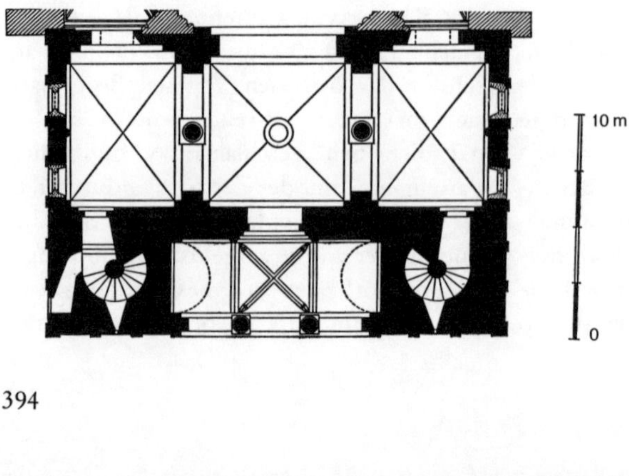

Marmoutier, Westwerk der ehem. Abteikirche St-Étienne

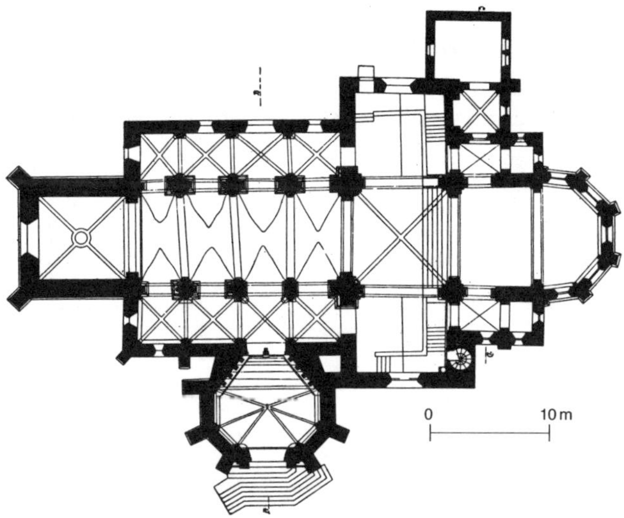

Mont-devant-Sassey, ehem. Prioratskirche Notre-Dame-de-l'Assomption, Grundriß. Unten: romanische Kapitelle in der Krypta

Süddeutschland ins Rheinland, nach Lothringen und bis in die Île de France wanderte. Mont-devant-Sassey besitzt in Worms seinen nächsten Verwandten.

Man betritt das Innere der Kirche (nur in den Sommermonaten zugänglich) durch einen oktogonalen Vorbau des 18. Jh.s, der ein hochgotisches Figurenportal schützt. Die Kirche ist in den Kriegen des 17. Jh.s vorübergehend zu einer befestigten Bastion umgebaut worden, wodurch die mittelalterliche Substanz erheblich beeinträchtigt wurde. Völlig unbeschadet hat jedoch die *Krypta* die Jahrhunderte überdauert. Ihre drei Schiffe werden von Säulen getragen, deren *Kapitelle* unterschiedliche Blattmotive zeigen. Selbst in diesen recht derben Ausformungen wird deutlich, daß die Ornamentik der Romanik aus dem Fundus der Antike geschöpft hat.

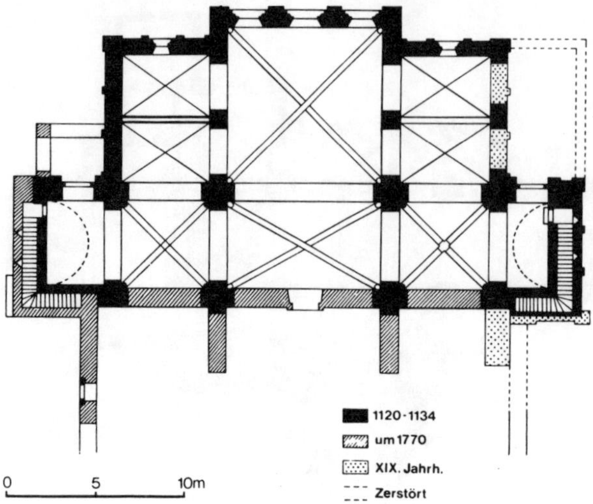

Murbach, ehem. Abteikirche St-Léger, Grundriß der Ostpartie

Murbach** *(Haut-Rhin)*

Die Abtei Murbach ist eine der ältesten Klostergründungen im einstigen Heiligen Römischen Reich Deutscher Nation. Sie besaß im Mittelalter außerordentliche Privilegien, die sie u. a. sowohl von staatlicher wie auch von bischöflicher Autorität freistellten. Im 10. Jh. schloß sich Murbach der von Cluny ausgehenden Reform an; seitdem stellte Cluny die Äbte des Klosters. Um 1100 entstand eine dem hohen Rang der Abtei angemessene Kirche, die selbst als Fragment das bedeutendste romanische Bauwerk im Elsaß geblieben ist. 1740 war das basilikale Langhaus abgebrochen worden. Der geplante Neubau kam nicht mehr zur Ausführung, so daß heute einzig der Ostteil mit dem Chor und dem Querschiff steht (Abb. 110).

Allein schon die Lage an der Sohle eines grünen Tals der östlichen Vogesen macht Murbach besonders anziehend. Aber auch die baukünstlerische Leistung ist einzigartig. Aus akribisch bearbeiteten Quadern errichtet, ist die EHEMALIGE ABTEIKIRCHE ST-LÉGER das älteste Beispiel eines reinen Quaderbauwerks in der rheinischen Baukunst. Der Chor schließt flach ab, ebenso die beiden flankierenden Seitenkapellen. Diese Strenge des Grundrisses ist ein Charakteristikum jener Kirchen in Deutschland, deren Klöster sich der Reformbewegung von Cluny angeschlossen hatten. Die Ansicht von Osten offenbart zwei Bauschulen: Die einfache Blendbogengliederung in den unteren Abschnitten von Hauptchor und Seitenkapellen steht in Übereinstimmung mit der Schlichtheit des Grundrisses. Im Bereich der Giebel macht sich jedoch ein dekoratives Empfinden breit: Dort sieht man Reihen aufsteigender kleiner Blendbögen, am Hauptchor eine waagerechte Reihe von Blendarkaden mit unterschiedlich starken Säulchen. Diese fast schon etwas verspielte Kleinteiligkeit der Architekturdekoration steht im Widerspruch zum Grundriß und zum Aufriß der unteren Geschosse und muß zeitlich später angesetzt werden (gegen die Mitte des 12. Jh.s). Das konsequente Höhenstreben, das sich aus der Mehrgeschossigkeit der Anlage ergibt, findet seine logische Fortsetzung in der Gestalt der beiden Türme.

Ottmarsheim** *(Haut-Rhin)*

Das bereits in karolingischer Zeit ins Leben gerufene Kloster der Benediktinerinnen erhielt im 11. Jh. den bestehenden Kirchenbau. Den Grundstein legte 1030 Graf Rudolf von Altenburg, einer der Stammväter des Habsburgergeschlechts. Die Bestimmung der Kirche als Grablege des Stifters und seiner Familie erklärt die Gestalt eines Zentralbaus. Die KIRCHE STS-PIERRE-ET-PAUL ist eine getreuliche, wenn auch vereinfachte Nachbildung der Pfalzkapelle in Aachen. Ein oktogonaler Umgang (in Aachen ist es ein Sechzehneck) legt sich um den gleichfalls achteckigen Kernraum. Über dem Umgang geht eine Empore auf, auf der die Nonnen während der Messe Platz nahmen. In dem Turm auf der Westseite lebt die Erinnerung an das karolingische Westwerk fort; den Abschluß im Osten bildet ein kleiner rechteckiger Chor. Alle anderen Annexe kamen erst in späteren Jahrhunderten hinzu.

Ottmarsheim, Klosterkirche Sts-Pierre-et-Paul, Grundriß

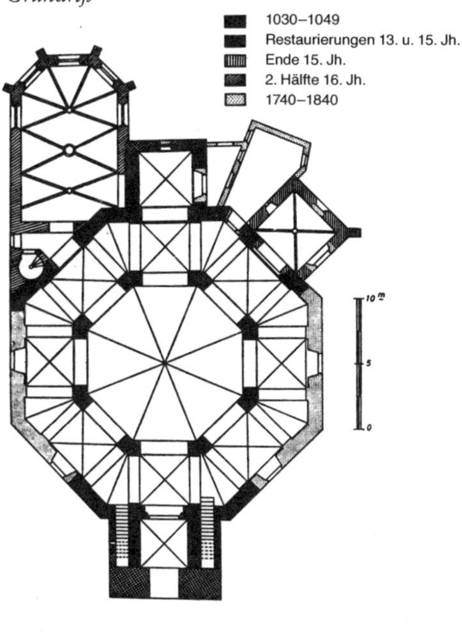

Wenn auch Grund- und Aufriß eng mit Aachen zusammenhängen, geht doch die Durchbildung der Architektur in Ottmarsheim eigene Wege. Aachen ist in seiner Verwendung von Säulen (davon etliche Spolien aus antiken Bauten in Italien), bronzenen Türflügeln und den ebenfalls bronzenen Gittern der Empore insgesamt ein Bauwerk, das in seiner Orientierung an römisch/spätantiken Vorbildern exemplarisch für die von Karl dem Großen proklamierte »Renovatio Imperii Romanorum« steht. Ottmarsheim hingegen ist ganz dem Frühmittelalter verpflichtet. Aus dem Kontinuum der Wandfläche erscheinen die großen Arkaden wie ausgeschnitten; an die Stelle der eleganten Akanthusblattkapitelle treten hier schlichte Würfelkapitelle. Die Mauersubstanz besteht nicht aus Quadern, sondern aus Bruchsteinmauerwerk. Die Ausstattung spielt gegenüber der Architektur eine untergeordnete Rolle. Während also Aachen wie ein letzter Vertreter der Antike erscheint, stellt die Kirche von Ottmarsheim die Übersetzung antiker Vorbilder in die Sprache des Mittelalters dar.

Pompierre* *(Vosges)*

Pompierre besitzt das figurenreichste *Portal* der lothringischen Romanik. Die KIRCHE ST-MARTIN selbst ist neueren Datums; einzig das Portal entstammt dem 12. Jh. Es handelt sich um das seltene Beispiel eines reinen Registerportals, dessen Tympanon in drei annähernd gleich große Streifen unterteilt ist (Abb. 109). Die Szenenfolge beginnt im mittleren Streifen ganz links mit der Verkündigung an die Hirten; den gesamten übrigen Raum nimmt die Anbetung der Könige ein, wobei in Anlehnung an römische Sarkophagplastik jede Figur unter einer kleinen Arkade steht. Im Segment darüber erteilt Herodes den Befehl zum Kindermord, während sich rechts davon die Flucht nach Ägypten abspielt mit Maria und dem Kind im Scheitel des Tympanons. In einer gegenläufigen Bewegung, d. h. von rechts nach links, wird im unteren, dekorativ abgesetzten Streifen der Einzug Jesu in Jerusalem am Palmsonntag geschildert; den Abschluß bildet links eine kleine Figur der Muttergottes. Die Ausführung ist derb und erreicht nicht annähernd das künstlerische Niveau der gleichzeitigen benachbarten burgundischen Skulptur. Großes Geschick bewiesen die Steinmetze jedoch in der Ausarbeitung der ornamentalen Details.

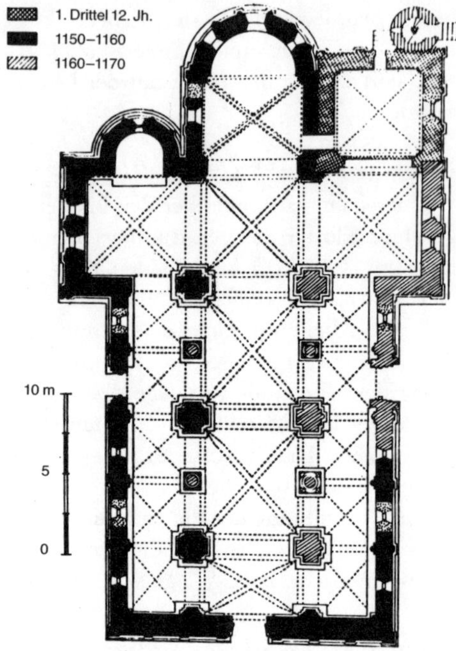

Rosheim, Sts-Pierre-et-Paul, Grundriß

Rosheim* *(Bas-Rhin)*

Die KIRCHE STS-PIERRE-ET-PAUL in Rosheim gehört zu jener nach der Mitte des 12. Jh.s entstandenen Bautengruppe, in der die elsässische Romanik der Stauferzeit ihre Blüte erlebte. Deren Hauptmerkmale sind: konsequente Anwendung des gebundenen Systems, gedrungenes Langhaus, Stützenwechsel und sorgfältig geschichtete Quader. In Rosheim kommt noch eine Anzahl origineller Skulpturen hinzu. Zwar wurde das Tympanon des Portals während der Revolution zerstört, aber an der Außenseite des Chores blieben drei von vier großformatigen Reliefs der Evangelistensymbole erhalten. Weiterer plastischer Dekor: auf dem Giebel der Westseite menschenverschlingende Löwen und vier vollplastisch vom Grund abgesetzte kauernde Männer am Fuß des Vierungsturms. Die Gewände des Portals sowie alle horizontalen Gesimse schmücken überdies geometrische Muster und vegetabile Schmuckformen, wie man es in solcher Fülle und handwerklichen Perfektion nur noch von den gleichzeitigen Kirchen der Provence kennt. Eine ausgefallene Besonderheit ist innen das Kapitell der mittleren Säule auf der Südseite, dessen Fußpunkt eine Vielzahl von kleinen Köpfen umzieht – einziger verspielter Aspekt inmitten eines hoheitsvoll-strengen Raumes.

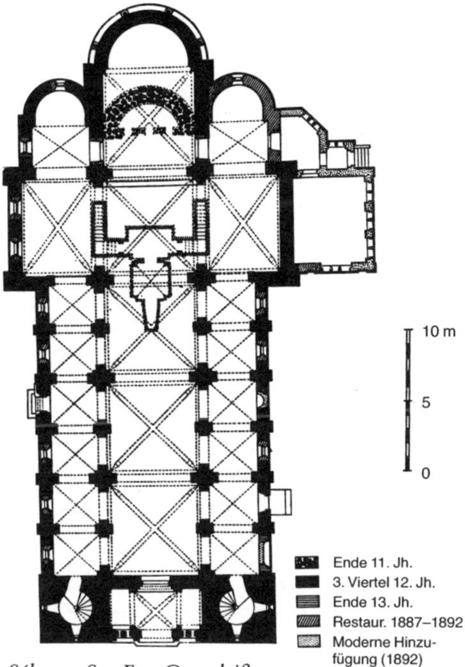

Sélestat, Ste-Foy, Grundriß

Sélestat* *(Bas-Rhin)*

Die Geschichte der Kirche Ste-Foy ist eng mit der des Staufergeschlechts verbunden. Hildegard von Egisheim-Dagsburg hatte die Kirche zu Ehren der hl. Fides gegründet, nachdem sie von einer Wallfahrt nach Conques zurückgekehrt war. Auf dieser Reise hatten sie ihre fünf Söhne begleitet, darunter Friedrich I. Herzog von Schwaben, der Großvater Kaiser Friedrichs I. Barbarossa. Indem das Kloster mit Konventualen aus Conques besiedelt wurde, blieb eine Bindung zur Auvergne bestehen. Die Tatsache, daß Kaiser Barbarossa 1162 ein farbiges Fenster für Ste-Foy in Sélestat stiftete, zeigt, welchen Rang die Staufer dieser Kirche beimaßen. Aus dieser geschichtlichen Situation sind denn auch die Besonderheiten von Ste-Foy zu erhellen. Insgesamt handelt es sich um einen staufischen Bau mit den unter Rosheim genannten Charakteristika. Während aber alle anderen elsässischen Bauten sehr homogen sind, kommen hier unterschiedliche Einflüsse zum Tragen: Lombardisches spricht am Portal mit, wo die aus der Kunst Oberitaliens hervorgegangenen Löwen als Säulenträger erscheinen (links und rechts vom Eingang zum Narthex). Der reich gegliederte Vierungsturm findet Parallelen in der burgundischen und auvergnatischen Baukunst. An die Stelle der im Osten üblichen Lisenen sind die der Westromanik entlehnten Säulchen und Arkadenbögen getreten.

Weitere sehenswerte romanische Kirchen

Altorf *(Bas-Rhin)*

Spätromanische Basilika St-Cyriaque aus glatt behauenen Quadern, darin den anderen Stauferkirchen des Elsaß verwandt. Die Ostteile – Querschiff und Chor – im Barockzeitalter erneuert. Anwendung von Spitzbogen sowie die Vertikaltendenz des Innenraums künden bereits die nahende Gotik an.

Arbois *(Jura)*

Trotz einer Gotisierung ist im Innern der Kirche St-Just in der Franche-Comté die bauliche Substanz des 11. Jh.s gut faßbar: unprofilierte Stützen im Wechsel von Pfeiler und Säule, Mauern aus Bruchsteinen und grob behauenen kleinen Quadern, darin den anderen romanischen Kirchen der Franche-Comté verwandt.

Besançon *(Doubs)*

Die romanische KATHEDRALE ST-JEAN wurde bereits im 13. Jh. nach einem Brand restauriert und erfuhr danach noch mehrfach Umwandlungen. Vom romanischen Ursprung zeugen noch etliche qualitätvolle *Kapitelle*, vor allem in der Westapsis der doppelchorigen Kirche.

Dugny-sur-Meuse *(Meuse)*

Die KIRCHE NATIVITÉ-DE-LA-SAINTE-VIERGE, der Geburt Mariens geweiht, ist ein kompakter Bau des 11. Jh.s mit wehrhaftem Äußeren. Die querschifflose Pfeilerbasilika zeigt eine Dreiapsidenanlage im Osten.

Guebwiller *(Haut-Rhin)*

Die KIRCHE ST-LÉGER, eine Gründung der Mönche des nahen Murbach, ist eine der spätesten romanischen Kirchen des Elsaß (entstanden 1182–1200). Der Bau hängt von Ste-Foy in Sélestat ab, variiert jedoch die Anregungen. Die Vorhalle ist als großer offener Portikus gestaltet. Mächtige Zweiturmfassade, dazu ein oktogonaler Vierungsturm.

Mont-Ste-Odile *(Bas-Rhin)*

Das traditionsreiche Kloster auf dem heiligen Berg des Elsaß besitzt nur noch geringe Spuren aus jener Zeit, als Herrad von Landsberg (gest. 1195) hier ihren »Hortus deliciarum« – ein zu pädagogischen Zwecken verfaßtes enzyklopädisches Erbauungsbuch für Nonnen – niederschrieb. Einzig vollständig romanischer Raum ist die *Kreuzkapelle*, deren Gewölbe auf einem stämmigen Mittelpfeiler ruht. Die vier Ecken seiner Basis markieren skulptierte Hände; das Kapitell zeigt inmitten vegetabiler Ornamente Fratzen mit herausgestreckter Zunge.

Neuwiller-lès-Saverne *(Bas-Rhin)*

Gleich zwei romanische Kirchen besitzt der Ort im nördlichen Elsaß: STS-PIERRE-ET-PAUL und ST-ADELPHE: erstere eine frühromanische Basilika des 11. Jh.s (außen zum Teil gotisiert) mit einer ausladenden Hallenkrypta, letztere ein Bau der Spätromanik, dessen klobige Gestalt jedoch nichts von der nahenden Gotik ahnen läßt.

Relanges *(Vosges)*

Die KIRCHE NOTRE-DAME des von Cluny abhängigen Priorats zeigt mit ihren 40 m Länge beachtliche Dimensionen, bedenkt man, daß hier nur sechs Kanoniker lebten. Das ansonsten sehr schlichte Bauwerk besteht aus einem fünf Joche tiefen basilikalen Langhaus, Querschiff mit ausgeschiedener Vierung und einer Dreiapsidenanlage im Osten.

Sigolsheim *(Haut-Rhin)*

Romanische BASILIKA STS-PIERRE-ET-PAUL in der für das Elsaß typischen gedrungenen Proportionierung. Die Titelheiligen sind im Tympanon des Westportals zu seiten Christi dargestellt: eines der wenigen Beispiele plastischen Portaldekors im Elsaß. Dazu etliche figurierte Kapitelle und Ornamentmotive.

Verdun *(Meuse)*

Die KATHEDRALE NOTRE-DAME hat zwar vielfältige Beschädigungen und Wiederinstandsetzungen erlebt, im Grundriß ist dennoch der ursprüngliche Bauplan erkennbar. Die Doppelchoranlage zeigt sich den großen rheinischen Domen in Mainz und Worms verwandt.

Von der romanischen Substanz noch erhalten: das sogenannte *Löwenportal* (Zugang zum nördlichen Querhausarm) mit Christus und den Evangelistensymbolen im Tympanon sowie die dreischiffige *Krypta*.

Praktische Reise-Informationen

Routenvorschläge

Es empfiehlt sich kaum, auf einer Rundreise durch ganz Frankreich in einem kunstgeschichtlichen Gewaltakt die wichtigsten Denkmäler in einem Zug zu absolvieren. Grundsätzlich gibt es drei vernünftige und praktikable Möglichkeiten einer Reisegestaltung vorzuschlagen:

- Man wählt eine bestimmte Landschaft zum Ziel, um deren Denkmäler ausführlicher kennenzulernen.
- Da Kunstgeschichte immer erst durch Vergleiche lebendig wird, erweist es sich als aufschlußreich, zwei Landschaften zu verbinden. In diesem Fall wird man sich eher auf die herausragenden Denkmäler beschränken.
- Als dritte Möglichkeit bietet sich an, einer der vier großen Pilgerrouten zu folgen und übergreifend mehrere Landschaften zu durchqueren.

Je nachdem, für welche dieser drei Lösungen man sich entscheidet, wären die nachstehenden Hinweise zu berücksichtigen.

Reisen innerhalb einer Landschaft

Wer sich vornimmt, die romanischen Kirchen Frankreichs systematisch kennenzulernen, was nur im Rahmen mehrerer Reisen möglich ist, sollte in etwa den Weg einschlagen, den die Kapitelfolge dieses Buches vorgibt. Man muß allerdings nicht unbedingt Burgund an den Beginn stellen; ebenso sinnvoll wäre es, mit der Normandie anzufangen. In jedem Fall aber empfiehlt es sich, Frankreich im Uhrzeigersinn zu bereisen, also von Osten – Burgund – über Provence und Auvergne gen Westen – Aquitanien, Poitou – und schließlich hinauf ins Loiretal. Die logische Fortsetzung eines solchen Vorgehens wäre eine Reise zu den gotischen Kathedralen der Île de France (vgl. dazu: Werner Schäfke, Frankreichs gotische Kathedralen, Köln 1986, DuMont Kunst-Reiseführer).

Bei aller Liebe zur Romanik sollte man nicht mit Scheuklappen unterwegs sein, sondern sowohl die Denkmäler anderer Epochen als auch die landschaftlichen Schönheiten (nicht zu vergessen die kulinarischen Köstlichkeiten!) Frankreichs genießen. Deshalb ist die Mitnahme eines Reiseführers, der die Gesamtheit einer jeweiligen Landschaft behandelt, nicht verfehlt. In der Reihe der DuMont Kunst-Reiseführer liegen zahlreiche Einzelbände zu Frankreich vor.

Landschaften, in denen die Zahl und der hohe Rang der romanischen Kirchen unangefochten die »Hitliste« des kulturellen Erbes anführen, sind: Auvergne, Languedoc und Roussillon, Poitou und Saintonge. Landschaften, in denen die romanische Kunst einer eher untergeordnete Rolle spielt, bilden die Ausnahme: Lothringen, Franche-Comté, Savoyen und Île de France. In allen anderen Landschaften bieten sich neben den romanischen Denkmälern ein oder mehrere weitere kulturelle Schwerpunkte an:

Burgund: gotische Kathedralen (Auxerre, Dijon, Semur-en-Auxois u. a.) sowie Schlösser aus Renaissance- und Barockzeit (Ancy-le-Franc, Tanlay, Bussy-Rabutin u. a.);
Provence: Denkmäler der römischen Antike (Nîmes mit Tempel, sog. Maison Carrée, Amphitheater, Stadttor etc.; Arles mit Theater, Amphitheater, Museen mit antiken Sarkophagen; Orange mit Ehrenbogen und Theater; St-Remy mit Juliermonument und Stadtgründungsbogen; Pont du Gard u. a.);
Aquitanien: die prähistorischen Höhlen in den Tälern der Vézère, der Dordogne und des Lot (Lascaux in der Nachbildung genannt Lascaux II, Font-de-Gaume, Les Combarelles, Abri du Cap-Blanc, Rouffignac, Cougnac, Pech-Merle u. a.) sowie am Pyrenäenrand (Niaux, Mas-d'Azil, Gargas, Betharram u. a.); ferner die Burgen und Schlösser besonders im Tal der Dordogne (Hautefort, Beynac, Castelnaud, Biron und zahllose andere);
Loiretal: die Schlösser aus der Valoiszeit (Amboise, Chambord, Blois, Chenonceaux, Villandry, Azay-le-Rideau, Ussé, Chaumont, Saumur, Langeais als die berühmtesten);
Normandie: gotische Kirchen (Rouen, Lisieux, Coutances, Bayeux, Mont-St-Michel, Caudebec-en-Caux);
Bretagne: die Zeugnisse der Megalithkultur (Carnac, Locmariaquer, Plouarzel, Bernenez u. a.) sowie die enclos paroissiales mit den Kalvarienbergen der Renaissance (Guimiliau, Pleyben, Sizun, St-Thégonnec, St-Jean-du-Doigt, Lampaul-Guimiliau u. a.);
Elsaß: die romantischen Weinorte vor allem im südlichen Elsaß (Ribeauvillé, Riquewihr, Kaysersberg, Eguisheim, Türkheim u. a.).

Das Besichtigungsprogramm einer Reise kann sich jeder nach den im Haupttext gegebenen Anregungen und Informationen individuell zusammenstellen. Dennoch empfiehlt es sich, nicht einfach draufloszufahren, sondern einem kulturgeographisch sinnvollen Leitfaden zu folgen. Dieser sieht für die einzelnen Landschaften wie folgt aus:

Burgund

Eine Rundreise durch Burgund beginnt man am besten im südlichen Teil der Landschaft. *Tournus* und *Cluny* bilden den Auftakt. Es folgt ein Schlenker durch das Brionnais (*Anzy-le-Duc, Semur, Charlieu*). Auf diese Weise lernt man die Frühstufen und die Entfaltung romanischer Baukunst und Skulptur in ihrer organischen Entwicklung kennen. Über *Autun* führt der Weg dann nach Norden. *Vézelay* und die Zisterzienserbauten von *Fontenay* und *Pontigny* bilden den chronologischen Abschluß. Wer genügend Zeit hat, wird auf dem Wege vom Brionnais nach Vézelay einen Schlenker durch das Nivernais einflechten (*Nevers, La Charité-sur-Loire).*

Provence

Die klassische Provencereise führt immer zuerst zu den großen Städten *Orange, Avi-*

gnon, Arles, Nîmes. Wir empfehlen dagegen eine Pendeltour zwischen den urbanen Zentren und kleineren Orten bzw. Denkmälern in ländlicher Abgeschiedenheit. Dieses Wechselspiel bietet die beste Gewähr, auch die unterschiedlichen Landschaftseindrücke der Provence aufzunehmen. Als Richtschnur für eine etwa vierzehntägige Rundreise sei folgende Route angeraten (unter gleichzeitiger Berücksichtigung des Erlebnisses historischer Stadtzentren, der römischen Denkmäler und der unterschiedlichen Landschaften):

Streifzüge im Tricastin (*La Garde-Adhémar, St-Paul-Trois-Châteaux, St-Restitut, Vaison-la-Romaine,* von dort Fahrt auf den *Mont Ventoux*); dann *Orange* und *Avignon.* Rundfahrt durch die Alpilles (*St-Remy, Glanum, Les Baux, St-Gabriel*); Abstecher nach Westen auf das rechte Rhôneufer (*Pont-du-Gard, Nîmes*); etwa in der Mitte der Reise *Arles* mit der Zusammenschau von Antike und Mittelalter; anschließend von dort Ausflug in die Camargue (*St-Gilles, Stes-Maries-de-la-Mer*). Von nun an Richtung Osten, zunächst ins Vaucluse-Hochland (*Gordes, Sénanque, Ockerfelsen von Roussillon*), dann durch den Lubéron (*Apt, Schloß Lourmarin, Zisterzienserabtei Silvacane*). Zum Abschluß *Aix-en-Provence.* Wenn noch genügend Zeit zur Verfügung steht, lassen sich die Exkursionen in drei Richtungen ausdehnen: an die Côte-d'Azur (*Marseille, Fréjus, Lérins-Inseln*), ins Hinterland der Côte-d'Azur (*St-Maximin-la-Ste-Baume, Zisterzienserabtei Le Thoronet*) oder, was im Hinblick auf die romanischen Denkmäler besonders ergiebig ist, in die Haute-Provence, dem Tal der Durance aufwärts folgend (*Ganagobie, St-Donat, Sisteron, Embrun*).

Auvergne

Bedingt durch die bergige Landschaft muß man selbst bei kürzeren Wegen längere Fahrtzeiten als anderswo einkalkulieren, auch ergibt sich aus der geographischen Struktur kein zwingender Reiseverlauf. Am besten steuert man zunächst die Metropole *Clermont-Ferrand* an und erschließt sich von dort in Form von Tagesausflügen oder in einer Rundfahrt die sehenswerten Stätten. Stehen mindestens acht Tage zur Verfügung, sollte man in jedem Fall den Besuch von *Le Puy* und *Conques* in das Programm einbeziehen.

Languedoc-Roussillon

Die Denkmäler im mittleren Süden Frankreichs erschließt man sich am besten der Mittelmeerküste von Osten nach Westen folgend. Die wichtigsten Stationen auf dem Wege, der wiederholt mit Abstechern ins Landesinnere verbunden ist, sind: *Maguelone, St-Guilhem-le-Désert, St-Martin-de-Londres, Agde, Narbonne.* Von Narbonne aus bietet sich eine Fahrt nach *Toulouse* an, die man entweder geradlinig auf der Autobahn (Zwischenhalt in *Carcassonne*) oder in Form eines Schlenkers über *Albi* (gotische Kathedrale Ste-Cécile) unternehmen kann. Von dort geht es durch die Corbières (*St-Hilaire, Lagrasse, St-Martin-des-Puits*) zurück an die Küste.

Die wichtigsten Denkmäler des ROUSSILLON lassen sich in zwei Gruppen zusammenfassen: in Küstennähe *Elne, Cabestany, St-André-de-Sorède, St-Genis-des-Fontaines* und *St-Martin-de-Fenollar;* darüberhinaus, weiter im Landesinnern: *Serrabonne, St-Michel-de-Cuxa, Corneilla-de-Conflent* und *St-Martin-du-Canigou.*

Grundsätzlich ist von einer Besichtigungstour in diesen Landschaften – wie übrigens auch in der Provence – während der Hochsommermonate abzuraten. Nicht nur die extremen Temperaturen, auch die Masse der Urlauber in Küstennähe machen das Reisen in dieser Zeit unerfreulich. Am besten geeignet ist der Mai, wenn alles in Blüte steht.

Aquitanien

Das Gebiet ist so umfangreich und zugleich derart gespickt mit Sehenswürdigkeiten, daß sich leicht zwei vierzehntägige Reiseprogramme damit füllen lassen. Am besten beginnt man im Norden des Périgord (*Périgueux, Brantôme*) und stößt von dort in die Täler der Vézère und der Dordogne vor (in diesem Bereich weniger romanische Kirchen, dafür reichlich prähistorische Höhlen und Schlösser). Zum Pflichtpensum gehört natürlich *Souillac,* von wo es nach *Carennac* und *Beaulieu* nicht weit ist. Nächste Stationen auf dem Weg nach Süden sind *Cahors* und *Moissac,* womit man bereits ein volles Reiseprogramm beieinander hat. Die Fortsetzung wäre eine Rundfahrt durch Guyenne und Gascogne (*Agen, Moirax, Condom, Lialorès, St-Sever, Hagetmau, St-Paul-lès-Dax*); dann eventuell Abstecher an den Atlantik (besonders malerisch: *St-Jean-de-Luz*), von dort wieder nach Osten entlang den Ausläufern der Pyrenäen (*Sauveterre-de-Béarn, L'Hôpital-St-Blaise, Oloron, Lescar*) über *Pau* und *Tarbes* bis nach *St-Gaudens,* von dort Abstecher nach *St-Bertrand-de-Comminges.* Rückfahrt über *Toulouse.* Die beste Reisezeit ist die Nachsaison, da das Gebiet im Frühjahr oft anhaltende Regenfälle erlebt.

Poitou und Saintonge

Obwohl dieses Gebiet in unserer Übersicht das flächenmäßig kleinste ist, besitzt es doch einen solchen Reichtum romanischer Kirchen, daß man um eine Selektion nicht herumkommt. Auch dann bleibt die Fülle noch verwirrend genug. Um in diesem Labyrinth einen roten Faden zu legen, sei folgende Route empfohlen: Zum Auftakt die Besichtigung von *St-Savin-sur-Gartempe* (Fresken) und *Chauvigny* (Kapitelle). Von dort führt der Weg zwangsläufig nach *Poitiers,* der Hauptstadt des Poitou mit ihrer Vielzahl romanischer Denkmäler. Dann geht es weiter nach Süden (*Civray, Melle* mit drei Kirchen). Bevor man jetzt in Richtung Saintonge vorstößt, bietet sich ein Abstecher in das reizvolle Marais Poitevin an (über *Niort* nach *Maillezais* und *Nieul-sur-l'Autise*). Die Weiterfahrt sollte in jedem Fall über *Aulnay* führen. *Saintes* ist das ideale Standquartier für einige Tage, um von hier aus Exkursionen in die Saintonge zu unternehmen. Dafür kommen aber auch einige der Küstenorte in Betracht (besonders anziehend: *Fouras* nördlich von Rochefort oder *Talmont* an der Gironde). Am meisten lockt sicher *La Rochelle,* das aber für Ausflüge in der Saintonge zu weit nördlich liegt. Die Rückreise führt im Tal der Charente aufwärts (*Cognac, Gensac-la-Pallue, Châteauneuf-sur-Charente, St-Michel-d'Entraygues*). Krönender Abschluß bei der Wahl dieser Route wäre dann *Angoulême.*

Loiretal und Berry

Der mittlere Westen Frankreichs ist von Deutschland über die Autobahn zügig zu erreichen – von Nord- oder Westdeutschland über Paris, Orléans, von Süddeutschland (bzw. Österreich und der Schweiz) über Besançon, Beaune, Auxerre. Den Auftakt des Besichtigungsprogramms bildet die Abtei *St-Benoît-sur-Loire*. Von dort folgt man der Loire über *Orléans* flußabwärts. Die wichtigsten romanischen Kirchen des Loirebereichs lassen sich in vier Gruppen (identisch mit vier Tagesprogrammen) zusammenfassen; im Tal des Loir: *Montoire-sur-le-Loir, Lavardin* und *St-Jacques-des-Guerets;* im Tal des Cher: *St-Aignan-sur-Cher* und *Selles-sur-Cher,* beides in Verbindung mit *Loches* und *Liget* im Tal der Indre; am Oberlauf der Vienne: *L'Île-Bouchard, Tavant* und *Chinon;* zuletzt im Tal der Loire selbst: *Fontevraud* und *Cunault* (zwischen diesen beiden eventuell Abstecher nach *St-Jouin-de-Marnes,* zum Abschluß *Angers*. Die Dauer einer Reise im Tal der Loire hängt letztlich davon ab, wie viele Schlösser man in das Programm aufnimmt.

Für den Weg zurück nach Osten bietet sich die Route etwas weiter südlich im Tal der Indre über *Châteauroux* an; sodann die Kirchen *Neuvy-St-Sépulcre* und *Châteaumeillant*. Wer den Weg über *Bourges* wählt (großartige gotische Kathedrale mit romanischen Portalen), sollte den Umweg über *Brinay* nicht scheuen (romanische Fresken).

Normandie und Bretagne

Fahrt von Paris im Tal der Seine flußabwärts. Hier ist kein »Idealprogramm« aufzustellen, das chronologisch exakt die Entwicklung der normannischen Architektur im 11. Jh. nachzeichnen würde. Man muß sich nach den geographischen Gegebenheiten richten. An den Beginn wären *St-Martin-de-Boscherville* und *Jumièges* zu stellen. Wer nicht gleich auf der Autobahn nach Westen weitereilt, unternimmt einen Abstecher nach *Bernay* (Frühstufe der normannischen Romanik). Dann geht es Schlag auf Schlag: *Caen* mit seinen drei romanischen Kirchen, Exkursion im Bessin *(Thaon, Secqueville, St-Gabriel-Brécy), Bayeux* (Teppich und romanisch/gotische Kathedrale) und *Cerisy-la-Forêt*. Wichtigster Ort auf der Halbinsel Cotentin ist *Lessay,* Höhepunkt dieser Reise der *Mont-St-Michel*. Wer von hier zu einer Rundreise durch die BRETAGNE aufbricht, wird die wenigen romanischen Kirchen in einem reizvollen Wechsel mit landschaftlichen Schönheiten, Calvaires und Zeugnissen der Megalithkultur erleben.

Île de France, Picardie, Champagne

Neben den zahlreichen Schlössern und gotischen Kathedralen spielen die romanischen Kirchen in diesen Landschaften eine untergeordnete Rolle. Dennoch ist es gerade zum Verständnis der gotischen Architektur unerläßlich, den Blick auf die diese Kunst vorbereitenden Schritte in der Romanik zu lenken. Auf dem Weg nach Paris sind dank der Lage unweit der Autobahn *Châlons-sur-Marne, Reims* und *Morienval* leicht zu erreichen. Der Besuch der Denkmäler in diesen Orten bietet eine interessante Abwechslung entlang einer der ermüdendsten Autobahnstrecken Frankreichs. Die sehenswerte Denkmälergruppe in der südlichen Champagne – *Langres, Vignory* und *Montier-en-Der* – liegt etwas abseits der üblichen Reiserouten; ein Besuch läßt sich am ehesten mit einer Burgundreise verbinden.

Lothringen, Elsaß, Franche-Comté

Die sehenswerten romanischen Denkmäler in LOTHRINGEN (allen voran: *Mont-devant-Sassey*) lassen sich auf dem Weg von oder nach Burgund bzw. ins Loiretal einfädeln. Im östlichen Frankreich ist die Romanik zahlenmäßig im Elsass am stärksten vertreten. Im Rahmen einer einwöchigen Fahrt, die auf der Ostseite der Vogesen über Straßburg nach Süden führt, lernt man die Denkmäler des 12. Jh.s im lebendigen Wechsel mit den malerischen Weindörfern und historischen Stadtzentren kennen (Straßburg, Sélestat, Colmar).

Die Franche-Comté wird von Touristen kaum gewürdigt, was angesichts ihrer landschaftlichen Reize ungerechtfertigt erscheint. Einzige Attraktion im Rahmen der romanischen Kunst bleibt jedoch *Baume-les-Messieurs*, das auf dem Wege nach Burgund besichtigt werden kann (in Besançon die Autobahn verlassen). Diese Strecke (über Arbois und Lons-le-Saunier) mündet in Tournus, dem idealen Auftakt zu einer Reise durch Burgund.

Kopplung zweier Landschaften

Legt man den Besuch von zwei Regionen zusammen, bleibt im wesentlichen das Itinerar, wie es für die einzelnen Landschaften aufgezeigt wurde, gültig. Je nach der zur Verfügung stehenden Zeit wird man Abstriche vornehmen. Folgende Paarungen erscheinen aus geographischer und kulturhistorischer Sicht sinnvoll:

- Elsaß, Franche-Comté und Burgund
- Burgund und Auvergne
- Burgund und Provence
- Burgund, Loiretal und Berry
- Provence und Languedoc/Roussillon
- Auvergne und Aquitanien
- Aquitanien mit Saintonge und Poitou
- Poitou und Loiretal
- Loiretal und Normandie
- Elsaß, Lothringen und Champagne

Wer eine Reise von Burgund nach Süden in Richtung Provence unternimmt und mit der Zeit nicht geizen muß, findet beiderseits der Rhône weitere sehenswerte Stätten, die im Denkmälerkatalog nicht aufgeführt worden sind. In erster Linie sind zu nennen: *Vienne,* die Kirche St-André-le-Bas mit Figurenkapitellen und romanischem Kreuzgang, ebd. romanische Kapitelle in der gotischen Kathedrale St-Maurice; *Valence* mit der romanischen Kathedrale St-Apollinaire, die nach einem Einsturz im 17. Jh. originalgetreu wiederaufgebaut wurde, ein Musterbeispiel eines Bauwerks, in dem unterschiedliche Kunstlandschaften zu Wort kommen (dreischiffige Halle = Poitou, Chorumgang mit gerader Zahl der Chorkapellen = Auvergne); etwa 20 km östlich von Valence am Rande des Parc Régional Naturel du Vercors die ehemalige *Zisterzienserkirche Léoncel*; ferner *Cruas* auf dem rechten Ufer der Rhône mit originellem zylindrischen Vierungsturm sowie – auf derselben Seite der Rhône – *Bourg-St-Andéol* mit einer vorbildlich restaurierten Basilika des frühen 12. Jh.s.

Reisen entlang der Pilgerrouten

Landschaftsübergreifende Eindrücke vermittelt eine Reise, die eine der vier großen Pilgerrouten des Mittelalters als Leitfaden verfolgt. Diese Art der Reisegestaltung eignet sich in erster Linie für diejenigen, die noch nicht oft in Frankreich unterwegs waren. Man wird sich in diesem Fall notgedrungen auf die Drei- und Zwei-Sterne-Objekte beschränken. Für Hin- und Rückweg kann man zwei verschiedene Routen kombinieren, zum Beispiel: Via Touronensis und Via Lemovicensis, Via Lemovicensis und Via Podiensis, Via Podiensis und Via Tolosana.

Karten und Ausrüstung

Mit dem Kartenmaterial steht und fällt eine Reise nach Frankreich. Die Ausschilderungen sind oft mißverständlich oder, gerade in Bereichen provinzieller Abgeschiedenheit, gar nicht vorhanden. Am sichersten ist es, sich nach den Straßennummern zu richten, die grundsätzlich an Ortseingangs- bzw. -ausgangsschildern sowie am Wegesrand auf Meilensteinen markiert sind (weiße Ziffer auf rotem Grund = Nationalstraße, schwarze Ziffer auf gelbem Grund = Départementstraße, schwarze Ziffer auf weißem Grund = Cantonstraße). Neben einer Übersichtskarte für Frankreich (z.B. die rote Michelinkarte Nr. 989) benötigt man eine ausführlichere Karte für das spezielle Reisegebiet. Sehr detailliert und deshalb für die Auffindung versteckt gelegener Objekte von Vorteil sind die *gelben Michelinkarten im Maßstab 1:200000.* Der Nachteil dieser Karten ist, daß sie nur einen sehr begrenzten Bereich erfassen. Man braucht deshalb in der Regel einen ganzen Stoß von ihnen. Seit kurzem kann man diese Karten auch zusammengeheftet in Form eines *Straßenatlas* erhalten. Damit entfällt die Kramerei unter zahllosen Einzelkarten. Ein Nachteil ist sein unhandliches Format (28×39 cm). Etwas kleiner und dadurch handlicher ist die gebundene Form, die dafür aber auch deutlich teurer ist.

Als Alternative bieten sich an die *»Cartes touristiques« des Institut Géographique National,* die zwar im Maßstab etwas gröber ausfallen (1:250000), dafür aber den Vorteil haben, daß sie jeweils ein größeres Gebiet umfassen. Bei etlichen der in diesem Band vorgeschlagenen Reiserouten kommt man mit nur einer Karte aus. Jede der in diesem Buch besprochenen romanischen Kirchen ist in den IGN-Karten zwar eingetragen, jedoch in Fällen von abgelegenen, wenig besuchten Denkmälern sind die Zufahrtswege bisweilen ungenau oder mißverständlich eingetragen.

Zusammenfassend kann gelten: Wer sich auf den Besuch der mit drei und zwei Sternen gekennzeichneten Denkmäler beschränkt, ist mit den IGN-Karten bestens beraten. Wer auch die Ein-Sterne-Denkmäler oder die nur mit einer Kurzbeschreibung vorgestellten Kirchen aufsuchen will, fährt besser mit dem Michelin Atlas-Routier.

Weiter gehören zur Reiseausrüstung: eine *Taschenlampe* für den Besuch der oft nur mäßig erhellten Krypten; ein *Fernglas* zur Betrachtung von Kapitellen oder hoch gelegenen Details an Fassaden, Traufleisten etc. Photographen sollten ausreichend *Filmmaterial* mitnehmen, da dieses in Frankreich besonders teuer ist.

Unterkünfte

Eine Reise zu romanischen Kirchen in Frankreich setzt Mobilität voraus. Die Saintonge ist die einzige Landschaft, die man in einer Woche von einem festen Standquartier aus in Tagesausflügen erkunden kann. Man sollte sich in jedem Fall auf einen häufigeren Quartierwechsel einstellen. Auskünfte über das jeweilige Reisegebiet (Prospekte, Hotelverzeichnisse etc.) erhält man auf Anfrage kostenlos und unverbindlich beim *Französischen Fremdenverkehrsamt,* das in Deutschland, in Österreich und in der Schweiz Außenstellen unterhält.

In der Bundesrepublik Deutschland:
Kaiserstraße 12, 6000 Frankfurt 1
✆ 069/75 60 83–0

In Österreich:
Landstraßer Hauptstraße 2, 1030 Wien
Hilton-Center Nr. 259
✆ 02 22/75 70 62

In der Schweiz:
Bahnhofstraße 16, 8022 Zürich
✆ 01/211 30 85 und 86.

Eine verläßliche Informationsquelle ist immer die aktuelle Ausgabe des *roten Michelin-Hotelführers,* der jährlich neu aufgelegt wird und genauestens über Ausstattung, Preise etc. Auskunft gibt. Besonders zu empfehlen sind die Hotels, die sich in der Organisation der »Logis et Auberges de France« zusammengefunden haben (Erkennungszeichen: gelber Kamin auf grünem Grund). Die mehr als 4500 Häuser dieser Gruppe gehören ausschließlich der Ein- und Zweisterne-Kategorie an, bieten also immer soliden Komfort, jedoch keinen besonderen Luxus und garantieren eine ordentliche, landestypische Küche zu moderaten Preisen. Das Hotelverzeichnis erhält man gegen Gebühr entweder in einem Hotel dieser Gruppe selbst oder postalisch beim Dachverband:

Fédération Nationale des Logis et Auberges de France
25, rue Jean-Mermos, 75008 Paris
✆ 01/43 59 86 67.

Vorsicht!

Damit die Reise sorgenfrei verläuft, ist auf folgende Punkte zu achten:

Im Süden des Landes hat die Zahl der Autodiebstähle in den letzten Jahren drastisch zugenommen. Dies gilt besonders für Aix-en-Provence und Marseille; die Kriminalität ist jedoch auch in anderen Großstädten auf dem Vormarsch. Also niemals offen sichtbar Gegenstände in einem abgestellten Fahrzeug liegenlassen, schon erst recht nicht Photoausrüstungen, die in der Regel im Falle eines Diebstahls von herkömmlichen Reisegepäck-Versicherungen nicht ersetzt werden.

Hundebesitzer sollten ihren vierbeinigen Gefährten vor allem in Südfrankreich nicht unangeleint herumlaufen lassen. In den letzten Jahren hat die von Zecken übertragene Babesiose Ausbreitung gefunden, die für das erkrankte Tier, wenn es nicht behandelt wird, meist tödlich verläuft. Im Falle einer Infektion (Kennzeichen: Appetitlosigkeit und Lähmungserscheinungen) sofort den nächsten Tierarzt aufsuchen.

Auf keinen Fall sollte man vor oder gegen Ende hoher Feiertage sowie zu Beginn bzw. Ende der großen Ferien die Autobahnen benutzen (das schlimmste Nadelöhr ist Lyon). Besonders kritische Tage hinsichtlich Staus sind Pfingsten, der 1. August und Allerheiligen.

Öffnungszeiten

Im allgemeinen sind die Kirchen in Frankreich ganztägig geöffnet; Besichtigungen außerhalb der Gottesdienstzeiten oder anderer kirchlicher Festlichkeiten sind also jederzeit möglich. Kirchen in nichttouristischen Gebieten, die oft – nicht zuletzt als Vorbeugungsmaßnahme gegen Beraubung – abgesperrt sind, weisen meist an der Tür ein

Schild oder einen Zettel auf mit Angabe der Adresse, wo der Schlüssel erhältlich ist. In der Zeit der geheiligten Mittagsruhe zwischen 12 und 14 Uhr geht allerdings nichts.

Literatur

Eine vollständige Bibliographie zum Thema der romanischen Kunst in Frankreich würde allein ein Buch vom Umfang des vorliegenden Titels füllen. Wir beschränken uns deshalb darauf, die wichtigsten Publikationen zu nennen, in denen dann die fortführende Spezialliteratur zitiert ist.

Den vollständigsten Überblick über die einzelnen Landschaften Frankreichs und deren romanische Denkmäler vermitteln die Bände aus der Reihe ZODIAQUE, herausgegeben von der Abtei Ste-Marie de la Pierre-qui-Vire, St-Léger-Vauban. Bislang liegen folgende Bände vor:
Alpes romanes – Alsace romane – Angoumois roman – Anjou roman – Berry roman – Bourgogne romane – Bretagne romane – Champagne romane – Forez-Velay roman – Franche-Comté romane – Gascogne romane – Guyenne romane – Haut-Languedoc roman – Haut-Poitou roman – Île de France romane – Languedoc roman – Limousin roman – Lorraine romane – Maine roman – Nivernais-Bourbon roman – Normandie romane (2 Bände) – Périgord roman – Poitou roman – Provence romane (2 Bände) – Pyrénées romanes – Quercy roman – Rouergue roman – Roussillon roman – Saintonge romane – Touraine romane – Val de Loire roman – Vendée romane.

Einige dieser Bände liegen inzwischen auch in deutscher Übersetzung vor.

Das vorliegende Buch basiert – abgesehen von den Zodiaque-Bänden – im wesentlichen auf nachstehend aufgeführten Titeln:

Ernst Adam, *Vorromanik und Romanik,* Frankfurt 1968.

Günter Bandmann, *Mittelalterliche Architektur als Bedeutungsträger,* Berlin 1951.

Wolfgang Braunfels, *Abendländische Klosterbaukunst,* Köln 1969.

Otto Demus, *Romanische Wandmalerei,* München 1968.

Georges Duby, *Die Zeit der Kathedralen – Kunst und Gesellschaft 980–1420,* Frankfurt 1980.

Georges Duby, *Saint Bernard – L'Art Cistercien,* Paris 1976.

Hans Eckstein, *Die romanische Architektur,* Köln 1975.

Henri Focillon, *Art d'Occident – Le moyen âge roman et gotique,* Paris 1938.

Richard Hamann, *Kunst und Askese – Bild und Bedeutung in der romanischen Plastik in Frankreich,* Worms 1987.

M. F. Hearn, *Romanesque sculpture. The revival of monumental stone sculpture in the eleventh und twelfth centuries,* London/New York 1981.

Hans Erich Kubach, *Architektur der Romanik,* Stuttgart 1974.

Wilhelm Messerer, *Romanische Plastik in Frankreich,* Köln 1964.

Raymond Oursel, *Die Kultur der Klöster,* Stuttgart und Zürich 1985.

B. Rupprecht und M. und A. Hirmer, *Romanische Skulptur in Frankreich,* München 1975.

Meyer Schapiro, *Romanische Kunst,* Köln 1987.

Hans Sedlmayr, *Die Entstehung der Kathedrale,* Graz 1976.

Das 11. Jh.	Architektur – Frankreich	Skulptur/Malerei – Frankreich	Geschichte – Frankreich
1000	1001–18 Dijon, St-Bénigne 1003 Tours, Baubeginn an St-Martin: frühes Beispiel eines Chors mit Umgang und Radialkapellen 1007–19 Tournus, St-Philibert: Ursprung der Zweiturmfassade, zugleich mit St-Martin-du-Canigou (Baubeginn 1005) die ersten vollständig eingewölbten Kirchen 1014 Paris, Westturm von St-Germain-des-Prés	Bald nach 1000 Dijon, Kapitelle in St-Bénigne, früheste Beispiele der Skulptur in Burgund vor 1010 Conques, Goldstatue der hl. Fides	996–1031 regiert König Robert der Fromme als Nachfolger Hugo Capets, des Begründers der Kapetinger-Dynastie. Er führt als erster Herrscher den Titel »Rex Francorum«, ist jedoch kaum mehr als ein »Schattenkönig«
1010			
1020	1020/40 Chartres, Kathedrale Bischof Fulberts (erhalten die Krypta) 1024 Bernay, Baubeginn	1020 St-Genis-des-Fontaines, Türsturz: älteste fest datierbare Steinskulptur des französischen Mittelalters; kurz danach: Türsturz in St-André-de-Sorède – etwa gleichzeitig: der Gerlanus-Bogen in Tournus	
1030	1030/40 St-Benoît-sur-Loire, der Westturm des Abtes Gauzlin		1028 stirbt Fulbert von Chartres, 1030 Gauzlin von St-Benoît-sur-Loire und 1031 Wilhelm von Volpiano 1031–60 König Heinrich I. 1032 Das Herzogtum Burgund fällt an die jüngere Kapetinger-Linie
1040	1040 Jumièges, Baubeginn 1049 Papst Leo IX. weiht die Kirchen in Ottmarsheim und Reims; im selben Jahr Fertigstellung von Poitiers, St-Hilaire-le-Grand I	1040/50 St-Benoît-sur-Loire, Kapitelle im Westturm kurz vor 1046 Arles-sur-Tech, Portalskulpturen	1040/42 »Treuga Dei« (Gottesfriede): Einschränkung des Fehderechts der Vasallen 1049 hält Papst Leo IX. ein großes Reformkonzil in Reims ab
1050		um 1050 Die Apokalypse von St-Sever, Hauptwerk der Buchmalerei	1049–1109 Hugo von Semur Abt in Cluny
1060	1060 Caen, Baubeginn von St-Étienne: entwickelte Zweiturmfassade, Zweischaligkeit der Wand 1063 Nevers, St-Étienne, Baubeg. 1067 Jumièges, Weihe 1069 Elne, Ste-Eulalie, 1. Weihe	1066/77 Teppich von Bayeux: Der älteste erhaltene Wandteppich des Mittelalters, zugleich der umfangreichste Zyklus historischer (profaner) Bilder	1060–1108 König Philipp I. 1066 Wilhelm, Herzog der Normandie, erobert England (Schlacht bei Hastings)
1070	ca. 1070 Cerisy-la-Forêt, Baubeginn 1077 Caen, St-Étienne, Weihe		
1080	1084 Mont-St-Michel, Fertigstellung des Langhauses 1088 Baubeginn Cluny III: Einführung des Spitzbogens		1084 Gründung des Kartäuserordens durch den hl. Bruno von Köln
1090	kurz nach 1090: Die ersten Kuppelkirchen in Aquitanien 1097 Nevers, St-Étienne, Weihe	Um 1090 Charlieu, Westportal: ältestes Stufenportal mit eingestellten Säulen Um 1095 Cluny III, Chorkapitelle 1096 Toulouse, St-Sernin: Tischaltar des Bernardus Gelduinus	1098 Gründung des Zisterzienserordens durch Robert von Molesme

Architektur – Europa	Skulptur/Malerei – Europa	Geschichte – Europa
	1000–20 S. Vincenzo a Galliano (Italien), Fresken	1001 Stephan d. Hl. König von Ungarn 1002 Kaiser Otto III. gest. 1002–24 Heinrich II. dt. Kaiser
1009 Der Mainzer Dom brennt am Tage seiner Weihe ab	ca. 1010–22 Hildesheim, Werkstatt des Bischofs Bernward (Bronzetüren, Bronzesäule)	1015 Pisa von Sarazenen erobert
1017 Paderborn, Bartholomäuskapelle 1019–40 Cardona, San Vincente: erste komplett eingewölbte Kirche Spaniens	ca. 1020 Das sog. Baseler Goldantependium Kaiser Heinrichs II. (Paris, Musée de Cluny)	1017–35 Knut d. Gr. König von Dänemark u. England, seit 1030 auch von Norwegen
um 1030 Speyer, Baubeginn des Domes 1031 Echternach, Weihe der Abteikirche		1024–39 Konrad II. dt. Kaiser (Salier) 1029 Sancho III. Kg. v. Navarra erbt Kastilien und schafft die Königreiche Aragon, Navarra und Kastilien 1032 Das Königreich Burgund fällt an das Deutsche Reich
1033 Hildesheim, Weihe von St. Michael: erster Bau des Mittelalters mit konsequenter Anwendung des gebundenen Systems		1039–56 Heinrich III. dt. Kaiser
1045 Westwerk und Krypta des Essener Münsters		1043 Die Normannen beginnen mit der Eroberung Unteritaliens
um 1050–65 Köln, St. Maria im Kapitol: Dreikonchenanlage	um 1050 Regensburg, Portalskulpturen von St. Emmeram: älteste Steinplastiken Süddeutschlands zw. 1051 und 76 Madonna des Bischofs Imad von Paderborn	1049–54 Leo IX., erster Reformpapst 1054 Schisma: endgültige Trennung von Ost- und Westkirche 1056–1106 Heinrich IV. dt. Kaiser
um 1060 Florenz, Baptisterium, Baubeginn 1063 Baubeginn von: Como, S. Abbondio; Pisa, Dom; Venedig, San Marco (Vorbild für Périgueux, St-Front) 1067 Köln, St. Georg vollendet	vor 1065 Köln, Holztüren von St. Maria im Kapitol; Augsburg, Bronzetüren des Doms um 1065 Augsburg, Dom, Prophetenfenster: älteste Beispiele der farbigen Glasmalerei in Europa	1059 Lateransynode: Verbot der Laieninvestitur; Synode von Melfi: der Normanne Robert Guiscard erhält Süditalien vom Papst zu Lehen, anschließend Eroberung des sarazen. Sizilien
um 1070 Trier, Fertigstellung des Westchors des Domes und Baubeginn von Quedlinburg, St-Servatius 1075 Santiago de Compostela, Baubeginn Nach 1080 Speyer, Umbau und Einwölbung des Domes durch Heinrich IV.	1070/90 Santo Domingo de Silos (Nordspanien), Skulpturen im Kreuzgang: liefern der languedocischen Bildhauerkunst wichtige Anregungen 1080 Merseburg, Dom, bronzene Grabplatte Rudolfs von Schwaben	1073–85 Papst Gregor VII. 1075 Beginn des Investiturstreits 1076 Reichssynode in Worms: Absetzung Gregors VII., 1077 Heinrichs IV. Gang nach Canossa 1080 der Gegenkönig Rudolf von Schwaben gest.
1093 Maria Laach begonnen 1095 Alpirsbach, Baubeginn: Baukunst des Reformmönchtums in Deutschland 1099 Mailand, S. Ambrogio begonnen	ca. 1099 Modena, Dom, Portalskulpturen des Wiligelmus	1094 Valencia vom Cid erobert 1096 Beginn des 1. Kreuzzugs 1099 Eroberung Jerusalems durch das Kreuzfahrer-Heer

Das 12. Jh.	Architektur – Frankreich	Skulptur/Malerei – Frankreich	Geschichte – Frankreich
1100	um 1100 Moissac, Kreuzgang um 1100 Murbach, Chor: erster Bau in Quadermauertechnik d. rhein. Baukunst 1. Hälfte 12. Jh.: auvergnatische Emporenhallen (Clermont-Fd., Issoire, St-Nectaire, Orcival)	um 1100 Toulouse, St-Sernin, Porte des Comtes: Ausbildung des Stufenportals in Südfrankreich Bald nach 1100 Fresken in St-Savin-sur-Gartempe	1101 Gründung des Chalaisianerordens 1108–37 König Ludwig VI.: Ausdehnung und Festigung d. königlichen Autorität
1110	1110 Fontevraud und Angoulême, Baubeginn 1114 St-Martin-de-Boscherville, Baubeginn	ca. 1110–50 Blütezeit der romanischen Skulptur: 1113 Cluny III, Westportal 1118 Toulouse, St-Sernin, Porte Miégeville	1113 tritt Bernhard von Clairvaux in den Zisterzienserorden ein; 1115 Gründung der Zisterzienserabtei Clairvaux
1120	1120–53 Autun, St-Lazare 1120–50 Périgueux, St-Front: größte Kuppelkirche Westeuropas 1125 Morienval, Chor: erste Kreuzrippen-Gewölbe in der Île de France	1120–35 Moissac, Portal 1125 Conques, Portal 1125–40 Vézelay, Portal und Kapitelle 1125–50 St-Gilles, Fassade um 1130 Souillac: Theophilusrelief, Bestienpfeiler, Jesaja	1121 Gründung des Prämonstratenserordens
1130	1138 wird mit Cluny III die größte Kirche der Welt geweiht	1130–40 Beaulieu, Portal 1130–35 Autun, Arbeiten d. Meisters Gislebertus 1130–40 Aulnay, Südportal 1138 Angoulême, Fertigstellung d. größten Fassade der franz. Romanik	1137–80 König Ludwig VII.: kurz vor d. Thronbesteigung heiratet er Eleonore, die Herzogin von Aquitanien
1140	1140 Vézelay, Ste-Madeleine fertiggestellt 1140–43 Chor von St-Denis: Gründungsbau der Gotik 1147 Fontenay, Weihe der Zisterzienserabtei	1140 St-Michel-de-Cuxa, Marmorkreuzgang 1145–55 Chartres, Westportal: Beginn d. gotischen Skulptur in der Île de France	1142 stirbt der Frühscholastiker Petrus Abaelard 1146 ruft Bernhard von Clairvaux in Vézelay und Speyer zum 2. Kreuzzug auf
1150	1152 Arles, St-Trophime, Weihe Grundsteinlegung wichtiger frühgotischer Kathedralen: 1150 Noyon, 1155 Senlis, 1160 Laon,	um 1150 Carennac, Portal, u. Poitiers, Notre-Dame, Fassade; Charlieu, Narthexportal: Hauptwerk des »barocken« Spätstils	1151 stirbt Abt Suger, Kanzler und Bauherr von St-Denis 1152 Annullierung d. Ehe des Königspaares; Eleonore von Aquitanien heiratet Heinrich Plantagenet, der 1154 den englischen Thron besteigt
1160	1163 Paris, Notre-Dame nach 1160 Langres, St-Mammès: Beispiel eines romanisch/gotischen Mischstils	Gegen 1160 Avallon: erste gotische Skulptur in Burgund 1160/70 Arles, St-Trophime, Portal: provenzalische Spätromanik	1153 Tod Bernhards von Clairvaux; 1156 stirbt Petrus Venerabilis, Abt von Cluny
1170	um 1170 Montréal, romanisch/gotischer Übergangsstil 1177 Silvacane, Grundsteinlegung zur Zisterzienserabtei: Vordringen gotischer Elemente in Südfrankreich	um 1170 Autun, Lazarus-Grab (Musée Rolin): romanisch/gotischer Übergangsstil Letztes Viertel 12. Jh., Spät- bzw. Sonderromanik in Südfrankreich: Kreuzgänge in Arles und im Roussillon (Elne, St-Genis-des-Fontaines u. a.)	1176 Beginn der Albigenserbewegung in Südfrankreich
1180			1180–1223 König Philipp II. Auguste: ihm gelingt nach hartem Ringen die Zerschlagung der Plantagenet-Herrschaft in großen Teilen Nord- u. Westfrankreichs.
1190	1195 beginnt mit dem Bau der Kathedrale in Chartres die Epoche der Hochgotik	Gegen 1200 Portalfiguren von St-Just-de-Valcabrère: Vordringen d. gotischen Skulptur in Südfrankreich	1214 Schlacht von Bouvines: Bald nach der Wende zum 13. Jh. beginnt Frankreichs Aufstieg zur führenden Großmacht in Europa

Architektur – Europa	Skulptur/Malerei – Europa	Geschichte – Europa
um 1100 Durham (England), Kathedrale: erste Kreuzrippengewölbe u. Strebebögen 1106 Speyer II vollendet	In der 1. Hälfte des 12. Jh.s Blüte der Freskomalerei in Katalonien (Hauptbeispiel: Tahull, San Clemente – die wichtigsten Zeugnisse heute in den Museen von Barcelona, Vich und Solsona)	1106–25 Heinrich V. dt. Kaiser
1112 Santiago de Compostela, Ostteile fertiggestellt	1110–20 Santiago de Compostela, Puerta de las Platerias (von Toulouse, Porte des Comtes an St-Sernin beeinflußt)	1111–13 Krieg zwischen Heinrich I. von England u. Ludwig VI. von Frankreich
1117/18 Pavia, S. Michele, u. Verona, S. Zeno (beide Italien) begonnen	um 1115 Lüttich, bronzenes Taufbecken des Rainer von Huy	1122 Wormser Konkordat: Unterscheidung von Temporalia (weltl. Güter) und Spiritualia (geistl. Würden)
	2. Viertel des 12. Jh.s, Regensburg, Fresken d. Klosterkirche von Prüfening	1125–37 Lothar von Supplinburg dt. Kaiser 1130 Der Normanne Roger II. als König von Sizilien gekrönt
1131 Cefalu (Sizilien), Grundsteinlegung des Doms. Blute des normannischen Kirchenbaus in Süditalien 1137 Bergamo (Italien), S. M. Maggiore vollendet	1135–38 Portale d. Meisters Niccolò am Dom zu Ferrara und S. Zeno Maggiore in Verona	1138–52 Konrad III. dt. König (Stauferdynastie)
1141 Tournai (Belgien), Vollendung der fünftürmigen Marienkirche 1144 Hersfeld, Weihe der Abteikirche 1146 Lund (Schweden), Weihe des von Lombarden miterbauten Domes: Beginn des Steinbaus in Nordeuropa		1147–49 2. Kreuzzug 1148 Niederlage des Kreuzfahrerheeres bei Damaskus
	um 1150 Ripoll (Katalonien), eines d. figurenreichsten Portale d. europ. Mittelalters	1152–90 Friedrich I. Barbarossa dt. Kaiser 1156 Friedrich I. heiratet Beatrix von Burgund 1157 Reichstag zu Besançon
	etwa 1160 Freising (Bayern), Bestienpfeiler in d. Krypta des Domes – Ableger d. Bestiensäulen in Südwest-Frankreich 1166 Braunschweig, Bronzelöwe Heinrichs des Löwen 1168–88 Santiago de Compostela, Portico della Gloria: figurenreiches Westportal im romanisch/gotischen Mischstil	1170 Ermordung Thomas Beckets
1172 Hildesheim, St. Godehard, Weihe (ungewölbte Basilika) 1174–86 Monreale (Sizilien), Dom		1177 Kompromißfrieden zwischen Friedrich I. und Papst Alexander III. in Venedig 1178 Krönung Barbarossas zum König des Arelat in Arles
1184 Regensburg, St. Jakob, Weihe 1185 Basel, Münster, Baubeginn: Durchdringung französ. u. italien. Einflüsse	1181 Wien, Klosterneuburger Altar d. Nikolaus von Verdun (größter Goldemail-Altar des Mittelalters); ab 1183 Mitarbeit desselben Künstlers am Dreikönigenschrein in Köln: seine Form der Antikenannäherung wird heute als richtungweisend für die Skulptur der Hochgotik in Frankreich gewertet	1189 stirbt Heinrich II. von Engl. 1190–92 der 3. Kreuzzug 1190–97 Heinrich VI. dt. Kaiser
1192 Köln, St. Aposteln, Baubeginn: Rheinische Spätromanik 1195 Braunschweiger Dom vollendet (gewölbte Basilika)		1194 erobert Heinrich VI. das normannische Sizilien 1198–1216 Papst Innozenz III 1198 Doppelwahl in Deutschland 1199 stirbt Richard Löwenherz

Abbildungsnachweis

Sämtliche *Farbaufnahmen* stammen vom Verfasser

Folgende Fotografen und Archive lieferten Vorlagen für die *Schwarzweiß-Abbildungen:*

Uwe Anhäuser, Herrstein Abb. 109
Archiv DuMont Buchverlag, Köln Abb. 4, 5, 10, 48, 71, 99
Arthaud, Paris Abb. 92
Bildarchiv Foto Marburg, Marburg Abb. 53, 103
Thorsten Droste, Tutzing Abb. 1, 26, 27, 62, 72, 76, 77, 78, 79, 82, 105
Karlheinz Ebert, Waldbronn Abb. 107
Leif Geiges, Staufen Abb. 108
Robert Häusser, Mannheim Abb. 110
Hirmer Fotoarchiv, München Abb. 2, 3, 6, 7, 8, 9, 11, 12, 13, 14, 15, 16, 17, 18, 19, 20, 21, 22, 23, 28, 29, 30, 31, 37, 38, 39, 40, 41, 42, 44, 45, 50, 55, 59, 60, 63, 64, 65, 66, 67, 68, 69, 75, 80, 81, 85, 86, 88, 89, 95, 96, 97
Michael Jeiter, Morschenich Abb. 46, 98, 102
Rolf Legler, München Abb. 51, 52, 54, 70
S. Marmounier – C.E.D.R.I., Paris Abb. 32
Léo Pélissier, L'Hay-les-Roses Abb. 47, 87, 91
Roebild – Dr. H. Busch, Frankfurt Abb. 106
Ulrich Rosenbaum, München Abb. 36
Jean Roubier, Paris Abb. 73, 94
Werner Stuhler, Hergensweiler Abb. 43
Gerhard Uhlig, Wuppertal-Elberfeld Abb. 84
Zodiaque, St Léger Vauban Abb. 24, 25, 33, 34, 35, 49, 56, 57, 58, 61, 74, 83, 90, 93, 100, 101, 104

Pläne und Strichzeichnungen im Text wurden übernommen aus den im DuMont Buchverlag, Köln, erschienenen Kunst-Reiseführern, den Bänden der Zodiaque-Reihe sowie aus Kubach, Architektur der Romanik, und Conant, Romanesque Architecture.

Denkmäler- und Klappenkarten erstellte der DuMont Buchverlag nach Vorlagen des Verfassers

Raum für Reisenotizen

Erläuterung der Fachbegriffe (Glossar)

Abtei Kloster, dem ein Abt bzw. eine Äbtissin vorsteht. Die Abtei genießt besondere Vorrechte, z. B. das zur Gründung von Filialklöstern (Priorat).

Akanthus Distelähnliche Pflanze. Die Form ihrer gezackten oder gelappten Blätter findet sich zuerst am korinthischen Kapitell. Seit der Antike vielfach verwendetes und abgewandeltes Schmuckmotiv, vorwiegend an Kapitellen.

Antependium Schmuckhafte Verkleidung einer Altarvorderseite.

Apotropaion Von griechisch *apotropein* = abwehren. Plastisch geformte Motive an Bauten der Antike und des Mittelalters, die nach einer uralten totemistischen Vorstellung böse Geister fernhalten sollen. An antiken Bauten in der Regel als Gorgoneion (Medusenhaupt), an mittelalterlichen Kirchen in Form von Tieren, Fratzen und Dämonen.

Apsis Griech. = Bogenrundung. Die das Ende eines Chores, gelegentlich auch der Seitenschiffe bildende Altarnische über meist halbrundem, seltener auch über polygonalem Grundriß. Verkleinerungsform: Apsidiole.

Apsis Hauptapsis und Nebenapsiden

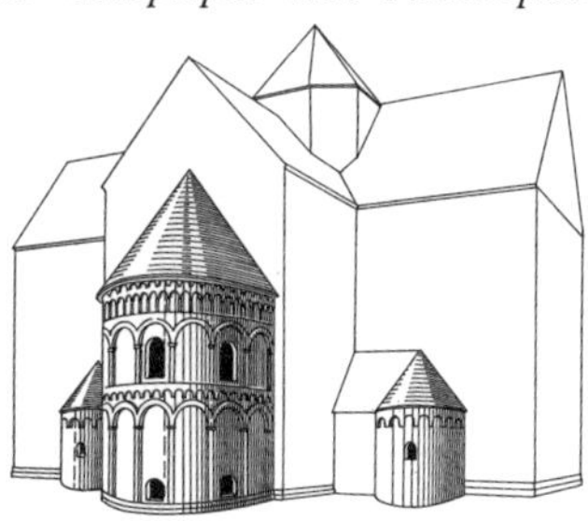

Architrav Der waagerechte Steinbalken über Säulen, Pfeilern, Pilastern oder über einem Portal bzw. Fenster.

Archivolte Rahmenleiste über einem Fenster oder über einem Portal bzw. die (meist plastische) Innengliederung einer Bogenlaibung. Bei Vorhandensein mehrerer Archivolten zählt man von innen nach außen (bzw. von unten nach oben). Die oberste wird *Stirnarchivolte* genannt. Das reine *Archivoltenportal* ohne Tympanon ist der gängige Portaltypus in den Landschaften Poitou und Saintonge.

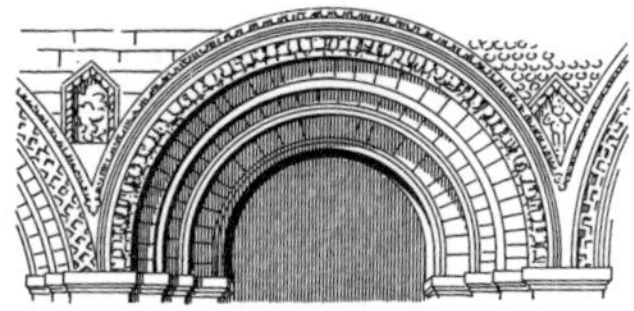

Archivolte

Arkade Lat. = Bogen. Bogenstellung über Säulen oder Pfeilern, auch fortlaufende Reihe von Bögen (Arkaden, Arkatur, Arkadenstellung).

Ausgeschiedene Vierung Siehe Vierung.

Auskragung Vorspringen eines Bauteils (Kragstein, Kragsturz).

Baptisterium Taufkirche, als Zentralbau stets einer Bischofskirche zugeordnet; Ursprung im Frühchristentum.

Basilika Griech. = Königshalle. Die römische Basilika, ursprünglich Markt- oder Gerichtshalle, ist eine flach gedeckte Säulenhalle mit drei oder mehr Schiffen und einer

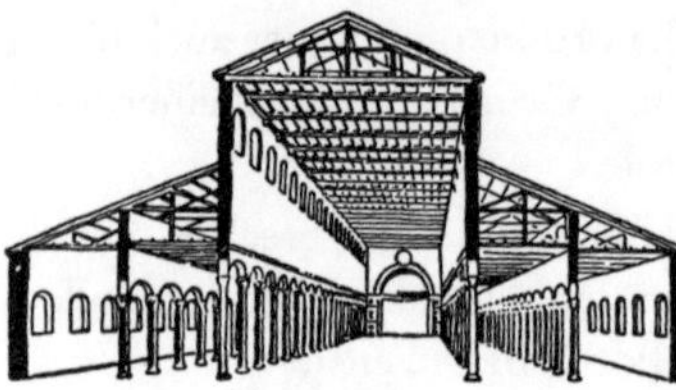

Basilika

apsidialen Ausbuchtung im Osten. Längsrichtung und Höhenstufung der Schiffe, wobei das Mittelschiff sein Licht von der über den Seitenschiffen aufsteigenden Fensterzone, dem sog. Licht- oder Obergaden, empfängt, sind die Wesensmerkmale der Basilika, die in ihren zahllosen Abwandlungen zum wichtigsten Typus des christlichen Kultbaus wurde. Seit dem mittleren 11. Jh. in Frankreich in der Regel eingewölbt. Die Basilika ist der verbreitete Bautypus vor allem in Burgund und in den Nordprovinzen Frankreichs; in den südlichen Landschaften seltener.

Basis Griech. = Fuß. Der ausladende, meist profilierte Fuß einer Säule oder eines Pfeilers, der den Druck der Stütze auf eine größere Fläche verteilt.

Bauplastik Die für ein bestimmtes Bauwerk geschaffene und mit ihm unlösbar verbundene Skulptur.

Blende Das einem Baukörper vorgelegte, der Dekoration oder Gliederung dienende »blinde« architektonische Motiv, das räumlich nicht in Erscheinung tritt; z. B. Blendarkade, Blendtriforium etc.

Blendfenster Scheinfenster mit Rahmung, doch ohne Durchbruch.

Bogen Gerundete Überbrückung aus Steinen zwischen zwei Stützen oder zwei Wänden. Mit Hilfe von Bogenkonstruktionen wurde die Verbindung weit auseinanderliegender Bauteile möglich, was mittels waagerechter Abschlüsse nicht zu erreichen war. Zur Benennung der einzelnen Teile eines Bogens vgl. das nebenstehende Schema. Bögen, die zwei Raumteile voneinander abgrenzen (z. B. Vierung gegen Langhaus), nennt man *Scheidbogen,* freistehende Bögen, die den Raum zwischen zwei Mauern überbrücken, ohne in einem Gewölbe verankert zu sein, *Schwibbogen.*

Bogenformen Die Grundform des romanischen Bogens ist *halbrund.* Lokale Abwandlungen: im Roussillon der aus der arabischen bzw. westgotischen Architektur übernommene *Hufeisenbogen;* in Burgund seit Ende des 11. Jh.s der *Spitzbogen.* Von *gestelzten Bögen* spricht man, wenn die Krümmung ein Stück über dem Kämpfer beginnt (häufig zur besseren Lichtdurchlässigkeit bei Bögen, die Chorhaupt und Chorumgang voneinander trennen).

Bruchsteine Unbearbeitete Steine, die so vermauert werden, wie sie aus dem Steinbruch kommen.

Grundrisse romanischer Bündelpfeiler

Bündelpfeiler In der Hochromanik aufkommende Pfeilerform, wobei der Pfeilerkern von einer Vielzahl von Diensten umstellt ist.

Busung Ein Kreuzrippengewölbe bezeichnet man als gebust, wenn der Scheitelpunkt der sich in der Mitte kreuzenden Diagonalrippen höher liegt als jener der Scheidbögen. Man nennt diese Sonderform des Kreuzrippengewölbes auch *Domikalgewölbe*. Sie tritt im 12. Jh. vorwiegend in der Architektur des Anjou auf, also im unteren Loiretal. Man liest für diese Gewölbeform, die wie eine Verschmelzung des Kuppelgewölbes mit dem gotischen Kreuzrippengewölbe anmutet, auch die Bezeichnungen *Angevinischer* oder *Plantagenet-Baustil*.

Campanile Italienische Bezeichnung für Glockenturm. Der Campanile steht in der Baukunst Italiens meistens frei neben der dazugehörigen Kirche. In dieser Gestalt erscheint er gleichfalls in der Architektur Südfrankreichs (speziell im Roussillon), vereinzelt auch in der lombardisch beeinflußten Baukunst Süddeutschlands (z. B. Augsburger Dom).

Chor Griech. = Tanz, Tanzplatz, auch Gemeinschaft der Tänzer oder Sänger. In der christlichen Baukunst ursprünglich Raum für den Chorgesang der Geistlichen, seit dem 15. Jh. übliche Bezeichnung für den Altarraum und seine Annexe.

Chorbogen Bogen, der den Chor von der Vierung bzw. bei Nichtvorhandensein eines Querschiffs vom Langhaus scheidet.

Dachformen Das gängige Spitzdach über einer Kirche ist das *Satteldach* mit zwei identischen Seiten. Das einhüftige Dach über den Seitenschiffen einer Basilika nennt man *Pultdach*. Den Abschluß quadratischer Türme bildet das *Pyramidendach*, den von Rundtürmen das *Kegeldach*.

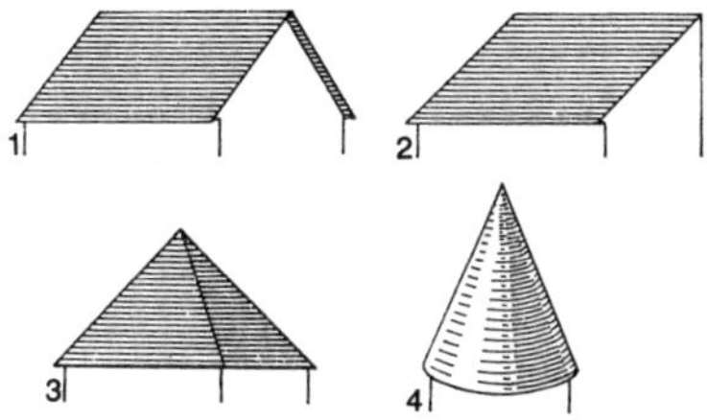

Dachformen: 1. Satteldach 2. Pultdach 3. Pyramidendach 4. Kegeldach

Diaphane Struktur Von Hans Jantzen (Die Gotik des Abendlandes, Köln 1962) für die Gotik eingeführter Begriff, mit dem das Durchscheinende einer zweischaligen Wand benannt wird. Findet sich in der romanischen Architektur der Normandie vorbereitet.

Dienst Rundstab, der als Vorlage von Stützen und Hochschiffwand geradlinig emporwächst. Aus der normannischen Architektur hervorgegangenes Gliederungsmotiv, das im Laufe des 12. Jh.s in ganz Frankreich Verbreitung fand und später zum festen Formenschatz der Gotik gehörte.

Doppelarkade Zusammenfassung zweier Arkaden, meist unter einem übergreifenden Bogen, auch *Zwillingsarkade* oder *Biforium* genannt.

Dormitorium Schlafsaal in einem Kloster.

Dreikonchenanlage nennt man eine Kirche bzw. deren Chor, wenn drei gleich gestaltete Apsiden zu unterschiedlichen Richtungen ausstrahlen; auch *Kleeblattchor* genannt. Im Gegensatz zur *Dreiapsidenanlage*, deren Raumteile in Verlängerung der

Langhausschiffe parallel zueinander angeordnet sind.

Dreipaß Gebrochener Bogen, der sich aus drei Kreissegmenten zusammensetzt.

Dreipaß

Empore Offene Galerie im Obergeschoß eines Westbaus (in karolingischer Zeit, danach nur noch selten), häufiger als Aufsatz über den Seitenschiffen einer Basilika, wodurch eine *Emporenhalle* entsteht. Verbreiteter Bautypus in der Normandie (dort meist ohne Gewölbe) und in der Auvergne (dort dient die Empore als Widerlager für das Mittelschiffgewölbe).

Entlastungsbogen Bogen, der kleinere Rundbögen oder Fenster überfängt und den Druck des darüber befindlichen Mauerwerks zu den Seiten ablenkt. Häufiges Motiv in Kreuzgängen, vor allem der Provence.

Gebundenes System Von gebundenem System spricht man, wenn alle Proportionen eines Kirchenbaus aus dem Grundriß der Schenkellänge der Vierung abzuleiten sind (z. B.: Querhausarme gleich Vierung, Länge der Basilika gleich Verdoppelung der Vierung, Seitenschiffe halb so breit, Langhaus doppelt so hoch wie das Grundmaß der Vierung etc.). Taucht erstmals in der ottonischen Baukunst Deutschlands auf (Hildesheim, St. Michael).

Gekuppelte Säulen Paarweise Stellung von Säulen (häufig in Kreuzgängen); man spricht auch von *Zwillingssäulen.*

Gewände Die durch schrägen Einschnitt eines Fensters oder eines Portals in der Mauer entstehende Schnittfläche (die sich bei rechtwinkligem Einschnitt ergebende Fläche wird *Laibung* genannt).

Gewölbe Die grundlegende Gewölbeform der Romanik ist die *Tonne* mit halbrundem Querschnitt. Einen baustatischen Fortschritt brachte die burgundische Romanik mit der Zuspitzung der Tonne (Milderung der seitlich wirkenden Schubkräfte zugunsten einer stärkeren Vertikalisierung des Gewölbedrucks). Wird über einem quadratischen Grundriß ein Tonnengewölbe mit zwei Diagonalstücken in vier Teile zerlegt, so entstehen zwei Wangen- und zwei Kappenstücke. Durch Zusammensetzung von vier Kappen entsteht das *Kreuzgratgewölbe,* das man in der Romanik meist in den Seitenschiffen antrifft. In der Gotik treten an die Stelle der Grate Rippen (= *Kreuzrippengewölbe*). In Südwest-Frankreich ist das *Kuppelgewölbe* verbreitet.

Griechisches Kreuz Kreuzgrundriß mit vier gleich langen Armen.

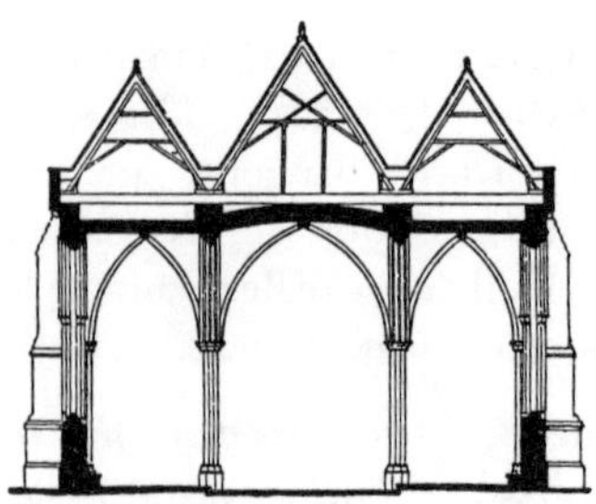

Hallenkirche

Hallenkirche Bauwerk mit drei gleich hohen Schiffen. Am meisten verbreitet im westlichen Frankreich (Poitou).

Hallenkrypta Krypta mit drei oder mehr gleich hohen Schiffen.

Hochschiffwand bezeichnet genaugenommen in einer Basilika nur den Abschnitt oberhalb des unteren Arkadengeschosses, wird aber allgemein für den gesamten Wandaufriß angewendet.

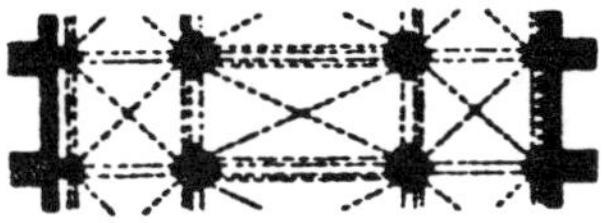

Joch

Joch Gewölbeeinheit innerhalb einer Folge gleicher Einheiten sowie der dadurch bestimmte Raumabschnitt.

Kanneluren Senkrecht verlaufende Rille an einer Säule oder einem Pilaster. Fand über die römisch-antike Architektur Eingang in die Romanik (vor allem Burgunds und der Provence).

Kantonierter Pfeiler Stütze mit an allen vier Seiten gleichen Vorlagen (Diensten).

Kapellenkranz Bezeichnung für die Gesamtheit der Kapellen an einem Chorumgang. Korrekterweise spricht man in der Romanik von *Radialkapellen,* da sie in der Regel isoliert nebeneinander stehen. Erst in der Gotik stoßen sie nahtlos aneinander und addieren sich zum Bild eines Kranzes mit zusammenhängenden Gliedern.

Kapitelsaal Wichtigster außerliturgischer Raum eines Klosters, in dem Beratungen und Lesungen (daher der Name) stattfinden. Für gewöhnlich im Ostflügel des Kreuzgangs gelegen.

Kapitell Oberer Abschluß einer Säule oder eines Pfeilers. In der Antike nur ornamental dekoriert, in der Romanik sehr oft Bildträger für figürliche Darstellungen.

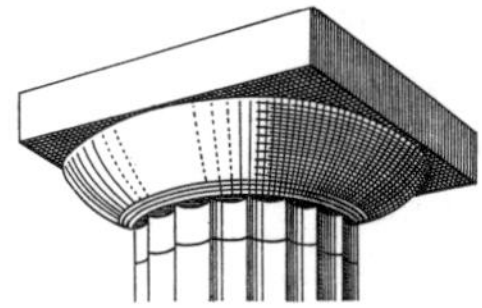

Kapitell

Kathedrale Bischofskirche.

Keilstein Trapezförmig bearbeiteter Stein als Teil eines Bogens bzw. einer Archivolte.

Klausur Jener Teil eines Klosters, innerhalb dessen sich nur die Mönche bzw. Nonnen aufhalten dürfen.

Kolonnade Säulen- oder Pfeilerstellung mit geradem oberen Abschluß (im Gegensatz zur Arkadenstellung).

Kragstein Siehe Auskragung.

Krypta Unterkellerung im Ostteil einer Kirche.

Laibung Siehe Gewände.

Langhaus Hauptteil einer Kirche zwischen Fassade und Vierung bzw. Chor.

Lateinisches Kreuz Kreuzform mit längerem Senkrecht- und kürzerem Querbalken. Geläufiger Kirchengrundriß.

Lichtgaden Obergaden (vgl. Basilika).

Lisenen mit Rundbogenfries

Lisene Geringfügig vorspringende senkrechte Mauerverstärkung, bandartig, ohne

Basis und Kapitell. Oft ist eine Reihe von Lisenen untereinander mittels einer Folge kleiner Blendarkaden verbunden. Gängiges Gliederungsmotiv in der früh- bzw. ostromanischen Baukunst, deshalb auch als *lombardisches Motiv* bezeichnet.

Massif barlong Auvergnatischer Querriegel. Aufstockung des Querschiffs, die nur in der Romanik der Auvergne vorkommt.

Memorialbau Grabbau, Gedächtniskirche. Bei einem tatsächlichen Grab spricht man von *Mausoleum*, im Falle eines Leergrabes von *Kenotaph*. In der Regel über zentralem Grundriß errichtet.

Mensa Obere Abdeckplatte eines Altars.

Narthex Vorhalle.

Obergaden Lichtgaden.

Oktogon Achteck.

Okulus Rundfenster.

Ornament Einzelmotiv einer Verzierung. Die wichtigsten Ornamente der romanischen Kunst leiten sich aus dem Formenschatz der Antike ab.

Paß Kreisteil (siehe Dreipaß).

Paß

Pendentif Hängezwickel; sphärische Dreiecke, mittels derer am Fuß einer Kuppel die Überleitung vom Quadrat (z. B. einer Vierung) zum Rund erfolgt.

Pilaster Der Wand aufgeblendeter Pfeiler, besitzt im Gegensatz zur Lisene Basis und Kapitell.

Polychromie Vielfarbigkeit (im Gegensatz zur *Monochromie* = Einfarbigkeit).

Polygon Vieleck.

Pseudobasilika Kirche mit drei Schiffen, wobei sich das Mittelschiff ohne Durchfensterung über die Seitenschiffe erhebt. Gängiger Bautypus im Limousin.

Quader Regelmäßig bearbeiteter Mauerstein (im Gegensatz zum unbearbeiteten Bruchstein).

Querhaus, Querschiff Die Gesamtheit aller Teile, die quer zum Langhaus einer Kirche liegen.

Querschiffarm, Querschiffflügel Der rechte oder linke Teil eines Querhauses.

Querhauskapellen Apsiden, die an Querhausarme anschließen und sich zu diesen öffnen.

Radialkapellen Apsiden, die konzentrisch um einen Chorumgang gruppiert sind, ohne baulich miteinander verbunden zu sein.

Refektorium Speisesaal in einem Kloster.

Registerportal Bezeichnung für ein Tympanon, das in mehrere gleich große Streifen unterteilt ist.

Ringkrypta Vollrunde oder auch halbrunde Krypta.

Rotunde Rundbau.

Saalkirche Einschiffige Kirche. Als Bautypus besonders in Südfrankreich verbreitet.

Satteldach Siehe Dachformen.

Scheinempore Galerie, die lediglich in das Mauerwerk einer Hochschiffwand eingeschnitten ist, ohne daß dahinter ein eigener Raumteil steht (vgl. Vignory, Montier-en-Der).

Scheinportal Aufgeblendetes Portal, das nur aus Gründen der Gliederung oder Dekoration angelegt ist und keinen realen Türdurchgang besitzt; am häufigsten an Fassaden des Poitou und der Saintonge.

Scheitelkapelle Mittelkapelle am Chorumgang, in der Mittelachse des Chores bzw. der Kirche.

Spitztonne Siehe Gewölbe.

Spolie Bauteil, der einem anderen Gebäude entstammt. Namentlich in der Romanik der Provence wurden oftmals Stücke aus antiken Bauten wiederverwendet.

Staffelchor Auch *Benediktinischer Chor* genannt. Anlage von mehreren Kapellen, die parallel zueinander geordnet sind. Deren räumliche Tiefe nimmt zu den Seiten hin ab (beste Beispiele: St-Sever in der Gascogne und Châteaumeillant im Berry).

Stufenportal Portal, dessen Gewände von außen nach innen sich verengend zurückspringt, so daß die Türöffnung erheblich kleiner ist als der äußere Portalumfang.

Sturz Waagerechter oberer Abschluß eines Fensters oder Portals; bei größeren Portalen oft von Kragsteinen getragen.

Substruktion Unterbau, der aus baustatischen Gründen, z. B. bei wenig tragfähigem Grund oder zur Erreichung eines ebenen Bodenniveaus an Hanglagen, angelegt wird.

Totenlaterne Säule auf einem Friedhof, in deren Spitze ein ewiges Licht brannte. Lokale Besonderheit der westfranzösischen Romanik (Poitou, Saintonge, Angoumois).

Triforium Laufgang in der Hochschiffwand einer Basilika zwischen Arkade und Obergaden, kann aufgeblendet oder auch räumlich gestaltet sein.

Triforium

Trompe Franz. = Jagdhorn. Bogen über einer trichterartigen Wölbung zwischen zwei im rechten Winkel aufeinanderstoßenden Mauern. Die Trompe dient in der Regel bei Kuppeln oder Türmen, insbesondere Vierungstürmen, zur Überleitung vom quadratischen zum runden oder oktogonalen Grundriß. Zweite verbreitete Möglichkeit der Überleitung vom Quadrat zum Rund neben dem Pendentif.

Trumeau Mittelstütze eines Portals, in Südwestfrankreich gelegentlich in Gestalt des sog. *Bestienpfeilers.*

Tympanon Griech. = Handpauke. Die das Bogenfeld eines Portals füllende Steinplatte, meist mit figürlichem Schmuck. Vorherrschendes Thema der romanischen Tympana ist das Weltgericht. Als Kunstform besonders verbreitet in Burgund und im Südwesten Frankreichs.

Unterzug Gurtartige Verstärkung, die einem Bogen unterlegt wird.

Vierung Raumteil einer Kirche, in dem sich Langhaus und Querhaus kreuzen. Seit dem frühen 11. Jh. zu allen vier Seiten mittels Scheidbögen abgegrenzt. Man spricht deshalb auch von *ausgeschiedener Vierung.*

Vierungskuppel Wölbung über einer Vierung.

Vierungsturm Turm, der über einer Vierung aufsteigt.

Vierungspfeiler Stützen, die die Bögen der ausgeschiedenen Vierung tragen.

Vorlage Jedwede Form, die einer Wand oder einer Stütze zu Gliederungszwecken aufgeblendet wird (Lisene, Pilaster, Dienst etc.).

Wandpfeilerkirche Einschiffige Kirche, deren Wänden zur Verstärkung zum Innenraum vorspringende Pfeiler eingezogen sind. Die zwischen den Pfeilern entstehenden Zwischenräume wurden seit der Gotik (besonders in Südfrankreich) als eigene Kapellen eingerichtet. Vorform dafür ist die Kathedrale von Lescar bei Pau.

Westwerk

Westwerk Westlicher Vorbau einer Kirche, der nur im ostfränkischen Herrschaftsbereich vorkommt. Außenansicht: seitlich zwei kleinere Türme; im Innern ein mittlerer Raumschacht, mehrgeschossig, mit Empore für den König/Kaiser; in den Seitentürmen sind die geschoßverbindenden Treppen untergebracht. Blütezeit dieses Bautypus in karolingischer Zeit (Beispiel: Corvey an der Weser); in der Romanik nur noch vereinzelt vorkommend (Marmoutier, Elsaß). Das Westwerk ist in Gestalt und Funktion als Herrscherbau klar definiert. Der Begriff wird oft fälschlich für andere Formen des Westvorbaus verwendet.

Wimperg Giebelförmige Bekrönung über Fenstern oder Portalen. Frühformen des

Wimperg

Wimpergs an Glockentürmen Südwest-Frankreichs, später gängiges Motiv an gotischen Kathedralen.

Zentralbau Bau, dessen sämtliche Teile auf einen Mittelpunkt bezogen sind (Quadrat, Kreis, Polygon).

Zweiturmfassade Aus dem karolingischen Westwerk hervorgegangene Gestalt einer Kirchenfront mit niedrigerem Mittelteil und hoch aufgehenden Türmen zu dessen Seiten. Vorstufe in Tournus (Burgund), Entfaltung in der normannischen Romanik (Jumièges, Caen), später geläufiger Fassadentypus der Gotik und folgender Kunstepochen.

Zwickel Wandstück, das zwischen der Krümmung eines Bogens und einer anschließenden senkrechten Begrenzung entsteht.

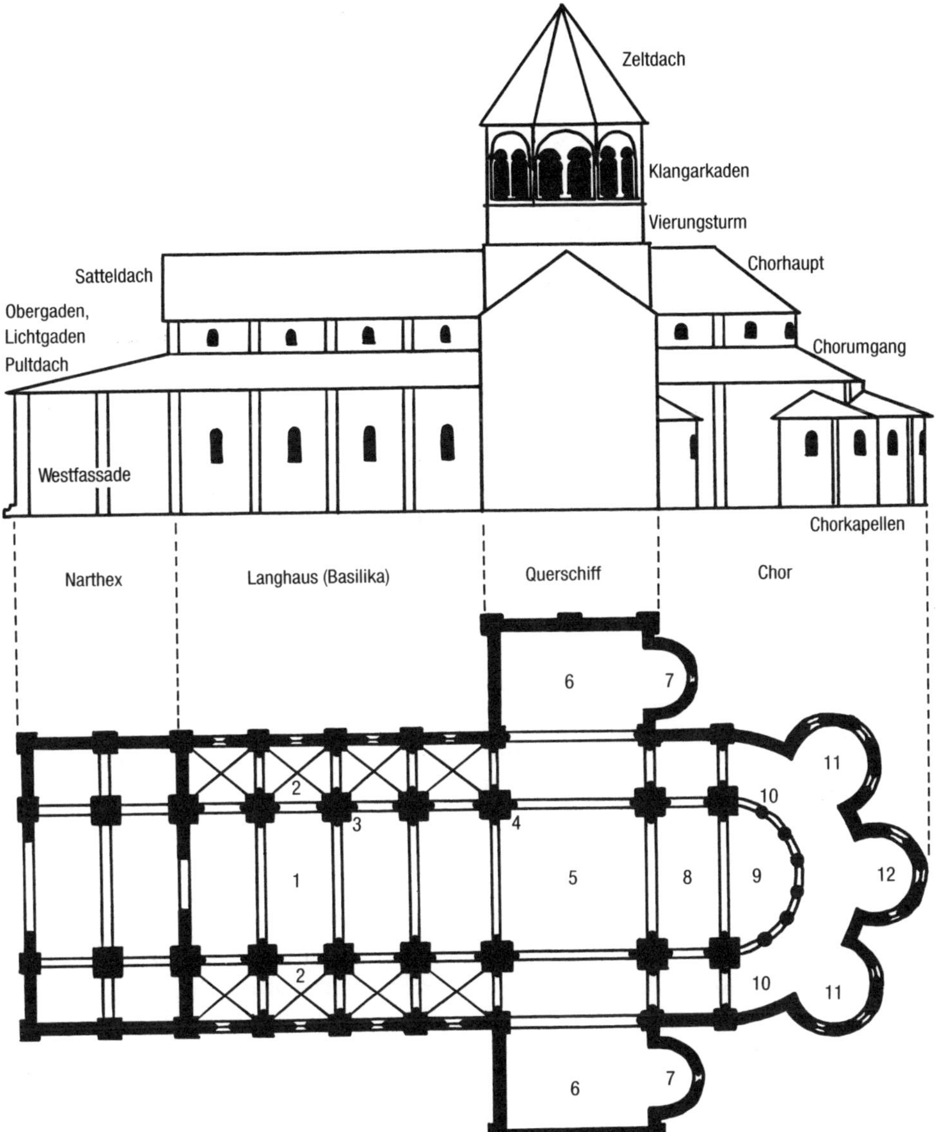

Idealplan einer romanischen Kirche mit Benennung der wichtigsten Raumabschnitte und Bauteile 1 Mittelschiff 2 Seitenschiff 3 kantonierter Pfeiler (Stütze mit vier Diensten) 4 Vierungspfeiler 5 Vierung 6 Querschiff (die einzelnen Teile nennt man Querschiff- bzw. Querhausarme) 7 Querschiffkapellen 8 Vorchor oder Chorjoch 9 Chorhaupt 10 Chorumgang 11 Chorkapellen, Radialkapellen, auch Kapellenkranz genannt 12 Scheitelkapelle

Register

Orte und Denkmäler

(Verweise auf Textabbildungen kursiv)

Personen

Ikonographie

DuMont Buchverlag, Postfach 100468, 5000 Köln 1

Von Thorsten Droste ist in unserem Verlag erschienen:

Dauphiné und Haute Provence

Entdeckungsfahrten zwischen Rhône und Alpen, von Lyon bis zur Verdon-Schlucht
Etwa 320 Seiten mit 26 farbigen und etwa 100 einfarbigen Abbildungen und etwa 100 Zeichnungen, Karten und Plänen, Erklärung der Fachbegriffe, Literaturverzeichnis, Register, etwa 30 Seiten praktischen Reisehinweisen, kartoniert (DuMont Kunst-Reiseführer)

Périgord und Atlantikküste

Kunst und Natur im Tal der Dordogne und an der Côte d'Argent von Bordeaux bis Biarritz
341 Seiten mit 46 farbigen und 107 einfarbigen Abbildungen, 130 Zeichnungen und Plänen, 29 Seiten praktischen Reisehinweisen, Register, kartoniert (DuMont Kunst-Reiseführer)

»Der kulturhistorisch zuverlässige und gut lesbare Guide, der mit zahlreichen Schwarzweiß- und Farbfotos, aber auch mit Skizzen und Zeichnungen ausgestattet ist, verfügt außerdem über einen praktischen Informationsteil. Er hilft bei der Reiseplanung, weist auf sportive Urlaubsmöglichkeiten hin, nennt Öffnungszeiten von Schlössern, Museen und Höhlen und widmet der Küche im Périgord sowie den Freunden guter Weine eigene Kapitel.« *Rheinischer Merkur*

Das Poitou

Westfrankreich zwischen Poitiers, La Rochelle und Angoulême – Die Atlantikküste von der Loiremündung bis zur Gironde
364 Seiten mit 35 farbigen und 119 einfarbigen Abbildungen, 136 Karten und Zeichnungen, 50 Seiten praktischen Reisehinweisen, Register, kartoniert (DuMont Kunst-Reiseführer)

»Droste hat das Material, das ihm dieses erstaunlich unbekannte Westfrankreich liefert, kundig gebündelt und geordnet. Seine Beschreibungen sind präzise, sie ufern nicht aus, vermeiden aber auch den Telegrammstil für Pauschalreisende. Er läßt den Neugierigen nicht mit der Kunst allein, sondern bettet seine Beschreibungen immer wieder in die Geschichte, auch in Legenden ein.«
Frankfurter Presse

Die Provence

Ein Begleiter zu den Kunststätten und Naturschönheiten im Sonnenland Frankreichs
392 Seiten mit 40 farbigen und 95 einfarbigen Abbildungen, 146 Zeichnungen, Karten und Plänen, 32 Seiten praktischen Reisehinweisen, Glossar, Register, kartoniert
(DuMont Kunst-Reiseführer)

»Dies ist ein Reiseführer im besten Sinn. Der Autor hat die Reiserouten so ausgewählt, daß dem Besucher in ausgewogenem Wechsel von Stadt- und Landschaftserlebnissen das Zusammenwirken von so bedeutenden Zentren wie Arles, Avignon, Nîmes, Aix mit der grandiosen Landschaft gegenwärtig ist. Dabei wird der Blick nicht nur auf die geschichtlichen und kunstgeschichtlichen Sehenswürdigkeiten gelenkt, sondern auch auf die Literatur und auf landestypische Besonderheiten.« *Süddeutscher Rundfunk*

Venedig

Die Stadt in der Lagune – Kirchen und Paläste, Gondeln und Karneval
392 Seiten mit 37 farbigen und 148 einfarbigen Abbildungen, 104 Karten und Plänen, 18 Seiten praktischen Reisehinweisen, Glossar, Register, kartoniert (DuMont Kunst-Reiseführer)